Immanuel Kant · Die drei Kritiken

Kritik der reinen Vernunft (Band I)
Kritik der praktischen Vernunft (Band II)
Kritik der Urteilskraft (Band II)

Herausgegeben von Dr. Alexander Ulfig

BAND I

Immanuel Kant

Die drei Kritiken
Band I

Kritik der reinen Vernunft
(Band I)

Kritik der praktischen Vernunft
(Band II)

Kritik der Urteilskraft
(Band II)

Herausgegeben von Dr. Alexander Ulfig

Parkland Verlag

1999 Lizenzausgabe für Parkland Verlag, Köln

Satz und Layout: MECO Buchproduktion
Herausgeber: Dr. Alexander Ulfig
Umschlagentwurf: Klaus Dempel
Druck und Bindung: Mladinska knjiga, Slowenien
ISBN 3-88059-963-7
Printed in Slovenia

Vorwort des Herausgebers

Wie kaum ein anderer Denker prägt Kant die Philosophie der Neuzeit. Dies gilt sowohl für den Bereich des Theoretischen als auch des Praktischen und des Ästhetischen. Die von ihm als einem der Hauptvertreter der Aufklärung postulierten Ideale der Freiheit und Autonomie des Menschen und eines dauerhaften Friedens auf Erden wirken bis in unsere Gegenwart über die Grenzen der Philosophie hinaus.

Kant wurde am 22.4.1724 in Königsberg (Ostpreußen) geboren. Von 1732-40 besuchte er das Friedensgymnasium in Königsberg, von 1740-45 studierte er an der dortigen Universität Philosophie, Mathematik und Naturwissenschaften. Nach dem Tode des Vaters mußte er den Lebensunterhalt der Familie sichern und arbeitete aus diesem Grund von 1746-55 als Hauslehrer. Nach der Promotion und Habilitation (1755) wirkte Kant von 1755-69 als Privatdozent an der Königsberger Universität. 1770 wurde er dort zum ordentlichen Professor für Logik und Metaphysik berufen. Die Lehrtätigkeit übte er bis 1796 aus. Kant, der sein ganzes Leben im Raum Königsberg verbrachte, starb in seiner Heimatstadt am 12.2.1804.

Kant gehört zu den prominentesten Vertretern der *Aufklärung*, einer Geistesbewegung, deren Anliegen es ist, die durch Tradition und Autorität vermittelten Überzeugungen und geltende Normen einer kritischen Prüfung zu unterziehen. Voraussetzung hierfür ist der Glaube an die Autonomie der menschlichen Vernunft; sie ist auf sich selbst angewiesen und kann die allgemeingültigen Merkmale und Strukturen der Natur und des menschlichen Lebens erkennen, ohne auf dogmatische Überzeugungen Bezug zu nehmen. Kant definiert die Aufklärung auf folgende Weise: „Aufklärung ist der Ausgang des Menschen aus seiner selbst verschuldeten Unmündigkeit. Unmündigkeit ist das Unvermögen, sich seines Verstandes ohne Leitung eines anderen zu bedienen. Selbstverschuldet ist diese Unmündigkeit, wenn die Ursache derselben nicht am Mangel des Verstandes, sondern der Entschließung und des Mutes liegt, sich seiner ohne Leitung eines anderen zu bedienen“ („Was ist Aufklärung?”). Kant wendet sich sowohl gegen jeglichen *Dogmatismus,* der die Geltung von Erkenntnissen nicht prüft und unkritisch voraussetzt, als auch gegen den *Skeptizismus,* der die Möglichkeit der allgemeingültigen, sicheren Erkenntnis in Frage stellt. Kants eigene Haltung wird als *Kritizismus* bezeichnet; hier werden – geleitet von dem Ideal der kritischen Prüfung – Quellen, Bedingungen, Umfang, Grenzen und Geltung der menschlichen Erkenntnis behandelt. Das besondere Interesse Kants liegt in der Frage, wie nicht-sinnliche, apriorische Erkenntnis, d.h. Erkenntnis, die nicht durch sinnliche Erfahrung gewonnen wird, möglich ist. Die von dieser Frage geleitete Philosophie wird seit Kant als *Transzendentalphilosophie* bezeichnet. Sie untersucht also apriorische, notwendige und allgemeingültige Bedingungen der Möglichkeit der theoretischen Erkenntnis und des sittlich-moralischen Handelns. Transzendental bezeichnet Kant diejenige Erkenntnis, „die sich nicht sowohl mit Gegenständen, sondern mit unserer Erkenntnisart von Gegenständen, so fern diese *a priori* möglich ist, überhaupt beschäftigt”. Er vollzieht mit dieser Art des Philosophierens die sog. „Kopernikanische Wendung” in der Erkenntnistheorie: Unsere Erkenntnis richtet sich nicht nach den Gegenständen der Erfahrung, sondern die Gegenstände der Erfahrung richten sich nach unserer Erkenntnis; unsere Erkenntnisweise bzw. unser Erkenntnisvermögen bestimmt, was Gegenstände unserer Erkenntnis sind. Anders ausgedrückt: Wir *konstituieren* mittels unseres Erkenntnisvermögens die Gegenstände der Erfahrung. Wichtig hierbei ist, daß Kant zwischen dem Bereich des Theoretischen und dem des Praktischen trennt. In beiden Bereichen werden jeweils unterschiedliche Erkenntnisweisen- bzw. vermögen verwendet, gelten jeweils unterschiedliche „Gesetze".

In der „Kritik der reinen Vernunft" (1781, 2. veränderte Auflage 1787) behandelt Kant den Bereich des Theoretischen. Wir beziehen uns mittels unseres Erkenntnisapparats zunächst auf die sinnlich wahrnehmbaren Gegenstände bzw. auf die in der sinnlichen Erfahrung gegebenen Gegenstände. Die Erkenntnis, die durch sinnliche Erfahrung vermittelt ist, nennt Kant *a posteriori;* aposteriorische Erkenntnis ist *empirische* Erkenntnis. Kant fragt jedoch weiter nach Bedingungen, die vor jeder sinnlichen Erfahrung liegen, dieser zugrundeliegen bzw. sie erst ermöglichen. Diese Bedingungen nennt Kant *a priori.* Sie können selbst nicht sinnlich wahrgenommen werden und werden deshalb als *reine* Verstandesbegriffe und -grundsätze bezeichnet. Kant geht es also um Bedingungen der Gegenstandserkenntnis, die nicht durch sinnliche Erfahrung vermittelt werden, die jedoch die Gegenstandserkenntnis erst ermöglichen. Apriorische Erkenntnis zeichnet sich durch Notwendigkeit und Allgemeingültigkeit aus. Zu solchen apriorischen Bedingungen der Möglichkeit der Gegenstandserkenntnis zählt Kant die reinen *Anschauungsformen* (Raum und Zeit), die reinen *Verstandesbegriffe* (Kategorien) und die reinen *Vernunftbegriffe* (Ideen). Die reinen Anschauungsformen Raum und Zeit ordnen die von uns mittels der Sinne aufgenommenen Daten. Mit Hilfe der reinen Verstandesbegriffe werden die

sinnlichen Daten bzw. das sinnliche Material zur Einheit der gegenständlichen Erkenntnis geordnet; die Erkenntnisgegenstände werden somit konstituiert. Entscheidend für diese Konstitution ist die „synthetische Einheit der Apperzeption". Sie ist das Vermögen des Subjekts bzw. des Ich, die Mannigfaltigkeit der Vorstellungen zu einer Einheit zu verbinden und die Einheit des Bewußtseins zu gewährleisten. Die transzendentale Apperzeption wird als das „Ich denke" aufgefaßt, das jede Erkenntnis begleitet und die Einheit des Bewußtseins und aller Erkenntnis stiftet. Die Anwendung der reinen, apriorischen Verstandesbegriffe auf die sinnliche Erfahrung wird mit der *Transzendentalen Deduktion* vollzogen. Erst durch diese Anwendung gewinnen die Verstandesbegriffe *Objektivität*. Kant zufolge muß sich die apriorische theoretische Erkenntnis an der sinnlichen Erfahrung ausweisen, sie muß sich auf sie notwendigerweise beziehen. Reine, apriorische Erkenntnis und sinnliche Erfahrung müssen zusammengehen: „Anschauungen ohne Begriffe sind blind, Begriffe ohne Anschauungen sind leer". Die reinen, apriorischen Vernunftbegriffe, auch *regulative Ideen* genannt, haben keinen konstitutiven Bezug auf die Gegenstände der Erfahrung, sie überschreiten die Grenzen der Erfahrung und beziehen sich auf das Unbedingte. Die Vernunftbegriffe leiten die Tätigkeit des Verstandes und garantieren die Einheit der Verstandeserkenntnisse. Die drei regulativen Ideen (Freiheit, Unsterblichkeit, Gott) leiten als regulative Prinzipien der theoretischen Vernunft die Verstandestätigkeit, als Postulate der praktischen Vernunft sollen sie handlungsorientierend sein (vgl. unten).
Zentral für die Kantische Philosophie ist die Unterscheidung zwischen *Erscheinung* und *Ding an sich*. Wir können mittels der Anschauungsformen und der Verstandes- und

Vernunftbegriffe nur das erkennen, was uns *erscheint.* Die Erscheinung verweist jedoch auf etwas, was hinter ihr liegt bzw. ihr vorausliegt, selbst jedoch keine Erscheinung ist. Kant nennt es das Ding an sich. Es besteht unabhängig von dem anschaulichen Erkennen, unabhängig von dem *erkennenden* Subjekt. Das Ding an sich kann von uns nicht erkannt, es kann aber *gedacht* werden. Der Begriff „Ding an sich" bezeichnet einen Bereich, der jenseits der durch die Sinne vermittelten Erscheinungswelt liegt, *intelligibel* ist, und nur einer besonderen Anschauungsform (der *intellektuellen Anschauung*) zugänglich ist. Im Rahmen der theoretischen Philosophie kann dieser Bereich nicht erkannt werden.

Was im Rahmen des Theoretischen nicht erkannt werden kann, kann im Rahmen des Praktischen gedacht werden. In der „Kritik der praktischen Vernunft" (1788) werden die Grundbegriffe und -gesetze der intelligiblen, d.h. hinter den Erscheinungen liegenden, Welt untersucht. Nur der praktischen Vernunft ist es möglich, eine intelligible, moralische Welt außerhalb der empirischen Welt der Erscheinungen zugänglich zu machen. Diese Welt wird als der Willensgrund des sittlichen Handelns aufgefaßt. Besonders relevant ist in diesem Zusammenhang die Unterscheidung zwischen dem *empirischen* und dem *intelligiblen Charakter* des Menschen. Der empirische Charakter unterliegt wie andere empirische „Objekte" den Gesetzen der sinnlich wahrnehmbaren Welt, der Welt der Erscheinungen; er ist dem Kausalgesetz unterworfen. Alle vom empirischen Charakter bestimmten bzw. ausgehenden Handlungen sind naturgesetzlich bedingt (folgen dem Ursache-Wirkung-Prinzip); sie sind von äußeren Einflüssen bestimmt und insofern unfrei, determiniert. Der intelligible Charakter des Menschen steht nicht unter den

Bedingungen der sinnlich wahrnehmbaren Welt und ist dem Kausalgesetz nicht unterworfen. Als moralisch handelnde Personen verfügen wir Kant zufolge über einen *freien Willen;* die Handlungen, die vom intelligiblen Charakter bestimmt sind, sind frei. Freiheit ist die Bedingung dafür, daß sich der menschliche Wille seine Gesetze selbst gibt. Kant faßt die Willensfreiheit als die Autonomie der reinen praktischen Vernunft auf; im Bereich der praktischen Vernunft kann der Mensch sich selbst die Zwecke und Prinzipien seines Handelns setzen. Das oberste moralische Gesetz, das dem freien Willen entspringt, ist das sog. *Sittengesetz.* Eine Handlung gilt als sittlich, wenn sie nicht aus persönlichen, individuellen *Neigungen,* sondern aus reiner *Pflicht* vor dem Sittengesetz vollzogen wird. Neigungen als subjektive Interessen beziehen sich auf Zwecke und gründen auf Gefühlen. Pflicht hat einen universellen Status und soll allgemein und notwendig für alle Menschen gelten. Der nichtempirische Motivationsgrund für Handlungen ist die *Achtung* vor dem Sittengesetz. Das Sittengesetz hat im Gegensatz zu einer subjektiven *Maxime* des Handelns den Anspruch auf Allgemeingültigkeit. Eine allgemeingültige Moral, die allgemeinen Gesetzen folgt, ist das erklärte Ziel der praktischen Philosophie Kants. Er formuliert das Sittengesetz als den *Kategorischen Imperativ:* „Handle so, daß die Maxime deines Handelns jederzeit zugleich als Prinzip einer allgemeinen Gesetzgebung gelten könne". Handlungsorientierend sind dabei die drei bereits genannten regulativen Ideen (Freiheit, Unsterblichkeit, Gott), die als Postulate der praktischen Vernunft auftreten. Die Willensfreiheit ist die Grundlage des sittlichen Handelns. Die Idee der Unsterblichkeit des sittlich Handelnden ist ebenfalls von zentraler Bedeutung, da die endgültige Erfüllung des Sittengesetzes

nur in einem unendlich fortschreitenden Prozeß möglich ist. Gott ist der Garant der Sittlichkeit und ihrer Folgen.
In der „Kritik der Urteilskraft" (1790), der letzten der drei Kritiken, unternimmt es Kant, zwischen dem Bereich der Natur als Erscheinungswelt (behandelt in der 1. Kritik) und dem der Freiheit (behandelt in der 2. Kritik) zu vermitteln. Diese Vermittlung soll durch das dritte obere Erkenntnisvermögen, *die Urteilskraft*, geleistet und somit die Einheit der Vernunft gesichert werden. Freiheit muß sich im Handeln in der Natur verwirklichen. Die Urteilskraft steht also „zwischen" dem Verstand als dem Vermögen der Begriffs- und Regelbildung und der Vernunft als dem Vermögen, nach den Regeln zu schließen. Sie ist „das Vermögen, das Besondere als enthalten unter dem Allgemeinen zu denken". Kant unterscheidet zwischer *bestimmender* und *reflektierender* Urteilskraft. Im ersten Fall wird das Besondere (der Einzelfall) unter das Allgemeine (Gesetz, Prinzip, Regel) unterordnet, im zweiten Fall soll zum Besonderen (dem Einzelfall) das Allgemeine (der Oberbegriff) gefunden werden. Die reflektierende Urteilskraft wird wiederum in *ästhetische* und *teleologische* gegliedert. Die erste bestimmt die subjektive Zweckmäßigkeit einer ästhetischen Vorstellung, die zweite betrachtet die Natur im Hinblick auf ihre objektive Zweckmäßigkeit, wobei kein metaphysischer Zweck angenommen wird. Zunächst untersucht Kant die Eigenart der ästhetischen Urteile. Das Schöne kommt in einem *Geschmacksurteil* zum Ausdruck, es ruft ein Gefühl des „interessenlosen Wohlgefallens" hervor; der schöne Gegenstand wird als zweckmäßig erlebt, ohne einem praktischen Zweck zu dienen. Das Naturschöne und die Werke eines Genies besitzen den höchsten ästhetischen Wert. In einem weiteren Schritt behandelt Kant die Rolle der Zweckmäßigkeit in der organi-

schen Natur. Bei der Betrachtung von Organismen spricht man von Zwecken, die die Teile der Organismen für das Ganze des Organismus haben. Die Zwecke werden aber nur mittels der teleologischen Urteilskraft in die Natur hineingelegt. Dadurch kann die Natur als ein System von Zwecken betrachtet werden. Alles hat dort einen Zweck und dient gleichzeitig selber als Zweck für etwas anderes. Mit der Konzeption der Natur als System von Zwecken soll nach Kant die Vermittlung zwischen Natur und Freiheit geleistet werden. Ihe kommt allerdings innerhalb des Kantischen Kritizismus nur der Status einer Als-ob-Betrachtung zu.
Kant ist derjenige Philosoph, der die deutsche Philosophie am stärksten beeinflußt und geprägt hat. Die meisten Ansätze und Konzeptionen der neuzeitlichen Philosophie beziehen sich affirmativ oder kritisch, direkt oder indirekt auf die Kantische Philosophie. Zu nennen seien hier nur die wichtigsten: Deutscher Idealismus, Historismus, Neukantianismus, Phänomenologie, Existenzialanalytik, Konstruktivismus, Interpretationismus und Diskurstheorie. Kants Wirkung erstreckt sich sowohl auf den Bereich der theoretischen als auch der praktischen Philosophie und der philosophischen Ästhetik. Besonders hervorzuheben ist hier die Bedeutung seiner praktischen Philosophie. Aus der Pflicht-Ethik, die einen neuen Ethik-Typus darstellt, ergeben sich weitreichende Konsequenzen für unterschiedliche Bereiche des praktischen Lebens. Das Sittengesetz, der Kategorische Imperativ, wird von Kant auf die Begriffe des Rechts angewandt. Die *Gerechtigkeit* ist die Grundlage des vernünftigen Zusammenlebens in einer staatlichen Gemeinschaft; sie ist mit dem sittlich-moralischen Handeln aufs engste verbunden. Aus dem Sittengesetz folgt ebenfalls eine unbedingte Friedenspflicht. Kant analysiert Bedingungen ei-

nes dauerhaften, „ewigen Friedens” zwischen den Staaten und konkrete politische Maßnahmen zur Sicherung des Friedens. In diesem Zusammenhang stellt er folgende Forderungen auf: ein allgemeines Weltbürgerrecht, eine republikanische Verfassung für alle Staaten und ein Völkerrecht, das auf einem Föderalismus freier Staaten basieren soll. Nur auf der Grundlage einer sicheren, friedlichen Weltordnung kann sich der Mensch als Vernunftwesen verwirklichen, seine eigene Vollkommenheit und das Wohlergehen der Anderen anstreben. Die Auseinandersetzung mit der Kantischen Philosophie wird auch noch im nächsten Jahrhundert unserem Geistesleben wichtige und fruchtbare Impulse geben.

Dr. Alexander Ulfig
Frankfurt am Main, März 1999

Kritik der reinen Vernunft

von Immanuel Kant,
Professor in Königsberg,
der Königl. Akademie der Wissenschaft in Berlin
Mitglied.

Zweite, hin und wieder verbesserte Auflage.
1787.

BACO DE VERULAMIO.
Instauratio magna. Praefatio.

De nobis ipsis silemus: De re autem, quae agitur, petimus: ut homines eam non opinionem, sed opus esse cogitent; ac pro certo habeant, non sectae nos alicuius, aut placiti, sed utilitatis et amplitudinis humanae fundamenta moliri. Deinde ut suis commodis aequi – in commune consulant – et ipsi in partem veniant. Praeterea ut bene sperent, neque instaurationem nostram ut quiddam infinitum et ultra mortale fingant, et animo concipiant; cum revera sit infiniti erroris finis et terminus legitimus.

Sr. Excellenz,
dem Königl. Staatsminister
Freiherrn von Zedlitz.

Gnädiger Herr!

Den Wachsthum der Wissenschaften an seinem Theile befördern, heißt an Ew. Excellenz eigenem Interesse arbeiten; denn dieses ist mit jenen nicht bloß durch den erhabenen Posten eines Beschützers, sondern durch das viel vertrautere Verhältniß eines Liebhabers und erleuchteten Kenners innigst verbunden. Deswegen bediene ich mich auch des einigen Mittels, das gewissermaßen in meinem Vermögen ist, meine Dankbarkeit für das gnädige Zutrauen zu bezeigen, womit Ew. Excellenz mich beehren, als könne ich zu dieser Absicht etwas beitragen.

Demselben gnädigen Augenmerke, dessen Ew. Excellenz die erste Auflage dieses Werkes gewürdigt haben, widme ich nun auch diese zweite und hiermit zugleich alle übrige Angelegenheit meiner literärischen Bestimmung und bin mit der tiefsten Verehrung

Ew. Excellenz

Königsberg
den 23 sten April
1787

unterthänig-gehorsamster
Diener
Immanuel Kant.

Vorrede zur ersten Auflage.

Die menschliche Vernunft hat das besondere Schicksal in einer Gattung ihrer Erkenntnisse: daß sie durch Fragen belästigt wird, die sie nicht abweisen kann, denn sie sind ihr durch die Natur der Vernunft selbst aufgegeben, die sie aber auch nicht beantworten kann, denn sie übersteigen alles Vermögen der menschlichen Vernunft.

In diese Verlegenheit geräth sie ohne ihre Schuld. Sie fängt von Grundsätzen an, deren Gebrauch im Laufe der Erfahrung unvermeidlich und zugleich durch diese hinreichend bewährt ist. Mit diesen steigt sie (wie es auch ihre Natur mit sich bringt) immer höher, zu entfernteren Bedingungen. Da sie aber gewahr wird, daß auf diese Art ihr Geschäfte jederzeit unvollendet bleiben müsse, weil die Fragen niemals aufhören, so sieht sie sich genöthigt, zu Grundsätzen ihre Zuflucht zu nehmen, die allen möglichen Erfahrungsgebrauch überschreiten und gleichwohl so unverdächtig scheinen, daß auch die gemeine Menschenvernunft damit im Einverständnisse steht. Dadurch aber stürzt sie sich in Dunkelheit und Widersprüche, aus welchen sie zwar abnehmen kann, daß irgendwo verborgene Irrthümer zum Grunde liegen müssen, die sie aber nicht entdecken kann, weil die Grundsätze, deren sie sich bedient, da sie über die Gränze aller Erfahrung hinausgehen, keinen Probirstein der Erfahrung mehr anerkennen. Der Kampfplatz dieser endlosen Streitigkeiten heißt nun M e t a p h y s i k.

Es war eine Zeit, in welcher sie die K ö n i g i n aller Wissenschaften genannt wurde, und wenn man den Willen für die That nimmt, so verdiente sie wegen der vorzüglichen Wichtigkeit ihres Gegenstandes allerdings diesen Ehrennamen. Jetzt bringt es der Modeton des Zeitalters so mit sich, ihr alle Verachtung zu beweisen, und die Matrone klagt, verstoßen und verlassen, wie Hecuba: *modo maxima rerum, tot generis natisque potens – nunc trahor exul, inops – Ovid. Metam.*

Anfänglich war ihre Herrschaft, unter der Verwaltung der Dogmatiker, despotisch. Allein weil die Gesetzgebung noch die Spur der alten Barbarei an sich hatte, so artete sie durch innere Kriege nach und nach in völlige Anarchie aus, und die Sceptiker, eine Art Nomaden, die allen beständigen Anbau des Bodens verabscheuen, zertrennten von Zeit zu Zeit die bürgerliche Vereinigung. Da ihrer aber zum Glück nur wenige waren, so konnten sie nicht hindern, daß jene sie nicht immer aufs neue, obgleich nach keinem unter sich einstimmigen Plane, wieder anzubauen versuchten. In neueren Zeiten schien es zwar einmal, als sollte allen diesen Streitigkeiten durch eine gewisse Physiologie des menschlichen Verstandes (von dem berühmten **Locke**) ein Ende gemacht und die Rechtmäßigkeit jener Ansprüche völlig entschieden werden; es fand sich aber, daß, obgleich die Geburt jener vorgegebenen Königin aus dem Pöbel der gemeinen Erfahrung abgeleitet wurde und dadurch ihre Anmaßung mit Recht hätte verdächtig werden müssen, dennoch, weil diese Genealogie ihr in der That fälschlich angedichtet war, sie ihre Ansprüche noch immer behauptete, wodurch alles wiederum in den veralteten, wurmstichigen Dogmatism und daraus in die Geringschätzung verfiel, daraus man die Wissenschaft hatte ziehen wollen. Jetzt, nachdem alle Wege (wie man sich überredet) vergeblich versucht sind, herrscht Überdruß und gänzlicher Indifferentism, die Mutter des Chaos und der Nacht, in Wissenschaften, aber doch zugleich der Ursprung, wenigstens das Vorspiel einer nahen Umschaffung und Aufklärung derselben, wenn sie durch übel angebrachten Fleiß dunkel, verwirrt und unbrauchbar geworden.

Es ist nämlich umsonst, Gleichgültigkeit in Ansehung solcher Nachforschungen erkünsteln zu wollen, deren Gegenstand der menschlichen Natur nicht gleichgültig sein kann. Auch fallen jene vorgebliche Indifferentisten, so sehr sie sich auch durch die Veränderung der Schulsprache in einem populären Ton unkenntlich zu machen gedenken, wofern sie nur überall etwas denken, in metaphysische Behauptungen unvermeidlich zurück, gegen die sie doch so viele Verachtung vorgaben. Indessen ist diese Gleichgültigkeit, die sich mitten in dem Flor aller Wissenschaften eräugnet und gerade diejenige trifft, auf deren Kenntnisse, wenn dergleichen zu haben wären, man unter allen am wenigsten Verzicht thun würde, doch ein Phänomen, das Aufmerksamkeit und Nachsinnen verdient. Sie ist offenbar die Wirkung nicht des Leichtsinns, sondern der gereiften Urtheilskraft* des Zeitalters, welches sich

* Man hört hin und wieder Klagen über Seichtigkeit der Denkungsart unserer Zeit und den Verfall gründlicher Wissenschaft. Allein ich sehe nicht, daß die, deren Grund gut gelegt ist, als Mathematik, Naturlehre u.s.w., diesen Vorwurf im mindesten verdienen, sondern vielmehr den alten Ruhm der Gründlichkeit behaupten, in der letzteren aber sogar übertreffen. Eben derselbe Geist würde sich nun auch in anderen Arten von Erkenntniß wirksam beweisen, wäre nur allererst für die Berichtigung ihrer Principien gesorgt worden. In Ermangelung derselben sind Gleichgültigkeit und Zweifel und endlich strenge Kritik vielmehr Beweise einer gründlichen Denkungsart. Unser Zeitalter ist das eigentliche Zeitalter der Kritik, der sich alles unterwerfen muß. Religion durch ihre Heiligkeit und Gesetzgebung durch ihre Majestät wollen sich gemeiniglich derselben entziehen. Aber alsdann erregen sie gerechten Verdacht wider sich und können auf unverstellte Achtung nicht Anspruch machen, die die Vernunft nur demjenigen bewilligt, was ihre freie und öffentliche Prüfung hat aushalten können.

nicht länger durch Scheinwissen hinhalten läßt, und eine Aufforderung an die Vernunft, das beschwerlichste aller ihrer Geschäfte, nämlich das der Selbsterkenntniß, aufs neue zu übernehmen und einen Gerichtshof einzusetzen, der sie bei ihren gerechten Ansprüchen sichere, dagegen aber alle grundlose Anmaßungen nicht durch Machtsprüche, sondern nach ihren ewigen und unwandelbaren Gesetzen abfertigen könne; und dieser ist kein anderer als die Kritik der reinen Vernunft selbst.

Ich verstehe aber hierunter nicht eine Kritik der Bücher und Systeme, sondern die des Vernunftvermögens überhaupt in Ansehung aller Erkenntnisse, zu denen sie unabhängig von aller Erfahrung streben mag, mithin die Entscheidung der Möglichkeit oder Unmöglichkeit einer Metaphysik überhaupt und die Bestimmung sowohl der Quellen, als des Umfanges und der Gränzen derselben, alles aber aus Principien.

Diesen Weg, den einzigen, der übrig gelassen war, bin ich nun eingeschlagen und schmeichle mir, auf demselben die Abstellung aller Irrungen angetroffen zu haben, die bisher die Vernunft im erfahrungsfreien Gebrauche mit sich selbst entzweiet hatten. Ich bin ihren Fragen nicht dadurch etwa ausgewichen, daß ich mich mit dem Unvermögen der menschlichen Vernunft entschuldigte; sondern ich habe sie nach Principien vollständig specificirt und, nachdem ich den Punkt des Mißverstandes der Vernunft mit ihr selbst entdeckt hatte, sie zu ihrer völligen Befriedigung aufgelöst. Zwar ist die Beantwortung jener Fragen gar nicht so ausgefallen, als dogmatisch schwärmende Wißbegierde erwarten mochte; denn die könnte nicht anders als durch Zauberkünste, darauf ich mich nicht verstehe, befriedigt werden. Allein das war auch wohl nicht die Absicht der Naturbestimmung unserer Vernunft, und die Pflicht der Philosophie war, das Blendwerk, das aus Mißdeutung entsprang, aufzuheben, sollte auch noch so viel gepriesener und beliebter Wahn dabei zu nichte gehen. In dieser Beschäftigung habe ich Ausführlichkeit mein großes Augenmerk sein lassen, und ich erkühne mich zu sagen, daß **nicht** eine einzige metaphysische Aufgabe sein müsse, die hier nicht aufgelöst, oder zu deren Auflösung nicht wenigstens der Schlüssel dargereicht worden. In der That ist auch reine Vernunft eine so vollkommene Einheit, daß, wenn das Princip derselben auch nur zu einer einzigen aller der Fragen, die ihr durch ihre eigene Natur aufgegeben sind, unzureichend wäre, man dieses immerhin nur wegwerfen könnte, weil es alsdann auch keiner der übrigen mit völliger Zuverlässigkeit gewachsen sein würde.

Ich glaube, indem ich dieses sage, in dem Gesichte des Lesers einen mit Verachtung vermischten Unwillen über dem Anscheine nach so ruhmredige und unbescheidene Ansprüche wahrzunehmen; und gleichwohl sind sie ohne Vergleichung gemäßigter, als die eines jeden Verfassers des gemeinsten Programms, der darin etwa die einfache Natur der S e e l e , oder der Nothwendigkeit eines ersten W e l t a n f a n g e s zu beweisen vorgiebt. Denn dieser macht sich anheischig, die menschliche Erkenntniß über alle Gränzen möglicher Erfahrung hinaus zu erweitern, wovon ich demüthig gestehe, daß dieses mein Vermögen gänzlich übersteige; an dessen Statt ich es lediglich mit der Vernunft selbst und ihrem reinen Denken zu thun habe, nach deren ausführlicher Kenntniß ich nicht weit um mich suchen darf, weil ich sie in mir selbst antreffe, und wovon mir auch schon die gemeine Logik ein Beispiel giebt, daß sich alle ihre einfachen Handlungen völlig und systematisch aufzählen lassen; nur daß hier die Frage aufgeworfen wird, wie viel ich mit derselben, wenn mir aller Stoff und Beistand der Erfahrung genommen wird, etwa auszurichten hoffen dürfe.

So viel von der Vollständigkeit in Erreichung eines jeden und der Ausführlichkeit in Erreichen aller Zwecke zusammen, die nicht ein beliebiger Vorsatz, sondern die Natur der Erkenntniß selbst uns aufgiebt, als der Materie unserer kritischen Untersuchung.

Noch sind Gewißheit und Deutlichkeit, zwei Stücke, die die Form derselben betreffen, als wesentliche Forderungen anzusehen, die man an den Verfasser, der sich an eine so schlüpfrige Unternehmung wagt, mit Recht thun kann.

Was nun die Gewißheit betrifft, so habe ich mir selbst das Urtheil gesprochen: daß es in dieser Art von Betrachtungen auf keine Weise erlaubt sei, zu meinen und daß alles, was darin einer Hypothese nur ähnlich sieht, verbotene Waare sei, die auch nicht für den geringsten Preis feil stehen darf, sondern, so bald sie entdeckt wird, beschlagen werden muß. Denn das kündigt eine jede Erkenntniß, die *a priori* fest stehen soll, selbst an: daß sie für schlechthin nothwendig gehalten werden will, und eine Bestimmung aller reinen Erkenntnisse *a priori* noch viel mehr, die das Richtmaß, mithin selbst das Beispiel aller apodiktischen (philosophischen) Gewißheit sein soll. Ob ich nun das, wozu ich mich anheischig mache, in diesem Stücke geleistet habe, das bleibt gänzlich dem Urtheile des Lesers anheim gestellt, weil es dem Verfasser nur geziemt, Gründe vorzulegen, nicht aber über die Wirkung derselben bei seinen Richtern zu urtheilen. Damit aber nicht etwas unschuldigerweise an der Schwächung derselben Ursache sei, so mag es ihm wohl erlaubt sein, diejenige Stellen, die zu einigem Mißtrauen Anlaß geben könnten, ob sie gleich nur den Nebenzweck angehen, selbst anzumerken, um den Einfluß, den auch nur die mindeste Bedenklichkeit des Lesers in diesem Punkte auf sein Urtheil in Ansehung des Hauptzwecks haben möchte, bei zeiten abzuhalten.

Ich kenne keine Untersuchungen, die zur Ergründung des Vermögens, welches wir Verstand nennen, und zugleich zu Bestimmung der Regeln und Gränzen seines Gebrauchs wichtiger wären, als die, welche ich in dem zweiten Hauptstücke der transscendentalen Analytik unter dem Titel der Deduction der reinen Verstandesbegriffe angestellt habe; auch haben sie mir die meiste, aber, wie ich hoffe, nicht unvergoltene Mühe gekostet. Diese Betrachtung, die etwas tief angelegt ist, hat aber zwei Seiten. Die eine bezieht sich auf die Gegenstände des reinen Verstandes und soll die objective Gültigkeit seiner Begriffe *a priori* darthun und begreiflich machen; eben darum ist sie auch wesentlich zu meinen Zwecken gehörig. Die andere geht darauf aus, den reinen Verstand selbst nach seiner Möglichkeit und den Erkenntnißkräften, auf denen er selbst beruht, mithin ihn in subjectiver Beziehung zu betrachten; und obgleich diese Erörterung in Ansehung meines Hauptzwecks von großer Wichtigkeit ist, so gehört sie doch nicht wesentlich zu demselben, weil die Hauptfrage immer bleibt: was und wie viel kann Verstand und Vernunft, frei von aller Erfahrung, erkennen? und nicht: wie ist das Vermögen zu denken selbst möglich? Da das letztere gleichsam eine Aufsuchung der Ursache zu einer gegebenen Wirkung ist und in so fern etwas einer Hypothese Ähnliches an sich hat (ob es gleich, wie ich bei anderer Gelegenheit zeigen werde, sich in der That nicht so verhält), so scheint es, als sei hier der Fall, da ich mir die Erlaubniß nehme, zu meinen, und dem Leser also auch frei stehen müsse, anders zu m e i n e n . In Betracht dessen muß ich dem Leser mit der Erinnerung zuvorkommen: daß, im Fall meine subjective Deduction nicht die ganze Überzeugung, die ich erwarte, bei ihm gewirkt hätte, doch die objective, um die es mir hier vornehmlich zu thun ist, ihre ganze Stärke bekomme, wozu allenfalls dasjenige, was Seite 131-170 gesagt wird, allein hinreichend sein kann.

Was endlich die D e u t l i c h k e i t betrifft, so hat der Leser ein Recht, zuerst die d i s c u r s i v e (logische) D e u t l i c h k e i t durch Begriffe, dann aber auch eine i n t u i t i v e (ästhetische) D e u t l i c h k e i t **durch Anschauungen**, d.i. Beispiele oder andere Erläuterungen *in concreto,* zu fordern. Für die erste habe ich hinreichend gesorgt. Das betraf das Wesen meines Vorhabens, war aber auch die zufällige Ursache, daß ich der zweiten, obzwar nicht so strengen, aber doch billigen Forderung nicht habe Genüge leisten können. Ich bin fast beständig im Fortgange meiner Arbeit unschlüssig gewesen, wie ich es hiermit halten sollte. Beispiele und Erläuterungen schienen mir immer nöthig und flossen daher auch wirklich im ersten Entwurfe an ihren Stellen gehörig ein. Ich sah aber die Größe meiner Aufgabe und die Menge der Gegenstände, womit ich es zu thun haben würde, gar bald ein; und da ich gewahr ward, daß diese ganz allein im trockenen, bloß s c h o l a s t i s c h e n Vortrage das Werk schon genug ausdehnen würde, so fand ich es unrathsam, es durch Beispiele und Erläuterungen, die nur in p o p u l ä r e r Absicht nothwendig sind, noch mehr anzuschwellen, zumal diese Arbeit keineswegs dem populären Gebrauche angemessen werden könnte und die eigentliche Kenner der Wissenschaft diese Erleichterung nicht so nöthig haben, ob sie zwar jederzeit angenehm ist, hier aber sogar etwas Zweckwidriges nach sich ziehen konnte.

Abt Terrasson sagt zwar: wenn man die Größe eines Buchs nicht nach der Zahl der Blätter, sondern nach der Zeit mißt, die man nöthig hat, es zu verstehen, so könne man von manchem Buche sagen: daß es viel kürzer sein würde, wenn es nicht so kurz wäre. Andererseits aber, wenn man auf die Faßlichkeit eines weitläuftigen, dennoch aber in einem Princip zusammenhängenden Ganzen speculativer Erkenntniß seine Absicht richtet, könnte man mit eben so gutem Rechte sagen: manches Buch wäre viel deutlicher geworden, wenn es nicht so gar deutlich hätte werden sollen. Denn die Hülfsmittel der Deutlichkeit helfen zwar in Theilen, zerstreuen aber öfters im Ganzen, indem sie den Leser nicht schnell genug zu Überschauung des Ganzen gelangen lassen und durch alle ihre helle Farben gleichwohl die Articulation oder den Gliederbau des Systems verkleben und unkenntlich machen, auf den es doch, um über die Einheit und Tüchtigkeit desselben urtheilen zu können, am meisten ankommt.

Es kann, wie mich dünkt, dem Leser zu nicht geringer Anlockung dienen, seine Bemühung mit der des Verfassers zu vereinigen, wenn er die Aussicht hat, ein großes und wichtiges Werk nach dem vorgelegten Entwurfe ganz und doch dauerhaft zu vollführen. Nun ist Metaphysik nach den Begriffen, die wir hier davon geben werden, die einzige aller Wissenschaften, sie sich eine solche Vollendung und zwar in kurzer Zeit und mit nur weniger, aber vereinigter Bemühung versprechen darf, so daß nichts für die Nachkommenschaft übrig bleibt, als in der didaktischen Manier alles nach ihren Absichten einzurichten, ohne darum den Inhalt im mindesten vermehren zu können. Denn es ist nichts als das Inventarium aller unserer Besitze durch reine

Vernunft, systematisch geordnet. Es kann uns hier nichts entgehen, weil, was Vernunft gänzlich aus sich selbst hervorbringt, sich nicht verstecken kann, sondern selbst durch Vernunft ans Licht gebracht wird, sobald man nur das gemeinschaftliche Princip desselben entdeckt hat. Die vollkommene Einheit dieser Art Erkenntnisse und zwar aus lauter reinen Begriffen, ohne daß irgend etwas von Erfahrung, oder auch nur besondere Anschauung, die zur bestimmten Erfahrung leiten sollte, auf sie einigen Einfluß haben kann, sie zu erweitern und zu vermehren, machen diese unbedingte Vollständigkeit nicht allein thunlich, sondern auch nothwendig. *Tecum habita et noris, quam sit tibi curta supellex.* Persius.

Ein solches System der reinen (speculativen) Vernunft hoffe ich unter dem Titel Metaphysik der Natur selbst zu liefern, welches bei noch nicht der Hälfte der Weitläuftigkeit dennoch ungleich reicheren Inhalt haben soll, als hier die Kritik, die zuvörderst die Quellen und Bedingungen ihrer Möglichkeit darlegen mußte und einen ganz verwachsenen Boden zu reinigen und zu ebenen nöthig hatte. Hier erwarte ich an meinem Leser die Geduld und Unparteilichkeit eines Richters, dort aber die Willfährigkeit und den Beistand eines Mithelfers; denn so vollständig auch alle Principien zu dem System in der Kritik vorgetragen sind, so gehört zur Ausführlichkeit des Systems selbst doch noch, daß es auch an keinen abgeleiteten Begriffen mangele, die man *a priori* nicht in Überschlag bringen kann, sondern die nach und nach aufgesucht werden müssen; imgleichen da dort die ganze Synthesis der Begriffe erschöpft wurde, so wird überdem hier gefordert, daß eben dasselbe auch in Ansehung der Analysis geschehe, welches alles leicht und mehr Unterhaltung als Arbeit ist.

Die Antinomie der reinen Vernunft von Seite 424 - 455 ist so nach Art einer Tafel angestellt, das alles, was zur Thesis gehört, auf der linken, was aber zur Anthithesis gehört, auf der rechten Seite immer fortläuft, welches ich darum so anordnete, damit Satz und Gegensatz desto leichter mit einander verglichen werden könnte.

Vorrede zur zweiten Auflage.

Ob die Bearbeitung der Erkenntnisse, die zum Vernunftgeschäfte gehören, den sicheren Gang einer Wissenschaft gehe oder nicht, das läßt sich bald aus dem Erfolg beurtheilen. Wenn sie nach viel gemachten Anstalten und Zurüstungen, so bald es zum Zweck kommt, in Stecken geräth, oder, um diesen zu erreichen, öfters wieder zurückgehen und einen andern Weg einschlagen muß; imgleichen wenn es nicht möglich ist, die verschiedenen Mitarbeiter in der Art, wie die gemeinschaftliche Absicht erfolgt werden soll, einhellig zu machen: so kann man immer überzeugt sein, daß ein solches Studium bei weitem noch nicht den sicheren Gang einer Wissenschaft eingeschlagen, sondern ein bloßes Herumtappen sei, und es ist schon ein Verdienst um die Vernunft, diesen Weg wo möglich ausfindig zu machen, sollte auch manches als vergeblich aufgegeben werden müssen, was in dem ohne Überlegung vorher genommenen Zwecke enthalten war.

Daß die Logik diesen sicheren Gang schon von den ältesten Zeiten her gegangen sei, läßt sich daraus ersehen, daß sie seit dem Aristoteles keinen Schritt rückwärts hat thun dürfen, wenn man ihr nicht etwa die Wegschaffung einiger entbehrlichen Subtilitäten oder deutlichere Bestimmung des Vorgetragenen als Verbesserungen anrechnen will, welches aber mehr zur Eleganz, als zur Sicherheit der Wissenschaft gehört. Merkwürdig ist noch an ihr, daß sie auch bis jetzt keinen Schritt vorwärts hat thun können und also allem Ansehen nach geschlossen und vollendet zu sein scheint. Denn wenn einige Neuere sie dadurch zu erweitern dachten, daß sie theils psychologische Capitel von den verschiedenen Erkenntnißkräften (der Einbildungskraft, dem Witze), theils metaphysische über den Ursprung der Erkenntniß oder der verschiedenen Art der Gewißheit nach Verschiedenheit der Objecte (dem Idealism, Scepticism u.s.w.), theils anthropologische von Vorurtheilen (den Ursachen derselben und Gegenmitteln) hineinschoben, so rührt dieses von ihrer Unkunde der eigenthümlichen Natur der Wissenschaft her. Es ist nicht Vermehrung, sondern Verunstaltung der Wissenschaften, wenn man ihre Grenzen in einander laufen läßt; die Grenze der Logik aber ist dadurch ganz genau bestimmt, daß sie eine Wissenschaft ist, welche nichts als die formalen Regeln alles Denkens (es mag *a priori* oder empirisch sein, einen Ursprung oder Object haben, welches es wolle, in unserem Gemüthe zufällige oder natürliche Hindernisse antreffen) ausführlich darlegt und strenge beweiset.

Daß es der Logik so gut gelungen ist, diesen Vortheil hat sie bloß ihrer Eingeschränktheit zu verdanken, dadurch sie berechtigt, ja verbunden ist, von allen Objecten der Erkenntniß und ihrem Unterschiede zu abstrahiren, und in ihr also der Verstand es mit nichts weiter, als sich selbst und seiner Form zu thun hat. Weit schwerer mußte es natürlicher Weise für die Vernunft sein, den sicheren Weg der Wissenschaft einzuschlagen, wenn sie nicht bloß mit sich selbst, sondern auch mit Objecten zu schaffen hat; daher jene auch als Propädeutik gleichsam nur den Vorhof der Wissenschaften ausmacht, und wenn von Kenntnissen die Rede ist, man zwar eine Logik zu Beurtheilung derselben voraussetzt, aber die Erwerbung derselben in eigentlich und objectiv so genannten Wissenschaften suchen muß.

So fern in diesen nun Vernunft sein soll, so muß darin etwas *a priori* erkannt werden, und ihre Erkenntniß kann auf zweierlei Art auf ihren Gegenstand bezogen werden, entweder diesen und seinen Begriff (der anderweitig gegeben werden muß) bloß zu bestimmen, oder ihn auch wirklich zu machen. Die erste ist theoretische, die andere praktische Erkenntniß der Vernunft. Von beiden muß der reine Theil, so viel oder so wenig er auch enthalten mag, nämlich derjenige, darin Vernunft gänzlich *a priori* ihr Object bestimmt, vorher allein vorgetragen werden und dasjenige, was aus anderen Quellen kommt, damit nicht vermengt werden; denn es giebt viele übele Wirthschaft, wenn man blindlings ausgiebt, was einkommt, ohne nachher, wenn jene in Stecken geräth, unterscheiden zu können, welcher Theil der Einnahme den Aufwand tragen könne, und von *welcher man* denselben beschneiden muß.

Mathematik und Physik sind die beiden theoretischen Erkenntnisse der Vernunft, welche ihre Objecte *a priori* bestimmen sollen, die erstere ganz rein, die zweite wenigstens zum Theil rein, dann aber auch nach Maßgabe anderer Erkenntnißquellen als der der Vernunft.

Die Mathematik ist von den frühesten Zeiten her, wohin die Geschichte der menschlichen Vernunft reicht, in dem bewundernswürdigen Volke der Griechen den sichern Weg einer Wissenschaft gegangen. Allein man darf nicht denken, daß es ihr so leicht geworden, wie der Logik, wo die Vernunft es nur mit sich selbst zu thun hat, jenen königlichen Weg zu treffen, oder vielmehr sich selbst zu bahnen; vielmehr glaube ich, daß es lange mit ihr (vornehmlich noch unter den Ägyptern) beim Herumtappen geblieben ist, und diese Umänderung einer Revolution zuzuschreiben sei, die der glückliche Einfall eines einzigen Mannes in einem Versuche zu Stande brachte, von welchem an die Bahn, die man nehmen mußte, nicht mehr zu verfehlen war, und der sichere Gang einer Wissenschaft für alle Zeiten und in unendliche Weiten eingeschlagen und vorgezeichnet war. Die Geschichte dieser Revolution der Denkart, welche viel wichtiger war als die Entdeckung des Weges um das berühmte Vorgebirge, und des Glücklichen, der sie zu Stande brachte, ist uns nicht aufbehalten. Doch beweiset die Sage, welche Diogenes der Laertier uns überliefert, der von den kleinsten und nach dem gemeinen Urtheil gar nicht einmal eines Beweises benöthigten Elementen der geometrischen Demonstrationen den angeblichen Erfinder nennt, daß das Andenken der Veränderung, die durch die erste Spur der Entdeckung dieses neuen Weges bewirkt wurde, den Mathematikern äußerst wichtig geschienen haben müsse und dadurch unvergeßlich geworden sei. Dem ersten, der den gleichschenklichten Triangel demonstrirte, (er mag nun Thales oder wie man will geheißen haben) dem ging ein Licht auf; denn er fand, daß er nicht dem, was er in der Figur sah, oder auch dem bloßen Begriffe derselben nachspüren und gleichsam davon ihre Eigenschaften ablernen, sondern durch das, was er nach Begriffen selbst *a priori* hineindachte und darstellte, (durch Construction) hervorbringen müsse, und daß er, um sicher *a priori* zu wissen, der Sache nichts beilegen müsse, als was aus dem nothwendig folgte, was er seinem Begriffe gemäß selbst in sie gelegt hat.

Mit der Naturwissenschaft ging es weit langsamer zu, bis sie den Heeresweg der Wissenschaft traf; denn es sind nur etwa anderthalb Jahrhunderte, daß der Vorschlag des sinnreichen Baco von Verulam diese Entdeckung theils veranlaßte, theils, da man bereits auf der Spur derselben war, mehr belebte, welche eben sowohl nur durch eine schnell vorgegangene Revolution der Denkart erklärt werden kann. Ich will hier nur die Naturwissenschaft, so fern sie auf empirische Principien gegründet ist, in Erwägung ziehen.

Als Galilei seine Kugeln die schiefe Fläche mit einer von ihm selbst gewählten Schwere herabrollen, oder

Torricelli die Luft ein Gewicht, was er sich zum voraus dem einer ihm bekannten Wassersäule gleich gedacht hatte, tragen ließ, oder in späterer Zeit Stahl Metalle im Kalk und diesen wiederum in Metall verwandelte, indem er ihnen etwas entzog und wiedergab:* so ging allen Naturforschern ein Licht auf. Sie begriffen, daß die Vernunft nur das einsieht, was sie selbst nach ihrem Entwurfe hervorbringt, daß sie mit Principien ihrer Urtheile nach beständigen Gesetzen vorangehen und die Natur nöthigen müsse auf ihre Fragen zu antworten, nicht aber sich von ihr allein gleichsam am Leitbande gängeln lassen müsse; denn sonst hängen zufällige, nach keinem vorher entworfenen Plane gemachte Beobachtungen gar nicht in einem nothwendigen Gesetze zusammen, welches doch die Vernunft sucht und bedarf. Die Vernunft muß mit ihren Principien, nach denen allein übereinstimmende Erscheinungen für Gesetze gelten können, in einer Hand und mit dem Experiment, das sie nach jenen ausdachte, in der anderen an die Natur gehen, zwar um von ihr belehrt zu werden, aber nicht in der Qualität eines Schülers, der sich alles vorsagen läßt, was der Lehrer will, sondern eines bestallten Richters, der die Zeugen nöthigt auf die Fragen zu antworten, die er ihnen vorlegt. Und so hat sogar Physik die vortheilhafte Revolution ihrer Denkart lediglich dem Einfalle zu verdanken, demjenigen, was die Vernunft selbst in die Natur hineinlegt, gemäß dasjenige in ihr zu suchen (nicht ihr anzudichten), was sie von dieser lernen muß, und wovon sie für sich selbst nichts wissen würde. Hiedurch ist die Naturwissenschaft allererst in den sicheren Gang einer Wissenschaft gebracht worden, da sie so viel Jahrhunderte durch nichts weiter als ein bloßes Herumtappen gewesen war.

---

* Ich folge hier nicht genau dem Faden der Geschichte der Experimentalmethode, deren erste Anfänge auch nicht wohl bekannt sind.

Der M e t a p h y s i k , einer ganz isolirten speculativen Vernunfterkenntniß, die sich gänzlich über Erfahrungsbelehrung erhebt und zwar durch bloße Begriffe (nicht wie Mathematik durch Anwendung derselben auf Anschauung), wo also Vernunft selbst ihr eigener Schüler sein soll, ist das Schicksal bisher noch so günstig nicht gewesen, daß sie den sichern Gang einer Wissenschaft einzuschlagen vermocht hätte, ob sie gleich älter ist als alle übrge und bleiben würde, wenn gleich die übrigen insgesammt in dem Schlunde einer alles vertilgenden Barbarei gänzlich verschlungen werden sollten. Denn in ihr geräth die Vernunft continuirlich in Stecken, selbst wenn sie diejenigen Gesetze, welche die gemeinste Erfahrung bestätigt, (wie sie sich anmaßt) *a priori* einsehen will. In ihr muß man unzählige mal den Weg zurück thun, weil man findet, daß er dahin nicht führt, wo man hin will, und was die Einhelligkeit ihrer Anhänger in Behauptungen betrifft, so ist sie noch so weit davon entfernt, daß sie vielmehr ein Kampfplatz ist, der ganz eigentlich dazu bestimmt zu sein scheint, seine Kräfte im Spielgefechte zu üben, auf dem noch niemals irgend ein Fechter sich auch den kleinsten Platz hat erkämpfen und auf seinen Sieg einen dauerhaften Besitz gründen können. Es ist also kein Zweifel, daß ihr Verfahren bisher ein bloßes Herumtappen, und was das Schlimmste ist, unter bloßen Begriffen gewesen sei.

Woran liegt es nun, daß hier noch kein sicherer Weg der Wissenschaft hat gefunden werden können? Ist er etwa unmöglich? Woher hat denn die Natur unsere Vernunft mit der rastlosen Bestrebung heimgesucht, ihm als einer ihrer wichtigsten Angelegenheiten nachzuspüren? Noch mehr, wie wenig haben wir Ursache, Vertrauen in unsere Vernunft zu setzen, wenn sie uns in einem der wichtigsten Stücke unserer Wißbegierde nicht bloß verläßt, sondern durch Vorspiegelungen hinhält und am Ende betrügt! Oder ist er bisher nur verfehlt, welche Anzeige können wir benutzen, um bei erneuertem Nachsuchen zu hoffen, daß wir glücklicher sein werden, als andere vor uns gewesen sind?

Ich sollte meinen, die Beispiele der Mathematik und Naturwissenschaft, die durch eine auf einmal zu Stande gebrachte Revolution das geworden sind, was sie jetzt sind, wären merkwürdig genug, um dem wesentlichen Stücke der Umänderung der Denkart, die ihnen so vortheilhaft geworden ist, nachzusinnen und ihnen, so viel ihre Analogie, als Vernunfterkenntnisse, mit der Metaphysik verstattet, hierin wenigstens zum Versuche nachzuahmen. Bisher nahm man an, alle unsere Erkenntniß müsse sich nach den Gegenständen richten; aber alle Versuche über sie *a priori* etwas durch Begriffe auszumachen, wodurch unsere Erkenntniß erweitert würde, gingen unter dieser Voraussetzung zu nichte. Man versuche es daher einmal, ob wir nicht in den Aufgaben der Metaphysik damit besser fortkommen, daß wir annehmen, die Gegenstände müssen sich nach unserem Erkenntniß richten, welches so schon besser mit der verlangten Möglichkeit einer Erkenntniß derselben *a priori* zusammenstimmt, die über Gegenstände, ehe sie uns gegeben werden, etwas festsetzen soll. Es ist hiemit eben so, als mit den ersten Gedanken des Copernicus bewandt, der, nachdem es mit der Erklärung der Himmelsbewegungen nicht gut fort wollte, wenn er annahm, das ganze Sternheer drehe sich um den Zuschauer, versuchte, ob es nicht besser gelingen möchte, wenn er den Zuschauer sich drehen und dagegen die Sterne in Ruhe ließ. In der Metaphysik kann man nun, was die Anschauung der Gegenstände betrifft, es auf ähnliche Weise versuchen. Wenn die Anschauung sich nach der Beschaffenheit der Gegenstände richten müßte, so sehe ich nicht ein, wie man *a priori* von ihr etwas wissen könne; richtet sich aber der Gegenstand (als Object der Sinne) nach der Beschaffenheit unseres Anschauungsvermögens, so kann ich mir diese Möglichkeit ganz wohl vorstellen. Weil ich aber bei diesen Anschauungen, wenn sie Erkenntnisse werden sollen, nicht stehen bleiben kann, sondern sie als Vorstellungen auf irgend etwas als Gegenstand beziehen und diesen durch jene bestimmen muß, so kann ich entweder annehmen, die Begriffe, wodurch ich diese Bestimmung zu Stande bringe, richten sich auch nach dem Gegenstande, und dann bin ich wiederum in derselben Verlegenheit wegen der Art, wie ich *a priori* hievon etwas wissen könne; oder ich nehme an, die Gegenstände oder, welches einerlei ist, die Erfahrung, in welcher sie allein (als gegebene Gegenstände) erkannt werden, richte sich nach diesen Begriffen, so sehe ich sofort eine leichtere Auskunft, weil Erfahrung selbst eine Erkenntnißart ist, die Verstand erfordert, dessen Regel ich in mir, noch ehe mir Gegenstände gegeben werden, mithin *a priori* voraussetzen muß, welche in Begriffen *a priori* ausgedrückt wird, nach denen sich also alle Gegenstände der Erfahrung nothwendig richten und mit ihnen übereinstimmen müssen. Was Gegenstände betrifft, so fern sie bloß durch Vernunft und zwar nothwendig gedacht, die aber (so wenigstens, wie die Vernunft sie denkt) gar nicht in der Erfahrung gegeben werden können, so werden die Versuche sie zu denken (denn denken müssen sie sich doch lassen) hernach einen herrlichen Probirstein desjenigen abgeben, was wir als die veränderte Methode der Denkungsart annehmen, daß wir nämlich von den Dingen nur das *a priori* erkennen, was wir selbst in sie legen.*

* Diese dem Naturforscher nachgeahmte Methode besteht also darin: die Elemente der reinen Vernunft in dem zu suchen, was sich durch ein Experiment bestätigen oder widerlegen läßt. Nun läßt sich zur Prüfung der Sätze der reinen

Dieser Versuch gelingt nach Wunsch und verspricht der Metaphysik in ihrem ersten Theile, da sie sich nämlich mit Begriffen *a priori* beschäftigt, davon die correspondirenden Gegenstände in der Erfahrung jenen angemessen gegeben werden können, den sicheren Gang einer Wissenschaft. Denn man kann nach dieser Veränderung der Denkart die Möglichkeit einer Erkenntniß *a priori* ganz wohl erklären und, was noch mehr ist, die Gesetze, *a priori* der Natur, als dem Inbegriffe der Gegenstände der Erfahrung, zum Grunde liegen, mit ihren genugthuenden Beweisen versehen, welches beides nach der bisherigen Verfahrungsart unmöglich war. Aber es ergiebt sich aus dieser Deduction unseres Vermögens *a priori* zu erkennen im ersten Theile der Metaphysik ein befremdliches und dem ganzen Zwecke derselben, der den zweiten Theil beschäftigt, dem Anscheine nach sehr nachtheiliges Resultat, nämlich daß wir mit ihm nie über die Grenze möglicher Erfahrung hinauskommen können, welches doch gerade die wesentlichste Angelegenheit dieser Wissenschaft ist. Aber hierin liegt eben das Ex-

---

Vernunft, vornehmlich wenn sie über alle Grenze möglicher Erfahrung hinaus gewagt werden, kein Experiment mit ihren Objecten machen (wie in der Naturwissenschaft): also wird es nur mit Begriffen und Grundsätzen, die wir *a priori* annehmen, thunlich sein, indem man sie nämlich so einrichtet, daß dieselben Gegenstände einerseits als Gegenstände der Sinne und des Verstandes für die Erfahrung, andererseits aber doch als Gegenstände, die man bloß denkt, allenfalls für die isolierte und über Erfahrungsgrenze hinausstrebende Vernunft, mithin von zwei verschiedenen Seiten betrachtet werden können. Findet es sich nun, daß, wenn man die Dinge aus jenem doppelten Gesichtspunkte betrachtet, Einstimmung mit dem Princip der reinen Vernunft stattfinde, bei einerlei Gesichtspunkte aber ein unvermeidlicher Widerstreit der Vernunft mich sich selbst entspringe, so entscheidet das Experiment für die Richtigkeit jener Unterscheidung.

periment einer Gegenprobe der Wahrheit des Resultats jener ersten Würdigung unserer Vernunfterkenntniß *a priori,* daß sie nämlich nur auf Erscheinungen gehe, die Sache an sich selbst dagegen zwar als für sich wirklich, aber von uns unerkannt liegen lasse. Denn das, was uns nothwendig über die Grenze der Erfahrung und aller Erscheinungen hinaus zu gehen treibt, ist das Unbedingte, welches die Vernunft in den Dingen an sich selbst nothwendig und mit allem Recht zu allem Bedingten und dadurch die Reihe der Bedingungen als vollendet verlangt. Findet sich nun, wenn man annimmt, unsere Erfahrungserkenntniß richte sich nach den Gegenständen als Dingen an sich selbst, daß das Unbedingte ohne Widerspruch gar nicht gedacht werden könne; dagegen, wenn man annimmt, unsere Vorstellung der Dinge, wie sie uns gegeben werden, richte sich nicht nach diesen als Dingen an sich selbst, sondern diese Gegenstände vielmehr als Erscheinungen richten sich nach unserer Vorstellungsart, der Widerspruch wegfalle; und daß folglich das Unbedingte nicht an Dingen, so fern wir sie kennen (sie uns gegeben werden), wohl aber an ihnen, so fern wir sie nicht kennen, als Sachen an sich selbst angetroffen werden müsse: so zeigt sich, daß, was wir Anfangs nur zum Versuche annahmen, gegründet sei.* Nun bleibt uns immer noch übrig, nachdem der speculativen Vernunft alles

* Dieses Experiment der reinen Vernunft hat mit dem der Chemiker, welches sie mannigmal den Versuch der Reduction, im Allgemeinen aber das synthetische Verfahren nennen, viel Ähnliches. Die Analysis des Metaphysikers schied die reine Erkenntniß *a priori* in zwei sehr ungleichartige Elemente, nämlich die der Dinge als Erscheinungen und dann der Dinge an sich selbst. Die Dialektik verbindet beide wiederum zur Einhelligkeit mit der nothwendigen Vernunftidee des Unbedingten und findet, daß diese Einhelligkeit niemals anders, als durch jene Unterscheidung herauskomme, welche also die wahre ist.

Fortkommen in diesem Felde des Übersinnlichen abgesprochen worden, zu versuchen, ob sich nicht in ihrer praktischen Erkenntniß Data finden, jenen transscendenten Vernunftbegriff des Unbedingten zu bestimmen und auf solche Weise dem Wunsche der Metaphysik gemäß über die Grenze aller möglichen Erfahrung hinaus mit unserem, aber nur in praktischer Absicht möglichen Erkenntnisse *a priori* zu gelangen. Und bei einem solchen Verfahren hat uns die speculative Vernunft zu solcher Erweiterung immer doch wenigstens Platz verschafft, wenn sie ihn gleich leer lassen mußte, und es bleibt uns also noch unbenommen, ja wir sind gar dazu durch sie aufgefordert, ihn durch praktische Data derselben, wenn wir können, auszufüllen.*

In jenem Versuche, das bisherige Verfahren der Metaphysik umzuändern, und dadurch, daß wir nach dem Beispiele der Geometer und Naturforscher eine gänzliche Revolution mit derselben vornehmen, besteht nur das Geschäfte dieser

* So verschafften die Centralgesetze der Bewegungen der Himmelskörper dem, was Copernicus anfänglich nur als Hypothese annahm, ausgemachte Gewißheit und bewiesen zugleich die unsichtbare den Weltbau verbindende Kraft (der Newtonischen Anziehung), welche auf immer unentdeckt geblieben wäre, wenn der erstere es nicht gewagt hätte, auf eine widersinnische, aber doch wahre Art die beobachteten Bewegungen nicht in den Gegenständen des Himmels, sondern in ihrem Zuschauer zu suchen. Ich stelle in dieser Vorrede die in der Kritik vorgetragene jener Hypothese analogische Umänderung der Denkart auch nur als Hypothese auf, ob sie gleich in der Abhandlung selbst aus der Beschaffenheit unserer Vorstellungen vom Raum und Zeit und den Elementarbegriffen des Verstandes nicht hypothetisch, sondern apodiktisch bewiesen wird, um nur die ersten Versuche einer solchen Umänderung, welche allemal hypothetisch sind, bemerklich zu machen.

Kritik der reinen speculativen Vernunft. Sie ist ein Tractat von der Methode, nicht ein System der Wissenschaft selbst; aber sie verzeichnet gleichwohl den ganzen Umriß derselben sowohl in Ansehung ihrer Grenzen, als auch den ganzen inneren Gliederbau derselben. Denn das hat die reine speculative Vernunft Eigenthümliches an sich, daß sie ihr eigen Vermögen nach Verschiedenheit der Art, wie sie sich Objecte zum Denken wählt, ausmessen und auch selbst die mancherlei Arten, sich Aufgaben vorzulegen, vollständig vorzählen und so den ganzen Vorriß zu einem System der Metaphysik verzeichnen kann und soll; weil, was das erste betrifft, in der Erkenntniß *a priori* den Objecten nichts beigelegt werden kann, als was das denkende Subject aus sich selbst hernimmt, und, was das zweite anlangt, sie in Ansehung der Erkenntnißprincipien eine ganz abgesonderte, für sich bestehende Einheit ist, in welcher ein jedes Glied wie in einem organisirten Körper um aller anderen und alle um eines willen da sind, und kein Princip mit Sicherheit in e i n e r Beziehung genommen werden kann, ohne es zugleich in der d u r c h g ä n g i g e n Beziehung zum ganzen reinen Vernunftgebrauch untersucht zu haben. Dafür aber hat auch die Metaphysik das seltene Glück, welches keiner andern Vernunftwissenschaft, die es mit Objecten zu thun hat, (denn die L o g i k beschäftigt sich nur mit der Form des Denkens überhaupt) zu Theil werden kann, daß, wenn sie durch diese Kritik in den sichern Gang einer Wissenschaft gebracht worden, sie das ganze Feld der für sie gehörigen Erkenntnisse völlig befassen und also ihr Werk vollenden und für die Nachwelt als einen nie zu vermehrenden Hauptstuhl zum Gebrauche niederlegen kann, weil sie es bloß mit Principien und den Einschränkungen ihres Gebrauchs zu thun hat, welche durch jene selbst bestimmt werden. Zu dieser Vollständigkeit ist sie daher als Grundwissenschaft auch verbunden, und von ihr muß gesagt werden können: *nil actum reputans, si quid superesset agendum.*

Aber was ist denn das, wird man fragen, für ein Schatz, den wir der Nachkommenschaft mit einer solchen durch Kritik geläuterten, dadurch aber auch in einen beharrlichen Zustand gebrachten Metaphysik zu hinterlassen gedenken? Man wird bei einer flüchtigen Übersicht dieses Werks wahrzunehmen glauben, daß der Nutzen davon doch nur negativ sei, uns nämlich mit der speculativen Vernunft niemals über die Erfahrungsgrenze hinaus zu wagen, und das ist auch in der That ihr erster Nutzen. Dieser aber wird alsbald positiv, wenn man inne wird, daß die Grundsätze, mit denen sich speculative Vernunft über ihre Grenze hinauswagt, in der That nicht Erweiterung, sondern, wenn man sie näher betrachtet, Verengung unseres Vernunfigebrauchs zum unausbleiblichen Erfolg haben, indem sie wirklich die Grenzen der Sinnlichkeit, zu der sie eigentlich gehören, über alles zu erweitern und so den reinen (praktischen) Vernunftgebrauch gar zu verdrängen drohen. Daher ist eine Kritik, welche die erstere einschränkt, so fern zwar negativ, aber, indem sie dadurch zugleich ein Hinderniß, welches den letzteren Gebrauch einschränkt, oder gar zu vernichten droht, aufhebt, in der That von positivem und sehr wichtigem Nutzen, so bald man überzeugt wird, daß es einen schlechterdings nothwendigen praktischen Gebrauch der reinen Vernunft (den moralischen) gebe, in welchem sie sich unvermeidlich über die Grenzen der Sinnlichkeit erweitert, dazu sie zwar von der speculativen keiner Beihülfe bedarf, dennoch aber wider ihre Gegenwirkung gesichert sein muß, um nicht in Widerspruch mit sich selbst zu gerathen. Diesem Dienste der Kritik den positiven

Nutzen abzusprechen, wäre eben so viel als sagen, daß Polizei keinen positiven Nutzen schaffe, weil ihr Hauptgeschäfte doch nur ist, der Gewaltthätigkeit, welche Bürger von Bürgern zu besorgen haben, einen Riegel vorzuschieben, damit ein jeder seine Angelegenheit ruhig und sicher treiben könne. Daß Raum und Zeit nur Formen der sinnlichen Anschauung, also nur Bedingungen der Existenz der Dinge als Erscheinungen sind, daß wir ferner keine Verstandesbegriffe, mithin auch gar keine Elemente zur Erkenntniß der Dinge haben, als so fern diesen Begriffen correspondirende Anschauung gegeben werden kann, folglich wir von keinem Gegenstande als Dinge an sich selbst, sondern nur so fern es Object der sinnlichen Anschauung ist, d.i. als Erscheinung, Erkenntniß haben können, wird im analytischen Theile der Kritik bewiesen; woraus denn ſreilich die Einschränkung aller nur möglichen speculativen Erkenntniß der Vernunft auf bloße Gegenstände der E r f a h r u n g folgt. Gleichwohl wird, welches wohl gemerkt werden muß, doch dabei immer vorbehalten, daß wir eben dieselben Gegenstände auch als Dingen an sich selbst, wenn gleich nicht e r k e n n e n , doch wenigstens müssen d e n k e n können.* Denn sonst

* Einen Gegenstand e r k e n n e n , dazu wird erfordert, daß ich seine Möglichkeit (es sei nach dem Zeugniß der Erfahrung aus seiner Wirklichkeit, oder *a priori* durch Vernunft) beweisen könne. Aber d e n k e n kann ich, was ich will, wenn ich mir nur nicht selbst widerspreche, d.i. wenn mein Begriff nur ein möglicher Gedanke ist, ob ich zwar dafür nicht stehen kann, ob im Inbegriffe aller Möglichkeiten diesem auch ein Object correspondire oder nicht. Um einem solchen Begriffe aber objective Gültigkeit (reale Möglichkeit, denn die erstere war bloß die logische) beizulegen, dazu wird etwas mehr erfordert. Dieses Mehrere aber braucht eben nicht in theoretischen Erkenntnißquellen gesucht werden, es kann auch in praktischen liegen.

würde der ungereimte Satz daraus folgen, daß Erscheinung ohne etwas wäre, was da erscheint. Nun wollen wir annehmen, die durch unsere Kritik nothwendiggemachte Unterscheidung der Dinge als Gegenstände der Erfahrung von eben denselben als Dingen an sich selbst wäre gar nicht gemacht, so müßte der Grundsatz der Causalität und mithin der Naturmechanism in Bestimmung derselben durchaus von allen Dingen überhaupt als wirkenden Ursachen gelten. Von eben demselben Wesen also, z.B. der menschlichen Seele, würde ich nicht sagen können, ihr Wille sei frei, und er sei doch zugleich der Naturnothwendigkeit unterworfen, d.i. nicht frei, ohne in einen offenbaren Widerspruch zu gerathen, weil ich die Seele in beiden Sätzen in eben derselben Bedeutung, nämlich als Ding überhaupt (als Sache an sicht selbst), genommen habe und ohne vorhergehende Kritik auch nicht anders nehmen konnte.

Wenn aber die Kritik nicht geirrt hat, da sie das Object in zweierlei Bedeutung nehmen lehrt, nämlich als Erscheinung oder als Ding an sich selbst; wenn die Deduction ihrer Verstandesbegriffe richtig ist, mithin auch der Grundsatz der Causalität nur auf Dinge im ersten Sinne genommen, nämlich so fern sie Gegenstände der Erfahrung sind, geht, eben dieselbe aber nach der zweiten Bedeutung ihm nicht unterworfen sind: so wird eben derselbe Wille in der Erscheinung (den sichtbaren Handlungen) als dem Naturgesetze nothwendig gemäß und so fern nicht frei und doch andererseits als einem Dinge an sich selbst angehörig jenem nicht unterworfen, mithin als frei gedacht, ohne daß hiebei ein Widerspruch vorgeht. Ob ich nun gleich meine Seele, von der letzteren Seite betrachtet, durch keine speculative Vernunft, (noch weniger durch empirische Beobachtung) mithin auch nicht die Freiheit als Eigenschaft eines Wesens, dem ich Wirkungen in der Sinnenwelt zuschreibe, erkennen kann, darum weil ich ein solches seiner Existenz nach und doch nicht in der Zeit bestimmt erkennen müßte (welches, weil ich meinem Begriffe keine Anschauung unterlegen kann, unmöglich ist): so kann ich mir doch die Freiheit denken, d.i. die Vorstellung davon enthält wenigstens keinen Widerspruch in sich, wenn unsere kritische Unterscheidung beider (der sinnlichen und intellectuellen) Vorstellungsarten und die davon herrührende Einschränkung der reinen Verstandesbegriffe, mithin auch der aus ihnen fließenden Grundsätze Statt hat. Gesetzt nun, die Moral setze nothwendig Freiheit (im strengsten Sinne) als Eigenschaft unseres Willens voraus, indem sie praktische in unserer Vernunft liegende, ursprüngliche Grundsätze als Data derselben *a priori* anführt, die ohne Voraussetzung der Freiheit schlechterdings unmöglich wären, die speculative Vernunft aber hätte bewiesen, daß diese sich gar nicht denken lasse: so muß nothwendig jene Voraussetzung, nämlich die moralische, derjenigen weichen, deren Gegentheil einen offenbaren Widerspruch enthält, folglich Freiheit und mit ihr Sittlichkeit (denn deren Gegentheil enthält keinen Widerspruch, wenn nicht schon Freiheit vorausgesetzt wird) dem Naturmechanism den Platz einräumen. So aber, da ich zur Moral nichts weiter brauche, als daß Freiheit sich nur nicht selbst widerspreche und sich also doch wenigstens denken lasse, ohne nöthig zu haben sie weiter einzusehen, daß sie also dem Naturmechanism eben derselben Handlung (in anderer Beziehung genommen) gar kein Hinderniß in den Weg lege: so behauptet die Lehre der Sittlichkeit ihren Platz und die Naturlehre auch den ihrigen, welches aber nicht Statt gefunden hätte, wenn nicht Kritik uns zuvor von unserer unvermeidlichen Unwissenheit in

Ansehung der Dinge an sich selbst belehrt und alles, was wir theoretisch erkennen können, auf bloße Erscheinungen eingeschränkt hätte. Eben diese Erörterung des positiven Nutzens kritischer Grundsätze der reinen Vernunft läßt sich in Ansehung des Begriffs von Gott und der einfachen Natur unserer Seele zeigen, die ich aber der Kürze halber vorbeigehe. Ich kann also Gott, Freiheit und Unsterblichkeit zum Behuf des nothwendigen praktischen Gebrauchs meiner Vernunft nicht einmal annehmen, wenn ich nicht der speculativen Vernunft zugleich ihre Anmaßung überschwenglicher Einsichten benehme, weil sie sich, um zu diesen zu gelangen, solcher Grundsätze bedienen muß, die, indem sie in der That bloß auf Gegenstände möglicher Erfahrung reichen, wenn sie gleichwohl auf das angewandt werden, was nicht ein Gegenstand der Erfahrung sein kann, wirklich dieses jederzeit in Erscheinung verwandeln und so alle praktische Erweiterung der reinen Vernunft für unmöglich erklären. Ich mußte also das Wissen aufheben, um zum Glauben Platz zu bekommen, und der Doginatism der Metaphysik, d.i. das Vorurtheil, in ihr ohne Kritik der reinen Vernunft fortzukommen, ist die wahre Quelle alles der Moralität widerstreitenden Unglaubens, der jederzeit gar sehr dogmatisch ist. – Wenn es also mit einer nach Maßgabe der Kritik der reinen Vernunft abgefaßten systematischen Metaphysik eben nicht schwer sein kann, der Nachkommenschaft ein Vermächtniß zu hinterlassen, so ist dies kein für gering zu achtendes Geschenk; man mag nun bloß auf die Cultur der Vernunft durch den sicheren Gang einer Wissenschaft überhaupt in Vergleichung mit dem grundlosen Tappen und leichtsinnigen Herumstreifen derselben ohne Kritik sehen, oder auch auf bessere Zeitanwendung, einer wißbegierigen

Jugend, die beim gewöhnlichen Dogmatism so frühe und so viel Aufmunterung bekommt, über Dinge, davon sie nichts versteht, und darin sie so wie niemand in der Welt auch nie etwas einsehen wird, bequem zu vernünfteln, oder gar auf Erfindung neuer Gedanken und Meinungen auszugehen und so die Erlernung gründlicher Wissenschaften zu verabsäumen; am meisten aber, wenn man den unschätzbaren Vortheil in Anschlag bringt, allen Einwürfen wider Sittlichkeit und Religion auf sokratische Art, nämlich durch den klärsten Beweis der Unwissenheit der Gegner, auf alle künftige Zeit ein Ende zu machen. Denn irgend eine Metaphysik ist immer in der Welt gewesen und wird auch wohl ferner, mit ihr aber auch eine Dialektik der reinen Vernunft, weil sie ihr natürlich ist, darin anzutreffen sein. Es ist also die erste und wichtigste Angelegenheit der Philosophie, einmal für allemal ihr dadurch, daß man die Quelle der Irrthümer verstopft, allen nachtheiligen Einfluß zu benehmen.

Bei dieser wichtigen Veränderung im Felde der Wissenschaften und dem Verluste, den speculative Vernunft an ihrem bisher eingebildeten Besitze erleiden muß, bleibt dennoch alles mit der allgemeinen menschlichen Angelegenheit und dem Nutzen, den die Welt bisher aus den Lehren der reinen Vernunft zog, in demselben vortheilhaften Zustande, als es jemals war, und Verlust trifft nur das Monopol der Schulen, keineswegs aber das Interesse der Menschen. Ich frage den unbiegsamsten Dogmatiker, ob der Beweis von der Fortdauer unserer Seele nach dem Tode aus der Einfachheit der Substanz, ob der von der Freiheit des Willens gegen den allgemeinen Mechanism durch die subtilen, obzwar ohnmächtigen, Unterscheidungen subjectiver und objectiver praktischer Nothwendigkeit, oder ob der vom Dasein Gottes aus dem Begriffe eines allerrealsten Wesens (der Zufälligkeit des Veränderlichen und der Nothwendigkeit eines ersten Bewegers), nachdem sie von den Schulen ausgingen, jemals haben bis zum Publicum gelangen und auf dessen Überzeugung den mindesten Einfluß haben können? Ist dieses nun nicht geschehen, und kann es auch wegen der Untauglichkeit des gemeinen Menschenverstandes zu so subtiler Speculation niemals erwartet werden; hat vielmehr, was das erstere betrifft, die jedem Menschen bemerkliche Anlage seiner Natur, durch das Zeitliche (als zu den Anlagen seiner ganzen Bestimmung unzulänglich) nie zufrieden gestellt werden zu können, die Hoffnung eines künftigen Lebens, in Ansehung des zweiten die bloße klare Darstellung der Pflichten im Gegensatze aller Ansprüche der Neigungen das Bewußtsein der Freiheit und endlich, was das dritte anlangt, die herrliche Ordnung, Schönheit und Vorsorge, die allerwärts in der Natur hervorblickt, allein den Glauben an einen weisen und großen Welturheber, die sich aufs Publicum verbreitende Überzeugung, so fern sie auf Vernunftgründen beruht, ganz allein bewirken müssen: so bleibt ja nicht allein dieser Besitz ungestört, sondern er gewinnt vielmehr dadurch noch an Ansehen, daß die Schulen nunmehr belehrt werden, sich keine höhere und ausgebreitetere Einsicht in einem Punkte anzumaßen, der die allgemeine menschliche Angelegenheit betrifft, als diejenige ist, zu der die große (für uns achtungswürdigste) Menge auch eben so leicht gelangen kann, und sich also auf die Cultur dieser allgemein faßlichen und in moralischer Absicht hinreichenden Beweisgründe allein einzuschränken. Die Veränderung betrifft also bloß die arroganten Ansprüche der Schulen, die sich gerne hierin (wie sonst mit Recht in vielen anderen Stücken) für die alleinigen Kenner und Aufbewahrer solcher Wahrheiten möchten halten lassen, von denen sie dem Publicum nur den Gebrauch mittheilen, den Schlüssel derselben aber für sich behalten (*quod mecum nescit, solus vult scire videri*). Gleichwohl ist doch auch für einen billigern Anspruch des speculativen Philosophen gesorgt. Er bleibt immer ausschließlich Depositär einer dem Publicum ohne dessen Wissen nützlichen Wissenschaft, nämlich der Kritik der Vernunft; denn die kann niemals populär werden, hat aber auch nicht nöthig es zu sein, weil, so wenig dem Volke die fein gesponnenen Argumente für nützliche Wahrheiten in den Kopf wollen, eben so wenig kommen ihm auch die eben so subtilen Einwürfe dagegen jemals in den Sinn; dagegen, weil die Schule, so wie jeder sich zur Speculation erhebende Mensch, unvermeidlich in beide geräth, jene dazu verbunden ist, durch gründliche Untersuchung der Rechte der speculativen Vernunft ein mal für allemal dem Skandal vorzubeugen, das über kurz oder lang selbst dem Volke aus den Streitigkeiten aufstoßen muß, in welche sich Metaphysiker (und als solche endlich auch wohl Geistliche) ohne Kritik unausbleiblich verwickeln, und die selbst nachher ihre Lehren verfälschen. Durch diese kann nun allein dem Materialism, Fatalism, Atheism, dem freigeisterischen Unglauben, der Schwärmerei und Aberglauben, die allgemein schädlich werden können, zuletzt auch dem Idealism und Scepticism, die mehr den Schulen gefährlich sind und schwerlich ins Publicum übergehen können, selbst die Wurzel abgeschnitten werden. Wenn Regierungen sich ja mit Angelegenheiten der Gelehrten zu befassen gut finden, so würde es ihrer weisen Vorsorge für Wissenschaften sowohl als Menschen weit gemäßer sein, die Freiheit einer solchen Kritik zu begünstigen, wodurch die Vernunftbearbeitungen allein auf einen festen Fuß gebracht werden können, als den lächerlichen Despotism der Schulen zu unterstützen, welche über öffentliche Gefahr ein lautes Geschrei erheben, wenn man ihre Spinneweben zerreißt, von denen doch das Publicum niemals Notiz genommen hat, und deren Verlust es also auch nie fühlen kann.

Die Kritik ist nicht dem dogmatischen Verfahren der Vernunft in ihrem reinen Erkenntniß, als Wissenschaft, entgegengesetzt (denn diese muß jederzeit dogmatisch, d.i. aus sicheren Principien *a priori* strenge beweisend, sein), sondern dem Dogmatism, d.i. der Anmaßung, mit einer reinen Erkenntniß aus Begriffen (der philosophischen) nach Principien, so wie sie die Vernunft längst im Gebrauch hat, ohne Erkundigung der Art und des Rechts, womit sie dazu gelangt ist, allein fortzukommen. Dogmatism ist also das dogmatische Verfahren der reinen Vernunft ohne vorangehende Kritik ihres eignen Vermögens. Diese Entgegensetzung soll daher nicht der geschwätzigen Seichtigkeit unter dem angemaßten Namen der Popularität, oder wohl gar dem Scepticism, der mit der ganzen Metaphysik kurzen Proceß macht, das Wort reden; vielmehr ist die Kritik die nothwendige vorläufige Veranstaltung zur Beförderung einer gründlichen Metaphysik als Wissenschaft, die nothwendig dogmatisch und nach der strengsten Forderung systematisch, mithin schulgerecht (nicht populär) ausgeführt werden muß, denn diese Forderung an sie, da sie sich anheischig macht, gänzlich *a priori*, mithin zu völliger Befriedigung der speculativen Vernunft ihr Geschäfte auszuführen, ist unnachlaßlich. In der Ausführung also des Plans, den die Kritik vorschreibt, d.i. im künftigen System der Metaphysik, müssen wir dereinst der strengen Methode des berühmten Wolff, des größten unter allen dogmatischen Philosophen, folgen, der zuerst das Beispiel gab (und durch dies Beispiel der Urheber des bisher noch nicht erloschenen Geistes der Gründlichkeit in Deutschland wurde), wie durch gesetzmäßige Feststellung der Principien, deutliche Bestimmung der Begriffe, versuchte Strenge der Beweise, Verhütung kühner Sprünge in Folgerungen der sichere Gang einer Wissenschaft zu nehmen sei, der auch eben darum eine solche, als Metaphysik ist, in diesen Stand zu versetzen vorzüglich geschickt war, wenn es ihm beigefallen wäre, durch Kritik des Organs, nämlich der reinen Vernunft selbst, sich das Feld vorher zu bereiten: ein Mangel, der nicht sowohl ihm, als vielmehr der dogmatischen Denkungsart seines Zeitalters beizumessen ist, und darüber die Philosophen seiner sowohl als aller vorigen Zeiten einander nichts vorzuwerfen haben. Diejenigen, welche seine Lehrart und doch zugleich auch das Verfahren der Kritik der reinen Vernunft verwerfen, können nichts andres im Sinne haben, als die Fesseln der W i s s e n - s c h a f t gar abzuwerfen, Arbeit in Spiel, Gewißheit in Meinung und Philosophie in Philodoxie zu verwandeln.

W a s d i e s e z w e i t e A u f l a g e b e t r i f f t, so habe ich wie billig die Gelegenheit derselben nicht vorbeilassen wollen, um den Schwierigkeiten und der Dunkelheit so viel möglich abzuhelfen, woraus manche Mißdeutungen entsprungen sein mögen, welche scharfsinnigen Männern vielleicht nicht ohne meine Schuld in der Beurtheilung dieses Buchs aufgestoßen sind. In den Sätzen selbst und ihren Beweisgründen, imgleichen der Form sowohl als der Vollständigkeit des Plans habe ich nichts zu ändern gefunden; welches theils der langen Prüfung, der ich sie unterworfen hatte, ehe ich es dem Publicum vorlegte, theils der Beschaffenheit der Sache selbst, nämlich der Natur einer reinen speculativen Vernunft, beizumessen ist, die einen wahren Gliederbau enthält, worin alles Organ ist, nämlich Alles um Eines willen und ein jedes Einzelne um aller willen, mithin jede noch so kleine Gebrechlichkeit, sie sei ein Fehler (Irrthum) oder Mangel, sich im Gebrauche unausbleiblich verrathen muß. In dieser Unveränderlichkeit wird sich dieses System, wie ich hoffe, auch fernerhin behaupten. Nicht Eigendünkel, sondern bloß die Evidenz, welche das Experiment der Gleichheit des Resultats im Ausgange von den mindesten Elementen bis zum Ganzen der reinen Vernunft und im Rückgange vom Ganzen (denn auch dieses ist für sich durch die Endabsicht derselben im Praktischen gegeben) zu jedem Theile bewirkt, indem der Versuch, auch nur den kleinsten Theil abzuändern, sofort Widersprüche nicht bloß des Systems, sondern der allgemeinen Menschenvernunft herbeiführt, berechtigt mich zu diesem Vertrauen. Allein in der Darstellung ist noch viel zu thun, und hierin habe ich mit dieser Auflage Verbesserungen versucht, welche theils dem Mißverstande der Ästhetik, vornehrnlich dem im Begriffe der Zeit, theils der Dunkelheit der Deduction der Verstandesbegriffe, theils dem vermeintlichen Mangel einer genugsamen Evidenz in den Beweisen der Grundsätze des reinen Verstandes, theils endlich der Mißdeutung der der rationalen Psychologie vorgerückten Paralogismen abhelfen sollen. Bis hieher (nämlich nur bis zu Ende des ersten Hauptstücks der transscendentalen Dialektik) und weiter nicht erstrecken sich meine Abänderungen der Darstellungsart*, weil die Zeit zu kurz und mir in Ansehung des übrigen auch kein Mißverstand

* Eigentliche Vermehrung, aber doch nur in der Beweisart könnte ich nur die nennen, die ich durch eine neue Widerlegung des psychologischen Idealisms und einen strengen (wie ich glaube, auch einzig möglichen) Beweis von der objectiven Realität der äußeren Anschauung S. 281 ff. gemacht habe. Der Idealism mag in Ansehung der wesentlichen Zwecke der Metaphysik für noch so unschuldig gehalten werden (das er in der That nicht ist), so bleibt es immer ein Skandal der Philosophie und allgemeinen Menschenvernunft, das Dasein der Dinge außer uns (von denen wir doch den ganzen Stoff zu

sachkundiger und unparteiischer Prüfer vorgekommen war, welche, auch ohne daß ich sie mit dem ihnen gebührenden Lobe

---

Erkenntnissen selbst für unseren inneren Sinn her haben) bloß auf Glauben, annehmen zu müssen und, wenn es jemand einfällt es zu bezweifeln, ihm keinen genugthuenden Beweis entgegenstellen zu können. Weil sich in den Ausdrücken des Beweises von der dritten Zeile bis zur sechsten einige Dunkelheit findet, so bitte ich diesen Period so umzuändern: »Dieses Beharrliche aber kann nicht eine Anschauung in mir sein. Denn alle Bestimmungsgründe meines Daseins, die in mir angetroffen werden können, sind Vorstellungen und bedürfen als solche selbst ein von ihnen unterschiedenes Beharrliches, worauf in Beziehung der Wechsel derselben, mithin mein Dasein in der Zeit, darin sie wechseln, bestimmt werden könne.« Man wird gegen diesen Beweis vermuthlich sagen: ich bin mir doch nur dessen, was in mir ist, d.i. meiner Vorstellung äußerer Dinge, unmittelbar bewußt; folglich bleibe es immer noch unausgemacht, ob etwas ihr Correspondirendes außer mir sei, oder nicht. Allein bin ich mir meines Daseins in der Zeit (folglich auch der Bestimmbarkeit desselben in dieser) durch innere Erfahrung bewußt, und dieses ist mehr, als bloß mich meiner Vorstellung bewußt zu sein, doch aber einerlei mit dem empirischen Bewußtsein meines Daseins, welches nur durch Beziehung auf etwas, was mit meiner Existenz verbunden außer mir ist, bestimmbar ist. Dieses Bewußtsein meines Daseins in der Zeit ist also mit dem Bewußtsein eines Verhältnisses zu etwas außer mir identisch verbunden, und es ist also Erfahrung und nicht Erdichtung, Sinn und nicht Einbildungskraft, welches das Äußere mit meinem inneren Sinn unzertrennlich verknüpft; denn der äußere Sinn ist schon an sich Beziehung der Anschauung auf etwas Wirkliches außer mir, und die Realität desselben zum Unterschiede von der Einbildung beruht nur darauf, daß er mit der inneren Erfahrung selbst, als die Bedingung der Möglichkeit derselben, unzertrennlich verbunden werde, welches hier geschieht. Wenn ich mit dem intellectuellen Bewußtsein meines Daseins in der Vorstellung Ich bin

nennen darf, die Rücksicht, die ich auf ihre Erinnerungen genommen habe, schon von selbst an ihren Stellen antreffen wer-

---

welche alle meine Urtheile und Verstandeshandlungen begleitet, zugleich eine Bestimmung meines Dasein durch intellectuelle Anschauung verbinden könnte, so wäre zu derselben das Bewußtsein eines Verhältnisses zu etwas außer mir nicht nothwendig gehörig. Nun aber jenes intellectuelle Bewußtsein zwar vorangeht, aber die innere Anschauung, in der mein Dasein allein bestimmt werden kann, sinnlich und an Zeitbedingung gebunden ist, diese Bestimmung aber, mithin die innere Erfahrung selbst, von etwas Beharrlichem, welches in mir nicht ist, folglich nur in etwas außer mir, wogegen ich mich in Relation betrachten muß, abhängt: so ist die Realität des äußeren Sinnes mit der des innern zur Möglichkeit einer Erfahrung überhaupt nothwendig verbunden: d.i. ich bin mir eben so sicher bewußt, daß es Dinge außer mir gebe, die sich auf meinen Sinn beziehen, als ich mir bewußt bin, daß ich selbst in der Zeit bestimmt existire. Welchen gegebenen Anschauungen nun aber wirklich Objecte außer mir correspondiren, und die also zum äußeren Sinne gehören, welchem sie und nicht der Einbildungskraft zuzuschreiben sind, muß nach den Regeln, nach welchen Erfahrung überhaupt (selbst innere) von Einbildung unterschieden wird, in jedem besondern Falle ausgemacht werden, wobei der Satz, daß es wirklich äußere Erfahrung gebe, immer zum Grunde liegt. Man kann hiezu noch die Anmerkung fügen: die Vorstellung von etwas Beharrlichem im Dasein ist nicht einerlei mit der beharrlichen Vorstellung; denn diese kann sehr wandelbar und wechselnd sein, wie alle unsere und selbst die Vorstellungen der Materie und bezieht sich doch auf etwas Beharrliches, welches also ein von allen meinen Vorstellungen unterschiedenes und äußeres Ding sein muß, dessen Existenz in der Bestimmung meines eigenen Daseins nothwendig mit eingeschlossen wird und mit derselben nur eine einzige Erfahrung ausmacht, die nicht einmal innerlich stattfinden würde, wenn sie nicht (zum Theil) zugleich äußerlich wäre. Das Wie? läßt sich hier eben so wenig weiter erklären, als wie wir überhaupt das Stehende in der Zeit denken, dessen Zugleichsein mit dem Wechselnden den Begriff der Veränderung hervorbringt.

den. Mit dieser Verbesserung aber ist ein kleiner Verlust für den Leser verbunden, der nicht zu verhüten war, ohne das Buch gar zu voluminös zu machen, nämlich daß verschiedenes, was zwar nicht wesentlich zur Vollständigkeit des Ganzen gehört, mancher Leser aber doch ungerne missen möchte, indem es sonst in anderer Absicht brauchbar sein kann, hat weggelassen oder abgekürzt vorgetragen werden müssen, um meiner, wie ich hoffe, jetzt faßlicheren Darstellung Platz zu machen, die im Grunde in Ansehung der Sätze und selbst ihrer Beweisgründe schlechterdings nichts verändert, aber doch in der Methode des Vortrages hin und wieder so von der vorigen abgeht, daß sie durch Einschaltungen sich nicht bewerkstelligen ließ. Dieser kleine Verlust, der ohnedem nach jedes Belieben durch Vergleichung mit der ersten Auflage ersetzt werden kann, wird durch die größere Faßlichkeit, wie ich hoffe, überwiegend ersetzt. Ich habe in verschiedenen öffentlichen Schriften (theils bei Gelegenheit der Recension mancher Bücher, theils in besondern Abhandlungen) mit dankbarem Vergnügen wahrgenommen, daß der Geist der Gründlichkeit in Deutschland nicht erstorben, sondern nur durch den Modeton einer geniemäßigen Freiheit im Denken auf kurze Zeit überschrien worden, und daß die dornichten Pfade der Kritik, die zu einer schulgerechten, aber als solche allein dauerhaften und daher höchst nothwendigen Wissenschaft der reinen Vernunft führen, muthige und helle Köpfe nicht gehindert haben, sich derselben zu bemeistern. Diesen verdienten Männern, die mit der Gründlichkeit der Einsicht noch das Talent einer lichtvollen Darstellung (dessen ich mir eben nicht bewußt bin) so glücklich verbinden, überlasse ich meine in Ansehung der letzteren hin und wieder etwa noch mangelhafte Bearbeitung zu vollenden; denn widerlegt zu werden, ist in diesem Falle keine Gefahr, wohl aber, nicht verstanden zu werden. Meinerseits kann ich mich auf Streitigkeiten von nun an nicht einlassen, ob ich zwar auf alle Winke, es sei von Freunden oder Gegnern, sorgfältig achten werde, um sie in der künftigen Ausführung des Systems dieser Propädeutik gemäß zu benutzen. Da ich während dieser Arbeiten schon ziemlich tief ins Alter fortgerückt bin (in diesem Monate ins vier und sechzigste Jahr), so muß ich, wenn ich meinen Plan, die Metaphysik der Natur sowohl als der Sitten, als Bestätigung der Richtigkeit der Kritik der speculativen sowohl als praktischen Vernunft, zu liefern, ausführen will, mit der Zeit sparsam verfahren und die Aufhellung sowohl der in diesem Werke anfangs kaum vermeidlichen Dunkelheiten, als die Vertheidigung des Ganzen von den verdienten Männern, die es sich zu eigen gemacht haben, erwarten. An einzelnen Stellen läßt sich jeder philosophische Vortrag zwacken (denn er kann nicht so gepanzert auftreten, als der mathematische), indessen daß doch der Gliederbau des Systems, als Einheit betrachtet, dabei nicht die mindeste Gefahr läuft, zu dessen Übersicht, wenn es neu ist, nur wenige die Gewandtheit des Geistes, noch wenigere aber, weil ihnen alle Neuerung ungelegen kommt, Lust besitzen. Auch scheinbare Widersprüche lassen sich, wenn man einzelne Stellen, aus ihrem Zusammenhange gerissen, gegeneinander vergleicht, in jeder vornehmlich als freie Rede fortgehenden Schrift ausklauben, die in den Augen dessen, der sich auf fremde Beurtheilung verläßt, ein nachtheiliges Licht auf diese werfen, demjenigen aber, der sich der Idee im Ganzen bemächtigt hat, sehr leicht aufzulösen sind. Indessen, wenn eine Theorie in sich Bestand hat, so dienen Wirkung und Gegenwirkung, die ihr anfänglich große Gefahr drohten, mit der Zeit nur dazu, um ihre Unebenheiten abzuschleifen und, wenn sich Männer von Unparteilichkeit, Einsicht und wahrer Popularität damit beschäftigen, ihr in kurzer Zeit auch die erforderliche Eleganz zu verschaffen.

Königsberg im Aprilmonat 1787.

Einleitung.

I.

Von dem Unterschiede der reinen und empirischen Erkenntniß.

Daß alle unsere Erkenntniß mit der Erfahrung anfange, daran ist gar kein Zweifel; denn wodurch sollte das Erkenntnißvermögen sonst zur Ausübung erweckt werden, geschähe es nicht durch Gegenstände, die unsere Sinne rühren und theils von selbst Vorstellungen bewirken, theils unsere Verstandesthätigkeit in Bewegung bringen, diese zu vergleichen, sie zu verknüpfen oder zu trennen, und so den rohen Stoff sinnlicher Eindrücke zu einer Erkenntniß der Gegenstände zu verarbeiten, die Erfahrung heißt? Der Zeit nach geht also keine Erkenntniß in uns vor der Erfahrung vorher, und mit dieser fängt alle an.

Wenn aber gleich alle unsere Erkenntniß **mit** der Erfahrung anhebt, so entspringt sie darum doch nicht eben alle **aus** der Erfahrung. Denn es könnte wohl sein, daß selbst unsere Erfahrungserkenntniß ein Zusammengesetztes aus dem sei, was wir durch Eindrücke empfangen, und dem, was unser eigenes Erkenntnißvermögen (durch sinnliche Eindrücke bloß veranlaßt) aus sich selbst hergiebt, welchen Zusatz wir von jenem Grundstoffe nicht eher unterscheiden, als bis lange Übung uns darauf aufmerksam und zur Absonderung desselben geschickt gemacht hat.

Es ist also wenigstens eine der näheren Untersuchung noch benöthigte und nicht auf den ersten Anschein sogleich abzufertigende Frage: ob es ein dergleichen von der Erfahrung und selbst von allen Eindrücken der Sinne unabhängiges Erkenntniß gebe. Man nennt solche Erkenntnisse *a priori*, und unterscheidet sie von den empirischen, die ihre Quellen *a posteriori*, nämlich in der Erfahrung, haben.

Jener Ausdruck ist indessen noch nicht bestimmt genug, um den ganzen Sinn der vorgelegten Frage angemessen zu bezeichnen. Denn man pflegt wohl von mancher aus Erfahrungsquellen abgeleiteten Erkenntniß zu sagen, daß wir ihrer *a priori* fähig oder theilhaftig sind, weil wir sie nicht unmittelbar aus der Erfahrung, sondern aus einer allgemeinen Regel, die wir gleichwohl selbst doch aus der Erfahrung entlehnt haben, ableiten. So sagt man von jemand, der das Fundament seines Hauses untergrub: er konnte es *a priori* wissen, daß es einfallen würde, d.i. er durfte nicht auf die Erfahrung, daß es wirklich einfiele, warten. Allein gänzlich *a priori* konnte er dieses doch auch nicht wissen. Denn daß die Körper schwer sind und daher, wenn ihnen die Stütze entzogen wird, fallen, mußte ihm doch zuvor durch Erfahrung bekannt werden.

Wir werden also im Verfolg unter Erkenntnissen *a priori* nicht solche verstehen, die von dieser oder jener, sondern die schlechterdings von aller Erfahrung unabhängig stattfinden. Ihnen sind empirische Erkenntnisse oder solche, die nur *a posteriori*, d.i. durch Erfahrung, möglich sind, entgegengesetzt. Von den Erkenntnissen *a priori* heißen aber diejenigen rein, denen gar nichts Empirisches beigemischt ist. So ist z.B. der Satz: eine jede Veränderung hat ihre Ursache, ein Satz *a priori* allein nicht rein, weil Veränderung ein Begriff ist, der nur aus der Erfahrung gezogen werden kann.

II.

Wir sind im Besitze gewisser Erkenntnisse *a priori*, und selbst der gemeine Verstand ist niemals ohne solche.

Es kommt hier auf ein Merkmal an, woran wir sicher ein reines Erkenntniß von empirischen unterscheiden können. Erfahrung lehrt uns zwar, daß etwas so oder so beschaffen sei, aber nicht, daß es nicht anderes sein könne. Findet sich also **erstlich** ein Satz, der zugleich mit seiner Nothwendigkeit gedacht wird, so ist er ein Urtheil *a priori;* ist er überdem auch von keinem abgeleitet, als der selbst wiederum als ein nothwendiger Satz gültig ist, so ist er schlechterdings *a priori.* **Zweitens:** Erfahrung gibt niemals ihren Urtheilen wahre oder strenge, sondern nur angenommene und comparative Allgemeinheit (durch Induction), so daß gar eigentlich heißen muß: so viel wir bisher wahrgenommen haben, findet sich von dieser oder jener Regel keine Ausnahme. Wird also ein Urtheil in strenger Allgemeinheit gedacht, d.i. so, daß gar keine Ausnahme als möglich verstattet wird, so ist es nicht von der Erfahrung abgeleitet, sondern schlechterdings *a priori* gültig. Die empirische Allgemeinheit ist also nur eine willkürliche Steigerung der Gültigkeit von der, welche in den meisten Fällen, zu der, die in allen gilt, wie z.B. in dem Satze: alle Körper sind schwer; wo dagegen strenge Allgemeinheit zu einem Urtheile wesentlich gehört, da zeigt diese auf einen besonderen Erkenntnißquell desselben, nämlich ein Vermögen des Erkenntnisses *a priori.* Nothwendigkeit und strenge Allgemeinheit sind also sichere Kennzeichen einer Erkenntniß *a priori* und gehören auch unzertrennlich zu einander. Weil es aber im Gebrauche derselben bisweilen leichter ist, die empirische Beschränktheit derselben, als die Zufälligkeit in den Urtheilen, oder es auch mannigmal einleuchtender ist, die unbeschränkte Allgemeinheit, die wir einem Urtheile beilegen, als die Nothwendigkeit desselben zu zeigen, so ist es rathsam, sich gedachter beider Kriterien, deren jedes für sich unfehlbar ist, abgesondert zu bedienen.

Daß es nun dergleichen nothwendige und im strengsten Sinne allgemeine, mithin reine Urtheile *a priori* im menschlichen Erkenntniß wirklich gebe, ist leicht zu zeigen. Will man ein Beispiel aus Wissenschaften, so darf man nur auf alle Sätze der Mathemathik hinaussehen; will man ein solches aus dem gemeinsten Verstandesgebrauche, so kann der Satz, daß alle Veränderung eine Ursache haben müsse, dazu dienen; ja in dem letzteren enthält selbst der Begriff einer Ursache so offenbar den Begriff einer Nothwendigkeit der Verknüpfung mit einer Wirkung und einer strengen Allgemeinheit der Regel, daß er gänzlich verloren gehen würde, wenn man ihn, wie H u m e that, von einer öfteren Beigesellung dessen, was geschieht, mit dem, was vorhergeht, und einer daraus entspringenden Gewohnheit (mithin bloß subjectiven Nothwendigkeit), Vorstellungen zu verknüpfen, ableiten wollte. Auch könnte man, ohne dergleichen Beispiele zum Beweise der Wirklichkeit reiner Grundsätze *a priori* in unserem Erkenntnisse zu bedürfen, dieser ihre Unentbehrlichkeit zur Möglichkeit der Erfahrung selbst, mithin *a priori* darthun. Denn wo wollte selbst Erfahrung ihre Gewißheit hernehmen, wenn alle Regeln, nach denen sie fortgeht, immer wieder empirisch, mithin zufällig wären; daher man diese schwerlich für erste Grundsätze gelten lassen kann. Allein hier können wir uns damit begnügen, den reinen Gebrauch unseres Erkenntnißvermögens als Thatsache sammt den Kennzeichen desselben dargelegt zu haben. Aber nicht bloß in Urtheilen, sondern selbst in Begriffen zeigt sich ein Ursprung einiger derselben *a priori.* Lasset von eurem Erfahrungsbegriffe eines Körpers alles, was daran empirisch ist, nach und nach weg, die Farbe, die Härte oder Weiche, die Schwere, selbst die Undurchdringlichkeit, so bleibt doch der Raum übrig, den er (welcher nun ganz verschwunden ist) einnahm, und den könnt ihr nicht weglassen. Eben so, wenn ihr von eurem empirischen Begriffe eines jeden körperlichen oder nicht körperlichen Objects alle Eigenschaften weglaßt, die euch die Erfahrung lehrt: so könnt ihr ihm doch nicht diejenige nehmen, dadurch ihr es als Substanz oder einer Substanz anhängend denkt (obgleich dieser Begriff mehr Bestimmung enthält, als der eines Objects überhaupt). Ihr müßt also, überführt durch die Nothwendigkeit, womit sich dieser Begriff euch aufdringt, gestehen, daß er in eurem Erkenntnißvermögen *a priori* seinen Sitz habe.

III.

Die Philosophie bedarf einer Wissenschaft, welche die Möglichkeit, die Principien und den Umfang aller Erkenntnisse *a priori* bestimme.

Was noch weit mehr sagen will, als alles vorige, ist dieses, daß gewisse Erkenntnisse sogar das Feld aller möglichen Erfahrungen verlassen und durch Begriffe, denen überall kein entsprechender Gegenstand in der Erfahrung gegeben werden kann, den Umfang unserer Urtheile über alle Grenzen derselben zu erweitern den Anschein haben.

Und gerade in diesen letzteren Erkenntnissen, welche über die Sinnenwelt hinausgehen, wo Erfahrung gar keinen

Leitfaden, noch Berichtigung geben kann, liegen die Nachforschungen unserer Vernunft, die wir der Wichtigkeit nach für weit vorzüglicher und ihre Endabsicht für viel erhabener halten als alles, was der Verstand im Felde der Erscheinungen lernen kann, wobei wir sogar auf die Gefahr zu irren eher alles wagen, als daß wir so angelegene Untersuchungen aus irgend einem Grunde der Bedenklichkeit, oder aus Geringschätzung und Gleichgültigkeit aufgeben sollten. Diese unvermeidlichen Aufgaben der reinen Vernunft selbst sind Gott, Freiheit und Unsterblichkeit. Die Wissenschaft aber, deren Endabsicht mit allen ihren Zurüstungen eigentlich nur auf die Auflösung derselben gerichtet ist, heißt Metaphysik, deren Verfahren im Anfange dogmatisch ist, d.i. ohne vorhergehende Prüfung des Vermögens oder Unvermögens der Vernunft zu einer so großen Unternehmung zuversichtlich die Ausführung übernimmt.

Nun scheint es zwar natürlich, daß, so bald man den Boden der Erfahrung verlassen hat, man doch nicht mit Erkenntnissen, die man besitzt, ohne zu wissen woher, und auf dem Credit der Grundsätze, deren Ursprung man nicht kennt, sofort ein Gebäude errichten werde, ohne der Grundlegung desselben durch sorgfältige Untersuchungen vorher versichert zu sein, daß man also vielmehr die Frage vorlängst werde aufgeworfen haben, wie denn der Verstand zu allen diesen Erkenntnissen *a priori* kommen könne, und welchen Umfang, Gültigkeit und Werth sie haben mögen. In der That ist auch nichts natürlicher, wenn man unter dem Worte natürlich das versteht, was billiger und vernünftiger Weise geschehen sollte; versteht man aber darunter das, was gewöhnlicher Maßen geschieht, so ist hinwiederum nichts natürlicher und begreiflicher, als daß diese Untersuchung lange Zeit unterbleiben mußte. Denn ein Theil dieser Erkenntnisse, als die mathematische, ist im alten Besitze der Zuverlässigkeit und giebt dadurch eine günstige Erwartung auch für andere, ob diese gleich von ganz verschiedener Natur sein mögen. Überdem, wenn man über den Kreis der Erfahrung hinaus ist, so ist man sicher, durch Erfahrung nicht widerlegt zu werden. Der Reiz, seine Erkenntnisse zu erweitern, ist so groß, daß man nur durch einen klaren Widerspruch, auf den man stößt, in seinem Fortschritte aufgehalten werden kann. Dieser aber kann vermieden werden, wenn man seine Erdichtungen nur behutsam macht, ohne daß sie deswegen weniger Erdichtungen bleiben. Die Mathematik giebt uns ein glänzendes Beispiel, wie weit wir es unabhängig von der Erfahrung in der Erkenntniß *a priori* bringen können. Nun beschäftigt sie sich zwar mit Gegenständen und Erkenntnissen bloß so weit, als sich solche in der Anschauung darstellen lassen. Aber dieser Umstand wird leicht übersehen, weil gedachte Anschauung selbst *a priori* gegeben werden kann, mithin von einem bloßen reinen Begriff kaum unterschieden wird. Durch einen solchen Beweis von der Macht der Vernunft eingenommen, sieht der Trieb zur Erweiterung keine Grenzen. Die leichte Taube, indem sie im freien Fluge die Luft theilt, deren Widerstand sie fühlt, könnte die Vorstellung fassen, daß es ihr im luftleeren Raum noch viel besser gelingen werde. Eben so verließ P l a t o die Sinnenwelt, weil sie dem Verstande so enge Schranken setzt, und wagte sich jenseit derselben auf den Flügeln der Ideen in den leeren Raum des reinen Verstandes. Er bemerkte nicht, daß er durch seine Bemühungen keinen Weg gewönne, denn er hatte keinen Widerhalt gleichsam zur Unterlage, worauf er sich steifen und woran er seine Kräfte anwenden konnte, um den Verstand von der Stelle zu bringen.

Es ist aber ein gewöhnliches Schicksal der menschlichen Vernunft in der Speculation, ihr Gebäude so früh wie möglich fertig zu machen und hintennach allererst zu untersuchen, ob auch der Grund dazu gelegt sei. Alsdann aber werden allerlei Beschönigungen herbeigesucht, um uns wegen dessen Tüchtigkeit zu trösten, oder auch eine solche späte und gefährliche Prüfung lieber gar abzuweisen. Was uns aber während dem Bauen von aller Besorgniß und Verdacht frei hält und mit scheinbarer Gründlichkeit schmeichelt, ist dieses. Ein großer Theil und vielleicht der größte von dem Geschäfte unserer Vernunft besteht in Zergliederungen der Begriffe, die wir schon von Gegenständen haben. Dieses liefert uns eine Menge von Erkenntnissen, die, ob sie gleich nichts weiter als Aufklärungen oder Erläuterungen desjenigen sind, was in unsern Begriffen (wiewohl noch auf verworrene Art) schon gedacht worden, doch wenigstens der Form nach neuen Einsichten gleich geschätzt werden, wiewohl sie der Materie oder dem Inhalte nach die Begriffe, die wir haben, nicht erweitern, sondern nur aus einander setzen. Da dieses Verfahren nun ein wirkliche Erkenntniß *a priori* giebt, die einen sichern und nützlichen Fortgang hat, so erschleicht die Vernunft, ohne es selbst zu merken, unter dieser Vorspiegelung Behauptungen von ganz anderer Art, wo die Vernunft zu gegebenen Begriffen ganz fremde, und zwar *a priori* hinzu thut, ohne daß man weiß, wie sie dazu gelange, und ohne sich eine solche Frage auch nur in die Gedanken kommen zu lassen. Ich will daher gleich anfangs von dem Unterschiede dieser zwiefachen Erkenntnißart handeln.

IV.

Von dem Unterschiede analytischer und synthetischer Urtheile.

In allen Urtheilen, worin das Verhältniß eines Subjects zum Prädicat gedacht wird (wenn ich nur die bejahende erwäge, denn auf die verneinende ist nachher die Anwendung leicht), ist dieses Verhältniß auf zweierlei Art möglich. Entweder das Prädicat *B* gehört zum Subject *A* als etwas, was in diesem Begriffe *A* (versteckter Weise) enthalten ist; oder *B* liegt ganz außer dem Begriff *A*, ob es zwar mit demselben in Verknüpfung steht. Im ersten Fall nenne ich das Urtheil analytisch, in dem andern synthetisch. Analytische Urtheile (die bejahende) sind also diejenigen, in welchen die Verknüpfung des Prädicats mit dem Subject durch Identität, diejenige aber, in denen diese Verknüpfung ohne Identität gedacht wird, sollen synthetische Urtheile heißen. Die erstere könnte man auch Erläuterungs-, die andere Erweitungsurtheile heißen, weil jene durch das Prädicat nichts zum Begriff des Subjects hinzuthun, sondern diesen nur durch Zergliederung in seine Theilbegriffe zerfällen, die in selbigem schon (obgleich) gedacht waren: da hingegen die letztere zu dem Begriffe des Subjects ein Prädicat hinzuthun, welches in jenem gar nicht gedacht war und durch keine Zergliederung desselben hätte können herausgezogen werden. Z.B.wenn ich sage: alle Körper sind ausgedehnt, so ist dies ein analytisch Urtheil. Denn ich darf nicht über den Begriff, den ich mit dem Wort Körper verbinde, hinausgehen, um die Ausdehung als mit demselben verknüpft zu finden, sondern jenen Begriff nur zergliedern, d.i. des Mannigfaltigen, welches ich jederzeit in ihm denke, mir nur bewußt werden, um dieses Prädicat darin anzutreffen; es ist also ein analytisches Urtheil. Dagegen, wenn ich sage: alle Körper sind schwer, so ist das Prädicat etwas ganz anderes, als das, was ich in dem bloßen Begriff eines Körpers überhaupt denke. Die Hinzufügung eines solchen Prädicats giebt also ein synthetisch Urtheil.

Erfahrungsurtheile als solche sind insgesammt synthetisch. Denn es wäre ungereimt, ein analytisches Urtheil auf Erfahrung zu gründen, weil ich aus meinem Begriffe gar nicht hinausgehen darf, um das Urtheil abzufassen, und also kein Zeugniß der Erfahrung dazu nöthig habe. Daß ein Körper ausgedehnt sei, ist ein Satz, der *a priori* feststeht, und kein Erfahrungsurtheil. Denn ehe ich zur Erfahrung gehe, habe ich alle Bedingungen zu meinem Urtheile schon in dem Begriffe, aus welchem ich das Prädicat nach dem Satze des Widerspruchs nur herausziehen und dadurch zugleich der Nothwendigkeit des Urtheils bewußt werden kann, welche mir Erfahrung nicht einmal lehren würde. Dagegen ob ich schon im Begriff eines Körpers überhaupt das Prädicat der Schwere gar nicht einschließe, so bezeichnet jener doch einen Gegenstand der Erfahrung durch einen Theil derselben, zu welchem ich also noch andere Theile eben derselben Erfahrung, als zu dem ersteren gehörten, hinzufügen kann. Ich kann den Begriff des Körpers vorher analytisch durch die Merkmale der Ausdehnung, der Undurchdringlichkeit, der Gestalt u.s.w., die alle in diesem Begriffe gedacht werden, erkennen. Nun erweitere ich aber meine Erkenntniß, und indem ich auf die Erfahrung zurücksehe, von welcher ich diesen Begriff des Körpers abgezogen hatte, so finde ich mit obigen Merkmalen auch die Schwere jederzeit verknüpft und füge also diese als Prädicat zu jenem Begriffe synthetisch hinzu. Es ist also die Erfahrung, worauf sich die Möglichkeit der Synthesis des Prädicats der Schwere mit dem Begriffe des Körpers gründet, weil beide Begriffe, obzwar einer nicht in dem andern enthalten ist, dennoch als Theile eines Ganzen, nämlich der Erfahrung, die selbst eine synthetische Verbindung der Anschauungen ist, zu einander, wiewohl nur zufälliger Weise, gehören.

Aber bei synthetischen Urtheilen *a priori* fehlt dieses Hülfsmittel ganz und gar. Wenn ich über den Begriff *A* hinausgehen soll, um einen andern *B* als damit verbunden zu erkennen; was ist das, worauf ich mich stütze, und wodurch die Synthesis möglich wird, da ich hier den Vortheil nicht habe, mich im Felde der Erfahrung darnach umzusehen? Man nehme den Satz: Alles, was geschieht, hat seine Ursache. In dem Begriff von etwas, das geschieht, denke ich zwar ein Dasein, vor welchem eine Zeit vorhergeht u.s.w., und daraus lassen sich analytische Urtheile ziehen. Aber der Begriff einer Ursache liegt ganz außer jenem Begriffe, und zeigt etwas von dem, was geschieht, Verschiedenes an, ist also in dieser letzteren Vorstellung gar nicht mit enthalten. Wie komme ich denn dazu, von dem, was überhaupt geschieht, etwas davon ganz Verschiedenes zu sagen und den Begriff der Ursache, ob zwar in jenem nicht enthalten, dennoch als dazu und sogar nothwendig gehörig zu erkennen? Was ist hier das Unbekannte = x, worauf sich der Verstand stützt, wenn er außer dem Begriff von *A* ein demselben fremdes Prädicat *B* aufzufinden glaubt, welches er gleichwohl damit verknüpft zu sein erachtet? Erfahrung kann es nicht sein, weil der angeführte Grundsatz nicht allein mit größerer Allgemeinheit als die Erfahrung verschaffen kann, sondern auch mit dem Ausdruck der Nothwendigkeit, mithin gänzlich *a priori* und aus bloßen Begriffen diese zweite Vorstellung zu der ersteren hinzugefügt. Nun beruht ja auf solchen synthetischen, d.i. Erweiterungs-Grundsätzen die ganze Endabsicht unserer speculativen Erkenntniß *a priori*; denn die analytischen sind zwar höchst wichtig und nöthig, aber nur um zu derjenigen Deutlichkeit der Begriffe zu gelangen, die zu einer sicheren und ausgebreiteten Synthesis, als zu einem wirklich neuen Erwerb, erforderlich ist.

V.

In allen theoretischen Wissenschaften der Vernunft sind synthetische Urtheile *a priori* als Principien enthalten.

1. Mathematische Urtheile sind insgesammt synthetisch. Dieser Satz scheint den Bemerkungen der Zergliederer der menschlichen Vernunft bisher entgangen, ja allen ihren Vermuthungen gerade entgegengesetzt zu sein, ob er gleich unwidersprechlich gewiß und in der Folge sehr wichtig ist. Denn weil man fand, daß die Schlüsse der Mathematiker alle nach dem Satze des Widerspruchs fortgehen (welches die Natur einer jeden apodiktischen Gewißheit erfordert), so überredete man sich, daß auch die Grundsätze aus dem Satze des Widerspruchs erkannt würden, worin sie sich irrten; denn ein synthetischer Satz kann allerdings nach dem Satze des Widerspruchs eingesehen werden, aber nur so, daß ein anderer synthetischer Satz vorausgesetzt wird, aus dem er gefolgert werden kann, niemals aber an sich selbst.

Zuvörderst muß bemerkt werden: daß eigentliche mathematische Sätze jederzeit Urtheile *a priori* und nicht empirisch sind, weil sie die Nothwendigkeit bei sich führen, welche aus Erfahrung nicht abgenommen werden kann. Will man aber dieses nicht einräumen, wohlan, so schränke ich meinen Satz auf die reine Mathematik ein, deren Begriff es schon mit sich bringt, daß sie nicht empirische, sondern bloß reine Erkenntniß *a priori* enthalte.

Man sollte anfänglich zwar denken: daß der Satz 7 + 5 = 12 ein bloß analytischer Satz sei, der aus dem Begriffe einer Summe von Sieben und Fünf nach dem Satze des Widerspruches erfolge. Allein wenn man es näher betrachtet, so findet man, daß der Begriff der Summe von 7 und 5 nichts weiter enthalte, als die Vereinigung beider Zahlen in eine einzige, wodurch ganz und gar nicht gedacht wird, welches die einzige Zahl sei, die beide zusammenfaßt. Der Begriff von Zwölf ist keineswegs dadurch schon gedacht, daß ich mir bloß jene Vereinigung von Sieben und Fünf denke, und ich mag meinen Begriff von einer solchen möglichen Summe noch so lange zergliedern, so werde ich doch darin die Zwölf nicht antreffen. Man muß über diese Begriffe hinausgehen, indem man die Anschauung zu Hülfe nimmt, die einem von beiden correspondirt, etwa seine fünf Finger oder (wie Segner in seiner Arithmetik) fünf Punkte, und so nach und nach die Einheiten der in der Anschauung gegebenen Fünf zu dem Begriffe der Sieben hinzuthut. Denn ich nehme zuerst die Zahl 7, und indem ich für den Begriff der 5 die Finger meiner Hand als Anschauung zu Hülfe nehme, so thue ich die Einheiten, die ich vorher zusammennahm, um die Zahl 5 auszumachen, nun an jenem meinem Bilde nach und nach zur Zahl 7 und sehe so die Zahl 12 entspringen. Daß 5 zu 7 hinzugethan werden sollten, habe ich zwar in dem Begriff einer Summe = 7 + 5 gedacht, aber nicht, daß diese Summe der Zahl 12 gleich sei. Der arithmetische Satz ist also jederzeit synthetisch, welches man desto deutlicher inne wird, wenn man etwas größere Zahlen nimmt, da es denn klar einleuchtet, daß, wir möchten unsere Begriffe drehen und wenden, wie wir wollen, wir, ohne die Anschauung zu Hülfe zu nehmen, verrnittelst der großen Zergliederung unserer Begriffe, die Summe niemals finden könnten.

Eben so wenig ist irgend ein Grundsatz der reinen Geometrie analytisch. Daß die gerade Linie zwischen zwei Punkten die kürzeste sei, ist ein synthetischer Satz. Denn mein Begriff vom G e r a d e n enthält nichts von Größe, sondern nur eine Qualität. Der Begriff des Kürzesten kommt also gänzlich hinzu und kann durch keine Zergliederung aus dem Begriffe der geraden Linie gezogen werden. Anschauung muß also hier zu Hülfe genommen werden, vermittelst deren allein die Synthesis möglich ist.

Einige wenige Grundsätze, welche die Geometer voraussetzen, sind zwar wirklich analytisch und beruhen auf dem Satze des Widerspruchs; sie dienen aber auch nur wie identische Sätze zur Kette der Methode und nicht als Principien, z.B. $a = a$, das Ganze ist sich selber gleich, oder $(a + b) > a$, d.i. das Ganze ist größer als sein Theil. Und doch auch diese selbst, ob sie gleich nach bloßen Begriffen gelten, werden in der Mathematik nur darum zugelassen, weil sie in der Anschauung können dargestellt werden. Was uns hier gemeiniglich glauben macht, als läge das Prädicat solcher apodiktischen Urtheile schon in unserm Begriffe, und das Urtheil sei also analytisch, ist bloß die Zweideutigkeit des Ausdrucks. Wir s o l l e n nämlich zu einem gegebenen Begriffe ein gewisses Prädicat hinzudenken, und diese Nothwendigkeit haftet schon an den Begriffen. Aber die Frage ist nicht, was wir zu dem gegebenen Begriffe hinzu d e n k e n s o l l e n, sondern was wir wirklich in ihm, obzwar nur dunkel, d e n k e n, und da zeigt sich, daß das Prädicat jenen Begriffen zwar nothwendig, aber nicht als im Begriffe selbst gedacht, sondern vermittelst einer Anschauung, die zu dem Begriffe hinzukommen muß, anhänge.

2. Naturwissenschaft (Physica) enthält synthetische Urtheile *a priori* als Principien in sich. Ich will nur ein paar Sätze zum Beispiel anführen, als den Satz, daß in allen Veränderungen der körperlichen Welt die Quantität der Materie unverändert bleibe, oder daß in aller Mittheilung der Bewegung Wirkung und Gegenwirkung jederzeit einander gleich sein müssen. An beiden ist nicht allein die Nothwendigkeit, mithin ihr Ursprung *a priori*, sondern auch, daß sie synthetische Sätze sind, klar. Denn in dem Begriffe der Materie denke ich mir nicht die Beharrlichkeit, sondern bloß ihre Gegenwart im Raume durch die Erfüllung desselben. Also gehe ich wirklich über den Begriff von der Materie hinaus, um etwas *a priori* zu ihm hinzuzudenken, was ich in ihm nicht dachte. Der Satz ist also nicht analytisch, sondern synthetisch und dennoch *a priori* gedacht, und so in den übrigen Sätzen des reinen Theils der Naturwissenschaft.

3. In der Metaphysik, wenn man sie auch nur für eine bisher bloß versuchte, dennoch aber durch die Natur der menschlichen Vernunft unentbehrliche Wissenschaft ansieht, sollen synthetische Erkenntnisse *a priori* enthalten sein, und es ist ihr gar nicht darum zu thun, Begriffe, die wir uns *a priori* von Dingen machen, bloß zu zergliedern und dadurch analytisch zu erläutern, sondern wir wollen unsere Erkenntniß *a priori* erweitern, wozu wir uns solcher Grundsätze bedienen müssen, die über den gegebenen Begriff etwas hinzuthun, was in ihm nicht enthalten war, und durch synthetische Urtheile *a priori* wohl gar so weit hinausgehen, daß uns die Erfahrung selbst nicht so weit folgen kann, z.B. in dem Satze: die Welt muß einen ersten Anfang haben

u.a.m.; und so besteht Metaphysik wenigstens ihrem Zwecke nach aus lauter synthetischen Sätzen *a priori.*

Man gewinnt dadurch schon sehr viel, wenn man eine Menge von Untersuchungen unter die Formel einer einzigen Aufgabe bringen kann. Denn dadurch erleichtert man sich nicht allein selbst sein eigenes Geschäfte, indem man es sich genau bestimmt, sondern auch jedem anderen, der es prüfen will, das Urtheil, ob wir unserem Vorhaben ein Gnüge gethan haben oder nicht. Die eigentliche Aufgabe der reinen Vernunft ist nun in der Frage enthalten:

Wie sind synthetische Urtheile *a priori* möglich?

VI.

Allgemeine Aufgabe der reinen Vernunft.

Daß die Metaphysik bisher in einem so schwankenden Zustande der Ungewißheit und Widersprüche geblieben ist, ist lediglich der Ursache zuzuschreiben, daß man sich diese Aufgabe und vielleicht sogar den Unterschied der analytischen und synthetischen Urtheile nicht früher in Gedanken kommen ließ. Auf der Auflösung dieser Aufgabe, oder einem genugthuenden Beweise, daß die Möglichkeit, die sie erklärt zu wissen verlangt, in der That gar nicht stattfinde, beruht nun das Stehen und Fallen der Metaphysik. David Hume, der dieser Aufgabe unter allen Philosophen noch am nächsten trat, sie aber sich bei weitem nicht bestimmt genug und in ihrer Allgemeinheit dachte, sondern bloß bei dem synthetischen Satze der Verknüpfung der Wirkung mit ihren Ursachen (*Principium causalitatis*) stehen blieb, glaubte heraus zu bringen, daß ein solcher Satz *a priori* gänzlich unmöglich sei, und nach seinen Schlüssen würde alles, was wir Metaphysik nennen, auf einen bloßen Wahn von vermeinter Vernunfteinsicht dessen hinauslaufen, was in der That bloß aus der Erfahrung erborgt, und durch Gewohnheit den Schein der Nothwendigkeit überkommen hat; auf welche alle reine Philosophie zerstörende Behauptung er niemals gefallen wäre, wenn er unsere Aufgabe in ihrer Allgemeinheit vor Augen gehabt hätte, da er dann eingesehen haben würde, daß nach seinem Argumente es auch keine reine Mathematik geben könnte, weil diese gewiß synthetische Sätze *a priori* enthält, vor welcher Behauptung ihn alsdann sein guter Verstand wohl würde bewahrt haben.

In der Auflösung obiger Aufgabe ist zugleich die Möglichkeit des reinen Vernunftgebrauchs in Gründung und Ausführung aller Wissenschaften, die eine theoretische Erkenntniß *a priori* von Gegenständen enthalten, mit begriffen, d.i. die Beantwortung der Fragen:

Wie ist reine Mathematik möglich?

Wie ist reine Naturwissenschaft möglich?

Von diesen Wissenschaften, da sie wirklich gegeben sind, läßt sich nun wohl geziemend fragen: **wie** sie möglich sind; denn d a ß sie möglich sein müssen, wird durch ihre Wirklichkeit bewiesen.* Was aber M e t a p h y s i k betrifft, so muß ihr bisheriger schlechter Fortgang, und weil man von keiner einzigen bisher vorgetragenen, was ihren wesentlichen

* Von der reinen Naturwissenschaft könnte mancher dieses letztere noch bezweifeln. Allein man darf nur die verschiedenen Sätze, die im Anfange der eigentlichen (empirischen) Physik vorkommen, nachsehen, als den von der Beharrlichkeit derselben Quantität Materie, von der Trägheit, der Gleichheit der Wirkung und Gegenwirkung u.s.w.: so wird man bald überzeugt werden, daß sie eine *Physicam puram* (oder *rationalem*) ausmachen, die es wohl verdient, als eigene Wissenschaft in ihrem engen oder weiten, aber doch ganzen Umfange abgesondert aufgestellt zu werden.

Zweck angeht, sagen kann, sie sei wirklich vorhanden, einen jeden mit Grunde an ihrer Möglichkeit zweifeln lassen.

Nun ist aber diese Art von Erkenntniß in gewissem Sinne doch auch als gegeben anzusehen, und Metaphysik ist, wenn gleich nicht als Wissenschaft, doch als Naturanlage (*metaphysica naturalis*) wirklich. Denn die menschliche Vernunft geht unaufhaltsam, ohne daß bloße Eitelkeit des Vielwissens sie dazu bewegt, durch eigenes Bedürfniß getrieben, bis zu solchen Fragen fort, die durch keinen Erfahrungsgebrauch der Vernunft und daher entlehnte Principien beantwortet werden können; und so ist wirklich in allen Menschen, so bald Vernunft sich in ihnen bis zur Speculation erweitert, irgend eine Metaphysik zu aller Zeit gewesen und wird auch immer darin bleiben. Und nun ist auch von dieser die Frage: **Wie ist Metaphysik als Naturanlage möglich**? d.i. wie entspringen die Fragen, welche reine Vernunft sich aufwirft, und die sie, so gut als sie kann, zu beantworten durch ihr eigenes Bedürfniß getrieben wird, aus der Natur der allgemeinen Menschenvernunft?

Da sich aber bei allen bisherigen Versuchen,diese natürliche Fragen, z.B. ob die Welt einen Anfang habe, oder von Ewigkeit her sei u.s.w., zu beantworten, jederzeit unvermeidliche Widersprüche gefunden haben, so kann man es nicht bei der bloßen Naturanlage zur Metaphysik, d.i. dem reinen Vernunftvermögen selbst, woraus zwar immer irgend eine Metaphysik (es sei, welche es wolle) erwächst, bewenden lassen, sondern es muß möglich sein, mit ihr es zur Gewißheit zu bringen, entweder im Wissen oder Nicht-Wissen der Gegenstände, d.i. entweder der Entscheidung über die Gegenstände ihrer Fragen, oder über das Vermögen und Unvermögen der Vernunft in Ansehung ihrer etwas zu urtheilen, also entweder unsere reine Vernunft mit Zuverlässigkeit zu erweitern, oder ihr bestimmte und sichere Schranken zu setzen. Diese letzte Frage, die aus der obigen allgemeinen Aufgabe fließt, würde mit Recht diese sein: **Wie ist Metaphysik als Wissenschaft möglich?**

Die Kritik der Vernunft führt also zuletzt nothwendig zur Wissenschaft, der dogmatische Gebrauch derselben ohne Kritik dagegen auf grundlose Behauptungen, denen man eben so scheinbare entgegensetzen kann, mithin zum Scepticismus.

Auch kann diese Wissenschaft nicht von großer, abschreckender Weitläufigkeit sein, weil sie es nicht mit Objecten der Vernunft, deren Mannigfaltigkeit unendlich ist, sondern es bloß mit sich selbst, mit Aufgaben, die ganz aus ihrem Schoße entspringen und ihr nicht durch die Natur der Dinge, die von ihr unterschieden sind, sondern durch ihre eigene vorgelegt sind, zu thun hat; da es denn, wenn sie zuvor ihr eigen Vermögen in Ansehung der Gegenstände, die ihr in der Erfahrung vorkommen mögen, vollständig hat kennen lernen, leicht werden muß, den Umfang und die Grenzen ihres über alle Erfahrungsgrenzen versuchten Gebrauchs vollständig und sicher zu bestimmen.

Man kann also und muß alle bisher gemachte Versuche, eine Metaphysik dogmatisch zu Stande zu bringen, als ungeschehen ansehen; denn was in der einen oder der anderen Analytisches, nämlich bloße Zergliederung der Begriffe, ist, die unserer Vernunft *a priori* beiwohnen, ist noch gar nicht der Zweck, sondern nur eine Veranstaltung zu der eigentlichen Metaphysik, nämlich seine Erkenntniß *a priori* synthetisch zu erweitern, und ist zu diesem untauglich, weil sie bloß zeigt, was in diesen Begriffen enthalten ist, nicht aber, wie wir *a priori* zu solchen Begriffen gelangen, um darnach auch ihren gültigen Gebrauch in Ansehung der Gegenstände aller Erkenntniß überhaupt bestimmen zu können. Es gehört auch nur wenig Selbstverleugnung dazu, alle diese Ansprüche aufzugeben, da die nicht abzuleugnende und im dogmatischen Verfahren auch unvermeidliche Widersprüche der Vernunft mit sich selbst jede bisherige Metaphysik schon längst um ihr Ansehen gebracht haben. Mehr Standhaftigkeit wird dazu nöthig sein, sich durch die Schwierigkeit innerlich und den Widerstand äußerlich nicht abhalten zu lassen, eine der menschlichen Vernunft unentbehrliche Wissenschaft, von der man wohl jeden hervorgeschossenen Stamm abhauen, die Wurzel aber nicht ausrotten kann, durch eine andere, der bisherigen ganz entgegengesetzte Behandlung endlich einmal zu einem gedeihlichen und fruchtbaren Wuchse zu befördern.

VII.

Idee und Eintheilung einer besondern Wissenschaft unter dem Namen einer Kritik der reinen Vernunft.

Aus diesem allem ergiebt sich nun die Idee einer besondem Wissenschaft, die Kritik der reinen Vernunft heißen kann. Denn Vernunft ist das Vermögen, welches die Principien der Erkenntniß aprioyi an die Hand giebt. Daher ist reine Vernunft diejenige, welche die Principien, etwas schlechthin *a priori* zu erkennen, enthält. Ein Organon der reinen Vernunft würde ein Inbegriff derjenigen Principien sein, nach denen alle reine Erkenntnisse *a priori* können erworben und wirklich zu Stande gebracht werden. Die ausführliche Anwendung eines solchen Organon würde ein System der reinen Vernunft verschaffen. Da dieses aber sehr viel verlangt ist, und es noch dahin steht, ob auch hier überhaupt eine Erweiterung unserer Erkenntniß und in welchen Fällen sie möglich sei: so können wir eine Wissenschaft der bloßen Beurtheilung der reinen Vernunft, ihrer Quellen und Grenzen als die Propädeutik zum System der reinen Vernunft ansehen. Eine solche würde nicht eine Doctrin sondern nur Kritik der reinen Vernunft heißen müssen, und ihr Nutzen würde in Ansehung der Speculation wirklich nur negativ sein, nicht zur Erweiterung, sondern nur zur Läuterung unserer Vernunft dienen und sie von Irrthümern frei halten, welches schon sehr viel gewonnen ist. ich nenne alle Erkenntniß transscendental, die sich nicht sowohl mit Gegenständen, sondern mit unserer Erkenntnißart von Gegenständen, so fern diese *a priori* möglich sein soll, überhaupt beschäftigt. Ein System solcher Begriffe würde Transscendental-Philosophie heißen. Diese ist aber wiederum für den Anfang noch zu viel. Denn weil eine solche Wissenschaft sowohl die analytische Erkenntniß, als die synthetische *a priori* vollständig enthalten müßte, so ist sie, so weit es unsere Absicht betrifft, von zu weitem Umfange, indem wir die Analysis nur so weit treiben dürfen, als sie unentbehrlich nothwendig ist, um die Principien der Synthesis *a priori* als warum es uns nur zu thun ist, in ihrem ganzen Umfange einzusehen. Diese Untersuchung, die wir eigentlich nicht Doctrin, sondern nur transscendentale Kritik nennen können, weil sie nicht die Erweiterung der Erkenntnisse selbst, sondern nur die Berichtigung derselben zur Absicht hat und den Probirstein des Werths oder Unwerths aller Erkenntnisse *a priori* abgeben soll, ist das, womit wir uns jetzt beschäftigen. Eine solche Kritik ist demnach eine Vorbereitung wo möglich zu einem Organon, und wenn dieses nicht gelingen sollte, wenigstens zu einem Kanon derselben, nach welchem allenfalls dereinst das vollständige System der Philosophie der reinen Vernunft, es mag nun in Erweiterung oder bloßer Begrenzung ihrer Erkenntniß bestehen, sowohl analytisch als synthetisch dargestellt werden könnte. Denn daß dieses möglich sei, ja daß ein solches System von nicht gar großem Umfange sein könne, um zu hoffen, es ganz zu vollenden, läßt sich schon zum voraus daraus ermessen, daß hier nicht die Natur der Dinge, welche unerschöpflich ist, sondern der Verstand, der über die Natur der Dinge urtheilt, und dieser wiederum nur in Ansehung seiner Erkenntniß *a priori* den Gegenstand ausmacht, dessen Vorrath, weil wir ihn doch nicht auswärtig suchen dürfen, uns nicht verborgen bleiben kann und allem Vermuthen nach klein genug ist, um vollständig aufgenommen, nach seinem Werthe oder Unwerthe beurtheilt und unter richtige Schätzung gebracht zu werden. Noch weniger darf man hier eine Kritik der Bücher und Systeme der reinen Vernunft erwarten, sondern die des reinen Vernunftvermögens selbst. Nur allein, wenn diese zum Grunde liegt, hat man einen sicheren Probirstein, den philosophischen Gehalt alter und neuer Werke in diesem Fache zu schätzen; widrigenfalls beurtheilt der unbefugte Geschichtschreiber und Richter grundlose Behauptungen anderer durch seine eigene, die eben so grundlos sind.

Die Transscendental-Philosophie ist die Idee einer Wissenschaft, wozu die Kritik der reinen Vernunft den ganzen Plan architektonisch, d.i. aus Principien, entwerfen soll, mit völliger Gewährleistung der Vollständigkeit und Sicherheit aller Stücke, die dieses Gebäude ausmachen. Sie ist das System aller Principien der reinen Vernunft. Daß diese Kritik nicht schon selbst Transscendental-Philosophie heißt, beruht lediglich darauf, daß sie, um ein vollständig System zu sein, auch eine ausführliche Analysis der ganzen menschlichen Erkenntniß *a priori* enthalten müßte. Nun muß zwar unsere Kritik allerdings auch eine vollständige Herzählung aller Stammbegriffe, welche die gedachte reine Erkenntniß ausmachen, vor Augen legen. Allein der ausführlichen Analysis dieser Begriffe selbst, wie auch der vollständigen Recension der daraus abgeleiteten enthält sie sich billig, theils weil diese Zergliederung nicht zweckmäßig wäre, indem sie die Bedenklichkeit nicht hat, welche bei der Synthesis angetroffen wird, um deren willen eigentlich die ganze Kritik da ist, theils weil es der Einheit des Plans zuwider wäre, sich mit der Verantwortung der Vollständigkeit einer solchen Analysis und Ableitung zu befassen, deren man in Ansehung seiner Absicht doch überhoben sein konnte. Diese Vollständigkeit der Zergliederung sowohl, als der Ableitung aus den künftig zu liefernden Begriffen *a priori* ist indessen leicht zu ergänzen, wenn sie nur allererst als ausführliche Principien der Synthesis da sind, und in Ansehung dieser *w*esentlichen Absicht nichts ermangelt.

Zur Kritik der reinen Vernunft gehört demnach alles, was die Transscendental-Philosophie ausmacht, und sie ist die vollständige Idee der Transscendental-Philosophie, aber diese Wissenschaft noch nicht selbst, weil sie in der Analysis nur so weit geht, als es zur vollständigen Beurtheilung der synthetischen Erkenntniß *a priori* erforderlich ist.

Das vornehmste Augenmerk bei der Eintheilung einer solchen Wissenschaft ist: daß gar keine Begriffe hineinkommen müssen, die irgend etwas Empirisches in sich enthalten, oder daß die Erkenntniß *a priori* völlig rein sei. Daher, obzwar die obersten Grundsätze der Moralität und die Grundbegriffe derselben Erkenntnisse *a priori* sind, so gehören sie doch nicht in die Transscendental-Philosophie, weil sie die

Begriffe der Lust und Unlust, der Begierden und Neigungen etc., die insgesammt empirischen Ursprungs sind, zwar selbst nicht zum Grunde ihrer Vorschriften legen, aber doch im Begriffe der Pflicht als Hinderniß, das überwunden, oder als Anreiz, der nicht zum Bewegungsgrunde gemacht werden soll, nothwendig in die Abfassung des Systems der reinen Sittlichkeit mit hineinziehen müssen. Daher ist die Transscendental-Philosophie eine Weltweisheit der reinen, bloß speculativen Vernunft. Denn alles Praktische, so fern es Triebfedern enthält, bezieht sich auf Gefühle, welche zu empirischen Erkenntnißquellen gehören.

Wenn man nun die Eintheilung dieser Wissenschaft aus dem allgemeinen Gesichtspunkte eines Systems überhaupt anstellen will, so muß die, welche wir jetzt vortragen, erstlich eine Elementarlehre, zweitens eine Methodenlehre der reinen Vernunft enthalten. Jeder dieser Haupttheile würde seine Unterabtheilung haben, deren Gründe sich gleichwohl hier noch nicht vortragen lassen. Nur so viel scheint zur Einleitung oder Vorerinnerung nöthig zu sein, daß es zwei Stämme der menschlichen Erkenntniß gebe, die vielleicht aus einer gemeinschaftlichen, aber uns unbekannten Wurzel entspringen, nämlich Sinnlichkeit und Verstand, durch deren ersteren uns Gegenstände gegeben, durch den zweiten aber gedacht werden. Sofern nun die Sinnlichkeit Vorstellungen *a priori* enthalten sollte, welche die Bedingung ausmachen, unter der uns Gegenstände gegeben werden, so würde sie zur Transscendental-Philosophie gehören. Die transscendentale Sinnenlehre würde zum ersten Theile der Elementar-Wissenschaft gehören müssen, weil die Bedingungen, worunter allein die Gegenstände der menschlichen Erkenntniß gegeben werden, denjenigen vorgehen, unter welchen selbige gedacht werden.

I.
Transscendentale Elementarlehre.

Der
Transscendentalen Elementarlehre
Erster Theil.

Die transscendentale Ästhetik.

§ 1.

Auf welche Art und durch welche Mittel sich auch immer eine Erkenntniß auf Gegenstände beziehen mag, so ist doch diejenige, wodurch sie sich auf dieselbe unmittelbar bezieht, und worauf alles Denken als Mittel abzweckt, die Anschauung. Diese findet aber nur statt, sofern uns der Gegenstand gegeben wird; dieses aber ist wiederum uns Menschen wenigstens nur dadurch möglich, daß er das Gemüth auf gewisse Weise afficire. Die Fähigkeit (Receptivität), Vorstellungen durch die Art, wie wir von Gegenständen afficirt werden, zu bekommen, heißt **Sinnlichkeit**. Vermittelst der Sinnlichkeit also werden uns Gegenstände gegeben, und sie allein liefert uns Anschauungen; durch den Verstand aber werden sie gedacht, und von ihm entspringen Begriffe. Alles Denken aber muß sich, es sei geradezu (*direkte*), oder im Umschweife (*indirecte*), vermittelst gewisser Merkmale zuletzt auf Anschauungen, mithin bei uns auf Sinnlichkeit beziehen, weil uns auf andere Weise kein Gegenstand gegeben werden kann.

Die Wirkung eines Gegenstandes auf die Vorstellungsfähigkeit, sofern wir von demselben afficirt werden, ist Empfindung. Diejenige Anschauung, welche sich auf den Gegenstand durch Empfindung bezieht, heißt empirisch. Der unbestimmte Gegenstand einer empirischen Anschauung heißt Erscheinung.

In der Erscheinung nenne ich das, was der Empfindung correspondirt, die Materie derselben, dasjenige aber, welches macht, daß das Mannigfaltige der Erscheinung in gewissen Verhältnissen geordnet werden kann, nenne ich die Form der Erscheinung. Da das, worin sich die Empfindungen allein ordnen und in gewisse Form gestellt werden können, nicht selbst wiederum Empfindung sein kann, so ist uns zwar die Materie aller Erscheinung nur *a posteriori* gegeben, die Form derselben aber muß zu ihnen insgesammt im Gemüthe *a priori* bereit liegen und daher abgesondert von aller Empfindung können betrachtet werden.

Ich nenne alle Vorstellungen rein (im transscendentalen Verstande), in denen nichts, was zur Empfindung gehört, angetroffen wird. Demnach wird die reine Form sinnlicher Anschauungen überhaupt im Gemüthe *a priori* angetroffen werden, worin alles Mannigfaltige der Erscheinungen in gewissen Verhältnissen angeschauet wird. Diese reine Form der Sinnlichkeit wird auch selber reine Anschauung heißen. So, wenn ich von der Vorstellung eines Körpers das, was der Verstand davon denkt, als Substanz, Kraft, Theilbarkeit etc., imgleichen was davon zur Empfindung gehört, als Undurchdringlichkeit, Härte, Farbe etc., absondere, so bleibt mir aus dieser empirischen Anschauung noch etwas übrig, nämlich Ausdehnung und Gestalt. Diese gehören zur reinen Anschauung, die *a priori*, auch ohne einen wirklichen Gegenstand der Sinne oder Empfindung, als eine bloße Form der Sinnlichkeit im Gemüthe stattfindet.

Eine Wissenschaft von allen Principien der Sinnlichkeit

a priori nenne ich die transscendentale Ästhetik.* Es muß also eine solche Wissenschaft geben, die den ersten Theil der transscendentalen Elementarlehre ausmacht, im Gegensatz derjenigen, welche die Principien des reinen Denkens enthält und transscendentale Logik genannt wird.

In der transscendentalen Ästhetik also werden wir zuerst die Sinnlichkeit isoliren, dadurch daß wir alles absondern, was der Verstand durch seine Begriffe dabei denkt, damit nichts als empirische Anschauung übrig bleibe. Zweitens werden wir von dieser noch alles, was zur Empfindung gehört, abtrennen, damit nichts als eine reine Anschauung und die bloße Form der Erscheinungen übrig bleibe, welches das einzige ist, das die Sinnlichkeit *a priori* liefern kann. Bei dieser Untersuchung wird sich finden, daß es

* Die Deutschen sind die einzigen, welche sich jetzt des Wortes Ästhetik bedienen, um dadurch das zu bezeichnen, was andre Kritik des Geschmacks heißen. Es liegt hier eine verfehlte Hoffnung zum Grunde, die der vortreffliche Analyst Baumgarten faßte, die kritische Beurtheilung des Schönen unter Vernunftprincipien zu bringen und die Regeln derselben zur Wissenschaft zu erheben. Allein diese Bemühung ist vergeblich. Denn gedachte Regeln oder Kriterien sind ihren vornehmsten Quellen nach bloß empirisch und können also niemals zu bestimmten Gesetzen *a priori* dienen, wornach sich unser Geschmacksurtheil richten müßte; vielmehr macht das letztere den eigentlichen Probirstein der Richtigkeit der ersteren aus. Um deswillen ist es rathsam, diese Benennung entweder wiederum eingehen zu lassen und sie derjenigen Lehre aufzubehalten, die wahre Wissenschaft ist (wodurch man auch der Sprache und dem Sinne der Alten näher treten würde, bei denen die Eintheilung der Erkenntniß in αισϑητα και νοητα sehr berühmt war), oder sich in die Benennung mit der speculativen Philosophie zu theilen und die Ästhetik theils im transscendentalen Sinne, theils in psychologischer Bedeutung zu nehmen.

zwei reine Formen sinnlicher Anschauung als Principien der Erkenntniß *a priori* gebe, nämlich Raum und Zeit, mit deren Erwägung wir uns jetzt beschäftigen werden.

Der
Transscendentalen Ästhetik
Erster Abschnitt.

Von dem Raume.

§ 2

Metaphysische Erörterung dieses Begriffs.

Vermittelst des äußeren Sinnes (einer Eigenschaft unsres Gemüths) stellen wir uns Gegenstände als außer uns und diese insgesammt im Raume vor. Darin ist ihre Gestalt, Größe und Verhältniß gegen einander bestimmt oder bestimmbar. Der innere Sinn, vermittelst dessen das Gemüth sich selbst oder seinen inneren Zustand anschauet, giebt zwar keine Anschauung von der Seele selbst als einem Object; allein es ist doch eine bestimmte Form, unter der die Anschauung ihres inneren Zustandes allein möglich ist, so daß alles, was zu den inneren Bestimmungen gehört, in Verhältnissen der Zeit vorgestellt wird. Äußerlich kann die Zeit nicht angeschaut werden, so wenig wie der Raum als etwas in uns. Was sind nun Raum und Zeit? Sind es wirkliche Wesen? Sind es zwar nur Bestimmungen oder auch Verhältnisse der Dinge, aber doch solche, welche ihnen auch an sich zukommen würden, wenn sie auch nicht angeschaut würden, oder sind sie solche, die nur an der Form der Anschauung allein haften und mithin an der subjectiven Beschaffenheit unseres

Gemüths, ohne welche diese Prädicate gar keinem Dinge beigelegt werden können? Um uns hierüber zu belehren, wollen wir zuerst den Begriff des Raumes erörtern. Ich verstehe aber unter Erörterung (*expositio*) die deutliche (wenn gleich nicht ausführliche) Vorstellung dessen, was zu einem Begriffe gehört; metaphysisch aber ist die Erörterung, wenn sie dasjenige enthält, was den Begriff als *a priori* gegeben darstellt.

1) Der Raum ist kein empirischer Begriff, der von äußeren Erfahrungen abgezogen worden. Denn damit gewisse Empfindungen auf etwas außer mir bezogen werden (d.i. auf etwas in einem andern Orte des Raumes, als darin ich mich befinde), imgleichen damit ich sie als außer und neben einander, mithin nicht bloß verschieden, sondern als in verschiedenen Orten vorstellen könne, dazu muß die Vorstellung, des Raumes schon zum Grunde liegen. Demnach kann die Vorstellung des Raumes nicht aus den Verhältnissen der äußern Erscheinung durch Erfahrung erborgt sein, sondern diese äußere Erfahrung ist selbst nur durch gedachte Vorstellung allererst möglich.

2) Der Raum ist eine nothwendige Vorstellung *a priori*, die allen äußeren Anschauungen zum Grunde liegt. Man kann sich niemals eine Vorstellung davon machen, daß kein Raum sei, ob man sich gleich ganz wohl denken kann, daß keine Gegenstände darin angetroffen werden. Er wird also als die Bedingung der Möglichkeit der Erscheinungen und nicht als eine von ihnen abhängende Bestimmung angesehen und ist eine Vorstellung *a priori*, die nothwendiger Weise äußeren Erscheinungen zum Grunde liegt.

3) Der Raum ist kein discursiver oder, wie man sagt, allgemeiner Begriff von Verhältnissen der Dinge überhaupt, sondern eine reine Anschauung. Denn erstlich kann man sich

nur einen einigen Raum vorstellen, und wenn man von vielen Räumen redet, so versteht man darunter nur Theile eines und desselben alleinigen Raumes. Diese Theile können auch nicht vor dem einigen allbefassenden Raume gleichsam als dessen Bestandtheile (daraus seine Zusammensetzung möglich sei) vorhergehen, sondern nur in ihm gedacht werden. Er ist wesentlich einig, das Mannigfaltige in ihm, mithin auch der allgemeine Begriff von Räumen überhaupt beruht lediglich auf Einschränkungen. Hieraus folgt, daß in Ansehung seiner eine Anschauung *a priori* (die nicht empirisch ist) allen Begriffen von demselben zum Grunde liegt. So werden auch alle geometrische Grundsätze, z.E. daß in einem Triangel zwei Seiten zusammen größer sind, als die dritte, niemals aus allgemeinen Begriffen von Linie und Triangel, sondern aus der Anschauung und zwar *a priori* mit apodiktischer Gewißheit abgeleitet.

4) Der Raum wird als eine unendliche gegebene Größe vorgestellt. Nun muß man zwar einen jeden Begriff als eine Vorstellung denken, die in einer unendlichen Menge von verschiedenen möglichen Vorstellungen (als ihr gemeinschaftliches Merkmal) enthalten ist, mithin diese unter sich enthält; aber kein Begriff als ein solcher kann so gedacht werden, als ob er eine unendliche Menge von Vorstellungen in sich enthielte. Gleichwohl wird der Raum so gedacht (denn alle Theile des Raumes ins unendliche sind zugleich). Also ist die ursprüngliche Vorstellung vom Raume Anschauung *a priori* und nicht Begriff.

§ 3.

Transscendentale Erörterung des Begriffs vom Raume.

Ich verstehe unter einer transscendentalen Erörterung die Erklärung eines Begriffs als eines Princips, woraus die Möglichkeit anderer synthetischer Erkenntnisse *a priori* eingesehen werden kann. Zu dieser Absicht wird erfordert: 1) daß wirklich dergleichen Erkenntnisse aus dem gegebenen Begriffe herfließen, 2) daß diese Erkenntnisse nur unter der Voraussetzung einer gegebenen Erklärungsart dieses Begriffs möglich sind.

Geometrie ist eine Wissenschaft, welche die Eigenschaften des Raums synthetisch und doch *a priori* bestimmt. Was muß die Vorstellung des Raumes denn sein, damit eine solche Erkenntniß von ihm möglich sei? Er muß ursprünglich Anschauung sein; denn aus einem bloßen Begriffe lassen sich keine Sätze, die über den Begriff hinausgehen, ziehen, welches doch in der Geometrie geschieht (Einleitung V). Aber diese Anschauung muß *a priori*, d.i. vor aller Wahrnehmung eines Gegenstandes, in uns angetroffen werden, mithin reine, nicht empirische Anschauung sein. Denn die geometrischen Sätze sind insgesammt apodiktisch, d.i. mit dem Bewußtsein ihrer Nothwendigkeit verbunden, z.B. der Raum hat nur drei Abmessungen; dergleichen Sätze aber können nicht empirische oder Erfahrungsurtheile sein, noch aus ihnen geschlossen werden (Einleit. II).

Wie kann nun eine äußere Anschauung dem Gemüthe beiwohnen, die vor den Objecten selbst vorhergeht, und in welcher der Begriff der letzteren *a priori* bestimmt werden kann? Offenbar nicht anders, als sofern sie bloß im Subjecte, als die formale Beschaffenheit desselben von Objecten afficirt zu werden und dadurch unmittelbare Vorstellung derselben, d.i. Anschauung, zu bekommen, ihren Sitz hat, also nur als Form des äußeren Sinnes überhaupt.

Also macht allein unsere Erklärung die Möglichkeit der Geometrie als einer synthetischen Erkenntniß *a priori* begreiflich. Eine jede Erklärungsart, die dieses nicht liefert, wenn sie gleich dem Anscheine nach mit ihr einige Ähnlichkeit hätte, kann an diesen Kennzeichen am sichersten von ihr unterschieden werden.

Schlüsse aus obigen Begriffen.

a) Der Raum stellt gar keine Eigenschaft irgend einiger Dinge an sich, oder sie in ihrem Verhältniß auf einander vor, d.i. keine Bestimmung derselben, die an Gegenständen selbst haftete, und welche bliebe, wenn man auch von allen subjectiven Bedingungen der Anschauung abstrahirte. Denn weder absolute, noch relative Bestimmungen können vor dem Dasein der Dinge, welchen sie zukommen, mithin nicht *a priori* angeschaut werden.

b) Der Raum ist nichts anders, als nur die Form aller Erscheinungen äußerer Sinne, d.i. die subjective Bedingung der Sinnlichkeit, unter der allein uns äußere Anschauung möglich ist. Weil nun die Receptivität des Subjects, von Gegenständen afficirt zu werden, nothwendiger Weise vor allen Anschauungen dieser Objecte vorhergeht, so läßt sich verstehen, wie die Form aller Erscheinungen vor allen wirklichen Wahrnehmungen, mithin *a priori* im Gemüthe gegeben sein könne, und wie sie als eine reine Anschauung, in der alle Gegenstände bestimmt werden müssen, Principien der Verhältnisse derselben vor aller Erfahrung enthalten könne.

Wir können demnach nur aus dem Standpunkte eines Menschen vom Raum, von ausgedehnten Wesen etc. reden. Gehen wir von der subjectiven Bedingung ab, unter welcher wir allein äußere Anschauung bekommen können, so wie wir nämlich von den Gegenständen afficirt werden mögen, so bedeutet die Vorstellung vom Raume gar nichts. Dieses Prädicat wird den Dingen nur in so fern beigelegt, als sie uns erscheinen, d.i. Gegenstände der Sinnlichkeit sind. Die beständige Form dieser Receptivität, welche wir Sinnlichkeit nennen, ist eine nothwendige Bedingung aller Verhältnisse, darin Gegenstände als außer uns angeschauet werden, und wenn man von diesen Gegenständen abstrahirt, eine reine Anschauung, welche den Namen Raum führt. Weil wir die besonderen Bedingungen der Sinnlichkeit nicht zu Bedingungen der Möglichkeit der Sachen, sondern nur ihrer Erscheinungen machen können, so können wir wohl sagen, daß der Raum alle Dinge befasse, die uns äußerlich erscheinen mögen, aber nicht alle Dinge an sich selbst, sie mögen nun angeschaut werden oder nicht, oder auch von welchem Subject man wolle. Denn wir können von den Anschauungen anderer denkenden Wesen gar nicht urtheilen, ob sie an die nämlichen Bedingungen gebunden seien, welche unsere Anschauung einschränken und für uns allgemein gültig sind. Wenn wir die Einschränkung eines Urtheils zum Begriff des Subjects hinzufügen, so gilt das Urtheil alsdann unbedingt. Der Satz: Alle Dinge sind neben einander im Raum, gilt unter der Einschränkung, wenn diese Dinge als Gegenstände unserer sinnlichen Anschauung genommen werden. Füge ich hier die Bedingung zum Begriffe und sage: Alle Dinge als äußere Erscheinungen sind neben einander im Raum, so gilt diese Regel allgemein und ohne Einschränkung. Unsere Erörterungen lehren demnach die Realität (d.i. die objective Gültigkeit) des Raumes in Ansehung alles dessen, was äußerlich als Gegenstand uns vorkommen kann, aber zugleich die Idealität des Raums in Ansehung der Dinge, wenn sie durch die Vernunft an sich selbst erwogen werden, d.i. ohne Rücksicht auf die Beschaffenheit unserer Sinnlichkeit zu nehmen. Wir behaupten also die empirische Realität des Raumes (in Ansehung aller möglichen äußeren Erfahrung), obzwar die transscendentale Idealität desselben, d.i. daß er Nichts sei, so bald wir die Bedingung der Möglichkeit aller Erfahrung weglassen und ihn als etwas, was den Dingen an sich selbst zum Grunde liegt, annehmen.

Es giebt aber auch außer dem Raum keine andere subjective und auf etwas Äußeres bezogene Vorstellung, die *a priori* objectiv heißen könnte. Denn man kann von keiner derselben synthetische Sätze *a priori*, wie von der Anschauung im Raume herleiten (§ 3). Daher ihnen, genau zu reden, gar keine Idealität zukommt, ob sie gleich darin mit der Vorstellung des Raumes übereinkommen, daß sie bloß zur subjectiven Beschaffenheit der Sinnesart gehören, z.B. des Gesichts, Gehörs, Gefühls, durch die Empfindungen der Farben, Töne und Wärme, die aber, weil sie bloß Empfindungen und nicht Anschauungen sind, an sich kein Object, am wenigsten *a priori* erkennen lassen.

Die Absicht dieser Anmerkung geht nur dahin: zu verhüten, daß man die behauptete Idealität des Raumes nicht durch bei weitem unzulängliche Beispiele zu erläutern sich einfallen lasse, da nämlich etwa Farben, Geschmack etc. mit Recht nicht als Beschaffenheiten der Dinge, sondern bloß als Veränderungen unseres Subjects, die sogar bei verschiedenen Menschen verschieden sein können, betrachtet werden. Denn in diesem Falle gilt das, was ursprünglich selbst nur Erscheinung ist, z.B.

eine Rose, im empirischen Verstande für ein Ding an sich selbst, welches doch jedem Auge in Ansehung der Farbe anders erscheinen kann. Dagegen ist der transscendentale Begriff der Erscheinungen im Raume eine kritische Erinnerung, daß überhaupt nichts, was im Raume angeschaut wird, eine Sache an sich, noch daß der Raum eine Form der Dinge sei, die ihnen etwa an sich selbst eigen wäre, sondern daß uns die Gegenstände an sich gar nicht bekannt seien, und, was wir äußere Gegenstände nennen, nichts anders als bloße Vorstellungen unserer Sinnlichkeit seien, deren Form der Raum ist, deren wahres Correlatum aber, d.i. das Ding an sich selbst, dadurch gar nicht erkannt wird, noch erkannt werden kann, nach welchem aber auch in der Erfahrung niemals gefragt wird.

Der
Transscendentalen Ästhetik
Zweiter Abschnitt

Von der Zeit.

§ 4.

Metaphysische Erörterung des Begriffs der Zeit.

Die Zeit ist 1) kein empirischer Begriff, der irgend von einer Erfahrung abgezogen worden. Denn das Zugleichsein oder Aufeinanderfolgen würde selbst nicht in die Wahrnehmung kommen, wenn die Vorstellung der Zeit nicht *a priori* zum Grunde läge. Nur unter deren Voraussetzung kann man sich vorstellen: daß einiges zu einer und derselben Zeit (zugleich) oder in verschiedenen Zeiten (nach einander) sei.

2) Die Zeit ist eine nothwendige Vorstellung, die allen Anschauungen zum Grunde liegt. Man kann in Ansehung der Erscheinungen überhaupt die Zeit selbst nicht aufheben, ob man zwar ganz wohl die Erscheinungen aus der Zeit wegnehmen kann. Die Zeit ist also *a priori* gegeben. In ihr allein ist alle Wirklichkeit der Erscheinungen möglich. Diese können insgesammt wegfallen, aber sie selbst (als die allgemeine Bedingung ihrer Möglichkeit) kann nicht aufgehoben werden.

3) Auf diese Nothwendigkeit *a priori* gründet sich auch die Möglichkeit apodiktischer Grundsätze von den Verhältnissen der Zeit oder Axiomen von der Zeit überhaupt. Sie hat nur Eine Dimension: verschiedene Zeiten sind nicht zugleich, sondern nach einander, (so wie verschiedene Räume nicht nach einander, sondern zugleich sind). Diese Grundsätze können aus der Erfahrung nicht gezogen werden, denn diese würde weder strenge Allgemeinheit, noch apodiktische Gewißheit geben. Wir würden nur sagen können: so lehrt es die gemeine Wahrnehmung; nicht aber: so muß es sich verhalten. Diese Grundsätze gelten als Regeln, unter denen überhaupt Erfahrungen möglich sind, und belehren uns vor derselben und nicht durch dieselbe.

4) Die Zeit ist kein discursiver oder, wie man ihn nennt, allgemeiner Begriff, sondern eine reine Form der sinnlichen Anschauung. Verschiedene Zeiten sind nur Theile eben derselben Zeit. Die Vorstellung, die nur durch einen einzigen Gegenstand gegeben werden kann, ist aber Anschauung. Auch würde sich der Satz, daß verschiedene Zeiten nicht zugleich sein können, aus einem allgemeinen Begriff nicht herleiten lassen. Der Satz ist synthetisch und kann aus Begriffen allein nicht entspringen. Er ist also in der Anschauung und Vorstellung der Zeit unmittelbar enthalten.

5) Die Unendlichkeit der Zeit bedeutet nichts weiter, als daß alle bestimmte Größe der Zeit nur durch Einschränkungen einer einigen zum Grunde liegenden Zeit möglich sei. Daher muß die ursprüngliche Vorstellung Zeit als uneingeschränkt gegeben sein. Wovon aber die Theile selbst und jede Größe eines Gegenstandes nur durch Einschränkung bestimmt vorgestellt werden können, da muß die ganze Vorstellung nicht durch Begriffe gegeben sein (denn die enthalten nur Theilvorstellungen), sondern es muß ihnen unmittelbare Anschauung zum Grunde liegen.

§ 5.

Transscendentale Erörterung des Begriffs der Zeit

Ich kann mich deshalb auf Nr. 3 berufen, wo ich, um kurz zu sein, das, was eigentlich transscendental ist, unter die Artikel der metaphysischen Erörterung gesetzt habe. Hier füge ich noch hinzu, daß der Begriff der Veränderung und mit ihm der Begriff der Bewegung (als Veränderung des Orts) nur durch und in der Zeitvorstellung möglich ist; daß, wenn diese Vorstellung nicht Anschauung (innere) *a priori* wäre, kein Begriff, welcher es auch sei, die Möglichkeit einer Veränderung, d.i. einer Verbindung contradictorisch entgegengesetzter Prädicate (z.B. das Sein an einem Orte und das Nichtsein eben desselben Dinges an demselben Orte) in einem und demselben Objecte, begreiflich machen könnte. Nur in der Zeit können beide contradictorisch-entgegengesetzte Bestimmungen in einem Dinge, nämlich nach einander, anzutreffen sein. Also erklärt unser Zeitbegriff die Möglichkeit so vieler synthetischer Erkenntniß *a priori* als die allgemeine Bewegungslehre, die nicht wenig fruchtbar ist, darlegt.

§ 6.

Schlüsse aus diesen Begriffen.

a) Die Zeit ist nicht etwas, was für sich selbst bestände, oder den Dingen als objective Bestimmung anhinge, mithin übrig bliebe, wenn man von allen subjectiven Bedingungen der Anschauung derselben abstrahirt: denn im ersten Fall würde sie etwas sein, was ohne wirklichen Gegenstand dennoch wirklich wäre. Was aber das zweite betrifft, so könnte sie als eine den Dingen selbst anhängende Bestimmung oder Ordnung nicht vor den Gegenständen als ihre Bedingung vorhergehen und *a priori* durch synthetische Sätze erkannt und angeschaut werden. Dieses letztere findet dagegen sehr wohl statt, wenn die Zeit nichts als die subjective Bedingung ist, unter der alle Anschauungen in uns stattfinden können. Denn da kann diese Form der innern Anschauung vor den Gegenständen, mithin *a priori* vorgestellt werden.

b) Die Zeit ist nichts anders als die Form des innern Sinnes, d.i. des Anschauens unserer selbst und unseres innern Zustandes. Denn die Zeit kann keine Bestimmung äußerer Erscheinungen sein: sie gehört weder zu einer Gestalt, oder Lage etc.; dagegen bestimmt sie das Verhältniß der Vorstellungen in unserem innern Zustande. Und eben weil diese innre Anschauung keine Gestalt giebt, suchen wir auch diesen Mangel durch Analogien zu ersetzen und stellen die Zeitfolge durch eine ins Unendliche fortgehende Linie vor, in welcher das Mannigfaltige eine Reihe ausmacht, die nur von einer Dimension ist, und schließlich aus den Eigenschaften dieser Linie auf alle Eigenschaften der Zeit außer dem einigen, daß die Theile der erstern zugleich, die der letztern aber jederzeit nach einander sind. Hieraus erhellt auch, daß die Vorstellung der Zeit selbst Anschauung sei, weil alle ihre Verhältnisse sich an einer äußern Anschauung ausdrücken lassen.

c) Die Zeit ist die formale Bedingung *a priori* aller Erscheinungen überhaupt. Der Raum als die reine Form aller äußeren Anschauung ist als Bedingung *a priori* bloß auf äußere Erscheinungen eingeschränkt. Dagegen weil alle Vorstellungen, sie mögen nun äußere Dinge zum Gegenstande haben oder nicht, doch an sich selbst, als Bestimmungen des Gemüths, zum innern Zustande gehören; dieser innere Zustand aber unter der formalen Bedingung der innern Anschauung, mithin der Zeit gehört: so ist die Zeit eine Bedingung *a priori* von aller Erscheinung überhaupt und zwar die unmittelbare Bedingung der inneren (unserer Seelen) und eben dadurch mittelbar auch der äußern Erscheinungen. Wenn ich *a priori* sagen kann: alle äußere Erscheinungen sind im Raume und nach den Verhältnissen des Raumes *a priori* bestimmt, so kann ich aus dem Princip des innern Sinnes ganz allgemein sagen: alle Erscheinungen überhaupt, d.i. alle Gegenstände der Sinne, sind in der Zeit und stehen nothwendiger Weise in Verhältnissen der Zeit.

Wenn wir von unsrer Art, uns selbst innerlich anzuschauen und vermittelst dieser Anschauung auch alle äußere Anschauungen in der Vorstellungskraft zu befassen, abstrahiren und mithin die Gegenstände nehmen, so wie sie an sich selbst sein mögen, so ist die Zeit nichts. Sie ist nur von objectiver Gültigkeit in Ansehung der Erscheinungen, weil dieses schon Dinge sind, die wir als Gegenstände unsrer

Sinne annehmen; aber sie ist nicht mehr objectiv, wenn man von der Sinnlichkeit unsrer Anschauung, mithin derjenigen Vorstellungsart, welche uns eigenthümlich ist, abstrahirt und von Dingen überhaupt redet. Die Zeit ist also lediglich eine subjective Bedingung unserer (menschlichen) Anschauung (welche jederzeit sinnlich ist, d.i. sofern wir von Gegenständen afficirt werden) und an sich, außer dem Subjecte, nichts. Nichts desto weniger ist sie in Ansehung aller Erscheinungen, mithin auch aller Dinge, die uns in der Erfahrung vorkommen können, nothwendiger Weise objectiv. Wir können nicht sagen: alle Dinge sind in der Zeit, weil bei dem Begriff der Dinge überhaupt von aller Art der Anschauung derselben abstrahirt wird, dieser aber die eigentliche Bedingung ist, unter der die Zeit in die Vorstellung der Gegenstände gehört. Wird nun die Bedingung zum Begriffe hinzugefügt, und es heißt: alle Dinge als Erscheinungen (Gegenstände der sinnlichen Anschauung) sind in der Zeit, so hat der Grundsatz seine gute objective Richtigkeit und Allgemeinheit *a priori*.

Unsere Behauptungen lehren demnach empirische Realität der Zeit, d i. objective Gültigkeit in Ansehung aller Gegenstände, die jemals unsern Sinnen gegeben werden mögen. Und da unsere Anschauung jederzeit sinnlich ist, so kann uns in der Erfahrung niemals ein Gegenstand gegeben werden, der nicht unter die Bedingung der Zeit gehörte. Dagegen bestreiten wir der Zeit allen Anspruch auf absolute Realität, da sie nämlich, auch ohne auf die Form unserer sinnlichen Anschauung Rücksicht zu nehmen, schlechthin den Dingen als Bedingung oder Eigenschaft anhinge. Solche Eigenschaften, die den Dingen an sich zukommen, können uns durch die Sinne auch niemals gegeben werden. Hierin besteht also die transscendentale Idealität der

Zeit, nach welcher sie, wenn man von den subjectiven Bedingungen der sinnlichen Anschauung abstrahirt, gar nichts ist und den Gegenständen an sich selbst (ohne ihr Verhältniß auf unsere Anschauung) weder subsistirend noch inhärirend beigezählt werden kann. Doch ist diese Idealität eben so wenig wie die des Raumes mit den Subreptionen der Empfindungen in Vergleichung zu stellen, weil man doch dabei von der Erscheinung selbst, der diese Prädicate inhäriren, voraussetzt, daß sie objective Realität habe, die hier gänzlich wegfällt, außer sofern sie bloß empirisch ist, d.i. den Gegenstand selbst bloß als Erscheinung ansieht: wovon die obige Anmerkung des ersteren Abschnitts nachzusehen ist.

§ 7.

Erläuterung.

Wider diese Theorie, welche der Zeit empirische Realität zugesteht, aber die absolute und transscendentale bestreitet, habe ich von einsehenden Männern einen Einwurf so einstimmig vernommen, daß ich daraus abnehme, er müsse sich natürlicher Weise bei jedem Leser, dem diese Betrachtungen ungewohnt sind, vorfinden. Er lautet also: Veränderungen sind wirklich (dies beweiset der Wechsel unserer eigenen Vorstellungen, wenn man gleich alle äußere Erscheinungen sammt deren Veränderungen leugnen wollte). Nun sind Veränderungen nur in der Zeit möglich, folglich ist die Zeit etwas Wirkliches. Die Beantwortung hat keine Schwierigkeit. Ich gebe das ganze Argument zu. Die Zeit ist allerdings etwas Wirkliches, nämlich die wirkliche Form der innern Anschauung. Sie hat also subjective Realität in Ansehung der innern Erfahrung, d.i. ich habe wirklich die Vorstellung von der Zeit und meinen Bestimmungen in ihr. Sie ist also wirklich, nicht als Object, sondern als die Vorstellungsart meiner selbst als Objects anzusehen. Wenn aber ich selbst oder ein ander Wesen mich ohne diese Bedingung der Sinnlichkeit anschauen könnte, so würden eben dieselben Bestimmungen, die wir uns jetzt als Veränderungen vorstellen, eine Erkenntniß geben, in welcher die Vorstellung der Zeit, mithin auch der Veränderung gar nicht vorkäme. Es bleibt also ihre empirische Realität als Bedingung aller unsrer Erfahrungen. Nur die absolute Realität kann ihr nach dem oben Angeführten nicht zugestanden werden. Sie ist nichts, als die Form unsrer inneren Anschauung.* Wenn man von ihr die besondere Bedingung unserer Sinnlichkeit wegnimmt, so verschwindet auch der Begriff der Zeit, und sie hängt nicht an den Gegenständen selbst, sondern bloß am Subjecte, welches sie anschauet.

Die Ursache aber, weswegen dieser Einwurf so einstmmig gemacht wird und zwar von denen, die gleichwohl gegen die Lehre von der Idealität des Raumes nichts Einleuchtendes einzuwenden wissen, ist diese. Die absolute Realität des Raumes hofften sie nicht apodiktisch darthun zu können, weil ihnen der Idealismus entgegensteht, nach welchem die Wirklichkeit äußerer Gegenstände keines strengen Beweises fähig ist: dagegen die des Gegenstandes unserer innern Sinnen (meiner selbst und meines Zustandes) unmittelbar durchs Bewußtsein klar ist. Jene konnten ein bloßer Schein sein, dieser aber ist ihrer Meinung nach unleugbar etwas

* Ich kann zwar sagen: meine Vorstellungen folgen einander; aber das heißt nur, wir sind uns ihrer als in einer Zeitfolge, d.i. nach der Form des innern Sinnes, bewußt. Die Zeit ist darum nicht etwas an sich selbst, auch keine den Dingen objectiv anhängende Bestimmung.

Wirkliches. Sie bedachten aber nicht, daß beide, ohne daß man ihre Wirklichkeit als Vorstellungen bestreiten darf, gleichwohl nur zur Erscheinung gehören, welche jederzeit zwei Seiten hat, die eine, da das Object an sich selbst betrachtet wird (unangesehen der Art, dasselbe anzuschauen, dessen Beschaffenheit aber eben darum jederzeit problematisch bleibt), die andere, da auf die Form der Anschauung dieses Gegenstandes gesehen wird, welche nicht in dem Gegenstande an sich selbst, sondern im Subjecte, dem derselbe erscheint, gesucht werden muß, gleichwohl aber der Erscheinung dieses Gegenstandes wirklich und nothwendig zukommt.

Zeit und Raum sind demnach zwei Erkenntnißquellen, aus denen *a priori* verschiedene synthetische Erkenntnisse geschöpft werden können, wie vornehmlich die reine Mathematik in Ansehung der Erkenntnisse vom Raume und dessen Verhältnissen ein glänzendes Beispiel giebt. Sie sind nämlich beide zusammengenommen reine Formen aller sinnlichen Anschauung und machen dadurch synthetische Sätze *a priori* möglich. Aber diese Erkenntnißquellen *a priori* bestimmen sich eben dadurch (daß sie bloß Bedingungen der Sinnlichkeit sind) ihre Grenzen, nämlich daß sie bloß auf Gegenstände gehen, sofern sie als Erscheinungen betrachtet werden, nicht aber Dinge an sich selbst darstellen. Jene allein sind das Feld ihrer Gültigkeit, woraus, wenn man hinausgeht, weiter kein objectiver Gebrauch derselben stattfindet. Diese Realität des Raumes und der Zeit läßt übrigens die Sicherheit der Erfahrungserkenntniß unangetastet: denn wir sind derselben eben so gewiß, ob diese Formen den Dingen an sich selbst, oder nur unsrer Anschauung dieser Dinge nothwendiger Weise anhängen. Dagegen die, so die absolute Realität des Raumes und der Zeit behaupten, sie mögen sie nun als subsistirend oder nur inhärirend annehmen, mit den Principien der Erfahrung selbst uneinig sein müssen. Denn entschließen sie sich zum ersteren (welches gemeiniglich die Partei der mathematischen Naturforscher ist), so müssen sie zwei ewige und unendliche für sich bestehende Undinge (Raum und Zeit) annehmen, welche da sind (ohne daß doch etwas Wirkliches ist), nur um alles Wirkliche in sich zu befassen. Nehmen sie die zweite Partei (von der einige metaphysische Naturlehrer sind), und Raum und Zeit gelten ihnen als von der Erfahrung abstrahirte, obzwar in der Absonderung verworren vorgestellte Verhältnisse der Erscheinungen (neben oder nach einander): so müssen sie den mathematischen Lehren *a priori* in Ansehung wirklicher Dinge (z.E. im Raume) ihre Gültigkeit, wenigstens die apodiktische Gewißheit bestreiten, indem diese *a posteriori* gar nicht stattfindet, und die Begriffe *a priori* von Raum und Zeit dieser Meinung nach nur Geschöpfe der Einbildungskraft sind, deren Quell wirklich in der Erfahrung gesucht werden muß, aus deren abstrahirten Verhältnissen die Einbildung etwas gemacht hat, was zwar das Allgemeine derselben enthält, aber ohne die Restrictionen, welche die Natur mit denselben verknüpft hat, nicht stattfinden kann. Die ersteren gewinnen so viel, daß sie für die mathematischen Behauptungen sich das Feld der Erscheinungen frei machen. Dagegen verwirren sie sich sehr durch eben diese Bedingungen, wenn der Verstand über dieses Feld hinausgehen will. Die zweiten gewinnen zwar in Ansehung des letzteren, nämlich daß die Vorstellungen von Raum und Zeit ihnen nicht in den Weg kommen, wenn sie von Gegenständen nicht als Erscheinungen, sondern bloß im Verhältniß, auf den Verstand urtheilen wollen; können aber weder von der Möglichkeit mathematischer Erkenntnisse *a priori* (indem ihnen eine wahre und objectiv gültige Anschauung *a priori* fehlt) Grund angeben, noch die Erfahrungssätze mit jenen Behauptungen in nothwendige Einstimmung bringen. In unserer Theorie von der wahren Beschaffenheit dieser zwei ursprünglichen Formen der Sinnlichkeit ist beiden Schwierigkeiten abgeholfen.

Daß schließlich die transscendentale Ästhetik nicht mehr als diese zwei Elemente, nämlich Raum und Zeit, enthalten könne, ist daraus klar, weil alle andre zur Sinnlichkeit gehörige Begriffe, selbst der der Bewegung, welcher beide Stücke vereinigt, etwas Empirisches voraussetzen. Denn diese setzt die Wahrnehrnung von etwas Beweglichem voraus. Im Raum, an sich selbst betrachtet, ist aber nichts Bewegliches: daher das Bewegliche etwas sein muß, was im Raume nur durch Erfahrung gefunden wird, mithin ein empirisches Datum. Eben so kann die transscendentale Ästhetik nicht den Begriff der Veränderung unter ihre Data *a priori* zählen: denn die Zeit selbst verändert sich nicht, sondern etwas, das in der Zeit ist. Also wird dazu die Wahrnehmung von irgend einem Dasein und der Succession seiner Bestimmungen, mithin Erfahrung erfordert.

§ 8.

Allgemeine Anmerkungen zur Transscendentalen Ästhetik.

I. Zuerst wird es nöthig sein, uns so deutlich als möglich zu erklären, was in Ansehung der Grundbeschaffenheit der sinnlichen Erkenntniß überhaupt unsere Meinung sei, um aller Mißbedeutung derselben vorzubeugen.

Wir haben also sagen wollen: daß alle unsre Anschauung nichts als die Vorstellung von Erscheinung sei; daß die Dinge, die wir anschauen, nicht das an sich selbst sind, wofür wir sie anschauen, noch ihre Verhältnisse so an sich selbst beschaffen sind, als sie uns erscheinen, und daß, wenn wir unser Subject oder auch nur die subjective Beschaffenheit der Sinne überhaupt aufheben, alle die Beschaffenheit, alle Verhältnisse der Objecte im Raum und Zeit, ja selbst Raum und Zeit verschwinden würden und als Erscheinungen nicht an sich selbst, sondern nur in uns existiren können. Was es für eine Bewandtniß mit den Gegenständen an sich und abgesondert von aller dieser Receptivität unserer Sinnlichkeit haben möge, bleibt uns gänzlich unbekannt. Wir kennen nichts als unsere Art, sie wahrzunehmen, die uns eigenthümlich ist, die auch nicht nothwendig jedem Wesen, ob zwar jedem Menschen, zukommen muß. Mit dieser haben wir es lediglich zu thun. Raum und Zeit sind die reinen Formen derselben, Empfindung überhaupt die Materie. Jene können wir allein *a priori*, d.i. vor aller wirklichen Wahrnehmung, erkennen, und sie heißt darum reine Anschauung; diese aber ist das in unserm Erkenntniß, was da macht, daß es Erkenntniß *a posteriori*, d.i. empirische Anschauung, heißt. Jene hängen unsrer Sinnlichkeit schlechthin nothwendig an, welcher Art auch unsere Empfindungen sein mögen; diese können sehr verschieden sein. Wenn wir diese unsre Anschauung auch zum höchsten Grade der Deutlichkeit bringen könnten, so würden wir dadurch der Beschaffenheit der Gegenstände an sich selbst nicht näher kommen. Denn wir würden auf allen Fall doch nur unsre Art der Anschauung, d.i. unsere Sinnlichkeit, vollständig erkennen und diese immer nur unter den dem Subject ursprünglich anhängenden Bedingungen von Raum und Zeit; was die Gegenstände an sich selbst sein mögen, würde uns durch die aufgeklärteste Erkenntniß der Erscheinung derselben, die uns allein gegeben ist, doch niemals bekannt werden.

Daß daher unsere ganze Sinnlichkeit nichts als die verworrene Vorstellung der Dinge sei, welche lediglich das enthält, was ihnen an sich selbst zukommt, aber nur unter einer Zusammenhäufung von Merkmalen und Theilvorstellungen, die wir nicht mit Bewußtsein auseinander setzen, ist eine Verfälschung des Begriffs von Sinnlichkeit und von Erscheinung, welche die ganze Lehre derselben unnütz und leer macht. Der Unterschied einer undeutlichen von der deutlichen Vorstellung ist bloß logisch und betrifft nicht den Inhalt. Ohne Zweifel enthält der Begriff von R e c h t , dessen sich der gesunde Verstand bedient, eben dasselbe, was die subtilste Speculation aus ihm entwickeln kann, nur daß im gemeinen und praktischen Gebrauche man sich dieser mannigfaltigen Vorstellungen in diesem Gedanken nicht bewußt ist. Darum kann man nicht sagen, daß der gemeine Begriff sinnlich sei und eine bloße Erscheinung enthalte, denn das Recht kann gar nicht erscheinen, sondern sein Begriff liegt im Verstande und stellt eine Beschaffenheit (die moralische) der Handlungen vor, die ihnen an sich selbst zukommt. Dagegen enthält die Vorstellung eines K ö r p e r s in der Anschauung gar nichts, was einem Gegenstande an sich selbst zukommen könnte, sondern bloß die Erscheinung von etwas und die Art, wie wir dadurch afficirt werden, und diese Receptivität unserer Erkenntnißfähigkeit heißt Sinnlichkeit und bleibt von der Erkenntniß des Gegenstandes an sich selbst, ob man jene (die Erscheinung) gleich bis auf den Grund durchschauen möchte, dennoch himmelweit unterschieden.

Die Leibniz-Wolffische Philosophie hat daher allen Untersuchungen über die Natur und den Ursprung unserer Erkenntnisse einen ganz unrechten Gesichtspunkt angewiesen, indem sie den Unterschied der Sinnlichkeit vom Intellectuellen bloß als logisch betrachtete, da er offenbar transscendental ist und nicht bloß die Form der Deutlichkeit oder Undeutlichkeit, sondern den Ursprung und den Inhalt derselben betrifft, so daß wir durch die erstere die Beschaffenheit der Dinge an sich selbst nicht bloß undeutlich, sondern gar nicht erkennen, und, so bald wir unsre subjective Beschaffenheit wegnehmen, das vorgestellte Object mit den Eigenschaften, die ihm die sinnliche Anschauung beilegte, überall nirgend anzutreffen ist, noch angetroffen werden kann, indem eben diese subjective Beschaffenheit die Form desselben als Erscheinung bestimmt.

Wir unterscheiden sonst wohl unter Erscheinungen das, was der Anschauung derselben wesentlich anhängt und für jeden menschlichen Sinn überhaupt gilt, von demjenigen, was derselben nur zufälliger Weise zukommt, indem es nicht auf die Beziehung der Sinnlichkeit überhaupt, sondern nur auf eine besondre Stellung oder Organisation dieses oder jenes Sinnes gültig ist. Und da nennt man die erstere Erkenntniß eine solche, die den Gegenstand an sich selbst vorstellt, die zweite aber nur die Erscheinung desselben. Dieser Unterschied ist aber nur empirisch. Bleibt man dabei stehen (wie es gemeiniglich geschieht) und sieht jene empirische Anschauung nicht wiederum (wie es geschehen sollte) als bloße Erscheinung an, so daß darin gar nichts, was irgend eine Sache an sich selbst anginge, anzutreffen ist, so ist unser transscendentaler Unterschied verloren, und wir glauben alsdann doch, Dinge an sich zu erkennen, ob wir es gleich überall (in der Sinnenwelt) selbst bis zu der tiefsten Erforschung ihrer Gegenstände mit nichts als Erscheinungen zu thun haben. So werden wir zwar den Regenbogen eine bloße Erscheinung bei einem Sonnenregen nennen, diesen Regen aber die Sache an sich selbst, welches auch richtig ist, so fern wir den letztern Begriff nur physisch verstehen, als das, was in der allgemeinen Erfahrung unter allen verschiedenen Lagen zu den Sinnen doch in der Anschauung so und nicht anders bestimmt ist. Nehmen wir aber dieses Empirische überhaupt und fragen, ohne uns an die Einstimmung desselben mit jedem Menschensinne zu kehren, ob auch dieses einen Gegenstand an sich selbst (nicht die Regentropfen, denn die sind dann schon als Erscheinungen empirische Objecte) vorstelle, so ist die Frage von der Beziehung der Vorstellung auf den Gegenstand transscendental, und nicht allein diese Tropfen sind bloße Erscheinungen, sondern selbst ihre runde Gestalt, ja sogar der Raum, in welchem sie fallen, sind nichts an sich selbst, sondern bloße Modificationen oder Grundlagen unserer sinnlichen Anschauung, das transscendentale Object aber bleibt uns unbekannt.

Die zweite wichtige Angelegenheit unserer transscendentalen Ästhetik ist, daß sie nicht bloß als scheinbare Hypothese einige Gunst erwerbe, sondern so gewiß und ungezweifelt sei, als jemals von einer Theorie gefordert werden kann, die zum Organon dienen soll. Um diese Gewißheit völlig einleuchtend zu machen, wollen wir irgend einen Fall wählen, woran dessen Gültigkeit augenscheinlich werden und zu mehrer Klarheit dessen, was § 3 angeführt worden, dienen kann.

Setzet demnach, Raum und Zeit seien an sich selbst objectiv und Bedingungen der Möglichkeit der Dinge an sich selbst, so zeigt sich erstlich: daß von beiden *a priori* apodiktische und synthetische Sätze in großer Zahl, vornehmlich vom Raum, vorkommen, welchen wir darum vorzüglich hier zum Beispiel untersuchen wollen. Da die Sätze der Geometrie synthetisch *a priori* und mit apodiktischer Gewißheit erkannt werden, so frage ich: woher nehmt ihr dergleichen Sätze, und worauf stützt sich unser Verstand, um zu dergleichen schlechthin nothwendigen und allgemein gültigen Wahrheiten zu gelangen? Es ist kein anderer Weg, als durch Begriffe oder durch Anschauungen, beide aber als solche, die entweder *a priori* oder *a posteriori* gegeben sind. Die letztern, nämlich empirische Begriffe, imgleichen das, worauf sie sich gründen, die empirische Anschauung, können keinen synthetischen Satz geben als nur einen solchen, der auch bloß empirisch, d.i. ein Erfahrungssatz, ist, mithin niemals Nothwendigkeit und absolute Allgemeinheit enthalten kann, dergleichen doch das Charakteristische aller Sätze der Geometrie ist. Was aber das erstere und einzige Mittel sein würde, nämlich durch bloße Begriffe oder durch Anschauungen *a priori* zu dergleichen Erkenntnissen zu gelangen, so ist klar; daß aus bloßen Begriffen gar keine synthetische Erkenntniß, sondern lediglich analytische erlangt werden kann. Nehmet nur den Satz, daß durch zwei gerade Linien sich gar kein Raum einschließen lasse, mithin keine Figur möglich sei, und versucht ihn aus dem Begriff von geraden Linien und der Zahl zwei abzuleiten; aber auch, daß aus drei geraden Linien eine Figur möglich sei, und versucht es eben so bloß aus diesen Begriffen. Alle eure Bemühung ist vergeblich, und ihr seht euch genöthigt, zur Anschauung eure Zuflucht zu nehmen, wie es die Geometrie auch jederzeit thut. Ihr gebt euch also einen Gegenstand in der Anschauung; von welcher Art aber ist diese, ist es eine reine Anschauung *a priori* oder eine empirische? Wäre das letzte, so könnte niemals ein allgemein gültiger, noch weniger ein apodiktischer Satz daraus werden: denn Erfahrung kann dergleichen niemals liefern. Ihr müßt also euren Gegenstand *a priori* in der Anschauung geben und auf diesen euren synthetischen Satz gründen. Läge nun in euch nicht ein Vermögen, *a priori* anzuschauen; wäre diese subjective Bedingung der Form nach nicht zugleich die allgemeine Bedingung *a priori* unter der allein das Object dieser (äußeren) Anschauung selbst möglich ist; wäre der Gegenstand (der Triangel) etwas an sich selbst ohne Beziehung auf euer Subject: wie könntet ihr sagen, daß, was in euren subjectiven Bedingungen einen Triangel zu construiren nothwendig liegt, auch dem Triangel an sich selbst nothwendig zukommen müsse? Denn ihr könntet doch zu euren Begriffen (von drei Linien) nichts Neues (die Figur) hinzufügen, welches darum nothwendig an dem Gegenstande angetroffen werden müßte, da dieser vor eurer Erkenntniß und nicht durch dieselbe gegeben ist. Wäre also nicht der Raum (und so auch die Zeit) eine bloße Form eurer Anschauung, welche Bedingungen *a priori* enthält, unter denen allein Dinge für euch äußere Gegenstände sein können, die ohne diese subjective Bedingungen an sich nichts sind: so könntet ihr *a priori* ganz und gar nichts über äußere Objecte synthetisch ausmachen. Es ist also ungezweifelt gewiß und nicht bloß möglich oder auch wahrscheinlich, daß Raum und Zeit, als die nothwendigen Bedingungen aller (äußern und innern) Erfahrung, bloß subjective Bedingungen aller unsrer Anschauung sind, im Verhältniß auf welche daher alle Gegenstände bloße Erscheinungen und nicht für sich in dieser Art gegebene Dinge sind, von denen sich auch um deswillen, was die Form derselben betrifft, vieles *a priori* sagen läßt, niemals aber das Mindeste von dem Dinge an sich selbst, das diesen Erscheinungen zum Grunde liegen mag.

II. Zur Bestätigung dieser Theorie von der Idealität des äußeren sowohl als inneren Sinnes, mithin aller Objecte der Sinne als bloßer Erscheinungen kann vorzüglich die Bemerkung dienen: daß alles, was in unserem Erkenntniß zur Anschauung gehört (also Gefühl der Lust und Unlust und den

Willen, die gar nicht Erkenntnisse sind, ausgenommen) nichts als bloße Verhältnisse enthalte, der Örter in einer Anschauung (Ausdehnung), Veränderung der Örter (Bewegung) und Gesetze, nach denen diese Veränderung bestimmt wird (bewegende Kräfte). Was aber in dem Orte gegenwärtig sei, oder was es außer der Ortsveränderung in den Dingen selbst wirke, wird dadurch nicht gegeben. Nun wird durch bloße Verhältnisse doch nicht eine Sache an sich erkannt: also ist wohl zu urtheilen, daß, da uns durch den äußeren Sinn nichts als bloße Verhältnißvorstellungen gegeben werden, dieser auch nur das Verhältniß eines Gegenstandes auf das Subject in seiner Vorstellung enthalten könne und nicht das Innere, was dem Objecte an sich zukommt. Mit der inneren Anschauung ist es eben so bewandt. Nicht allein, daß darin die Vorstellungen äußerer Sinne den eigentlichen Stoff ausmachen, womit wir unser Gemüth besetzen, sondern die Zeit, in die wir diese Vorstellungen setzen, die selbst dem Bewußtsein derselben in der Erfahrung vorhergeht und als formale Bedingung der Art, wie wir sie im Gemüthe setzen, zum Grunde liegt, enthält schon Verhältnisse des Nacheinander-, des Zugleichseins und dessen, was mit dem Nacheinandersein zugleich ist (des Beharrlichen). Nun ist das, was als Vorstellung vor aller Handlung irgend etwas zu denken vorhergehen kann, die Anschauung und, wenn sie nichts als Verhältnisse enthält, die Form der Anschauung, welche, da sie nichts vorstellt, außer so fern etwas im Gemüthe gesetzt wird, nichts anders sein kann als die Art, wie das Gemüth durch eigene Thätigkeit, nämlich dieses Setzen seiner Vorstellung, mithin durch sich selbst afficirt wird, d.i. ein innerer Sinn seiner Form nach. Alles, was durch einen Sinn vorgestellt wird, ist sofern jederzeit Erscheinung, und ein innerer Sinn würde also entweder gar nicht eingeräumt werden müssen, oder das Subject, welches der Gegenstand desselben ist, würde durch denselben nur als Erscheinung vorgestellt werden können, nicht wie es von sich selbst urtheilen würde, wenn seine Anschauung bloße Selbstthätigkeit, d.i. intellectuell, wäre. Hiebei beruht alle Schwierigkeit nur darauf, wie ein Subject sich selbst innerlich anschauen könne; allein diese Schwierigkeit ist jeder Theorie gemein. Das Bewußtsein seiner selbst (Apperception) ist die einfache Vorstellung des Ich, und wenn dadurch allein alles Mannigfaltige im Subject s e l b s t t h ä t i g gegeben wäre, so würde die innere Anschauung intellectuell sein. Im Menschen erfordert dieses Bewußtsein innere Wahrnehmung von dem Mannigfaltigen, was im Subjecte vorher gegeben wird, und die Art, wie dieses ohne Spontaneität im Gemüthe gegeben wird, muß um dieses Unterschiedes willen Sinnlichkeit heißen. Wenn das Vermögen sich bewußt zu werden das, was im Gemüthe liegt, aufsuchen (apprehendiren) soll, so muß es dasselbe afficiren und kann allein auf solche Art eine Anschauung seiner selbst hervorbringen, deren Form aber, die vorher im Gemüthe zum Grunde liegt, die Art, wie das Mannigfaltige im Gemüthe beisammen ist, in der Vorstellung der Zeit bestimmt; da es denn sich selbst anschauet, nicht wie es sich unmittelbar selbstthätig vorstellen würde, sondern nach der Art wie es von innen afficirt wird, folglich wie es sich erscheint, nicht wie es ist.

III. Wenn ich sage: im Raum und der Zeit stellt die Anschauung sowohl der äußeren Objecte, als auch die Selbstanschauung des Gemüths beides vor, so wie es unsere Sinne afficirt, d.i. wie es e r s c h e i n t , so will das nicht sagen, daß diese Gegenstände ein bloßer Schein wären. Denn in der Erscheinung werden jederzeit die Objecte, ja selbst die Beschaffenheiten, die wir ihnen beilegen, als etwas wirklich Gegebenes angesehen, nur daß, so fern diese Beschaffenheit nur von der Anschauungsart des Subjects in der Relation des gegebenen Gegenstandes zu ihm abhängt, dieser Gegenstand als Erscheinung von ihm selber als Object an sich unterschieden wird. So sage ich nicht, die Körper scheinen bloß außer mir zu sein, oder meine Seele scheint nur in meinem Selbstbewußtsein gegeben zu sein, wenn ich behaupte, daß die Qualität des Raumes und der Zeit, welcher als Bedingung ihres Daseins gemäß ich beide setze, in meiner Anschauungsart und nicht in diesen Objecten an sich liege. Es wäre meine eigene Schuld, wenn ich aus dem, was ich zur Erscheinung zählen sollte, bloßen Schein machte.* Dieses geschieht aber nicht nach unserem Princip der Idealität aller unserer sinnlichen Anschauungen; vielmehr wenn man jenen Vorstellungsformen ob-

---

* Die Prädicate der Erscheinung können dem Objecte selbst beigelegt werden im Verhältniß auf unseren Sinn, z.B. der Rose die rothe Farbe oder der Geruch; aber der Schein kann niemals als Prädicat dem Gegenstande beigelegt werden, eben darum weil er, was diesem nur im Verhältniß auf die Sinne oder überhaupt aufs Subject zukommt, dem Object für sich beilegt, z.B. die zwei Henkel, die man anfänglich dem Saturn beilegte. Was gar nicht am Objecte an sich selbst, jederzeit aber im Verhältnisse desselben zum Subject anzutreffen und von der Vorstellung des letzteren unzertrennlich ist, ist Erscheinung, und so werden die Prädicate des Raumes und der Zeit mit Recht den Gegenständen der Sinne als solchen beigelegt, und hierin ist kein Schein. Dagegen wenn ich der Rose an sich die Röthe, dem Saturn die Henkel, oder allen äußeren Gegenständen die Ausdehnung an sich beilege, ohne auf ein bestimmtes Verhältniß dieser Gegenstände zum Subject zu sehen und mein Urtheil darauf einzuschränken, alsdann allererst entspringt der Schein.

jective Realität beilegt, so kann man nicht vermeiden, daß nicht alles dadurch in bloßen Schein verwandelt werde. Denn wenn man den Raum und die Zeit als Beschaffenheiten ansieht, die ihrer Möglichkeit nach in Sachen an sich angetroffen werden müßten, und überdenkt die Ungereimtheiten, in die man sich alsdann verwickelt, indem zwei unendliche Dinge, die nicht Substanzen, auch nicht etwas wirklich den Substanzen Inhärirendes, dennoch aber Existirendes, ja die nothwendige Bedingung der Existenz aller Dinge sein müssen, auch übrig bleiben, wenn gleich alle existirende Dinge aufgehoben werden: so kann man es dem guten Berkeley wohl nicht verdenken, wenn er die Körper zu bloßem Schein herabsetzte; ja es müßte sogar unsere eigene Existenz, die auf solche Art von der für sich bestehenden Realität eines Undinges wie die Zeit abhängig gemacht wäre, mit dieser in lauter Schein verwandelt werden, eine Ungereimtheit, die sich bisher noch niemand hat zu Schulden kommen lassen.

IV. In der natürlichen Theologie, da man sich einen Gegenstand denkt, der nicht allein für uns gar kein Gegenstand der Anschauung, sondern der ihm selbst durchaus kein Gegenstand der sinnlichen Anschauung sein kann, ist man sorgfältig darauf bedacht, von aller seiner Anschauung (denn dergleichen muß alles sein Erkenntniß sein und nicht Denken, welches jederzeit Schranken beweiset) die Bedingungen der Zeit und des Raumes wegzuschaffen. Aber mit welchem Rechte kann man dieses thun, wenn man beide vorher zu Formen der Dinge an sich selbst gemacht hat und zwar solchen, die als Bedingungen der Existenz der Dinge *a priori* übrig bleiben, wenn man gleich die Dinge selbst aufgehoben hätte: denn als Bedingungen alles Daseins überhaupt müßten sie es auch vom Dasein Gottes sein. Es bleibt nichts übrig, wenn man sie nicht zu objectiven Formen aller Dinge machen will, als daß man sie zu subjectiven Formen unserer äußeren sowohl als inneren Anschauungsart macht, die darum sinnlich heißt, weil sie nicht u r s p r ü n g l i c h , d.i. eine solche ist, durch die selbst das Dasein des Objects der Anschauung gegeben wird (und die, so viel wir einsehen, nur dem Urwesen zukommen kann), sondern von dem Dasein des Objects abhängig, mithin nur dadurch, daß die Vorstellungsfähigkeit des Subjects durch dasselbe afficirt wird, möglich ist.

Es ist auch nicht nöthig, daß wir die Anschauungsart in Raum und Zeit auf die Sinnlichkeit des Menschen einschränken; es mag sein, daß alles endliche denkende Wesen hierin mit dem Menschen nothwendig übereinkommen müsse (wiewohl wir dieses nicht entscheiden können), so hört sie um dieser Allgemeingültigkeit willen doch nicht auf, Sinnlichkeit zu sein, eben darum weil sie abgeleitet (*intuitus derivativus*), nicht ursprünglich (*intuitus originarius*), mithin nicht intellectuelle Anschauung ist, als welche aus dem eben angeführten Grunde allein dem Urwesen, niemals aber einem seinem Dasein sowohl als seiner Anschauung nach (die sein Dasein in Beziehung auf gegebene Objecte bestimmt) abhängigen Wesen zuzukommen scheint; wiewohl die letztere Bemerkung zu unserer ästhetischen Theorie nur als Erläuterung, nicht als Beweisgrund gezählt werden muß.

Beschluß der transscendentalen Ästhetik.

Hier haben wir nun eines von den erforderlichen Stücken zur Auflösung der allgemeinen Aufgabe der Transscendentalphilosophie: wie sind synthetische Sätze *a priori möglich?*, nämlich reine Anschauungen *a priori* Raum und Zeit, in welchen wir, wenn wir im Urtheile *a priori* über den gegebenen Begriff hinausgehen wollen, dasjenige antreffen, was nicht im Begriffe, wohl aber in der Anschauung, die ihm entspricht, *a priori* entdeckt werden und mit jenem synthetisch verbunden werden kann, welche Urtheile aber aus diesem Grunde nie weiter, als auf Gegenstände der Sinne reichen und nur für Objecte möglicher Erfahrung gelten können.

Der Transscendentalen Elementarlehre Zweiter Theil. Die transscendentale Logik.

Einleitung.

Idee einer transscendentalen Logik.

I.

Von der Logik überhaupt.

Unsere Erkenntniß entspringt aus zwei Grundquellen des Gemüths, deren die erste ist, die Vorstellungen zu empfangen (die Receptivität der Eindrücke), die zweite das Vermögen, durch diese Vorstellungen einen Gegenstand zu erkennen (Spontaneität der Begriffe); durch die erstere wird uns ein Gegenstand *gegeben*, durch die zweite wird dieser ihm Verhältniß auf jene Vorstellung (als bloße Bestimmung des Gemüths) *gedacht*. Anschauung und Begriffe machen also die Elemente aller unserer Erkenntniß aus, so daß weder Begriffe ohne ihnen auf einige Art correspondirende Anschauung, noch Anschauung ohne Begriffe ein Erkenntniß abgeben können. Beide sind entweder rein oder *empirisch*. Empirisch, wenn Empfindung (die die wirkliche Gegenwart des Gegenstandes voraussetzt) darin enthalten ist; *rein* aber, wenn der Vorstellung keine Empfindung beigemischt ist. Man kann die letztere die Materie der sinnlichen Erkenntniß nennen. Daher enthält reine Anschauung lediglich die Form, unter welcher etwas angeschaut wird, und reiner Begriff allein die Form des Denkens eines Gegenstandes überhaupt. Nur allein reine Anschauungen oder Begriffe sind *a priori* möglich, empirische nur *a posteriori.*

Wollen wir die Receptivität unseres Gemüths, Vorstellungen zu empfangen, so fern es auf irgend eine Weise afficirt wird, Sinnlichkeit nennen: so ist dagegen das Vermögen, Vorstellungen selbst hervorzubringen, oder die Spontaneität des Erkenntnisses der Verstand. Unsre Natur bringt es so mit sich, daß die Anschauung niemals anders als sinnlich sein kann, d.i. nur die Art enthält, wie wir von Gegenständen afficirt werden. Dagegen ist das Vermögen, den Gegenstand sinnlicher Anschauung zu denken, der Verstand. Keine dieser Eigenschaften ist der andern vorzuziehen. Ohne Sinnlichkeit würde uns kein Gegenstand gegeben und ohne Verstand keiner gedacht werden. Gedanken ohne Inhalt sind leer, Anschauungen ohne Begriffe sind blind. Daher ist es eben so nothwendig, seine Begriffe sinnlich zu machen (d.i. ihnen den Gegenstand in der Anschauung beizufügen), als seine Anschauungen sich verständlich zu machen (d.i. sie unter Begriffe zu bringen). Beide Vermögen oder Fähigkeiten können auch ihre Functionen nicht vertauschen. Der Verstand vermag nichts anzuschauen und die Sinne nichts zu denken. Nur daraus, daß sie sich vereinigen, kann Erkenntniß entspringen. Deswegen darf man aber doch nicht ihren Antheil vermischen, sondern man hat große Ursache, jedes von dem andern sorgfältig abzusondern und zu unterscheiden. Daher unterscheiden wir die Wissenschaft der Regeln der Sinnlichkeit überhaupt, d.i. Ästhetik, von der Wissenschaft der Verstandesregeln überhaupt, d.i. der Logik.

Die Logik kann nun wiederum in zwiefacher Absicht unternommen werden, entweder als Logik des allgemeinen, oder des besondern Verstandesgebrauchs. Die erste enthält die schlechthin nothwendigen Regeln des Denkens, ohne welche gar kein Gebrauch des Verstandes stattfindet, und geht also auf diesen unangesehen der Verschiedenheit der Gegenstände, auf welche er gerichtet sein mag. Die Logik des besondern Verstandesgebrauchs enthält die Regeln, über eine gewisse Art von Gegenständen richtig zu denken. Jene kann man die Elementarlogik nennen, diese aber das Organon dieser oder jener Wissenschaft. Die letztere wird mehrenteils in den Schulen als Propädeutik der Wissenschaften vorangeschickt, ob sie zwar nach dem Gange der menschlichen Vernunft das Späteste ist, wozu sie allererst gelangt, wenn die Wissenschaft schon lange fertig ist und nur die letzte Hand zu ihrer Berichtigung und Vollkommenheit bedarf. Denn man muß die Gegenstände schon in ziemlich hohem Grade kennen, wenn man die Regeln angeben will, wie sich eine Wissenschaft von ihnen zu Stande bringen lasse.

Die allgemeine Logik ist nun entweder die reine, oder die angewandte Logik. In der ersteren abstrahiren wir von allen empirischen Bedingungen, unter denen unser Verstand ausgeübt wird, z.B. vom Einfluß der Sinne, vom Spiele der Einbildung, den Gesetzen des Gedächtnisses, der Macht der Gewohnheit, der Neigung etc., mithin auch den Quellen der Vorurtheile, ja gar überhaupt von allen Ursachen, daraus uns gewisse Erkenntnisse entspringen, oder untergeschoben werden mögen, weil sie bloß den Verstand unter gewissen Umständen seiner Anwendung betreffen, und, um diese zu kennen, Erfahrung erfordert wird. Eine allgemeine, aber reine Logik hat es also mit lauter Principien *a priori* zu thun und ist ein Kanon des Verstandes und der Vernunft, aber nur in Ansehung des Formalen ihres Gebrauchs, der Inhalt mag sein, welcher er wolle (empirisch oder transscendental). Eine allgemeine Logik heißt aber alsdann a n g e w a n d t , wenn sie auf die Regeln des Gebrauchs des Verstandes unter den subjectiven empirischen Bedingungen, die uns die Psychologie lehrt, gerichtet ist. Sie hat also empirische Principien, ob sie zwar in so fern allgemein ist, daß sie auf den Verstandesgebrauch ohne Unterschied der Gegenstände geht. Um deswillen ist sie auch weder ein Kanon des Verstandes überhaupt, noch ein Organ besondrer Wissenschaften, sondern lediglich ein Kathartikon des gemeinen Verstandes.

In der allgemeinen Logik muß also der Teil, der die reine Vernunftlehre ausmachen soll, von demjenigen gänzlich abgesondert werden, welcher die angewandte (obzwar noch immer allgemeine) Logik ausmacht. Der erstere ist eigentlich nur allein Wissenschaft, obzwar kurz und trocken, und wie es die schulgerechte Darstellung einer Elementarlehre des Verstandes erfordert. In dieser müssen also die Logiker jederzeit zwei Regeln vor Augen haben.

1) Als allgemeine Logik abstrahirt sie von allem Inhalt der Verstandeserkenntniß und der Verschiedenheit ihrer Gegensende und hat mit nichts als der bloßen Form des Denkens zu thun.

2) Als reine Logik hat sie keine empirische Principien, mithin schöpft sie nichts (wie man sich bisweilen überredet hat) aus der Psychologie, die also auf den Kanon des Verstandes gar keinen Einfluß hat. Sie ist eine demonstrirte Doctrin, und alles muß in ihr völlig *a priori* gewiß sein.

Was ich die angewandte Logik nenne (wider die gemeine Bedeutung dieses Worts, nach der sie gewisse Exercitien, dazu die reine Logik die Regel giebt, enthalten soll), so ist sie eine Vorstellung des Verstandes und der Regeln seines nothwendigen Gebrauchs *in concreto,* nämlich unter den zufälligen Bedingungen des Subjects, die diesen Gebrauch hindern oder befördern können, und die insgesammt nur empirisch gegeben werden. Sie handelt von der Aufmerksamkeit, deren Hinderniß und Folgen, dem Ursprunge des Irrthums, dem Zustande des Zweifels, des Scrupels, der Überzeugung u.s.w.; und zu ihr verhält sich die allgemeine und reine Logik wie die reine Moral, welche bloß die nothwendigen sittlichen Gesetze eines freien Willens überhaupt enthält, zu der eigentlichen Tugendlehre, welche diese Gesetze unter den Hindernissen der Gefühle, Neigungen und Leidenschaften, denen die Menschen mehr oder weniger unterworfen sind, erwägt, und welche niemals eine wahre und demonstrirte Wissenschaft abgeben kann, weil sie eben sowohl als jene angewandte Logik empirische und psychologische Principien bedarf.

II.

Von der transscendentalen Logik.

Die allgemeine Logik abstrahirt, wie wir gewiesen, von allem Inhalt der Erkenntniß, d.i. von aller Beziehung derselben auf das Object, und betrachtet nur die logische Form im Verhältnisse der Erkenntnisse aufeinander, d.i. die Form des Denkens überhaupt. Weil es nun aber sowohl reine, als empirische Anschauungen giebt (wie die transscendentale Ästhetik darthut), so könnte auch wohl ein Unterschied zwischen reinem und empirischem Denken der Gegenstände angetroffen werden. In diesem Falle würde es eine Logik geben, in der man nicht von allem Inhalt der Erkenntniß abstrahirte; denn diejenige, welche bloß die Regeln des reinen Denkens eines Gegenstandes enthielte, würde alle diejenigen Erkenntnisse ausschließen, welche von empirischem Inhalte wären. Sie würde auch auf den Ursprung unserer Erkenntnisse von Gegenständen gehen, so fern er nicht den Gegenständen zugeschrieben werden kann, da hingegen die allgemeine Logik mit diesem Ursprunge der Erkenntniß nichts zu thun hat sondern die Vorstellungen, sie mögen uranfänglich *a priori* in uns selbst, oder nur empirisch gegeben sein, bloß nach den Gesetzen betrachtet, nach welchen der Verstand sie im Verhältniß gegen einander braucht, wenn er denkt, und also nur von der Verstandesform handelt, die den Vorstellungen verschafft werden kann, woher sie auch sonst entsprungen sein mögen.

Und hier mache ich eine Anmerkung, die ihren Einfluß auf alle nachfolgende Betrachtungen erstreckt, und die man wohl vor Augen haben muß, nämlich: daß nicht eine jede Erkenntniß *a priori* sondern nur die, dadurch wir erkennen, daß und wie gewisse Vorstellungen (Anschauungen oder Begriffe) lediglich *a priori* angewandt werden oder möglich sind, transscendental (d.i. die Möglichkeit der Erkenntniß oder der Gebrauch derselben *a priori*) heißen müsse. Daher ist weder der Raum, noch irgend eine geometrische Bestimmung desselben *a priori* eine transscendentale Vorstellung, sondern nur die Erkenntniß, daß diese Vorstellungen gar nicht empirischen Ursprungs sind, und die Möglichkeit, wie sie sich gleichwohl *a priori* auf Gegenstände der Erfahrung beziehen können, kann transscendental heißen. Imgleichen würde der Gebrauch des Raumes von Gegenständen überhaupt auch transscendental sein: aber ist er lediglich auf Gegenstände der Sinne eingeschränkt, so heißt er empirisch. Der Unterschied des Transscendentalen und Empirischen gehört also nur zur Kritik der Erkenntnisse und betrifft nicht die Beziehung derselben auf ihren Gegenstand.

In der Erwartung also, daß es vielleicht Begriffe geben könne, die sich *a priori* auf Gegenstände beziehen mögen, nicht als reine oder sinnliche Anschauungen, sondern bloß als Handlungen des reinen Denkens, die mithin Begriffe, aber weder empirischen noch ästhetischen Ursprungs sind, so machen wir uns zum voraus die Idee von einer Wissenschaft des reinen Verstandes und Vernunftserkenntnisses, dadurch wir Gegenstände *a priori* denken. Eine solche Wissenschaft, welche den Ursprung, den Umfang und die objective Gültigkeit solcher Erkenntnisse bestimmte, würde transscendentale Logik heißen müssen, weil sie es bloß mit den Gesetzen des Verstandes und der Vernunft zu thun hat, aber lediglich, sofern sie auf Gegenstände *a priori* bezogen wird und nicht wie die allgemeine Logik auf die empirischen sowohl als reinen Vernunfterkenntnisse ohne Unterschied.

III.

Von der Eintheilung der allgemeinen Logik in **Analytik** und **Dialektik.**

Die alte und berühmte Frage, womit man die Logiker in die Enge zu treiben vermeinte und sie dahin zu bringen suchte, daß sie sich entweder auf einer elenden Diallele mußten betreffen lassen, oder ihre Unwissenheit, mithin die Eitelkeit ihrer ganzen Kunst bekennen sollten, ist diese: Was ist Wahrheit? Die Namenerklärung der Wahrheit, daß sie nämlich die Übereinstimmung der Erkenntniß mit ihrem Gegenstande sei, wird hier geschenkt und vorausgesetzt; man verlangt aber zu wissen, welches das allgemeine und sichere Kriterium der Wahrheit einer jeden Erkenntniß sei.

Es ist schon ein großer und nöthiger Beweis der Klugheit oder Einsicht, zu wissen, was man vernünftiger Weise fragen solle. Denn wenn die Frage an sich ungereimt ist und unnöthige Antworten verlangt, so hat sie außer der Beschämung dessen, der sie aufwirft, bisweilen noch den Nachtheil, den unbehutsamen Anhörer derselben zu ungereimten Antworten zu verleiten und den belachenswerthen Anblick zu geben, daß einer (wie die Alten sagten) den Bock melkt, der andere ein Sieb unterhält.

Wenn Wahrheit in der Übereinstimmung einer Erkenntniß mit ihrem Gegenstande besteht, so muß dadurch dieser Gegenstand von andern unterschieden werden; denn eine Erkenntniß ist falsch, wenn sie mit dem Gegenstande, worauf sie bezogen wird, nicht übereinstimmt, ob sie gleich etwas enthält, was wohl von andern Gegenständen gelten könnte. Nun würde ein allgemeines Kriterium der Wahrheit dasjenige sein, welches von allen Erkenntnissen ohne Unterschied ihrer Gegenstände gültig wäre. Es ist aber klar, daß, da man bei demselben von allem Inhalt der Erkenntniß (Beziehung auf ihr Object) abstrahirt, und Wahrheit gerade diesen Inhalt angeht, es ganz unmöglich und ungereimt sei, nach einem Merkmale der Wahrheit dieses Inhalts der Erkenntnisse zu fragen, und daß also ein hinreichendes und doch zugleich allgemeines Kennzeichen der Wahrheit unmöglich angegeben werden könne. Da wir oben schon den Inhalt einer Erkenntniß die Materie derselben genannt haben, so wird man sagen müssen: von der Wahrheit der Erkenntniß der Materie nach läßt sich kein allgemeines Kennzeichen verlangen, weil es in sich selbst widersprechend ist.

Was aber das Erkenntniß der bloßen Form nach (mit Beiseitesetzung alles Inhalts) betrifft, so ist eben so klar: daß eine Logik, so fern sie die allgemeinen und nothwendigen Regeln des Verstandes vorträgt, eben in diesen Regeln Kriterien der Wahrheit darlegen müsse. Denn was diesen widerspricht, ist falsch, weil der Verstand dabei seinen allgemeinen Regeln des Denkens, mithin sich selbst widerstreitet. Diese Kriterien aber betreffen nur die Form der Wahrheit, d.i. des Denkens überhaupt, und sind so fern ganz richtig, aber nicht hinreichend. Denn obgleich eine Erkenntniß der logischen Form völlig gemäß sein möchte, d.i. sich selbst nicht widerspräche: so kann sie doch noch immer dem Gegenstande widersprechen. Also ist das bloß logische Kriterium der Wahrheit, nämlich die Übereinstimmung einer Erkenntniß mit den allgemeinen und formalen Gesetzen des Verstandes und der Vernunft, zwar die *conditio sine qua non,* mithin die negative Bedingung aller Wahrheit: weiter aber kann die Logik nicht gehen, und den Irrthum, der nicht die Form, sondern den Inhalt trifft, kann die Logik durch keinen Probirstein entdecken.

Die allgemeine Logik löset nun das ganze formale Geschäfte des Verstandes und der Vernunft in seine Elemente auf und stellt sie als Principien aller logischen Beurtheilung unserer Erkenntniß dar. Dieser Theil der Logik kann daher Analytik heißen und ist eben darum der wenigstens negative Probirstein der Wahrheit, indem man zuvörderst alle Erkenntniß ihrer Form nach an diesen Regeln prüfen und schätzen muß, ehe man sie selbst ihrem Inhalt nach untersucht, um auszumachen, ob sie in Ansehung des Gegenstandes positive Wahrheit enthalten. Weil aber die bloße Form des Erkenntnisses, so sehr sie auch mit logischen Gesetzen übereinstimmen mag, noch lange nicht hinreicht, materielle (objective) Wahrheit dem Erkenntnisse darum auszumachen, so kann sich niemand bloß mit der Logik wagen, über Gegenstände zu urtheilen und irgend etwas zu behaupten, ohne von ihnen vorher gegründete Erkundigung außer der

Logik eingezogen zu haben, um hernach bloß die Benutzung und die Verknüpfung derselben in einem zusammenhängenden Ganzen nach logischen Gesetzen zu versuchen, noch besser aber, sie lediglich darnach zu prüfen. Gleichwohl liegt so etwas Verleitendes in dem Besitze einer so scheinbaren Kunst, allen unseren Erkenntnissen die Form des Verstandes zu geben, ob man gleich in Ansehung des Inhalts derselben noch sehr leer und arm sein mag, daß jene allgemeine Logik, die bloß ein Kanon zur Beurtheilung ist, gleichsam wie ein Organon zur wirklichen Hervorbringung, wenigstens zum Blendwerk von objectiven Behauptungen gebraucht und mithin in der That dadurch gemißbraucht worden. Die allgemeine Logik nun, als vermeintes Organon, heißt Dialektik.

So verschieden auch die Bedeutung ist, in der die Alten dieser Benennung einer Wissenschaft oder Kunst sich bedienten, so kann man doch aus dem wirklichen Gebrauche derselben sicher abnehmen, daß sie bei ihnen nichts anders war, als die Logik des Scheins. Eine sophistische Kunst, seiner Unwissenheit, ja auch seinen vorsetzlichen Blendwerken den Anstrich der Wahrheit zu geben, daß man die Methode der Gründlichkeit, welche die Logik überhaupt vorschreibt, nachahmte und ihre Topik zu Beschönigung jedes leeren Vorgehens benutzte. Nun kann man es als eine sichere und brauchbare Warnung anmerken: daß die allgemeine Logik, als Organon betrachtet, jederzeit eine Logik des Scheins, d.i. dialektisch sei. Denn da sie uns gar nichts über den Inhalt der Erkenntniß lehrt, sondern nur bloß die formalen Bedingungen der Übereinstimmung mit dem Verstande, welche übrigens in Ansehung der Gegenstände gänzlich gleichgültig sind: so muß die Zumuthung, sich derselben als eines Werkzeugs (Organon) zu gebrauchen, um seine Kenntnisse wenigstens dem Vorgeben nach auszubreiten und zu erweitern, auf nichts als Geschwätzigkeit hinauslaufen, alles, was man will, mit einigem Schein zu behaupten, oder auch nach Belieben anzufechten.

Eine solche Unterweisung ist der Würde der Philosophie auf keine Weise gemäß. Um deswillen hat man diese Benennung der Dialektik lieber als eine Kritik des dialektischen Scheins der Logik beigezählt, und als eine solche wollen wir sie auch hier verstanden wissen.

IV.

Von der Eintheilung der transscendentalen Logik in die Transscendentale Analytik und Dialektik.

In einer transscendentalen Logik isoliren wir den Verstand (so wie oben in der transscendentalen Ästhetik die Sinnlichkeit) und heben bloß den Theil des Denkens aus unserm Erkenntnisse heraus, der lediglich seinen Ursprung in dem Verstande hat. Der Gebrauch dieser reinen Erkenntniß aber beruht darauf als ihrer Bedingung: daß uns Gegenstände in der Anschauung gegeben sind, worauf jene angewandt werden könne. Denn ohne Anschauung fehlt es aller unserer Erkenntniß an Objecten, und sie bleibt alsdann völlig leer. Der Theil der transscendentalen Logik also, der die Elemente der reinen Verstandeserkenntniß vorträgt und die Principien, ohne welche überall kein Gegenstand gedacht werden kann, ist die transscendentale Analytik und zugleich eine Logik der Wahrheit. Denn ihr kann keine Erkenntniß widersprechen, ohne daß sie zugleich allen Inhalt verlöre, d.i. alle Beziehung auf irgend ein Object, mithin alle Wahrheit. Weil es aber sehr anlockend und verleitend ist, sich dieser reinen Verstandeserkenntnisse und Grundsätze allein und selbst über die Grenzen der Erfahrung hinaus zu bedienen, welche doch einzig und allein uns die Materie (Objecte) an die Hand geben kann, worauf jene reine Verstandesbegriffe angewandt werden können: so geräth der Verstand in Gefahr, durch leere Vernünfteleien von den bloßen formalen Principien des reinen Verstandes einen materialen Gebrauch zu machen und über Gegenstände ohne Unterschied zu urtheilen, die uns doch nicht gegeben sind, ja vielleicht auf keinerlei Weise gegeben werden können. Da sie also eigentlich nur ein Kanon der Beurtheilung des empirischen Gebrauchs sein sollte, so wird sie gemißbraucht, wenn man sie als das Organon eines allgemeinen und unbeschränkten Gebrauchs gelten läßt und sich mit dem reinen Verstande allein wagt, synthetisch über Gegenstände überhaupt zu urtheilen, zu behaupten und zu entscheiden. Also würde der Gebrauch des reinen Verstandes alsdann dialektisch sein. Der zweite Theil der transscendentalen Logik muß also eine Kritik dieses dialektischen Scheines sein und heißt transscendentale Dialektik, nicht als eine Kunst, dergleichen Schein dogmatisch zu erregen (eine leider sehr gangbare Kunst mannigfaltiger metaphysischer Gaukelwerke), sondern als eine Kritik des Verstandes und der Vernunft in Ansehung ihres hyperphysischen Gebrauchs, um den falschen Schein ihrer grundlosen Anmaßungen aufzudecken und ihre Ansprüche auf Erfindung und Erweiterung, die sie bloß durch transscendentale Grundsätze zu erreichen vermeint, zur bloßen Beurtheilung und Verwahrung des reinen Verstandes vor sophistischem Blendwerke herabzusetzen.

Der Transscendentalen Logik

Erste Abtheilung.

Die Transscendentale Analytik.

Diese Analytik ist die Zergliederung unseres gesammten Erkenntnisses *a priori* in die Elemente der reinen Verstandeserkenntniß. Es kommt hiebei auf folgende Stücke an: 1. Daß die Begriffe reine und nicht empirische Begriffe seien. 2. Daß sie nicht zur Anschauung und zur Sinnlichkeit, sondern zum Denken und Verstande gehören. 3. Daß sie Elementarbegriffe seien und von den abgeleiteten oder daraus zusammengesetzten wohl unterschieden werden. 4. Daß ihre Tafel vollständig sei, und sie das ganze Feld des reinen Verstandes gänzlich ausfüllen. Nun kann diese Vollständigkeit einer Wissenschaft nicht auf den Überschlag eines bloß durch Versuche zu Stande gebrachten Aggregats mit Zuverlässigkeit angenommen werden; daher ist sie nur vermittelst einer Idee des Ganzen der Verstandeserkenntniß *a priori* und durch die daraus bestimmte Abtheilung der Begriffe, welche sie ausmachen, mithin nur durch ihren Zusammenhang in einem System möglich. Der reine Verstand sondert sich nicht allein von allem Empirischen, sondern sogar von aller Sinnlichkeit völlig aus. Er ist also eine für sich selbst beständige, sich selbst genugsame und durch keine äußerlich hinzukommende Zusätze zu vermehrende Einheit. Daher wird der Inbegriff seiner Erkenntniß ein unter einer Idee zu befassendes und zu bestimmendes System ausmachen, dessen Vollständigkeit und Articulation zugleich einen Probirstein der Richtigkeit und Ächtheit aller hineinpassenden Erkenntnißstücke abgeben kann. Es besteht aber dieser ganze Theil der transscendentalen Logik aus zwei Büchern, deren das eine die Begriffe, das andere die Grundsätze des reinen Verstandes enthält.

Der
Transscendentalen Analytik

Erstes Buch.

Die Analytik der Begriffe.

Ich verstehe unter der Analytik der Begriffe nicht die Analysis derselben oder das gewöhnliche Verfahren in philosophischen Untersuchungen, Begriffe, die sich darbieten, ihrem Inhalte nach zu zergliedern und zur Deutlichkeit zu bringen, sondern die noch wenig versuchte Zergliederung des Verstandesvermögens selbst, um die Möglichkeit der Begriffe *a priori* dadurch zu erforschen, daß wir sie im Verstande allein, als ihrem Geburtsorte, aufsuchen und dessen reinen Gebrauch überhaupt analysiren: denn dieses ist das eigenthümliche Geschäfte einer Transscendental-Philosophie; das übrige ist die logische Behandlung der Begriffe in der Philosophie überhaupt. Wir werden also die reinen Begriffe bis zu ihren ersten Keimen und Anlagen im menschlichen Verstande verfolgen, in denen sie vorbereitet liegen, bis sie endlich bei Gelegenheit der Erfahrung entwickelt und durch eben denselben Verstand, von den ihnen anhängenden empirischen Bedingungen befreiet, in ihrer Lauterkeit dargestellt werden.

Der
Analytik der Begriffe
Erstes Hauptstück.

Von dem Leitfaden der Entdeckung aller reinen Verstandesbegriffe

Wenn man ein Erkenntnißvermögen ins Spiel setzt, sich nach den mancherlei Anlässen verschiedene Begriffe hervor, die dieses Vermögen kennbar machen und sich in einem mehr oder weniger ausführlichen Aufsatz sammeln lassen, nachdem die Beobachtung derselben längere Zeit oder mit größerer Scharfsinnigkeit angestellt worden. Wo diese Untersuchung werde vollendet sein, läßt sich nach diesem gleichsam mechanischen Verfahren niemals mit Sicherheit bestimmen. Auch entdecken sich die Begriffe, die man nur so bei Gelegenheit auffindet, in keiner Ordnung und systematischen Einheit, sondern werden zuletzt nur nach Ähnlichkeiten gepaart und nach der Größe ihres Inhalts, von den einfachen an zu den mehr zusammengesetzten, in Reihen gestellt, die nichts weniger als systematisch, obgleich auf gewisse Weise methodisch zu Stande gebracht werden.

Die Transscendentalphilosophie hat den Vortheil, aber auch die Verbindlichkeit, ihre Begriffe nach einem Princip aufzusuchen, weil sie aus dem Verstande als absoluter Einheit rein und unvermischt entspringen und daher selbst nach einem Begriffe oder Idee unter sich zusammenhängen müssen. Ein solcher Zusammenhang aber giebt eine Regel an die Hand, nach welcher jedem reinen Verstandesbegriff seine Stelle und allen insgesammt ihre Vollständigkeit *a priori* bestimmt werden kann, welches alles sonst vom Belieben oder vom Zufall abhängen würde.

Des Transscendentalen Leitfadens der Entdeckung aller reinen Verstandesbegriffe

Erster Abschnitt.

Von dem logischen Verstandesgebrauche überhaupt.

Der Verstand wurde oben bloß negativ erklärt: durch ein nicht sinnliches Erkenntnißvermögen. Nun können wir unabhängig von der Sinnlichkeit keiner Anschauung theilhaftig werden. Also ist der Verstand kein Vermögen der Anschauung. Es giebt aber außer der Anschauung keine andere Art zu erkennen, als durch Begriffe. Also ist die Erkenntniß eines jeden, wenigstens des menschlichen Verstandes eine Erkenntniß durch Begriffe, nicht intuitiv, sondern discursiv. Alle Anschauungen als sinnlich beruhen auf Affectionen, die Begriffe also auf Functionen. Ich verstehe aber unter Function die Einheit der Handlung, verschiedene Vorstellungen unter einer gemeinschaftlichen zu ordnen. Begriffe gründen sich also auf der Spontaneität des Denkens, wie sinnliche Anschauungen auf der Receptivität der Eindrücke. Von diesen Begriffen kann nun der Verstand keinen andern Gebrauch machen, als daß er dadurch urtheilt. Da keine Vorstellung unmittelbar auf den Gegenstand geht, als bloß die Anschauung, so wird ein Begriff niemals auf einen Gegenstand unmittelbar, sondern auf irgend eine andre Vorstellung von demselben (sie sei Anschauung oder selbst schon Begriff) bezogen. Das Urtheil ist also die mittelbare Erkenntniß eines Gegenstandes, mithin die Vorstellung einer Vorstellung desselben. In jedem Urtheil ist ein Begriff, der für viele gilt und unter diesem Vielen auch eine gegebene Vorstellung begreift, welche letztere denn auf den Gegenstand unmittelbar bezogen wird. So bezieht sich z.B. in dem Urtheile: alle Körper sind theilbar, der Begriff des Theilbaren auf verschiedene andere Begriffe; unter diesen aber wird er hier besonders auf den Begriff des Körpers bezogen, dieser aber auf gewisse uns vorkommende Erscheinungen. Also werden diese Gegenstände durch den Begriff der Theilbarkeit mittelbar vorgestellt. Alle Urtheile sind demnach Functionen der Einheit unter unsern Vorstellungen, da nämlich statt einer unmittelbaren Vorstellung eine höhere, die diese und mehrere unter sich begreift, zur Erkenntniß des Gegenstandes gebraucht, und viel mögliche Erkenntnisse dadurch in einer zusammengezogen werden. Wir können aber alle Handlungen des Verstandes auf Urtheile zurückführen, so daß der Verstand überhaupt als ein Vermögen zu urtheilen vorgestellt werden kann. Denn er ist nach dem obigen ein Vermögen zu denken. Denken ist das Erkenntniß durch Begriffe. Begriffe aber beziehen sich als Prädicate möglicher Urtheile auf irgend eine Vorstellung von einem noch unbestimmten Gegenstande. So bedeutet der Begriff des Körpers etwas, z.B. Metall, was durch jenen Begriff erkannt werden kann. Er ist also nur dadurch Begriff, daß unter ihm andere Vorstellungen enthalten sind, vermittelst deren er sich auf Gegenstände beziehen kann. Er ist also das Prädicat zu einem möglichen Urtheile, z.B. ein jedes Metall ist ein Körper. Die Functionen des Verstandes können also insgesammt gefunden werden, wenn man die Functionen der Einheit in den Urtheilen vollständig darstellen kann. Daß dies aber sich ganz wohl bewerkstelligen lasse, wird der folgende Abschnitt vor Augen stellen.

Des Leitfadens der Entdeckung aller reinen Verstandesbegriffe

Zweiter Abschnitt.

§ 9.

Von der logischen Function des Verstandes in Urtheilen.

Wenn wir von allem Inhalte eines Urtheils überhaupt abstrahiren und nur auf die bloße Verstandesform darin Acht geben, so finden wir, daß die Function des Denkens in demselben unter vier Titel gebracht werden könne, deren jeder drei Momente unter sich enthält. Sie können füglich in folgender Tafel vorgestellt werden.

1.
Quantität der Urtheile.
Allgemeine
Besondere
Einzelne

2.
Qualität.
Bejahende
Verneinende
Unendliche

3.
Relation.
Kategorische
Hypothetische
Disjunctive

4.
Modalität.
Problematische
Assertorische
Apodiktische

Da diese Eintheilung in einigen, obgleich nicht wesentlichen Stücken von der gewohnten Technik der Logiker abzuweichen scheint, so werden folgende Verwahrungen wider den besorglichen Mißverstand nicht unnöthig sein.

1. Die Logiker sagen mit Recht, daß man beim Gebrauch der Urtheile in Vernunftschlüssen die einzelnen Urtheile gleich den allgemeinen behandeln könne. Denn eben darum, weil sie gar keinen Umfang haben, kann das Prädicat derselben nicht bloß auf einiges dessen, was unter dem Begriff des Subjects enthalten ist, gezogen, von einigem aber ausgenommen werden. Es gilt also von jenem Begriffe ohne Ausnahme, gleich als wenn derselbe ein gemeingültiger Begriff wäre, der einen Umfang hätte, von dessen ganzer Bedeutung das Prädicat gelte. Vergleichen wir dagegen ein einzelnes Urtheil mit einem gemeingültigen bloß als Erkenntniß der Größe nach, so verhält sie sich zu diesem wie Einheit zur Unendlichkeit und ist also an sich selbst davon wesentlich unterschieden. Also wenn ich ein einzelnes Urtheil (*judicium singulare*) nicht bloß nach seiner innern Gültigkeit, sondern auch als Erkenntniß überhaupt nach der Größe, die es in Vergleichung mit andern Erkenntnissen hat, schätze, so ist es allerdings von gemeingültigen Urtheilen (*judicia communia*) unterschieden und verdient in einer vollständigen Tafel der Momente des Denkens überhaupt (obzwar freilich nicht in der bloß auf den Gebrauch der Urtheile untereinander eingeschränkten Logik) eine besondere Stelle.

2. Eben so müssen in einer transscendentalen Logik unendliche Urtheile von bejahenden noch unterschieden werden, wenn sie gleich in der allgemeinen Logik jenen mit Recht beigezählt sind und kein besonderes Glied der Eintheilung ausmachen. Diese nämlich abstrahirt von allem Inhalt des Prädicats (ob es gleich verneinend ist) und

sieht nur darauf, ob dasselbe dein Subject beigelegt, oder ihm entgegengesetzt werde. Jene aber betrachtet das Urtheil auch nach dem Werthe oder Inhalt dieser logischen Bejahung vermittelst eines bloß verneinenden Prädicats, und was diese in Ansehung des gesammten Erkenntnisses für einen Gewinn verschafft. Hätte ich von der Seele gesagt, sie ist nicht sterblich, so hätte ich durch ein verneinendes Urtheil wenigstens einen Irrthum abgehalten. Nun habe ich durch den Satz: die Seele ist nichtsterblich, zwar der logischen Form nach wirklich bejaht, indem ich die Seele in den unbeschränkten Umfang der nichtsterbenden Wesen setze. Weil nun von dem ganzen Umfange möglicher Wesen das Sterbliche einen Theil enthält, das Nichtsterbliche aber den andern, so ist durch meinen Satz nichts anders gesagt, als daß die Seele eines von der unendlichen Menge Dinge sei, die übrig bleiben, wenn ich das Sterbliche insgesammt wegnehme. Dadurch aber wird nur die unendliche Sphäre alles Möglichen in so weit beschränkt, daß das Sterbliche davon abgetrennt und in dem übrigen Raum ihres Umfangs die Seele gesetzt wird. Dieser Raum bleibt aber bei dieser Ausnahme noch immer unendlich, und können noch mehrere Theile desselben weggenommen werden, ohne daß darum der Begriff von der Seele im mindesten wächst und bejahend bestimmt wird. Diese unendliche Urtheile also in Ansehung des logischen Umfanges sind wirklich bloß beschränkend in Ansehung des Inhalts der Erkenntniß überhaupt, und in so fern müssen sie in der transscendentalen Tafel aller Momente des Denkens in den Urtheilen nicht übergangen werden, weil die hierbei ausgeübte Function des Verstandes vielleicht in dem Felde seiner reinen Erkenntniß *a priori* wichtig sei kann.

3. Alle Verhältnisse des Denkens in Urtheilen sind die a) des Prädicats zum Subject, b) des Grundes zur Folge, c) der

eingetheilten Erkenntniß und der gesammelten Glieder der Eintheilung unter einander. In der esteren Art der Urtheile sind nur zwei Begriffe, in der zweiten zwei Urtheile, in der dritten mehrere Urtheile im Verhältniß gegen einander betrachtet. Der hypothetische Satz: wenn eine vollkommene Gerechtigkeit da ist, so wird der beharrlich Böse bestraft, enthält eigentlich das Verhältniß zweiter Sätze: es ist eine vollkommene Gerechtigkeit da, und: der beharrlich Böse wird bestraft. Ob beide dieser Sätze an sich wahr sind, bleibt hier unausgemacht. Es ist nur die Consequenz, die durch dieses Urtheil gedacht wird. Endlich enthält das disjunctive Urtheil ein Verhältniß, zweier oder mehrerer Sätze gegen einander, aber nicht der Abfolge, sondern der logischen Entgegensetzung, sofern die Sphäre des einen die des andern ausschließt, aber doch zugleich der Gemeinschaft, in sofern sie zusammen die Sphäre der eigentlichen Erkenntniß ausfüllen, also ein Verhältniß der Theile der Sphäre eines Erkenntnisses, da die Sphäre eines jeden Theils ein Ergänzungsstück der Sphäre des andern zu dem ganzen Inbegriff der eingetheilten Erkenntniß ist; z.E. die Welt ist entweder durch einen blinden Zufall da, oder durch innere Nothwendigkeit, oder durch eine äußere Ursache. Jeder dieser Sätze nimmt einen Theil der Sphäre des möglichen Erkenntnisses über das Dasein einer Welt überhaupt ein, alle zusammen die ganze Sphäre. Das Erkenntniß aus einer dieser Sphären wegnehmen, heißt, sie in eine der übrigen setzen, und dagegen sie in eine Sphäre setzen, heißt, sie aus den übrigen wegnehmen. Es ist also in einem disjunctiven Urtheile eine gewisse Gemeinschaft der Erkenntnisse, die darin besteht, daß sie sich wechselseitig einander ausschließen, aber dadurch doch im G a n z e n die wahre Erkenntniß bestimmen, indem sie zusammengenommen den ganzen Inhalt einer einzigen gegebenen Erkenntniß ausmachen. Und dieses ist es auch nur, was ich des Folgenden wegen hiebei anzumerken nöthig finde.

4. Die Modalität der Urtheile ist eine ganz besondere Function derselben, die das Unterscheidende an sich hat, daß sie nichts zum Inhalte des Urtheils beiträgt (denn außer Größe, Qualität und Verhältniß ist nichts mehr, was den Inhalt eines Urtheils ausmachte), sondern nur den Werth der Copula in Beziehung auf das Denken überhaupt angeht. Problematische Urtheile sind solche, wo man das Bejahen oder Verneinen als bloß möglich (beliebig) annimmt; assertorische, da es als wirklich (wahr) betrachtet wird; apodiktische, in denen man es als nothwendig ansieht.* So sind die beiden Urtheile, deren Verhältniß das hypothetische Urtheil ausmacht (*antec.* und *consequ.*), imgleichen in deren Wechselwirkung das disjunctive besteht (Glieder in der Eintheilung), insgesammt nur problematisch. In dem obigen Beispiel wird der Satz: es ist ehe vollkommene Gerechtigkeit da, nicht assertorisch gesagt, sondern nur als ein beliebiges Urtheil, wovon es möglich ist, daß jemand es annehme, gedacht; und nur die Consequenz ist assertorisch. Daher können solche Urtheile auch offenbar falsch sein und doch, problematisch genommen, Bedingungen der Erkenntniß der Wahrheit sein. So ist das Urtheil: die Welt ist durch blinden Zufall da, in dem disjunctiven Urtheil nur von problematischer Bedeutung, nämlich daß jemand diesen Satz etwa auf einen Augenblick annehmen möge, und dient doch (wie die Ver-

---

* Gleich als wenn das Denken im ersten Fall eine Function des Verstandes, im zweiten der Urtheilskraft, im dritten der Vernunft wäre. Eine Bemerkung, die erst in der Folge ihre Aufklärung erwartet.

zeichnung des falschen Weges unter der Zahl aller derer, die man nehmen kann), den wahren zu finden. Der problematische Satz ist also derjenige, der nur logische Möglichkeit (die nicht objektiv ist) ausdrückt, d.i. eine freie Wahl einen solchen Satz gelten zu lassen, eine bloß willkürliche Aufnehmung desselben in den Verstand. Der assertorische sagt von logischer Wirklichkeit oder Wahrheit, wie etwa in einem hypothetischen Vernunftschluß das Antecedens im Obersatze problematisch, im Untersatze assertorisch vorkommt, und zeigt an, daß der Satz mit dem Verstande nach dessen Gesetzen schon verbunden sei. Der apodiktische Satz denkt sich den assertorischen durch diese Gesetze des Verstandes selbst bestimmt und daher *a priori* behauptend und drückt auf solche Weise logische Nothwendigkeit aus. Weil nun hier alles sich gradweise dem Verstande einverleibt, so daß man zuvor etwas problematisch urtheilt, darauf auch wohl es assertorisch als wahr annimmt, endlich als unzertrennlich mit dem Verstande verbunden, d.i. als nothwendig und apodiktisch, behauptet, so kann man diese drei Functionen der Modalität auch so viel Momente des Denkens überhaupt nennen.

Des Leitfadens der Entdeckung aller reinen Verstandesbegriffe

Dritter Abschnitt.

§ 10.

Von den reinen Verstandesbegriffen oder Kategorien.

Die allgemeine Logik abstrahirt, wie mehrmals schon gesagt worden, von allem Inhalt der Erkenntniß und erwartet, daß ihr anderwärts, woher es auch sei, Vorstellungen gegeben werden, um diese zuerst in Begriffe zu verwandeln, welches analytisch zugeht. Dagegen hat die transscendentale Logik ein Mannigfaltiges der Sinnlichkeit *a priori* vor sich liegen, welches die transscendentale Ästhetik ihr darbietet, um zu den reinen Verstandesbegriffen einen Stoff zu geben, ohne den sie ohne allen Inhalt, mithin völlig leer sein würde. Raum und Zeit enthalten nun ein Mannigfaltiges der reinen Anschauung *a priori*, gehören aber gleichwohl zu den Bedingungen der Receptivität unseres Gemüths, unter denen es allein Vorstellungen von Gegenständen empfangen kann, die mithin auch den Begriff derselben jederzeit afficiren müssen. Allein die Spontaneität unseres Denkens erfordert es, daß dieses Mannigfaltige zuerst auf gewisse Weise durchgegangen, aufgenommen und verbunden werde, um daraus eine Erkenntniß zu machen. Diese Handlung nenne ich Synthesis.

Ich verstehe aber unter Synthesis der allgemeinsten Bedeutung die Handlung, verschiedene Vorstellungen zu einander hinzuzuthun und ihre Mannigfaltigkeit in einer Erkenntniß zu begreifen. Eine solche Synthesis ist rein, wenn das Mannigfaltige nicht empirisch, sondern *a priori* gegeben ist (wie das im Raum und der Zeit). Vor aller Analysis unserer Vorstellungen müssen diese zuvor gegeben sein, und es können keine Begriffe dem Inhalte nach analytisch entspringen. Die Synthesis eines Mannigfaltigen aber (es sei empirisch oder *a priori* gegeben) bringt zuerst eine Erkenntniß hervor, die zwar anfänglich noch roh und verworren sein kann und also der Analysis bedarf; allein die Synthesis ist doch dasjenige, was eigentlich die Elemente zu Erkenntnissen sammlet und zu einem gewissen Inhalte vereinigt; sie ist also das erste, worauf wir Acht zu geben haben, wenn wir über den ersten Ursprung unserer Erkenntniß urtheilen wollen.

Die Synthesis überhaupt ist, wie wir künftig sehen werden, die bloße Wirkung der Einbildungskraft, einer blinden, obgleich unentbehrlichen Function der Seele, ohne die wir überall gar keine Erkenntniß haben würden, der wir uns aber selten nur einmal bewußt sind. Allein diese Synthesis auf Begriffe zu bringen, das ist eine Function, die dem Verstande zukommt, und wodurch er uns allererst die Erkenntniß in eigentlicher Bedeutung verschafft.

Die reine Synthesis, allgemein vorgestellt, giebt nun den reinen Verstandesbegriff. Ich verstehe aber unter dieser Synthesis diejenige, welche auf einem Grunde der synthetischen Einheit *a priori* beruht: so ist unser Zählen (vornehmlich ist es in größeren Zahlen merklicher) eine Synthesis nach Begriffen, weil sie nach einem gemeinschaftlichen Grunde der Einheit geschieht (z.E. der Dekadik). Unter diesem Begriffe wird also die Einheit in der Synthesis des Mannigfaltigen nothwendig.

Analytisch werden verschiedene Vorstellungen unter einen Begriff gebracht (ein Geschäfte, wovon die allgemeine Logik handelt). Aber nicht die Vorstellungen, sondern die reine Synthesis der Vorstellungen auf Begriffe zu bringen, lehrt die transsc. Logik. Das erste, was uns zum Behuf der Erkenntniß aller Gegenstände *a priori* gegeben sein muß, ist das Mannigfaltige der reinen Anschauung; die Synthesis dieses Mannigfaltigen durch die Einbildungskraft ist das zweite, giebt aber noch keine Erkenntniß. Die Begriffe, welcher dieser reinen Synthesis Einheit geben und lediglich in der Vorstellung dieser nothwendigen synthetischen Einheit bestehen, thun das dritte zum Erkenntnisse eines vorkommenden Gegenstandes und beruhen auf dem Verstande.

Dieselbe Function, welche den verschiedenen Vorstellungen in einem Urtheile Einheit giebt, die giebt auch der bloßen Synthesis verschiedener Vorstellungen in einer Anschauung Einheit, welche, allgemein ausgedrückt, der reine Verstandesbegriff heißt. Derselbe Verstand also und zwar durch eben dieselben Handlungen, wodurch er in Begriffen vermittelst der analytischen Einheit die logische Form eines Urtheils zu Stande brachte, bringt auch vermittelst der synthetischen Einheit des Mannigfaltigen in der Anschauung überhaupt in seine Vorstellungen einen transscendentalen Inhalt, weswegen sie reine Verstandesbegriffe heißen, die *a priori* auf Objecte gehen, welches die allgemeine Logik nicht leisten kann.

Auf solche Weise entspringen gerade so viel reine Verstandesbegriffe, welche *a priori* auf Gegenstände der Anschauung überhaupt gehen, als es in der vorigen Tafel logische Functionen in allen möglichen Urtheilen gab: denn der Verstand ist durch gedachte Functionen völlig erschöpft und sein Vermögen dadurch gänzlich ausgemessen. Wir wollen diese Begriffe nach dem Aristoteles Kategorien nennen, indem unsre Absicht uranfänglich mit der seinigen zwar einerlei ist, ob sie sich gleich davon in der Ausführung gar sehr entfernt.

Tafel der Kategorien.

1.
Der Quantität:
Einheit
Vielheit
Allheit.

2.
Der Qualität:
Realität
Negation
Limitation.

3.
Der Relation:
der Inhärenz und Subsistenz
(*substantia et accidens*)
der Causalität und Dependenz
(Ursache und Wirkung)
der Gemeinschaft (Wechselwirkung zwischen dem Handelnden und Leidenden).

4.
Der Modalität:
Möglichkeit - Unmöglichkeit
Dasein - Nichtsein
Nothwendigkeit - Zufälligkeit.

Dieses ist nun die Verzeichnung aller ursprünglich reinen Begriffe der Synthesis, die der Verstand *a priori* in sich enthält, und um deren willen er auch nur ein reiner Verstand ist, indem er durch sie allein etwas bei dem Mannigfaltigen der Anschauung verstehen, d.i. ein Object derselben denken kann. Diese Eintheilung ist systematisch aus einem gemeinschaftlichen Princip, nämlich dem Vermögen zu urtheilen (welches eben so viel ist, als das Vermögen zu denken) erzeugt und nicht rhapsodistisch aus einer auf gut Glück unternommenen Aufsuchung reiner Begriffe entstanden, von deren Vollzähligkeit man niemals gewiß sein kann, da sie nur durch Induction geschlossen wird, ohne zu gedenken, daß man noch auf die letztere Art niemals einsieht, warum denn gerade diese und nicht andre Begriffe dem reinen Verstande beiwohnen. Es war ein eines scharfsinnigen Mannes würdiger Anschlag des Aristoteles, diese Grundbegriffe aufzusuchen. Da er aber kein Principium hatte, so raffte er sie auf, wie sie ihm aufstießen, und trieb deren zuerst zehn auf, die er Kategorien (Prädicamente) nannte. In der Folge glaubte er noch ihrer fünfe aufgefunden zu haben, die er unter dem Namen der Postprädicamente hinzufügte. Allein seine Tafel blieb noch immer mangelhaft. Außerdem finden sich auch einige modi der reinen Sinnlichkeit darunter (*quando, ubi, situs,* imgleichen *prius, simul*), auch ein empirischer (*motus*), die in dieses Stammregister des Verstandes gar nicht gehören, oder es sind auch die abgeleiteten Begriffe mit unter die Urbegriffe gezählt (*actio, passio*), und an einigen der letztern fehlt es gänzlich.

Um der letztern willen ist also noch zu bemerken: daß die Kategorien, als die wahren Stammbegriffe des reinen Verstandes, auch ihre eben so reine abgeleitete Begriffe haben, die in einem vollständigen System der Transscendental-Philosophie keineswegs übergangen werden können, mit deren bloßer Erwähnung aber ich in einem bloß kritischen Versuch zufrieden sein kann.

Es sei mir erlaubt, diese reine, aber abgeleitete Verstandesbegriffe die Prädicabilien des reinen Verstandes (im Gegensatz der Prädicamente) zu nennen. Wenn man die ursprüngliche und primitive Begriffe hat, so lassen sich die abgeleiteten und subalternen leicht hinzufügen und der Stammbaum des reinen Verstandes völlig ausmalen. Da es mir hier nicht um die Vollständigkeit des Systems, sondern nur der

Principien zu einem System zu thun ist, so verspare ich diese Ergänzung auf eine andere Beschäftigung. Man kann aber diese Absicht ziemlich erreichen, wenn man die ontologischen Lehrbücher zur Hand nimmt und z.B. der Kategorie der Causalität die Prädicabilien der Kraft, der Handlung, des Leidens, der der Gemeinschaft, die der Gegenwart, des Widerstandes, den Prädicamenten der Modalität die des Entstehens, Vergehens, der Veränderung u.s.w. unterordnet. Die Kategorien, mit den *modis* der reinen Sinnlichkeit oder auch unter einander verbunden, geben eine große Menge abgeleiteter Begriffe *a priori*, die zu bemerken und wo möglich bis zur Vollständigkeit zu verzeichnen eine nützliche und nicht unangenehme, hier aber entbehrliche Bemühung sein würde.

Der Definitionen dieser Kategorien überhebe ich mich in dieser Abhandlung geflissentlich, ob ich gleich im Besitz derselben sein möchte. Ich werde diese Begriffe in der Folge bis auf den Grad zergliedern, welcher in Beziehung auf die Methodenlehre, die ich bearbeite, hinreichend ist. In einem System der reinen Vernunft würde man sie mit Recht von mir fordern können: aber hier würden sie nur den Hauptpunct der Untersuchung aus den Augen bringen, indem sie Zweifel und Angriffe erregten, die man, ohne der wesentlichen Absicht etwas zu entziehen, gar wohl auf eine andre Beschäftigung verweisen kann. Indessen leuchtet doch aus dem wenigen, was ich hievon angeführt habe, deutlich hervor, daß ein vollständiges Wörterbuch mit allen dazu erforderlichen Erklärungen nicht allein möglich, sondern auch leicht sei zu Stande zu bringen. Die Fächer sind einmal da; es ist nur nöthig, sie auszufüllen, und eine systematische Topik, wie die gegenwärtige, läßt nicht leicht die Stelle verfehlen, dahin ein jeder Begriff eigenthümlich gehört, und zugleich diejenige leicht bemerken, die noch leer ist.

§ 11.

Über diese Tafel der Kategorien lassen sich artige Betrachtungen anstellen, die vielleicht erhebliche Folgen in Ansehung der wissenschaftlichen Form aller Vernunfterkenntnisse haben könnten. Denn daß diese Tafel im theoretischen Theile der Philosophie ungemein dienlich, ja unentbehrlich sei, den Plan zum Ganzen einer Wissenschaft, so fern sie auf Begriffen *a priori* beruht, vollständig zu entwerfen und sie systematisch nach bestimmten Principien abzuleiten: erhellt schon von selbst daraus, daß gedachte Tafel alle Elementarbegriffe des Verstandes vollständig, ja selbst die Form eines Systems derselben im menschlichen Verstande enthält, folglich auf alle Momente einer vorhabenden speculativen Wissenschaft, ja sogar ihre Ordnung Anweisung giebt, wie ich denn auch davon anderwärts* eine Probe gegeben habe. Hier sind nun einige dieser Anmerkungen.

Die erste ist: daß sich diese Tafel, welche vier Classen von Verstandesbegriffen enthält, zuerst in zwei Abtheilungen zerfällen lasse, deren erstere auf Gegenstände der Anschauung (der reinen sowohl als empirischen), die zweite aber auf die Existenz dieser Gegenstände (entweder in Beziehung auf einander oder auf den Verstand) gerichtet sind.

Die erste Classe würde ich die der mathematischen, die zweite der dynamischen Kategorien nennen. Die erste Classe hat, wie man sieht, keine Correlate, die allein in der zweiten Classe angetroffen werden. Dieser Unterschied muß doch einen Grund in der Natur des Verstandes haben.

* Metaphys. Anfangsgr. der Naturwissensch.

2te Anmerk. Daß allerwärts eine gleiche Zahl der Kategorien jeder Classe, nämlich drei, sind, welches eben sowohl zum Nachdenken auffordert, da sonst alle Eintheilung *a priori* durch Begriffe Dichotomie sein muß. Dazu kommt aber noch, daß die dritte Kategorie allenthalben aus der Verbindung der zweiten mit der ersten ihrer Classe entspringt.

So ist die Allheit (Totalität) nichts anders als die Vielheit, als Einheit betrachtet, die Einschränkung nichts anders als Realität mit Negation verbunden, die Gemeinschaft ist die Causalität einer Substanz in Bestimmung der andern wechselseitig, endlich die Nothwendigkeit nichts anders als die Existenz, die durch die Möglichkeit selbst gegeben ist. Man denke aber ja nicht, daß darum die dritte Categorie ein bloß abgeleiteter und kein Stammbegriff des reinen Verstandes sei. Denn die Verbindung der ersten und zweiten, um den dritten Begriff hervorzubringen, erfordert einen besonderen Actus des Verstandes, der nicht mit dem einerlei ist, der beim ersten und zweiten ausgeübt wird. So ist der Begriff einer Zahl (die zur Kategorie der Allheit gehört) nicht immer möglich, wo die Begriffe der Menge und der Einheit sind (z.B. in der Vorstellung des Unendlichen), oder daraus, daß ich den Begriff einer Ursache und den einer Substanz beide verbinde, noch nicht sofort der Einfluß, d.i. wie eine Substanz Ursache von etwas in einer anderen Substanz werden könne, zu verstehen. Daraus erhellt, daß dazu ein besonderer Actus des Verstandes erforderlich sei, und so bei den übrigen.

3te Anmerk. Von einer einzigen Kategorie, nämlich der der Gemeinschaft, die unter dem dritten Titel befindlich ist, ist die Übereinstimmung mit der in der Tafel der logischen Functionen ihm correspondirenden Form eines disjunctiven Urtheils nicht so in die Augen fallend, als bei den übrigen.

Um sich dieser Übereinstimmung zu versichern, muß man bemerken: daß in allen disjunctiven Urtheilen die Sphäre (die Menge alles dessen, was unter ihm enthalten ist) als ein Ganzes in Theile (die untergeordneten Begriffe) getheilt vorgestellt wird, und, weil einer nicht unter dem andern enthalten sein kann, sie als einander coordinirt, nicht subordinirt, so daß sie einander nicht einseitig wie in einer Reihe, sondern wechselseitig als in einem Aggregat bestimmen (wenn ein Glied der Eintheilung gesetzt wird, alle übrige ausgeschlossen werden und so umgekehrt), gedacht werden.

Nun wird eine ähnliche Verknüpfung in einem Ganzen der Dinge gedacht, da nicht eines als Wirkung dem andern als Ursache seines Daseins untergeordnet, sondern zugleich und wechselseitig als Ursache in Ansehung der Bestimmung der andern beigeordnet wird (z.B. in einem Körper, dessen Theile einander wechselseitig ziehen und auch widerstehen); welches eine ganz andere Art der Verknüpfung ist, als die, so im bloßen Verhältniß der Ursache zur Wirkung (des Grundes zur Folge) angetroffen wird, in welchem die Folge nicht wechselseitig wiederum den Grund bestimmt und darum mit diesem (wie der Weltschöpfer mit der Welt) nicht ein Ganzes ausmacht. Dasselbe Verfahren des Verstandes, wenn er sich die Sphäre eines eingetheilten Begriffs vorstellt, beobachtet er auch, wenn er ein Ding als theilbar denkt; und wie die Glieder der Eintheilung im ersteren einander ausschließen und doch in einer Sphäre verbunden sind, so stellt er sich die Theile des letzteren als solche, deren Existenz (als Substanzen) jedem auch ausschließlich von den übrigen zukommt, doch als in einem Ganzen verbunden vor.

§ 12.

Es findet sich aber in der Transscendentalphilosophie der Alten noch ein Hauptstück vor, welches reine Verstandesbegriffe enthält, die, ob sie gleich nicht unter die Kategorien gezählt werden, dennoch nach ihnen als Begriffe *a priori* von Gegenständen gelten sollten, in welchem Falle sie aber die Zahl der Kategorien vermehren würden, welches nicht sein kann. Diese trägt der unter den Scholastikern so berufene Satz vor: *quodlibet ens est unum, verum, bonum.* Ob nun zwar der Gebrauch dieses Princips in Absicht auf die Folgerungen (die lauter tautologische Sätze gaben) sehr kümmerlich ausfiel, so daß man es auch in neueren Zeiten beinahe nur ehrenhalber in der Metaphysik aufzustellen pflegt, so verdient doch ein Gedanke, der sich so lange Zeit erhalten hat, so leer er auch zu sein scheint, immer eine Untersuchung seines Ursprungs und berechtigt zur Vermuthung, daß er in irgend einer Verstandesregel seinen Grund habe, der nur, wie es oft geschieht, falsch gedolmetscht worden. Diese vermeintlich transscendentale Prädicate der Dinge sind nichts anders als logische Erfordernisse und Kriterien aller Erkenntniß der Dinge überhaupt und legen ihr die Kategorien der Quantität, nämlich der Einheit, Vielheit und Allheit, zum Grunde, nur daß sie diese, welche eigentlich material, als zur Möglichkeit der Dinge selbst gehörig, genommen werden müßten, in der That nur in formaler Bedeutung, als zur logischen Forderung in Ansehung jeder Erkenntniß gehörig, brauchten und doch diese Kriterien des Denkens unbehutsamer Weise zu Eigenschaften der Dinge an sich selbst machten. In jedem Erkenntnisse eines Objects ist nämlich Einheit des Begriffs, welche man qualitative Einheit nennen kann, so fern darunter nur die Einheit der Zusammenfassung des Mannigfaltigen der Erkenntnisse gedacht wird, wie etwa die Einheit des Thema in einem Schauspiel, einer Rede, einer Fabel. Zweitens Wahrheit in Ansehung der Folgen. Je mehr wahre Folgen aus einem gegebenen Begriffe, desto mehr Kennzeichen seiner objectiven Realität. Dieses könnte man die qualitative Vielheit der Merkmale, die zu einem Begriffe als einem gemeinschaftlichen Grunde gehören (nicht in ihm als Größe gedacht werden), nennen. Endlich drittens Vollkommenheit, die darin besteht, daß umgekehrt diese Vielheit zusammen auf die Einheit des Begriffes zurückführt und zu diesem und keinem anderen völlig zusammenstimmt, welches man die qualitative Vollständigkeit (Totalität) nennen kann. Woraus erhellt, daß diese logische Kriterien der Möglichkeit der Erkenntniß überhaupt die drei Kategorien der Größe, in denen die Einheit in der Erzeugung des Quantum durchgängig gleichartig angenommen werden muß, hier nur in Absicht auf die Verknüpfung auch ungleichartiger Erkenntnißstücke in einem Bewußtsein durch die Qualität eines Erkenntnisses als Princips verwandeln. So ist das Kriterium der Möglichkeit eines Begriffs (nicht des Objects derselben) die Definition, in der die Einheit des Begriffs, die Wahrheit alles dessen, was zunächst aus ihm abgeleitet werden mag, endlich die Vollständigkeit dessen, was aus ihm gezogen worden, zur Herstellung des ganzen Begriffs das Erforderliche desselben ausmacht; oder so ist auch das Kriterium einer Hypothese die Verständlichkeit des angenommenen Erklärungsgrundes oder dessen Einheit (ohne Hülfshypothese), die Wahrheit (Übereinstimmung unter sich selbst und mit der Erfahrung) der daraus abzuleitenden Folgen und endlich die Vollständigkeit des

Erklärungsgrundes zu ihnen, die auf nichts mehr noch weniger zurückweisen, als in der Hypothese angenommen worden, und das, was *a priori* synthetisch gedacht war, *a posteriori* analytisch wieder liefern und dazu zusammenstimmen. – Also wird durch die Begriffe von Einheit, Wahrheit und Vollkommenheit die transscendentale Tafel der Kategorien gar nicht, als wäre sie etwa mangelhaft, ergänzt, sondern nur, indem das Verhältniß dieser Begriffe auf Objecte gänzlich bei Seite gesetzt wird, das Verfahren mit ihnen unter allgemeine logische Regeln der Übereinstimmung der Erkenntniß mit sich selbst gebracht.

Der
Analytik der Begriffe
Zweites Hauptstück.

Von der Deduction der reinen Verstandesbegriffe.

Erster Abschnitt.

§ 13.

Von den Principien einer transscendentalen Deduction überhaupt.

Die Rechtslehrer, wenn sie von Befugnissen und Anmaßungen reden, unterscheiden in einem Rechtshandel die Frage über das, was Rechtens ist (*quid iuris*), von der, die die Thatsache angeht (*quid facti*), und indem sie von beiden Beweis fordern, so nennen sie den erstern, der die Befugniß oder auch den Rechtsanspruch darthun soll, die Deduction.

Wir bedienen uns einer Menge empirischer Begriffe ohne jemandes Widerrede und halten uns auch ohne Deduction berechtigt, ihnen einen Sinn und eingebildete Bedeutung zuzueignen, weil wir jederzeit die Erfahrung bei der Hand haben, ihre objective Realität zu beweisen. Es giebt indessen auch usurpirte Begriffe, wie etwa Glück, Schicksal, die zwar mit fast allgemeiner Nachsicht herumlaufen, aber doch bisweilen durch die Frage: *quid iuris*, in Anspruch genommen werden; da man alsdann wegen der Deduction derselben in nicht geringe Verlegenheit geräth, indem man keinen deutlichen Rechtsgrund weder aus der Erfahrung, noch der Vernunft anführen kann, dadurch die Befugniß ihres Gebrauchs deutlich würde.

Unter den mancherlei Begriffen aber, die das sehr vermischte Gewebe der rnenschlichen Erkenntniß ausmachen, giebt es einige, die auch zum reinen Gebrauch *a priori* (völlig unabhängig von aller Erfahrung) bestimmt sind, und dieser ihre Befugniß bedarf jederzeit einer Deduction: weil zu der Rechtmäßigkeit eines solchen Gebrauchs Beweise aus der Erfahrung nicht hinreichend sind, man aber doch wissen muß, wie diese Begriffe sich auf Objecte beziehen können, die sie doch aus keiner Erfahrung hernehmen. Ich nenne daher die Erklärung der Art, wie sich Begriffe *a priori* auf Gegenstände beziehen können, die transscendentale Deduction derselben und unterscheide sie von der empirischen Deduction, welche die Art anzeige wie ein Begriff durch Erfahrung und Reflexion über dieselbe erworben worden, und daher nicht die Rechtmäßigkeit, sondern das Factum betrifft, wodurch der Besitz entsprungen.

Wir haben jetzt schon zweierlei Begriffe von ganz verschiedener Art, die doch darin mit einander übereinkommen, daß sie beiderseits völlig *a priori* sich auf Gegenstände beziehen, nämlich die Begriffe des Raumes und der Zeit als Formen der Sinnlichkeit und die Kategorien als Begriffe des Verstandes. Von ihnen eine empirische Deduction versuchen wollen, würde ganz vergebliche Arbeit sein, weil eben darin das Unterscheidende ihrer Natur liegt, daß sie sich auf ihre Gegenstände beziehen, ohne etwas zu deren Vorstellung aus der Erfahrung entlehnt zu haben. Wenn also eine Deduction derselben nöthig ist, so wird sie jederzeit transscendental sein müssen.

Indessen kann man von diesen Begriffen, wie von allem Erkenntniß, wo nicht das Principium ihrer Möglichkeit, doch die Gelegenheitsursachen ihrer Erzeugung in der Erfahrung aufsuchen; wo alsdann die Eindrücke der Sinne den ersten Anlaß geben, die ganze Erkenntnißkraft in Ansehung ihrer zu eröffnen und Erfahrung zu Stande zu bringen, die zwei sehr ungleichartige Elemente enthält, nämlich eine Materie zur Erkenntniß aus den Sinnen und eine gewissen Form, sie zu ordnen, aus dem innern Quell des reinen Anschauens und Denkens, die bei Gelegenheit der ersteren zuerst in Ausübung gebracht werden und Begriffe hervorbringen. Ein solches Nachspüren der ersten Bestrebungen unserer Erkenntnißkraft, um von einzelnen Wahrnehmungen zu allgemeinen Begriffen zu steigen, hat ohne Zweifel seinen großen Nutzen, und man hat es dem berühmten Locke zu verdanken, daß er dazu zuerst den Weg eröffnet hat. Allein eine Deduction der reinen Begriffe *a priori* kommt dadurch niemals zu Stande, denn sie liegt ganz und gar nicht auf diesem Wege, weil in Ansehung ihres künftigen Gebrauchs, der von der Erfahrung gänzlich unabhängig sein soll, sie eben ganz andern Geburtsbrief, als den der Abstammung von Erfahrungen müssen aufzuzeigen haben. Diese versuchte physiologische Abteilung, die eigentlich gar nicht

Deduction heißen kann, weil sie eine *quaestionem facti* betrifft, will ich daher in Erklärung des Besitzes einer reinen Erkenntniß nennen. Es ist also klar, daß von diesen allein es eine transscendentale Deduction und keinesweges eine empirische geben könne, und daß letztere in Ansehung der reinen Begriffe *a priori* nichts als eitele Versuche sind, womit sich nur derjenige beschäftigen kann, welcher die ganz eigenthümliche Natur nicht begriffen hat.

Ob nun aber gleich die einzige Art einer möglichen Deduction der reinen Erkenntniß *a priori*, nämlich die auf dem transscendentalen Wege, eingeräumt wird, so erhellt dadurch doch eben nicht, daß sie so unumgänglich nothwendig sei. Wir haben oben die Begriffe des Raumes und der Zeit vermittelst einer transscendentalen Deduction zu ihren Quellen verfolgt und ihre objective Gültigkeit *a priori* erklärt und bestimmt. Gleichwohl geht die Geometrie ihren sichern Schritt durch lauter Erkenntnisse *a priori*, ohne daß sie sich wegen der reinen und gesetzmäßigen Abkunft ihres Grundbegriffs vom Raume von der Philosophie einen Beglaubigungsschein erbitten darf. Allein der Gebrauch des Begriffs geht in dieser Wissenschaft auch nur auf die äußere Sinnenwelt, von welcher der Raum die reine Form ihrer Anschauung ist, in welcher also alle geometrische Erkenntniß, weil sie sich auf Anschauung *a priori* gründet, unmittelbare Evidenz hat, und die Gegenstände durch die Erkenntniß selbst *a priori* (der Form nach) in der Anschauung gegeben werden. Dagegen fängt mit den reinen Verstandesbegriffen das unumgängliche Bedürfniß an, nicht allein von ihnen selbst, sondern auch vom Raum die transscendentale Deduction zu suchen, weil, da sie von Gegenständen nicht durch Prädicate der Anschauung und der Sinnlichkeit, sondern des reinen Denkens *a priori* reden, sie sich auf Gegenstände ohne alle Bedingungen der Sinnlichkeit allgemein beziehen, und die, da sie nicht auf Erfahrung gegründet sind, auch in der Anschauung *a priori* kein Object vorzeigen können, worauf sie vor aller Erfahrung ihre Synthesis gründeten, und daher nicht allein wegen der objectiven Gültigkeit und Schranken ihres Gebrauchs Verdacht erregen, sondern auch jenen Begriff des Raumes zweideutig machen, dadurch daß sie ihn über die Bedingungen der sinnlichen Anschauung zu gebrauchen geneigt sind, weshalb auch oben von ihm eine transscendentale Deduction von nöthen war. So muß denn der Leser von der unumgänglichen Nothwendigkeit einer solchen transscendentalen Deduction, *ehe er* einen einzigen Schritt im Felde der reinen Vernunft gethan hat, überzeugt werden, weil er sonst blind verfährt und, nachdem er mannigfaltig umher geirrt hat, doch wieder zu der Unwissenheit zurückkehren muß, von der er ausgegangen war. Er muß aber auch die unvermeidliche Schwierigkeit zum voraus deutlich einsehen, damit er nicht über Dunkelheit klage, wo die Sache selbst tief eingehüllt ist, oder über die Wegräumung der Hindernisse zu früh verdrossen werde, weil es darauf ankommt, entweder alle Ansprüche zu Einsichten der reinen Vernunft als das beliebteste Feld, nämlich dasjenige über die Grenzen aller möglichen Erfahrung hinaus, völlig aufzugeben, oder diese kritische Untersuchung zur Vollkommenheit zu bringen.

Wir haben oben an den Begriffen des Raumes und der Zeit mit leichter Mühe begreiflich machen können, wie diese als Erkenntnisse *a priori* sich gleichwohl auf Gegenstände nothwendig beziehen müssen und eine synthetische Erkenntniß derselben unabhängig von aller Erfahrung möglich machten. Denn da nur vermittelst solcher reinen Formen der Sinnlichkeit uns ein Gegenstand erscheinen, d.i. ein Object der empirischen Anschauung sein kann, so sind Raum und Zeit reine Anschauungen, welche die Bedingung der Möglichkeit der Gegenstände als Erscheinungen *a priori* enthalten, und die Synthesis in denselben hat objective Gültigkeit.

Die Kategorien des Verstandes dagegen stellen uns gar nicht die Bedingungen vor, unter denen Gegenstände in der Anschauung gegeben werden, mithin können uns allerdings Gegenstände erscheinen, ohne daß sie sich nothwendig auf Functionen des Verstandes beziehen müssen, und dieser also die Bedingungen derselben *a priori* enthielte. Daher zeigt sich hier eine Schwierigkeit, die wir im Felde der Sinnlichkeit nicht antrafen, wie nämlich subjective Bedingungen des Denkens sollten objective Gültigkeit haben, d.i. Bedingungen der Möglichkeit aller Erkenntniß der Gegenstände abgeben: denn ohne Functionen des Verstandes können allerdings Erscheinungen in der Anschauung gegeben werden. Ich nehme z.B. den Begriff der Ursache, welcher eine besondere Art der Synthesis bedeutet, da auf etwas *A* was ganz Verschiedenes *B* nach einer Regel gesetzt wird. Es ist *a priori* nicht klar, warum Erscheinungen etwas dergleichen enthalten sollten (denn Erfahrungen kann man nicht zum Beweise anführen, weil die objective Gültigkeit dieses Begriffs *a priori* muß dargethan werden können); und es ist daher *a priori* zweifelhaft, ob ein solcher Begriff nicht etwa gar leer sei und überall unter den Erscheinungen keinen Gegenstand antreffe. Denn daß Gegenstände der sinnlichen Anschauung den im Gemüth *a priori* liegenden formalen Bedingungen der Sinnlichkeit gemäß sein müssen, ist daraus klar, weil sie sonst nicht Gegenstände für uns sein würden; daß sie aber auch überdem den Bedingungen, deren der Verstand zur synthetischen Einheit des Denkens bedarf, gemäß sein müssen, davon ist die Schlußfolge nicht so leicht einzusehen. Denn es könnten wohl allenfalls Erscheinungen so beschaffen sein, daß der Verstand sie den Bedingungen seiner Einheit gar nicht gemäß fände, und alles so in Verwirrung läge, daß z.B. in der Reihenfolge der Erscheinungen sich nichts darböte, was eine Regel der Synthesis an die Hand gäbe und also dem Begriffe der Ursache und Wirkung entspräche, so daß dieser Begriff also ganz leer, nichtig und ohne Bedeutung wäre. Erscheinungen würden nichts destoweniger unserer Anschauung Gegenstände darbieten, denn die Anschauung bedarf der Functionen des Denkens auf keine Weise.

Gedächte man sich von der Mühsamkeit dieser Untersuchungen dadurch loszuwickeln, daß man sagte: die Erfahrung böte unablässig Beispiele einer solchen Regelmäßigkeit der Erscheinungen dar, die genugsam Anlaß geben, den Begriff der Ursache davon abzusondern und dadurch zugleich die objective Gültigkeit eines solchen Begriffs zu bewähren, so bemerkt man nicht, daß auf diese Weise der Begriff der Ursache gar nicht entspringen kann, sondern daß er entweder völlig *a priori* im Verstande müsse gegründet sein, oder als ein bloßes Hirngespinst gänzlich aufgegeben werden müsse. Denn dieser Begriff erfordert durchaus, daß etwas *A* von der Art sei, daß ein anderes *B* daraus n o t h w e n d i g u n d n a c h e i n e r s c h l e c h t h i n a l l g e m e i n e n R e g e l folge. Erscheinungen geben gar wohl Fälle an die Hand, aus denen eine Regel möglich ist, nach der etwas gewöhnlicher maßen geschieht, aber niemals, daß der Erfolg n o t h w e n d i g sei: daher der Synthesis der Ursache und Wirkung auch eine Dignität anhängt, die man gar nicht empirisch ausdrücken kann, nämlich daß die Wirkung nicht bloß zu der Ursache hinzu komme, sondern d u r c h dieselbe gesetzt sei und aus ihr erfolge. Die strenge Allgemeinheit der Regel ist auch gar keine Eigenschaft empirischer Regeln, die durch Induction keine andere als comparative Allgemeinheit, d.i. ausgebreitete Brauchbarkeit, bekommen können. Nun würde sich aber der Gebrauch der reinen Verstandesbegriffe gänzlich ändern, wenn man sie nur als empirische Producte behandeln wollte.

§ 14.

Übergang zur transscendentalen Deduction der Kategorien.

Es sind nur zwei Fälle möglich, unter denen synthetische Vorstellung und ihre Gegenstände zusammentreffen, sich auf einander nothwendiger Weise beziehen und gleichsam einander begegnen können: entweder wenn der Gegenstand die Vorstellung, oder diese den Gegenstand allein möglich macht. Ist das erstere, so ist diese Beziehung nur empirisch, und die Vorstellung ist niemals *a priori* möglich. Und dies ist der Fall mit Erscheinung in Ansehung dessen, was an ihnen zur Empfindung gehört. Ist aber das zweite, weil Vorstellung an sich selbst (denn von deren Causalität vermittelst des Willens ist hier gar nicht die Rede) ihren Gegenstand dem Dasein nach nicht hervorbringt, so ist doch die Vorstellung in Ansehung des Gegenstandes alsdann *a priori* bestimmend, wenn durch sie allein es möglich ist, etwas als einen Gegenstand zu erkennen. Es sind aber zwei Bedingungen, unter denen allein die Erkenntniß eines Gegenstandes möglich ist, erstlich Anschauung, dadurch derselbe, aber nur als Erscheinung, gegeben wird; zweitens Begriff, dadurch ein Gegenstand gedacht wird, der dieser Anschauung entspricht. Es ist aber aus dem obigen klar, daß die erste Bedingung, nämlich die, unter der allein Gegenstände angeschaut werden können, in der That den Objecten der Form nach *a priori* im Gemüth zum Grunde liege. Mit dieser formalen Bedingung der Sinnlichkeit stimmen also alle Erscheinungen nothwendig überein, weil sie nur durch dieselbe erscheinen, d.i. empirisch angeschauet und gegeben werden können. Nun frägt es sich, ob nicht auch Begriffe *a priori* vorausgehen, als Bedingungen, unter denen allein etwas, wenn gleich nicht angeschauet, dennoch als Gegenstand überhaupt gedacht wird; denn alsdann ist alle empirische Erkenntniß der Gegenstände solchen Begriffen nothwendiger Weise gemäß, weil ohne deren Voraussetzung nichts als Object der Erfahrung möglich ist. Nun enthält aber alle Erfahrung außer der Anschauung der Sinne, wodurch etwas gegeben wird, noch einen Begriff von einem Gegenstande, der in der Anschauung gegeben wird oder erscheint: demnach werden Begriffe von Gegenständen überhaupt als Bedingungen *a priori* aller Erfahrungserkenntniß zum Grunde liegen: folglich wird die objective Gültigkeit der Kategorien als Begriffe *a priori* darauf beruhen, daß durch sie allein Erfahrung (der Form des Denkens nach) möglich sei. Denn alsdann beziehen sie sich nothwendiger Weise und *a priori* auf Gegenstände der Erfahrung, weil nur vermittelst ihrer überhaupt irgend ein Gegenstand der Erfahrung gedacht werden kann.

Die transscendentale Deduction aller Begriffe *a priori* hat also ein Principium, worauf die ganze Nachforschung gerichtet werden muß, nämlich dieses: daß sie als Bedingungen *a priori* der Möglichkeit der Erfahrung erkannt werden müssen (es sei der Anschauung, die in ihr angetroffen wird, oder des Denkens). Begriffe, die den objectiven Grund der Möglichkeit der Erfahrung abgeben, sind eben darum nothwendig. Die Entwicklung der Erfahrung aber, worin sie angetroffen werden, ist nicht ihre Deduction (sondern Illustration), weil sie dabei doch nur zufällig sein würden. Ohne diese ursprüngliche Beziehung auf mögliche Erfahrung, in welcher alle Gegenstände der Erkenntniß vorkommen, würde die Beziehung derselben auf irgend ein Object gar nicht begriffen werden können.

Der berühmte **Locke** hatte aus Ermangelung dieser Betrachtung, und weil er reine Begriffe des Verstandes in der Erfahrung antraf, sie auch von der Erfahrung abgeleitet und verfuhr doch so i n c o n s e q u e n t , daß er damit Versuche zu Erkenntnissen wagte, die weit über alle Erfahrungsgrenze hinausgehen. **David Hume** erkannte, um das letztere thun zu können, sei es nothwendig, daß diese Begriffe ihren Ursprung *a priori*, haben müßten. Da er sich aber gar nicht erklären konnte, wie es möglich sei, daß der Verstand Begriffe, die an sich im Verstande nicht verbunden sind, doch als im Gegenstande nothwendig verbunden denken müsse, und darauf nicht verfiel, daß vielleicht der Verstand durch diese Begriffe selbst Urheber der Erfahrung, worin seine Gegenstände angetroffen werden, sein könne: so leitete er sie, durch Noth gedrungen, von der Erfahrung ab (nämlich von einer durch öftere Association in der Erfahrung entsprungenen subjectiven Nothwendigkeit, welche zuletzt fälschlich für objectiv gehalten wird, d.i. der G e w o h n h e i t , verfuhr aber hernach sehr consequent darin, daß er es für unmöglich erklärte, mit diesen Begriffen und den Grundsätzen, die sie veranlassen, über die Erfahrungsgrenze hinauszugehen. Die e m p i r i s c h e Ableitung aber, worauf beide verfielen, läßt sich mit der Wirklichkeit der wissenschaftlichen Erkenntnisse *a priori*, die wir haben, nämlich der reinen Mathematik und allgemeinen Naturwissenschaft, nicht vereinigen, und wird also durch das Factum widerlegt.

Der erste dieser beiden berühmten Männer öffnete der Schwärmerei Thür und Thor, weil die Vernunft, wenn sie einmal Befugnisse auf ihrer Seite hat, sich nicht mehr durch unbestimmte Anpreisungen der Mäßigung in Schranken halten läßt; der zweite ergab sich gänzlich dem Scepticism, da er einmal eine so allgemeine für Vernunft gehaltene Täuschung unseres Erkenntnißvermögens glaubte entdeckt zu haben. – Wir sind jetzt im Begriffe einen Versuch zu machen, ob man nicht die menschliche Vernunft zwischen diesen beiden Klippen glücklich durchbringen, ihr bestimmte Grenzen anweisen und dennoch das ganze Feld ihrer zweckmäßigen Thätigkeit für sie geöffnet erhalten könne.

Vorher will ich nur noch die Erklärung der Kategorien voranschicken. Sie sind Begriffe von einem Gegenstande überhaupt, dadurch dessen Anschauung in Ansehung einer der logischen Functionen zu Urtheilen als bestimmt angesehen wird. So war die Function des kategorischen Urtheils die des Verhältnisses des Subjects zum Prädicat, z.B. alle Körper sind theilbar. Allein in Ansehung des bloß logischen Gebrauchs des Verstandes blieb es unbestimmt, welchem von beiden Begriffen die Function des Subjects, und welchem die des Prädicats man geben wolle. Denn man kann auch sagen: Einiges Theilbare ist ein Körper. Durch die Kategorie der Substanz aber, wenn ich den Begriff eines Körpers darunter bringe, wird es bestimmt: daß seine empirische Anschauung in der Erfahrung immer nur als Subject, niemals als bloßes Prädicat betrachtet werden müsse; und so in alle übrigen Kategorien.

Der Deduction der reinen Verstandesbegriffe Zweiter Abschnitt.

Transscendentale Deduction der reinen Verstandesbegriffe.

§ 15.

Von der Möglichkeit einer Verbindung überhaupt.

Das Mannigfaltige der Vorstellungen kann in einer Anschauung gegeben werden, die bloß sinnlich, d.i. nichts als Empfänglichkeit ist, und die Form dieser Anschauung kann *a priori* in unserem Vorstellungsvermögen liegen, ohne doch etwas anderes als die Art zu sein, wie das Subject afficirt wird. Allein die Verbindung (*conjunctio*) eines Mannigfaltigen überhaupt kann niemals durch Sinne in uns kommen und kann also auch nicht in der reinen Form der sinnlichen Anschauung zugleich mit enthalten sein; denn sie ist ein Actus der Spontaneität der Vorstellungskraft, und da man diese zum Unterschiede von der Sinnlichkeit Verstand nennen muß, so ist alle Verbindung, wir mögen uns ihrer bewußt werden oder nicht, es mag eine Verbindung des Mannigfaltigen der Anschauung oder mancherlei Begriffe, und an der ersteren der sinnlichen oder nichtsinnlichen Anschauung sein, eine Verstandeshandlung, die wir mit der allgemeinen Benennung Synthesis belegen würden, um dadurch zugleich bemerklich zu machen, daß wir uns nichts als im Object verbunden vorstellen können, ohne es vorher selbst verbunden zu haben, und unter allen Vorstellungen die Verbindung die einzige ist, die nicht durch Objecte gegeben, sondern nur vom Subjecte selbst verrichtet werden kann, weil sie ein Actus seiner Selbstthätigkeit ist. Man wird hier leicht gewahr, daß diese Handlung ursprünglich einig und für alle Verbindung gleichgeltend sein müsse, und daß die Auflösung, Analysis, die ihr Gegentheil zu sein scheint, sie doch jederzeit voraussetze; denn wo der Verstand vorher nichts verbunden hat, da kann er auch nichts auflösen, weil es nur durch ihn als verbunden der Vorstellungskraft hat gegeben werden können.

Aber der Begriff der Verbindung führt außer dem Begriffe des Mannigfaltigen und der Synthesis desselben noch den der Einheit desselben bei sich. Verbindung ist Vorstellung der synthetischen Einheit des Mannigfaltigen*. Die Vorstellung dieser Einheit kann also nicht aus der Verbindung entstehen, sie macht vielmehr dadurch, daß sie zur Vorstellung des Mannigfaltigen hinzukommt, den Begriff der Verbindung allererst möglich. Diese Einheit, die *a priori* vor allen Begriffen der Verbindung vorhergeht, ist nicht etwa jene Kategorie der Einheit (§ 10); denn alle Kategorien gründen sich auf logische Funktionen in Urtheilen, in diesen aber ist schon Verbindung, mithin Einheit gegebener Begriffe gedacht. Die Kategorie setzt also schon Verbindung voraus. Also müssen wir diese Einheit (als qualitative, § 12) noch höher suchen, nämlich in demjenigen, was

* Ob die Vorstellungen selbst identisch sind, und also eine durch die andere analytisch könne gedacht werden, das kommt hier nicht in Betrachtung. Das Bewußtsein der einen ist, so fern vom Mannigfaltigen die Rede ist, vom Bewußtsein der anderen doch immer zu unterscheiden, und auf die Synthesis dieses (möglichen) Bewußtseins kommt es hier allein an.

selbst den Grund der Einheit verschiedener Begriffe in Urtheilen, mithin der Möglichkeit des Verstandes sogar in seinem logischen Gebrauche enthält.

§ 16.

Von der ursprünglich-synthetischen Einheit der Apperception.

Das: Ich denke, muß alle meine Vorstellungen begleiten können; denn sonst würde etwas in mir vorgestellt werden, was gar nicht gedacht werden könnte, welches eben so viel heißt als: die Vorstellung würde entweder unmöglich, oder wenigstens für mich nichts sein. Diejenige Vorstellung, die vor allem Denken gegeben sein kann, heißt Anschauung. Also hat alles Mannigfaltige der Anschauung eine nothwendige Beziehung auf das: Ich denke, in demselben Subject, darin dieses Mannigfaltige angetroffen wird. Diese Vorstellung aber ist ein Actus der Spontaneität, d.i. sie kann nicht als Sinnlichkeit gehörig angesehen werden. Ich nenne sie die reine Apperception, um sie von der empirischen zu unterscheiden, oder auch die ursprüngliche Apperception, weil sie dasjenige Selbstbewußtsein ist, was, in dem es die Vorstellung: Ich denke, hervorbringt, die alle andere muß begleiten können und in allem Bewußtsein ein und dasselbe ist, von keiner weiter begleitet werden kann. Ich nenne auch die Einheit derselben die transscendentale Einheit des Selbstbewußtseins, um die Möglichkeit der Erkenntniß *a priori* aus ihr zu bezeichnen. Denn die mannigfaltigen Vorstellungen, die in einer gewissen Anschauung gegeben werden, würden nicht insgesammt meine Vorstellungen sein, wenn sie nicht insgesammt zu einem Selbstbewußtsein gehörten, d.i. als meine Vorstellungen (ob ich mich ihrer gleich nicht als solcher bewußt bin) müssen sie doch der Bedingung nothwendig gemäß sein, unter der sie allein in einem allgemeinen Selbstbewußtsein zusammenstehen können, weil sie sonst nicht durchgängig mir angehören würden. Aus dieser ursprünglichen Verbindung läßt sich vieles folgern. Nämlich diese durchgängige Identität der Apperception eines in der Anschauung gegebenen Mannigfaltigen enthält eine Synthesis der Vorstellungen und ist nur durch das Bewußtsein dieser Synthesis möglich. Denn das empirische Bewußtsein, welches verschiedene Vorstellungen begleitet, ist an sich zerstreut und ohne Beziehung auf die Identität des Subjects. Diese Beziehung geschieht also dadurch noch nicht, daß ich jede Vorstellung mit Bewußtsein begleite, sondern daß ich eine zu der andern hinzusetze und mir der Synthesis derselben bewußt bin. Also nur dadurch, daß ich ein Mannigfaltiges gegebener Vorstellungen in einem Bewußtsein verbinden kann, ist es möglich, daß ich mir die Identität des Bewußtseins in diesen Vorstellungen selbstvorstelle, d.i. die analytische Einheit der Apperception ist nur unter der Voraussetzung irgend einer synthetischen möglich*. Der Gedanke: diese in der Anschauung

* Die analytische Einheit des Bewußtseins hängt allen gemeinsamen Begriffen als solchen an; z.B. wenn ich mir roth überhaupt denke, so stelle ich mir dadurch eine Beschaffenheit vor, die (als Merkmal) irgend woran angetroffen, oder mit anderen Vorstellungen verbunden sein kann; also nur vermöge einer vorausgedachten möglichen synthetischen Einheit kann ich mir die analytische vorstellen. Eine Vorstellung, die als verschiedenen gemein gedacht werden soll, wird als zu solchen gehörig angesehen, die außer ihr noch etwas Verschiedenes an sich

gegebene Vorstellungen gehören m i r insgesammt zu, heißt demnach so viel, als ich vereinige sie in einem Selbstbewußtsein, oder kann sie wenigstens darin vereinigen; und ob er gleich selbst noch nicht das Bewußtsein der S y n t h e s i s der Vorstellungen ist, so setzt er doch die Möglichkeit der letzteren voraus, d.i. nur dadurch, daß ich das Mannigfaltige derselben in einem Bewußtsein begreifen kann, nenne ich dieselbe i n s g e s a m m t m e i n e Vorstellungen; denn sonst würde ich ein so vielfärbiges, verschiedenes Selbst haben, als ich Vorstellungen habe, deren ich mir bewußt bin. Synthetische Einheit des Mannigfaltigen der Anschauungen, also *a priori* gegeben, ist also der Grund der Identität der Apperception selbst, die *a priori* allem m e i n e m bestimmten Denken vorhergeht. Verbindung liegt aber nicht in den Gegenständen und kann ihnen nicht etwa durch Wahrnehmung entlehnt und in den Verstand dadurch allererst aufgenommen werden, sondern ist allein eine Verrichtung des Verstandes, der selbst nichts weiter ist als das Vermögen, *a priori zu* verbinden und das Mannigfaltige gegebener Vorstellungen unter Einheit der Apperception zu bringen, welcher Grundsatz der oberste im ganzen menschlichen Erkenntniß ist.

Dieser Grundsatz der nothwendigen Einheit der Apperception ist nun zwar selbst identisch, mithin ein analytischer Satz, erklärt aber doch eine Synthesis des in einer Anschau-

---

haben; folglich muß sie in synthetischer Einheit mit anderen (wenn gleich nur möglichen Vorstellungen) vorher gedacht werden, ehe ich die analytische Einheit des Bewußtseins, welche sie zum conceptus communis macht, an ihr denken kann. Und so ist die synthetische Einheit der Apperception der höchste Punkt, an dem man allen Verstandesgebrauch, selbst die ganze Logik und nach ihr die Transscendental-Philosophie heften muß, ja dieses Vermögen ist der Verstand selbst.

ung gegebenen Mannigfaltigen als nothwendig, ohne welche jene durchgängige Identität des Selbstbewußseins nicht gedacht werden kann. Denn durch das Ich als einfache Vorstellung ist nichts Mannigfaltiges gegeben; in der Anschauung, die davon unterschieden ist, kann es nur gegeben und durch Verbindung in einem Bewußtsein gedacht werden. Ein Verstand, in welchem durch das Selbstbewußtsein zugleich alles Mannigfaltige gegeben würde, würde anschauen; der unsere kann nur denken und muß in den Sinnen die Anschauung suchen. Ich bin mir also des identischen Selbst bewußt in Ansehung des Mannigfaltigen der mir in einer Anschauung gegebenen Vorstellungen, weil ich sie insgesammt meine Vorstellungen nenne, die eine ausmachen. Das ist aber so viel, als daß ich mir einer nothwendigen Synthesis derselben *a priori* bewußt bin, welche die ursprüngliche synthetische Einheit der Apperception heißt, unter der alle mir gegebenen Vorstellungen stehen, aber unter die sie auch durch eine Synthesis gebracht werden müssen.

§ 17.

Der Grundsatz der synthetischen Einheit der Apperception ist das oberste Princip alles Verstandesgebrauchs.

Der oberste Grundsatz der Möglichkeit aller Anschauung in Beziehung auf die Sinnlichkeit war laut der transscendentalen Ästhetik: daß alles Mannigfaltige derselben unter den formalen Bedingungen des Raums und der Zeit stehe. Der oberste Grundsatz eben derselben in Beziehung auf den Verstand ist: daß alles Mannigfaltige der Anschauung unter Bedingungen der ursprünglich-synthetischen Einheit der Apperception stehe.* Unter dem ersteren stehen alle mannigfaltige Vorstellungen der Anschauung, so fern sie uns g e - g e b e n werden, unter dem zweiten, so fern sie in einem Bewußtsein müssen v e r b u n d e n werden können; denn ohne das kann nichts dadurch gedacht oder erkannt werden, weil die gegebenen Vorstellungen den Actus der Apperception: I c h d e n k e , nicht gemein haben und dadurch nicht in einem Selbstbewußtsein zusammengefaßt sein würden.

V e r s t a n d ist, allgemein zu reden, das Vermögen der E r k e n n t n i s s e . Diese bestehen in der bestimmten Beziehung gegebener Vorstellungen auf ein Object. O b j e c t aber ist das, in dessen Begriff das Mannigfaltige einer gegebenen Anschauung v e r e i n i g t ist. Nun erfordert aber alle Vereinigung der Vorstellungen Einheit des Bewußtseins in der Synthesis derselben. Folglich ist die Einheit des Bewußtseins dasjenige, was allein die Beziehung der Vorstellungen auf einen Gegenstand, mithin ihre objective Gültigkeit, folglich daß sie Erkenntnisse werden, ausmacht, und worauf folglich selbst die Möglichkeit des Verstandes beruht.

Das erste reine Verstandeserkenntniß also, worauf sein ganzer übriger Gebrauch sich gründet, welches auch zugleich von allen Bedingungen der sinnlichen Anschauung

* Der Raum und die Zeit und alle Theile derselben sind A n - s c h a u u n g e n , mithin einzelne Vorstellungen mit dem Mannigfaltigen, das sie in sich enthalten (siehe die transsc. Ästhetik), mithin nicht bloße Begriffe, durch die eben dasselbe Bewußtsein als in vielen Vorstellungen, sondern viel Vorstellungen als in einer und deren Bewußtsein enthalten, mithin als zusammengesetzt, folglich die Einheit des Bewußtseins als s y n t h e t i s c h , aber doch ursprünglich angetroffen wird. Diese E i n z e l h e i t derselben ist wichtig in der Anwendung (siehe § 25).

ganz unabhängig ist, ist nun der Grundsatz der ursprünglichen synthetischen Einheit der Apperception. So ist die bloße Form der äußeren sinnlichen Anschauung, der Raum, noch gar keine Erkenntniß; er gibt nur das Mannigfaltige der Anschauung *a priori* zu einem möglichen Erkenntniß. Um aber irgend etwas im Raume zu erkennen, z.B. eine Linie, muß ich sie ziehen und also eine bestimmte Verbindung des gegebenen Mannigfaltigen synthetisch zu Stande bringen, so daß die Einheit dieser Handlung zugleich die Einheit des Bewußtseins (im Begriffe einer Linie) ist, und dadurch allererst ein Object (ein bestimmter Raum) erkannt wird. Die synthetische Einheit des Bewußtseins ist also eine objective Bedingung aller Erkenntniß, nicht deren ich bloß selbst bedarf, um ein Object zu erkennen, sondern unter der jede Anschauung stehen muß, um für mich Object zu werden, weil auf andere Art und ohne diese Synthesis das Mannigfaltige sich nicht in einem Bewußtsein vereinigen würde.

Dieser letztere Satz ist, wie gesagt, selbst analytisch, ob er zwar die synthetische Einheit zur Bedingung alles Denkens macht; denn er sagt nichts weiter, als daß alle meine Vorstellungen in irgend einer gegebenen Anschauung unter der Bedingung stehen müssen, unter der ich sie allein als meine Vorstellungen zu dem identischen Selbst rechnen und also als in einer Apperception synthetisch verbunden durch den allgemeinen Ausdruck: Ich denke, zusammenfassen kann.

Aber dieser Grundsatz ist doch nicht ein Prinzip für jeden überhaupt möglichen Verstand, sondern nur für den, durch dessen reine Apperception in der Vorstellung: Ich bin, noch gar nichts Mannigfaltiges gegeben ist. Derjenige Verstand, durch dessen Selbstbewußtsein zugleich das Mannigfaltige der Anschauung gegeben würde, ein Verstand, durch dessen Vorstellung zugleich die Objecte dieser Vorstellung existirten, würde einen besondern Actus der Synthesis des Mannigfaltigen zu der Einheit des Bewußtseins nicht bedürfen, deren der menschliche Verstand, der bloß denkt, nicht anschaut, bedarf. Aber für den menschlichen Verstand ist er doch unvermeidlich der erste Grundsatz, so daß er sich sogar von einem anderen möglichen Verstande, entweder einem solchen, der selbst anschauete, oder, wenn gleich eine sinnliche Anschauung, aber doch von anderer Art als die im Raume und der Zeit zum Grunde liegend besäße, sich nicht den mindesten Begriff machen kann.

§ 18.

Was objective Einheit des Selbstbewußtseins sei.

Die transscendentale Einheit der Apperception ist diejenige, durch welche alles in einer Anschauung gegebene Mannigfaltige in einen Begriff vom Object vereinigt wird. Sie heißt darum objectiv und muß von der subjectiven Einheit des Bewußtseins unterschieden werden, die eine Bestimmung des inneren Sinnes ist, dadurch jenes Mannigfaltige der Anschauung zu einer solchen Verbindung empirisch gegeben wird. Ob ich mir des Mannigfaltigen als zugleich oder nach einander empirisch bewußt sein könne, kommt auf Umstände oder empirische Bedingungen an; daher die empirische Einheit des Bewußtseins durch Association der Vorstellungen selbst eine Erscheinung betrifft und ganz zufällig ist. Dagegen steht die reine Form der Anschauung in der Zeit, bloß als Anschauung überhaupt, die ein gegebenes Mannigfaltiges enthält, unter der ursprünglichen Einheit des Bewußtseins lediglich durch die nothwendige Beziehung des Mannigfaltigen der Anschauung zum Einen: Ich denke, als durch die reine Synthesis des Verstandes, welche *a priori* der empirischen zum Grunde liegt. Jene Einheit ist allein objectiv gültig; die empirische Einheit der Apperception, die wir hier nicht erwägen, und die auch nur von der ersteren unter gegebenen Bedingungen *in concreto* abgeleitet ist, hat nur subjective Gültigkeit. Einer verbindet die Vorstellung eines gewissen Worts mit einer Sache, der andere mit einer anderen Sache; und die Einheit des Bewußtseins in dem, was empirisch ist, ist in Ansehung dessen, was gegeben ist, nicht notwendig und allgemein geltend.

§ 19.

Die logische Form aller Urtheile besteht in der objectiven Einheit der Apperception der darin enthaltenen Begriffe.

Ich habe mich niemals durch die Erklärung, welche die Logiker von einem Urtheile überhaupt geben, befriedigen können: es ist, wie sie sagen, die Vorstellung eines Verhältnisses zwischen zwei Begriffen. Ohne nun hier über das Fehlerhafte der Erklärung, daß sie allenfalls nur auf kategorische, aber nicht hypothetische und disjunctive Urtheile paßt (als welche letztere nicht ein Verhältniß von Begriffen, sondern selbst von Urtheilen enthalten), mit ihnen zu zanken (unerachtet aus diesem Versehen der Logik manche lästige Folgen erwachsen sind)*, merke ich nur an, daß worin dieses Verhältniß bestehe, hier nicht bestimmt ist.

Wenn ich aber die Beziehung gegebener Erkenntnisse in jedem Urtheil genauer untersuche und sie als dem Verstande angehörige von dem Verhältnisse nach Gesetzen der reproductiven Einbildungskraft (welches nur subjective Gültigkeit hat) unterscheide, so finde ich, daß ein Urtheil nichts andres sei, als die Art, gegebene Erkenntnisse zur objectiven Einheit der Apperception zu bringen. Darauf zielt das Verhältnißwörtchen **ist** in denselben, um die objective Einheit gegebener Vorstellungen von der subjectiven zu unterscheiden. Denn dieses bezeichnet die Beziehung derselben auf die ursprüngliche Apperception und die nothwendige Einheit derselben, wenn gleich das Urtheil selbst empirisch, mithin zufällig ist, z.B. die Körper sind schwer. Damit ich zwar nicht sagen will, diese Vorstellungen gehören in der empirischen Anschauung nothwendig zu einander, sondern sie gehören vermöge der nothwendigen Einheit der Apperception in der Synthesis der Anschauungen zu einander, d.i. nach Principien der objectiven Bestimmung aller Vorstellungen, so fern daraus Erkenntniß werden kann, welche Principien alle aus dem Grundsatze der transscendentalen Einheit der Apperception abgeleitet sind. Dadurch allein wird aus diesem Verhältnisse ein Urtheil, d.i. ein Verhältniß, das ob-

* Die weitläufige Lehre von den vier syllogistischen Figuren betrifft nur die kategorischen Vernunftschlüsse; und ob sie zwar nichts weiter ist, als eine Kunst, durch Versteckung unmittelbarer Schlüsse (*consequentiae immediatae*) unter die Prämissen eines reinen Vernunftschlusses den Schein mehrerer Schlußarten, als des in der ersten Figur zu erschleichen, so würde sie doch dadurch allein kein sonderliches Glück gemacht haben, wenn es ihr nicht gelungen wäre, die kategorischen Urtheile als die, worauf sich alle andere müssen beziehen lassen, in ausschließliches Ansehen zu bringen, welches aber nach § 9 falsch ist.

jectiv gültig ist und sich von dem Verhältnisse eben derselben Vorstellungen, worin bloß subjective Gültigkeit wäre, z.B. nach Gesetzen der Association, hinreichend unterscheidet. Nach den letzteren würde ich nur sagen können: wenn ich einen Körper trage, so fühle ich einen Druck der Schwere; aber nicht: er, der Körper, ist schwer; welches so viel sagen will als: diese beide Vorstellungen sind im Object, d.i. ohne Unterschied des Zustandes des Subjects, verbunden und nicht bloß in der Wahrnehmung (so oft sie auch wiederholt sein mag) beisammen.

§ 20.

Alle sinnliche Anschauungen stehen unter den Kategorien als Bedingungen, unter denen allein das Mannigfaltige derselben in ein Bewußtsein zusammenkommen kann.

Das mannigfaltige in einer sinnlichen Anschauung Gegebene gehört nothwendig unter die ursprüngliche synthetische Einheit der Apperception, weil durch diese die Einheit der Anschauung allein möglich ist (§ 17). Diejenige Handlung des Verstandes aber, durch die das Mannigfaltige gegebener Vorstellungen (sie mögen Anschauungen oder Begriffe sein) unter eine Apperception überhaupt gebracht wird, ist die logische Function der Urtheile (§ 19). Also ist alles Mannigfaltige, so fern es in einer empirischen Anschauung gegeben ist, in Ansehung einer der logischen Functionen zu urtheilen bestimmt, durch die es nämlich zu einem Bewußtsein überhaupt gebracht wird. Nun sind aber die Kategorien nichts andres als eben diese Functionen zu urtheilen, so fern das Mannigfaltige einer gegebenen Anschauung in Ansehung ihrer bestimmt ist (§ 10). Also steht auch das Mannigfaltige in einer gegebenen Anschauung nothwendig unter Kategorien.

§ 21.

Anmerkung.

Ein Mannigfaltiges, das in einer Anschauung, die ich die meinige nenne, enthalten ist, wird durch die Synthesis des Verstandes als zur nothwendigen Einheit des Selbstbewußtseins gehörig vorgestellt, und dieses geschieht durch die Kategorie*. Diese zeigt also an: daß das empirische Bewußtsein eines gegebenen Mannigfaltigen Einer Anschauung eben sowohl unter einem reinen Selbstbewußtsein *a priori*, wie empirische Anschauung unter einer reinen sinnlichen, die gleichfalls *a priori* Statt hat, stehe. – Im obigen Satze ist also der Anfang einer Deduction der reinen Verstandesbegriffe gemacht, in welcher ich, da die Kategorien unabhängig von Sinnlichkeit bloß im Verstande entspringen, noch von der Art, wie das Mannigfaltige zu einer empirischen Anschauung gegeben werde, abstrahieren muß, um nur auf die Einheit, die in die Anschauung vermittelst der Kategorie durch den Verstand hinzukommt, zu sehen. In der Folge (§ 26) wird aus der Art, wie in der Sinnlichkeit die empirische Anschauung gegeben wird, gezeigt werden, daß die Einheit derselben keine andere sei, als wel-

* Der Beweisgrund beruht auf der vorgestellten Einheit der Anschauung, dadurch ein Gegenstand gegeben wird, welcher jederzeit eine Synthesis des mannigfaltigen zu einer Anschauung Gegebenen in sich schließt und schon die Beziehung dieses letzteren auf Einheit der Apperception enthält.

che die Kategorie nach dem vorigen § 20 dem Mannigfaltigen einer gegebenen Anschauung überhaupt vorschreibt, und dadurch also, daß ihre Gültigkeit *a priori* in Ansehung aller Gegenstände unserer Sinne erklärt wird, die Absicht der Deduction allererst völlig erreicht werden.

Allein von einem Stücke konnte ich im obigen Beweise doch nicht abstrahieren, nämlich davon, daß das Mannigfaltige für die Anschauung noch vor der Synthesis des Verstandes und unabhängig von ihr g e g e b e n sein müsse; wie aber, bleibt hier unbestimmt. Denn wollte ich mir einen Verstand denken, der selbst anschauete (wie etwa einen göttlichen, der nicht gegebene Gegenstände sich vorstellte, sondern durch dessen Vorstellung die Gegenstände selbst zugleich gegeben oder hervorgebracht würden), so würden die Kategorien in Ansehung eines solchen Erkenntnisses gar keine Bedeutung haben. Sie sind nur Regeln für einen Verstand, dessen ganzes Vermögen im Denken besteht, d.i. in der Handlung, die Synthesis des Mannigfaltigen, welches ihm anderweitig in der Anschauung gegeben worden, zur Einheit der Apperception zu bringen, der also für sich gar nichts e r k e n n t , sondern nur den Stoff zum Erkenntniß, die Anschauung, die ihm durchs Object gegeben werden muß, verbindet und ordnet. Von der Eigenthümlichkeit unsers Verstandes aber, nur vermittelst der Kategorien und nur gerade durch diese Art und Zahl derselben Einheit der Apperception *a priori* zu Stande zu bringen, läßt sich eben so wenig ferner ein Grund angeben, als warum wir gerade diese und keine andere Functionen zu Urtheilen haben, oder warum Zeit und Raum die einzigen Formen unserer möglichen Anschauung sind.

§ 22.

Die Kategorie hat keinen andern Gebrauch zum Erkenntnisse der Dinge, als ihre Anwendung auf Gegenstände der Erfahrung.

Sich einen Gegenstand denken und einen Gegenstand erkennen ist also nicht einerlei. Zum Erkenntnisse gehören nämlich zwei Stücke: erstlich der Begriff, dadurch überhaupt ein Gegenstand gedacht wird (die Kategorie), und zweitens die Anschauung, dadurch er gegeben wird; denn könnte dem Begriffe eine correspondirende Anschauung gar nicht gegeben werden, so wäre er ein Gedanke der Form nach, aber ohne allen Gegenstand und durch ihn gar keine Erkenntniß von irgend einem Dinge möglich, weil es, so viel ich wüßte, nichts gäbe, noch geben könnte, worauf mein Gedanke angewandt werden könne. Nun ist alle uns mögliche Anschauung sinnlich (Ästhetik), also kann das Denken eines Gegenstandes überhaupt durch einen reinen Verstandesbegriff bei uns zur Erkenntniß werden, so fern dieser auf Gegenstände der Sinne bezogen wird. Sinnliche Anschauung ist entweder reine Anschauung (Raum und Zeit) oder empirische Anschauung desjenigen, was im Raum und der Zeit unmittelbar als wirklich, durch Empfindung, vorgestellt wird. Durch Bestimmung der ersteren können wir Erkenntnisse *a priori* von Gegenständen (in der Mathematik) bekommen, aber nur ihrer Form nach als Erscheinungen; ob es Dinge geben könne, die in dieser Form angeschaut werden müssen, bleibt doch dabei noch unausgemacht. Folglich sind alle mathematische Begriffe für sich nicht Erkenntnisse, außer so fern man voraussetzt, daß es Dinge gibt, die sich nur der Form jener reinen sinnlichen Anschauung gemäß uns darstellen lassen. Dinge im Raum und der Zeit werden aber nur gegeben, so fern sie Wahrnehmungen (mit Empfindung begleitete Vorstellungen) sind, mithin durch empirische Vorstellung. Folglich verschaffen die reinen Verstandesbegriffe, selbst wenn sie auf Anschauungen *a priori* (wie in der Mathematik) angewandt werden, nur so fern Erkenntniß, als diese, mithin auch die Verstandesbegriffe vermittelst ihrer auf empirische Anschauungen angewandt werden können. Folglich liefern uns die Kategorien vermittelst der Anschauung auch keine Erkenntniß von Dingen, als nur durch ihre mögliche Anwendung auf empirische Anschauung, d.i. sie dienen nur zur Möglichkeit empirischer Erkenntniß. Diese aber heißt Erfahrung. Folglich haben die Kategorien keinen anderen Gebrauch zum Erkenntnisse der Dinge, als nur so fern diese als Gegenstände möglicher Erfahrung angenommen werden.

§ 23.

Der obige Satz ist von der größten Wichtigkeit; denn er bestimmt ebenso wohl die Grenzen des Gebrauchs der reinen Verstandesbegriffe in Ansehung der Gegenstände, als die transscendentale Ästhetik die Grenzen des Gebrauchs der reinen Form unserer sinnlichen Anschauung bestimmte. Raum und Zeit gelten als Bedingungen der Möglichkeit, wie uns Gegenstände gegeben werden können, nicht weiter als für Gegenstände der Sinne, mithin nur der Erfahrung. Über diese Grenzen hinaus stellen sie gar nichts vor; denn sie sind nur in den Sinnen und haben außer ihnen keine Wirklichkeit. Die reinen Verstandesbegriffe sind von dieser Einschränkung frei und erstrecken sich auf Gegenstände der

Anschauung überhaupt, sie mag der unsrigen ähnlich sein oder nicht, wenn sie nur sinnlich und nicht intellectuell ist. Diese weitere Ausdehnung der Begriffe, über unsere sinnliche Anschauung hinaus, hilft uns aber zu nichts. Denn es sind alsdann leere Begriffe von Objecten, von denen, ob sie nur einmal möglich sind oder nicht, wir durch jene gar nicht urtheilen können, bloße Gedankenformen ohne objective Realität, weil wir keine Anschauung zur Hand haben, auf welche die synthetische Einheit der Apperception, die jene allein enthalten, angewandt werden, und sie so einen Gegenstand bestimmen könnten. Unsere sinnliche und empirische Anschauung kann ihnen allein Sinn und Bedeutung verschaffen.

Nimmt man also ein Object einer nicht-sinnlichen Anschauung als gegeben an, so kann man es freilich durch alle die Prädicate vorstellen, die schon in der Voraussetzung liegen, daß ihm nichts zur sinnlichen Anschauung Gehöriges zukomme: also daß es nicht ausgedehnt oder im Raume sei, daß die Dauer desselben keine Zeit sei, daß in ihm keine Veränderung (Folge der Bestimmungen in der Zeit) angetroffen werde u.s.w. Allein das ist doch kein eigentliches Erkenntniß, wenn ich bloß anzeige, wie die Anschauung des Objects nicht sei, ohne sagen zu können, was in ihr denn enthalten sei: denn alsdann habe ich gar nicht die Möglichkeit eines Objects zu meinem reinen Verstandesbegriff vorgestellt, weil ich keine Anschauung habe geben können, die ihm correspondirte, sondern nur sagen konnte, daß die unsrige nicht für ihn gelte. Aber das Vornehmste ist hier, daß auf ein solches Etwas auch nicht einmal eine einzige Kategorie angewandt werden könnte; z.B. der Begriff einer Substanz, d.i. von Etwas, das als Subject, niemals aber als bloßes Prädicat existiren könne, wovon ich gar nicht weiß, ob es irgend ein Ding geben könne, das dieser Gedankenbestimmung correspondirte, wenn nicht empirische Anschauung mir den Fall der Anwendung gäbe. Doch mehr hievon in der Folge.

§ 24.

Von der Anwendung der Kategorien auf Gegenstände der Sinne überhaupt.

Die reinen Verstandesbegriffe beziehen sich durch den bloßen Verstand auf Gegenstände der Anschauung überhaupt, unbestimmt ob sie die unsrige oder irgend eine andere, doch sinnliche sei, sind aber eben darum bloße Gedankenformen, wodurch noch kein bestimmter Gegenstand erkannt wird. Die Synthesis oder Verbindung des Mannigfaltigen in denselben bezog sich bloß auf die Einheit der Apperception und war dadurch der Grund der Möglichkeit der Erkenntniß *a priori,* so fern sie auf dem Verstande beruht, und mithin nicht allein transscendental, sondern auch bloß rein intellectual. Weil in uns aber eine gewisse Form der sinnlichen Anschauung *a priori* zum Grunde liegt, welche auf der Receptivität der Vorstellungsfähigkeit (Sinnlichkeit) beruht, so kann der Verstand als Spontaneität den inneren Sinn durch das Mannigfaltige gegebener Vorstellungen der synthetischen Einheit der Apperception gemäß bestimmen und so synthetische Einheit der Apperception des Mannigfaltigen der sinnlichen Anschauung *a priori* denken, als die Bedingung, unter welcher alle Gegenstände unserer (der menschlichen) Anschauung nothwendiger Weise stehen müssen, dadurch denn die Kategorien als bloße Gedankenformen objective Realität, d.i. Anwendung auf

Gegenstände, die uns in der Anschauung gegeben werden können, aber nur als Erscheinungen bekommen; denn nur von diesen sind wir der Anschauung *a priori* fähig.

Diese Synthesis des Mannigfaltigen der sinnlichen Anschauung, die *a priori* möglich und nothwendig ist, kann figürlich (*synthesis speciosa*) genannt werden zum Unterschiede von derjenigen, welche in Ansehung des Mannigfaltigen einer Anschauung überhaupt in der bloßen Kategorie gedacht würde und Verstandesverbindung (*synthesis intellectualis*) heißt; beide sind transscendental, nicht bloß weil sie selbst *a priori* vorgehen, sondern auch die Möglichkeit anderer Erkenntniß *a priori* gründen.

Allein die figürliche Synthesis, wenn sie bloß auf die ursprünglich-synthetische Einheit der Apperception, d.i. diese transscendentale Einheit, geht, welche in den Kategorien gedacht wird, muß zum Unterschiede von der bloß intellectuellen Verbindung die transscendentale Synthesis der Einbildungskraft heißen. **Einbildungskraft** ist das Vermögen, einen Gegenstand auch ohne dessen Gegenwart in der Anschauung vorzustellen. Da nun alle unsere Anschauung sinnlich ist, so gehört die Einbildungskraft der subjectiven Bedingung wegen, unter der sie allein den Verstandesbegriffen eine correspondirende Anschauung geben kann, zur Sinnlichkeit; so fern aber doch ihre Synthesis eine Ausübung der Spontaneität ist, welche bestimmend und nicht wie der Sinn bloß bestimmbar ist, mithin, *a priori* den Sinn seiner Form nach der Einheit der Apperception gemäß bestimmen kann, so ist die Einbildungskraft so fern ein Vermögen, die Sinnlichkeit *a priori* zu bestimmen, und ihre Synthesis der Anschauungen, den Kategorien gemäß, muß die transscendentale Synthesis der Einbildungskraft sein, welches eine Wirkung des Verstandes auf die Sinnlichkeit und die erste Anwendung desselben (zugleich der Grund aller übrigen) auf Gegenstände der uns möglichen Anschauung ist. Sie ist als figürlich von der intellectuellen Synthesis ohne alle Einbildungskraft, bloß durch den Verstand, unterschieden. So fern die Einbildungskraft nun Spontaneität ist, nenne ich sie auch bisweilen die p r o d u k t i v e Einbildungskraft und unterscheide sie dadurch von der r e p r o d u c t i v e n , deren Synthesis lediglich empirischen Gesetzen, nämlich denen der Association, unterworfen ist, und welche daher zur Erklärung der Möglichkeit der Erkenntniß *a priori* nichts beiträgt und um desweilen nicht in die Transscendentalphilosophie, sondern in die Psychologie gehört.

* * *

Hier ist nun der Ort, das Paradoxe, was jedermann bei der Exposition der Form des inneren Sinnes (§ 6) auffallen mußte, verständlich zu machen: nämlich wie dieser auch sogar uns selbst, nur wie wir uns erscheinen, nicht wie wir an uns selbst sind, dem Bewußtsein darstelle, weil wir nämlich uns nur anschauen, wie wir innerlich a f f i c i r t werden, welches widersprechend zu sein scheint, indem wir uns gegen uns selbst als leidend verhalten müßten; daher man auch lieber den i n n e r n S i n n mit dem Vermögen der A p p e r c e p t i o n (welche wir sorgfältig unterscheiden) in den Systemen der Psychologie für einerlei auszugeben pflegt.

Das, was den inneren Sinn bestimmt, ist der Verstand und dessen ursprüngliches Vermögen das Mannigfaltige der Anschauung zu verbinden, d.i. unter eine Apperception (als worauf selbst seine Möglichkeit beruht) zu bringen. Weil nun der Verstand in uns Menschen selbst kein Vermögen der Anschauungen ist und diese, wenn sie auch in der Sinnlichkeit gegeben wäre, doch nicht in sich aufnehmen kann, um gleichsam das Mannigfaltige seiner eigenen Anschauung zu verbinden, so ist seine Synthesis, wenn er für sich allein betrachtet wird, nichts anders als die Einheit der Handlung, deren er sich als einer solchen auch ohne Sinnlichkeit bewußt ist, durch die er aber selbst die Sinnlichkeit innerlich in Ansehung des Mannigfaltigen, was der Form ihrer Anschauung nach ihm gegeben werden mag, zu bestimmen vermögend ist. Er also übt unter der Benennung einer transscendentalen Synthesis der Einbildungskraft diejenige Handlung aufs passive Subject, dessen Vermögen er ist, aus, wovon wir mit Recht sagen, daß der innere Sinn dadurch afficirt werde. Die Apperception und deren synthetische Einheit ist mit dem inneren Sinne so gar nicht einerlei, daß jene vielmehr, als der Quell aller Verbindung, auf das Mannigfaltige der Anschauungen überhaupt, unter dem Namen der Kategorien vor aller sinnlichen Anschauung auf Objecte überhaupt geht; dagegen der innere Sinn die bloße Form der Anschauung, aber ohne Verbindung des Mannigfaltigen in derselben, mithin noch gar keine bestimmte Anschauung enthält, welche nur durch das Bewußtsein der Bestimmung desselben durch die transscendentale Handlung der Einbildungskraft (synthetischer Einfluß des Verstandes auf den inneren Sinn), welche ich die figürliche Synthesis genannt habe, möglich ist.

Dieses nehmen wir auch jederzeit in uns wahr. Wir können uns keine Linie denken, ohne sie in Gedanken zu ziehen, keinen Cirkel denken, ohne ihn zu beschreiben, die drei Abmessungen des Raums gar nicht vorstellen, ohne aus demselben Punkte drei Linien senkrecht auf einander zu setzen, und selbst die Zeit nicht, ohne indem wir im Ziehen einer geraden Linie (die die äußerlich figürliche Vorstellung der Zeit sein soll) bloß auf die Handlung der Synthesis des Mannigfaltigen, dadurch wir den inneren Sinn successiv bestimmen, und dadurch auf die Succession dieser Bestimmung in demselben Acht haben. Bewegung als Handlung des Subjects (nicht als Bestimmung eines Objects)*, folglich die Synthesis des Mannigfaltigen im Raume, wenn wir von diesem abstrahiren und bloß auf die Handlung Acht haben, dadurch wir den inneren Sinn seiner Form gemäß bestimmen, bringt sogar den Begriff der Succession zuerst hervor. Der Verstand findet also in diesem nicht etwa schon eine dergleichen Verbindung des Mannigfaltigen, sondern bringt sie hervor, indem er ihn afficirt. Wie aber das Ich, der ich denke, von dem Ich, das sich selbst anschauet, unterschieden (indem ich mir noch andere Anschauungsart wenigstens als möglich vorstellen kann) und doch mit diesem letzteren als dasselbe Subject einerlei sei, wie ich also sagen könne: Ich, als Intelligenz und denkend Subject, erkenne mich selbst als gedachtes Object, so fern ich mir noch über das in der Anschauung gegeben bin, nur gleich andern Phänomenen nicht, wie ich vor dem Verstande bin, sondern wie ich mir

* Bewegung eines Objects im Raume gehört nicht in eine reine Wissenschaft, folglich auch nicht in die Geometrie, weil, daß Etwas beweglich sei, nicht *a priori*, sondern nur durch Erfahrung erkannt werden kann. Aber Bewegung als Beschreibung eines Raumes ist ein reiner Actus der successiven Synthesis des Mannigfaltigen in der äußeren Anschauung überhaupt durch productive Einbildungskraft und gehört nicht allein zur Geometrie, sondern sogar zur Transscendentalphilosophie.

erscheine, hat nicht mehr, auch nicht weniger Schwierigkeit bei sich, als wie ich mir selbst überhaupt ein Object und zwar der Anschauung und innerer Wahrnehmungen sein könne. Daß es aber doch wirklich so sein müsse, kann, wenn man den Raum für eine bloße reine Form der Erscheinungen äußerer Sinne gelten läßt, dadurch klar dargethan werden, daß wir die Zeit, die doch gar kein Gegenstand äußerer Anschauung ist, uns nicht anders vorstellig machen können, als unter dem Bilde einer Linie, so fern wir sie ziehen, ohne welche Darstellungsart wir die Einheit ihrer Abmessung gar nicht erkennen könnten, imgleichen daß wir die Bestimmung der Zeitlänge, oder auch der Zeitstellen für alle innere Wahrnehmungen immer von dem hernehmen müssen, was uns äußere Dinge Veränderliches darstellen, folglich die Bestimmungen des inneren Sinnes gerade auf dieselbe Art als Erscheinungen in der Zeit ordnen müssen, wie wir die der äußeren Sinne im Raume ordnen; mithin, wenn wir von den letzteren einräumen, daß wir dadurch Objecte nur so fern erkennen, als wir äußerlich afficirt werden, wir auch vom inneren Sinne zugestehen müssen, daß wir dadurch uns selbst nur so anschauen, wie wir innerlich von uns selbst afficirt werden, d.i. was die innere Anschauung betrifft, unser eigenes Subject nur als Erscheinung, nicht aber nach dem, was es an sich selbst ist, erkennen.*

* Ich sehe nicht, wie man so viel Schwierigkeit darin finden könne, daß der innere Sinn von uns selbst afficirt werde. jeder Actus der Aufmerksamkeit kann uns ein Beispiel davon geben. Der Verstand bestimmt darin jederzeit den inneren Sinn der Verbindung, die er denkt, gemäß zur inneren Anschauung, die dem Mannigfaltigen in der Synthesis des Verstandes correspondirt. Wie sehr das Gemüth gemeiniglich hiedurch afficirt werde, wird ein jeder in sich wahrnehmen können.

§ 25.

Dagegen bin ich mir meiner selbst in der transscendentalen Synthesis des Mannigfaltigen der Vorstellungen überhaupt, mithin in der synthetischen ursprünglichen Einheit der Apperception bewußt, nicht wie ich mir erscheine, noch wie ich an mir selbst bin, sondern nur, daß ich bin. Diese Vorstellung ist ein Denken, nicht ein Anschauen. Da nun zum Erkenntniß unserer selbst außer der Handlung des Denkens, die das Mannigfaltige einer jeden möglichen Anschauung zur Einheit der Apperception bringt, noch eine bestimmte Art der Anschauung, dadurch dieses Mannigfaltige gegeben wird, erforderlich ist, so ist zwar mein eigenes Dasein nicht Erscheinung (vielweniger bloßer Schein), aber die Bestimmung meines Daseins* kann nur der Form des inneren Sinnes gemäß nach der besonderen Art, wie das Mannigfaltige, das ich verbinde, in der inne-

* Das: Ich denke, drückt den Actus aus, mein Dasein zu bestimmen. Das Dasein ist dadurch also schon gegeben, aber die Art, wie ich es bestimmen, d.i. das mannigfaltige zu dem selben Gehörige in mir setzen solle, ist dadurch noch nicht gegeben. Dazhu gehört Selbstanschauung, die eine *a priori* gegebene Form, d.i. die Zeit, zum Grunde liegen hat, welche sinnlich und zur Receptivität des Bestimmbaren gehörig ist. Habe ich nun nicht noch eine andere Selbstanschauung, die das Bestimmende in mir, dessen Spontaneität ich mir nur bewußt bin, eben so vor dem Actus des Bestimmens giebt, wie die Zeit das Bestimmbare, so kann ich mein Dasein als eines selbstthätigen Wesens nicht bestimmen; sondern ich stelle mir nur die Spontaneität meines Denkens, d.i. des Bestimmens, vor, und mein Dasein bleibt immer nur sinnlich, d.i. als das Dasein einer Erscheinung, bestimmbar. Doch macht diese Spontaneität, daß ich mich Intelligenz nenne.

ren Anschauung gegeben wird, geschehen; und ich habe also demnach keine Erkenntniß von mir, wie ich bin, sondern bloß, wie ich mir selbst erscheine. Das Bewußtsein seiner selbst ist also noch lange nicht ein Erkenntniß seiner selbst unerachtet aller Kategorien, welche das Denken eines Objects überhaupt durch Verbindung des Mannigfaltigen in einer Apperception ausmachen. So wie zum Erkenntnisse eines von mir verschiedenen Objects außer dem Denken eines Objects überhaupt (in der Kategorie) ich doch noch einer Anschauung bedarf, dadurch ich jenen allgemeinen Begriff bestimme, so bedarf ich auch zum Erkenntnisse meiner selbst außer dem Bewußtsein oder außer dem, daß ich mich denke, noch einer Anschauung des Mannigfaltigen in mir, wodurch ich diesen Gedanken bestimme; und ich existire als Intelligenz, die sich lediglich ihres Verbindungsvermögens bewußt ist, in Ansehung des Mannigfaltigen aber, das sie verbinden soll, einer einschränkenden Bedingung, die sie den inneren Sinn nennt, unterworfen, jene Verbindung nur nach Zeitverhältnissen, welche ganz außerhalb den eigentlichen Verstandesbegriffen liegen, anschaulich zu machen, und sich daher selbst doch nur erkennen kann, wie sie in Absicht auf eine Anschauung (die nicht intellectuell und durch den Verstand selbst gegeben sein kann) ihr selbst bloß erscheint, nicht wie sie sich erkennen würde, wenn ihre Anschauung intellectuell wäre.

§ 26.

Transscendentale Deduction des allgemein möglichen Erfahrungsgebrauchs der reinen Verstandesbegriffe.

In der metaphysischen Deduction wurde der Ursprung der Kategorien *a priori* überhaupt durch ihre völlige Zusammentreffung mit den allgemeinen logischen Functionen des Denkens dargethan, in der transscendentalen aber die Möglichkeit derselben als Erkenntnisse *a priori* von Gegenständen einer Anschauung überhaupt (§ 20, 21) dargestellt. jetzt soll die Möglichkeit, durch Kategorien die Gegenstände, die nur immer unseren Sinnen vorkommen mögen, und zwar nicht der Form ihrer Anschauung, sondern den Gesetzen ihrer Verbindung nach *a priori* zu erkennen, also der Natur gleichsam das Gesetz vorzuschreiben und sie sogar möglich zu machen, erklärt werden. Denn ohne diese ihre Tauglichkeit würde nicht erhellen, wie alles, was unseren Sinnen nur vorkommen mag, unter den Gesetzen stehen müsse, die *a priori* aus dem Verstande allein entspringen.

Zuvörderst merke ich an, daß ich unter der Synthesis der Apprehension die Zusammensetzung des Mannigfaltigen in einer empirischen Anschauung verstehe, dadurch Wahrnehmung, d.i. empirisches Bewußtsein derselben (als Erscheinung), möglich wird.

Wir haben Formen der äußeren sowohl als inneren sinnlichen Anschauung *a priori* an den Vorstellungen von Raum und Zeit, und diesen muß die Synthesis der Apprehension des Mannigfaltigen der Erscheinung jederzeit gemäß sein, weil sie selbst nur nach dieser Form geschehen kann. Aber Raum und Zeit sind nicht bloß als Formen der sinnlichen Anschauung, sondern als Anschauungen selbst (die ein Mannigfaltiges enthalten), also mit der Bestimmung der Einheit dieses Mannigfaltigen in ihnen *a priori* vorgestellt (siehe transsc. Ästhet.).* Also ist selbst schon Einheit der Synthesis des Mannigfaltigen außer oder in uns, mithin auch eine Verbindung, der alles, was im Raume oder der Zeit bestimmt vorgestellt werden soll, gemäß sein muß, *a priori* als Bedingung der Synthesis aller Apprehension schon mit (nicht in) diesen Anschauungen zugleich gegeben. Diese synthetische Einheit aber kann keine andere sein, als die der Verbindung des Mannigfaltigen einer gegebenen Anschauung überhaupt in einem ursprünglichen Bewußtsein, den Kategorien gemäß, nur auf unsere sinnliche Anschauung angewandt. Folglich steht alle Synthesis, wodurch selbst Wahrnehmung möglich wird, unter den Kategorien; und da Erfahrung Erkenntniß durch verknüpfte Wahrnehmungen

---

* Der Raum, als Gegenstand vorgestellt (wie man es wirklich in der Geometrie bedarf), enthält mehr als bloße Form der Anschauung nämlich Zusammenfassung des mannigfaltigen nach der Form der Sinnlichkeit Gegebenen in eine anschauliche Vorstellung, so daß die Form der Anschauung bloß Mannigfaltiges, die formale Anschauung aber Einheit der Vorstellung giebt. Diese Einheit hatte ich in der Ästhetik bloß zur Sinnlichkeit gezählt, um nur zu bemerken, daß sie vor allem Begriffe vorhergehe, ob sie zwar eine Synthesis, die nicht den Sinnen angehört, durch welche aber alle Begriffe von Raum und Zeit zuerst möglich werden, voraussetzt. Denn da durch sie (indem der Verstand die Sinnlichkeit bestimmt) der Raum oder die Zeit als Anschauungen zuerst gegeben werden, so gehört die Einheit dieser Anschauung *a priori* zum Raume und der Zeit und nicht zum Begriffe des Verstandes (§ 24).

ist, so sind die Kategorien Bedingungen der Möglichkeit der Erfahrung und gelten also *a priori* auch von allen Gegenständen der Erfahrung.

* * *

Wenn ich also z.B. die empirische Anschauung eines Hauses durch Apprehension des Mannigfaltigen derselben zur Wahrnehmung mache, so liegt mir die nothwendige Einheit des Raumes und der äußeren sinnlichen Anschauung überhaupt zum Grunde, und ich zeichne gleichsam seine Gestalt dieser synthetischen Einheit des Mannigfaltigen im Raume gemäß. Eben dieselbe synthetische Einheit aber, wenn ich von der Form des Raumes abstrahire, hat im Verstande ihren Sitz und ist die Kategorie der Synthesis des Gleichartigen in einer Anschauung überhaupt, d.i. die Kategorie der Größe, welcher also jene Synthesis der Apprehension, d.i. die Wahrnehmung, durchaus gemäß sein muß.*

Wenn ich (in einem anderen Beispiele) das Gefrieren des Wassers wahrnehme, so apprehendire ich zwei Zustände (der Flüssigkeit und Festigkeit) als solche, die in einer Relation der Zeit gegen einander stehen. Aber in der Zeit, die ich der Erscheinung als innere Anschauung zum Grunde lege, stelle ich mir nothwendig synthetische Einheit des Mannigfaltigen vor, ohne die jene Relation nicht

* Auf solche Weise wird bewiesen: daß die Synthesis der Apprehension welche empirisch ist, der Synthesis der Apperception, welche intellectuell und gänzlich a priori in der Kategorie enthalten ist, nothwendig gemäß sein müsse. Es ist eine und dieselbe Spontaneität, welche dort unter dem Namen der Einbildungskraft, hier des Verstandes, Verbindung in das Mannigfaltige der Anschauung hineinbringt.

in einer Anschauung bestimmt (in Ansehung der Zeitfolge) gegeben werden könnte. Nun ist aber diese synthetische Einheit als Bedingung *a priori* unter der ich das Mannigfaltige einer Anschauung überhaupt verbinde, wenn ich von der beständigen Form meiner innern Anschauung, der Zeit, abstrahire, die Kategorie der Ursache, durch welche ich, wenn ich sie auf meine Sinnlichkeit anwende, alles, was geschieht, in der Zeit überhaupt seiner Relation nach bestimme. Also steht die Apprehension in einer solchen Begebenheit, mithin diese selbst der möglichen Wahrnehmung nach unter dem Begriffe des Verhältnisses der Wirkungen und Ursachen, und so in allen andern Fällen.

* * *

Kategorien sind Begriffe, welche den Erscheinungen, mithin der Natur als dem Inbegriffe aller Erscheinungen (*natura materialiter spectata*) Gesetze *a priori* vorschreiben; und nun frägt sich, da sie nicht von der Natur abgeleitet werden und sich nach ihr als ihrem Muster richten (weil sie sonst bloß empirisch sein würden), wie es zu begreifen sei, daß die Natur sich nach ihnen richten müsse, d.i. wie sie die Verbindung des Mannigfaltigen der Natur, ohne sie von dieser abzunehmen, *a priori* bestimmen können. Hier ist die Auflösung dieses Räthsels.

Es ist um nichts befremdlicher, wie die Gesetze der Erscheinungen in der Natur mit dem Verstande und seiner Form *a priori*, d.i. seinem Vermögen das Mannigfaltige überhaupt zu verbinden, als wie die Erscheinungen selbst mit der Form der sinnlichen Anschauung *a priori* übereinstimmen müssen. Denn Gesetze existiren eben so wenig in den Erscheinungen, sondern nur relativ auf das Subject, dem die Erscheinungen inhäriren, so fern es Verstand hat, als Erscheinungen nicht an sich existiren, sondern nur relativ auf dasselbe Wesen, so fern es Sinne hat. Dingen an sich selbst würde ihre Gesetzmäßigkeit nothwendig auch außer einem Verstande, der sie erkennt, zukommen. Allein Erscheinungen sind nur Vorstellungen von Dingen, die nach dem, was sie an sich sein mögen, unerkannt da sind. Als bloße Vorstellungen aber stehen sie unter gar keinem Gesetze der Verknüpfung, als demjenigen, welches das verknüpfende Vermögen vorschreibt. Nun ist das, was das Mannigfaltige der sinnlichen Anschauung verknüpft, Einbildungskraft, die vom Verstande der Einheit ihrer intellectuellen Synthesis und von der Sinnlichkeit der Mannigfaltigkeit der Apprehension nach abhängt. Da nun von der Synthesis der Apprehension alle mögliche Wahrnehmung, sie selbst aber, diese empirische Synthesis, von der transscendentalen, mithin den Kategorien abhängt, so müssen alle mögliche Wahrnehmungen, mithin auch alles, was zum empirischen Bewußtsein immer gelangen kann, d.i. alle Erscheinungen der Natur, ihrer Verbindung nach unter den Kategorien stehen, von welchen die Natur (bloß als Natur überhaupt betrachtet) als dem ursprünglichen Grunde ihrer nothwendigen Gesetzmäßigkeit (als *natura formaliter spectata*) abhängt. Auf mehrere Gesetze aber als die, auf denen eine Natur überhaupt als Gesetzmäßigkeit der Erfahrungen im Raum und Zeit beruht, reicht auch das reine Verstandesvermögen nicht zu, durch bloße Kategorien den Erscheinungen *a priori* Gesetze vorzuschreiben. Besondere Gesetze weil sie empirisch bestimmte Erscheinungen betreffen, können davon nicht vollständig abgeleitet werden, ob sie gleich alle insgesammt unter jenen stehen. Es muß Erfahrung dazu kommen, um die letztere überhaupt kennen zu lernen; von Erfahrung aber überhaupt und dem, was als ein Gegenstand derselben erkannt werden kann, geben allein jene Gesetze *a priori* die Belehrung.

§ 27

Resultat dieser Deduction der Verstandesbegriffe.

Wir können uns keinen Gegenstand denken, ohne durch Kategorien; wir können keinen gedachten Gegenstand erkennen, ohne durch Anschauungen, die jenen Begriffen entsprechen. Nun sind alle unsere Anschauungen sinnlich, und diese Erkenntniß, so fern der Gegenstand derselben gegeben ist, ist empirisch. Empirische Erkenntniß aber ist Erfahrung. Folglich ist uns keine Erkenntniß *a priori* möglich, als lediglich von Gegenständen möglicher Erfahrung.*

* Damit man sich nicht voreiliger Weise an den besorglichen nachtheiligen Folgen dieses Satzes stoße, will ich nur in Erinnerung bringen, daß die Kategorien im Denken durch die Bedingungen unserer sinnlichen Anschauung nicht eingeschränkt sind, sondern ein unbegrenztes Feld haben, und nur das Erkennen dessen, was wir uns denken, das Bestimmen des Objects, Anschauung bedürfe; wo beim Mangel der letzteren der Gedanke vom Objecte übrigens noch immer seine wahre und nützliche Folgen auf den Vernunftgebrauch des Subjects haben kann, der sich aber, weil er nicht immer auf die Bestimmung des Objects, mithin aufs Erkenntniß, sondern auch auf die des Subjects und dessen Wollen gerichtet ist, hier noch nicht vortragen läßt.

Aber diese Erkenntniß, die bloß auf Gegenstände der Erfahrung eingeschränkt ist, ist darum nicht alle von der Erfahrung entlehnt, sondern was sowohl die reinen Anschauungen, als die reinen Verstandesbegriffe betrifft, so sind sie Elemente der Erkenntniß, die in uns *a priori* angetroffen werden. Nun sind nur zwei Wege, auf welchen eine nothwendige Übereinstimmung der Erfahrung mit den Begriffen von ihren Gegenständen gedacht werden kann: entweder die Erfahrung macht diese Begriffe, oder diese Begriffe machen die Erfahrung möglich. Das erstere findet nicht in Ansehung der Kategorien (auch nicht der reinen sinnlichen Anschauung) statt; denn sie sind Begriffe *a priori*, mithin unabhängig von der Erfahrung (die Behauptung eines empirischen Ursprungs wäre eine Art von *generatio aequivoca*). Folglich bleibt nur das zweite übrig (gleichsam ein System der Epigenesis der reinen Vernunft): daß nämlich die Kategorien von Seiten des Verstandes die Gründe der Möglichkeit aller Erfahrung überhaupt enthalten. Wie sie aber die Erfahrung möglich machen, und welche Grundsätze der Möglichkeit derselben sie in ihrer Anwendung auf Erscheinungen an die Hand geben, wird das folgende Hauptstück an dem transsc. Gebrauche der Urtheilskraft das mehrere lehren.

Wollte jemand zwischen den zwei genannten einzigen Wegen noch einen Mittelweg vorschlagen, nämlich daß sie weder selbst gedachte erste Principien *a priori* unserer Erkenntniß, noch auch aus der Erfahrung geschöpft, sondern subjective, uns mit unserer Existenz zugleich eingepflanzte Anlagen zum Denken wären, die von unserm Urheber so eingerichtet worden, daß ihr Gebrauch mit den Gesetzen der Natur, an welchen die Erfahrung fortläuft, genau stimmte (eine Art von Präformationssystem der reinen Vernunft), so würde (außer dem, daß bei einer solchen Hypothese kein Ende abzusehen ist, wie weit man die Voraussetzung vorbestimmter Anlagen zu künftigen Urtheilen treiben möchte) das wider gedachten Mittelweg entscheidend sein: daß in solchem Falle den Kategorien die Nothwendigkeit mangeln würde, die ihrem Begriffe wesentlich angehört. Denn z.B. der Begriff der Ursache, welcher die Nothwendigkeit eines Erfolgs unter einer vorausgesetzten Bedingung aussagt, würde falsch sein, wenn er nur auf einer beliebigen uns eingepflanzten subjectiven Nothwendigkeit, gewisse empirische Vorstellungen nach einer solchen Regel des Verhältnisses zu verbinden, beruhte. Ich würde nicht sagen können: die Wirkung ist mit der Ursache im Objecte (d.i. nothwendig) verbunden, sondern ich bin nur so eingerichtet, daß ich diese Vorstellung nicht anders als so verknüpft denken kann; welches gerade das ist, was der Sceptiker am meisten wünscht; denn alsdann ist alle unsere Einsicht durch vermeinte objective Gültigkeit unserer Urtheile nichts als lauter Schein, und es würde auch an Leuten nicht fehlen, die diese subjective Nothwendigkeit (die gefühlt werden muß) von sich nicht gestehen würden; zum wenigsten könnte man mit niemanden über dasjenige hadern, was bloß auf der Art beruht, wie sein Subject organisirt ist.

Kurzer Begriff dieser Deduction.

Sie ist die Darstellung der reinen Verstandesbegriffe (und mit ihnen aller theoretischen Erkenntniß *a priori*) als Principien der Möglichkeit der Erfahrung, dieser aber als Bestimmung der Erscheinungen in Raum und Zeit überh a u p t , – endlich dieser aus dem Princip der u r s p r ü n g l i c h e n synthetischen Einheit der Apperception, als der Form des Verstandes in Beziehung auf Raum und Zeit als ursprüngliche Formen der Sinnlichkeit.

* * *

Nur bis hieher halte ich die Paragraphen-Abteilung für nöthig, weil wir es mit den Elementarbegriffen zu thun hatten. Nun wir den Gebrauch derselben vorstellig machen wollen, wird der Vortrag in continuirlichem Zusammenhange ohne dieselbe fortgehen dürfen.

D e r
T r a n s s c e n d e n t a l e n A n a l y t i k
Zweites Buch.

Die Analytik der Grundsätze.

Die allgemeine Logik ist über einem Grundrisse erbauet, der ganz genau mit der Eintheilung der oberen Erkenntnißvermögen zusammentrifft. Diese sind: **Verstand, Urtheilskraft** und **Vernunft**. Jene Doctrin handelt daher in ihrer Analytik von B e g r i f f e n, U r t h e i l e n und S c h l ü s s e n, gerade den Functionen und der Ordnung jener Gemüthskräfte gemäß, die man unter der weitläuftigen Benennung des Verstandes überhaupt begreift.

Da gedachte bloß formale Logik von allem Inhalte der Erkenntniß (ob sie rein oder empirisch sei) abstrahirt und sich bloß mit der Form des Denkens (der discursiven Erkenntniß) überhaupt beschäftigt: so kann sie in ihrem analytischen Theile auch den Kanon für die Vernunft mit befassen, deren

Form ihre sichere Vorschrift hat, die, ohne die besondere Natur der dabei gebrauchten Erkenntniß in Betracht zu ziehen, *a priori*, durch bloße Zergliederung der Vernunfthandlungen in ihre Momente, eingesehen werden kann.

Die transscendentale Logik, da sie auf einen bestimmten Inhalt, nämlich bloß der reinen Erkenntnisse *a priori* eingeschränkt ist, kann es ihr in dieser Eintheilung nicht nachthun. Denn es zeigt sich: daß der transscendentale Gebrauch der Vernunft gar nicht objectiv gültig sei, mithin nicht zur Logik der Wahrheit, d.i. der Analytik, gehöre, sondern als eine Logik des Scheins einen besondern Theil des scholastischen Lehrgebäudes unter dem Namen der transscendentalen Dialektik erfordere.

Verstand und Urtheilskraft haben demnach ihren Kanon des objectiv gültigen, mithin wahren Gebrauchs in der transscendentalen Logik und gehören also in ihren analytischen Theil. Allein Vernunft in ihren Versuchen, über Gegenstände *a priori* etwas auszumachen und das Erkenntniß über die Grenzen möglicher Erfahrung zu erweitern, ist ganz und gar dialektisch, und ihre Scheinbehauptungen schicken sich durchaus nicht in einen Kanon, dergleichen doch die Analytik enthalten soll.

Die Analytik der Grundsätze wird demnach lediglich ein Kanon für die Urtheilskraft sein, der sie lehrt, die Verstandesbegriffe, welche die Bedingung zu Regeln *a priori* enthalten, auf Erscheinungen anzuwenden. Aus dieser Ursache werde ich, indem ich die eigentlichen Grundsätze des Verstandes zum Thema nehme, mich der Benennung einer Doctrin der Urtheilskraft bedienen, wodurch dieses Geschäfte genauer bezeichnet wird.

Einleitung.

Von der transscendentalen Urtheilskraft überhaupt.

Wenn der Verstand überhaupt als das Vermögen der Regeln erklärt wird, so ist Urtheilskraft das Vermögen unter Regeln zu subsumiren, d.i. zu unterscheiden, ob etwas unter einer gegebenen Regel (*casus datae legis*) stehe, oder nicht. Die allgemeine Logik enthält gar keine Vorschriften für die Urtheilskraft und kann sie auch nicht enthalten. Denn da sie von allem Inhalte der Erkenntniß abstrahirt: so bleibt ihr nichts übrig als das Geschäfte, die bloße Form der Erkenntniß in Begriffen, Urtheilen und Schlüssen analytisch aus einander zu setzen und dadurch formale Regeln alles Verstandesgebrauchs zu Stande zu bringen. Wollte sie nun allgemein zeigen, wie man unter diese Regeln subsumiren, d.i. unterscheiden sollte, ob etwas darunter stehe oder nicht, so könnte dieses nicht anders, als wieder durch eine Regel geschehen. Diese aber erfordert eben darum, weil sie eine Regel ist, aufs neue eine Unterweisung der Urtheilskraft; und so zeigt sich, daß zwar der Verstand einer Belehrung und Ausrüstung durch Regeln fähig, Urtheilskraft aber ein besonderes Talent sei, welches gar nicht belehrt, sondern nur geübt sein will. Daher ist diese auch das Specifische des so genannten Mutterwitzes, dessen Mangel keine Schule ersetzen kann; denn ob diese gleich einem eingeschränkten Verstande Regeln vollauf, von fremder Einsicht entlehnt, darreichen und gleichsam einpfropfen kann: so muß doch das Vermögen, sich ihrer richtig zu bedienen, dem Lehrlinge selbst angehören, und keine Regel, die man ihm in dieser Absicht vorschreiben möchte, ist in

Ermangelung einer solchen Naturgabe vor Mißbrauch sicher.* Ein Arzt daher, ein Richter oder ein Staatskundiger kann viel schöne pathologische, juristische oder politische Regeln im Kopfe haben in dem Grade, daß er selbst darin ein gründlicher Lehrer werden kann, und wird dennoch in der Anwendung derselben leicht verstoßen, entweder, weil es ihm an natürlicher Urthellskraft (obgleich nicht am Verstande) mangelt, und er zwar das Allgemeine *in abstracto* einsehen, aber ob ein Fall *in concreto* darunter gehöre, nicht unterscheiden kann, oder auch darum, weil er nicht genug durch Beispiele und wirkliche Geschäfte zu diesem Urtheile abgerichtet worden. Dieses ist auch der einige und große Nutzen der Beispiele: daß sie die Urtheilskraft schärfen. Denn was die Richtigkeit und Präcision der Verstandeseinsicht betrifft, so thun sie derselben vielmehr gemeiniglich einigen Abbruch, weil sie nur selten die Bedingung der Regel adäquat erfüllen (als *casus in terminis*) und überdem diejenige Anstrengung des Verstandes oftmals schwächen, Regeln im Allgemeinen und unabhängig von den besonderen Umständen der Erfahrung nach ihrer Zulänglichkeit einzusehen, und sie daher zuletzt mehr wie Formeln als Grundsätze zu gebrauchen angewöhnen. So sind Beispiele der

---

* Der Mangel an Urtheilskraft ist eigentlich das, was man Dummheit nennt, und einem solchen Gebrechen ist gar nicht abzuhelfen. Ein stumpfer oder eingeschränkter Kopf, dem es an nichts, als an gehörigem Grade der Verstandes und eigenen Begriffen desselben mangelt, ist durch Erlernung sehr wohl, sogar bis zur Gelehrsamkeit auszurüsten. Da es aber gemeiniglich alsdann auch an jener (der *secunda Petri*) zu fehlen pflegt, so ist es nichts Ungewöhnliches, sehr gelehrte Männer anzutreffen, die im Gebrauche ihrer Wissenschaft jenen nie zu bessernden Mangel häufig blicken lassen.

Gängelwagen der Urtheilskraft, welchen derjenige, dem es am natürlichen Talent derselben mangelt, niemals entbehren kann.

Ob nun aber gleich die allgemeine Logik der Urtheilskraft keine Vorschriften geben kann, so ist es doch mit der transscendentalen ganz anders bewandt, so gar daß es scheint, die letztere habe es zu ihrem eigentlichen Geschäfte, die Urtheilskraft im Gebrauch des reinen Verstandes durch bestimmte Regeln zu berichtigen und zu sichern. Denn um dem Verstande im Felde reiner Erkenntnisse *a priori* Erweiterung zu verschaffen, mithin als Doctrin, scheint Philosophie gar nicht nöthig, oder vielmehr übel angebracht zu sein, weil man nach allen bisherigen Versuchen damit doch wenig oder gar kein Land gewonnen hat, sondern als Kritik, um die Fehltritte der Urtheilskraft (*lapsus judicii*) im Gebrauch der wenigen reinen Verstandesbegriffe, die wir haben, zu verhüten, dazu (obgleich der Nutzen alsdann nur negativ ist) wird Philosophie mit ihrer ganzen Scharfsinnigkeit und Prüfungskunst aufgeboten.

Es hat aber die Transscendental-Philosophie das Eigentümliche: daß sie außer der Regel (oder vielmehr der allgemeinen Bedingung zu Regeln), die in dem reinen Begriffe des Verstandes gegeben wird, zugleich *a priori* den Fall anzeigen kann, worauf sie angewandt werden sollen. Die Ursache von dem Vorzuge, den sie in diesem Stücke vor allen andern belehrenden Wissenschaften hat (außer der Mathematik), liegt eben darin: daß sie von Begriffen handelt, die sich auf ihre Gegenstände *a priori* beziehen sollen, mithin kann ihre objective Gültigkeit nicht *a posteriori* dargethan werden; denn das würde jene Dignität derselben ganz unberührt lassen, sondern sie muß zugleich die Bedingungen, unter welchen Gegenstände in Übereinstimmung mit jenen Begriffen gegeben werden können, in allgemeinen, aber hinreichenden Kennzeichen darlegen, widrigenfalls sie ohne allen Inhalt, mithin bloße logische Formen und nicht reine Verstandesbegriffe sein würden.

Diese transscendentale Doctrin der Urtheilskraft wird nun zwei Hauptstücke enthalten: das erste, welches von der sinnlichen Bedingung handelt, unter welcher reine Verstandesbegriffe allein gebraucht werden können, d.i. von dem Schematismus des reinen Verstandes; das zweite aber von den synthetischen Urtheilen, welche aus reinen Verstandesbegriffen unter diesen Bedingungen *a priori*, herfließen und allen übrigen Erkenntnissen *a priori* zum Grunde liegen, d.i. von den Grundsätzen des reinen Verstandes.

Der Transscendentalen Doctrin der Urtheilskraft (oder Analytik der Grundsätze) Erstes Hauptstück.

Von dem Schematismus der reinen Verstandesbegriffe.

In allen Subsumtionen eines Gegenstandes unter einen Begriff muß die Vorstellung des ersteren mit der letztern gleichartig sein, d.i. der Begriff muß dasjenige enthalten, was in dem darunter zu subsumirenden Gegenstande vorgestellt wird, denn das bedeutet eben der Ausdruck: ein Gegenstand sei unter einem Begriffe enthalten. So hat der empirische Begriff eines Tellers mit dem reinen geometrischen eines Cirkels Gleichartigkeit, indem die

Rundung, die in dem ersteren gedacht wird, sich im letzteren anschauen läßt.

Nun sind aber reine Verstandesbegriffe in Vergleichung mit empirischen (ja überhaupt sinnlichen) Anschauungen ganz ungleichartig und können niemals in irgend einer Anschauung angetroffen werden. Wie ist nun die Subsumtion der letzteren unter die erste, mithin die Anwendung der Kategorie auf Erscheinungen möglich, da doch niemand sagen wird: diese, z.B. die Causalität, könne auch durch Sinne angeschauet werden und sei in der Erscheinung enthalten? Diese so natürliche und erhebliche Frage ist nun eigentlich die Ursache, welche eine transscendentale Doctrin der Urtheilskraft notwendig macht, um nämlich die Möglichkeit zu zeigen, wie reine Verstandesbegriffe auf Erscheinungen überhaupt angewandt werden können. In allen anderen Wissenschaften, wo die Begriffe, durch die der Gegenstand allgemein gedacht wird, von denen, die diesen *in concreto* vorstellen, wie er gegeben wird, nicht so unterschieden und heterogen sind, ist es unnöthig, wegen der Anwendung des ersteren auf den letzten besondere Erörterung zu geben.

Nun ist klar, daß es ein Drittes geben müsse, was einerseits mit der Kategorie, andererseits mit der Erscheinung in Gleichartigkeit stehen muß und die Anwendung der ersteren auf die letzte möglich macht. Diese vermittelnde Vorstellung muß rein (ohne alles Empirische) und doch intellectuell, andererseits sinnlich sein. Eine solche ist das transscendentale Schema.

Der Verstandesbegriff enthält reine synthetische Einheit des Mannigfaltigen überhaupt. Die Zeit, als die formale Bedingung des Mannigfaltigen des inneren Sinnes, mithin der Verknüpfung aller Vorstellungen, enthält ein Mannigfaltiges *a priori* in der reinen Anschauung. Nun ist eine transscendentale Zeitbestimmung mit der K a t e g o r i e (die die Einheit derselben ausmacht) so fern gleichartig, als sie a l l g e m e i n ist und auf einer Regel *a priori* beruht. Sie ist aber andererseits mit der E r s c h e i n u n g so fern gleichartig, als die Z e i t in jeder empirischen Vorstellung des Mannigfaltigen enthalten ist. Daher wird eine Anwendung der Kategorie auf Erscheinungen möglich sein vermittelst der transscendentalen Zeitbestimmung, welche als das Schema der Verstandesbegriffe die Subsumtion der letzteren unter die erste vermittelt.

Nach demjenigen, was in der Deduction der Kategorien gezeigt worden, wird hoffentlich niemand im Zweifel stehen, sich über die Frage zu entschließen: ob diese reine Verstandesbegriffe von bloß empirischem oder auch von transscendentalem Gebrauche seien, d.i. ob sie lediglich als Bedingungen einer möglichen Erfahrung sich *a priori* auf Erscheinungen beziehen, oder ob sie als Bedingungen der Möglichkeit der Dinge überhaupt auf Gegenstände an sich selbst (ohne einige Restriction auf unsre Sinnlichkeit) erstreckt werden können. Denn da haben wir gesehen: daß Begriffe ganz unmöglich sind, noch irgend einige Bedeutung haben können, wo nicht entweder ihnen selbst, oder wenigstens den Elementen, daraus sie bestehen, ein Gegenstand gegeben ist, mithin auf Dinge an sich (ohne Rücksicht, ob und wie sie uns gegeben werden mögen) gar nicht gehen können; daß ferner die einzige Art, wie uns Gegenstände gegeben werden, die Modification unserer Sinnlichkeit sei; endlich daß reine Begriffe *a priori* außer der Function des Verstandes in der Kategorie noch formale Bedingungen der Sinnlichkeit (namentlich des innern Sinnes) *a priori* enthalten müssen, welche die allgemeine Bedingung enthalten, unter der die Kategorie allein auf irgend einen Gegenstand angewandt werden kann. Wir wollen diese formale und keine Bedingung der Sinnlichkeit, auf welche der Verstandesbegriff in seinem Gebrauch restringirt ist, das S c h e m a dieses Verstandesbegriffs und das Verfahren des Verstandes mit diesen Schematen den S c h e m a t i s m u s des reinen Verstandes nennen.

Das Schema ist an sich selbst jederzeit nur ein Product der Einbildungskraft; aber indem die Synthesis der letzteren keine einzelne Anschauung, sondern die Einheit in der Bestimmung der Sinnlichkeit allein zur Absicht hat, so ist das Schema doch vom Bilde zu unterscheiden. So, wenn ich fünf Punkte hintereinander setzte: ....., ist dieses ein Bild von der Zahl fünf. Dagegen wenn ich eine Zahl überhaupt nur denke, die nun fünf oder hundert sein kann, so ist dieses Denken mehr die Vorstellung einer Methode, einem gewissen Begriffe gemäß eine Menge (z.E. Tausend) in einem Bilde vorzustellen, als dieses Bild selbst, welches ich im letztern Falle schwerlich würde übersehen und mit dem Begriff vergleichen können. Diese Vorstellung nun von einem allgemeinen Verfahren der Einbildungskraft, einem Begriff sein Bild zu verschaffen, nenne ich daschema zu diesem Begriffe.

In der That liegen unsern reinen sinnlichen Begriffen nicht Bilder der Gegenstände, sondern Schemate zum Grunde. Dem Begriffe von einem Triangel überhaupt würde gar kein Bild desselben jemals adäquat sein. Denn es würde die Allgemeinheit des Begriffs nicht erreichen, welche macht, daß dieser für alle, recht- oder schiefwinklichte etc., gilt, sondern immer nur auf einen Theil dieser Sphäre eingeschränkt sein. Das Schema des Triangels kann niemals anderswo als in Gedanken existiren und bedeutet eine Regel der Synthesis der Einbildungskraft in Ansehung reiner Gestalten im Raume.

Noch viel weniger erreicht ein Gegenstand der Erfahrung oder Bild desselben jemals den empirischen Begriff, sondern dieser bezieht sich jederzeit unmittelbar auf das Schema der Einbildungskraft als eine Regel der Bestimmung unserer Anschauung gemäß einem gewissen allgemeinen Begriffe. Der Begriff vom Hunde bedeutet eine Regel, nach welcher meine Einbildungskraft die Gestalt eines vierfüßigen Thieres allgemein verzeichnen kann, ohne auf irgend eine einzige besondere Gestalt, die mir die Erfahrung darbietet, oder auch ein jedes mögliche Bild, was ich *in concreto* darstellen kann, eingeschränkt zu sein. Dieser Schematismus unseres Verstandes in Ansehung der Erscheinungen und ihrer bloßen Form ist eine verborgene Kunst in den Tiefen der menschlichen Seele, deren wahre Handgriffe wir der Natur schwerlich jemals abrathen und sie unverdeckt vor Augen legen werden. So viel können wir nur sagen: das Bild ist ein Product des empirischen Vermögens der productiven Einbildungskraft, das Schema sinnlicher Begriffe (als der Figuren im Räume) ein Product und gleichsam ein Monogramm der reinen Einbildungskraft *a priori*, wodurch und wornach die Bilder allererst möglich werden, die aber mit dem Begriffe nur immer vermittelst des Schema, welches sie bezeichnen, verknüpft werden müssen und an sich demselben nicht völlig congruiren. Dagegen ist das Schema eines reinen Verstandesbegriffs etwas, was in gar kein Bild gebracht werden kann, sondern ist nur die reine Synthesis gemäß einer Regel der Einheit nach Begriffen überhaupt, die die Kategorie ausdrückt, und ist ein transscendentales Product der Einbildungskraft, welches die Bestimmung des inneren Sinnes überhaupt nach Bedingungen seiner Form (der Zeit) in Ansehung aller Vorstellungen betrifft, so fern diese der Einheit der Apperception gemäß *a priori* in einem Begriff zusammenhängen sollten.

Ohne uns nun bei einer trockenen und langweiligen Zergliederung dessen, was zu transscendentalen Schematen reiner Verstandesbegriffe überhaupt erfordert wird, aufzuhalten, wollen wir sie lieber nach der Ordnung der Kategorien und in Verknüpfung mit diesen darstellen.

Das reine Bild aller Größen (*quantorum*) vor dem äußern Sinne ist der Raum, aller Gegenstände der Sinne aber überhaupt die Zeit. Das reine Schema der Größe aber, (*quantitatis*) als eines Begriffs des Verstandes ist die Zahl, welche eine Vorstellung ist, die die successive Addition von Einem zu Einem (gleichartigen) zusammenbefaßt. Also ist die Zahl nichts anders als die Einheit der Synthesis des Mannigfaltigen einer gleichartigen Anschauung überhaupt, dadurch, daß ich die Zeit selbst in der Apprehension der Anschauung erzeuge.

Realität ist im reinen Verstandesbegriffe das, was einer Empfindung überhaupt correspondirt, dasjenige also, dessen Begriff an sich selbst ein Sein (in der Zeit) anzeigt; Negation, dessen Begriff ein Nichtsein (in der Zeit) vorstellt. Die Entgegensetzung beider geschieht also in dem Unterschiede derselben Zeit, als einer erfüllten oder leeren Zeit. Da die Zeit nur die Form der Anschauung, mithin der Gegenstände als Erscheinungen ist, so ist das, was an diesen der Empfindung entspricht, die transscendentale Materie aller Gegenstände als Dinge an sich (die Sachheit, Realität). Nun hat jede Empfindung einen Grad oder Größe, wodurch sie dieselbe Zeit, d.i. den innren Sinn, in Ansehung derselben Vorstellung eines Gegenstandes mehr oder weniger erfüllen kann, bis sie in Nichts (= 0 = *negatio*) aufhört. Daher ist ein Verhältniß und Zusammenhang, oder vielmehr ein Übergang von Realität zur Negation, welcher jede Realität als ein Quantum vorstellig macht; und das Schema einer Realität als der Quantität von Etwas, so fern es die Zeit erfüllt, ist eben diese continuirliche und gleichförmige Erzeugung derselben in der Zeit, indem man von der Empfindung, die einen gewissen Grad hat, in der Zeit bis zum Verschwinden derselben hinabgeht, oder von der Negation zu der Größe derselben allmählig aufsteigt.

Das Schema der Substanz ist die Beharrlichkeit des Realen in der Zeit, d.i. die Vorstellung desselben als eines Substratum der empirischen Zeitbestimmung überhaupt, welches also bleibt, indem alles andre wechselt. (Die Zeit verläuft sich nicht, sondern in ihr verläuft sich das Dasein des Wandelbaren. Der Zeit also, die selbst unwandelbar und bleibend ist, correspondirt in der Erscheinung das Unwandelbare im Dasein, d.i. die Substanz, und bloß an ihr kann die Folge und das Zugleichsein der Erscheinungen der Zeit nach bestimmt werden.)

Das Schema der Ursache und der Causalität eines Dinges überhaupt ist das Reale, worauf, wenn es nach Belieben gesetzt wird, jederzeit etwas anderes folgt. Es besteht also in der Succession des Mannigfaltigen, in so fern sie einer Regel unterworfen ist.

Das Schema der Gemeinschaft (Wechselwirkung) oder der wechselseitigen Causalität der Substanzen in Ansehung ihrer Accidenzen ist das Zugleichsein der Bestimmungen der Einen mit denen der Anderen nach einer allgemeinen Regel.

Das Schema der Möglichkeit ist die Zusammenstimmung der Synthesis verschiedener Vorstellungen mit den Bedingungen der Zeit überhaupt (z.B.da das Entgegengesetzte in einem Dinge nicht zugleich, sondern nur nach einander sein kann), also die Bestimmung der Vorstellung eines Dinges zu irgend einer Zeit.

Das Schema der Wirklichkeit ist das Dasein in einer bestimmten Zeit.

Das Schema der Nothwendigkeit ist das Dasein eines Gegenstandes zu aller Zeit.

Man sieht nun aus allem diesem, daß das Schema einer jeden Kategorie, als das der Größe die Erzeugung (Synthesis) der Zeit selbst in der successiven Apprehension eines Gegenstandes, das Schema der Qualität die Synthesis der Empfindung (Wahrnehmung) mit der Vorstellung der Zeit oder die Erfüllung der Zeit, das der Relation das Verhältniß der Wahrnehmungen unter einander zu aller Zeit (d.i. nach einer Regel der Zeitbestimmung), endlich das Schema der Modalität und ihrer Kategorien die Zeit selbst als das Correlatum der Bestimmung eines Gegenstandes, ob und wie er zur Zeit gehöre, enthalte und vorstellig mache. Die Schemate sind daher nichts als Zeitbestimmungen *a priori* nach Regeln, und diese gehen nach der Ordnung der Kategorien auf die Zeitreihe, den Zeitinhalt, die Zeitordnung, endlich den Zeitinbegriff in Ansehung aller möglichen Gegenstände.

Hieraus erhellt nun, daß der Schematismus des Verstandes durch die transscendentale Synthesis der Einbildungskraft auf nichts anders, als die Einheit alles Mannigfaltigen der Anschauung in dem inneren Sinne und so indirect auf die Einheit der Apperception als Function, welche dem innern Sinn (einer Receptivität) correspondirt, hinauslaufe. Also sind die Schemate der reinen Verstandesbegriffe die wahren und einzigen Bedingungen, diesen eine Beziehung auf Objecte, mithin Bedeutung zu verschaffen, und die Kategorien sind daher am Ende von keinem andern als einem möglichen empirischen Gebrauche, indem sie bloß dazu dienen, durch Gründe einer *a priori* nothwendigen Einheit (wegen der nothwendigen Vereinigung alles Bewußtseins in einer ursprünglichen Apperception) Erscheinungen allgemeinen Regeln der Synthesis zu unterwerfen und sie dadurch zur durchgängigen Verknüpfung in einer Erfahrung schicklich zu machen.

In dem Ganzen aller möglichen Erfahrung liegen aber alle unsere Erkenntnisse, und in der allgemeinen Beziehung auf dieselbe besteht die transscendentale Wahrheit, die vor aller empirischen vorhergeht und sie möglich macht.

Es fällt aber doch auch in die Augen: daß, obgleich die Schemate der Sinnlichkeit die Kategorien allererst realisiren, sie doch selbige gleichwohl auch restringiren, d.i. auf Bedingungen einschränken, die außer dem Verstande liegen (nämlich in der Sinnlichkeit). Daher ist das Schema eigentlich nur das Phänomenon oder der sinnliche Begriff eines Gegenstandes in Übereinstimmung mit der Kategorie (*numerus* est quantitas phaenomenon, *sensatio* realitas phaenomenon, *constans* et perdurabile rerum substantia phaenomenon – *aeternitas necessitas* phaenomenon etc.) Wenn wir nun eine restringirende Bedingung weglassen: so amplificiren wir, wie es scheint, den vorher eingeschränkten Begriff; so sollten die Kategorien in ihrer reinen Bedeutung ohne alle Bedingungen der Sinnlichkeit von Dingen überhaupt gelten, wie sie sind, anstatt daß ihre Schemate sie nur vorstellen, wie sie erscheinen, jene also eine von allen Schematen unabhängige und viel weiter erstreckte Bedeutung haben. In der That bleibt den reinen Verstandesbegriffen allerdings auch nach Absonderung aller sinnlichen Bedingung eine, aber nur logische Bedeutung der bloßen Einheit der Vorstellungen, denen aber kein Gegenstand, mithin auch keine Bedeutung gegeben wird, die einen Begriff vom Object abgeben könnte. So würde z.B. Substanz, wenn man die sinnliche Bestimmung der Beharrlichkeit wegließe, nichts weiter als ein Etwas bedeuten, das als Subject (ohne ein Prädicat von etwas anderm zu sein) gedacht werden kann. Aus dieser Vorstellung kann ich nun nichts machen, indem sie mir gar nicht anzeigt, welche Bestimmungen das Ding hat, welches als ein solches erstes Subject gelten soll. Also sind die Kategorien ohne Schemate nur Functionen des Verstandes zu Begriffen, stellen aber keinen Gegenstand vor. Diese Bedeutung kommt ihnen von der Sinnlichkeit, die den Verstand realisirt, indem sie ihn zugleich restringirt.

Der Transscendentalen Doctrin der Urtheilskraft (oder Analytik der Grundsätze) Zweites Hauptstück.

System aller Grundsätze des reinen Verstandes.

Wir haben in dem vorigen Hauptstücke die transscendentale Urtheilskraft nur nach den allgemeinen Bedingungen erwogen, unter denen sie allein die reinen Verstandesbegriffe zu synthetischen Urtheilen zu brauchen befugt ist. Jetzt ist unser Geschäfte: die Urtheile, die der Verstand unter dieser kritischen Vorsicht wirklich *a priori* zu Stande bringt, in systematischer Verbindung darzustellen, wozu uns ohne Zweifel unsere Tafel der Kategorien die natürliche und sichere Leitung geben muß. Denn diese sind es eben, deren Beziehung auf mögliche Erfahrung alle reine Verstandeserkenntniß *a priori* ausmachen muß, und deren Verhältniß zur Sinnlichkeit überhaupt um deswillen alle transscendentale Grundsätze des Verstandesgebrauchs vollständig und in einem System darlegen wird.

Grundsätze *a priori* führen diesen Namen nicht bloß deswegen, weil sie die Gründe anderer Urtheile in sich enthalten, sondern auch weil sie selbst nicht in höhern und allgemeinern Erkenntnissen gegründet sind. Diese Eigenschaft überhebt sie doch nicht allemal eines Beweises. Denn obgleich dieser nicht weiter objectiv geführt werden könnte, sondern vielmehr aller Erkenntniß seines Objects zum Grunde liegt, so hindert dies doch nicht, daß nicht ein Beweis aus den subjectiven Quellen der Möglichkeit einer Erkenntniß des Gegenstandes überhaupt zu schaffen möglich, ja auch nöthig wäre, weil der Satz sonst gleichwohl den größten Verdacht einer bloß erschlichenen Behauptung auf sich haben würde.

Zweitens werden wir uns bloß auf diejenigen Grundsätze, die sich auf die Kategorien beziehen, einschränken. Die Principien der transscendentalen Ästhetik, nach welchen Raum und Zeit die Bedingungen der Möglichkeit aller Dinge als Erscheinungen sind, imgleichen die Restriction dieser Grundsätze, daß sie nämlich nicht auf Dinge an sich selbst bezogen werden können, gehören also nicht in unser abgestochenes Feld der Untersuchung. Eben so machen die mathematischen Grundsätze keinen Theil dieses Systems aus, weil sie nur aus der Anschauung, aber nicht aus dem reinen Verstandesbegriffe gezogen sind; doch wird die Möglichkeit derselben, weil sie gleichwohl synthetische Urtheile *a priori* sind, hier nothwendig Platz finden, zwar nicht, um ihre Richtigkeit und apodiktische Gewißheit zu beweisen, welches sie gar nicht nöthig haben, sondern nur die Möglichkeit solcher evidenten Erkenntnisse *a priori* begreiflich zu machen und zu deduciren.

Wir werden aber auch von dem Grundsatze analytischer Urtheile reden müssen und dieses zwar im Gegensatz mit dem der synthetischen, als mit welchen wir uns eigentlich beschäftigen, weil eben diese Gegenstellung die Theorie der letzteren von allem Mißverstande befreiet und sie in ihrer eigenthümlichen Natur deutlich vor Augen legt.

Des Systems der Grundsätze des reinen Verstandes Erster Abschnitt.

Von dem obersten Grundsatze aller analytischen Urtheile.

Von welchem Inhalt auch unsere Erkenntniß sei, und wie sie sich auf das Object beziehen mag, so ist doch die allgemeine, obzwar nur negative Bedingung aller unserer Urtheile überhaupt, daß sie sich nicht selbst widersprechen, widrigenfalls diese Urtheile an sich selbst (auch ohne Rücksicht aufs Object) nichts sind. Wenn aber auch gleich in unserm Urtheile kein Widerspruch ist, so kann es demungeachtet doch Begriffe so verbinden, wie es der Gegenstand nicht mit sich bringt, oder auch, ohne daß uns irgend ein Grund weder *a priori* noch *a posteriori* gegeben ist, welcher ein solches Urtheil berechtigte; und so kann ein Urtheil bei allem dem, daß es von allem innern Widerspruche frei ist, doch entweder falsch oder grundlos sein.

Der Satz nun: Keinem Dinge kommt ein Prädicat zu, welches ihm widerspricht, heißt der Satz des Widerspruchs und ist ein allgemeines, obzwar bloß negatives Kriterium aller Wahrheit, gehört aber auch darum bloß in die Logik, weil er von Erkenntnissen bloß als Erkenntnissen überhaupt unangesehen ihres Inhalts gilt und sagt: daß der Widerspruch sie gänzlich vernichte und aufhebe.

Man kann aber doch von demselben auch einen positiven Gebrauch machen, d.i. nicht bloß um Falschheit und Irrthum (so fern er auf dem Widerspruch beruht) zu verbannen, sondern auch Wahrheit zu erkennen. Denn wenn das Urtheil analytisch ist, es mag nun verneinend oder bejahend sein, so muß dessen Wahrheit jederzeit nach dem Satze des Widerspruchs hinreichend können erkannt werden. Denn von dem, was in der Erkenntniß des Objects schon als Begriff liegt und gedacht wird, wird das Widerspiel jederzeit richtig verneint, der Begriff selber aber nothwendig von ihm bejaht werden müssen, darum weil das Gegentheil desselben dem Objecte widersprechen würde.

Daher müssen wir auch den Satz des Widerspruchs als das allgemeine und völlig hinreichende Principium aller analytischen Erkenntniß gelten lassen; aber weiter geht auch sein Ansehen und Brauchbarkeit nicht, als eines hinreichenden Kriterium der Wahrheit. Denn daß ihm gar keine Erkenntniß zuwider sein könne, ohne sich selbst zu vernichten, das macht diesen Satz wohl zur *conditio sine qua non,* aber nicht zum Bestimmungsgrunde der Wahrheit unserer Erkenntniß. Da wir es nun eigentlich nur mit dem synthetischen Theile unserer Erkenntniß zu thun haben, so werden wir zwar jederzeit bedacht sein, diesem unverletzlichen Grundsatz niemals zuwider zu handeln, von ihm aber in Ansehung der Wahrheit von dergleichen Art der Erkenntniß niemals einigen Aufschluß gewärtigen können.

Es ist aber doch eine Formel dieses berühmten, obzwar von allem Inhalt entblößten und bloß formalen Grundsatzes, die eine Synthesis enthält, welche aus Unvorsichtigkeit und ganz unnöthiger Weise in ihr gemischt worden. Sie heißt: Es ist unmöglich, daß etwas zugleich sei und nicht sei. Außer dem, daß hier die apodiktische Gewißheit (durch das Wort u n m ö g l i c h) überflüssiger Weise angehängt worden, die sich doch von selbst aus dem Satz muß verstehen lassen, so ist der Satz durch die Bedingung der Zeit afficirt und sagt gleichsam: Ein Ding = *A*, welches etwas = *B* ist, kann nicht zu gleicher Zeit *non B* sein; aber es kann gar wohl beides (*B* sowohl, als *non B*) nach einander sein. Z.B.ein Mensch, der jung ist, kann nicht zugleich alt sein, eben derselbe kann aber sehr wohl zu einer Zeit jung, zur andern nicht jung, d.i. alt, sein. Nun muß der Satz des Widerspruchs, als ein bloß logischer Grundsatz, seine Aussprüche gar nicht auf die Zeitverhältnisse einschränken, daher ist eine solche Formel der Absicht derselben ganz zuwider. Der Mißverstand kommt bloß daher: daß man ein Prädicat eines Dinges zuvörderst von dem Begriff desselben absondert und nachher sein Gegentheil mit diesem Prädicate verknüpft, welches niemals einen Widerspruch mit dem Subjecte, sondern nur mit dessen Prädicate, welches mit jenem synthetisch verbunden worden, abgiebt und zwar nur dann, wenn das erste und zweite Prädicat zu gleicher Zeit gesetzt werden. Sage ich: ein Mensch, der ungelehrt ist, ist nicht gelehrt, so muß die Bedingungen: z u g l e i c h , dabei stehen; denn der, so zu einer Zeit ungelehrt ist, kann zu einer andern gar wohl gelehrt sein. Sage ich aber: kein ungelehrter Mensch ist gelehrt, so ist der Satz analytisch, weil das Merkmal (der Ungelahrtheit) nunmehr den Begriff des Subjects mit ausmacht; und alsdann erhellt der verneinende Satz unmittelbar aus dem Satze des Widerspruchs, ohne daß die Bedingung: z u g l e i c h , hinzu kommen darf. Dieses ist denn auch die Ursache, weswegen ich oben die Formel desselben so verändert habe, daß die Natur eines analytischen Satzes dadurch deutlich ausgedrückt wird.

Des Systems der Grundsätze des reinen Verstandes Zweiter Abschnitt.

Von dem obersten Grundsatze aller synthetischen Urtheile.

Die Erklärung der Möglichkeit synthetischer Urtheile ist eine Aufgabe, mit der die allgemeine Logik gar nichts zu schaffen hat, die auch sogar ihren Namen nicht einmal kennen darf. Sie ist aber in einer transscendentalen Logik das wichtigste Geschäfte unter allen und sogar das einzige, wenn von der Möglichkeit synthetischer Urtheile *a priori* die Rede ist, imgleichen den Bedingungen und dem Umfange ihrer Gültigkeit. Denn nach Vollendung desselben kann sie ihrem Zwecke, nämlich den Umfang und die Grenzen des reinen Verstandes zu bestimmen, vollkommen ein Genüge thun.

Im analytischen Urtheile bleibe ich bei dem gegebenen Begriffe, um etwas von ihm auszumachen. Soll es bejahend sein, so lege ich diesem Begriffe nur dasjenige bei, was in ihm schon gedacht war; soll es verneinend sein, so schließe ich nur das Gegentheil desselben von ihm aus. In synthetischen Urtheilen aber soll ich aus dem gegebenen Begriff hinausgehen, um etwas ganz anderes, als in ihm gedacht war, mit demselben in Verhältniß zu betrachten, welches daher niemals weder ein Verhältniß der Identität, noch des Widerspruchs ist, und wobei dem Urtheile an ihm selbst weder die Wahrheit, noch der Irrthum angesehen werden kann.

Also zugegeben, daß man aus einem gegebenen Begriffe hinausgehen müsse, um ihn mit einem andern synthetisch zu vergleichen: so ist ein Drittes nöthig, worin allein die Synthesis zweier Begriffe entstehen kann. Was ist nun aber dieses Dritte, als das Medium aller synthetischen Urtheile? Es ist nur ein Inbegriff, darin alle unsre Vorstellungen enthalten sind, nämlich der innre Sinn und die Form desselben *a priori*, die Zeit. Die Synthesis der Vorstellungen beruht auf der Einbildungskraft, die synthetische Einheit derselben aber (die zum Urtheile erforderlich ist) auf der Einheit der Apperception. Hierin wird also die Möglichkeit synthetischer Urtheile und, da alle drei die Quellen zu Vorstellungen *a priori* enthalten, auch die Möglichkeit reiner synthetischer Urtheile zu suchen sein; ja sie werden sogar aus diesen Gründen nothwendig sein, wenn eine Erkenntniß von Gegenständen zu Stande kommen soll, die lediglich auf der Synthesis der Vorstellungen beruht.

Wenn eine Erkenntniß objective Realität haben, d.i. sich auf einen Gegenstand beziehen und in demselben Bedeutung und Sinn haben soll, so muß der Gegenstand auf irgend eine Art g e g e b e n werden können. Ohne das sind die Begriffe leer, und man hat dadurch zwar gedacht, in der That aber durch dieses Denken nichts erkannt, sondern bloß mit Vorstellungen gespielt. Einen Gegenstand geben, wenn dieses nicht wiederum nur mittelbar gemeint sein soll, sondern unmittelbar in der Anschauung darstellen, ist nichts anders, als dessen Vorstellung auf Erfahrung (es sei wirkliche oder doch mögliche) beziehen. Selbst der Raum und die Zeit, so rein diese Begriffe auch von allem Empirischen sind, und so gewiß es auch ist, daß sie völlig *a priori* im Gemüthe vorgestellt werden, würden doch ohne objective Gültigkeit und ohne Sinn und Bedeutung sein, wenn ihr nothwendiger Gebrauch an den Gegenständen der Erfahrung nicht gezeigt würde; ja ihre Vorstellung ist ein bloßes Schema, das sich immer auf die reproductive Einbildungskraft bezieht, welche die Gegenstände der Erfahrung herbei ruft, ohne die sie keine Bedeutung haben würden; und so ist es mit allen Begriffen ohne Unterschied.

Die Möglichkeit der Erfahrung ist also das, was allen unsern Erkenntnissen *a priori* objective Realität giebt. Nun beruht Erfahrung auf der synthetischen Einsicht der Erscheinungen, d.i. auf einer Synthesis nach Begriffen vom Gegenstande der Erscheinungen überhaupt, ohne welche sie nicht einmal Erkenntniß, sondern eine Rhapsodie von Wahrnehmungen sein würde, die sich in keinen Context nach Regeln eines durchgängig verknüpften (möglichen) Bewußtseins, mithin auch nicht zur transscendentalen und nothwendigen Einheit der Apperception zusammen schicken würden. Die Erfahrung hat also Prinzipien ihrer Form *a priori* zum Grunde liegen, nämlich allgemeine Regeln der Einheit in der Synthesis der Erscheinungen, deren objective Realität als nothwendige Bedingungen jederzeit in der Erfahrung, ja sogar ihrer Möglichkeit gewiesen werden kann. Außer dieser Beziehung aber sind synthetische Sätze *a priori* gänzlich unmöglich, wie sie kein Drittes, nämlich keinen Gegenstand, haben, an dem die synthetische Einheit ihrer Begriffe objective Realität darthun könnte.

Ob wir daher gleich vom Raume überhaupt, oder den Gestalten, welche die productive Einbildungskraft in ihm verzeichnet, so vieles *a priori* in synthetischen Urtheilen erkennen, so daß wir wirklich hiezu gar keiner Erfahrung bedürfen: so würde doch dieses Erkenntniß gar nichts, sondern die Beschäftigung mit einem bloßen Hirngespinst sein, wäre der Raum nicht als Bedingung der Erscheinungen, welche den Stoff zur äußeren Erfahrung ausmachen, anzusehen; daher sich jene reine synthetische Urtheile, obzwar nur mittelbar, auf mögliche Erfahrung, oder vielmehr auf dieser ihre Möglichkeit selbst beziehen und darauf allein die objective Gültigkeit ihrer Synthesis gründen.

Da also Erfahrung als empirische Synthesis in ihrer Möglichkeit die einzige Erkenntnißart ist, welche aller andern Synthesis Realität giebt, so hat diese als Erkenntniß *a priori*, auch nur dadurch Wahrheit (Einstimmung mit dem Object), daß sie nichts weiter enthält, als was zur synthetischen Einheit der Erfahrung überhaupt nothwendig ist.

Das oberste Principium aller synthetischen Urtheile ist also: ein jeder Gegenstand steht unter den nothwendigen Bedingungen der synthetischen Einheit des Mannigfaltigen der Anschauung in einer möglichen Erfahrung.

Auf solche Weise sind synthetische Urtheile *a priori* möglich, wenn wir die formalen Bedingungen der Anschauung *a priori*, die Synthesis der Einbildungskraft und die nothwendige Einheit derselben in einer transscendentalen Apperception, auf ein mögliches Erfahrungserkenntniß überhaupt beziehen und sagen: die Bedingungen der Möglichkeit der Erfahrung überhaupt sind zugleich Bedingungen der Möglichkeit der Gegenstände der Erfahrung und haben darum objective Gültigkeit in einem synthetischen Urtheile *a priori*.

Des Systems der Grundsätze des reinen Verstandes Dritter Abschnitt.

Systematische Vorstellung aller synthetischen Grundsätze desselben.

Daß überhaupt irgendwo Grundsätze stattfinden, das ist lediglich dem reinen Verstande zuzuschreiben, der nicht allein das Vermögen der Regeln ist in Ansehung dessen, was geschieht, sondern selbst der Quell der Grundsätze, nach welchem alles (was uns nur als Gegenstand vorkommen kann) nothwendig unter Regeln steht, weil ohne solche den Erscheinungen niemals Erkenntniß eines ihnen correspondirenden Gegenstandes zukommen könnte. Selbst Naturgesetze, wenn sie als Grundsätze des empirischen Verstandesgebrauchs betrachtet werden, führen zugleich einen Ausdruck der Nothwendigkeit, mithin wenigstens die Vermuthung einer Bestimmung aus Gründen, die *a priori* und vor aller Erfahrung gültig sind, bei sich. Aber ohne Unterschied stehen alle Gesetze der Natur unter höheren Grundsätzen des Verstandes, indem sie diese nur auf besondere Fälle der Erscheinung anwenden. Diese allein geben also den Begriff, der die Bedingung und gleichsam den Exponenten zu einer Regel überhaupt enthält, Erfahrung aber giebt den Fall, der unter der Regel steht.

Daß man bloß empirische Grundsätze für Grundsätze des reinen Verstandes oder auch umgekehrt ansehe, deshalb kann wohl eigentlich keine Gefahr sein; denn die Nothwendigkeit nach Begriffen, welche die letztere auszeichnet, und deren Mangel in jedem empirischen Satze, so allgemein er auch gelten mag, leicht wahrgenommen wird, kann diese Verwechselung leicht verhüten. Es giebt aber reine Grundsätze *a priori*, die ich gleichwohl doch nicht dem reinen Verstande eigenthümlich beimessen möchte, darum weil sie nicht aus reinen Begriffen, sondern aus reinen Anschauungen (obgleich vermittelst des Verstandes) gezogen sind; Verstand ist aber das Vermögen der Begriffe. Die Mathematik hat dergleichen, aber ihre Anwendung auf Erfahrung, mithin ihre objective Gültigkeit, ja die Möglichkeit solcher synthetischen Erkenntniß *a priori* (die Deduction derselben) beruht doch immer auf dem reinen Verstande.

Daher werde ich unter meine Grundsätze die der Mathematik nicht mitzählen, aber wohl diejenigen, worauf sich dieser ihre Möglichkeit und objective Gültigkeit *a priori* gründet, und die mithin als Principium dieser Grundsätze anzusehen sind und von Begriffen zur Anschauung, nicht aber von der Anschauung zu Begriffen ausgehen.

In der Anwendung der reinen Verstandesbegriffe auf mögliche Erfahrung ist der Gebrauch ihrer Synthesis entweder mathematisch oder dynamisch; denn sie geht theils bloß auf die Anschauung, theils auf das Dasein einer Erscheinung überhaupt. Die Bedingungen *a priori* der Anschauung sind aber in Ansehung einer möglichen Erfahrung durchaus nothwendig, die des Daseins der Objecte einer möglichen einpirischen Anschauung an sich nur zufällig. Daher werden die Grundsätze des mathematischen Gebrauchs unbedingt nothwendig, d.i. apodiktisch, lauten, die aber des dynamischen Gebrauchs werden zwar auch den Charakter einer Nothwendigkeit *a priori*, aber nur unter der Bedingung des empirischen Denkens in einer Erfahrung, mithin nur mittelbar und indirect bei sich führen, folglich dieienige unmittelbare Evidenz nicht enthalten (obzwar ihrer auf Erfahrung allgemein bezogenen Gewißheit unbeschadet), die jenen eigen ist. Doch dies wird sich beim Schlusse dieses Systems von Grundsätzen besser beurteilen lassen.

Die Tafel der Kategorien giebt uns die ganz natürliche Anweisung zur Tafel der Grundsätze, weil diese doch nichts anders, als Regeln des objectiven Gebrauchs der ersteren sind. Alle Grundsätze des reinen Verstandes sind demnach

1.
Axiomen
der
Anschauung.

2.
Anticipationen
der
Wahrnehmung.

3.
Analogien
der
Erfahrung.

4.
Postulate
des
empirischen Denkens
überhaupt.

Diese Benennungen habe ich mit Vorsicht gewählt, um die Unterschiede in Ansehung der Evidenz und der Ausübung dieser Grundsätze nicht unbemerkt zu lassen. Es wird sich aber bald zeigen: daß, was sowohl die Evidenz, als die Bestimmung der Erscheinungen *a priori* nach den Kategorien der Größe und der Qualität (wenn man lediglich auf die Form der letzteren Acht hat) betrifft, die Grundsätze derselben sich darin von den zwei übrigen namhaft unterscheiden, indem jene einer intuitiven, diese aber einer bloß discursiven, obzwar beiderseits einer völligen Gewißheit fähig sind. Ich werde daher jene die mathematischen, diese die dynamischen Grundsätze nennen.* Man wird aber wohl bemerken: daß ich hier eben so wenig die Grundsätze der Mathematik in einem Falle, als die Grundsätze der allgemeinen (physischen) Dynamik im andern, sondern nur die des reinen Verstandes im Verhältniß auf den innern Sinn (ohne Unterschied der darin gegebenen Vorstellungen) vor Augen habe, dadurch denn jene insgesammt ihre Möglichkeit bekommen. Ich benenne sie also

---

* Alle Verbindung (*conjunctio*) ist entweder Zusammensetzung (*compositio*) oder Verknüpfung (*nexus*). Die erstere ist die Synthesis des Mannigfaltigen, was nicht nothwendig zu einander gehört, wie z.B. die zwei Triangel, darin ein Quadrat durch die Diagonale getheilt wird, für sich nicht nothwendig zu einander gehören; und dergleichen ist die Synthesis des Gleichartigen in allem, was mathematisch erwogen werden kann (welche Synthesis wiederum in die der Aggregation und Coalition eingetheilt werden kann, davon die erstere auf extensive, die andere auf intensive Größen gerichtet ist). Die zweite Verbindung (*nexus*) ist die Synthesis des Mannigfaltigen, so fern es nothwendig zueinander gehört, wie z.B. das Accidens zu irgend einer Substanz, oder die Wirkung zu der Ursache -, mithin auch als ungleichartig, doch *a priori* verbunden vorgestellt wird; welche Verbindung, weil sie nicht willkürlich ist, ich darum dynamisch nenne, weil sie die Verbindung des Daseins des Mannigfaltigen betrifft (die wiederum in die physische, der Erscheinungen unter einander, und methaphysische, ihre Verbindung im Erkennmißvermögen *a priori* eingetheilt werden kann).

mehr in Betracht der Anwendung, als um ihres Inhalts willen und gehe nun zur Erwägung derselben in der nämlichen Ordnung, wie sie in der Tafel vorgestellt werden.

1.
Axiomen der Anschauung.
Das Princip derselben ist:
Alle Anschauungen sind extensive Größen.

Beweis.

Alle Erscheinungen enthalten der Form nach eine Anschauung im Raum und Zeit, welche ihnen insgesammt *a priori* zum Grunde liegt. Sie können also nicht anders apprehendirt, d.i. ins empirische Bewußtsein aufgenommen werden, als durch die Synthesis des Mannigfaltigen, wodurch die Vorstellungen eines bestimmten Raumes oder Zeit erzeugt werden, d.i. durch die Zusammensetzung des Gleichartigen und das Bewußtsein der synthetischen Einheit dieses Mannigfaltigen (Gleichartigen). Nun ist das Bewußtsein des mannigfaltigen Gleichartigen in der Anschauung überhaupt, so fern dadurch die Vorstellung eines Objects zuerst möglich wird, der Begriff einer Größe (*quanti*). *Also* ist selbst die Wahrnehmung eines Objects als Erscheinung nur durch dieselbe synthetische Einheit des Mannigfaltigen der gegebenen sinnlichen Anschauung möglich, wodurch die Einheit der Zusammensetzung des mannigfaltigen Gleichartigen im Begriffe einer Größe gedacht wird; d.i. die Erscheinungen sind insgesammt Größen und zwar extensive Größen, weil sie als Anschauungen im Raume oder der Zeit durch dieselbe Synthesis vorgestellt werden müssen, als wodurch Raum und Zeit überhaupt bestimmt werden.

Eine extensive Größe nenne ich diejenige, in welcher die Vorstellung der Theile die Vorstellung des Ganzen möglich macht (und also nothwendig vor dieser vorhergeht). Ich kann mir keine Linie, so klein sie auch sei, vorstellen, ohne sie in Gedanken zu ziehen, d.i. von einem Punkte alle Theile nach und nach zu erzeugen und dadurch allererst diese Anschauung zu verzeichnen. Eben so ist es auch mit jeder, auch der kleinsten Zeit bewandt. Ich denke mir darin nur den successiven Fortgang von einem Augenblick zum andern, wo durch alle Zeittheile und deren Hinzuthun endlich eine bestimmte Zeitgröße erzeugt wird. Da die bloße Anschauung an allen Erscheinungen entweder der Raum oder die Zeit ist, so ist jede Erscheinung als Anschauung eine extensive Größe, indem sie nur durch successive Synthesis (von Theil zu Theil) in der Apprehension erkannt werden kann. Alle Erscheinungen werden demnach schon als Aggregate (Menge vorhergegebener Theile) angeschaut, welches eben nicht der Fall bei jeder Art Größen, sondern nur derer ist, die von uns extensiv als solche vorgestellt und apprehendirt werden.

Auf diese successive Synthesis der productiven Einbildungskraft in der Erzeugung der Gestalten gründet sich die Mathematik der Ausdehnung (Geometrie) mit ihren Axiomen, welche die Bedingungen der sinnlichen Anschauung *a priori* ausdrücken, unter denen allein das Schema eines reinen Begriffs der äußeren Erscheinung zu Stande kommen kann: z.E. zwischen zwei Punkten ist nur eine gerade Linie möglich; zwei gerade Linien schließen keinen Raum ein etc. Dies sind die Axiomen, welche eigentlich nur Größen (*quanta*) als solche betreffen.

Was aber die Größe (*quantitas*) d.i. die Antwort auf die Frage: wie groß etwas sei, betrifft, so giebt es in Ansehung derselben, obgleich verschiedene dieser Sätze synthetisch und unmittelbar gewiß (*indemonstrabilia*) sind, dennoch im eigentlichen Verstande keine Axiomen. Denn daß Gleiches, zu Gleichem hinzugethan oder von diesem abgezogen, ein Gleiches gebe, sind analytische Sätze, indem ich mir der Identität der einen Größenerzeugung mit der andern unmittelbar bewußt bin; Axiomen aber sollen synthetische Sätze *a priori* sein.

Dagegen sind die evidenten Sätze des Zahlenverhältnisses zwar allerdings synthetisch, aber nicht allgemein, wie die der Geometrie und eben um deswillen auch nicht Axiomen, sondern können Zahlformeln genannt werden. Daß 7 + 5 = 12 sei, ist kein analytischer Satz. Denn ich denke weder in der Vorstellung von 7, noch von 5, noch in der Vorstellung von der Zusammensetzung beider die Zahl 12 (daß ich diese in der Addition beider denken solle, davon ist hier nicht die Rede; denn bei dem analytischen Satze ist nur die Frage, ob ich das Prädicat wirklich in der Vorstellung des Subjects denke). Ob er aber gleich synthetisch ist, so ist er doch nur ein einzelner Satz. So fern hier bloß auf die Synthesis des Gleichartigen (der Einheiten) gesehen wird, so kann die Synthesis hier nur auf eine einzige Art geschehen, wiewohl der Gebrauch dieser Zahlen nachher allgemein ist. Wenn ich sage: durch drei Linien, deren zwei zusammengenommen größer sind als die dritte, läßt sich ein Triangel zeichnen: so habe ich hier die bloße Function der productiven Einbildungskraft, welche die Linien größer und kleiner ziehen, imgleichen nach allerlei beliebigen Winkeln kann zusammenstoßen lassen. Dagegen ist die Zahl 7 nur auf eine einzige Art möglich und auch die Zahl 12, die durch die Synthesis der ersteren mit 5 erzeugt wird. Dergleichen Sätze muß man also nicht Axiomen (denn sonst gäbe es deren unendliche), sondern Zahlformeln nennen.

Dieser transscendentale Grundsatz der Mathematik der Erscheinungen giebt unserem Erkenntniß *a priori* große Erweiterung. Denn er ist es allein, welcher die reine Mathematik in ihrer ganzen Präcision auf Gegenstände der Erfahrung anwendbar macht, welches ohne diesen Grundsatz nicht so von selbst erhellen möchte, ja auch manchen Widerspruch veranlaßt hat. Erscheinungen sind keine Dinge an sich selbst. Die empirische Anschauung ist nur durch die reine (des Raumes und der Zeit) möglich; was also die Geometrie von dieser sagt, gilt auch ohne Widerrede von jener, und die Ausflüchte, als wenn Gegenstände der Sinne nicht den Regeln der Construction im Raume (z.E. der unendlichen Theilbarkeit der Linien oder Winkel) gemäß sein dürfen, müssen wegfallen. Denn dadurch spricht man dem Raume und mit ihm zugleich aller Mathematik objective Gültigkeit ab und weiß nicht mehr, warum und wie weit sie auf Erscheinungen anzuwenden sei. Die Synthesis der Räume und Zeiten als der wesentlichen Form aller Anschauung ist das, was zugleich die Apprehension der Erscheinung, mithin jede äußere Erfahrung, folglich auch alle Erkenntniß der Gegenstände derselben möglich macht, und was die Mathematik im reinen Gebrauch von jener beweiset, das gilt auch nothwendig von dieser. Alle Einwürfe dawider sind nur Chicanen einer falsch belehrten Vernunft, die irriger Weise die Gegenstände der Sinne von der formalen Bedingung unserer Sinnlichkeit loszumachen gedenkt und sie, obgleich sie bloß Erscheinungen sind, als Gegenstände an sich selbst, dem Verstande gegeben, vorstellt; in welchem Falle freilich von ihnen *a priori* gar nichts, mithin auch nicht durch reine Begriffe vom Raume synthetisch erkannt werden könnte, und die Wissenschaft, die diese bestimmt, nämlich die Geometrie, selbst nicht möglich sein würde.

2.

Anticipationen der Wahrnehmung.

Das Princip derselben ist: In allen Erscheinungen hat das Reale, was ein Gegenstand der Empfindung ist, intensive Größe, d.i. einen Grad.

Beweis.

Wahrnehmung ist das empirische Bewußtsein, d.i. ein solches, in welchem zugleich Empfindung ist. Erscheinungen, als Gegenstände der Wahrnehmung, sind nicht reine (bloß formale) Anschauungen, wie Raum und Zeit (denn die können an sich gar nicht wahrgenommen werden). Sie enthalten also über die Anschauung noch die Materien zu irgend einem Objecte überhaupt (wodurch etwas Existirendes im Raume oder der Zeit vorgestellt wird), d.i. das Reale der Empfindung als bloß subjective Vorstellung, von der man sich nur bewußt werden kann, daß das Subject afficirt sei, und die man auf ein Object überhaupt bezieht, in sich. Nun ist vom empirischen Bewußtsein zum reinen eine stufenartige Veränderung möglich, da das Reale desselben ganz verschwindet, und ein bloß formales Bewußtsein (*a priori*) des Mannigfaltigen im Raum und Zeit übrig bleibt: also auch eine Synthesis der Größenerzeugung einer Empfindung von ihrem Anfange, der reinen Anschauung = 0, an bis zu einer beliebigen Größe derselben. Da nun die Empfindung an sich gar keine objective Vorstellung ist, und in ihr weder die Anschauung vom Raum, noch von der Zeit angetroffen wird, so wird ihr zwar keine extensive, aber doch eine Größe (und zwar durch die Apprehension derselben, in welcher das empirische Bewußtsein in einer gewissen Zeit von nichts = 0 bis zu ihrem gegebenen Maße erwachsen kann), also eine intensive G r ö ß e zukommen, welcher correspondirend allen Objecten der Wahrnehmung, so fern diese Empfindung enthält, i n t e n s i v e G r ö ß e , d.i. ein Grad des Einflusses auf den Sinn, beigelegt werden muß.

Man kann alle Erkenntniß, wodurch ich dasjenige, was zur empirischen Erkenntniß gehört, *a priori* erkennen und bestimmen kann, eine Anticipation nennen, und ohne Zweifel ist das die Bedeutung, in welcher E p i k u r seinen Ausdruck προληηξιψ brauchte. Da aber an den Erscheinungen etwas ist, was niemals *a priori* erkannt wird, und welches daher auch den eigentlichen Unterschied des Empirischen von dem Erkenntniß *a priori* ausmacht, nämlich die Empfindung (als Materie der Wahrnehmung), so folgt, daß diese es eigentlich sei, was gar nicht anticipirt werden kann. Dagegen würden wir die reinen Bestimmungen im Raume und der Zeit sowohl in Ansehung der Gestalt als Größe Anticipationen der Erscheinungen nennen können, weil sie dasjenige *a priori* vorstellen, was immer *a posteriori* in der Erfahrung gegeben werden mag. Gesetzt aber, es finde sich doch etwas, was sich an jeder Empfindung als Empfindung überhaupt (ohne daß eine besondere gegeben sein mag) *a priori* erkennen läßt: so würde dieses im ausnehmenden Verstande Anticipation genannt zu werden verdienen, weil es befremdlich scheint, der Erfahrung in demjenigen vorzugreifen, was gerade die Materie derselben angeht, die man nur aus ihr schöpfen kann. Und so verhält es sich hier wirklich.

Die Apprehension bloß vermittelst der Empfindung erfüllt nur einen Augenblick (wenn ich nämlich nicht die Succession vieler Empfindungen in Betracht ziehe). Als etwas in der Erscheinung, dessen Apprehension keine successive Synthesis ist, die von Theilen zur ganzen Vorstellung fortgeht, hat sie also keine extensive Größe: der Mangel der Empfindung in demselben Augenblicke würde diesen als leer vorstellen, mithin = 0. Was nun in der empirischen Anschauung der Empfindung correspondirt, ist Realität (*realitas phaenomenon*), was dem Mangel derselben entspricht, Negation = 0. Nun ist aber jede Empfindung einer Verringerung fähig, so daß sie abnehmen und so allmählig verschwinden kann. Daher ist zwischen Realität in der Erscheinung und Negation ein continuirlicher Zusammenhang vieler möglichen Zwischenempfindungen, deren Unterschied von einander immer kleiner ist, als der Unterschied zwischen der gegebenen und dem Zero oder der gänzlichen Negation. Das ist: das Reale in der Erscheinung hat jederzeit eine Größe, welche aber nicht in der Apprehension angetroffen wird, indem diese vermittelst der bloßen Empfindung in einem Augenblicke und nicht durch successive Synthesis vieler Empfindungen geschieht und also nicht von den Theilen zum Ganzen geht; es hat also zwar eine Größe, aber keine extensive.

Nun nenne ich diejenige Größe, die nur als Einheit apprehendirt wird, und in welcher die Vielheit nur durch Annäherung zur Negation = 0 vorgestellt werden kann, die intensive Größe. Also hat jede Realität in der Erscheinung intensive Größe, d.i. einen Grad. Wenn man diese Realität als Ursache (es sei der Empfindung, oder anderer Realität in der Erscheinung, z.B. einer Veränderung) betrachtet; so nennt man den Grad der Realität als Ursache ein Moment, z.B. das Moment der Schwere, und zwar darum, weil der Grad nur die Größe bezeichnet, deren Apprehension nicht successiv, sondern augenblicklich ist. Dieses berühre ich aber hier nur beiläufig, denn mit der Causalität habe ich für jetzt noch nicht zu thun.

So hat demnach jede Empfindung, mithin auch jede Realität in der Erscheinung, so klein sie auch sein mag, einen Grad, d.i. eine intensive Größe, die noch immer vermindert werden kann, und zwischen Realität und Negation ist ein continuirlicher Zusammenhang möglicher Realitäten und möglicher kleinerer Wahrnehmungen. Eine jede Farbe, z. E. die rothe, hat einen Grad, der, so klein er auch sein mag, niemals der kleinste ist, und so ist es mit der Wärme, dem Moment der Schwere etc. überall bewandt.

Die Eigenschaft der Größen, nach welcher an ihnen kein Theil der kleinstmögliche (kein Theil einfach) ist, heißt die Continuität derselben. Raum und Zeit sind *quanta continua*, weil kein Theil derselben gegeben werden kann, ohne ihn zwischen Grenzen (Punkten und Augenblicken) einzuschließen, mithin nur so, daß dieser Theil selbst wiederum ein Raum oder eine Zeit ist. Der Raum besteht also nur aus Räumen, die Zeit aus Zeiten. Punkte und Augenblicke sind nur Grenzen, d.i. bloße Stellen ihrer Einschränkung; Stellen aber setzen jederzeit jene Anschauungen, die sie beschränken oder bestimmen sollen, voraus, und aus bloßen Stellen als aus Bestandtheilen, die noch vor dem Raume oder der Zeit gegeben werden könnten, kann weder Raum noch Zeit zusammengesetzt werden. Dergleichen Größen kann man auch f l i e ß e n d e nennen, weil die Synthesis (der productiven Einbildungskraft) in ihrer Erzeugung ein Fortgang in der Zeit ist, deren Continuität man besonders durch den Ausdruck des Fließens (Verfließens) zu bezeichnen pflegt.

Alle Erscheinungen überhaupt sind demnach continuirliche Größen sowohl ihrer Anschauung nach als extensive, oder der bloßen Wahrnehmung (Empfindung und mithin Realität) nach als intensive Größen. Wenn die Synthesis des Mannigfaltigen der Erscheinung unterbrochen ist, so ist dieses ein Aggregat von vielen Erscheinungen (und nicht eigentlich Erscheinung als ein Quantum), welches nicht durch die bloße Fortsetzung der productiven Synthesis einer gewissen Art, sondern durch Wiederholung einer immer aufhörenden Synthesis erzeugt wird. Wenn ich 13 Thaler ein Geldquantum nenne, so benenne ich es so fern richtig, als ich darunter den Gehalt von einer Mark fein Silber verstehe, welche aber allerdings eine continuirliche Größe ist, in welcher kein Theil der kleinste ist, sondern jeder Theil ein Geldstück ausmachen könnte, welches immer Materie zu noch kleineren enthielte. Wenn ich aber unter jener Benennung 13 runde Thaler verstehe, als so viel Münzen (ihr Silbergehalt mag sein, welcher er wolle), so benenne ich es unschicklich durch ein Quantum von Thalern, sondern muß es ein Aggregat, d.i. eine Zahl Geldstücke, nennen. Da nun bei aller Zahl doch Einheit zum Grunde liegen muß, so ist die Erscheinung als Einheit ein Quantum und als ein solches jederzeit ein Continuum.

Wenn nun alle Erscheinungen, sowohl extensiv als intensiv betrachtet, continuirliche Größen sind: so würde der Satz, daß auch alle Veränderung (Übergang eines Dinges aus einem Zustande in den andern) continuirlich sei, leicht und mit mathematischer Evidenz hier bewiesen werden können, wenn nicht die Causalität einer Veränderung überhaupt ganz außerhalb den Grenzen einer Transscendental-Philosophie läge und empirische Principien voraussetzte. Denn daß eine Ursache möglich sei, welche den Zustand der Dinge verändere, d.i. sie zum Gegentheil eines gewissen gegebenen Zustandes bestimme, davon giebt uns der Verstand *a priori* gar keine Eröffnung, nicht bloß deswegen, weil er die Möglichkeit davon gar nicht einsieht (denn diese Einsicht fehlt uns in mehreren Erkenntnissen *a priori*), sondern weil die

Veränderlichkeit nur gewisse Bestimmungen der Erscheinungen trifft, welche die Erfahrung allein lehren kann, indessen daß ihre Ursache in dem Unveränderlichen anzutreffen ist. Da wir aber hier nichts vor uns haben, dessen wir uns bedienen können, als die reinen Grundbegriffe aller möglichen Erfahrung, unter welchen durchaus nichts Einpirisches sein muß: so können wir, ohne die Einheit des Systems zu verletzen, der allgemeinen Naturwissenschaft, welche auf gewisse Grunderfahrungen gebauet ist, nicht vorgreifen.

Gleichwohl mangelt es uns nicht an Beweisthümern des großen Einflusses, den dieser unser Grundsatz hat, Wahrnehmungen zu anticipiren, und sogar deren Mangel so fern zu ergänzen, daß er allen falschen Schlüssen, die daraus gezogen werden möchten, den Riegel vorschiebt.

Wenn alle Realität in der Wahrnehmung einen Grad hat, zwischen dem und der Negation eine unendliche Stufenfolge immer minderer Grade stattfindet, und gleichwohl ein jeder Sinn einen bestimmten Grad der Receptivität der Empfindungen haben muß: so ist keine Wahrnehmung, mithin auch keine Erfahrung möglich, die einen gänzlichen Mangel alles Realen in der Erscheinung, es sei unmittelbar oder mittelbar (durch welchen Umschweif im Schließen man immer wolle), bewiese, d.i. es kann aus der Erfahrung niemals ein Beweis vom leeren Raume oder einer leeren Zeit gezogen werden. Denn der gänzliche Mangel des Realen in der sinnlichen Anschauung kann erstlich selbst nicht wahrgenommen werden; zweitens kann er aus keiner einzigen Erscheinung und dem Unterschiede des Grades ihrer Realität gefolgert, oder darf auch zur Erklärung derselben niemals angenommen werden. Denn wenn auch die ganze Anschauung eines bestimmten Raumes oder Zeit durch und durch real, d.i. kein Theil derselben leer ist: so muß es doch, weil jede Realität ihren Grad hat, der bei unveränderter extensiven Größe der Erscheinung bis zum Nichts (dem Leeren) durch unendliche Stufen abnehmen kann, unendlich verschiedene Grade, mit welchen Raum oder Zeit erfüllt sei, geben und die intensive Größe in verschiedenen Erscheinungen kleiner oder größer sein können, obschon die extensive Größe der Anschauung gleich ist.

Wir wollen ein Beispiel davon geben. Beinahe alle Naturlehrer, da sie einen großen Unterschied der Quantität der Materie von verschiedener Art unter gleichem Volumen (theils durch das Moment der Schwere oder des Gewichts, theils durch das Moment des Widerstandes gegen andere bewegte Materien) wahrnehmen, schließen daraus einstimmig: dieses Volumen (extensive Größe der Erscheinung) müsse in allen Materien, obzwar in verschiedenem Maße, leer sein. Wer hätte aber von diesen größtentheils mathematischen und mechanischen Naturforschern sich wohl jemals einfallen lassen, daß sie diesen ihren Schluß lediglich auf eine metaphysische Voraussetzung, welche sie doch so sehr zu vermeiden vorgeben, gründeten, indem sie annehmen, daß das R e a l e im Raume (ich mag es hier nicht Undurchdringlichkeit oder Gewicht nennen, weil dieses empirische Begriffe sind) a l l e r w ä r t s e i n e r l e i sei und sich nur der extensiven Größe, d.i. der Menge, nach unterscheiden könne. Dieser Voraussetzung, dazu sie keinen Grund in der Erfahrung haben konnten, und die also bloß metaphysisch ist, setze ich einen transscendentalen Beweis entgegen, der zwar den Unterschied in der Erfüllung der Räume nicht erklären soll, aber doch die vermeinte Nothwendigkeit jener Voraussetzung, gedachten Unterschied nicht anders als durch anzunehmende leere Räume erklären zu können, völlig aufhebt und das Verdienst hat, den Verstand wenigstens in Freiheit zu versetzen, sich diese Verschiedenheit auch auf andere Art zu denken, wenn die Naturerklärung hiezu irgend eine Hypothese nothwendig machen sollte. Denn da sehen wir, daß, obschon gleiche Räume von verschiedenen Materien vollkommen erfüllt sein mögen, so daß in keinem von jenen ein Punkt ist, in welchem nicht ihre Gegenwart anzutreffen wäre, so habe doch jedes Reale bei derselben Qualität ihren Grad (des Widerstandes oder des Wiegens), welcher ohne Verminderung der extensiven Größe oder Menge ins Unendliche kleiner sein kann, ehe sie in das Leere übergeht und verschwindet. So kann eine Ausspannung, die einen Raum erfüllt, z.B. Wärme, und auf gleiche Weise jede andere Realität (in der Erscheinung), ohne im mindesten den kleinsten Theil dieses Raumes leer zu lassen, in ihren Graden ins Unendliche abnehmen und nichts desto weniger den Raum mit diesen kleineren Graden eben sowohl erfüllen, als eine andere Erscheinung mit größeren. Meine Absicht ist hier keineswegs, zu behaupten, daß dieses wirklich mit der Verschiedenheit der Materien ihrer specifischen Schwere nach so bewandt sei, sondern nur aus einem Grundsatze des reinen Verstandes darzuthun: daß die Natur unserer Wahrnehmungen eine solche Erklärungsart möglich mache, und daß man fälschlich das Reale der Erscheinung dem Grade nach als gleich und nur der Aggreggation und deren extensiven Größe nach als verschieden annehme und dieses sogar vorgeblicher maßen durch einen Grundsatz des Verstandes *a priori* behaupte.

Es hat gleichwohl diese Anticipation der Wahrnehmung für einen der transscendentalen Überlegung gewohnten und dadurch behutsam gewordenen Nachforscher immer etwas Auffallendes an sich und erregt darüber einiges Bedenken, daß der Verstand einen dergleichen synthetischen Satz, als der von dem Grad alles Realen in den Erscheinungen ist, und mithin der Möglichkeit des innern Unterschiedes der Empfindung selbst, wenn man von ihrer empirischen Qualität abstrahirt, anticipiren könne; und es ist also noch eine der Auflösung nicht unwürdige Frage: wie der Verstand hierin synthetisch über Erscheinungen *a priori* aussprechen und diese sogar in demjenigen, was eigentlich und bloß empirisch ist, nämlich die Empfindung angeht, anticipiren könne.

Die Qualität der Empfindung ist jederzeit bloß empirisch und kann *a priori* gar nicht vorgestellt werden (z.B. Farben, Geschmack etc.). Aber das Reale, was den Empfindungen überhaupt correspondirt im Gegensatz mit der Negation = 0, stellt nur etwas vor, dessen Begriff an sich ein Sein enthält, und bedeutet nichts als die Synthesis in einem empirischen Bewußtsein überhaupt. In dem innern Sinn nämlich kann das empirische Bewußtsein von 0 bis zu jedem größern Grade erhöht werden, so daß eben dieselbe extensive Größe der Anschauung (z.B.erleuchtete Fläche) so große Empfindung erregt, als ein Aggregat von vielem andern (minder Erleuchteten) zusammen. Man kann also von der extensiven Größe der Erscheinung gänzlich abstrahiren und sich doch an der bloßen Empfindung in einem Moment eine Synthesis der gleichförmigen Steigerung von 0 bis zu dem gegebenen empirischen Bewußtsein vorstellen. Alle Empfindungen werden daher als solche zwar nur *a posteriori* gegeben, aber die Eigenschaft derselben, daß sie einen Grad haben, kann *a priori* erkannt werden. Es ist merkwürdig, daß wir an Größen überhaupt *a priori* nur eine einzige Qualität, nämlich die Continuität, an aller Qualität aber (dem Realen der Erscheinungen) nichts weiter *a priori* als die intensive Quantität derselben, nämlich daß sie einen Grad haben, erkennen können; alles übrige bleibt der Erfahrung überlassen.

3.

Analogien der Erfahrung.

Das Princip derselben ist: Erfahrung ist nur durch die Vorstellung einer nothwendigen Verknüpfung der Wahrnehmungen möglich.

Beweis.

Erfahrung ist ein empirisches Erkenntniß, d.i. ein Erkenntniß, das durch Wahrnehmungen ein Object bestimmt. Sie ist also eine Synthesis der Wahrnehmungen, die selbst nicht in der Wahrnehmung enthalten ist, sondern die synthetische Einheit des Mannigfaltigen derselben in einem Bewußtsein enthält, welche das Wesentliche einer Erkenntniß der Objecte der Sinne, d.i. der Erfahrung (nicht bloß der Anschauung oder Empfindung der Sinne), ausmacht. Nun kommen zwar in der Erfahrung die Wahrnehmungen nur zufälliger Weise zu einander, so daß keine Nothwendigkeit ihrer Verknüpfung aus den Wahrnehmungen selbst erhellt, noch erhellen kann; weil Apprehension nur eine Zusammenstellung des Mannigfaltigen der empirischen Anschauung, aber keine Vorstellung von der Nothwendigkeit der verbundenen Existenz der Erscheinungen, die sie zusammenstellt im Raum und Zeit, in derselben angetroffen wird. Da aber Erfahrung ein Erkenntniß der Objecte durch Wahrnehmungen ist, folglich das Verhältniß im Dasein des Mannigfaltigen nicht wie es in der Zeit zusammengestellt wird, sondern wie es objectiv in der Zeit ist, in ihr vorgestellt werden soll, die Zeit selbst aber nicht wahrgenommen werden kann: so kann die Bestimmung der Existenz der Objecte in der Zeit nur durch ihre Verbindung in der Zeit überhaupt, mithin nur durch *a priori* verknüpfende Begriffe geschehen. Da diese nun jederzeit zugleich Nothwendigkeit bei sich führen, so ist Erfahrung nur durch eine Vorstellung der nothwendigen Verknüpfung der Wahrnehmungen möglich.

Die drei *modi* der Zeit sind Beharrlichkeit, Folge und Zugleichsein. Daher werden drei Regeln aller Zeitverhältnisse der Erscheinungen, wornach jeder ihr Dasein in Ansehung der Einheit aller Zeit bestimmt werden kann, vor aller Erfahrung vorangehen und diese allererst möglich machen.

Der allgemeine Grundsatz aller drei Analogien beruht auf der nothwendigen Einheit der Apperception in Ansehung alles möglichen empirischen Bewußtseins (der Wahrnehmung) zu jeder Zeit, folglich, da jene *a priori* zum Grunde liegt, auf der synthetischen Einheit aller Erscheinungen nach ihrem Verhältnisse in der Zeit. Denn die ursprüngliche Apperception bezieht sich auf den innern Sinn (den Inbegriff aller Vorstellungen) und zwar *a priori* auf die Form desselben, d.i. das Verhältniß des mannigfaltigen empirischen Bewußtseins in der Zeit. In der ursprünglichen Apperception soll nun alle dieses Mannigfaltige seinen Zeitverhältnissen nach vereinigt werden; denn dieses sagt die transscendentale Einheit derselben *a priori*, unter welcher alles steht, was zu meinem (d.i. meinem einigen) Erkenntnisse gehören soll, mithin ein Gegenstand für mich werden kann. Diese synthetische Einheit in dem Zeitverhältnisse aller Wahrnehmungen, welche *a priori* bestimmt ist, ist also das Gesetz: daß alle empirische Zeitbestimmungen unter Regeln der allgemeinen Zeitbestimmung stehen müssen; und die Analogien der Erfahrung, von denen wir jetzt handeln wollen, müssen dergleichen Regeln sein.

Diese Grundsätze haben das Besondere an sich, daß sie nicht die Erscheinungen und die Synthesis ihrer empirischen Anschauung, sondern bloß das Dasein und ihr Verhältniß unter einander in Ansehung dieses ihres Daseins erwägen. Nun kann die Art, wie etwa in der Erscheinung apprehendirt wird, *a priori* dergestalt bestimmt sein, daß die Regel ihrer Synthesis zugleich diese Anschauung *a priori* in jedem vorliegenden empirischen Beispiele geben, d.i. sie daraus zu Stande bringen kann. Allein das Dasein der Erscheinungen kann *a priori* nicht erkannt werden; und ob wir gleich auf diesem Wege dahin gelangen könnten, auf irgend ein Dasein zu schließen, so würden wir dieses doch nicht bestimmt erkennen, d.i. das, wodurch seine empirische Anschauung sich von andern unterschiede, anticipiren können.

Die vorigen zwei Grundsätze, welche ich die mathematische nannte, in Betracht dessen, daß sie die Mathematik auf Erscheinungen anzuwenden berechtigten, gingen auf Erscheinungen ihrer bloßen Möglichkeit nach und lehrten, wie sie sowohl ihrer Anschauung als dem Realen ihrer Wahrnehmung nach den Regeln einer mathematischen Synthesis erzeugt werden könnten; daher sowohl bei der einen, als bei der andern die Zahlgrößen und mit ihnen die Bestimmung der Erscheinung als Größe gebraucht werden können. So werde ich z.B. den Grad der Empfindungen des Sonnenlichts aus etwa 200 000 Erleuchtungen durch den Mond zusammensetzen und *a priori* bestimmt geben, d.i. construiren können. Daher können wir die ersteren Grundsätze constitutive nennen.

Ganz anders muß es mit denen bewandt sein, die das Dasein der Erscheinungen *a priori* unter Regeln bringen sollen. Denn da dieses sich nicht construiren läßt, so werden sie nur auf das Verhältniß des Daseins gehen und keine andre als bloß r e g u l a t i v e Principien abgeben können. Da ist also weder an Axiomen, noch an Anticipationen zu denken; sondern wenn uns eine Wahrnehmung in einem Zeitverhältnisse gegen andere (obzwar unbestimmte) gegeben ist, so wird *a priori* nicht gesagt werden können: w e l c h e andere und wie g r o ß e Wahrnehmung, sondern wie sie dem Dasein nach in diesem *modo* der Zeit mit jener nothwendig verbunden sei. In der Philosophie bedeuten Analogien etwas sehr Verschiedenes von demjenigen, was sie in der Mathematik vorstellen. In dieser sind es Formeln, welche die Gleichheit zweier Größenverhältnisse aussagen, und jederzeit c o n s t i t u t i v , so daß, wenn drei Glieder der Proportion gegeben sind, auch das vierte dadurch gegeben wird, d.i. construirt werden kann. In der Philosophie aber ist die Analogie nicht die Gleichheit zweier quantitativen, sondern q u a l i t a t i v e n Verhältnisse, wo ich aus drei gegebenen Gliedern nur das V e r h ä l t n i ß zu einem vierten, nicht aber d i e s e s vierte G l i e d selbst erkennen und *a priori* geben kann, wohl aber eine Regel habe, es in der Erfahrung zu suchen, und ein Merkmal, es in derselben aufzufinden. Eine Analogie der Erfahrung wird also nur eine Regel sein, nach welcher aus Wahrnehmungen Einheit der Erfahrung (nicht wie Wahrnehmung selbst als empirische Anschauung überhaupt) entspringen soll, und als Grundsatz von den Gegenständen (den Erscheinungen) nicht c o n s t i t u t i v , sondern bloß r e g u l a t i v gelten. Eben dasselbe aber wird auch von den Postulaten des empirischen Denkens überhaupt, welche die Synthesis der bloßen Anschauung (der Form der Erscheinung), der Wahrnehmung (der Materie derselben) und der Erfahrung (des Verhältnisses dieser Wahrnehmungen) zusammen betreffen, gelten, nämlich daß sie nur regulative Grundsätze sind und sich von den mathematischen, die constitutiv sind, zwar nicht in der Gewißheit, welche in beiden *a priori* feststeht, aber doch in der Art der Evidenz, d.i. dem Intuitiven derselben, (mithin auch der Demonstration) unterscheiden.

Was aber bei allen synthetischen Grundsätzen erinnert ward und hier vorzüglich angemerkt werden muß, ist dieses: daß diese Analogien nicht als Grundsätze des transscendentalen, sondern bloß des empirischen Verstandesgebrauchs ihre alleinige Bedeutung und Gültigkeit haben, mithin auch nur als solche bewiesen werden können, daß folglich die Erscheinungen nicht unter die Kategorien schlechthin, sondern nur unter ihre Schemate subsumirt werden müssen. Denn wären die Gegenstände, auf welche diese Grundsätze bezogen werden sollen, Dinge an ich selbst, so wäre es ganz unmöglich, etwas von ihnen *a priori* synthetisch zu erkennen. Nun sind es nichts als Erscheinungen, deren vollständige Erkenntniß, auf die alle Grundsätze *a priori* zuletzt doch immer auslaufen müssen, lediglich die mögliche Erfahrung ist; folglich können jene nichts als bloß die Bedingungen der Einheit des empirischen Erkenntnisses in der Synthesis der Erscheinungen zum Ziele haben; diese aber wird nur allein in dem Schema des reinen Verstandesbegriffs gedacht, von deren Einheit, als einer Synthesis überhaupt, die Kategorie die durch keine sinnliche Bedingung restringirte Function enthält. Wir werden also durch diese Grundsätze die Erscheinungen nur nach einer Analogie mit der logischen und allgemeinen Einheit der Begriffe zusammenzusetzen berechtigt werden und daher uns in dem Grundsatze selbst zwar der Kategorie bedienen, in der Ausführung aber (der Anwendung auf Erscheinungen) das Schema derselben als den Schlüssel ihres Gebrauchs an dessen Stelle, oder jener vielmehr als restringirende Bedingung unter dem Namen einer Formel des ersteren zur Seite setzen.

A.

Erste Analogie.

Grundsatz der Beharrlichkeit der Substanz.

Bei allem Wechsel der Erscheinungen beharrt die Substanz, und das Quantum derselben wird in der Natur weder vermehrt noch vermindert.

Beweis.

Alle Erscheinungen sind in der Zeit, in welcher als Substrat (als beharrlicher Form der inneren Anschauung) das Zugleichsein sowohl als die Folge allein vorgestellt werden kann. Die Zeit also, in der aller Wechsel der Erscheinungen gedacht werden soll, bleibt und wechselt nicht, weil sie dasjenige ist, in welchem das Nacheinander- oder Zugleichsein nur als Bestimmungen derselben vorgestellt werden können. Nun kann die Zeit für sich nicht wahrgenommen werden. Folglich muß in den Gegenständen der Wahrnehmung, d.i. den Erscheinungen, das Substrat anzutreffen sein, welches die Zeit überhaupt vorstellt, und an dem aller Wechsel oder Zugleichsein durch das Verhältniß der Erscheinungen zu demselben in der Apprehension wahrgenommen werden kann. Es ist aber das Substrat alles Realen, d.i. zur Existenz der Dinge Gehörigen, die Substanz, an welcher alles, was zum Dasein gehört, nur als Bestimmung kann gedacht werden. Folglich ist das Beharrliche, womit in Verhältniß alle Zeitverhältnisse der Erscheinungen allein bestimmt werden können, die Substanz in der Erscheinung, d.i. das Reale derselben, was als Substrat alles Wechsels immer dasselbe bleibt. Da diese also im Dasein nicht wechseln kann, so kann ihr Quantum in der Natur auch weder vermehrt noch vermindert werden.

Unsere Apprehension des Mannigfaltigen der Erscheinung ist jederzeit successiv und ist also immer wechselnd. Wir können also dadurch allein niemals bestimmen, ob dieses Mannigfaltige als Gegenstand der Erfahrung zugleich sei oder nach einander folge, wo an ihr nicht etwas zum Grunde liegt, was jederzeit ist, d.i. etwas Bleibendes und Beharrliches, von welchem aller Wechsel und Zugleichsein nichts, als so viel Arten (*modi* der Zeit) sind, wie das Beharrliche existirt. Nur in dem Beharrlichen sind also Zeitverhältnisse möglich (denn Simultaneität und Succession sind die einzigen Verhältnisse in der Zeit), d.i. das Beharrliche ist das Substratum der empirischen Vorstellung der Zeit selbst, an welchem alle Zeitbestimmung allein möglich ist. Die Beharrlichkeit drückt überhaupt die Zeit als das beständige Correlatum alles Daseins der Erscheinungen, alles Wechsels und aller Begleitung aus. Denn der Wechsel trifft die Zeit selbst nicht, sondern nur die Erscheinungen in der Zeit (so wie das Zugleichsein nicht ein *modus* der Zeit selbst ist, als in welcher gar keine Theile zugleich, sondern alle nach einander sind). Wollte man der Zeit selbst eine Folge nach einander beilegen, so müßte man noch eine andere Zeit denken, in welcher diese Folge möglich wäre. Durch das Beharrliche allein bekommt das Dasein in verschiedenen Theilen der Zeitreihe nach einander eine Größe, die man Dauer nennt. Denn in der bloßen Folge allein ist das Dasein immer verschwindend und anhebend und hat niemals die mindeste Größe. Ohne dieses Beharrliche ist also kein Zeitverhältniß. Nun kann die

Zeit an sich selbst nicht wahrgenommen werden; mithin ist dieses Beharrliche an den Erscheinungen das Substratum aller Zeitbestimmung, folglich auch die Bedingung der Möglichkeit aller synthetischen Einheit der Wahrnehmungen, d.i. der Erfahrung, und an diesem Beharrlichen kann alles Dasein und aller Wechsel in der Zeit nur als ein *modus* der Existenz dessen, was bleibt und beharrt, angesehen werden. Also ist in allen Erscheinungen das Beharrliche der Gegenstand selbst, d.i. die Substanz (*phaenomenon*), alles aber, was wechselt oder wechseln kann, gehört nur zu der Art, wie diese Substanz oder Substanzen existiren, mithin zu ihren Bestimmungen.

Ich finde, daß zu allen Zeiten nicht bloß der Philosoph, sondern selbst der gemeine Verstand diese Beharrlichkeit als ein Substratum alles Wechsels der Erscheinungen vorausgesetzt haben und auch jederzeit als ungezweifelt annehmen werden, nur daß der Philosoph sich hierüber etwas bestimmter ausdrückt, indem er sagt: bei allen Veränderungen in der Welt bleibt die Substanz, und nur die Accidenzen wechseln. Ich treffe aber von diesem so synthetischen Satze nirgends auch nur den Versuch von einem Beweise an; ja er steht auch nur selten, wie es ihm doch gebührt, an der Spitze der reinen und völlig *a priori* bestehenden Gesetze der Natur. In der That ist der Satz, daß die Substanz beharrlich sei, tautologisch. Denn bloß diese Beharrlichkeit ist der Grund, warum wir auf die Erscheinung die Kategorie der Substanz anwenden, und man hätte beweisen müssen, daß in allen Erscheinungen etwas Beharrliches sei, an welchem das Wandelbare nichts als Bestimmung seines Dasein ist. Da aber ein solcher Beweis niemals dogmatisch, d.i. aus Begriffen, geführt werden kann, weil er einen synthetischen Satz *a priori* betrifft, und man niemals daran dachte, daß dergleichen Sätze nur in Beziehung auf mögliche Erfahrung gültig sind, mithin auch nur durch eine Deduction der Möglichkeit der letztern bewiesen werden können: so ist kein Wunder, wenn er zwar bei aller Erfahrung zum Grunde gelegt (weil man dessen Bedürfniß bei der empirischen Erkenntniß fühlt), niemals aber bewiesen worden ist.

Ein Philosoph wurde gefragt: wie viel wiegt der Rauch? Er antwortete: ziehe von dem Gewichte des verbrannten Holzes das Gewicht der übrigbleibenden Asche ab, so hast du das Gewicht des Rauchs. Er setzte also als unwidersprechlich voraus: daß selbst im Feuer die Materie (Substanz) nicht vergehe, sondern nur die Form derselben eine Abänderung erleide. Eben so war der Satz: aus nichts wird nichts, nur ein anderer Folgesatz aus dem Grundsatze der Beharrlichkeit, oder vielmehr des immerwährenden Daseins des eigentlichen Subjects an den Erscheinungen. Denn wenn dasjenige an der Erscheinung, was man Substanz nennen will, das eigentliche Substratum aller Zeitbestimmung sein soll, so muß sowohl alles Dasein in der vergangenen, als das der künftigen Zeit daran einzig und allein bestimmt werden können. Daher können wir einer Erscheinung nur darum den Namen Substanz geben, weil wir ihr Dasein zu aller Zeit voraussetzen, welches durch das Wort Beharrlichkeit nicht einmal wohl ausgedrückt wird, indem dieses mehr auf künftige Zeit geht. Indessen ist die innre Nothwendigkeit zu beharren doch unzertrennlich mit der Nothwendigkeit, immer gewesen zu sein, verbunden, und der Ausdruck mag also bleiben. *Gigni de nihilo nihil, in nihilum nil posse reverti* waren zwei Sätze, welche die Alten unzertrennt verknüpften, und die man aus Mißverstand jetzt bisweilen trennt, weil man sich vorstellt, daß sie Dinge an sich selbst angehen, und der erstere der Abhängigkeit der Welt von einer obersten

Ursache (auch sogar ihrer Substanz nach) entgegen sein dürfte; welche Besorgniß unnöthig ist, indem hier nur von Erscheinungen im Felde der Erfahrung die Rede ist, deren Einheit niemals möglich sein würde, wenn wir neue Dinge (der Substanz nach) wollten entstehen lassen. Denn alsdann fiele dasjenige weg, welches die Einheit der Zeit allein vorstellen kann, nämlich die Identität des Substratum, als woran aller Wechsel allein durchgängige Einheit hat. Diese Beharrlichkeit ist indeß doch weiter nichts, als die Art, uns das Dasein der Dinge (in der Erscheinung) vorzustellen.

Die Bestimmungen einer Substanz, die nichts andres sind, als besondere Arten derselben zu existiren, heißen Accidenzen. Sie sind jederzeit real, weil sie das Dasein der Substanz betreffen (Negationen sind nur Bestimmungen, die das Nichtsein von etwas an der Substanz ausdrücken). Wenn man nun diesem Realen an der Substanz ein besonderes Dasein beilegt (z.B. der Bewegung als einem Accidens der Materie), so nennt man dieses Dasein die Inhärenz zum Unterschiede vom Dasein der Substanz, das man Subsistenz nennt. Allein hieraus entspringen viele Mißdeutungen, und es ist genauer und richtiger geredet, wenn man das Accidens nur durch die Art, wie das Dasein einer Substanz positiv bestimmt ist, bezeichnet. Indessen ist es doch vermöge der Bedingungen des logischen Gebrauchs unsers Verstandes unvermeidlich, dasjenige, was im Dasein einer Substanz wechseln kann, indessen daß die Substanz bleibt, gleichsam abzusondern und in Verhältniß auf das eigentliche Beharrliche und Radicale zu betrachten; daher denn auch diese Kategorie unter dem Titel der Verhältnisse steht, mehr als die Bedingung derselben, als daß sie selbst ein Verhältniß enthielte.

Auf dieser Beharrlichkeit gründet sich nun auch die Berichtigung des Begriffs von Veränderung. Entstehen und Vergehen sind nicht Veränderungen desjenigen, was entsteht oder vergeht. Veränderung ist eine Art zu existiren, welche auf eine andere Art zu existiren eben desselben Gegenstandes erfolgt. Daher ist alles, was sich verändert, bleibend, und nur sein Zustand wechselt. Da dieser Wechsel also nur die Bestimmungen trifft, die aufhören oder auch anheben können: so können wir in einem etwas paradox scheinenden Ausdruck sagen: nur das Beharrliche (die Substanz) wird verändert, das Wandelbare erleidet keine Veränderung, sondern einen Wechsel, da einige Bestimmungen aufhören, und andre anheben.

Veränderung kann daher nur an Substanzen wahrgenommen werden, und das Entstehen oder Vergehen schlechthin, ohne daß es bloß eine Bestimmung des Beharrlichen betreffe, kann gar keine mögliche Wahrnehmung sein, weil eben dieses Beharrliche die Vorstellung von dem Übergange aus einem Zustande in den andern und vom Nichtsein zum Sein möglich macht, die also nur als wechselnde Bestimmungen dessen, was bleibt, empirisch erkannt werden können. Nehmet an, daß etwas schlechthin anfange zu sein, so müßt ihr einen Zeitpunkt haben, in dem es nicht war. Woran wollt ihr aber diesen heften, wenn nicht an demjenigen, was schon da ist? Denn eine leere Zeit, die vorherginge, ist kein Gegenstand der Wahrnehmung; knüpft ihr dieses Entstehen aber an Dinge, die vorher waren und bis zu dem, was entsteht, fortdauern, so war das letztere nur eine Bestimmung des ersteren als des Beharrlichen. Eben so ist es auch mit dem Vergehen: denn dieses setzt die empirische Vorstellung einer Zeit voraus, da eine Erscheinung nicht mehr ist.

Substanzen (in der Erscheinung) sind die Substrate aller Zeitbestimmungen. Das Entstehen einiger und das Vergehen anderer derselben würde selbst die einzige Bedingung der einpirischen Einheit der Zeit aufheben, und die Erscheinungen würden sich alsdann auf zweierlei Zeiten beziehen, in denen neben einander das Dasein verflösse, welches ungereimt ist. Denn es ist nur Eine Zeit, in welcher alle verschiedene Zeiten nicht zugleich, sondern nach einander gesetzt werden müssen.

So ist demnach die Beharrlichkeit eine nothwendige Bedingung, unter welcher allein Erscheinungen als Dinge oder Gegenstände in einer möglichen Erfahrung bestimmbar sind. Was aber das empirische Kriterium dieser nothwendigen Beharrlichkeit und mit ihr der Substantialität der Erscheinungen sei, davon wird uns die Folge Gelegenheit geben das Nöthige anzumerken.

B.

Zweite Analogie.

Grundsatz der Zeitfolge nach dem Gesetze der Causalität.

Alle Veränderungen geschehen nach dem Gesetze der Verknüpfung der Ursache und Wirkung.

Beweis.

(Daß) alle Erscheinungen der Zeitfolge insgesammt nur Veränderungen, d.i. ein successives Sein und Nichtsein der Bestimmungen der Substanz, seien, die da beharrt, folglich das Sein der Substanz selbst, welches aufs Nichtsein derselben folgt, oder das Nichtsein derselben, welches aufs Dasein folgt, mit anderen Worten, daß das Entstehen oder

Vergehen der Substanz selbst nicht stattfinde, hat der vorige Grundsatz dargethan. Dieser hätte auch so ausgedrückt werden können: Aller Wechsel (Succession) der Erscheinungen ist nur Veränderung; denn Entstehen oder Vergehen der Substanz sind keine Veränderungen derselben, weil der Begriff der Veränderung eben dasselbe Subject mit zwei entgegengesetzten Bestimmungen als existirend, mithin als beharrend voraussetzt. – Nach dieser Vorerinnerung folgt der Beweis.

Ich nehme wahr, daß Erscheinungen auf einander folgen, d.i. daß ein Zustand der Dinge zu einer Zeit ist, dessen Gegentheil im vorigen Zustande war. Ich verknüpfe also eigentlich zwei Wahrnehmungen in der Zeit. Nun ist Verknüpfung kein Werk des bloßen Sinnes und der Anschauung, sondern hier das Product eines synthetischen Vermögens der Einbildungskraft, die den inneren Sinn in Ansehung des Zeitverhältnisses bestimmt. Diese kann aber gedachte zwei Zustände auf zweierlei Art verbinden, so daß der eine oder der andere in der Zeit vorausgehe; denn die Zeit kann an sich selbst nicht wahrgenommen und in Beziehung auf sie gleichsam empirisch, was vorhergebe und was folge, am Objecte bestimmt werden. Ich bin mir also nur bewußt, daß meine Imagination eines vorher, das andere nachher setze, nicht daß im Objecte der eine Zustand vor dem anderen vorhergehe, oder, mit anderen Worten, es bleibt durch die bloße Wahrnehmung das objective Verhältniß der einander folgenden Erscheinungen unbestimmt. Damit dieses nun als bestimmt erkannt werde, muß das Verhältniß zwischen den beiden Zuständen so gedacht werden, daß dadurch als nothwendig bestimmt wird, welcher derselben vorher, welcher nachher und nicht umgekehrt müsse gesetzt werden. Der Begriff aber, der eine Nothwendigkeit der synthetischen Einheit bei sich führt, kann nur ein reiner Verstandesbegriff sein, der nicht in der Wahrnehmung liegt; und das ist hier der Begriff des Verhältnisses der Ursache und Wirkung, wovon die erstere die letztere in der Zeit als die Folge und nicht als etwas, was bloß in der Einbildung vorhergehen (oder gar überall nicht wahrgenommen sein) könnte, bestimmt. Also ist nur dadurch, daß wir die Folge der Erscheinungen, mithin alle Veränderung dem Gesetze der Causalität unterwerfen, selbst Erfahrung, d.i. empirisches Erkenntniß von denselben, möglich; mithin sind sie selbst als Gegenstände der Erfahrung nur nach eben dem Gesetze möglich.

Die Apprehension des Mannigfaltigen der Erscheinung ist jederzeit successiv. Die Vorstellungen der Theile folgen auf einander. Ob sie sich auch im Gegenstande folgen, ist ein zweiter Punkt der Reflexion, der in dem ersteren nicht enthalten ist. Nun kann man zwar alles und sogar jede Vorstellung, so fern man sich ihrer bewußt ist, Object nennen; allein was dieses Wort bei Erscheinungen zu bedeuten habe, nicht in so fern sie (als Vorstellungen) Objecte sind, sondern nur ein Object bezeichnen, ist von tieferer Untersuchung. So fern sie, nur als Vorstellungen, zugleich Gegenstände des Bewußtseins sind, so sind sie von der Apprehension, d.i. der Aufnahme in die Synthesis der Einbildungskraft, gar nicht unterschieden, und man muß also sagen: das Mannigfaltige der Erscheinungen wird im Gemüth jederzeit successiv erzeugt. Wären Erscheinungen Dinge an sich selbst, so würde kein Mensch aus der Succession der Vorstellungen von ihrem Mannigfaltigen ermessen können, wie dieses in dem Object verbunden sei. Denn wir haben es doch nur mit unsern Vorstellungen zu thun; wie Dinge an sich selbst (ohne Rücksicht auf Vorstellungen, dadurch sie uns afficiren) sein mögen, ist gänzlich außer unsrer Erkenntnißsphäre. Ob nun gleich die Erscheinungen nicht Dinge an sich selbst und gleichwohl doch das einzige sind, was uns zur Erkenntniß gegeben werden kann, so soll ich anzeigen, was dem Mannigfaltigen an den Erscheinungen selbst für eine Verbindung in der Zeit zukomme, indessen daß die Vorstellung desselben in der Apprehension jederzeit successiv ist. So ist z. E. die Apprehension des Mannigfaltigen in der Erscheinung eines Hauses, das vor mir steht, successiv. Nun ist die Frage, ob das Mannigfaltige dieses Hauses selbst auch in sich successiv sei, welches freilich niemand zugeben wird. Nun ist aber, so bald ich meine Begriffe von einem Gegenstande bis zur transscendentalen Bedeutung steigere, das Haus gar kein Ding an sich selbst, sondern nur eine Erscheinung, d.i. Vorstellung, deren transscendentaler Gegenstand unbekannt ist; was verstehe ich also unter der Frage: wie das Mannigfaltige in der Erscheinung selbst (die doch nichts an sich selbst ist) verbunden sein möge? Hier wird das, was in der successiven Apprehension liegt, als Vorstellung, die Erscheinung aber, die mir gegeben ist, unerachtet sie nichts weiter als ein Inbegriff dieser Vorstellungen ist, als der Gegenstand derselben betrachtet, mit welchem mein Begriff, den ich aus den Vorstellungen der Apprehension ziehe, zusammenstimmen soll. Man sieht bald, daß, weil Übereinstimmung der Erkenntniß mit dem Object Wahrheit ist, hier nur nach den formalen Bedingungen der empirischen Wahrheit gefragt werden kann, und Erscheinung im Gegenverhältniß mit den Vorstellungen der Apprehension nur dadurch als das davon unterschiedene Object derselben könne vorgestellt werden, wenn sie unter einer Regel steht, welche sie von jeder andern Apprehension unterscheidet und eine Art der Verbindung des Mannigfaltigen nothwendig macht. Dasjenige an der Erscheinung, was die Bedingung dieser nothwendigen Regel der Apprehension enthält, ist das Object.

Nun laßt uns zu unsrer Aufgabe fortgehen. Daß etwas geschehe, d.i. etwas oder ein Zustand werde, der vorher nicht war, kann nicht empirisch wahrgenommen werden, wo nicht eine Erscheinung vorhergeht, welche diesen Zustand nicht in sich enthält; denn eine Wirklichkeit, die auf eine leere Zeit folge, mithin ein Entstehen, vor dem kein Zustand der Dinge vorhergeht, kann eben so wenig, als die leere Zeit selbst apprehendirt werden. Jede Apprehension einer Begebenheit ist also eine Wahrnehmung, welche auf eine andere folgt. Weil dieses aber bei aller Synthesis der Apprehension so beschaffen ist, wie ich oben an der Erscheinung eines Hauses gezeigt habe, so unterscheidet sie sich dadurch noch nicht von andern. Allein ich bemerke auch: daß, wenn ich an einer Erscheinung, welche ein Geschehen enthält, den vorhergehenden Zustand der Wahrnehmung *A*, den folgenden aber *B* nenne, daß *B* auf *A* in der Apprehension nur folgen, die Wahrnehmung *A* aber auf *B* nicht folgen, sondern nur vorhergehen kann. Ich sehe z.B. ein Schiff den Strom hinab treiben. Meine Wahrnehmung seiner Stelle unterhalb folgt auf die Wahrnehmung der Stelle desselben oberhalb dem Laufe des Flusses, und es ist unmöglich, daß in der Apprehension dieser Erscheinung das Schiff zuerst unterhalb, nachher aber oberhalb des Stromes wahrgenommen werden sollte. Die Ordnung in der Folge der Wahrnehmungen in der Apprehension ist hier also bestimmt, und an dieselbe ist die letztere gebunden. In dem vorigen Beispiele von einem Hause konnten meine Wahrnehmungen in der Apprehension von der Spitze desselben anfangen und beim Boden endigen, aber auch von unten anfangen und oben endigen, imgleichen rechts oder links das Mannigfaltige der empirischen Anschauung apprehendiren. In der Reihe dieser Wahrnehmungen war also keine bestimmte Ordnung, welche es nothwendig machte, wenn ich in der Apprehension anfangen müßte, um das Mannigfaltige empirisch zu verbinden. Diese Regel aber ist bei der Wahrnehmung von dem, was geschieht, jederzeit anzutreffen, und sie macht die Ordnung der einander folgenden Wahrnehmungen (in der Apprehension dieser Erscheinung) nothwendig.

Ich werde also in unserm Fall die subjective Folge der Apprehension von der objectiven Folge der Erscheinungen ableiten müssen, weil jene sonst gänzlich unbestimmt ist und keine Erscheinung von der andern unterscheidet. Jene allein beweiset nichts von der Verknüpfung des Mannigfaltigen am Object, weil sie ganz beliebig ist. Diese also wird in der Ordnung des Mannigfaltigen der Erscheinung bestehen, nach welcher die Apprehension des einen (was geschieht) auf die des andern (das vorhergeht) nach einer Regel folgt. Nur dadurch kann ich von der Erscheinung selbst und nicht bloß von meiner Apprehension berechtigt sein zu sagen: daß in jener eine Folge anzutreffen sei, welches so viel bedeutet, als daß ich die Apprehension nicht anders anstellen könne, als gerade in dieser Folge.

Nach einer solchen Regel also muß in dem, was überhaupt vor einer Begebenheit vorhergeht, die Bedingung zu einer Regel liegen, nach welcher jederzeit und nothwendiger Weise diese Begebenheit folgt; umgekehrt aber kann ich nicht von der Begebenheit zurückgehen und dasjenige bestimmen (durch Apprehension), was vorhergeht. Denn von dem folgenden Zeitpunkt geht keine Erscheinung zu dem vorigen zurück, aber bezieht sich doch auf irgend einen vorigen; von einer gegebenen Zeit ist dagegen der Fortgang auf die bestimmte folgende nothwendig. Daher weil es doch etwas ist, was folgt, so muß ich es nothwendig auf etwas anderes überhaupt beziehen, was vorhergeht, und worauf es nach einer Regel, d.i. nothwendiger Weise, folgt, so daß die Begebenheit als das Bedingte auf irgend eine Bedingung sichere Anweisung giebt, diese aber die Begebenheit bestimmt.

Man setze, es gehe vor einer Begebenheit nichts vorher, worauf dieselbe nach einer Regel folgen müßte, so wäre alle Folge der Wahrnehmung nur lediglich in der Apprehension, d.i. bloß subjectiv, aber dadurch gar nicht objectiv bestimmt, welches eigentlich das Vorhergehende und welches das Nachfolgende der Wahrnehmungen sein müßte. Wir würden auf solche Weise nur ein Spiel der Vorstellungen haben, das sich auf gar kein Object bezöge, d.i. es würde durch unsre Wahrnehmung eine Erscheinung von jeder andern dem Zeitverhältnisse nach gar nicht unterschieden werden, weil die Succession im Apprehendiren allerwärts einerlei und also nichts in der Erscheinung ist, was sie bestimmt, so daß dadurch eine gewisse Folge als objectiv nothwendig gemacht wird. Ich werde also nicht sagen, daß in der Erscheinung zwei Zustände auf einander folgen; sondern nur, daß eine Apprehension auf die andre folgt, welches bloß etwas Subjectives ist und kein Object bestimmt, mithin gar nicht für Erkenntniß irgend eines Gegenstandes (selbst nicht in der Erscheinung) gelten kann.

Wenn wir also erfahren, daß etwas geschieht, so setzen wir dabei jederzeit voraus, daß irgend etwas vorausgehe, worauf es nach einer Regel folgt. Denn ohne dieses würde ich nicht von dem Object sagen, daß es folge, weil die bloße Folge in meiner Apprehension, wenn sie nicht durch eine

Regel in Beziehung auf ein Vorhergehendes bestimmt ist, keine Folge im Objecte berechtigt. Also geschieht es immer in Rücksicht auf eine Regel, nach welcher die Erscheinungen in ihrer Folge, d.i. so wie sie geschehen, durch den vorigen Zustand bestimmt sind, daß ich meine subjective Synthesis (der Apprehension) objectiv mache, und nur lediglich unter dieser Voraussetzung allein ist selbst die Erfahrung von etwas, was geschieht, möglich.

Zwar scheint es, als widerspreche dieses allen Bemerkungen, die man jederzeit über den Gang unseres Verstandesgebrauchs gemacht hat, nach welchen wir nur allererst durch die wahrgenommenen und verglichenen übereinstimmenden Folgen vieler Begebenheiten auf vorhergehende Erscheinungen, eine Regel zu entdecken, geleitet worden, der gemäß gewisse Begebenheiten auf gewisse Erscheinungen jederzeit folgen und dadurch zuerst veranlaßt worden, uns den Begriff von Ursache zu machen. Auf solchen Fuß würde dieser Begriff bloß empirisch sein, und die Regel, die er verschafft, daß alles, was geschieht, eine Ursache habe, würde eben so zufällig sein, als die Erfahrung selbst: seine Allgemeinheit und Nothwendigkeit wären alsdann nur angedichtet und hätten keine wahre allgemeine Gültigkeit, weil sie nicht *a priori* sondern nur auf Induction gegründet wären. Es geht aber hiemit so, wie mit andern reinen Vorstellungen *a priori* (z.B. Raum und Zeit), die wir darum allein aus der Erfahrung als klare Begriffe herausziehen können, weil wir sie in die Erfahrung gelegt hatten und diese daher durch jene allererst zu Stande brachten. Freilich ist die logische Klarheit dieser Vorstellung einer die Reihe der Begebenheiten bestimmenden Regel, als eines Begriffs von Ursache, nur alsdann möglich, wenn wir davon in der Erfahrung Gebrauch gemacht haben; aber eine Rücksicht auf dieselbe als Bedingung der synthetischen Einheit der Erscheinungen in der Zeit war doch der Grund der Erfahrung selbst und ging also *a priori* vor ihr vorher.

Es kommt also darauf an, im Beispiele zu zeigen, daß wir niemals, selbst in der Erfahrung, die Folge (einer Begebenheit, da etwas geschieht, was vorher nicht war) dem Object beilegen und sie von der subjectiven unserer Apprehension unterscheiden, als wenn eine Regel zum Grunde liegt, die uns nöthigt, diese Ordnung der Wahrnehmungen vielmehr als eine andere zu beobachten, ja daß diese Nöthigung es eigentlich sei, was die Vorstellung einer Succession im Object allererst möglich macht.

Wir haben Vorstellungen in uns, deren wir uns auch bewußt werden können. Dieses Bewußtsein aber mag so weit erstreckt und so genau oder pünktlich sein, als man wolle, so bleiben es doch nur immer Vorstellungen, d.i. innre Bestimmungen unseres Gemüths in diesem oder jenem Zeitverhältnisse. Wie kommen wir nun dazu, daß wir diesen Vorstellungen ein Object setzen, oder über ihre subjective Realität als Modificationen ihnen noch, ich weiß nicht, was für eine objective beilegen? Objective Bedeutung kann nicht in der Beziehung auf eine andre Vorstellung (von dem, was man vom Gegenstande nennen wollte) bestehen, denn sonst erneuret sich die Frage: wie geht diese Vorstellung wiederum aus sich selbst heraus und bekommt objective Bedeutung noch über die subjective, welche ihr als Bestimmung des Gemüthszustandes eigen ist? Wenn wir untersuchen, was denn die Beziehung auf einen Gegenstand unseren Vorstellungen für eine neue Beschaffenheit gebe, und welches die Dignität sei, die sie dadurch erhalten: so finden wir, daß sie nichts weiter thue, als die Verbindung der Vorstellungen auf eine gewisse Art nothwendig zu machen und sie einer Regel zu unterwerfen; daß umgekehrt nur dadurch, daß eine gewisse Ordnung in dem Zeitverhältnisse unserer Vorstellungen nothwendig ist, ihnen objective Bedeutung ertheilt wird.

In der Synthesis der Erscheinungen folgt das Mannigfaltige der Vorstellungen jederzeit nach einander. Hiedurch wird nun gar kein Object vorgestellt, weil durch diese Folge, die allen Apprehensionen gemein ist, nichts vom andern unterschieden wird. So bald ich aber wahrnehme oder voraus annehme, daß in dieser Folge eine Beziehung auf den vorhergehenden Zustand sei, aus welchem die Vorstellung nach einer Regel folgt: so stellt sich etwas vor als Begebenheit, oder was da geschieht, d.i. ich erkenne einen Gegenstand, den ich in der Zeit auf eine gewisse bestimmte Stelle setzen muß, die ihm nach dem vorhergehenden Zustande nicht anders ertheilt werden kann. Wenn ich also wahrnehme, daß etwas geschieht, so ist in dieser Vorstellung erstlich enthalten: daß etwas vorhergehe, weil eben in Beziehung auf dieses die Erscheinung ihr Zeitverhältniß bekommt, nämlich nach einer vorhergehenden Zeit, in der sie nicht war, zu existiren. Aber ihre bestimmte Zeitstelle in diesem Verhältnisse kann sie nur dadurch bekommen, daß im vorhergehenden Zustande etwas vorausgesetzt wird, worauf es jederzeit, d.i. nach einer Regel, folgt: woraus sich denn ergiebt, daß ich erstlich nicht die Reihe umkehren und das, was geschieht, demjenigen voransetzen kann, worauf es folgt; zweitens daß, wenn der Zustand, der vorhergeht, gesetzt wird, diese bestimmte Begebenheit unausbleiblich und nothwendig folge. Dadurch geschieht es: daß eine Ordnung unter unsern Vorstellungen wird, in welcher das Gegenwärtige (so fern es geworden) auf irgend einen vorhergehenden Zustand Anweisung giebt, als ein, obzwar noch unbestimmtes Correlatum dieses Eräugnisses, das gegeben ist, welches sich aber auf dieses als seine Folge bestimmend bezieht und sie nothwendig mit sich in der Zeitreihe verknüpft.

Wenn es nun ein nothwendiges Gesetz unserer Sinnlichkeit, mithin eine formale Bedingung aller Wahrnehmungen ist, daß die vorige Zeit die folgende nothwendig bestimmt (indem ich zur folgenden nicht anders gelangen kann, als durch die vorhergehende): so ist es auch ein unentbehrliches Gesetz der empirischen Vorstellung der Zeitreihe, daß die Erscheinungen der vergangenen Zeit jedes Dasein in der folgenden bestimmen, und daß diese als Begebenheiten nicht stattfinden, als so fern jene ihnen ihr Dasein in der Zeit bestimmen, d.i. nach einer Regel festsetzen. Denn nur an den Erscheinungen können wir diese Continuität im Zusammenhange der Zeiten empirisch erkennen.

Zu aller Erfahrung und deren Möglichkeit gehört Verstand, und das erste, was er dazu thut, ist nicht, daß er die Vorstellung der Gegenstände deutlich macht, sondern daß er die Vorstellung eines Gegenstandes überhaupt möglich macht. Dieses geschieht nun dadurch, daß er die Zeitordnung auf die Erscheinungen und deren Dasein überträgt, indem er jeder derselben als Folge eine in Ansehung der vorhergehenden Erscheinungen *a priori* bestimmte Stelle in der Zeit zuerkennt, ohne welche sie nicht mit der Zeit selbst, die allen ihren Theilen *a priori* ihre Stelle bestimmt, übereinkommen würde. Diese Bestimmung der Stelle kann nun nicht von dem Verhältniß der Erscheinungen gegen die absolute Zeit entlehnt werden (denn die ist kein Gegenstand der Wahrnehmung), sondern umgekehrt: die Erscheinungen müssen einander ihre Stellen in der Zeit selbst bestimmen und dieselbe in der Zeitordnung nothwendig machen, d.i.

dasjenige, was da folgt oder geschieht, muß nach einer allgemeinen Regel auf das, was im vorigen Zustande enthalten war, folgen; woraus eine Reihe der Erscheinungen wird, die vermittelst des Verstandes eben dieselbige Ordnung und stetigen Zusammenhang in der Reihe rnöglicher Wahrnehmungen hervorbringt und nothwendig macht, als sie in der Form der innern Anschauung (der Zeit), darin alle Wahrnehmungen ihre Stelle haben müßten, *a priori* angetroffen wird.

Daß also etwas geschieht, ist eine Wahrnehmung, die zu einer möglichen Erfahrung gehört, die dadurch wirklich wird, wenn ich die Erscheinung ihrer Stelle nach in der Zeit als bestimmt, mithin als ein Object ansehe, welches nach einer Regel im Zusammenhange der Wahrnehmungen jederzeit gefunden werden kann. Diese Regel aber, etwas der Zeitfolge nach zu bestimmen, ist: daß in dem, was vorhergeht, die Bedingung anzutreffen sei, unter welcher die Begebenheit jederzeit (d.i. nothwendiger Weise) folgt. Also ist der Satz vom zureichenden Grunde der Grund möglicher Erfahrung, nämlich der objectiven Erkenntniß der Erscheinungen in Ansehung des Verhältnisses derselben in Reihenfolge der Zeit.

Der Beweisgrund dieses Satzes aber beruht lediglich auf folgenden Momenten. Zu aller empirischen Erkenntniß gehört die Synthesis des Mannigfaltigen durch die Einbildungskraft, die jederzeit successiv ist; d.i. die Vorstellungen folgen in ihr jederzeit auf einander. Die Folge aber ist in der Einbildungskraft der Ordnung nach (was vorgehen und was folgen müsse) gar nicht bestimmt, und die Reihe der einander folgenden Vorstellungen kann eben sowohl rückwärts als vorwärts genommen werden. Ist aber diese Synthesis eine Synthesis der Apprehension (des Mannigfaltigen einer gegebenen Erscheinung), so ist die Ordnung im Object bestimmt, oder, genauer zu reden, es ist darin eine Ordnung der successiven Synthesis, die ein Object bestimmt, nach welcher etwas nothwendig vorausgehen, und wenn dieses gesetzt ist, das andre nothwendig folgen müsse. Soll also meine Wahrnehmung die Erkenntniß einer Begebenheit enthalten, da nämlich etwas wirklich geschieht: so muß sie ein empirisches Urtheil sein, in welchem man sich denkt, daß die Folge bestimmt sei, d.i. daß sie eine andere Erscheinung der Zeit nach voraussetze, worauf sie notwendig oder nach einer Regel folgt. Widrigenfalls, wenn ich das Vorhergehende setze, und die Begebenheit folgte nicht darauf nothwendig, so würde ich sie nur für ein subjectives Spiel meiner Einbildungen halten müssen und, stellte ich mir darunter doch etwas Objectives vor, sie einen bloßen Traum nennen. Also ist das Verhältniß der Erscheinungen (als möglicher Wahrnehmungen), nach welchem das Nachfolgende (was geschieht) durch etwas Vorhergehendes seinem Dasein nach nothwendig und nach einer Regel in der Zeit bestimmt ist, mithin das Verhältniß der Ursache zur Wirkung, die Bedingung der objectiven Gültigkeit unserer empirischen Urtheile in Ansehung der Reihe der Wahrnehmungen, mithin der empirischen Wahrheit derselben und also der Erfahrung. Der Grundsatz des Causalverhältnisses in der Folge der Erscheinungen gilt daher auch vor allen Gegenständen der Erfahrung (unter den Bedingungen der Succession), weil er selbst der Grund der Möglichkeit einer solchen Erfahrung ist.

Hier äußert sich aber noch eine Bedenklichkeit, die gehoben werden muß. Der Satz der Causalverknüpfung unter den Erscheinungen ist in unsrer Formel auf die Reihenfolge derselben eingeschränkt, da es sich doch bei dem Gebrauch desselben findet, daß er auch auf ihre Begleitung passe und Ursache und Wirkung zugleich sein könne. Es ist z.B.Wärme im Zimmer, die nicht in freier Luft angetroffen wird. Ich sehe mich nach der Ursache um und finde einen geheizten Ofen. Nun ist dieser als Ursache mit seiner Wirkung, der Stubenwärme, zugleich; also ist hier keine Reihenfolge der Zeit nach zwischen Ursache und Wirkung, sondern sie sind zugleich, und das Gesetz gilt doch. Der größte Theil der wirkenden Ursachen in der Natur ist mit ihren Wirkungen zugleich, und die Zeitfolge der letzteren wird nur dadurch veranlaßt, daß die Ursache ihre ganze Wirkung nicht in einem Augenblick verrichten kann. Aber in dem Augenblicke, da sie zuerst entsteht, ist sie mit der Causalität ihrer Ursache jederzeit zugleich, weil, wenn jene einen Augenblick vorher aufgehört hätte zu sein, diese gar nicht entstanden wäre.

Hier muß man wohl bemerken, daß es auf die Ordnung der Zeit und nicht den Ablauf derselben angesehen sei: das Verhältniß bleibt, wenn gleich keine Zeit verlaufen ist. Die Zeit zwischen der Causalität der Ursache und deren unmittelbaren Wirkung kann verschwindend (sie also zugleich) sein, aber das Verhältniß der einen zur andern bleibt doch immer der Zeit nach bestimmbar. Wenn ich eine Kugel, die auf einem ausgestopften Kissen liegt und ein Grübchen darin drückt, als Ursache betrachte, so ist sie mit der Wirkung zugleich. Allein ich unterscheide doch beide durch das Zeitverhältniß der dynamischen Verknüpfung beider. Denn wenn ich die Kugel auf das Kissen lege, so folgt auf die vorige glatte Gestalt desselben das Grübchen; hat aber das Kissen (ich weiß nicht woher) ein Grübchen, so folgt darauf nicht eine bleierne Kugel.

Demnach ist die Zeitfolge allerdings das einzige empirische Kriterium der Wirkung in Beziehung auf die Causalität der Ursache, die vorhergeht. Das Glas ist die Ursache von dem Steigen des Wassers über seine Horizontalfläche, obgleich beide Erscheinungen zugleich sind. Denn so bald ich dieses aus einem größeren Gefäß mit dem Glase schöpfe, so erfolgt etwas, nämlich die Veränderung des Horizontalstandes, den es dort hatte, in einen concaven, den es im Glase annimmt.

Diese Causalität führt auf den Begriff der Handlung, diese auf den Begriff der Kraft und dadurch auf den Begriff der Substanz. Da ich mein kritisches Vorhaben, welches lediglich auf die Quellen der synthetischen Erkenntniß *a priori* geht, nicht mit Zergliederungen bemengen will, die bloß die Erläuterung (nicht Erweiterung) der Begriffe angehen, so überlasse ich die umständliche Erörterung derselben einem künftigen System der reinen Vernunft: wiewohl man eine solche Analysis im reichen Maße auch schon in den bisher bekannten Lehrbüchern dieser Art antrifft. Allein das empirische Kriterium einer Substanz, so fern sie sich nicht durch die Beharrlichkeit der Erscheinung, sondern besser und leichter durch Handlung zu offenbaren scheint, kann ich nicht unberührt lassen.

Wo Handlung, mithin Thätigkeit und Kraft ist, da ist auch Substanz, und in dieser allein muß der Sitz jener fruchtbaren Quelle der Erscheinungen gesucht werden. Das ist ganz gut gesagt: aber wenn man sich darüber erklären soll, was man unter Substanz verstehe, und dabei den fehlerhaften Cirkel vermeiden will, so ist es nicht so leicht verantwortet. Wie will man aus der Handlung sogleich auf die Beharrlichkeit des Handelnden schließen, welches doch ein so wesentliches und eigenthümliches Kennzeichen der Substanz (*phaenomenon*) ist? Allein nach unserm vorigen hat die Auflösung der Frage doch keine solche Schwierigkeit, ob sie gleich nach der gemeinen Art (bloß analytisch mit seinen Begriffen zu verfahren) ganz unauflöslich sein würde.

Handlung bedeutet schon das Verhältniß des Subjects der Causalität zur Wirkung. Weil nun alle Wirkung in dem besteht, was da geschieht, mithin im Wandelbaren, was die Zeit der Succession nach bezeichnet: so ist das letzte Subject desselben das Beharrliche als das Substratum alles Wechselnden, d.i. die Substanz. Denn nach dem Grundsatze der Causalität sind Handlungen immer der erste Grund von allem Wechsel der Erscheinungen und können also nicht in einem Subject liegen, was selbst wechselt, weil sonst andere Handlungen und ein anderes Subject, welches diesen Wechsel bestimmte, erforderlich wären. Kraft dessen beweiset nun Handlung, als ein hinreichendes empirisches Kriterium, die Substantialität, ohne daß ich die Beharrlichkeit desselben durch verglichene Wahrnehmungen allererst zu suchen nöthig hätte, welches auch auf diesem Wege mit der Ausführlichkeit nicht geschehen könnte, die zu der Größe und strengen Allgemeingültigkeit des Begriffs erforderlich ist. Denn daß das erste Subject der Causalität alles Entstehens und Vergehens selbst nicht (im Felde der Erscheinungen) entstehen und vergehen könne, ist ein sicherer Schluß, der auf empirische Nothwendigkeit und Beharrlichkeit im Dasein, mithin auf den Begriff einer Substanz als Erscheinung ausläuft.

Wenn etwas geschieht, so ist das bloße Entstehen ohne Rücksicht auf das, was da entsteht, schon an sich selbst ein Gegenstand der Untersuchung. Der Übergang aus dem Nichtsein eines Zustandes in diesen Zustand, gesetzt daß dieser auch keine Qualität in der Erscheinung enthielte, ist schon allein nöthig zu untersuchen. Dieses Entstehen trifft, wie in der Nummer *A* gezeigt worden, nicht die Substanz (denn die entsteht nicht), sondern ihren Zustand. Es ist also bloß Veränderung und nicht Ursprung aus Nichts. Wenn dieser Ursprung als Wirkung von einer fremden Ursache angesehen wird, so heißt er Schöpfung, welche als Begebenheit unter den Erscheinungen nicht zugelassen werden kann, indem ihre Möglichkeit allein schon die Einheit der Erfahrung aufheben würde; obzwar, wenn ich alle Dinge nicht als Phänomene, sondern als Dinge an sich betrachte und als Gegenstände des bloßen Verstandes, sie, obschon sie Substanzen sind, dennoch wie abhängig ihrem Dasein nach von fremder Ursache angesehen werden können; welches aber alsdann ganz andere Wortbedeutungen nach sich ziehen und auf Erscheinungen als mögliche Gegenstände der Erfahrung nicht passen würde.

Wie nun überhaupt etwas verändert werden könne; wie es möglich sei, daß auf einen Zustand in einem Zeitpunkte ein entgegengesetzter im andern folgen könne; davon haben wir *a priori* nicht den mindesten Begriff. Hierzu wird die Kenntniß wirklicher Kräfte erfordert, welche nur empirisch gegeben werden kann, z.B. der bewegenden Kräfte oder, welches einerlei ist, gewisser successiven Erscheinungen (als Bewegungen), welche solche Kräfte anzeigen. Aber die Form einer jeden Veränderung, die Bedingung, unter welcher sie als ein Entstehen eines andern Zustandes allein vorgehen kann (der Inhalt derselben, d.i. der Zustand, der verändert wird, mag sein, welcher er wolle), mithin die Succession der Zustände selbst (das Geschehene) kann doch nach dem Gesetze der Causalität und den Bedingungen der Zeit *a priori* erwogen werden.*

Wenn eine Substanz aus einem Zustande *a* in einen andern *b* übergeht, so ist der Zeitpunkt des zweiten vom Zeitpunkte

* Man merke wohl: daß ich nicht von der Veränderung gewisser Relationen überhaupt, sondern von Veränderung des Zustandes rede. Daher, wenn ein Körper sich gleichförmig bewegt, so verändert er seinen Zustand (der Bewegung) gar nicht; aber wohl, wenn seine Bewegung zu- oder abnimmt.

des ersteren Zustandes unterschieden und folgt demselben. Eben so ist auch der zweite Zustand als Realität (in der Erscheinung) vom ersteren, darin diese nicht war, wie *b* vom Zero unterschieden; d.i. wenn der Zustand *b* sich auch von dem Zustande *a* nur der Größe nach unterschiede, so ist die Veränderung ein Entstehen von *b-a,* welches im vorigen Zustande nicht war, und in Ansehung dessen er = 0 ist.

Es frägt sich also: wie ein Ding aus einem Zustande = *a* in einen andern = *b* übergehe. Zwischen zwei Augenblicken ist immer eine Zeit und zwischen zwei Zuständen in denselben immer ein Unterschied, der eine Größe hat (denn alle Theile der Erscheinungen sind immer wiederum Größen). Also geschieht jeder Übergang aus einem Zustande in den andern in einer Zeit, die zwischen zwei Augenblicken enthalten ist, deren der erste den Zustand bestimmt, aus welchem das Ding herausgeht, der zweite den, in welchen es gelangt. Beide also sind Grenzen der Zeit einer Veränderung, mithin des Zwischenzustandes zwischen beiden Zuständen und gehören als solche mit zu der ganzen Veränderung.

Nun hat jede Veränderung eine Ursache, welche in der ganzen Zeit, in welcher jene vorgeht, ihre Causalität beweiset. Also bringt diese Ursache ihre Veränderung nicht plötzlich (auf einmal oder in einem Augenblicke) hervor, sondern in einer Zeit, so daß, wie die Zeit vom Anfangsaugenblicke *a* bis zu ihrer Vollendung in *b* wächst, auch die Größe der Realität *b-a* durch alle kleinere Grade, die zwischen dem ersten und letzten enthalten sind, erzeugt wird. Alle Veränderung ist also nur durch eine continuirliche Handlung der Causalität möglich, welche, so fern sie gleichförmig ist, ein Moment heißt. Aus diesen Momenten besteht nicht die Veränderung, sondern wird dadurch erzeugt als ihre Wirkung.

Das ist nun das Gesetz der Continuität aller Veränderung, dessen Grund dieser ist: daß weder die Zeit, noch auch die Erscheinung in der Zeit aus Theilen besteht, die die kleinsten sind, und daß doch der Zustand des Dinges bei seiner Veränderung durch alle diese Theile als Elemente zu seinem zweiten Zustande übergehe. Es ist k e i n U n t e r s c h i e d des Realen in der Erscheinung, so wie kein Unterschied in der Größe der Zeiten der k l e i n s t e ; und so erwächst der neue Zustand der Realität von dem ersten an, darin diese nicht war, durch alle unendliche Grade derselben, deren Unterschiede von einander insgesammt kleiner sind, als der zwischen *0* und *a*.

Welchen Nutzen dieser Satz in der Naturforschung haben möge, das geht uns hier nichts an. Aber wie ein solcher Satz, der unsre Erkenntniß der Natur so zu erweitern scheint, völlig *a priori* möglich sei, das erfordert gar sehr unsere Prüfung, wenn gleich der Augenschein beweiset, daß er wirklich und richtig sei, und man also der Frage, wie er möglich gewesen, überhoben zu sein glauben möchte. Denn es giebt so mancherlei ungegründete Anmaßung der Erweiterung unserer Erkenntniß durch reine Vernunft: daß es zum allgemeinen Grundsatz angenommen werden muß, deshalb durchaus mißtrauisch zu sein und ohne Documente, die eine gründliche Deduction verschaffen können, selbst auf den klärsten dogmatischen Beweis nichts dergleichen zu glauben und anzunehmen.

Aller Zuwachs des empirischen Erkenntnisses und jeder Fortschritt der Wahrnehmung ist nichts als ein Erweiterung der Bestimmung des innern Sinnes, d.i. ein Fortgang in der Zeit, die Gegenstände mögen sein, welche sie wollen, Erscheinungen oder reine Anschauungen. Dieser Fortgang in der Zeit bestimmt alles und ist an sich selbst durch nichts weiter bestimmt; d.i. die Theile desselben sind nur in der Zeit und durch die Synthesis derselben, sie aber nicht vor ihr gegeben. Um deswillen ist ein jeder Übergang in der Wahrnehmung zu etwas, was in der Zeit folgt, eine Bestimmung der Zeit durch die Erzeugung dieser Wahrnehmung, und da jene immer und in allen ihren Theilen eine Größe ist, die Erzeugung einer Wahrnehmung als einer Größe durch alle Grade, deren keiner der kleinste ist, von dem Zero an bis zu ihrem bestimmten Grad. Hieraus erhellt nun die Möglichkeit, ein Gesetz der Veränderungen ihrer Form nach *a priori* zu erkennen. Wir anticipiren nur unsere eigene Apprehension, deren formale Bedingung, da sie uns vor aller gegebenen Erscheinung selbst beiwohnt, allerdings *a priori* muß erkannt werden können.

So ist demnach, eben so wie die Zeit die sinnliche Bedingung *a priori* von der Möglichkeit eines continuirlichen Fortganges des Existirenden zu dem folgenden enthält, der Verstand vermittelst der Einheit der Apperception die Bedingung *a priori* der Möglichkeit einer continuirlichen Bestimmung aller Stellen für die Erscheinungen in dieser Zeit durch die Reihe von Ursachen und Wirkungen, deren die erstere der letzteren ihr Dasein unausbleiblich nach sich ziehen und dadurch die empirische Erkenntniß der Zeitverhältnisse für jede Zeit (allgemein), mithin objectiv gültig machen.

C.

Dritte Analogie.

Grundsatz des Zugleichseins nach dem Gesetze der Wechselwirkung oder Gemeinschaft.

Alle Substanzen, so fern sie im Raume als zugleich wahrgenommen werden können, sind in durchgängiger Wechselwirkung.

Beweis.

Zugleich sind Dinge, wenn in der empirischen Anschauung die Wahrnehmung des einen auf die Wahrnehmung des anderen wechselseitig folgen kann (welches in der Zeitfolge der Erscheinungen, wie beim zweiten Grundsatze gezeigt worden, nicht geschehen kann). So kann ich meine Wahrnehmung zuerst am Monde und nachher an der Erde, oder auch umgekehrt zuerst an der Erde und dann am Monde anstellen, und darum, weil die Wahrnehmung dieser Gegenstände einander wechselseitig folgen können, sage ich, sie existiren zugleich. Nun ist das Zugleichsein die Existenz des Mannigfaltigen in derselben Zeit. Man kann aber die Zeit selbst nicht wahrnehmen, um daraus, daß Dinge in derselben Zeit gesetzt sind, abzunehmen, daß die Wahrnehmungen derselben einander wechselseitig folgen können. Die Synthesis in der Einbildungskraft in der Apprehension würde also nur eine jede dieser Wahrnehmungen als eine solche angeben, die im Subjecte da ist, wenn die andere nicht ist und wechselweise, nicht aber daß die Objecte zugleich seien, d.i. wenn das eine ist, das andere auch in derselben Zeit sei, und daß dieses nothwendig sei, damit die Wahrnehmung wechselseitig auf einander folgen können. Folglich wird ein Verstandesbegriff von der wechselseitigen Folge der Bestimmungen dieser außer einander zugleich existirenden Dinge erfordert, um zu sagen, daß die wechselseitige Folge der Wahrnehmungen im Objecte gegründet sei, und das Zugleichsein dadurch als objectiv vorzustellen. Nun ist aber das Verhältniß der Substanzen, in welchem die eine Bestimmungen enthält, wovon der Grund in der anderen enthalten ist, das Verhältniß des Einflusses, und wenn wechselseitig dieses den Grund der Bestimmungen in dem anderen enthält, das Verhältniß der Gemeinschaft oder Wechselwirkung. Also kann das Zugleichsein der Substanzen im Raume nicht anders in der Erfahrung erkannt werden, als unter Voraussetzung einer Wechselwirkung derselben untereinander; diese ist also auch die Bedingung der Möglichkeit der Dinge selbst als Gegenstände der Erfahrung.

Dinge sind zugleich, so fern sie in einer und derselben Zeit existiren. Woran erkennt man aber: daß sie in einer und derselben Zeit sind? Wenn die Ordnung in der Synthesis der Apprehension dieses Mannigfaltigen gleichgültig ist, d.i. von *A* durch *B, C, D* auf *E* oder auch umgekehrt von *E* zu *A* gehen kann. Denn wäre sie in der Zeit nach einander (in der Ordnung, die von *A* anhebt und in *E* endigt), so ist es unmöglich, die Apprehension in der Wahrnehmung von *E* anzuheben und rückwärts zu *A* fortzugehen, weil *A* zur vergangenen Zeit gehört und also kein Gegenstand der Apprehension mehr sein kann.

Nehmet nun an: in einer Mannigfaltigkeit von Substanzen als Erscheinungen wäre jede derselben völlig isolirt, d.i. keine wirkte in die andere und empfinge von dieser wechselseitig Einflüsse, so sage ich: daß das Zugleichsein derselben kein Gegenstand einer möglichen Wahrnehmung sein würde, und daß das Dasein der einen durch keinen Weg der empirischen Synthesis auf das Dasein der andern führen könnte. Denn wenn ihr euch gedenkt, sie wären durch einen völlig leeren Raum getrennt, so würde die Wahrnehmung, die von der einen zur andern in der Zeit fortgeht, zwar dieser ihr Dasein vermittelst einer folgenden Wahrnehmung bestimmen, aber nicht unterscheiden können, ob die Erscheinung objectiv auf die erstere folge, oder mit jener vielmehr zugleich sei.

Es muß also noch außer dem bloßen Dasein etwas sein, wodurch *A* dem *B* seine Stelle in der Zeit bestimmt und umgekehrt auch wiederum *B* dem *A*, weil nur unter dieser Bedingung gedachte Substanzen als zugleich existirend empirisch vorgestellt werden können. Nun bestimmt nur dasjenige dem andern seine Stelle in der Zeit, was die Ursache von ihm oder seinen Bestimmungen ist. Also muß jede Substanz (da sie nur in Ansehung ihrer Bestimmungen Folge sein kann) die Causalität gewisser Bestimmungen in der andern und zugleich die Wirkungen von der Causalität der andern in sich enthalten, d.i. sie müssen in dynamischer Gemeinschaft (unmittelbar oder mittelbar) stehen, wenn das Zugleichsein in irgend einer möglichen Erfahrung erkannt werden soll. Nun ist aber alles dasjenige in Ansehung der Gegenstände der Erfahrung nothwendig, ohne welches die Erfahrung von diesen Gegenständen selbst unmöglich sein würde. Also ist es allen Substanzen in der Erscheinung, so fern sie zugleich sind, nothwendig, in durchgängiger Gemeinschaft der Wechselwirkung unter einander zu stehen.

Das Wort Gemeinschaft ist in unserer Sprache zweideutig und kann so viel als *communio*, aber auch als *commercium* bedeuten. Wir bedienen uns hier desselben im letztern Sinn, als einer dynamischen Gemeinschaft, ohne welche selbst die locale (*communio spatii*) niemals empirisch erkannt werden könnte. Unseren Erfahrungen ist es leicht anzumerken, daß nur die continuirlichen Einflüsse in allen Stellen des Raumes unsern Sinn von einem Gegenstande zum andern leiten können, daß das Licht, welches zwischen unserm Auge und den Weltkörpern spielt, eine mittelbare Gemeinschaft zwischen uns und diesen bewirken und dadurch das Zugleichsein der letzteren beweisen, daß wir keinen Ort empirisch verändern (diese Veränderung wahrnehmen) können, ohne daß uns allerwärts Materie die Wahrnehmung unserer Stelle möglich mache, und diese nur vermittelst ihres wechselseitigen Einflusses ihr Zugleichsein und dadurch bis zu den entlegensten Gegenständen die Coexistenz derselben (obzwar nur mittelbar) darthun kann. Ohne Gemeinschaft ist jede Wahrnehmung (der Erscheinung im Raume) von der andern abgebrochen, und die Kette empirischer Vorstellungen, d.i. Erfahrung, würde bei einem neuen Object ganz von vorne anfangen, ohne daß die vorige damit im geringsten zusammenhängen oder im Zeitverhältnisse stehen könnte. Den leeren Raum will ich hiedurch gar nicht widerlegen: denn der mag immer sein, wohin Wahrnehmungen gar nicht reichen, und also keine empirische Erkenntniß des Zugleichseins stattfindet; er ist aber alsdann für alle unsere mögliche Erfahrung gar kein Object.

Zur Erläuterung kann folgendes dienen. In unserm Gemüthe müssen alle Erscheinungen, als in einer möglichen Erfahrung enthalten, in Gemeinschaft (*communio*) der Apperception stehen; und so fern die Gegenstände als zugleich existirend verknüpft vorgestellt werden sollen, so müssen sie ihre Stelle in einer Zeit wechselseitig bestimmen und dadurch ein Ganzes ausmachen. Soll diese subjective Gemeinschaft auf einem objectiven Grunde beruhen, oder auf Erscheinungen als Substanzen bezogen werden, so muß die Wahrnehmung der einen als Grund die Wahrnehmung der andern und so umgekehrt möglich machen, damit die Succession, die jederzeit in den Wahrnehmungen als Apprehensionen ist, nicht den Objecten beigelegt werde, sondern diese als zugleich existirend vorgestellt werden können. Dieses ist aber ein wechselseitiger Einfluß, d.i. eine reale Gemeinschaft (*commercium*) der Substanzen, ohne welche also das empirische Verhältniß des Zugleichseins nicht in der Erfahrung stattfinden könnte. Durch dieses Commercium machen die Erscheinungen, so fern sie außer einander und doch in Verknüpfung stehen, ein Zusammengesetztes aus (*compositum reale*), und dergleichen Composita werden auf mancherlei Art möglich. Die drei dynamischen Verhältnisse, daraus alle übrige entspringen, sind daher das der Inhärenz, der Consequenz und der Composition.

* * *

Dies sind denn also die drei Analogien der Erfahrung. Sie sind nichts andres, als Grundsätze der Bestimmung des Daseins der Erscheinungen in der Zeit nach allen drei *modis* derselben, dem Verhältnisse zu der Zeit selbst als einer Größe (die Größe des Daseins, d.i. die Dauer), dem Verhältnisse in der Zeit als einer Reihe (nach einander), endlich auch in ihr als einem Inbegriff alles Daseins (zugleich). Diese Einheit der Zeitbestimmung ist durch und durch dynamisch, d.i. die Zeit wird nicht als dasjenige angesehen, worin die Erfahrung unmittelbar jedem Dasein seine Stelle bestimmte, welches unmöglich ist, weil die absolute Zeit kein Gegenstand der Wahrnehmung ist, womit Erscheinungen könnten zusammengehalten werden; sondern die Regel des Verstandes, durch welche allein das Dasein der Erscheinungen synthetische Einheit nach Zeitverhältnissen bekommen kann, bestimmt jeder derselben ihre Stelle in der Zeit, mithin *a priori* und gültig für alle und jede Zeit.

Unter Natur (im empirischen Verstande) verstehen wir den Zusammenhang der Erscheinungen ihrem Dasein nach nach nothwendigen Regeln, d.i. nach Gesetzen. Es sind also gewisse Gesetze und zwar *a priori*, welche allererst eine Natur möglich machen; die empirischen können nur vermittelst der Erfahrung und zwar zufolge jener ursprünglichen Gesetze, nach welchen selbst Erfahrung allererst möglich wird, stattfinden und gefunden werden. Unsere Analogien stellen also eigentlich die Natureinheit im Zusammenhange aller Erscheinungen unter gewissen Exponenten dar, welche nichts anders ausdrücken, als das Verhältniß der Zeit (so fern sie alles Dasein in sich begreift) zur Einheit der Apperception, die nur in der Synthesis nach Regeln stattfinden kann. Zusammen sagen sie also: alle Erscheinungen liegen in einer Natur und müssen darin liegen, weil ohne diese Einheit *a priori* keine Einheit der Erfahrung, mithin auch keine Bestimmung der Gegenstände in derselben möglich wäre.

Über die Beweisart aber, deren wir uns bei diesen transscendentalen Naturgesetzen bedient haben, und die Eigenthümlichkeit derselben ist eine Anmerkung zu machen, die zugleich als Vorschrift für jeden andern Versuch, intellectuelle und zugleich synthetische Sätze *a priori* zu beweisen, sehr wichtig sein muß. Hätten wir diese Analogien dogmatisch, d.i. aus Begriffen beweisen wollen: daß nämlich alles, was existirt, nur in dem angetroffen werde, was beharrlich ist, daß jede Begebenheit etwas im vorigen Zustande voraussetze, worauf sie nach einer Regel folgt, endlich in dem Mannigfaltigen, das zugleich ist, die Zustände in Beziehung auf einander nach einer Regel zugleich seien (in Gemeinschaft stehen), so wäre alle Bemühung gänzlich vergeblich gewesen. Denn man kann von einem Gegenstande und dessen Dasein auf das Dasein des andern oder seine Art zu existiren durch bloße Begriffe dieser Dinge gar nicht kommen, man mag dieselbe zergliedern, wie man wolle. Was blieb uns nun übrig? Die Möglichkeit der Erfahrung als einer Erkenntniß, darin uns alle Gegenstände zuletzt müssen gegeben werden können, wenn ihre Vorstellung für uns objective Realität haben soll. In diesem Dritten nun, dessen wesentliche Form in der synthetischen Einheit der Apperception aller Erscheinungen besteht, fanden wir Bedingungen *a priori* der durchgängigen und nothwendigen Zeitbestimmung alles Daseins in der Erscheinung, ohne welche selbst die empirische Zeitbestimmung unmöglich sein würde, und fanden Regeln der synthetischen Einheit *a priori*, vermittelst deren wir die Erfahrung anticipiren konnten. In Ermangelung dieser Methode und bei dem Wahne, synthetische Sätze, welche der Erfahrungsgebrauch des Verstandes als seine Principien empfiehlt, dogmatisch beweisen zu wollen, ist es denn geschehen, daß von dem Satze des zureichenden Grundes so oft, aber immer vergeblich ein Beweis ist versucht worden. An die beide übrige Analogien hat niemand gedacht, ob man sich ihrer gleich immer stillschweigend bediente,* weil der

* Die Einheit des Weltganzen, in welchem alle Erscheinungen verknüpft sein sollen, ist offenbar eine bloße Folgerung des insgeheim angenommenen Grundsatzes der Gemeinschaft aller Substanzen, die zugleich sind: denn wären sie isolirt, so würden sie

Leitfaden der Kategorien fehlte, der allein jede Lücke des Verstandes sowohl in Begriffen als Grundsätzen entdecken und merklich machen kann.

4.

Die Postulate des empirischen Denkens überhaupt.

1. Was mit den formalen Bedingungen der Erfahrung (der Anschauung und den Begriffen nach) übereinkommt, ist möglich.
2. Was mit den materialen Bedingungen der Erfahrung (der Empfindung) zusammenhängt, ist wirklich.
3. Dessen Zusammenhang mit dem Wirklichen nach allgemeinen Bedingungen der Erfahrung bestimmt ist, ist (existirt) nothwendig.

Erläuterung.

Die Kategorien der Modalität haben das Besondere an sich: daß sie den Begriff, dem sie als Prädicate beigefügt werden, als Bestimmung des Objects nicht im mindesten vermehren, sondern nur das Verhältniß zum Erkenntnißvermögen aus-

---

nicht als Theile ein Ganzes ausmachen und wäre ihre Verknüpfung (Wechselwirkung des Mannigfaltigen) nicht schon um des Zugleichseins willen nothwendig, so könnte man aus diesem als einem bloß idealen Verhältniß auf jene als ein reales nicht schließen. Wiewohl wir an seinem Ort gezeigt haben: daß die Gemeinschaft eigentlich der Grund der Möglichkeit einer empirischen Erkenntniß der Coexistenz sei, und daß man also eigentlich nur aus dieser auf jene als ihre Bedingung zurück schließe.

drücken. Wenn der Begriff eines Dinges schon ganz vollständig ist, so kann ich doch noch von diesem Gegenstande fragen, ob er bloß möglich oder auch wirklich, oder, wenn er das letztere ist, ob er gar auch nothwendig sei? Hiedurch werden keine Bestimmungen mehr im Objecte selbst gedacht, sondern es frägt sich nur, wie es sich (sammt allen seinen Bestimmungen) zum Verstande und dessen empirischen Gebrauche, zur empirischen Urtheilskraft und zur Vernunft (in ihrer Anwendung auf Erfahrung) verhalte.

Eben um deswillen sind auch die Grundsätze der Modalität nichts weiter, als Erklärungen der Begriffe der Möglichkeit, Wirklichkeit und Nothwendigkeit in ihrem empirischen Gebrauche und hiemit zugleich Restrictionen aller Kategorien auf den bloß empirischen Gebrauch, ohne den transscendentalen zuzulassen und zu erlauben. Denn wenn diese nicht eine bloß logische Bedeutung haben und die Form des Denkens analytisch ausdrücken sollen, sondern Dinge und deren Möglichkeit, Wirklichkeit oder Nothwendigkeit betreffen sollen, so müssen sie auf die mögliche Erfahrung und deren synthetische Einheit gehen, in welcher allein Gegenstände der Erkenntniß gegeben werden.

Das Postulat der Möglichkeit der Dinge fordert also, daß der Begriff derselben mit den formalen Bedingungen einer Erfahrung überhaupt zusammenstimme. Diese, nämlich die objective Form der Erfahrung überhaupt, enthält aber alle Synthesis, welche zur Erkenntniß der Objecte erfordert wird. Ein Begriff, der eine Synthesis in sich faßt, ist für leer zu halten und bezieht sich auf keinen Gegenstand, wenn diese Synthesis nicht zur Erfahrung gehört, entweder als von ihr erborgt, und dann heißt er ein empirischer Begriff, oder als eine solche, auf der als Bedingung *a priori* Erfahrung überhaupt (die Form derselben) beruht, und dann ist es ein reiner Begriff, der dennoch zur Erfahrung gehört, weil sein Object nur in dieser angetroffen werden kann. Denn wo will man den Charakter der Möglichkeit eines Gegenstandes, der durch einen synthetischen Begriff *a priori* gedacht worden, hernehmen, wenn es nicht von der Synthesis geschieht, welche die Form der empirischen Erkenntniß der Objecte ausmacht? Daß in einem solchen Begriffe kein Widerspruch enthalten sein müsse, ist zwar eine nothwendige logische Bedingung; aber zur objectiven Realität des Begriffs, d.i. der Möglichkeit eines solchen Gegenstandes, als durch den Begriff gedacht wird, bei weitem nicht genug. So ist in dem Begriffe einer Figur, die in zwei geraden Linien eingeschlossen ist, kein Widerspruch, denn die Begriffe von zwei geraden Linien und deren Zusammenstoßung enthalten keine Verneinung einer Figur; sondern die Unmöglichkeit beruht nicht auf dem Begriffe an sich selbst, sondern der Construction desselben im Raume, d.i. den Bedingungen des Raumes und der Bestimmung desselben; diese haben aber wiederum ihre objective Realität, d.i. sie gehen auf mögliche Dinge, weil sie die Form der Erfahrung überhaupt *a priori* in sich enthalten.

Und nun wollen wir den ausgebreiteten Nutzen und Einfluß dieses Postulats der Möglichkeit vor Augen legen. Wenn ich mir ein Ding vorstelle, das beharrlich ist, so daß alles, was da wechselt, bloß zu seinem Zustande gehört, so kann ich niemals aus einem solchen Begriffe allein erkennen, daß ein dergleichen Ding möglich sei. Oder ich stelle mir etwas vor, welches so beschaffen sein soll, daß, wenn es gesetzt wird, jederzeit und unausbleiblich etwas anderes darauf erfolgt, so mag dieses allerdings ohne Widerspruch so gedacht werden können; ob aber dergleichen Eigenschaft (als Causalität) an irgend einem möglichen Dinge angetroffen werde, kann dadurch nicht geurtheilt werden. Endlich kann ich mir verschiedene Dinge (Substanzen) vorstellen, die so beschaffen sind, daß der Zustand des einen eine Folge im Zustande des andern nach sich zieht und so wechselweise; aber ob dergleichen Verhältniß irgend Dingen zukommen könne, kann aus diesen Begriffen, welche eine bloß willkürliche Synthesis enthalten, gar nicht abgenommen werden. Nur daran also, daß diese Begriffe die Verhältnisse der Wahrnehmungen in jeder Erfahrung *a priori* ausdrücken, erkennt man ihre objective Realität, d.i. ihre transscendentale Wahrheit, und zwar freilich unabhängig von der Erfahrung, aber doch nicht unabhängig von aller Beziehung auf die Form einer Erfahrung überhaupt und die synthetische Einheit, in der allein Gegenstände empirisch können erkannt werden.

Wenn man sich aber gar neue Begriffe von Substanzen, von Kräften, von Wechselwirkungen aus dem Stoffe, den uns die Wahrnehmung darbietet, machen wollte, ohne von der Erfahrung selbst das Beispiel ihrer Verknüpfung zu entleeren: so würde man in lauter Hirngespinste gerathen, deren Möglichkeit ganz und gar kein Kennzeichen für sich hat, weil man bei ihnen nicht Erfahrung zur Lehrerin annimmt, noch diese Begriffe von ihr entlehnt. Dergleichen gedichtete Begriffe können den Charakter ihrer Möglichkeit nicht so, wie die Kategorien, *a priori* als Bedingungen, von denen alle Erfahrung abhängt, sondern nur *a posteriori* als solche, die durch die Erfahrung selbst gegeben werden, bekommen, und ihre Möglichkeit muß entweder *a posteriori* und empirisch, oder sie kann gar nicht erkannt werden. Eine Substanz, welche beharrlich im Raume gegenwärtig wäre, doch ohne ihn zu erfüllen (wie dasjenige Mittelding zwischen Materie und denkenden Wesen, welches einige haben einführen wollen), oder eine besondere Grundkraft unseres Gemüths, das Künftige zum voraus a n z u s c h a u e n (nicht etwa bloß zu folgern), oder endlich ein Vermögen desselben, mit andern Menschen in Gemeinschaft der Gedanken zu stehen (so entfernt sie auch sein mögen): das sind Begriffe, deren Möglichkeit ganz grundlos ist, weil sie nicht auf Erfahrung und deren bekannte Gesetze gegründet werden kann und ohne sie eine willkürliche Gedankenverbindung ist, die, ob sie zwar keinen Widerspruch enthält, doch keinen Anspruch auf objective Realität, mithin auf die Möglichkeit eines solchen Gegenstandes, als man sich hier denken will, machen kann. Was Realität betrifft, so verbietet es sich wohl von selbst, sich eine solche *in concreto* zu denken, ohne die Erfahrung zu Hülfe zu nehmen: weil sie nur auf die Empfindung, als Materie der Erfahrung, gehen kann und nicht die Form des Verhältnisses betrifft, mit der man allenfalls in Erdichtungen spielen könnte.

Aber ich lasse alles vorbei, dessen Möglichkeit nur aus der Wirklichkeit in der Erfahrung kann abgenommen werden, und erwäge hier nur die Möglichkeit der Dinge durch Begriffe *a priori*, von denen ich fortfahre zu behaupten, daß sie niemals aus solchen Begriffen für sich allein, sondern jederzeit nur als formale und objective Bedingungen einer Erfahrung überhaupt stattfinden können.

Es hat zwar den Anschein, als wenn die Möglichkeit eines Triangels aus seinem Begriffe an sich selbst könne erkannt werden (von der Erfahrung ist er gewiß unabhängig); denn in der That können wir ihm gänzlich *a priori* einen Gegenstand geben, d.i. ihn construiren. Weil dieses aber nur die Form von einem Gegenstande ist, so würde er doch immer nur ein Product der Einbildung bleiben, von dessen Gegenstand die Möglichkeit noch zweifelhaft bliebe, als wozu noch etwas mehr erfordert wird, nämlich daß eine solche Figur unter lauter Bedingungen, auf denen alle Gegenstände der Erfahrung beruhen, gedacht sei. Daß nun der Raum eine formale Bedingung *a priori* von äußeren Erfahrungen sei, daß eben dieselbe bildende Synthesis, wodurch wir in der Einbildungskraft einen Triangel construiren, mit derjenigen gänzlich einerlei ist, welche wir in der Apprehension einer Erscheinung ausüben, um uns davon einen Erfahrungsbegriff zu machen: das ist es allein, was mit diesem Begriffe die Vorstellung von der Möglichkeit eines solchen Dinges verknüpft. Und so ist die Möglichkeit continuirlicher Größen, ja sogar der Größen überhaupt, weil die Begriffe davon insgesammt synthetisch sind, niemals aus den Begriffen selbst, sondern aus ihnen als formalen Bedingungen der Bestimmung der Gegenstände in der Erfahrung überhaupt allererst klar; und wo sollte man auch Gegenstände suchen wollen, die den Begriffen correspondirten, wäre es nicht in der Erfahrung, durch die uns allein Gegenstände gegeben werden? Wiewohl wir, ohne eben Erfahrung selbst voranzuschicken, bloß in Beziehung auf die formalen Bedingungen, unter welchen in ihr überhaupt etwas als Gegenstand bestimmt wird, mithin völlig *a priori*, aber doch nur in Beziehung auf sie und innerhalb ihren Grenzen die Möglichkeit der Dinge erkennen und charakterisiren können.

Das Postulat, die Wirklichkeit der Dinge zu erkennen, fordert Wahrnehmung, mithin Empfindung, deren man sich bewußt ist; zwar nicht eben unmittelbar von dem Gegenstande selbst, dessen Dasein erkannt werden soll, aber doch Zusammenhang desselben mit irgend einer wirklichen Wahrnehmung nach den Analogien der Erfahrung, welche alle reale Verknüpfung in einer Erfahrung überhaupt darlegen.

In dem bloßen Begriffe eines Dinges kann gar kein Charakter seines Daseins angetroffen werden. Denn ob derselbe gleich noch so vollständig sei, daß nicht das mindeste ermangele, um ein Ding mit allen seinen innern Bestimmungen zu denken, so hat das Dasein mit allem diesem doch gar nichts zu thun, sondern nur mit der Frage: ob ein solches Ding uns gegeben sei, so daß die Wahrnehmung desselben vor dem Begriffe allenfalls vorhergehen könne. Denn daß der Begriff vor der Wahrnehmung vorhergeht, bedeutet dessen bloße Möglichkeit; die Wahrnehmung aber, die den Stoff zum Begriff hergiebt, ist der einzige Charakter der Wirklichkeit. Man kann aber auch vor der Wahrnehmung des Dinges und also comparative *a priori* das Dasein desselben erkennen, wenn es nur mit einigen Wahrnehmungen nach den Grundsätzen der empirischen Verknüpfung derselben (den Analogien) zusammenhängt. Denn alsdann hängt doch das Dasein des Dinges mit unsern Wahrnehmungen in einer möglichen Erfahrung zusammen und wir können nach dem Leitfaden jener Analogien von unserer wirklichen Wahrnehmung zu dem Dinge in der Reihe möglicher Wahrnehmungen gelangen. So erkennen wir das Dasein einer alle Körper durchdringenden magnetischen Materie aus der Wahrnehmung des gezogenen Eisenfeiligs, obzwar eine unmittelbare Wahrnehmung dieses Stoffs uns nach der Beschaffenheit unserer Organen unmöglich ist. Denn überhaupt würden wir nach Gesetzen der Sinnlichkeit und dem Context unserer Wahrnehmungen in einer Erfahrung auch auf die unmittelbare empirische Anschauung derselben stoßen; wenn unsere Sinnen feiner wären, deren Grobheit die Form möglicher Erfahrung überhaupt nichts angeht. Wo also Wahrnehmung und deren Anhang nach empirischen Gesetzen hinreicht, dahin reicht auch unsere Erkenntniß vom Dasein der Dinge. Fangen wir nicht von Erfahrung an, oder gehen wir nicht nach Gesetzen des empirischen Zusammenhanges der Erscheinungen fort, so machen wir uns vergeblich Staat, das Dasein irgend eines Dinges errathen oder erforschen zu wollen. Einen mächtigen Einwurf aber wider diese Regeln, das Dasein mittelbar zu beweisen, macht der Idealism, dessen Widerlegung hier an der rechten Stelle ist.

* * *

Widerlegung des Idealismus.

Der Idealism (ich verstehe den materialen) ist die Theorie, welche das Dasein der Gegenstände im Raum außer uns entweder bloß für zweifelhaft und unerweislich, oder für falsch und unmöglich erklärt; der erstere ist der problematische des Cartesius, der nur eine empirische Behauptung (*assertio*), nämlich: Ich bin, für ungezweifelt erklärt; der zweite ist der dogmatische des Berkeley, der den Raum mit allen den Dingen, welchen er als unabtrennliche Bedingung anhängt, für etwas, was an sich selbst unmöglich sei, und darum auch die Dinge im Raum für bloße Einbildungen erklärt. Der dogmatische Idealism ist unvermeidlich, wenn man den Raum als Eigenschaft, die den Dingen an sich selbst zukommen soll, ansieht; denn da ist er mit allem, dem er zur Bedingung dient, ein Unding. Der Grund zu diesem Idealism aber ist von uns in der transscendentalen Ästhetik gehoben. Der problematische, der nichts hierüber behauptet, sondern nur das Unvermögen, ein Dasein außer dem unsrigen durch unmittelbare Erfahrung zu beweisen, vorgiebt, ist vernünftig und einer gründlichen philosophischen Denkungsart gemäß:

nämlich, bevor ein hinreichender Beweis gefunden worden, kein entscheidendes Urtheil zu erlauben. Der verlangte Beweis muß also darthun, daß wir von äußeren Dingen auch Erfahrung und nicht bloß Einbildung haben; welches wohl nicht anders wird geschehen können, als wenn man beweisen kann, daß selbst unsere innere dem Cartesius unbezweifelte Erfahrung nur unter Voraussetzung äußerer Erfahrung möglich sei.

Lehrsatz.

Das bloße, aber empirisch bestimmte Bewußtsein meines eigenen Daseins beweiset das Dasein der Gegenstände im Raum außer mir.

Beweis.

Ich bin mir meines Daseins als in der Zeit bestimmt bewußt. Alle Zeitbestimmung setzt etwas Beharrliches in der Wahrnehmung voraus. Dieses Beharrliche aber kann nicht etwas in mir sein, weil eben mein Dasein in der Zeit durch dieses Beharrliche allererst bestimmt werden kann. Also ist die Wahrnehmung dieses Beharrlichen nur durch ein D in g außer mir und nicht durch die bloße Vorstellung eines Dinges außer mir möglich. Folglich ist die Bestimmung meines Daseins in der Zeit nur durch die Existenz wirklicher Dinge, die ich außer mir wahrnehme, möglich. Nun ist das Bewußtsein in der Zeit mit dem Bewußtsein der Möglichkeit dieser Zeitbestimmung nothwendig verbunden: also ist es auch mit der Existenz der Dinge außer mir, als Bedingung der Zeitbestimmung, nothwendig verbunden; d.i. das Bewußtsein meines eigenen Daseins ist zugleich ein unmittelbares Bewußtsein des Daseins anderer Dinge außer mir.

Anmerkung 1. Man wird in dem vorhergehenden Beweise gewahr; daß das Spiel, welches der Idealism trieb, ihm mit mehrerem Rechte umgekehrt vergolten wird. Dieser nahm an, daß die einzige unmittelbare Erfahrung die innere sei, und daraus auf äußere Dinge nur geschlossen werde, aber, wie allemal, wenn man aus gegebenen Wirkungen auf bestimmte Ursachen schließt, nur unzuverlässig, weil auch in uns selbst die Ursache der Vorstellungen liegen kann, die wir äußeren Dingen vielleicht fälschlich zuschreiben. Allein hier wird bewiesen, daß äußere Erfahrung eigentlich unmittelbar sei,* daß nur vermittelst ihrer zwar nicht das Bewußtsein unserer eigenen Existenz, aber doch die Bestimmung derselben in der Zeit, d.i. innere Erfahrung, möglich sei. Freilich ist die Vorstellung: ich bin, die das Bewußtsein ausdrückt, welches alles Denken begleiten kann, das, was unmittelbar die Existenz eines Subjects in sich schließt, aber noch keine Erkenntniß desselben, mithin auch nicht empirische, d.i. Erfahrung; denn dazu gehört

---

* Das unmittelbare Bewußtsein des Daseins äußerer Dinge wird in dem vorstehenden Lehrsatz nicht vorausgesetzt, sondern bewiesen, die Möglichkeit dieses Bewußtseins mögen wir einsehen, oder nicht. Die Frage wegen der letzteren würde sein: ob wir nur einen inneren Sinn, aber keinen äußeren, sondern bloß äußere Einbildung hätten. Es ist aber klar, daß, um uns auch nur etwas als äußerlich einzubilden, d.i. dem Sinne in der Anschauung darzustellen, wir schon einen äußeren Sinn haben und dadurch die bloße Receptivität einer äußeren Anschauung von der Spontaneität, die jede Einbildung charakterisirt, unmittelbar unterscheiden müssen. Denn sich auch einen äußeren Sinn bloß einzubilden, würde das Anschauungsvermögen, welches durch die Einbildungskraft bestimmt werden soll, selbst vernichten.

außer dem Gedanken von etwas Existirendem noch Anschauung und hier innere, in Ansehung deren, d.i. der Zeit, das Subject bestimmt werden muß, wozu durchaus äußere Gegenstände erforderlich sind, so daß folglich innere Erfahrung selbst nur mittelbar und nur durch äußere möglich ist.

Anmerkung 2. Hiemit stimmt nun aller Erfahrungsgebrauch unseres Erkenntnißvermögens in Bestimmung der Zeit vollkommen überein. Nicht allein, daß wir alle Zeitbestimmung nur durch den Wechsel in äußeren Verhältnissen (die Bewegung) in Beziehung auf das Beharrliche im Raume (z.B. Sonnenbewegung in Ansehung der Gegenstände der Erde) wahrnehmen können, so haben wir sogar nichts Beharrliches, was wir dem Begriffe einer Substanz als Anschauung unterlegen könnten, als bloß die Materie, und selbst diese Beharrlichkeit wird nicht aus äußerer Erfahrung geschöpft, sondern *a priori* als nothwendige Bedingung aller Zeitbestimmung, mithin auch als Bestimmung des inneren Sinnes in Ansehung unseres eigenen Daseins durch die Existenz äußerer Dinge vorausgesetzt. Das Bewußtsein meiner selbst in der Vorstellung Ich ist gar keine Anschauung, sondern eine bloß intellectuelle Vorstellung der Selbstthätigkeit eines denkenden Subjects. Daher hat dieses Ich auch nicht das mindeste Prädicat der Anschauung, welches als beharrlich der Zeitbestimmung im inneren Sinne zum Correlat dienen könnte; wie etwa Undurchdringlichkeit an der Materie als empirischer Anschauung ist.

Anmerkung 3. Daraus, daß die Existenz äußerer Gegenstände zur Möglichkeit eines bestimmten Bewußtseins unserer selbst erfordert wird, folgt nicht, daß jede anschauliche Vorstellung äußerer Dinge zugleich die Existenz derselben einschließe, denn jene kann gar wohl die bloße Wirkung der Einbildungskraft (in Träumen sowohl als im Wahnsinn) sein; sie ist es aber bloß durch die Reproduction ehemaliger äußerer Wahrnehmungen, welche, wie gezeigt worden, nur durch die Wirklichkeit äußerer Gegenstände möglich sind. Es hat hier nur bewiesen werden sollen, daß innere Erfahrung überhaupt nur durch äußere Erfahrung überhaupt möglich sei. Ob diese oder jene vermeinte Erfahrung nicht bloße Einbildung sei, muß nach den besonderen Bestimmungen derselben und durch Zusammenhaltung mit den Kriterien aller wirklichen Erfahrung ausgemittelt werden.

* * *

Was endlich das d r i t t e Postulat betrifft, so geht es auf die materiale Nothwendigkeit im Dasein und nicht die bloß formale und logische in Verknüpfung der Begriffe. Da nun keine Existenz der Gegenstände der Sinne völlig *a priori* erkannt werden kann, aber doch comparative *a priori* relativisch auf ein anderes, schon gegebenes Dasein, man gleichwohl aber auch alsdann nur auf diejenige Existenz kommen kann, die irgendwo in dem Zusammmenhange der Erfahrung, davon die gegebene Wahrnehmung ein Theil ist, enthalten sein muß: so kann die Nothwendigkeit der Existenz niemals aus Begriffen, sondern jederzeit nur aus der Verknüpfung mit demjenigen, was wahrgenommen wird, nach allgemeinen Gesetzen der Erfahrung erkannt werden. Da ist nun kein Dasein, was unter der Bedingung anderer gegebener Erscheinungen als nothwendig erkannt werden könnte, als das Dasein der Wirkungen aus gegebenen Ursachen nach Gesetzen der Causalität. Also ist es nicht das Dasein der Dinge (Substanzen), sondern ihres Zustandes, wovon wir allein die Nothwendigkeit erkennen können und zwar aus anderen Zuständen, die in der Wahrnehmung gegeben sind, nach empirischen. Gesetzen der Causalität. Hieraus folgt, daß das Kriterium der Nothwendigkeit lediglich in dem Gesetze der möglichen Erfahrung liege: daß alles, was ge schieht, durch seine Ursache in der Erscheinung *a priori* bestimmt sei. Daher erkennen wir nur die Nothwendigkeit der Wirkungen in der Natur, deren Ursachen uns gegeben sind; und das Merkmal der Nothwendigkeit im Dasein reicht nicht weiter als das Feld möglicher Erfahrung, und selbst in diesem gilt es nicht von der Existenz der Dinge als Substanzen, weil diese niemals als empirische Wirkungen oder etwas, das geschieht und entsteht, können angesehen werden. Die Nothwendigkeit betrifft also nur die Verhältnisse der Erscheinungen nach dem dynamischen Gesetze der Causalität und die darauf sich gründende Möglichkeit, aus irgend einem gegebenen Dasein (einer Ursache) *a priori* auf ein anderes Dasein (der Wirkung) zu schließen. Alles, was geschieht, ist hypothetisch nothwendig; das ist ein Grundsatz, welcher die Veränderung in der Welt einem Gesetze unterwirft, d.i. einer Regel des nothwendigen Daseins, ohne welche gar nicht einmal Natur stattfinden würde. Daher ist der Satz: nichts geschieht durch ein blindes Ungefähr (*in mundo non datur casus*), ein Naturgesetz *a priori*; imgleichen: keine Nothwendigkeit in der Natur ist blinde, sondern bedingte, mithin verständliche Nothwendigkeit (*non datur fatum*). Beide sind solche Gesetze, durch welche das Spiel der Veränderungen einer Natur der Dinge (als Erscheinungen) unterworfen wird, oder, welches einerlei ist, der Einheit des Verstandes, in welchem sie allein zu einer Erfahrung als der synthetischen Einheit der Erscheinungen gehören können. Diese beide Grundsätze gehören zu den dynamischen. Der erstere ist eigentlich eine Folge des Grundsatzes von der Causalität (unter den Analogien der Erfahrung). Der zweite gehört zu den Grundsätzen der Modalität, welche zu der Causalbestimmung noch den Begriff der Nothwendigkeit, die aber unter einer Regel des Verstandes steht, hinzu thut. Das Princip der Continuität verbot in der Reihe der Erscheinungen (Veränderungen) allen Absprung (*in mundo non datur saltus*), aber auch in dem Inbegriff aller empirischen Anschauungen im Raume alle Lücke oder Kluft zwischen zwei Erscheinungen (*non datur hiatus*); denn so kann man den Satz ausdrücken: daß in die Erfahrung nichts hinein kommen kann, was ein *vacuum* bewiese, oder auch nur als einen Theil der empirischen Synthesis zuließe. Denn was das Leere betrifft, welches man sich außerhalb dem Felde möglicher Erfahrung (der Welt) denken mag, so gehört dieses nicht vor die Gerichtsbarkeit des bloßen Verstandes, welcher nur über die Fragen entscheidet, die die Nutzung gegebener Erscheinungen zur empirischen Erkenntniß betreffen, und ist eine Aufgabe für die idealische Vernunft, die noch über die Sphäre einer möglichen Erfahrung hinausgeht und von dem urtheilen will, was diese selbst umgiebt und begrenzt, muß daher in der transscendentalen Dialektik erwogen werden. Diese vier Sätze (*in mundo non datur hiatus, non datur saltus, non datur casus, non datur fatum*) könnten wir leicht, so wie alle Grundsätze transscendentalen Ursprungs, nach ihrer Ordnung gemäß der Ordnung der Kategorien vorstellig machen und jedem seine Stelle beweisen, allein, der schon geübte Leser wird dieses von selbst thun, oder den Leitfaden dazu leicht entdecken. Sie vereinigen sich aber alle lediglich dahin, um in der empirischen Synthesis nichts zuzulassen, was dem Verstande und dem continuirlichen Zusammenhange aller Erscheinungen, d.i. der Einheit seiner Begriffe, Abbruch oder Eintrag thun könnte. Denn er ist es allein, worin die Einheit der Erfahrung, in der alle Wahrnehmungen ihre Stelle haben müssen, möglich wird.

Ob das Feld der Möglichkeit größer sei als das Feld, was alles Wirkliche enthält, dieses aber wiederum größer als die Menge desjenigen, was nothwendig ist, das sind artige Fragen und zwar von synthetischer Auflösung, die aber auch nur der Gerichtsbarkeit der Vernunft anheim fallen; denn sie wollen ungefähr so viel sagen, als ob alle Dinge als Erscheinungen insgesammt in den Inbegriff und den Context einer einzigen Erfahrung gehören, von der jede gegebene Wahrnehmung ein Theil ist, der also mit keinen andern Erscheinungen könne verbunden werden, oder ob meine Wahrnehmungen zu mehr als einer möglichen Erfahrung (in ihrem allgemeinen Zusammenhange) gehören können. Der Verstand giebt *a priori* der Erfahrung überhaupt nur die Regel nach den subjectiven und formalen Bedingungen sowohl der Sinnlichkeit als der Apperception, welche sie allein möglich machen. Andere Formen der Anschauung (als Raum und Zeit), imgleichen andere Formen des Verstandes (als die discursive des Denkens oder der Erkenntniß durch Begriffe), ob sie gleich möglich wären, können wir uns doch auf keinerlei Weise erdenken und faßlich machen; aber wenn wir es auch könnten, so würden sie doch nicht zur Erfahrung als dem einzigen Erkenntniß gehören, worin uns Gegenstände gegeben werden. Ob andere Wahrnehmungen, als überhaupt zu unserer gesammten möglichen Erfahrung gehören, und also ein ganz anderes Feld der Materie noch stattfinden könne, kann der Verstand nicht entscheiden, er hat es nur mit der Synthesis dessen zu thun, was gegeben ist. Sonst ist die Armseligkeit unserer gewöhnlichen Schlüsse, wodurch wir ein großes Reich der Möglichkeit herausbringen, davon alles Wirkliche (aller Gegenstand der Erfahrung) nur ein kleiner

Theil sei, sehr in die Augen fallend. Alles Wirkliche ist möglich; hieraus folgt natürlicher Weise nach den logischen Regeln der Umkehrung der bloß particulare Satz: einiges Mögliche ist wirklich, welches denn so viel zu bedeuten scheint, als: es ist vieles möglich, was nicht wirklich ist. Zwar hat es den Anschein, als könne man auch geradezu die Zahl des Möglichen über die des Wirklichen dadurch hinaussetzen, weil zu jener noch etwas hinzukommen muß, um diese auszumachen. Allein dieses Hinzukommen zum Möglichen kenne ich nicht. Denn was über dasselbe noch zugesetzt werden sollte, wäre unmöglich. Es kann nur zu meinem Verstande etwas über die Zusammenstimmung mit den formalen Bedingungen der Erfahrung, nämlich die Verknüpfung mit irgend einer Wahrnehmung hinzukommen; was aber mit dieser nach empirischen Gesetzen verknüpft ist, ist wirklich, ob es gleich unmittelbar nicht wahrgenommen wird. Daß aber im durchgängigen Zusammenhange mit dem, was mir in der Wahrnehmung gegeben ist, eine andere Reihe von Erscheinungen, mithin mehr als eine einzige alles befassende Erfahrung möglich sei, läßt sich aus dem, was gegeben ist, nicht schließen, und ohne daß irgend etwas gegeben ist, noch viel weniger, weil ohne Stoff sich überall nichts denken läßt. Was unter Bedingungen, die selbst bloß möglich sind, allein möglich ist, ist es nicht *in aller Absicht*. In dieser aber wird die Frage genommen, wenn man wissen will, ob die Möglichkeit der Dinge sich weiter erstrecke, als Erfahrung reichen kann.

Ich habe dieser Fragen nur Erwähnung gethan, um keine Lücke in demjenigen zu lassen, was der gemeinen Meinung nach zu den Verstandesbegriffen gehört. In der That ist aber die absolute Möglichkeit (die in aller Absicht gültig ist) kein bloßer Verstandesbegriff und kann auf keinerlei Weise von empirischem Gebrauche sein, sondern er gehört allein der Vernunft zu, die über allen möglichen empirischen Verstandesgebrauch hinausgeht. Daher haben wir uns hiebei mit einer bloß kritischen Anmerkung begnügen müssen, übrigens aber die Sache bis zum weiteren künftigen Verfahren in der Dunkelheit gelassen.

Da ich eben diese vierte Nummer und mit ihr zugleich das System aller Grundsätze des reinen Verstandes schließen will, so muß ich noch Grund angeben, warum ich die Principien der Modalität gerade Postulate genannt habe. Ich will diesen Ausdruck hier nicht in der Bedeutung nehmen, welche ihm einige neuere philosophische Verfasser wider den Sinn der Mathematiker, denen er doch eigentlich angehört, gegeben haben, nämlich: daß Postuliren so viel heißen solle, als einen Satz für unmittelbar gewiß ohne Rechtfertigung oder Beweis ausgeben; denn wenn wir das bei synthetischen Sätzen, so evident sie auch sein mögen, einräumen sollten, daß man sie ohne Deduction auf das Ansehen ihres eigenen Ausspruchs dem unbedingten Beifalle aufheften dürfe, so ist alle Kritik des Verstandes verloren und da es an dreusten Anmaßungen nicht fehlt, deren sich auch der gemeine Glaube (der aber kein Creditiv ist) nicht weigert: so wird unser Verstand jedem Wahne offen stehen, ohne daß er seinen Beifall den Aussprüchen versagen kann, die, obgleich unrechtmäßig, doch in eben demselben Tone der Zuversicht als wirkliche Axiomen eingelassen zu werden verlangen. Wenn also zu dem Begriffe eines Dinges eine Bestimmung *a priori* synthetisch hinzukommt, so muß von einem solchen Satze, wo nicht ein Beweis, doch wenigstens eine Deduction der Rechtmäßigkeit seiner Behauptung unnachlaßlich hinzugefügt werden.

Die Grundsätze der Modalität sind aber nicht objectiv-synthetisch, weil die Prädicate der Möglichkeit, Wirklichkeit und Nothwendigkeit den Begriff, von dem sie gesagt werden, nicht im mindesten vermehren, dadurch daß sie der Vorstellung des Gegenstandes noch etwas hinzusetzen. Da sie aber gleichwohl doch immer synthetisch sind, so sind sie es nur subjectiv, d.i. sie fügen zu dem Begriffe eines Dinges (Realen), von dem sie sonst nichts sagen, die Erkenntnißkraft hinzu, worin er entspringt und seinen Sitz hat: so daß, wenn er bloß im Verstande mit den formalen Bedingungen der Erfahrung in Verknüpfung ist, sein Gegenstand möglich heißt; ist er mit der Wahmehmung (Empfindung als Materie der Sinne) im Zusammenhange und durch dieselbe vermittelst des Verstandes bestimmt, so ist das Object wirklich; ist er durch den Zusammenhang der Wahrnehmungen nach Begriffen bestimmt, so heißt der Gegenstand nothwendig. Die Grundsätze der Modalität also sagen von einem Begriffe nichts anders, als die Handlung des Erkenntnißvermögens, dadurch er erzeugt wird. Nun heißt ein Postulat in der Mathematik der praktische Satz, der nichts als die Synthesis enthält, wodurch wir einen Gegenstand uns zuerst geben und dessen Begriff erzeugen, z.B. mit einer gegebenen Linie aus einem gegebenen Punkt auf einer Ebene einen Cirkel zu beschreiben; und ein dergleichen Satz kann darum nicht bewiesen werden, weil das Verfahren, was er fordert, gerade das ist, wodurch wir den Begriff von einer solchen Figur zuerst erzeugen. So können wir demnach mit eben demselben Rechte die Grundsätze der Modalität postuliren, weil sie ihren Begriff von Dingen überhaupt nicht vermehren,* sondern nur die Art anzeigen, wie er überhaupt mit der Erkenntnißkraft verbunden wird.

* * *

---

* D u r c h d i e W i r k l i c h k e i t eines Dinges setze ich freilich mehr als die Möglichkeit, aber nicht i n d e m D i n g e ; denn

Allgemeine Anmerkung zum System der Grundsätze.

Es ist etwas sehr Bemerkungswürdiges, daß wir die Möglichkeit keines Dinges nach der bloßen Kategorie einsehen können, sondern immer eine Anschauung bei der Hand haben müssen, um an derselben die objective Realität des reinen Verstandesbegriffs darzulegen. Man nehme z.B. die Kategorien der Relation. Wie 1) etwas nur als Subject, nicht als bloße Bestimmung anderer Dinge existiren, d.i. Substanz sein könne, oder wie 2) darum, weil etwas ist, etwas anderes sein müsse, mithin wie etwas überhaupt Ursache sein könne, oder 3) wie, wenn mehrere Dinge da sind, daraus, daß eines derselben da ist, etwas auf die übrigen und so wechselseitig folge, und auf diese Art eine Gemeinschaft von Substanzen Statt haben könne, läßt sich gar nicht aus bloßen Begriffen einsehen. Eben dieses gilt auch von den übrigen Kategorien, z.B.wie ein Ding mit vielen zusammen einerlei, d.i. eine Größe, sein könne u.s.w. So lange es also an Anschauung fehlt, weiß man nicht, ob man durch die Kategorien ein Object denkt, und ob ihnen auch überall gar irgend ein Object zukommen könne, und so bestätigt sich, daß sie für sich gar keine Erkenntnisse, sondern bloße Gedankenformen sind, um aus gegebenen Anschauungen Erkenntnisse zu machen. – Eben daher kommt es auch, daß aus bloßen Kategorien kein synthetischer Satz gemacht werden kann. Z.B. in allem Dasein ist Substanz, d.i. etwas,

---

das kann niemals mehr in der Wirklichkeit enthalten, als was in dessen vollständiger Möglichkeit enthalten war. Sondern da die Möglichkeit bloß eine Position des Dinges in Beziehung auf den Verstand (dessen empirischen Gebrauch) war, so ist die Wirklichkeit zugleich eine Verknüpfung desselben mit der Wahrnehmung.

was nur als Subject und nicht als bloßes Prädicat existiren kann; oder ein jedes Ding ist ein Quantum u.s.w., wo gar nichts ist, was uns dienen könnte, über einen gegebenen Begriff hinauszugehen und einen andern damit zu verknüpfen. Daher es auch niemals gelungen ist, aus bloßen reinen Verstandesbegriffen einen synthetischen Satz zu beweisen, z. B. den Satz: alles Zufällig-Existirende hat eine Ursache. Man konnte niemals weiter kommen, als zu beweisen, daß ohne diese Beziehung wir die Existenz des Zufälligen gar nicht begreifen, d.i. *a priori* durch den Verstand die Existenz eines solchen Dinges nicht erkennen könnten; woraus aber nicht folgt, daß eben dieselbe auch die Bedingung der Möglichkeit der Sachen selbst sei. Wenn man daher nach unserem Beweise des Grundsatzes der Causalität zurück sehen will, so wird man gewahr werden, daß wir denselben nur von Objecten möglicher Erfahrung beweisen konnten: alles, was geschieht, (eine jede Begebenheit) setzt eine Ursache voraus und zwar so, daß wir ihn auch nur als Princip der Möglichkeit der Erfahrung, mithin der Erkenntniß eines in der empirischen Anschauung gegebenen Objects und nicht aus bloßen Begriffen beweisen konnten. Daß gleichwohl der Satz, alles Zufällige müsse eine Ursache haben, doch jedermann aus bloßen Begriffen klar einleuchte, ist nicht zu leugnen; aber alsdann ist der Begriff des Zufälligen schon so gefaßt, daß er nicht die Kategorie der Modalität (als etwas, dessen Nichtsein sich denken läßt), sondern die der Relation (als etwas, das nur als Folge von einem anderen existiren kann) enthält, und da ist es freilich ein identischer Satz. Was nur als Folge existiren kann, hat seine Ursache. In der That, wenn wir Beispiele vom Zufälligen Dasein geben sollen, berufen wir uns immer auf Veränderungen und nicht bloß auf die Möglichkeit des

Gedankens vom Gegentheil.* Veränderung aber ist Begebenheit, die als solche nur durch eine Ursache möglich, deren Nichtsein also für sich möglich ist, und so erkennt man die Zufälligkeit daraus, daß etwas nur als Wirkung einer Ursache existiren kann, wird daher ein Ding als zufällig angenommen, so ist's ein analytischer Satz, zu sagen, es habe eine Ursache.

Noch merkwürdiger aber ist, daß wir, um die Möglichkeit der Dinge zu Folge der Kategorien zu verstehen und also die objective Realität der letzteren darzuthun, nicht bloß Anschauungen, sondern sogar immer äußere Anschauungen bedürfen. Wenn wir z.B. die reinen Begriffe der Relation nehmen, so finden wir, daß 1) um dem Begriffe Substanz correspondirend etwas Beharrliches in der Anschauung zu geben (und dadurch die objective Realität dieses Begriffs darzuthun), wir eine Anschauung im Raume (der Materie) bedürfen, weil der Raum allein beharrlich bestimmt ist, die Zeit aber, mithin alles,

* Man kann sich das Nichtsein der Materie leicht denken, aber die Alten folgerten daraus doch nicht ihre Zufälligkeit. Allein selbst der Wechsel des Seins und Nichtseins eines gegebenen Zustandes eines Dinges, darin alle Veränderung besteht, beweiset gar nicht die Zufälligkeit dieses Zustandes gleichsam aus der Wirklichkeit seines Gegentheils, z.B. die Ruhe eines Körpers, welche auf die Bewegung folgt, noch nicht die Zufälligkeit der Bewegung desselben daraus, weil die erstere das Gegentheil der letzteren ist. Denn dieses Gegentheil ist hier nur logisch, nicht realiter dem anderen entgegengesetzt. Man müßte beweisen, daß anstatt der Bewegung im vorhergehenden Zeitpunkte es möglich gewesen, daß der Körper damals geruht hätte, um die Zufälligkeit seiner Bewegung zu beweisen, nicht daß er hernach ruhe; denn da können beide Gegentheile gar wohl mit einander bestehen.

was im inneren Sinne ist, beständig fließt. 2) Um Veränderung, als die dem Begriffe der Causalität correspondirende Anschauung, darzustellen, müssen wir Bewegung als Veränderung im Raume zum Beispiele nehmen, ja sogar dadurch allein können wir uns Veränderungen, deren Möglichkeit kein reiner Verstand begreifen kann, anschaulich machen. Veränderung ist Verbindung contradictorisch einander entgegengesetzter Bestimmungen im Dasein eines und desselben Dinges. Wie es nun möglich sei, daß aus einem gegebenen Zustande ein ihm entgegengesetzter desselben Dinges folge, kann nicht allein keine Vernunft sich ohne Beispiel begreiflich, sondern nicht einmal ohne Anschauung verständlich machen; und diese Anschauung ist die der Bewegung eines Punkts im Raume, dessen Dasein in verschiedenen Örtern (als eine Folge entgegengesetzter Bestimmungen) zuerst uns allein Veränderung anschaulich macht; denn um uns nachher selbst innere Veränderungen denkbar zu machen, müssen wir die Zeit als die Form des inneren Sinnes figürlich durch eine Linie und die innere Veränderung durch das Ziehen dieser Linie (Bewegung), mithin die successive Existenz unser selbst in verschiedenem Zustande durch äußere Anschauung uns faßlich machen; wovon der eigentliche Grund dieser ist, daß alle Veränderung etwas Beharrliches in der Anschauung voraussetzt, um auch selbst nur als Veränderung wahrgenommen zu werden, im inneren Sinn aber gar keine beharrliche Anschauung angetroffen wird. – Endlich ist die Kategorie der Gemeinschaft ihrer Möglichkeit nach gar nicht durch die bloße Vernunft zu begreifen und also die objective Realität dieses Begriffs ohne Anschauung und zwar äußere im Raum nicht einzusehen möglich. Denn wie will man sich die Möglichkeit denken, daß, wenn mehrere Substanzen existiren, aus der Existenz der einen auf die Existenz der anderen wechselseitig etwas (als Wirkung) folgen könne, und also, weil in der ersteren etwas ist, darum auch in den anderen etwas sein müsse, was aus der Existenz der letzteren allein nicht verstanden werden kann? Denn dieses wird zur Gemeinschaft erfordert, ist aber unter Dingen, die sich ein jedes durch seine Subsistenz völlig isoliren, gar nicht begreiflich. Daher Leibniz, indem er den Substanzen der Welt, nur wie sie der Verstand allein denkt, eine Gemeinschaft beilegte, eine Gottheit zur Vermittelung brauchte; denn aus ihrem Dasein allein schien sie ihm mit Recht unbegreiflich. Wir können aber die Möglichkeit der Gemeinschaft (der Substanzen als Erscheinungen) uns gar wohl faßlich machen, wenn wir sie uns im Raume, also in der äußeren Anschauung vorstellen. Denn dieser enthält schon *a priori* formale äußere Verhältnisse als Bedingungen der Möglichkeit der realen (in Wirkung und Gegenwirkung, mithin der Gemeinschaft) in sich. - Eben so kann leicht dargethan werden, daß die Möglichkeit der Dinge als G r ö ß e n und also die objective Realität der Kategorie der Größe auch nur in der äußeren Anschauung könne dargelegt und vermittelst ihrer allein hernach auch auf den inneren Sinn angewandt werden. Allein ich muß, um Weitläufigkeit zu vermeiden, die Beispiele davon dem Nachdenken des Lesers überlassen.

Diese ganze Bemerkung ist von großer Wichtigkeit, nicht allein um unsere vorhergehende Widerlegung des Idealismus zu bestätigen, sondern vielmehr noch, um, wenn vom S e l b s t e r k e n n t n i s s e aus dem bloßen inneren Bewußtsein und der Bestimmung unserer Natur ohne Beihülfe äußerer empirischen Anschauungen die Rede sein wird, uns die Schranken der Möglichkeit einer solchen Erkenntniß anzuzeigen.

Die letzte Folgerung aus diesem ganzen Abschnitte ist also: Alle Grundsätze des reinen Verstandes sind nichts weiter als Principien *a priori* der Möglichkeit der Erfahrung, und auf die letztere allein beziehen sich auch alle synthetische Sätze *a priori*, ja ihre Möglichkeit beruht selbst gänzlich auf dieser Beziehung.

Der Transscendent. Doctrin der Urtheilskraft (Analytik der Grundsätze) Drittes Hauptstück.

Von dem Grunde der Unterscheidung aller Gegenstände überhaupt in *Phaenomena* und *Noumena.*

Wir haben jetzt das Land des reinen Verstandes nicht allein durchreiset und jeden Theil davon sorgfältig in Augenschein genommen, sondern es auch durchmessen und jedem Dinge auf demselben seine Stelle bestimmt. Dieses Land aber ist eine Insel und durch die Natur selbst in unveränderliche Grenzen eingeschlossen. Es ist das Land der Wahrheit (ein reizender Name), umgeben von einem weiten und stürmischen Oceane, dem eigentlichen Sitze des Scheins, wo manche Nebelbank und manches bald wegschmelzende Eis neue Länder lügt und, indem es den auf Entdeckungen herumschwärmenden Seefahrer unaufhörlich mit leeren Hoffnungen täuscht, ihn in Abenteuer verflechtet, von denen er niemals ablassen und sie doch auch niemals zu Ende bringen kann. Ehe wir uns aber auf dieses Meer wagen, um es nach allen Breiten zu durchsuchen und gewiß zu werden, ob etwas in ihnen zu hoffen sei, so wird es nützlich sein, zuvor noch einen Blick auf die Karte des Landes zu werfen, das wir eben verlassen wollen, und erstlich zu fragen, ob wir mit dem, was es in sich enthält, nicht allenfalls zufrieden sein könnten, oder auch aus Noth zufrieden sein müssen, wenn es sonst überall keinen Boden giebt, auf dem wir uns anbauen könnten; zweitens, unter welchem Titel wir denn selbst dieses Land besitzen und uns wider alle feindselige Ansprüche gesichert halten können. Obschon wir diese Fragen in dem Lauf der Analytik schon hinreichend beantwortet haben, so kann doch ein summarischer Überschlag ihrer Auflösungen die Überzeugung dadurch verstärken, daß er die Momente derselben in einem Punkt vereinigt.

Wir haben nämlich gesehen: daß alles, was der Verstand aus sich selbst schöpft, ohne es von der Erfahrung zu borgen, das habe er dennoch zu keinem andern Behuf, als lediglich zum Erfahrungsgebrauch. Die Grundsätze des reinen Verstandes, sie mögen nun *a priori*, constitutiv sein (wie die mathematischen), oder bloß regulativ (wie die dynamischen), enthalten nichts als gleichsam nur das reine Schema zur möglichen Erfahrung; denn diese hat ihre Einheit nur von der synthetischen Einheit, welche der Verstand der Synthesis der Einbildungskraft in Beziehung auf die Apperception ursprünglich und von selbst ertheilt, und auf welche die Erscheinungen, als *data* zu einem möglichen Erkenntnisse, schon *a priori* in Beziehung und Einstimmung stehen müssen. Ob nun aber gleich diese Verstandesregeln nicht allein *a priori* wahr sind, sondern sogar der Quell aller Wahrheit, d.i. der Übereinstimmung unserer Erkenntniß mit Objecten, dadurch daß sie den Grund der Möglichkeit der Erfahrung als des Inbegriffes aller Erkenntniß, darin uns Objecte gegeben werden mögen, in sich enthalten, so scheint es uns doch nicht genug, sich bloß dasjenige vortragen zu lassen, was wahr ist, sondern was man zu wissen begehrt. Wenn wir also durch diese kritische Untersuchung nichts mehreres lernen, als was wir im bloß empirischen Gebrauche des Verstandes auch ohne so subtile Nachforschung von selbst wohl würden ausgeübt haben, so scheint es, sei der Vortheil, den man aus ihr zieht, den Aufwand und die Zurüstung nicht werth. Nun kann man zwar hierauf antworten: daß kein Vorwitz der Erweiterung unserer Erkenntniß nachtheiliger sei als der; so den Nutzen jederzeit zum voraus wissen will, ehe man sich auf Nachforschungen einläßt, und ehe man noch sich den mindesten Begriff von diesem Nutzen machen könnte, wenn derselbe auch vor Augen gestellt würde. Allein es giebt doch einen Vortheil, der auch dem schwierigsten und unlustigsten Lehrlinge solcher transscendentalen Nachforschung begreiflich und zugleich angelegen gemacht werden kann, nämlich dieser: daß der bloß mit seinem empirischen Gebrauche beschäftigte Verstand, der über die Quellen seiner eigenen Erkenntniß nicht nachsinnt, zwar sehr gut fortkommen, eines aber gar nicht leisten könne, nämlich sich selbst die Grenzen seines Gebrauchs zu bestimmen und zu wissen, was innerhalb oder außerhalb seiner ganzen Sphäre liegen mag; denn dazu werden eben die tiefen Untersuchungen erfordert, die wir angestellt haben. Kann er aber nicht unterscheiden, ob gewisse Fragen in seinem Horizonte liegen, oder nicht, so ist er niemals seiner Ansprüche und seines Besitzes sicher, sondern darf sich nur auf vielfältige beschämende Zurechtweisungen Rechnung machen, wenn er die Grenzen seines Gebiets (wie es unvermeidlich ist) unaufhörlich überschreitet und sich in Wahn und Blendwerke verirrt.

Daß also der Verstand von allen seinen Grundsätzen *a priori*, ja von allen seinen Begriffen keinen andern als empirischen, niemals aber einen transscendentalen Gebrauch machen könne, ist ein Satz, der, wenn er mit Überzeugung erkannt werden kann, in wichtige Folgen hinaussieht. Der transscendentale Gebrauch eines Begriffs in irgend einem Grundsatze ist dieser: daß er auf Dinge überhaupt und an sich selbst, der empirische aber, wenn er bloß auf Erscheinungen, d.i. Gegenstände einer möglichen Erfahrung, bezogen wird. Daß aber überall nur der letztere stattfinden könne, ersieht man daraus. Zu jedem Begriff wird erstlich die logische Form eines Begriffs (des Denkens) überhaupt und dann zweitens auch die Möglichkeit, ihm einen Gegenstand zu geben, darauf er sich beziehe, erfordert. Ohne diesen letztern hat er keinen Sinn und ist völlig leer an Inhalt, ob er gleich noch immer die logische Function enthalten mag, aus etwaigen *datis* einen Begriff zu machen. Nun kann der Gegenstand einem Begriffe nicht anders gegeben werden, als in der Anschauung, und wenn eine reine Anschauung noch vor dem Gegenstande *a priori* möglich ist, so kann doch auch diese selbst ihren Gegenstand, mithin die objective Gültigkeit nur durch die empirische Anschauung bekommen, wovon sie die bloße Form ist. Also beziehen sich alle Begriffe und mit ihnen alle Grundsätze, so sehr sie auch *a priori* möglich sein mögen, dennoch auf empirische Anschauungen, d.i. auf *data* zur möglichen Erfahrung. Ohne dieses haben sie gar keine objective Gültigkeit, sondern sind ein bloßes Spiel, es sei der Einbildungskraft oder des Verstandes, respective mit ihren Vorstellungen. Man nehme nur die Begriffe der Mathematik zum Beispiele und zwar erstlich in ihren reinen Anschauungen. Der Raum hat drei Abmessungen, zwischen zwei Punkten kann nur eine gerade Linie sein etc. Obgleich alle diese Grundsätze und die Vorstellung des Gegenstandes, womit sich jene Wissenschaft beschäftigt, völlig *a priori* im Gemüth erzeugt werden, so würden sie doch gar nichts bedeuten, könnten wir nicht immer an Erscheinungen (empirischen Gegenständen) ihre Bedeutung darlegen. Daher erfordert man auch, einen abgesonderten Begriff sinnlich zu machen, d.i. das ihm correspondirende Object in der Anschauung darzulegen, weil ohne dieses der Begriff (wie man sagt) ohne Sinn, d.i. ohne Bedeutung, bleiben würde. Die Mathematik erfüllt diese Forderung durch die Construction der Gestalt, welche eine den Sinnen gegenwärtige (obzwar *a priori* zu Stande gebrachte) Erscheinung ist. Der Begriff der Größe sucht in eben der Wissenschaft seine Haltung und Sinn in der Zahl, diese aber an den Fingern, den Corallen des Rechenbretts, oder den Strichen und Punkten, die vor Augen gestellt werden. Der Begriff bleibt immer *a priori* erzeugt sammt den synthetischen Grundsätzen oder Formeln aus solchen Begriffen; aber der Gebrauch derselben und Beziehung auf angebliche Gegenstände kann am Ende doch nirgend, als in der Erfahrung gesucht werden, deren Möglichkeit (der Form nach) jene *a priori* enthalten.

Daß dieses aber auch der Fall mit allen Kategorien und den daraus gesponnenen Grundsätzen sei, erhellt auch daraus: daß wir sogar keine einzige derselben real definiren, d.i. die Möglichkeit ihres Objects verständlich machen können, ohne uns sofort zu Bedingungen der Sinnlichkeit, mithin der Form der Erscheinungen herabzulassen, als auf welche als ihre einzige Gegenstände sie folglich eingeschränkt sein müssen: weil, wenn man diese Bedingung wegnimmt, alle Bedeutung, d.i. Beziehung aufs Object, wegfällt, und man durch kein Beispiel sich selbst faßlich machen kann, was unter dergleichen Begriffe denn eigentlich für ein Ding gemeint sei.

Den Begriff der Größe überhaupt kann niemand erklären, als etwa so: daß sie die Bestimmung eines Dinges sei, dadurch, wie vielmal Eines in ihm gesetzt ist, gedacht werden kann. Allein dieses Wievielmal gründet sich auf die successive Wiederholung, mithin auf die Zeit und die Synthesis (des Gleichartigen) in derselben. Realität kann man im Gegensatze mit der Negation nur alsdann erklären, wenn man sich eine Zeit (als den Inbegriff von allem Sein) gedenkt, die entweder womit erfüllt, oder leer ist. Lasse ich die Beharrlichkeit (welche ein Dasein zu aller Zeit ist) weg, so bleibt mir zum Begriffe der Substanz nichts übrig, als die logische Vorstellung vom Subject, welche ich dadurch zu realisiren vermeine: daß ich mir Etwas vorstelle, welches bloß als Subject (ohne wovon ein Prädicat zu sein) stattfinden kann. Aber nicht allein, daß ich gar keine Bedingungen weiß, unter welchen denn dieser logische Vorzug irgend einem Dinge eigen sein werde: so ist auch gar nichts weiter daraus zu machen und nicht die mindeste Folgerung zu ziehen, weil dadurch gar kein Object des Gebrauchs dieses Begriffs bestimmt wird, und man also gar nicht weiß, ob dieser überall irgend etwas bedeute. Vom Begriffe der Ursache würde ich (wenn ich die Zeit weglasse, in der etwas auf etwas anderes nach einer Regel folgt) in der reinen Kategorie nichts weiterfinden, als daß es so etwas sei, woraus sich auf das Dasein eines andern schließen läßt; und es würde dadurch nicht allein Ursache und Wirkung gar nicht von einander unterschieden werden können, sondern weil dieses Schließenkönnen doch bald Bedingungen erfordert, von denen ich nichts weiß, so würde der Begriff gar keine Bestimmung haben, wie er auf irgend ein Object passe. Der vermeinte Grundsatz: alles Zufällige hat eine Ursache, tritt zwar ziemlich gravitätisch auf, als habe er seine eigene Würde in sich selbst. Allein frage ich: was versteht ihr unter Zufällig? und ihr antwortet, dessen Nichtsein möglich ist, so möchte ich gern wissen, woran ihr diese Möglichkeit des Nichtseins erkennen wollt, wenn ihr euch nicht in der Reihe der Erscheinungen eine Succession und in dieser ein Dasein, welches auf das Nichtsein folgt (oder umgekehrt), mithin einen Wechsel vorstellt; denn daß das Nichtsein eines Dinges sich selbst nicht widerspreche, ist eine lahme Berufung auf eine logische Bedingung, die zwar zum Begriffe nothwendig, aber zur realen Möglichkeit bei weitem nicht hinreichend ist; wie ich denn eine jede existirende Substanz in Gedanken aufheben kann, ohne mir selbst zu widersprechen, daraus aber auf die objective Zufälligkeit derselben in ihrem Dasein, d.i. die Möglichkeit ihres Nichtseins an sich selbst, gar nicht schließen kann. Was den Begriff der Gemeinschaft betrifft, so ist leicht zu ermessen: daß, da die reinen Kategorien der Substanz sowohl als Causalität keine das Object bestimmende Erklärung zulassen, die wechselseitige Causalität in der Beziehung der Substanzen auf einander (*commercium*) eben so wenig derselben fähig sei. Möglichkeit, Dasein und Nothwendigkeit hat noch niemand anders als durch offenbare Tautologie erklären können, wenn man ihre Definition lediglich aus dem reinen Verstande schöpfen wollte. Denn das Blendwerk, die logische Möglichkeit des Begriffs (da er sich selbst nicht widerspricht) der transscendentalen Möglichkeit der Dinge (da dem Begriff ein Gegenstand correspondirt) zu unterschieben, kann nur Unversuchte hintergehen und zufrieden stellen.*

* Mit einem Worte, alle diese Begriffe lassen sich durch nichts belegen und dadurch ihre reale Möglichkeit darthun, wenn alle sinnliche Anschauung (die einzige, die wir haben) weggenommen wird, und es bleibt dann nur noch die logische Möglichkeit übrig, d.i. daß der Begriff (Gedanke) möglich sei, wovon aber nicht die Rede ist, sondern ob er sich auf ein Object beziehe und also irgend was bedeute.

Hieraus fließt nun unwidersprechlich: daß die reinen Verstandesbegriffe niemals von transscendentalem, sondern jederzeit nur von empirischem Gebrauche sein können, und daß die Grundsätze des reinen Verstandes nur in Beziehung auf die allgemeinen Bedingungen einer möglichen Erfahrung auf Gegenstände der Sinne, niemals aber auf Dinge überhaupt (ohne Rücksicht auf die Art zu nehmen, wie wir sie anschauen mögen) bezogen werden können.

Die transscendentale Analytik hat demnach dieses wichtige Resultat: daß der Verstand *a priori* niemals mehr leisten könne, als die Form einer möglichen Erfahrung überhaupt zu anticipiren, und da dasjenige, was nicht Erscheinung ist, kein Gegenstand der Erfahrung sein kann, daß er die Schranken der Sinnlichkeit, innerhalb denen uns allein Gegenstände gegeben werden, niemals überschreiten könne. Seine Grundsätze sind bloß Principien der Exposition der Erscheinungen, und der stolze Name einer Ontologie, welche sich anmaßt, von Dingen überhaupt synthetische Erkenntnisse *a priori* in einer systematischen Doctrin zu geben (z. E. den Grundsatz der Causalität), muß dem bescheidenen einer bloßen Analytik des reinen Verstandes Platz machen.

Das Denken ist die Handlung, gegebene Anschauung auf einen Gegenstand zu beziehen. Ist die Art dieser Anschauung auf keinerlei Weise gegeben, so ist der Gegenstand bloß transscendental, und der Verstandesbegriff hat keinen andern als transscendentalen Gebrauch, nämlich die Einheit des Denkens eines Mannigfaltigen überhaupt. Durch eine reine Kategorie nun, in welcher von aller Bedingung der sinnlichen Anschauung als der einzigen, die uns möglich ist, abstrahirt wird, wird also kein Object bestimmt, sondern nur das Denken eines Objects überhaupt nach verschiedenen modis ausgedrückt. Nun gehört zum Gebrauche eines Begriffs noch eine Function der Urtheilskraft, worauf ein Gegenstand unter ihm subsumirt wird, mithin die wenigstens formale Bedingung, unter der etwas in der Anschauung gegeben werden kann. Fehlt diese Bedingung der Urtheilskraft (Schema), so fällt alle Subsumtion weg; denn es wird nichts gegeben, was unter den Begriff subsumirt werden könne. Der bloß transscendentale Gebrauch also der Kategorien ist in der That gar kein Gebrauch und hat keinen bestimmten oder auch nur der Form nach bestimmbaren Gegenstand. Hieraus folgt, daß die reine Kategorie auch zu keinem synthetischen Grundsatze *a priori* zulange, und daß die Grundsätze des reinen Verstandes nur von empirischem, niemals aber von transscendentalem Gebrauch sind, über das Feld möglicher Erfahrung hinaus aber es überall keine synthetische Grundsätze *a priori* geben könne.

Es kann daher rathsam sein, sich also auszudrücken: die reinen Kategorien ohne formale Bedingungen der Sinnlichkeit haben bloß transscendentale Bedeutung, sind aber von keinem transscendentalen Gebrauch, weil dieser an sich selbst unmöglich ist, indem ihnen alle Bedingungen irgend eines Gebrauchs (in Urtheilen) abgehen, nämlich die formalen Bedingungen der Subsumtion irgend eines angeblichen Gegenstandes unter diese Begriffe. Da sie also (als bloß reine Kategorien) nicht von empirischem Gebrauche sein sollen und von transscendentalem nicht sein können, so sind sie von gar keinem Gebrauche, wenn man sie von aller Sinnlichkeit absondert, d.i. sie können auf gar keinen angeblichen Gegenstand angewandt werden; vielmehr sind sie bloß die reine Form des Verstandesgebrauchs in Ansehung der Gegenstände überhaupt und des Denkens, ohne doch durch sie allein irgend ein Object denken oder bestimmen zu können.

Es liegt indessen hier eine schwer zu vermeidende Täuschung zum Grunde. Die Kategorien gründen sich ihrem Ursprunge nach nicht auf Sinnlichkeit wie die Anschauungsformen, Raum und Zeit, scheinen also eine über alle Gegenstände der Sinne erweiterte Anwendung zu verstatten. Allein sie sind ihrerseits wiederum nichts als Gedankenformen, die bloß das logische Vermögen enthalten, das mannigfaltige in der Anschauung Gegebene in ein Bewußtsein *a priori* zu vereinigen; und da können sie, wenn man ihnen die uns allein mögliche Anschauung wegnimmt, noch weniger Bedeutung haben, als jene reine sinnliche Formen, durch die doch wenigstens ein Object gegeben wird, anstatt daß eine unserm Verstande eigene Verbindungsart des Mannigfaltigen, wenn diejenige Anschauung, darin dieses allein gegeben werden kann, nicht hinzu kommt gar nichts bedeutet. – Gleichwohl liegt es doch schon in unserm Begriffe, wenn wir gewisse Gegenstände als Erscheinungen Sinnenwesen (*Phaenomena*) nennen, indem wir die Art, wie wir sie anschauen, von ihrer Beschaffenheit an sich selbst unterscheiden: daß wir entweder eben dieselbe nach dieser letzteren Beschaffenheit, wenn wir sie gleich in derselben nicht anschauen, oder auch andere mögliche Dinge, die gar nicht Objecte unserer Sinne sind, als Gegenstände, bloß durch den Verstand gedacht, jenen gleichsam gegenüber stellen und sie Verstandeswesen (*Noumena*) nennen. Nun frägt sich: ob unsere reine Verstandesbegriffe nicht in Ansehung dieser letzteren Bedeutung haben und eine Erkenntnißart derselben sein könnten?

Gleich anfangs aber zeigt sich hier eine Zweideutigkeit, welche großen Mißverstand veranlassen kann: daß, da der Verstand, wenn er einen Gegenstand in einer Beziehung bloß Phänomen nennt, er sich zugleich außer dieser Beziehung noch eine Vorstellung von einem *Gegenstande an sich selbst* macht und sich daher vorstellt, er könne sich auch von dergleichen Gegenstande *Begriffe* machen, und, da der Verstand keine andere als die Kategorien liefert, der Gegenstand in der letzteren Bedeutung wenigstens durch diese reine Verstandesbegriffe müsse gedacht werden können, dadurch aber verleitet wird, den ganz *unbestimmten* Begriff von einem Verstandeswesen als einem Etwas überhaupt außer unserer Sinnlichkeit für einen *bestimmten* Begriff von einem Wesen, welches wir durch den Verstand auf einige Art erkennen könnten, zu halten.

Wenn wir unter Noumenon ein Ding verstehen, *so fern es nicht Object unserer sinnlichen Anschauung* ist, indem wir von unserer Anschauungsart desselben abstrahiren, so ist dieses ein Noumenon im *negativen* Verstande. Verstehen wir aber darunter ein *Object einer nichtsinnlichen Anschauung*, so nehmen wir eine besondere Anschauungsart an, nämlich die intellectuelle, die aber nicht die unsrige ist, von welcher wir auch die Möglichkeit nicht einsehen können, und das wäre das Noumenon in *positiver* Bedeutung.

Die Lehre von der Sinnlichkeit ist nun zugleich die Lehre von den Noumenen im negativen Verstande, d.i. von Dingen, die der Verstand sich ohne diese Beziehung auf unsere Anschauungsart, mithin nicht bloß als Erscheinungen, sondern als Dinge an sich selbst denken muß, von denen er aber in dieser Absonderung zugleich begreift, daß er von seinen Kategorien in dieser Art sie zu erwägen keinen Gebrauch machen könne: weil, da diese nur in Beziehung auf die Einheit der Anschauungen in Raum und Zeit Bedeutung haben, sie eben diese Einheit auch nur wegen der bloßen Idealität des Raums und der Zeit durch allgemeine Verbindungsbegriffe *a priori* bestimmen können. Wo diese Zeiteinheit nicht angetroffen werden kann, mithin beim Noumenon, da hört der ganze Gebrauch, ja selbst alle Bedeutung der Kategorien völlig auf; denn selbst die Möglichkeit der Dinge, die den Kategorien entsprechen sollen, läßt sich gar nicht einsehen, weshalb ich mich nur auf das berufen darf, was ich in der allgemeinen Anmerkung zum vorigen Hauptstücke gleich zu Anfang anführte. Nun kann aber die Möglichkeit eines Dinges niemals bloß aus dem Nichtwidersprechen eines Begriffs desselben, sondern nur dadurch, daß man diesen durch eine ihm correspondirende Anschauung belegt, bewiesen werden. Wenn wir also die Kategorien auf Gegenstände, die nicht als Erscheinungen betrachtet werden, anwenden wollten, so müßten wir eine andere Anschauung als die sinnliche zum Grunde legen, und alsdann wäre der Gegenstand ein Noumenon in positiver Bedeutung. Da nun eine solche, nämlich die intellectuelle Anschauung, schlechterdings außer unserem Erkenntnißvermögen liegt, so kann auch der Gebrauch der Kategorien keineswegs über die Grenze der Gegenstände der Erfahrung hinausreichen; und den Sinnenwesen correspondiren zwar freilich Verstandeswesen, auch mag es Verstandeswesen geben, auf welche unser sinnliches Anschauungsvermögen gar keine Beziehung hat, aber unsere Verstandesbegriffe, als bloße Gedankenformen für unsere sinnliche Anschauung, reichen nicht im mindesten auf diese hinaus; was also von uns Noumenon genannt wird, muß als ein solches nur in negativer Bedeutung verstanden werden.

Wenn ich alles Denken (durch Kategorien) aus einer empirischen Erkenntniß wegnehme, so bleibt gar keine Erkenntniß irgend eines Gegenstandes übrig; denn durch bloße Anschauung wird gar nichts gedacht, und daß diese

Affection der Sinnlichkeit in mir ist, macht gar keine Beziehung von dergleichen Vorstellung auf irgend ein Object aus. Lasse ich aber hingegen alle Anschauung weg, so bleibt doch noch die Form des Denkens, d.i. die Art, dem Mannigfaltigen einer möglichen Anschauung einen Gegenstand zu bestimmen. Daher erstrecken sich die Kategorien so fern weiter, als die sinnliche Anschauung, weil sie Objecte überhaupt denken, ohne noch auf die besondere Art (der Sinnlichkeit) zu sehen, in der sie gegeben werden mögen. Sie bestimmen aber dadurch nicht eine größere Sphäre von Gegenständen, weil, daß solche gegeben werden können, man nicht annehmen kann, ohne daß man eine andere als sinnliche Art der Anschauung als möglich voraussetzt, wozu wir aber keineswegs berechtigt sind.

Ich nenne einen Begriff problematisch, der keinen Widerspruch enthält, der auch als eine Begrenzung gegebener Begriffe mit andern Erkenntnissen zusammenhängt, dessen objektive Realität aber auf keine Weise erkannt werden kann. Der Begriff eines Noumenon, d.i. eines Dinges, welches gar nicht als Gegenstand der Sinne, sondern als ein Ding an sich selbst (lediglich durch einen reinen Verstand) gedacht werden soll, ist gar nicht widersprechend; denn man kann von der Sinnlichkeit doch nicht behaupten, daß sie die einzige mögliche Art der Anschauung sei. Ferner ist dieser Begriff nothwendig, um die sinnliche Anschauung nicht bis über die Dinge an sich selbst auszudehnen und also um die objective Gültigkeit der sinnlichen Erkenntniß einzuschränken (denn die übrigen, worauf jene nicht reicht, heißen eben darum Noumena, damit man dadurch anzeige, jene Erkenntnisse können ihr Gebiet nicht über alles, was der Verstand denkt, erstrecken). Am Ende aber ist doch die Möglichkeit solcher *Noumenorum* gar nicht einzusehen, und der

Umfang außer der Sphäre der Erscheinungen ist (für uns) leer, d.i. wir haben einen Verstand, der sich problematisch weiter erstreckt als jene, aber keine Anschauung ja auch nicht einmal den Begriff von einer möglichen Anschauung, wodurch uns außer dem Felde der Sinnlichkeit Gegenstände gegeben und der Verstand über dieselbe hinaus assertorisch gebraucht werden könne. Der Begriff eines Noumenon ist also bloß ein Grenzbegriff, um die Anmaßung der Sinnlichkeit einzuschränken, und also nur von negativem Gebrauche. Er ist aber gleichwohl nicht willkürlich erdichtet, sondern hängt mit der Einschränkung der Sinnlichkeit zusammen, ohne doch etwas Positives außer dem Umfange derselben setzen zu können.

Die Eintheilung der Gegenstände in *Phaenomena Noumena* und der Welt in eine Sinnen- und Verstandeswelt kann daher in positiver Bedeutung gar nicht zugelassen werden, obgleich Begriffe allerdings die Eintheilung in sinnliche und intellectuelle zulassen; denn man kann den letzteren keinen Gegenstand bestimmen und sie also auch nicht für objectiv gültig ausgeben. Wenn man von den Sinnen abgeht, wie will man begreiflich machen, daß unsere Kategorien (welche die einzigen übrig bleibenden Begriffe für Noumena sein würden) noch überall etwas bedeuten, da zu ihrer Beziehung auf irgend einen Gegenstand noch etwas mehr als bloß die Einheit des Denkens, nämlich überdem eine mögliche Anschauung, gegeben sein muß, darauf jene angewandt werden können? Der Begriff eines *Noumeni,* bloß problematisch genommen, bleibt demungeachtet nicht allein zulässig, sondern auch, als ein die Sinnlichkeit in Schranken setzender Begriff, unvermeidlich. Aber alsdann ist das nicht ein besonderer intelligibeler Gegenstand für unsern Verstand, sondern ein Verstand, für den es gehörte, ist selbst ein Problema, nämlich nicht d i s c u r s i v , durch Kategorien, sondern intuitiv, in einer nichtsinnlichen Anschauung, seinen Gegenstand zu erkennen, als von welchem wir uns nicht die geringste Vorstellung seiner Möglichkeit machen können. Unser Verstand bekommt nun auf diese Weise eine negative Erweiterung, d.i. er wird nicht durch die Sinnlichkeit eingeschränkt, sondern schränkt vielmehr dieselbe ein, dadurch daß er Dinge an sich selbst (nicht als Erscheinungen betrachtet) *Noumena* nennt. Aber er setzt sich auch sofort selbst Grenzen, sie durch keine Kategorien zu erkennen, mithin sie nur unter dem Namen eines unbekannten Etwas zu denken.

Ich finde indessen in den Schriften der Neueren einen ganz andern Gebrauch der Ausdrücke eines *mundi sensibilis* und *intelligibilis**, der von dem Sinne der Alten ganz abweicht, und wobei es freilich keine Schwierigkeit hat, aber auch nichts als leere Wortkrämerei angetroffen wird. Nach demselben hat es einigen beliebt, den Inbegriff der Erscheinungen, sofern er angeschaut wird, die Sinnenwelt, sofern aber der Zusammenhang derselben nach allgemeinen Verstandesgesetzen gedacht wird, die Verstandeswelt zu nennen. Die theoretische Astronomie, welche die bloße Beobachtung des bestirnten Himmels vorträgt, würde die erstere, die contemplative dagegen (etwa nach dem C o p e r n i c a n i s c h e n Weltsystem, oder gar nach N e w t o n s

* Man muß nicht statt dieses Ausdrucks den einer i n t e l l e c t u e l l e n Welt, wie man im deutschen Vortrage gemeinhin zu thun pflegt, brauchen; denn intellectuell oder sensitiv sind nur die E r k e n n t n i s s e . Was aber nur ein G e g e n s t a n d der einen oder der anderen Anschauungsart sein kann, die Objecte also, müssen (unerachtet der Härte des Lauts) intelligibel oder sensibel heißen.

Gravitationsgesetzen erklärt) die zweite, nämlich eine intelligibele Welt, vorstellig machen. Aber eine solche Wortverdrehung ist eine bloße sophistische Ausflucht, um einer beschwerlichen Frage auszuweichen, dadurch daß man ihren Sinn zu seiner Gemächlichkeit herabstimmt. In Ansehung der Erscheinungen läßt sich allerdings Verstand und Vernunft brauchen; aber es frägt sich, ob diese auch noch einigen Gebrauch haben, wenn der Gegenstand nicht Erscheinung (*Noumenon*) ist, und in diesem Sinne nimmt man ihn, wenn er an sich als bloß intelligibel, d.i. dem Verstande allein und gar nicht den Sinnen gegeben, gedacht wird. Es ist also die Frage: ob außer jenem empirischen Gebrauche des Verstandes (selbst in der Newtonischen Vorstellung des Weltbaues) noch ein transscendentaler möglich sei, der auf das Noumenon als einen Gegenstand gehe, welche Frage wir verneinend beantwortet haben.

Wenn wir denn also sagen: die Sinne stellen uns die Gegenstände vor, wie sie erscheinen, der Verstand aber, wie sie sind, so ist das letztere nicht in transscendentaler, sondern bloß empirischer Bedeutung zu nehmen, nämlich wie sie als Gegenstände der Erfahrung im durchgängigen Zusammenhange der Erscheinungen müssen vorgestellt werden und nicht nach dem, was sie außer der Beziehung auf mögliche Erfahrung und folglich auf Sinne überhaupt, mithin als Gegenstände des reinen Verstandes sein mögen. Denn dieses wird uns immer unbekannt bleiben, so gar, daß es auch unbekannt bleibt, ob eine solche transscendentale (außerordentliche) Erkenntniß überall möglich sei, zum wenigsten als eine solche, die unter unseren gewöhnlichen Kategorien steht. Verstand und Sinnlichkeit können bei uns nur in Verbindung Gegenstände bestimmen. Wenn wir sie trennen, so haben wir Anschauungen ohne Begriffe, oder Begriffe ohne Anschauungen, in beiden Fällen aber Vorstellungen, die wir auf keinen bestimmten Gegenstand beziehen können.

Wenn jemand noch Bedenken trägt, auf alle diese Erörterungen dem bloß transscendentalen Gebrauche der Kategorien zu entsagen, so mache er einen Versuch von ihnen in irgend einer synthetischen Behauptung. Denn eine analytische bringt den Verstand nicht weiter, und da er nur mit dem beschäftigt ist, was in dem Begriffe schon gedacht wird, so läßt er es unausgemacht, ob dieser an sich selbst auf Gegenstände Beziehung habe, oder nur die Einheit des Denkens überhaupt bedeute (welche von der Art, wie ein Gegenstand gegeben werden mag, völlig abstrahirt); es ist ihm genug zu wissen, was in seinem Begriffe liegt; worauf der Begriff selber gehen möge, ist ihm gleichgültig. Er versuche es demnach mit irgend einem synthetischen und vermeintlich transscendentalen Grundsatze, als: alles, was da ist, existirt als Substanz oder eine derselben anhängende Bestimmung; alles Zufällige existirt als Wirkung eines andern Dinges, nämlich seiner Ursache, u.s.w. Nun frage ich: woher will er diese synthetische Sätze nehmen, da die Begriffe nicht beziehungsweise auf mögliche Erfahrung, sondern von Dingen an sich selbst (*Noumena*) gelten sollen? Wo ist hier das Dritte, welches jederzeit zu einem synthetischen Satze erfordert wird, um in demselben Begriffe, die gar keine logische (analytische) Verwandtschaft haben, mit einander zu verknüpfen? Er wird seinen Satz niemals beweisen, ja was noch mehr ist, sich nicht einmal wegen der Möglichkeit einer solchen reinen Behauptung rechtfertigen können, ohne auf den empirischen Verstandesgebrauch Rücksicht zu nehmen und dadurch dem reinen und sinnenfreien Urtheile völlig zu entsagen. So ist denn der Begriff reiner, bloß intelligibeler Gegenstände gänzlich leer von allen Grundsätzen ihrer Anwendung, weil man keine Art ersinnen kann, wie sie gegeben werden sollten, und der problematische Gedanke, der doch einen Platz für sie offen läßt, dient nur wie ein leerer Raum, die empirischen Grundsätze einzuschränken, ohne doch irgend ein anderes Object der Erkenntniß außer der Sphäre der letzteren in sich zu enthalten und aufzuweisen.

Anhang.

Von der Amphibolie der Reflexionsbegriffe durch die Verwechselung des empirischen Verstandesgebrauchs mit dem transscendentalen.

Die Übelegung (*reflexio*) hat es nicht mit den Gegenständen selbst zu thun, um geradezu von ihnen Begriffe zu bekommen, sondern ist der Zustand des Gemüths, in welchem wir uns zuerst dazu anschicken, um die subjectiven Bedingungen ausfindig zu machen, unter denen wir zu Begriffen gelangen können. Sie ist das Bewußtsein des Verhältnisses gegebener Vorstellungen zu unseren verschiedenen Erkenntnißquellen, durch welches allein ihr Verhältniß unter einander richtig bestimmt werden kann. Die erstere Frage vor aller weitern Behandlung unserer Vorstellung ist die: in welchem Erkenntnißvermögen gehören Sie zusammen? Ist es der Verstand, oder sind es die Sinne, vor denen sie verknüpft oder verglichen werden? Manches Urtheil wird aus Gewohnheit angenommen oder durch Neigung geknüpft; weil aber keine Überlegung vorhergeht, oder wenigstens kritisch darauf folgt, so gilt es für ein solches, das im Verstande seinen Ursprung erhalten hat. Nicht alle Urtheile bedürfen einer Untersuchung, d.i. einer Aufmerksamkeit auf die Gründe der Wahrheit; denn wenn sie unmittelbar gewiß sind, z.B. zwischen zwei Punkten kann nur eine gerade Linie sein, so läßt sich von ihnen kein noch näheres Merkmal der Wahrheit, als das sie selbst ausdrücken, anzeigen. Aber alle Urtheile, ja alle Vergleichungen bedürfen einer Überlegung, d.i. einer Unterscheidung der Erkenntnißkraft, wozu die gegebenen Begriffe gehören. Die Handlung, dadurch ich die Vergleichung der Vorstellungen überhaupt mit der Erkenntnißkraft zusammenhalte, darin sie angestellt wird, und wodurch ich unterscheide, ob sie als zum reinen Verstande oder zu sinnlicher Anschauung gehörend unter einander verglichen werden, nenne ich die transscendentale Überlegung. Das Verhältniß aber, in welchem die Begriffe in einem Gemüthszustande zu einander gehören können, ist das der Einerleiheit und Verschiedenheit, der Einstimmung und des Widerstreits, des Inneren und des Äußeren, endlich des Bestimmbaren und der Bestimmung (Materie und Form). Die richtige Bestimmung dieses Verhältnisses beruht darauf, in welcher Erkenntnißkraft sie subjectiv zu einander gehören, ob in der Sinnlichkeit oder dem Verstande. Denn der Unterschied der letzteren macht einen großen Unterschied in der Art, wie man sich die ersten denken solle.

Von allen objectiven Urtheilen vergleichen wir die Begriffe, um auf die **Einerleiheit** (vieler Vorstellungen unter einem Begriffe) zum Behuf der allgemeinen Urtheile, oder die **Verschiedenheit** derselben zur Erzeugung besonderer, auf die **Einstimmung**, daraus bejahende, und den **Widerstreit**, daraus verneinende Urtheile werden können u.s.w., zu kommen. Aus diesem Grunde sollten wir, wie es scheint, die angeführten Begriffe Vergleichungsbegriffe nennen (*conceptus comparationis*). Weil aber, wenn es nicht auf die logische Form, sondern auf den Inhalt der Begriffe ankommt, d.i. ob die Dinge selbst einerlei oder verschieden, einstimmig oder im Widerstreit sind u.s.w., die Dinge ein zwiefaches Verhältniß zu unserer Erkenntnißkraft, nämlich zur Sinnlichkeit und zum Verstande, haben können, auf diese Stelle aber, darin sie gehören, die Art ankommt, wie sie zu einander gehören sollen: so wird die transscendentale Reflexion, d.i. das Verhältniß gegebener Vorstellungen zu einer oder der anderen Erkenntnißart, ihr Verhältniß unter einander allein bestimmen können; und ob die Dinge einerlei oder verschieden, einstimmig oder widerstreitend sind u.s.w., wird nicht sofort aus den Begriffen selbst durch bloße Vergleichung (*comparatio*), sondern allererst durch die Unterscheidung der Erkenntnißart, wozu sie gehören, vermittelst einer transscendentalen Überlegung (*reflexio*), ausgemacht werden können. Man könnte also zwar sagen: daß die logische Reflexion eine bloße Comparation sei, denn bei ihr wird von der Erkenntnißkraft, wozu die gegebenen Vorstellungen gehören, gänzlich abstrahirt, und sie sind also so fern ihrem Sitze nach im Gemüthe als gleichartig zu behandeln; die transscendentale Reflexion aber (welche auf die Gegenstände selbst geht) enthält den Grund der Möglichkeit der objectiven Comparation der Vorstellungen unter einander und ist also von der letzteren gar sehr verschieden, weil die Erkenntnißkraft, dazu sie gehören, nicht eben dieselbe ist. Diese transscendentale Überlegung ist eine Pflicht, von der sich niemand lossagen kann, wenn er *a priori* etwas über Dinge urtheilen will. Wir wollen sie jetzt zur Hand nehmen und werden daraus für die Bestimmung des eigentlichen Geschäfts des Verstandes nicht wenig Licht ziehen.

1. Einerleiheit und Verschiedenheit. Wenn uns ein Gegenstand mehrmals, jedesmal aber mit eben denselben innern Bestimmungen (*qualitas et quantitas*) dargestellt wird, so ist derselbe, wenn er als Gegenstand des reinen Verstandes gilt, immer eben derselbe und nicht viel, sondern nur Ein Ding (*numerica identitas*); ist er aber Erscheinung, so kommt es auf die Vergleichung der Begriffe gar nicht an, sondern so sehr auch in Ansehung derselben alles einerlei sein mag, ist doch die Verschiedenheit der Örter dieser Erscheinung zu gleicher Zeit ein genügsamer Grund der numerischen Verschiedenheit des Gegenstandes (der Sinne) selbst. So kann man bei zwei Tropfen Wasser von aller innern Verschiedenheit (der Qualität und Quantität) völlig abstrahiren, und es ist genug, daß sie in verschiedenen Örtern zugleich angeschaut werden, um sie für numerisch verschieden zu halten. Leibniz nahm die Erscheinungen als Dinge an sich selbst, mithin für *intelligibila*, d.i. Gegenstände des reinen Verstandes (ob er gleich wegen der Verworrenheit ihrer Vorstellungen dieselben mit dem Namen der Phänomene belegte), und da konnte sein Satz des Nichtzuunterscheidenden (*principium identitatis indiscernibilium*) allerdings nicht bestritten werden; da sie aber Gegenstände der Sinnlichkeit sind, und der Verstand in Ansehung ihrer nicht von reinem, sondern bloß empirischen Gebrauche ist, so wird die Vielheit und numerische Verschiedenheit schon durch den Raum selbst als die Bedingung der äußeren Erscheinungen angegeben. Denn ein Theil des Raums, ob er zwar einem andern völlig ähnlich und gleich sein mag, ist doch außer ihm und eben dadurch ein vom ersteren verschiedener Theil, der zu ihm hinzukommt, um einen größeren Raum auszumachen; und dieses muß daher von allem, was in den mancherlei Stellen des

Raums zugleich ist, gelten, so sehr es sich sonst auch ähnlich und gleich sein mag.

2. Einstimmung und Widerstreit. Wenn Realität nur durch den reinen Verstand vorgestellt wird (*realitas noumenon*), so läßt sich zwischen den Realitäten kein Widerstreit denken, d.i. ein solches Verhältniß, da sie, in einem Subject verbunden, einander ihre Folgen aufheben, und 3 - 3 = 0 sei. Dagegen kann das Reale in der Erscheinung (*realitas phaenomenon*) unter einander allerdings im Widerstreit sein und, vereint in demselben Subject, eines die Folge des andern ganz oder zum Theil vernichten, wie zwei bewegende Kräfte in derselben geraden Linie, sofern sie einen Punkt in entgegengesetzter Richtung entweder ziehen oder drücken, oder auch ein Vergnügen, was dem Schmerze die Wage hält.

3. Das Innere und Äußere. An einem Gegenstande des reinen Verstandes ist nur dasjenige innerlich, welches gar keine Beziehung (dem Dasein nach) auf irgend etwas von ihm Verschiedenes hat. Dagegen sind die innern Bestimmungen einer *substantia phaenomenon* im Raume nichts als Verhältnisse und sie selbst ganz und gar ein Inbegriff von lauter Relationen. Die Substanz im Raum kennen wir nur durch Kräfte, die in demselben wirksam sind, entweder andere dahin zu treiben (Anziehung), oder vom Eindringen in ihn abzuhalten (Zurückstoßung und Undurchdringlichkeit); andere Eigenschaften kennen wir nicht, die den Begriff von der Substanz, die im Raum erscheint, und die wir Materie nennen, ausmachen. Als Object des reinen Verstandes muß jede Substanz dagegen innere Bestimmungen und Kräfte haben, die auf die innere Realität gehen. Allein was kann ich mir für innere Accidenzen denken, als diejenigen, so mein innerer Sinn mir darbietet, nämlich das, was

entweder selbst ein Denken, oder mit diesem analogisch ist? Daher machte Leibniz aus allen Substanzen, weil er sie sich als *Noumena* vorstellte, selbst aus den Bestandtheilen der Materie, nachdem er ihnen alles, was äußere Relation bedeuten mag, mithin auch die Zusammensetzung in Gedanken genommen hatte, einfache Subjecte, mit Vorstellungskräften begabt, mit einem Worte **Monaden**.

4. Materie und Form. Dieses sind zwei Begriffe, welche aller andern Reflexion zum Grunde gelegt werden, so sehr sind sie mit jedem Gebrauch des Verstandes unzertrennlich verbunden. Der erstere bedeutet das Bestimmbare überhaupt, der zweite dessen Bestimmung (beides in transscendentalem Verstande, da man von allem Unterschiede dessen, was gegeben wird, und der Art, wie es bestimmt wird, abstrahirt). Die Logiker nannten ehedem das Allgemeine die Materie, den specifischen Unterschied aber die Form. In jedem Urtheile kann man die gegebenen Begriffe logische Materie (zum Urtheile), das Verhältniß derselben (vermittelst der Copula) die Form des Urtheils nennen. In jedem Wesen sind die Bestandstücke desselben (*essentialia*) die Materie, die Art, wie sie in einem Dinge verknüpft sind, die wesentliche Form. Auch wurde in Ansehung der Dinge überhaupt unbegrenzte Realität als die Materie aller Möglichkeit, Einschränkung derselben aber (Negation) als diejenige Form angesehen, wodurch sich ein Ding vom andern nach transscendentalen Begriffen unterscheidet. Der Verstand nämlich verlangt zuerst, daß etwas gegeben sei (wenigstens im Begriffe), um es auf gewisse Art bestimmen zu können. Daher geht im Begriffe des reinen Verstandes die Materie der Form vor, und Leibniz nahm um deswillen zuerst Dinge an (Monaden) und innerlich eine Vorstellungskraft derselben, um darnach das äußere Verhältniß derselben

und die Gemeinschaft ihrer Zustände (nämlich der Vorstellungen) darauf zu gründen. Daher waren Raum und Zeit, jener nur durch das Verhältniß der Substanzen, diese durch die Verknüpfung der Bestimmungen derselben unter einander als Gründe und Folgen möglich. So würde es auch in der That sein müssen, wenn der reine Verstand unmittelbar auf Gegenstände bezogen werden könnte, und wenn Raum und Zeit Bestimmungen der Dinge an sich selbst wären. Sind es aber nur sinnliche Anschauungen, in denen wir alle Gegenstände lediglich als Erscheinungen bestimmen, so geht die Form der Anschauung (als eine subjective Beschaffenheit der Sinnlichkeit) vor aller Materie (den Empfindungen), mithin Raum und Zeit vor allen Erscheinungen und allen *datis* der Erfahrung vorher und macht diese vielmehr allererst möglich. Der Intellectualphilosoph konnte es nicht leiden: daß die Form vor den Dingen selbst vorhergehen und dieser ihre Möglichkeit bestimmen sollte, eine ganz richtige Censur, wenn er annahm, daß wir die Dinge anschauen, wie sie sind (obgleich mit verworrener Vorstellung). Da aber die sinnliche Anschauung eine ganz besondere subjective Bedingung ist, welche aller Wahrnehmung *a priori* zum Grunde liegt, und deren Form ursprünglich ist: so ist die Form für sich allein gegeben, und weit gefehlt, daß die Materie (oder die Dinge selbst, welche erscheinen) zum Grunde liegen sollte (wie man nach bloßen Begriffen urtheilen müßte), so setzt die Möglichkeit derselben vielmehr eine formale Anschauung (Zeit und Raum) als gegeben voraus.

Anmerkung
zur Amphibolie der Reflexionsbegriffe.

Man erlaube mir, die Stelle, welche wir einem Begriffe entweder in der Sinnlichkeit, oder im reinen Verstande ertheilen, den transscendentalen Ort zu nennen. Auf solche Weise wäre die Beurtheilung dieser Stelle, die jedem Begriffe nach Verschiedenheit seines Gebrauchs zukommt, und die Anweisung nach Regeln, diesen Ort allen Begriffen zu bestimmen, die transscendentale Topik; eine Lehre, die vor Erschleichungen des reinen Verstandes und daraus entspringenden Blendwerken gründlich bewahren würde, indem sie jederzeit unterschiede, welcher Erkenntnißkraft die Begriffe eigentlich angehören. Man kann einen jeden Begriff, einen jeden Titel, darunter viele Erkenntnisse gehören, einen logischen Ort nennen. Hierauf gründet sich die logische Topik des Aristoteles, deren sich Schullehrer und Redner bedienen konnten, um unter gewissen Titeln des Denkens nachzusehen, was sich am besten für eine vorliegende Materie schickte, und darüber mit einem Schein von Gründlichkeit zu vernünfteln, oder wortreich zu schwatzen.

Die transscendentale Topik enthält dagegen nicht mehr, als die angeführten vier Titel aller Vergleichung und Unterscheidung, die sich dadurch von Kategorien unterscheiden, daß durch jene nicht der Gegenstand nach demjenigen, was seinen Begriff ausmacht (Größe, Realität), sondern nur die Vergleichung der Vorstellungen, welche vor dem Begriffe von Dingen vorhergeht, in aller ihrer Mannigfaltigkeit dargestellt wird. Diese Vergleichung aber bedarf zuvörderst einer Überlegung, d.i. einer Bestimmung desjenigen Orts, wo die Vorstellungen der Dinge, die verglichen werden, hingehören, ob sie der reine Verstand denkt, oder die Sinnlichkeit in der Erscheinung giebt.

Die Begriffe können logisch verglichen werden, ohne sich darum zu bekümmern, wohin ihre Objecte gehören, ob als Noumena vor den Verstand, oder als Phänomena vor die Sinnlichkeit. Wenn wir aber mit diesen Begriffen zu den Gegenständen gehen wollen, so ist zuvörderst transscendentale Überlegung nöthig, für welche Erkenntnißkraft sie Gegenstände sein sollen, ob für den reinen Verstand oder die Sinnlichkeit. Ohne diese Überlegung mache ich einen sehr unsicheren Gebrauch von diesen Begriffen, und es entspringen vermeinte synthetische Grundsätze, welche die kritische Vernunft nicht anerkennen kann, und die sich lediglich auf einer transscendentalen Amphibolie, d.i. einer Verwechselung des reinen Verstandesobjects mit der Erscheinung gründen.

In Ermangelung einer solchen transscendentalen Topik und mithin durch die Amphibolie der Reflexionsbegriffe hintergangen, errichtete der berühmte Leibniz ein intellectuelles System der Welt, oder glaubte vielmehr der Dinge innere Beschaffenheit zu erkennen, indem er alle Gegenstände nur mit dem Verstande und den abgesonderten formalen Begriffen seines Denkens verglich. Unsere Tafel der Reflexionsbegriffe schafft uns den unerwarteten Vortheil, das Unterscheidende seines Lehrbegriffs in allen seinen Theilen und zugleich den leitenden Grund dieser eigenthümlichen Denkungsart vor Augen zu legen, der auf nichts als einem Mißverstande beruhte. Er verglich alle Dinge bloß durch Begriffe mit einander und fand, wie natürlich, keine andere Verschiedenheiten als die, durch welche der Verstand seine reinen Begriffe von einander unterscheidet. Die Bedingungen der sinnlichen Anschauung, die ihre eigene Unterschiede bei sich führen, sah er nicht für ursprünglich an; denn die Sinnlichkeit war ihm nur eine verworrene Vorstellungsart und kein besonderer Quell der Vorstellungen; Erscheinung war ihm die Vorstellung des Dinges an sich selbst, obgleich von der Erkenntniß durch den Verstand der logischen Form nach unterschieden, da nämlich jene bei ihrem gewöhnlichen Mangel der Zergliederung eine gewisse Vermischung von Nebenvorstellungen in den Begriff des Dinges zieht, die der Verstand davon abzusondern weiß. Mit einem Worte: **Leibniz** intellectuirte die Erscheinungen, so wie **Locke** die Verstandesbegriffe nach seinem System der Noogonie (wenn es mir erlaubt ist, mich dieser Ausdrücke zu bedienen) insgesammt sensificirt, d.i. für nichts als empirische oder abgesonderte Reflexionsbegriffe ausgegeben hatte. Anstatt im Verstande und der Sinnlichkeit zwei ganz verschiedene Quellen von Vorstellungen zu suchen, die aber nur in Verknüpfung objectiv gültig von Dingen urtheilen könnten, hielt sich ein jeder dieser großen Männer nur an eine von beiden, die sich ihrer Meinung nach unmittelbar auf Dinge an sich selbst bezöge, indessen daß die andere nichts that, als die Vorstellungen der ersteren zu verwirren oder zu ordnen.

Leibniz verglich demnach die Gegenstände der Sinne als Dinge überhaupt bloß im Verstande unter einander. Erstlich, so fern sie von diesem als einerlei oder verschieden geurtheilt werden sollen. Da er also lediglich ihre Begriffe und nicht ihre Stelle in der Anschauung, darin die Gegenstände allein gegeben werden können, vor Augen hatte und den transscendentalen Ort dieser Begriffe (ob das Object unter Erscheinungen, oder unter Dinge an sich selbst zu zählen sei) gänzlich aus der Acht ließ, so konnte es nicht anders ausfallen, als daß er seinen Grundsatz des Nichtzuunterscheidenden, der bloß von Begriffen der Dinge überhaupt gilt, auch auf die Gegenstände der Sinne (*mundus phaenomenon*) ausdehnte und der Naturerkenntniß dadurch keine geringe Erweiterung verschafft zu haben glaubte. Freilich, wenn ich einen Tropfen Wasser als ein Ding an sich selbst nach allen seinen innern Bestimmungen kenne, so kann ich keinen derselben von dem andern für verschieden gelten lassen, wenn der ganze Begriff desselben mit ihm einerlei ist. Ist er aber Erscheinung im Raume, so hat er seinen Ort nicht bloß im Verstande (unter Begriffen), sondern in der sinnlichen äußeren Anschauung (im Raume); und da sind die physischen Örter in Ansehung der inneren Bestimmungen der Dinge ganz gleichgültig, und ein Ort = *b* kann ein Ding, welches einem andern in dem Orte = *a* völlig ähnlich und gleich ist, eben sowohl aufnehmen, als wenn es von diesem noch so sehr innerlich verschieden wäre. Die Verschiedenheit der Örter macht die Vielheit und Unterscheidung der Gegenstände als Erscheinungen ohne weitere Bedingungen schon für sich nicht allein möglich, sondern auch nothwendig. Also ist jenes scheinbare Gesetz kein Gesetz der Natur. Es ist lediglich eine analytische Regel der Vergleichung der Dinge durch bloße Begriffe.

Zweitens, der Grundsatz: daß Realitäten (als bloße Bejahungen) einander niemals logisch widerstreiten, ist ein ganz wahrer Satz von dem Verhältnisse der Begriffe, bedeutet aber weder in Ansehung der Natur, noch überall in Ansehung irgend eines Dinges an sich selbst (von diesem haben wir keinen Begriff) das mindeste. Denn der reale Widerstreit findet allerwärts statt, wo *A - B = 0* ist, d.i. wo eine Realität, mit der andern in einem Subject verbunden, eine die Wirkung der andern aufhebt, welches alle Hindernisse und Ge-

genwirkungen in der Natur unaufhörlich vor Augen legen, die gleichwohl, da sie auf Kräften beruhen, *realitates phaenomena* genannt werden müssen. Die allgemeine Mechanik kann sogar die empirische Bedingung dieses Widerstreits in einer Regel *a priori* angeben, indem sie auf die Entgegensetzung der Richtungen sieht: eine Bedingung, von welcher der transscendentale Begriff der Realität gar nichts weiß. Obzwar Herr von Leibniz diesen Satz nicht eben mit dem Pomp eines neuen Grundsatzes ankündigte, so bediente er sich doch desselben zu neuen Behauptungen, und seine Nachfolger trugen ihn ausdrücklich in ihre Leibniz-Wolffianische Lehrgebäude ein. Nach diesem Grundsatze sind z.E. alle Übel nichts als Folgen von den Schranken der Geschöpfe, d.i. Negationen, weil diese das einzige Widerstreitende der Realität sind (in dem bloßen Begriffe eines Dinges überhaupt ist es auch wirklich so, aber nicht in den Dingen als Erscheinungen). Imgleichen finden die Anhänger desselben es nicht allein möglich, sondern auch natürlich, alle Realität ohne irgend einen besorglichen Widerstreit in einem Wesen zu vereinigen, weil sie keinen andern als den des Widerspruchs (durch den der Begriff eines Dinges selbst aufgehoben wird), nicht aber den des wechselseitigen Abbruchs kennen, da ein Realgrund die Wirkung des andern aufhebt, und dazu wir nur in der Sinnlichkeit die Bedingungen antreffen, uns einen solchen vorzustellen.

Drittens, die Leibnizische Monadologie hat gar keinen andern Grund, als daß dieser Philosoph den Unterschied des Inneren und Äußeren bloß im Verhältniß auf den Verstand vorstellte. Die Substanzen überhaupt müssen etwas Inneres haben, was also von allen äußeren Verhältnissen, folglich auch der Zusammensetzung frei ist. Das Einfache ist also die Grundlage des Inneren der Dinge an sich selbst. Das Innere aber ihres Zustandes kann auch nicht in Ort, Gestalt, Berührung oder Bewegung (welche Bestimmungen alle äußere Verhältnisse sind) bestehen, und wir können daher den Substanzen keinen andern innern Zustand als denjenigen, wodurch wir unsern Sinn selbst innerlich bestimmen, nämlich den Zustand der Vorstellungen, beilegen. So wurden denn die Monaden fertig, welche den Grundstoff des ganzen Universum ausmachen sollen, deren thätige Kraft aber nur in Vorstellungen besteht, wodurch sie eigentlich bloß in sich selbst wirksam sind.

Eben darum mußte aber auch sein Principium der möglichen Gemeinschaft der Substanzen unter einander eine vorherbestimmte Harmonie und konnte kein physischer Einfluß sein. Denn weil alles nur innerlich, d.i. mit seinen Vorstellungen beschäftigt ist, so konnte der Zustand der Vorstellungen der einen mit dem der andern Substanz in ganz und gar keiner wirksamen Verbindung stehen, sondern es mußte irgend eine dritte und in alle insgesammt einfließende Ursache ihre Zustände einander correspondirend machen, zwar nicht eben durch gelegentlichen und in jedem einzelnen Falle besonders angebrachten Beistand (*Systema assistentiae*), sondern durch die Einheit der Idee einer für alle gültigen Ursache, in welcher sie insgesammt ihr Dasein und Beharrlichkeit, mithin auch wechselseitige Correspondenz unter einander nach allgemeinen Gesetzen bekommen müssen.

Viertens, der berühmte Lehrbegriff desselben von Zeit und Raum, darin er diese Formen der Sinnlichkeit intellectuirte, war lediglich aus eben derselben Täuschung der transscendentalen Reflexion entsprungen. Wenn ich mir durch den bloßen Verstand äußere Verhältnisse der Dinge vorstellen will, so kann dieses nur vermittelst eines

Begriffs ihrer wechselseitigen Wirkung geschehen, und soll ich einen Zustand eben desselben Dinges mit einem andern Zustand verknüpfen, so kann dieses nur in der Ordnung der Gründe und Folgen geschehen. So dachte sich als Leibniz den Raum als eine gewisse Ordnung in der Gemeinschaft der Substanzen und die Zeit als die dynamische Folge ihrer Zustände. Das Eigenthümliche aber und von Dingen Unabhängige, was beide an sich zu haben scheinen, schrieb er der Verworrenheit dieser Begriffe zu, welche machte, daß dasjenige, was eine bloße Form dynamischer Verhältnisse ist, für eine eigene, für sich bestehende und vor den Dingen selbst vorhergehende Anschauung gehalten wird. Also waren Raum und Zeit die intelligibele Form der Verknüpfung der Dinge (Substanzen und ihrer Zustände) an sich selbst. Die Dinge aber waren intelligibele Substanzen (*substantiae noumena*). Gleichwohl wollte er diese Begriffe für Erscheinungen geltend machen, weil er der Sinnlichkeit keine eigene Art der Anschauung zugestand, sondern alle, selbst die empirische Vorstellung der Gegenstände im Verstande suchte und den Sinnen nichts als das verächtliche Geschäfte ließ, die Vorstellungen des ersteren zu verwirren und zu verunstalten.

Wenn wir aber auch von Dingen an sich selbst etwas durch den reinen Verstand synthetisch sagen könnten (welches gleichwohl unmöglich ist), so würde dieses doch gar nicht auf Erscheinungen, welche nicht Dinge an sich selbst vorstellen, gezogen werden können. Ich werde also in diesem letzteren Falle in der transscendentalen Überlegung meine Begriffe jederzeit nur unter den Bedingungen der Sinnlichkeit vergleichen müssen, und so werden Raum und Zeit nicht Bestimmungen der Dinge an sich, sondern der Erscheinungen sein: was die Dinge an sich sein mögen, weiß ich nicht und brauche es auch nicht zu wissen, weil mir doch niemals ein Ding anders als in der Erscheinung vorkommen kann.

So verfahre ich auch mit den übrigen Reflexionsbegriffen. Die Materie ist *substantia phaenomenon.* Was ihr innerlich zukomme, suche ich in allen Theilen des Raumes, den sie einnimmt, und in allen Wirkungen, die sie ausübt, und die freilich nur immer Erscheinungen äußerer Sinne sein können. Ich habe also zwar nichts Schlechthin-, sondern lauter Comparativ-Innerliches, das selber wiederum aus äußeren Verhältnissen besteht. Allein das schlechthin, dem reinen Verstande nach, Innerliche der Materie ist auch eine bloße Grille; denn diese ist überall kein Gegenstand für den reinen Verstand; das transscendentale Object aber, welches der Grund dieser Erscheinung sein mag, die wir Materie nennen, ist ein bloßes Etwas, wovon wir nicht einmal verstehen würden, was es sei, wenn es uns auch jemand sagen könnte. Denn wir können nichts verstehen, als was ein unsern Worten Correspondirendes in der Anschauung mit sich führt. Wenn die Klagen: Wir sehen das Innere der Dinge gar nicht ein, soviel bedeuten sollen als: wir begreifen nicht durch den reinen Verstand, was die Dinge, die uns erscheinen, an sich sein mögen: so sind sie ganz unbillig und unvernünftig; denn sie wollen, daß man ohne Sinne doch Dinge erkennen, mithin anschauen könne, folglich daß wir ein von dem menschlichen nicht bloß dem Grade, sondern sogar der Anschauung und Art nach gänzlich unterschiedenes Erkenntnißvermögen haben, also nicht Menschen, sondern Wesen sein sollen, von denen wir selbst nicht angeben können, ob sie einmal möglich, viel weniger wie sie beschaffen seien. Ins Innre der Natur dringt Beobachtung und Zergliederung der Erscheinungen, und man kann nicht wissen, wie weit dieses mit der Zeit gehen werde. Jene transscendentale Fragen aber, die über die Natur hinausgehen, würden wir bei allem dem doch niemals beantworten können, wenn uns auch die ganze Natur aufgedeckt wäre, da es uns nicht einmal gegeben ist, unser eigenes Gemüht mit einer andern Anschauung, als der unseres inneren Sinnes zu beobachten. Denn in demselben liegt das Geheimniß des Ursprungs unserer Sinnlichkeit. Ihre Beziehung auf ein Object, und was der transscendentale Grund dieser Einheit sei, liegt ohne Zweifel zu tief verborgen, als daß wir, die wir sogar uns selbst nur durch innern Sinn, mithin als Erscheinung kennen, ein so unschickliches Werkzeug unserer Nachforschung dazu brauchen könnten, etwas anderes als immer wiederum Erscheinungen aufzufinden, deren nichtsinnliche Ursache wir doch gern erforschen wollten.

Was diese Kritik der Schlüsse aus den bloßen Handlungen der Reflexion überaus nützlich macht, ist: daß sie die Nichtigkeit aller Schlüsse über Gegenstände, die man lediglich im Verstande mit einander vergleicht, deutlich darthut und dasjenige zugleich bestätigt, was wir hauptsächlich eingeschärft haben: daß, obgleich Erscheinungen nicht als Dinge an sich selbst unter den Objecten des reinen Verstandes mit begriffen sind, sie doch die einzigen sind, an denen unsere Erkenntniß objective Realität haben kann, nämlich wo den Begriffen Anschauung entspricht.

Wenn wir bloß logisch reflectiren, so vergleichen wir lediglich unsere Begriffe unter einander im Verstande, ob beide eben dasselbe enthalten, ob sie sich widersprechen oder nicht, ob etwas in dem Begriffe innerlich enthalten sei, oder zu ihm hinzukomme, und welcher von beiden gegeben, welcher aber nur als eine Art, den gegebenen zu denken, gelten soll. Wende ich aber diese Begriffe auf einen Gegenstand überhaupt (im transscendentalen Verstande) an, ohne diesen weiter zu bestimmen, ob er ein Gegenstand der sinnlichen oder intellectuellen Anschauung sei, so zeigen sich sofort Einschränkungen (nicht aus diesem Begriffe hinauszugehen), welche allen empirischen Gebrauch derselben verkehren und eben dadurch beweisen, daß die Vorstellung eines Gegenstandes als Dinges überhaupt nicht etwa bloß unzureichend, sondern ohne sinnliche Bestimmung derselben und unabhängig von empirischer Bedingung in sich selbst widerstreitend sei, daß man also entweder von allem Gegenstande abstrahiren (in der Logik), oder, wenn man einen annimmt, ihn unter Bedingungen der sinnlichen Anschauung denken müsse, mithin das Intelligibele eine ganz besondere Anschauung, die wir nicht haben, erfordern würde und in Ermangelung derselben für uns nichts sei, dagegen aber auch die Erscheinungen nicht Gegenstände an sich selbst sein können. Denn wenn ich mir bloß Dinge überhaupt denke, so kann freilich die Verschiedenheit der äußeren Verhältnisse nicht eine Verschiedenheit der Sachen selbst ausmachen, sondern setzt diese vielmehr voraus, und wenn der Begriff von dem Einen innerlich von dem des Andern gar nicht unterschieden ist, so setze ich nur ein und dasselbe Ding in verschiedene Verhältnisse. Ferner, durch Hinzukunft einer bloßen Bejahung (Realität) zur andern wird ja das Positive vermehrt und ihm nichts entzogen, oder aufgehoben; daher kann das Reale in Dingen überhaupt einander nicht widerstreiten u.s.w.

* * *

Die Begriffe der Reflexion haben, wie wir gezeigt haben, durch eine gewisse Mißdeutung einen solchen Einfluß auf den Verstandesgebrauch, daß sie sogar einen der scharfsichtigsten unter allen Philosophen zu einem vermeinten System intellectueller Erkenntniß, welches seine Gegenstände ohne Dazukunft der Sinne zu bestimmen unternimmt, zu verleiten im Stande gewesen. Eben um deswillen ist die Entwickelung der täuschenden Ursache der Amphibolie dieser Begriffe in Veranlassung falscher Grundsätze von großem Nutzen, die Grenzen des Verstandes zuverlässig zu bestimmen und zu sichern.

Man muß zwar sagen: was einem Begriff allgemein zukommt oder widerspricht, das kommt auch zu oder widerspricht allem Besondern, was unter jenem Begriff enthalten ist (*dictum de Omni et Nullo*); es wäre aber ungereimt, diesen logischen Grundsatz dahin zu verändern, daß er so lautete: was in einem allgemeinen Begriffe nicht enthalten ist, das ist auch in den besondern nicht enthalten, die unter demselben stehen; denn diese sind eben darum besondere Begriffe, weil sie mehr in sich enthalten, als im allgemeinen gedacht wird. Nun ist doch wirklich auf diesen letzteren Grundsatz das ganze intellectuelle System Leibnizens erbauet; es fällt also zugleich mit demselben sammt aller aus ihm entspringenden Zweideutigkeit im Verstandesgebrauche.

Der Satz des Nichtzuunterscheidenden gründete sich eigentlich auf der Voraussetzung: daß, wenn in dem Begriffe von einem Dinge überhaupt eine gewisse Unterscheidung nicht angetroffen wird, so sei sie auch nicht in den Dingen selbst anzutreffen; folglich seien alle Dinge völlig einerlei (*numero eadem*), die sich nicht schon in ihrem Begriffe (der Qualität oder Quantität nach) von einander unterscheiden. Weil aber bei dem bloßen Begriffe von irgend einem Dinge von manchen nothwendigen Bedingungen einer Anschauung abstrahirt worden, so wird durch eine sonderbare Übereilung das, wovon abstrahirt wird, dafür genommen, daß es überall nicht anzutreffen sei, und dem Dinge nichts eingeräumt, als was in seinem Begriffe enthalten ist.

Der Begriff von einem Kubikfuße Raum, ich mag mir diesen denken, wo und wie oft ich wolle, ist an sich völlig einerlei. Allein zwei Kubikfüße sind im Raume dennoch bloß durch ihre Örter unterschieden (*numero diversa*); diese sind Bedingungen der Anschauung, worin das Object dieses Begriffs gegeben wird, die nicht zum Begriffe, aber doch zur ganzen Sinnlichkeit gehören. Gleichergestalt ist in dem Begriffe von einem Dinge gar kein Widerstreit, wenn nichts Verneinendes mit einem bejahenden verbunden worden, und bloß bejahende Begriffe können in Verbindung gar keine Aufhebung bewirken. Allein in der sinnlichen Anschauung, darin Realität (z.B. Bewegung) gegeben wird, finden sich Bedingungen (entgegengesetzte Richtungen), von denen im Begriffe der Bewegung überhaupt abstrahirt war, die einen Widerstreit, der freilich nicht logisch ist, nämlich aus lauter Positivem ein Zero = *0*, möglich machen; und man konnte nicht sagen: daß darum alle Realität unter einander in Einstimmung sei, weil unter ihren Begriffen kein Widerstreit angetroffen wird.* Nach bloßen Begriffen ist das Innere das Substratum aller Verhältniß- oder äußeren Bestimmungen.

---

* Wollte man sich hier der gewöhnlichen Ausflucht bedienen, daß wenigstens *realitates noumena* einander nicht entgegen wirken können: so müßte man doch ein Beispiel von dergleichen reiner und sinnenfreier Realität anführen, damit man verstände, ob eine solche überhaupt etwas oder gar nichts vorstelle. Aber es kann kein Beispiel woher anders, als aus der Erfahrung genommen werden, die niemals mehr als *Phaenomena* darbietet, und so bedeutet dieser Satz nichts weiter, als daß der Begriff, der lauter Bejahungen enthält, nichts Verneinendes enthalte; ein Satz, an dem wir niemals gezweifelt haben.

Wenn ich also von allen Bedingungen der Anschauung abstrahire und mich lediglich an den Begriff von einem Dinge überhaupt halte, so kann ich von allem äußeren Verhältniß abstrahiren, und es muß dennoch ein Begriff von dem übrig bleiben, das gar kein Verhältniß, sondern bloß innere Bestimmungen bedeutet. Da scheint es nun, es folge daraus: in jedem Dinge (Substanz) sei etwas, was schlechthin innerlich ist und allen äußeren Bestimmungen vorgeht, indem es sie allererst möglich macht; mithin sei dieses Substratum so etwas, das keine äußere Verhältnisse mehr in sich enthält, folglich einfach (denn die körperlichen Dinge sind doch immer nur Verhältnisse, wenigstens der Theile außer einander); und weil wir keine schlechthin innere Bestimmungen kennen, als die durch unsern innern Sinn, so sei dieses Substratum nicht allein einfach, sondern auch (nach der Analogie mit unserem innern Sinn) durch Vorstellungen bestimmt, d.i. alle Dinge wären eigentlich Monaden oder mit Vorstellungen begabte einfache Wesen. Dieses würde auch alles seine Richtigkeit haben, gehörte nicht etwas mehr als der Begriff von einem Dinge überhaupt zu den Bedingungen, unter denen allein uns Gegenstände der äußeren Anschauung gegeben werden können, und von denen der reine Begriff abstrahirt. Denn da zeigt sich, daß eine beharrliche Erscheinung im Raume (undurchdringliche Ausdehnung) lauter Verhältnisse und gar nichts schlechthin Innerliches enthalten und dennoch das erste Substratum aller äußeren Wahrnehmung sein könne. Durch bloße Begriffe kann ich freilich ohne etwas Inneres nichts Äußeres denken, eben darum weil Verhältnißbegriffe doch schlechthin gegebene Dinge voraussetzen und ohne diese nicht möglich sind. Aber da in der Anschauung etwas enthalten ist, was im bloßen Begriffe von einem Dinge überhaupt gar nicht liegt, und dieses das Substratum, welches durch die bloße Begriffe gar nicht erkannt werden würde, an die Hand giebt, nämlich einen Raum, der mit allem, was er enthält, aus lauter formalen, oder auch realen Verhältnissen besteht, so kann ich nicht sagen: weil ohne ein Schlechthin-Inneres kein Ding durch bloße Begriffe vorgestellt werden kann, so sei auch in den Dingen selbst, die unter diesen Begriffen enthalten sind, und ihrer Anschauung nichts Äußeres, dem nicht etwas Schlechthin-Innerliches zum Grunde läge. Denn wenn wir von allen Bedingungen der Anschauung abstrahirt haben, so bleibt uns freilich im bloßen Begriffe nichts übrig, als das Innre überhaupt und das Verhältniß desselben unter einander, wodurch allein das Äußere möglich ist. Diese Nothwendigkeit aber, die sich allein auf Abstraction gründet, findet nicht bei den Dingen statt, so fern sie in der Anschauung mit solchen Bestimmungen gegeben werden, die bloße Verhältnisse ausdrücken, ohne etwas Inneres zum Grunde zu haben, darum weil sie nicht Dinge an sich selbst, sondern lediglich Erscheinungen sind. Was wir auch nur an der Materie kennen, sind lauter Verhältnisse (das, was wir innre Bestimmungen derselben nennen, ist nur comparativ innerlich); aber es sind darunter selbstständige und beharrliche, dadurch uns ein bestimmter Gegenstand gegeben wird. Daß ich, wenn ich von diesen Verhältnissen abstrahire, gar nichts weiter zu denken habe, hebt den Begriff von einem Dinge als Erscheinung nicht auf, auch nicht den Begriff von einem Gegenstande *in abstracto*, wohl aber alle Möglichkeit eines solchen, der nach bloßen Begriffen bestimmbar ist, d.i. eines Noumenon. Freilich macht es stutzig, zu hören, daß ein Ding ganz und gar aus Verhältnissen bestehen solle, aber ein solches Ding ist auch bloße Erscheinung und kann gar nicht durch reine Kategorien gedacht werden; es besteht selbst in dem bloßen Verhältnisse von Etwas überhaupt zu den Sinnen. Eben so kann man die Verhältnisse der Dinge *in abstracto*, wenn man es mit bloßen Begriffen anfängt, wohl nicht anders denken, als daß eines die Ursache von Bestimmungen in dem andern sei; denn das ist unser Verstandesbegriff von Verhältnissen selbst. Allein da wir alsdann von aller Anschauung abstrahiren, so fällt eine ganze Art, wie das Mannigfaltige einander seinen Ort bestimmen kann, nämlich die Form der Sinnlichkeit (der Raum), weg, der doch vor aller empirischen Causalität vorhergeht.

Wenn wir unter bloß intelligibelen Gegenständen diejenigen Dinge verstehen, die durch reine Kategorien ohne alles Schema der Sinnlichkeit gedacht werden, so sind dergleichen unmöglich. Denn die Bedingung des objectiven Gebrauchs aller unserer Verstandesbegriffe ist bloß die Art unserer sinnlichen Anschauung, wodurch uns Gegenstände gegeben werden, und wenn wir von der letzteren abstrahiren, so haben die erstern gar keine Beziehung auf irgend ein Object. Ja wenn man auch eine andere Art der Anschauung, als diese unsere sinnlich ist, annehmen wollte, so würden doch unsere Functionen zu denken in Ansehung derselben von gar keiner Bedeutung sein. Verstehen wir darunter nur Gegenstände einer nichtsinnlichen Anschauung, von denen unsere Kategorien zwar freilich nicht gelten, und von denen wir also gar keine Erkenntniß (weder Anschauung, noch Begriff) jemals haben können, so müssen *Noumena* in dieser bloß negativen Bedeutung allerdings zugelassen werden: da sie denn nichts anders sagen als, daß unsere Art der Anschauung nicht auf alle Dinge, sondern bloß auf Gegenstände unserer Sinne geht, folglich ihre objective Gültigkeit begrenzt ist, und mithin für irgend eine andere Art Anschauung und also auch für Dinge als Objecte derselben Platz übrig bleibt.

Aber alsdann ist der Begriff eines *Noumenon* problematisch, d.i. die Vorstellung eines Dinges, von dem wir weder sagen können, daß es möglich, noch daß es unmöglich sei, indem wir gar keine Art der Anschauung als unsere sinnliche kennen und keine Art der Begriffe als die Kategorien, keine von beiden aber einem außersinnlichen Gegenstande angemessen ist. Wir können daher das Feld der Gegenstände unseres Denkens über die Bedingungen unserer Sinnlichkeit darum noch nicht positiv erweitern und außer den Erscheinungen noch Gegenstände des reinen Denkens, d.i. *Noumena* annehmen, weil jene keine anzugebende positive Bedeutung haben. Denn man muß von den Kategorien eingestehen: daß sie allein noch nicht zur Erkenntniß der Dinge an sich selbst zureichen und ohne die *data* der Sinnlichkeit bloß subjective Formen der Verstandeseinheit, aber ohne Gegenstand sein würden. Das Denken ist zwar an sich kein Product der Sinne und so fern durch sie auch nicht eingeschränkt, aber darum nicht sofort von eigenem und reinem Gebrauche ohne Beitritt der Sinnlichkeit, weil es alsdann ohne Object ist. Man kann auch das Noumenon nicht ein solches Object nennen; denn dieses bedeutet eben den problematischen Begriff von einem Gegenstande für eine ganz andere Anschauung und einen ganz anderen Verstand als der unsrige, der mithin selbst ein Problem ist. Der Begriff des Noumenon ist also nicht der Begriff von einem Object, sondern die unvermeidlich mit der Einschränkung unserer Sinnlichkeit zusammenhängende Aufgabe, ob es nicht von jener ihrer Anschauung ganz entbundene Gegenstände geben möge, welche Frage nur unbestimmt beantwortet werden kann, nämlich: daß, weil die sinnliche Anschauung nicht auf alle Dinge ohne Unterschied geht, für mehr und andere Gegenstände Platz übrig bleibe, sie also nicht schlechthin abgeleugnet, in Ermangelung eines bestimmten Begriffs aber (da keine Kategorie dazu tauglich ist) auch nicht als Gegenstände für unsern Verstand behauptet werden können.

Der Verstand begrenzt demnach die Sinnlichkeit, ohne darum sein eigenes Feld zu erweitern, und indem er jene warnt, daß sie sich nicht anmaße, auf Dinge an sich selbst zu gehen, sondern lediglich auf Erscheinungen, so denkt er sich einen Gegenstand an sich selbst, aber nur als transscendentales Object, das die Ursache der Erscheinung (mithin selbst nicht Erscheinung) ist und weder als Größe, noch als Realität, noch als Substanz u.s.w. gedacht werden kann (weil diese Begriffe immer sinnliche Formen erfordern, in denen sie einen Gegenstand bestimmen); wovon also völlig unbekannt ist, ob es in uns oder auch außer uns anzutreffen sei, ob es mit der Sinnlichkeit zugleich aufgehoben werden oder, wenn wir jene wegnehmen, noch übrig bleiben würde. Wollen wir dieses Object Noumenon nennen, darum weil die Vorstellung von ihm nicht sinnlich ist, so steht dieses uns frei. Da wir aber keine von unseren Verstandesbegriffen darauf anwenden können, so bleibt diese Vorstellung doch für uns leer und dient zu nichts, als die Grenzen unserer sinnlichen Erkenntniß zu bezeichnen und einen Raum übrig zu lassen, den wir weder durch mögliche Erfahrung, noch durch den reinen Verstand ausfüllen können.

Die Kritik dieses reinen Verstandes erlaubt es also nicht, sich ein neues Feld von Gegenständen außer denen, die ihm als Erscheinungen vorkommen können, zu schaffen und in intelligibele Welten, sogar nicht einmal in ihren Begriff auszuschweifen. Der Fehler, welcher hiezu auf die allerscheinbarste Art verleitet und allerdings entschuldigt, obgleich nicht gerechtfertigt werden kann, liegt darin: daß der Gebrauch des Verstandes wider seine Bestimmung transscendental gemacht, und die Gegenstände, d.i. mögliche Anschauungen, sich nach Begriffen, nicht aber Begriffe sich nach möglichen Anschauungen (als auf denen allein ihre objective Gültigkeit beruht) richten müssen. Die Ursache hievon aber ist wiederum: daß die Apperception und mit ihr das Denken vor aller möglichen bestimmten Anordnung der Vorstellungen vorhergeht. Wir denken also Etwas überhaupt und bestimmen es einerseits sinnlich, allein unterscheiden doch den allgemeinen und *in abstracto* vorgestellten Gegenstand von dieser Art ihn anzuschauen; da bleibt uns nun eine Art, ihn bloß durch Denken zu bestimmen, übrig, welche zwar eine bloße logische Form ohne Inhalt ist, uns aber dennoch eine Art zu sein scheint, wie das Object an sich existire (*Noumenon*), ohne auf die Anschauung zu sehen, welche auf unsere Sinne eingeschränkt ist.

* * *

Ehe wir die transscendentale Analytik verlassen, müssen wir noch etwas hinzufügen, was, obgleich an sich von nicht sonderlicher Erheblichkeit, dennoch zur Vollständigkeit des Systems erforderlich scheinen dürfte. Der höchste Begriff, von dem man eine Transscendentalphilosophie anzufangen pflegt, ist gemeiniglich die Eintheilung in das Mögliche und Unmögliche. Da aber alle Eintheilung einen eingetheilten Begriff voraussetzt, so muß noch ein höherer angegeben werden, und dieser ist der Begriff von einem Gegenstande überhaupt (problematisch genommen und unausgemacht, ob er Etwas oder Nichts sei). Weil die Kategorien die einzigen Begriffe sind, die sich auf Gegenstände überhaupt beziehen, so wird die Unterscheidung eines Gegenstandes, ob er Etwas oder Nichts sei, nach der Ordnung und Anweisung der Kategorien fortgehen.

1) Den Begriffen von Allem, Vielem und Einem ist der, so alles aufhebt, d.i. Keines, entgegengesetzt, und so ist der Gegenstand eines Begriffs, dem gar keine anzugebende Anschauung correspondirt, = Nichts, d.i. ein Begriff ohne Gegenstand, wie die *Noumena*, die nicht unter die Möglichkeiten gezählt werden können, obgleich auch darum nicht für unmöglich ausgegeben werden müssen (*ens rationis*), oder wie etwa gewisse neue Grundkräfte, die man sich denkt, zwar ohne Widerspruch, aber auch ohne Beispiel aus der Erfahrung gedacht werden und also nicht unter die Möglichkeiten gezählt werden müssen.

2) Realität ist Etwas, Negation ist Nichts, nämlich ein Begriff von dem Mangel eines Gegenstandes, wie der Schatten, die Kälte (*nihil privativum*).

3) Die bloße Form der Anschauung ohne Substanz ist an sich kein Gegenstand, sondern die bloße formale Bedingung desselben (als Erscheinung), wie der reine Raum und die reine Zeit, die zwar Etwas sind als Formen anzuschauen, aber selbst keine Gegenstände sind, die angeschauet werden (*ens imaginarium*).

4) Der Gegenstand eines Begriffs, der sich selbst widerspricht, ist Nichts, weg der Begriff nichts ist, das Unmögliche, wie etwa die gradlinige Figur von zwei Seiten (*nihil negativum*).

Die Tafel dieser Eintheilung des Begriffs von Nichts (denn die dieser gleichlaufende Eintheilung des Etwas folgt von selber) würde daher so angelegt werden müssen:

Nichts,

als

1.

Leerer Begriff ohne Gegenstand,

ens rationis.

2.	3.
Leerer Gegenstand eines Begriffs, *nihil privativum.*	Leere Anschauung ohne Gegenstand, *ens imaginarium.*

4.

Leerer Gegenstand ohne Begriff,

nihil negativum.

Man sieht, daß das Gedankending (n. 1.) von dem Undinge (n. 4.) dadurch unterschieden werde, daß jenes nicht unter die Möglichkeit gezählt werden darf, weil es bloß Erdichtung (obzwar nicht widersprechende) ist, dieses aber der Möglichkeit entgegengesetzt ist, indem der Begriff sogar sich selbst aufhebt. Beide sind aber leere Begriffe. Dagegen sind das *nihil privativum* (n. 2.) und *ens imaginarium* (n. 3.) leere *Data* zu Begriffen. Wenn das Licht nicht den Sinnen gegeben worden, so kann man sich auch keine Finsterniß, und wenn nicht ausgedehnte Wesen wahrgenommen worden, einen Raum vorstellen. Die Negation sowohl, als die bloße Form der Anschauung sind ohne ein Reales keine Objecte.

Der Transscendentalen Logik Zweite Abtheilung.

Die Transscendentale Dialektik.

Einleitung.

I. Vom transscendentalen Schein.

Wir haben oben die Dialektik überhaupt eine Logik des Scheins genannt. Das bedeutet nicht, sie sei eine Lehre der Wahrscheinlichkeit; denn diese ist Wahrheit, aber durch unzureichende Gründe erkannt, deren Erkenntniß also zwar mangelhaft, aber darum doch nicht trüglich ist und mithin von dem analytischen Theile der Logik nicht getrennt werden muß. Noch weniger dürfen Erscheinung und Schein für einerlei gehalten werden. Denn Wahrheit oder Schein sind nicht im Gegenstande, so fern er angeschaut wird, sondern im Urtheile über denselben, so fern er gedacht wird. Man kann also zwar richtig sagen, daß die Sinne nicht irren, aber nicht darum, weil sie jederzeit richtig urtheilen, sondern weil sie gar nicht urtheilen. Daher sind Wahrheit sowohl als Irrthum, mithin auch der Schein als die Verleitung zum letzteren nur im Urtheile, d.i. nur in dem Verhältnisse des Gegenstandes zu unserm Verstande anzutreffen. In einem Erkenntniß, das mit den Verstandesgesetzen durchgängig zusammenstimmt, ist kein Irrthum. In einer Vorstellung der Sinne ist (weil sie gar kein Urtheil enthält) auch kein Irrthum. Keine Kraft der Natur kann aber von selbst von ihren eigenen Gesetzen abweichen. Daher würden weder der Verstand für sich allein (ohne Einfluß einer andern Ursache), noch die Sinne für sich irren; der erstere darum nicht, weil, wenn er bloß nach seinen Gesetzen handelt, die Wirkung (das Urtheil) mit diesen Gesetzen nothwendig übereinstimmen muß. In der Übereinstimmung mit den Gesetzen des Verstandes besteht aber das Formale aller Wahrheit. In den Sinnen ist gar kein Urtheil, weder ein wahres, noch falsches. Weil wir nun außer diesen beiden Erkenntnißquellen keine andere haben, so folgt: daß der Irrthum nur durch den unbemerkten Einfluß der Sinnlichkeit auf den Verstand bewirkt werde, wodurch es geschieht, daß die subjectiven Gründe des Urtheils mit den objectiven zusammenfließen und diese von ihrer Bestimmung abweichend machen*; so wie ein bewegter Körper zwar für sich jederzeit die gerade Linie in derselben Richtung halten würde, die aber, wenn eine andere Kraft nach einer andern Richtung zugleich auf ihn einfließt, in krummlinige Bewegung ausschlägt. Um die eigenthümliche Handlung des Verstandes von der Kraft, die sich mit einmengt, zu unterscheiden, wird es daher nöthig sein, das irrige Urtheil als die Diagonale zwischen zwei Kräften anzusehen, die das Urtheil nach zwei verschiedenen Richtungen bestimmen, die gleichsam einen Winkel einschließen, und jene zusammengesetzte Wirkung in die einfache des Verstandes und der Sinnlichkeit aufzulösen; welches in reinen Urtheilen *a priori* durch transscendentale Überlegung geschehen muß, wodurch (wie schon angezeigt worden) jeder

* Die Sinnlichkeit, dem Verstande untergelegt, als das Object, worauf dieser seine Function anwendet, ist der Quell realer Erkenntnisse. Eben dieselbe aber so fern sie auf die Verstandeshandlung selbst einfließt und ihn zum Urtheilen bestimmt, ist der Grund des Irrthums.

Vorstellung ihre Stelle in der ihr angemessenen Erkenntnißkraft angewiesen, mithin auch der Einfluß der letzteren auf jene unterschieden wird.

Unser Geschäfte ist hier nicht, vom empirischen Scheine (z.B. dem optischen) zu handeln, der sich bei dem empirischen Gebrauche sonst richtiger Verstandesregeln vorfindet, und durch welchen die Urtheilskraft durch den Einfluß der Einbildung verleitet wird; sondern wir haben es mit dem *transscendentalen Scheine* allein zu thun, der auf Grundsätze einfließt, deren Gebrauch nicht einmal auf Erfahrung angelegt ist, als in welchem Falle wir doch wenigstens einen Probirstein ihrer Richtigkeit haben würden, sondern der uns selbst wider alle Warnungen der Kritik gänzlich über den empirischen Gebrauch der Kategorien wegführt, und uns mit dem Blendwerke einer Erweiterung des *reinen Verstandes* hinhält. Wir wollen die Grundsätze, deren Anwendung sich ganz und gar in den Schranken möglicher Erfahrung hält, *immanente*, diejenigen aber, welche diese Grenzen überfliegen sollen, *transscendente* Grundsätze nennen. Ich verstehe aber unter diesen nicht den *transscendentalen* Gebrauch oder Mißbrauch der Kategorien, welcher ein bloßer Fehler der nicht gehörig durch Kritik gezügelten Urtheilskraft ist, die auf die Grenze des Bodens, worauf allein dem reinen Verstande sein Spiel erlaubt ist, nicht genug Acht hat; sondern wirkliche Grundsätze, die uns zumuthen, alle jene Grenzpfähle niederzureißen und sich einen ganz neuen Boden, der überall keine Demarcation erkennt, anzumaßen. Daher sind *transscendental* und *transscendent* nicht einerlei. Die Grundsätze des reinen Verstandes, die wir oben vortrugen, sollen bloß von empirischem und nicht von transscendentalem, d.i. über die Errfahrungsgrenze hinausreichendem, Gebrauche sein. Ein Grundsatz aber, der diese Schranken wegnimmt, ja gar sie zu überschreiten gebietet, heißt transscendent. Kann unsere Kritik dahin gelangen, den Schein dieser angemaßten Grundsätze aufzudecken, so werden jene Grundsätze des bloß empirischen Gebrauchs im Gegensatz mit den letztern immanente Grundsätze des reinen Verstandes genannt werden können.

Der logische Schein, der in der bloßen Nachahmung der Vernunftform besteht, (der Schein der Trugschlüsse) entspringt lediglich aus einem Mangel der Achtsamkeit auf die logische Regel. So bald daher diese auf den vorliegenden Fall geschärft wird, so verschwindet er gänzlich. Der transscendentale Schein dagegen hört gleichwohl nicht auf, ob man ihn schon aufgedeckt und seine Nichtigkeit durch die transscendentale Kritik deutlich eingesehen hat (z.B. der Schein in dem Satze: die Welt muß der Zeit nach einen Anfang haben).

Die Ursache hievon ist diese: daß in unserer Vernunft (subjectiv als ein menschliches Erkenntnißvermögen betrachtet) Grundregeln und Maxirnen ihres Gebrauchs liegen, welche gänzlich das Ansehen objectiver Grundsätze haben, und wodurch es geschieht, daß die subjective Nothwendigkeit einer gewissen Verknüpfung unserer Begriffe zu Gunsten des Verstandes für eine objective Nothwendigkeit der Bestimmung der Dinge an sich selbst gehalten wird. Eine Illusion, die gar nicht zu vermeiden ist, so wenig als wir es vermeiden können, daß uns das Meer in der Mitte nicht höher scheine, wie an dem Ufer, weil wir jene durch höhere Lichtstrahlen als dieses sehen, oder noch mehr, so wenig selbst der Astronom verhindern kann, daß ihm der Mond im Aufgange nicht größer scheine, ob er gleich durch diesen Schein nicht betrogen wird.

Die transscendentale Dialektik wird also sich damit begnügen, den Schein transscendenter Urtheile aufzudecken und zugleich zu verhüten, daß er nicht betrüge; daß er aber auch (wie der logische Schein) sogar verschwinde und ein Schein zu sein aufhöre, das kann sie niemals bewerkstelligen. Denn wir haben es mit einer natürlichen und unvermeidlichen Illusion zu thun, die selbst auf subjectiven Grundsätzen beruht und sie als objective unterschiebt, anstatt daß die logische Dialektik in Auflösung der Trugschlüsse es nur mit einem Fehler in Befolgung der Grundsätze, oder mit einem gekünstelten Scheine in Nachahmung derselben zu thun hat. Es giebt also eine natürliche und unvermeidliche Dialektik der reinen Vernunft, nicht eine, in die sich etwa ein Stümper durch Mangel an Kenntnissen selbst verwickelt, oder die irgend ein Sophist, um vernünftige Leute zu verwirren, künstlich ersonnen hat, sondern die der menschlichen Vernunft unhintertreiblich anhängt und selbst, nachdem wir ihr Blendwerk aufgedeckt haben, dennoch nicht aufhören wird ihr vorzugaukeln und sie unablässig in augenblickliche Verirrungen zu stoßen, die jederzeit gehoben zu werden bedürfen.

II.

Von der reinen Vernunft als dem Sitze des transscendentalen Scheins.

A.

Von der Vernunft überhaupt.

Alle unsere Erkenntniß hebt von den Sinnen an, geht von da zum Verstande und endigt bei der Vernunft, über welche nichts Höheres in uns angetroffen wird, den Stoff der Anschauung zu bearbeiten und unter die höchste Einheit des

Denkens zu bringen. Da ich jetzt von dieser obersten Erkenntnißkraft eine Erklärung geben soll, so finde ich mich in einiger Verlegenheit. Es giebt von ihr wie von dem Verstande einen bloß formalen, d.i. logischen Gebrauch, da die Vernunft von allem Inhalte der Erkenntniß abstrahirt, aber auch einen realen, da sie selbst den Ursprung gewisser Begriffe und Grundsätze enthält, die sie weder von den Sinnen, noch vom Verstande entlehnt. Das erstere Vermögen ist nun freilich vorlängst von den Logikern durch das Vermögen mittelbar zu schließen (zum Unterschiede von den unmittelbaren Schlüssen, *consequentiis immediatis*) erklärt worden; das zweite aber, welches selbst Begriffe erzeugt, wird dadurch noch nicht eingesehen. Da nun hier eine Eintheilung der Vernunft in ein logisches und transscendentales Vermögen vorkommt, so muß ein höherer Begriff von dieser Erkenntnißquelle gesucht werden, welcher beide Begriffe unter sich befaßt, indessen wir nach der Analogie mit den Verstandesbegriffen erwarten können, daß der logische Begriff zugleich den Schlüssel zum transscendentalen und die Tafel der Functionen der ersteren zugleich die Stammleiter der Vernunftbegriffe an die Hand geben werde.

Wir erklärten im erstern Theile unserer transscendentalen Logik den Verstand durch das Vermögen der Regeln; hier unterscheiden wir die Vernunft von demselben dadurch, daß wir sie das Vermögen der Principien nennen wollen.

Der Ausdruck eines Princips ist zweideutig und bedeutet gemeiniglich nur ein Erkenntniß, das als Princip gebraucht werden kann, ob es zwar an sich selbst und seinem eigenen Ursprunge nach kein Principium ist. Ein jeder allgemeine Satz, er mag auch sogar aus Erfahrung (durch Induction) hergenommen sein, kann zum Obersatz in einem Vernunftschlusse dienen; er ist darum aber nicht selbst ein Principium. Die mathematischen Axiomen (z.B. zwischen zwei Punkten kann nur eine gerade Linie sein) sind sogar allgemeine Erkenntnisse *a priori* und werden daher mit Recht relativisch auf die Fälle, die unter ihnen subsumirt werden können, Principien genannt. Aber ich kann darum doch nicht sagen, daß ich diese Eigenschaft der geraden Linien überhaupt und an sich aus Principien erkenne, sondern nur in der reinen Anschauung.

Ich würde daher Erkenntniß aus Principien diejenige nennen, da ich das Besondre im Allgemeinen durch Begriffe erkenne. So ist denn ein jeder Vernunftschluß eine Form der Ableitung einer Erkenntniß aus einem Princip. Denn der Obersatz giebt jederzeit einen Begriff, der da macht, daß alles, was unter der Bedingung desselben subsumirt wird, aus ihm nach einem Princip erkannt wird. Da nun jede allgemeine Erkenntniß zum Obersatze in einem Vernunftschlusse dienen kann, und der Verstand dergleichen allgemeine Sätze *a priori* darbietet, so können diese denn auch in Ansehung ihres möglichen Gebrauchs Principien genannt werden.

Betrachten wir aber diese Grundsätze des reinen Verstandes an sich selbst ihrem Ursprunge nach, so sind sie nichts weniger als Erkenntnisse aus Begriffen. Denn sie würden auch nicht einmal *a priori* möglich sein, wenn wir nicht die reine Anschauung (in der Mathematik), oder Bedingungen einer möglichen Erfahrung überhaupt herbei zögen. Daß alles, was geschieht, eine Ursache habe, kann gar nicht aus dem Begriffe dessen, was überhaupt geschieht, geschlossen werden; vielmehr zeigt der Grundsatz, wie man allererst von dem, was geschieht, einen bestimmten Erfahrungsbegriff bekommen könne.

Synthetische Erkenntnisse aus Begriffen kann der Verstand also gar nicht verschaffen, und diese sind es eigentlich, welche ich schlechthin Principien nenne: indessen daß alle allgemeine Sätze überhaupt comparative Principien heißen können.

Es ist ein alter Wunsch, der, wer weiß wie spät, vielleicht einmal in Erfüllung gehen wird; daß man doch einmal statt der endlosen Mannigfaltigkeit bürgerlicher Gesetze ihre Principien aufsuchen möge; denn darin kann allein das Geheimniß bestehen, die Gesetzgebung, wie man sagt, zu simplificiren. Aber die Gesetze sind hier auch nur Einschränkungen unsrer Freiheit auf Bedingungen, unter denen sie durchgängig mit sich selbst zusammenstimmt; mithin gehen sie auf etwas, was gänzlich unser eigen Werk ist, und wovon wir durch jene Begriffe selbst die Ursache sein können. Wie aber Gegenstände an sich selbst, wie die Natur der Dinge unter Principien stehe und nach bloßen Begriffen bestimmt werden solle, ist, wo nicht etwas Unmögliches, wenigstens doch sehr Widersinnisches in seiner Forderung. Es mag aber hiemit bewandt sein, wie es wolle (denn darüber haben wir die Untersuchung noch vor uns), so erhellt wenigstens daraus: daß Erkenntniß aus Principien (an sich selbst) ganz etwas andres sei, als bloße Verstandeserkenntniß die zwar auch andern Erkenntnissen in der Form eines Princips vorgehen kann, an sich selbst aber (so fern sie synthetisch ist) nicht auf bloßem Denken beruht, noch ein Allgemeines nach Begriffen in sich enthält.

Der Verstand mag ein Vermögen der Einheit der Erscheinungen vermittelst der Regeln sein, so ist die Vernunft das Vermögen der Einheit der Verstandesregeln unter Principien. Sie geht also niemals zunächst auf Erfahrung oder auf irgend einen Gegenstand, sondern auf den Verstand, um den mannigfaltigen Erkenntnissen desselben Einheit *a priori* durch Begriffe zu geben, welche Vernunfteinheit heißen mag und von ganz anderer Art ist, als sie von dem Verstande geleistet werden kann.

Das ist der allgemeine Begriff von dem Vernunftvermögen, so weit er bei gänzlichem Mangel an Beispielen (als die erst in der Folge gegeben werden sollen) hat begreiflich gemacht werden können.

B.

Vom logischen Gebrauche der Vernunft.

Man macht einen Unterschied zwischen dem, was unmittelbar erkannt, und dem, was nur geschlossen wird. Daß in einer Figur, die durch drei gerade Linien begrenzt ist, drei Winkel sind, wird unmittelbar erkannt; daß diese Winkel aber zusammen zwei rechten gleich sind, ist nur geschlossen. Weil wir des Schließens beständig bedürfen, und es dadurch endlich ganz gewohnt werden, so bemerken wir zuletzt diesen Unterschied nicht mehr und halten oft, wie bei dem sogenannten Betruge der Sinne, etwas für unmittelbar wahrgenommen, was wir doch nur geschlossen haben. Bei jedem Schlusse ist ein Satz, der zum Grund liegt, und ein anderer, nämlich die Folgerung, die aus jedem gezogen wird, und endlich die Schlußfolge (Consequenz), nach welcher die Wahrheit des letzteren unausbleiblich mit der Wahrheit des ersteren verknüpft ist. Liegt das geschlossene Urtheil schon so in dem ersten, daß es ohne Vermittelung einer dritten Vorstellung daraus abgeleitet werden kann, so heißt der Schluß unmittelbar (*consequentia immediata*); ich möchte ihn lieber den Verstandesschluß nennen. Ist aber außer der zum Grunde gelegten Erkenntniß noch ein anderes Urtheil nöthig, um die Folge zu bewirken, so heißt der Schluß ein Vernunftschluß. In dem Satze: alle Menschen sind sterblich, liegen schon die Sätze: einige Menschen sind sterblich, einige Sterbliche sind Menschen, nichts, was unsterblich ist, ist ein Mensch, und diese sind also unmittelbare Folgerungen aus dem ersteren. Dagegen liegt der Satz: alle Gelehrte sind sterblich, nicht in dem untergelegten Urtheile (denn der Begriff der Gelehrten kommt in ihm gar nicht vor), und er kann nur vermittelst eines Zwischenurtheils aus diesem gefolgert werden.

In jedem Vernunftschlusse denke ich zuerst eine Regel (*major*) durch den Verstand. Zweitens subsumire ich ein Erkenntniß unter die Bedingung der Regel (*minor*) vermittelst der Urtheilskraft. Endlich bestimme ich mein Erkenntniß durch das Prädicat der Regel (*conclusio*), mithin *a priori* durch die Vernunft. Das Verhältniß also, welches der Obersatz als die Regel zwischen einer Erkenntniß und ihrer Bedingung vorstellt, macht die verschiedenen Arten der Vernunftschlüsse aus. Sie sind also gerade dreifach, so wie alle Urtheile überhaupt, so fern sie sich in der Art unterscheiden, wie sie das Verhältniß des Erkenntnisses im Verstande ausdrücken, nämlich: kategorische oder hypothetische oder disjunctive Vernunftschlüsse.

Wenn, wie mehrentheils geschieht, die Conclusion als ein Urtheil aufgegeben worden, um zu sehen, ob es nicht aus schon gegebenen Urtheilen, durch die nämlich ein ganz anderer Gegenstand gedacht wird, fließe: so suche ich im Verstande die Assertion dieses Schlußsatzes auf, ob sie sich nicht in demselben unter gewissen Bedingungen nach einer allgemeinen Regel vorfinde. Finde ich nun eine solche Bedingung, und läßt sich das Object des Schlußsatzes unter der gegebenen Bedingung subsumiren, so ist dieser aus der Regel, die auch für andere Gegenstände der Erkenntniß gilt, gefolgert. Man sieht daraus: daß die Vernunft im Schließen die große Mannigfaltigkeit der Erkenntniß, des Verstandes auf die kleinste Zahl der Principien (allgemeiner Bedingungen) zu bringen und dadurch die höchste Einheit derselben zu bewirken suche.

C.

Von dem reinen Gebrauche der Vernunft.

Kann man die Vernunft isoliren, und ist sie alsdann noch ein eigener Quell von Begriffen und Urtheilen, die lediglich aus ihr entspringen, und dadurch sie sich auf Gegenstände bezieht, oder ist sie ein bloß subalternes Vermögen, gegebenen Erkenntnissen eine gewisse Form zu geben, welche logisch heißt, und wodurch die Verstandeserkenntnisse nur einander und niedrige Regeln andern, höhern (deren Bedingung die Bedingung der ersteren in ihrer Sphäre befaßt) untergeordnet werden, so viel sich durch die Vergleichung derselben will bewerkstelligen lassen? Dies ist die Frage, mit der wir uns jetzt nur vorläufig beschäftigen. In der That ist Mannigfaltigkeit der Regeln und Einheit der Principien eine Forderung der Vernunft, um den Verstand mit sich selbst in durchgängigen Zusammenhang zu bringen, so wie der Verstand das Mannigfaltige der Anschauung unter Begriffe und dadurch jene in Verknüpfung bringt. Aber ein solcher Grundsatz schreibt den Objecten kein Gesetz vor und enthält nicht den Grund der Möglichkeit, sie als solche überhaupt zu erkennen und zu bestimmen; sondern ist bloß ein subjectives Gesetz der Haushaltung mit dem Vorrathe unseres Verstandes, durch Vergleichung seiner Begriffe den allgemeinen Gebrauch derselben auf die kleinstmögliche Zahl derselben zu bringen, ohne daß man deswegen von den Gegenständen selbst eine solche Einhelligkeit, die der Gemächlichkeit und Ausbreitung unseres Verstandes Vorschub thue, zu fordern und jener Maxime zugleich objective Gültigkeit zu geben berechtigt wäre. Mit einem Worte, die Frage ist: ob Vernunft an sich, d.i. die reine Vernunft *a priori* synthetische Grundsätze und Regeln enthalte, und worin diese Principien bestehen mögen?

Das formale und logische Verfahren derselben in Vernunftschlüssen giebt uns hierüber schon hinreichende Anleitung, auf welchem Grunde das transscendentale Principium derselben in der synthetischen Erkenntniß durch reine Vernunft beruhen werde.

Erstlich geht der Vernunftschluß nicht auf Anschauungen, um dieselbe unter Regeln zu bringen (wie der Verstand mit seinen Kategorien), sondern auf Begriffe und Urtheile. Wenn also reine Vernunft auch auf Gegenstände geht, so hat sie doch auf diese und deren Anschauung keine unmittelbare Beziehung, sondern nur auf den Verstand und dessen Urtheile, welche sich zunächst an die Sinne und deren Anschauungen wenden, um diesen ihren Gegenstand zu bestimmen. Vernunfteinheit ist also nicht Einheit einer möglichen Erfahrung, sondern von dieser als der Verstandeseinheit wesentlich unterschieden. Daß alles, was geschieht, eine Ursache habe, ist gar kein durch Vernunft erkannter und vorgeschriebener Grundsatz. Er macht die Einheit der Erfahrung möglich und entlehnt nichts von der Vernunft, *welche ohne* diese Beziehung auf mögliche Erfahrung, aus bloßen Begriffen, keine solche synthetische Einheit hätte gebieten können.

Zweitens sucht die Vernunft in ihrem logischen Gebrauche die allgemeine Bedingung ihres Urtheils (des Schlußsatzes), und der Vernunftschluß ist selbst nichts andres als ein Urtheil vermittelst der Subsumtion seiner Bedingung unter eine allgemeine Regel (Obersatz). Da nun diese Regel wiederum eben demselben Versuche der Vernunft ausgesetzt ist, und dadurch die Bedingung der Bedingung (vermittelst eines Prosyllogismus) gesucht werden muß, so lange es angeht, so sieht man wohl, der eigenthümliche Grundsatz der Vernunft überhaupt (im logischen Gebrauche) sei: zu dem bedingten Erkenntnisse des Verstandes das Unbedingte zu finden, damit die Einheit desselben vollendet wird.

Diese logische Maxime kann aber nicht anders ein Principium der reinen Vernunft werden, als dadurch daß man annimmt: wenn das Bedingte gegeben ist, so sei auch die ganze Reihe einander untergeordneter Bedingungen, die mithin selbst unbedingt ist, gegeben (d.i. in dem Gegenstande und seiner Verknüpfung enthalten).

Ein solcher Grundsatz der reinen Vernunft ist aber offenbar synthetisch; denn das Bedingte bezieht sich analytisch zwar auf irgend eine Bedingung, aber nicht aufs Unbedingte. Es müssen aus demselben auch verschiedene synthetische Sätze entspringen, wovon der reine Verstand nichts weiß, als er nur mit Gegenständen einer möglichen Erfahrung zu thun hat, deren Erkenntniß und Synthesis jederzeit bedingt ist. Das Unbedingte aber, wenn es wirklich Statt hat, kann besonders erwogen werden nach allen den Bestimmungen, die es von jedem Bedingten unterscheiden, und muß dadurch Stoff zu manchen synthetischen Sätze *a priori* geben.

Die aus diesem obersten Princip der reinen Vernunft entspringende Grundsätze werden aber in Ansehung aller Erscheinungen transscendent sein, d.i. es wird kein ihm adäquater empirischer Gebrauch von demselben jemals gemacht werden können. Es wird sich also von allen Grundsätzen des Verstandes (deren Gebrauch völlig immanent ist, indem sie nur die Möglichkeit der Erfahrung zu ihrem Thema haben) gänzlich unterscheiden. Ob nun jener Grundsatz, daß sich die Reihe der Bedingungen (in der Synthesis der Erscheinungen, oder auch des Denkens der Dinge überhaupt) bis zum Unbedingten erstrecke, seine objective Richtigkeit habe oder nicht; welche Folgerungen daraus auf den empirischen Verstandesgebrauch fließen, oder ob es vielmehr überall keinen dergleichen objectivgültigen Vernunftsatz gebe, sondern eine bloß logische Vorschrift, sich im Aufsteigen zu immer höhern Bedingungen der Vollständigkeit derselben zu nähern und dadurch die höchste uns mögliche Vernunfteinheit in unsere Erkenntniß zu bringen; ob, sage ich, dieses Bedürfniß der Vernunft durch einen Mißverstand für einen transscendentalen Grundsatz der reinen Vernunft gehalten worden, der eine solche unbeschränkte Vollständigkeit übereilter Weise von der Reihe der Bedingungen in den Gegenständen selbst postulirt; was aber auch in diesem Falle für Mißdeutungen und Verblendungen in die Vernünftschlüsse, deren Obersatz aus reiner Vernunft genommen worden (und der vielleicht mehr Petition als Postulat ist), und die von der Erfahrung aufwärts zu ihren Bedingungen steigen, einschleichen mögen: das wird unser Geschäfte in der transscendentalen Dialektik sein, welche wir jetzt aus ihren Quellen, die tief in der menschlichen Vernunft verborgen sind, entwickeln wollen. Wir werden sie in zwei Hauptstücke theilen, deren ersteres von den transscendentalen Begriffen der reinen Vernunft, das zweite von transscendenten und dialektischen Vernunftschlüssen derselben handeln soll.

Der Transscendentalen Dialektik

Erstes Buch.

Von den Begriffen der reinen Vernunft.

Was es auch mit der Möglichkeit der Begriffe aus reiner Vernunft für eine Bewandtniß haben mag: so sind sie doch nicht bloß reflectirte, sondern geschlossene Begriffe. Verstandesbegriffe werden auch *a priori,* vor der Erfahrung und zum Behuf derselben, gedacht; aber sie enthalten nichts weiter, als die Einheit der Reflexion über die Erscheinungen, in so fern sie nothwendig zu einem möglichen empirischen Bewußtsein gehören sollen. Durch sie allein wird Erkenntniß und Bestimmung eines Gegenstandes möglich. Sie geben also zuerst Stoff zum Schließen, und vor ihnen gehen keine Begriffe *a priori* von Gegenständen vorher, aus denen sie könnten geschlossen werden. Dagegen gründet sich ihre objective Realität doch lediglich darauf: daß, weil sie die intellectuelle Form aller Erfahrung ausmachen, ihre Anwendung jederzeit in der Erfahrung muß gezeigt werden können.

Die Benennung eines Vernunftbegriffs aber zeigt schon vorläufig: daß er sich nicht innerhalb der Erfahrung wolle beschränken lassen, weil er eine Erkenntniß betrifft, von der jede empirische nur ein Theil ist (vielleicht das Ganze der möglichen Erfahrung oder ihrer empirischen Synthesis), bis dahin zwar keine wirkliche Erfahrung jemals völlig zureicht, aber doch jederzeit dazu gehörig ist. Vernunftbegriffe dienen zum Begreifen, wie Verstandesbegriffe zum Verstehen (der Wahrnehmungen). Wenn sie das Unbedingte enthalten, so betreffen sie etwas, worunter alle Erfahrung gehört, welches selbst aber niemals ein Gegenstand der Erfahrung ist: etwas, worauf die Vernunft in ihren Schlüssen aus der Erfahrung führt, und wornach sie den Grad ihres empirischen Gebrauchs schätzt und abmißt, niemals aber ein Glied der empirischen Synthesis ausmacht. Haben dergleichen Begriffe dessen ungeachtet objective Gültigkeit, so können sie *conceptus ratiocinati* (richtig geschlossene Begriffe) heißen; wo nicht, so sind sie wenigstens durch einen Schein des Schließens erschlichen und mögen *conceptus ratiocinantes* (vernünftelnde Begriffe) genannt werden. Da dieses aber allererst in dem Hauptstücke von den dialektischen Schlüssen der reinen Vernunft ausgemacht werden kann, so können wir darauf noch nicht Rücksicht nehmen, sondern werden vorläufig, so wie wir die reinen Verstandesbegriffe Kategorien nannten, die Begriffe der reinen Vernunft mit einem neuen Namen belegen und sie transscendentale Idee nennen, diese Benennung aber jetzt erläutern und rechtfertigen.

Des Ersten Buchs der transscendentalen Dialektik **Erster Abschnitt.**

Von den Ideen überhaupt.

Bei dem großen Reichthum unserer Sprachen findet sich doch oft der denkende Kopf wegen des Ausdrucks verlegen, der seinem Begriffe genau anpaßt, und in dessen Ermangelung er weder andern, noch sogar sich selbst recht verständlich werden kann. Neue Wörter zu schmieden, ist eine Anmaßung zum Gesetzgeben in Sprachen, die selten gelingt, und ehe man zu diesem verzweifelten Mittel schreitet, ist es rathsam, sich in einer todten und gelehrten Sprache umzusehen, ob sich daselbst nicht dieser Begriff sammt seinem angemessenen Ausdrucke vorfinde; und wenn der alte Gebrauch desselben durch Unbehutsamkeit seiner Urheber auch etwas schwankend geworden wäre, so ist es doch besser, die Bedeutung, die ihm vorzüglich eigen war, zu befestigen (sollte es auch zweifelhaft bleiben, ob man damals genau eben dieselbe im Sinne gehabt habe), als sein Geschäfte nur dadurch zu verderben, daß man sich unverständlich machte.

Um deswillen, wenn sich etwa zu einem gewissen Begriffe nur ein einziges Wort vorfände, das in schon eingeführter Bedeutung diesem Begriffe genau anpaßt, dessen Unterscheidung von andern verwandten Begriffen von großer Wichtigkeit ist, so ist es rathsam, damit nicht verschwenderisch umzugehen, oder es bloß zur Abwechselung synonymisch statt anderer zu gebrauchen, sondern ihm seine eigenthümliche Bedeutung sorgfältig aufzubehalten; weil es sonst leichtlich geschieht, daß, nachdem der Ausdruck die Aufmerksamkeit nicht besonders beschäftigt, sondern sich unter dem Haufen anderer von sehr abweichender Bedeutung verliert, auch der Gedanke verloren gehe, den er allein hätte aufbehalten können.

P l a t o bediente sich des Ausdrucks I d e e so, daß man wohl sieht, er habe darunter etwas verstanden, was nicht allein niemals von den Sinnen entlehnt wird, sondern welches sogar die Begriffe des Verstandes, mit denen sich A r i s t o t e l e s beschäftigte, weit übersteigt, indem in der Erfahrung niemals etwas damit Congruirendes angetroffen wird. Die Ideen sind bei ihm Urbilder der Dinge selbst und nicht bloß Schlüssel zu möglichen Erfahrungen, wie die Kategorien. Nach seiner Meinung flossen sie aus der höchsten Vernunft aus, von da sie der menschlichen zu Theil geworden, die sich aber jetzt nicht mehr in ihrem ursprünglichen Zustande befindet, sondern mit Mühe die alten, jetzt sehr verdunkelten Ideen durch Erinnerung (die Philosophie heißt) zurückrufen muß. Ich will mich hier in keine litterarische Untersuchung einlassen, um den Sinn auszumachen, den der erhabene Philosoph mit seinem Ausdrucke verband. Ich merke nur an, daß es gar nichts Ungewöhnliches sei, sowohl im gemeinen Gespräche als in Schriften durch die Vergleichung der Gedanken, welche ein Verfasser über seinen Gegenstand äußert, ihn sogar besser zu verstehen, als er sich selbst verstand, indem er seinen Begriff nicht genugsam bestimmte und dadurch bisweilen seiner eigenen Absicht entgegen redete oder auch dachte.

P l a t o bemerkte sehr wohl, daß unsere Erkenntnißkraft ein weit höheres Bedürfnis fühle, als bloß Erscheinungen nach synthetischer Einheit buchstabiren, um sie als Erfahrung lesen zu können, und daß unsere Vernunft natürlicher Weise sich zu Erkenntnissen aufschwinge, die viel weiter gehen, als daß irgend ein Gegenstand, den Erfahrung geben kann, jemals mit ihnen congruiren könne, die aber nichtsdestoweniger ihre Realität haben und keineswegs bloße Hirngespinste sind.

Plato fand seine Ideen vorzüglich in allem, was praktisch ist,* d.i. auf Freiheit beruht, welche ihrerseits unter Er-

* Er dehnte seinen Begriff freilich auch auf spekulative Erkenntnisse aus, wenn sie nur rein und völlig *a priori* gegeben waren, sogar über die Mathematik, ob diese gleich ihren Gegenstand nirgend anders, als in der m ö g l i c h e n Erfahrung hat. Hierin kann ich ihm nun nicht folgen, so wenig als in der mystischen Deduction dieser Ideen oder den Übertreibungen, dadurch er sie gleichsam hypostasirte, wiewohl die hohe Sprache, deren er sich in diesem Feld bediente, einer müderen und der Natur der Dinge angemessenen Auslegung ganz wohl fähig ist.

kenntnissen steht, die ein eigenthümliches Product der Vernunft sind. Wer die Begriffe der Tugend aus Erfahrung schöpfen wollte, wer das, was nur allenfalls als Beispiel zur unvollkommenen Erläuterung dienen kann, als Muster zum Erkenntnißquell machen wollte (wie es wirklich viele gethan haben), der würde aus der Tugend ein nach Zeit und Umständen wandelbares, zu keiner Regel brauchbares, zweideutiges Unding machen. Dagegen wird ein jeder inne, daß, wenn ihm jemand als Muster der Tugend vorgestellt wird, er doch immer das wahre Original bloß in seinem eigenen Kopfe habe, womit er dieses angebliche Muster vergleicht und es bloß darnach schätzt. Dieses ist aber die Idee derTugend, in Ansehung deren alle mögliche Gegenstände der Erfahrung zwar als Beispiele (Beweise der Thunlichkeit desjenigen im gewissen Grade, was der Begriff der Vernunft heischt), aber nicht als Urbilder Dienste thun. Daß niemals ein Mensch demjenigen adäquat handeln werde, was die reine Idee der Tugend enthält, beweiset gar nicht etwas Chimärisches in diesem Gedanken. Denn es ist gleichwohl alles Urtheil über den moralischen Werth oder Unwerth nur vermittelst dieser Idee möglich; mithin liegt sie jeder Annäherung zur moralischen Vollkommenheit nothwendig zum Grunde, so weit auch die ihrem Grade nach nicht zu bestimmende Hindernisse in der menschlichen Natur uns davon entfernt halten mögen.

Die Platonische Republik ist als ein vermeintlich auffallendes Beispiel von erträumter Vollkommenheit, die nur im Gehirn des müßigen Denkers ihren Sitz haben kann, zum Sprichwort geworden, und Brucker findet es lächerlich, daß der Philosoph behauptete, niemals würde ein Fürst wohl regieren, wenn er nicht der Ideen theilhaftig wäre. Allein man würde besser thun, diesem Gedanken mehr nachzugehen und ihn (wo der vortreffliche Mann uns ohne Hülfe läßt) durch neue Bemühungen in Licht zu stellen, als ihn unter dem sehr elenden und schädlichen Vorwande der Unthunlichkeit als unnütz bei Seite zu setzen. Eine Verfassung von der größten menschlichen Freiheit nach Gesetzen, welche machen, daß jedes Freiheit mit der andern ihrer zusammen bestehen kann, (nicht von der größten Glückseligkeit, denn diese wird schon von selbst folgen), ist doch wenigstens eine nothwendige Idee, die man nicht bloß im ersten Entwurfe einer Staatsverfassung, sondern auch bei allen Gesetzen zum Grunde legen muß, und wobei man anfänglich von den gegenwärtigen Hindernissen abstrahiren muß, die vielleicht nicht sowohl aus der menschlichen Natur unvermeidlich entspringen mögen, als vielmehr aus der Vernachlässigung der ächten Ideen bei der Gesetzgebung. Denn nichts kann Schädlicheres und eines Philosophen Unwürdigeres gefunden werden, als die pöbelhafte Berufung auf vorgeblich widerstreitende Erfahrung, die doch gar nicht existiren würde, wenn jene Anstalten zu rechter Zeit nach den Ideen getroffen würden, und an deren Statt nicht rohe Begriffe eben darum, weil sie aus Erfahrung geschöpft worden, alle gute Absicht vereitelt hätten. Je übereinstimmender die Gesetzgebung und Regierung mit dieser Idee eingerichtet wären, desto seltener würden allerdings die Strafen werden, und da ist es denn ganz vernünftig (wie Plato behauptet), daß bei einer vollkommenen Anordnung derselben gar keine dergleichen nöthig sein würden. Ob nun gleich das letztere niemals zu Stande kommen mag, so ist die Idee doch ganz richtig, welches dieses *Maximum* zum Urbilde aufstellt, um nach demselben die gesetzliche Verfassung der Menschen der möglich größten Vollkommenheit immer näher zu bringen. Denn welches der höchste Grad sein mag, bei welchem die Menschheit stehen bleiben müsse, und wie groß also die Kluft, die zwischen der Idee und ihrer Ausführung nothwendig übrig bleibt, sein möge, das kann und soll niemand bestimmen, eben darum weil es Freiheit ist, welche jede angegebene Grenze übersteigen kann.

Aber nicht bloß in demjenigen, wobei die menschliche Vernunft wahrhafte Causalität zeigt, und wo Ideen wirkende Ursachen (der Handlungen und ihrer Gegenstände) werden, nämlich im Sittlichen, sondern auch in Ansehung der Natur selbst sieht Plato mit Recht deutliche Beweise ihres Ursprungs aus Ideen. Ein Gewächs, ein Thier, die regelmäßige Anordnung des Weltbaues (vermuthlich also auch die ganze Naturordnung) zeigen deutlich, daß sie nur nach Ideen möglich sind; daß zwar kein einzelnes Geschöpf unter den einzelnen Bedingungen seines Daseins mit der Idee des Vollkommensten seiner Art congruire (so wenig wie der Mensch mit der Idee der Menschheit, die er sogar selbst als das Urbild seiner Handlungen in seiner Seele trägt), daß gleichwohl jene Ideen im höchsten Verstande einzeln, unveränderlich, durchgängig bestimmt und die ursprünglichen Ursachen der Dinge sind, und nur das Ganze ihrer Verbindung im Weltall einzig und allein jener Idee völlig adäquat sei. Wenn man das Übertriebene des Ausdrucks absondert, so ist der Geistesschwung des Philosophen, von der copeilichen Betrachtung des Physischen der Weltordnung zu der architektonischen Verknüpfung derselben nach Zwecken, d.i. nach Ideen, hinaufzusteigen, eine Bemühung, die Achtung und Nachfolge verdient; in Ansehung desjenigen aber, was die Principien der Sittlichkeit, der Gesetzgebung und der Religion betrifft, wo die Ideen die Erfahrung selbst (des Guten) allererst möglich machen, obzwar niemals darin völlig ausgedrückt werden können, ein ganz eigenthümliches Verdienst, welches man nur darum nicht erkennt, weil man es durch eben die empirischen Regeln beurtheilt, deren Gültigkeit als Principien eben durch sie hat aufgehoben werden sollen. Denn in Betracht der Natur giebt uns Erfahrung die Regel an die Hand und ist der Quell der Wahrheit: in Ansehung der sittlichen Gesetze aber ist Erfahrung (leider!) die Mutter des Scheins, und es ist höchst verwerflich, die Gesetze über das, was ich thun soll, von demjenigen herzunehmen, oder dadurch einschränken zu wollen, was gethan wird.

Statt aller dieser Betrachtungen, deren gehörige Ausführung in der That die eigenthümliche Würde der Philosophie ausmacht, beschäftigen wir uns jetzt mit einer nicht so glänzenden, aber doch auch nicht verdienstlosen Arbeit, nämlich: den Boden zu jenen majestätischen sittlichen Gebäuden eben und baufest zu machen, in welchem sich allerlei Maulwurfsgänge einer vergeblich, aber mit guter Zuversicht auf Schätze grabenden Vernunft vorfinden, und die jenes Bauwerk unsicher machen. Der transscendentale Gebrauch der reinen Vernunft, ihre Principien und Ideen sind es also, welche genau zu kennen uns jetzt obliegt, um den Einfluß der reinen Vernunft und den Werth derselben gehörig bestimmen und schätzen zu können. Doch, ehe ich diese vorläufige Einleitung bei Seite lege ersuche ich diejenige, denen die Philosophie am Herzen liegt (welches mehr gesagt ist, als man gemeiniglich antrifft), wenn sie sich durch dieses und das Nachfolgende überzeugt finden sollten, den Ausdruck Idee seiner ursprünglichen Bedeutung nach in Schutz zu nehmen, damit er nicht fernerhin unter die übrigen Ausdrücke, womit gewöhnlich allerlei Vorstellungsarten in sorgloser Unordnung bezeichnet werden, gerathe, und die Wissenschaft dabei einbüße. Fehlt es uns doch nicht an Benennungen, die jeder Vorstellungsart gehörig angemessen sind, ohne daß wir nöthig haben, in das Eigenthum einer anderen einzugreifen. Hier ist eine Stufenleiter derselben. Die Gattung ist Vorstellung überhaupt (*repraesentatio*). Unter ihr steht die Vorstellung mit Bewußtsein (*perceptio*). Eine Perception, die sich lediglich auf das Subject als die Modification seines Zustandes bezieht, ist Empfindung (*sensatio*), eine objective Perception ist Erkenntniß (*cognitio*). Diese ist entweder Anschauung oder Begriff (*intuitus vel conceptus*). Jene bezieht sich unmittelbar auf den Gegenstand und ist einzeln, dieser mittelbar, vermittelst eines Merkmals, was mehreren Dingen gemein sein kann. Der Begriff ist entweder ein empirischer oder reiner Begriff, und der reine Begriff, so fern er lediglich im Verstande seinen Ursprung hat (nicht im reinen Bilde der Sinnlichkeit), heißt *Notio*. Ein Begriff aus Notionen, der die Möglichkeit der Erfahrung übersteigt, ist die Idee oder der Vernunftbegriff. Dem, der sich einmal an diese Unterscheidung gewöhnt hat, muß es unerträglich fallen, die Vorstellung der rothen Farbe Idee nennen zu hören. Sie ist nicht einmal Notion (Verstandesbegriff) zu nennen.

Des Ersten Buchs der transscendentalen Dialektik **Zweiter Abschnitt.**

Von den transscendentalen Ideen.

Die transscendentale Analytik gab uns ein Beispiel, wie die bloße logische Form unserer Erkenntniß den Ursprung von reinen Begriffen *a priori* enthalten könne, welche vor aller

Erfahrung Gegenstände vorstellen, oder vielmehr die synthetische Einheit anzeigen, welche allein eine empirische Erkenntniß von Gegenständen möglich macht. Die Form der Urtheile (in einen Begriff von der Synthesis der Anschauungen verwandelt) brachte Kategorien hervor, welche allen Verstandesgebrauch in der Erfahrung leiten. Eben so können wir erwarten, daß die Form der Vernunftschlüsse, wenn man sie auf die synthetische Einheit der Anschauungen nach Maßgebung der Kategorien anwendet, den Ursprung besonderer Begriffe *a priori* enthalten werde, welche wir reine Vernunftbegriffe oder transscendentale Ideen nennen können, und die den Verstandesgebrauch im Ganzen der gesammten Erfahrung nach Principien bestimmen werden.

Die Funktion der Vernunft bei ihren Schlüssen bestand in der Allgemeinheit der Erkenntniß nach Begriffen, und der Vernunftschluß selbst ist ein Urtheil, welches *a priori* in dem ganzen Umfange seiner Bedingung bestimmt wird. Den Satz: Cajus ist sterblich, könnte ich auch bloß durch den Verstand aus der Erfahrung schöpfen. Allein ich suche einen Begriff, der die Bedingung enthält, unter welcher das Prädicat (Assertion überhaupt) dieses Urtheils gegeben wird (d.i. hier den Begriff des Menschen), und nachdem ich unter diese Bedingung, in ihrem ganzen Umfange genommen, (alle Menschen sind sterblich) subsumirt habe: so bestimme ich darnach die Erkenntniß meines Gegenstandes (Cajus ist sterblich).

Demnach restringiren wir in der Conclusion eines Vernunftschlusses ein Prädicat auf einen gewissen Gegenstand, nachdem wir es vorher in dem Obersatz in seinem ganzen Umfange unter einer gewissen Bedingung gedacht haben. Diese vollendete Größe des Umfanges in Beziehung auf eine solche Bedingung heißt die Allgemeinheit (*Universalitas*). Dieser entspricht in der Synthesis der Anschauungen die Allheit (*Universitas*) oder Totalität der Bedingungen. Also ist der transscendentale Vernunftbegriff kein anderer, als der von der Totalität der Bedingungen zu einem gegebenen Bedingten. Da nun das Unbedingte allein die Totalität der Bedingungen möglich macht, und umgekehrt die Totalität der Bedingungen jederzeit selbst unbedingt ist: so kann ein reiner Vernunftbegriff überhaupt durch den Begriff des Unbedingten, sofern er einen Grund der Synthesis des Bedingten enthält, erklärt werden.

So viel Arten des Verhältnisses es nun giebt, die der Verstand vermittelst der Kategorien sich vorstellt, so vielerlei reine Vernunftbegriffe wird es auch geben; und es wird also **erstlich** ein Unbedingtes der kategorischen Synthesis in einem Subject, **zweitens** der hypothetischen Synthesis der Glieder einer Reihe, **drittens** der disjunctiven Synthesis der Theile in einem System zu suchen sein.

Es giebt nämlich so viel Arten von Vernunftschlüssen, deren jede durch Prosyllogismen zum Unbedingten fortschreitet: die eine zum Subject, welches selbst nicht mehr Prädicat ist, die andre zur Voraussetzung, die nichts weiter voraussetzt, und die dritte zu einem Aggregat der Glieder der Eintheilung, zu welchen nichts weiter erforderlich ist, um die Eintheilung eines Begriffs zu vollenden. Daher sind die reinen Vernunftbegriffe von der Totalität in der Synthesis der Bedingungen wenigstens als Aufgaben, um die Einheit des Verstandes wo möglich bis zum Unbedingten fortzusetzen, nothwendig und in der Natur der menschlichen Vernunft gegründet; es mag auch übrigens diesen transscendentalen

Begriffen an einem ihnen angemessenen Gebrauch *in concreto* fehlen und sie mithin keinen andern Nutzen haben, als den Verstand in die Richtung zu bringen, darin sein Gebrauch, indem er aufs äußerste erweitert, zugleich mit sich selbst durchgehends einstimmig gemacht wird.

Indem wir aber hier von der Totalität der Bedingungen und dem Unbedingten als dem gemeinschaftlichen Titel aller Vernunftbegriffe reden, so stoßen wir wiederum auf einen Ausdruck, den wir nicht entbehren, und gleichwohl nach einer ihm durch langen Mißbrauch anhängenden Zweideutigkeit nicht sicher brauchen können. Das Wort **absolut** ist eines von den wenigen Wörtern, die in ihrer uranfänglichen Bedeutung einem Begriffe angemessen worden, welchem nach der Hand gar kein anderes Wort eben derselben Sprache genau anpaßt, und dessen Verlust, oder welches eben so viel ist, sein schwankender Gebrauch daher auch den Verlust des Begriffs selbst nach sich ziehen muß und zwar eines Begriffs, der, weil er die Vernunft gar sehr beschäftigt, **ohne** großen Nachtheil aller transscendentalen Beurtheilungen nicht entbehrt werden kann. Das Wort absolut wird jetzt öfters gebraucht, um bloß anzuzeigen, daß etwas von einer Sache an sich selbst betrachtet und also innerlich gehe. In dieser Bedeutung würde absolut-möglich das bedeuten, was an sich selbst (*interne*) möglich ist, welches in der That das wenigste ist, was man von einem Gegenstande sagen kann. Dagegen wird es auch bisweilen gebraucht, um anzuzeigen, daß etwas in aller Beziehung (uneingeschränkt) gültig ist (z.B. die absolute Herrschaft), und absolut-möglich würde in dieser Bedeutung dasjenige bedeuten, was in aller Absicht, in aller Beziehung möglich ist, welches wiederum das meiste ist, was ich über die Möglichkeit eines Dinges sagen kann.

Nun treffen zwar diese Bedeutungen mannigmal zusammen. So ist z.E., was innerlich unmöglich ist, auch in aller Beziehung, mithin absolut unmöglich. Aber in den meisten Fällen sind sie unendlich weit auseinander, und ich kann auf keine Weise schließen, daß, weil etwas an sich selbst möglich ist, es darum auch in aller Beziehung, mithin absolut möglich sei. Ja von der absoluten Nothwendigkeit werde ich in der Folge zeigen, daß sie keineswegs in allen Fällen von der innern abhänge und also mit dieser nicht als gleichbedeutend angesehen werden müsse. Dessen Gegentheil innerlich unmöglich ist, dessen Gegentheil ist freilich auch in aller Absicht unmöglich, mithin ist es selbst absolut nothwendig; aber ich kann nicht umgekehrt schließen, was absolut nothwendig ist, dessen Gegentheil sei innerlich unmöglich, d.i. die absolute Nothwendigkeit der Dinge sei eine innere Nothwendigkeit; denn diese innere Nothwendigkeit ist in gewissen Fällen ein ganz leerer Ausdruck, mit welchem wir nicht den mindesten Begriff verbinden können, dagegen der von der Nothwendigkeit eines Dinges in aller Beziehung (auf alles Mögliche) ganz besondere Bestimmungen bei sich führt. Weil nun der Verlust eines Begriffs von großer Anwendung in der speculativen Weltweisheit dem Philosophen niemals gleichgültig sein kann, so hoffe ich, es werde ihm die Bestimmung und sorgfältige Aufbewahrung des Ausdrucks, an dem der Begriff hängt, auch nicht gleichgültig sein.

In dieser erweiterten Bedeutung werde ich mich denn des Worts absolut bedienen und es dem bloß comparativ oder in besonderer Rücksicht Gültigen entgegensetzen; denn dieses letztere ist auf Bedingungen restringirt, jenes aber gilt ohne Restriction.

Nun geht der transscendentale Vernunftbegriff jederzeit nur auf die absolute Totalität in der Synthesis der Bedingungen und endigt niemals als bei dem schlechthin, d.i. in jeder Beziehung Unbedingten. Denn die reine Vernunft überläßt alles dem Verstande, der sich zunächst auf die Gegenstände der Anschauung oder vielmehr deren Synthesis in der Einbildungskraft bezieht. Jene behält sich allein die absolute Totalität im Gebrauche der Verstandesbegriffe vor und sucht die synthetische Einheit, welche in der Kategorie gedacht wird, bis zum Schlechthin-Unbedingten hinauszuführen. Man kann daher diese die Vernunfteinheit der Erscheinungen, so wie jene, welche die Kategorie ausdrückt, Verstandeseinheit nennen. So bezieht sich demnach die Vernunft nur auf den Verstandesgebrauch und zwar nicht, so fern dieser den Grund möglicher Erfahrung enthält (denn die absolute Totalität der Bedingungen ist kein in einer Erfahrung brauchbarer Begriff, weil keine Erfahrung unbedingt ist), sondern um ihm die Richtung auf eine gewisse Einheit vorzuschreiben, von der der Verstand keinen Begriff hat, und die darauf hinaus geht, alle Verstandeshandlungen in Ansehung eines jeden Gegenstandes in ein absolutes Ganzes zusammen zu fassen. Daher ist der objective Gebrauch der reinen Vernunftbegriffe jederzeit transscendent, indessen daß der von den reinen Verstandesbegriffen seiner Natur nach jederzeit immanent sein muß, indem er sich bloß auf mögliche Erfahrung einschränkt.

Ich verstehe unter der Idee einen nothwendigen Vernunftbegriff, dem kein congruirender Gegenstand in den Sinnen gegeben werden kann. Also sind unsere jetzt erwogene reine Vernunftbegriffe transscendentale Ideen. Sie sind Begriffe der reinen Vernunft; denn sie betrachten alles Erfahrungserkenntniß als bestimmt durch eine absolute Totalität der Bedingungen. Sie sind nicht willkürlich erdichtet, sondern durch die Natur der Vernunft selbst aufgegeben und beziehen sich daher nothwendiger Weise auf den ganzen Verstandesgebrauch. Sie sind endlich transscendent und übersteigen die Grenze aller Erfahrung, in welcher also niemals ein Gegenstand vorkommen kann, der der transscendentalen Idee adäquat wäre. Wenn man eine Idee nennt, so sagt man dem Object nach (als von einem Gegenstande des reinen Verstandes) s e h r v i e l , dem Subjecte nach aber (d.i. in Ansehung seiner Wirklichkeit unter empirischer Bedingung) eben darum s e h r w e n i g , weil sie, als der Begriff eines Maximum, *in concreto* niemals congruent kann gegeben werden. Weil nun das letztere im bloß speculativen Gebrauch der Vernunft eigentlich die ganze Absicht ist, und die Annäherung zu einem Begriffe, der aber in der Ausübung doch niemals erreicht wird, eben so viel ist, als ob der Begriff ganz und gar verfehlt würde, so heißt es von einem dergleichen Begriffe: er ist n u r eine Idee. So würde man sagen können: das absolute Ganze aller Erscheinungen ist n u r e i n e I d e e , denn da wir dergleichen niemals im Bilde entwerfen können, so bleibt es ein P r o b l e m ohne alle Auflösung. Dagegen weil es im praktischen Gebrauch des Verstandes ganz allein um die Ausübung nach Regeln zu thun ist, so kann die Idee der praktischen Vernunft jederzeit wirklich, ob zwar nur zum Theil, *in concreto* gegeben werden, ja sie ist die unentbehrliche Bedingung jedes praktischen Gebrauchs der Vernunft. Ihre Ausübung ist jederzeit begrenzt und mangelhaft, aber unter nicht bestimmbaren Grenzen, also jederzeit unter dem Einflusse des Begriffs einer absoluten Vollständigkeit. Demnach ist die praktische Idee jederzeit höchst fruchtbar und in Ansehung der wirklichen Handlungen unumgänglich nothwendig. In ihr hat die reine Vernunft sogar Causalität, das wirklich hervorzubringen, was ihr Begriff enthält; daher kann man von der Weisheit nicht gleichsam geringschätzig sagen: sie ist nur eine Idee; sondern eben darum, weil sie die Idee von der nothwendigen Einheit aller möglichen Zwecke ist, so muß sie allem Praktischen als ursprüngliche, zum wenigsten einschränkende Bedingung zur Regel dienen.

Ob wir nun gleich von den transscendentalen Vernunftbegriffen sagen müssen: sie sind nur Ideen, so werden wir sie doch keineswegs für überflüssig und nichtig anzusehen haben. Denn wenn schon dadurch kein Object bestimmt werden kann, so können sie doch im Grunde und unbemerkt dem Verstande zum Kanon seines ausgebreiteten und einhelligen Gebrauchs dienen, dadurch er zwar keinen Gegenstand mehr erkennt, als er nach seinen Begriffen erkennen würde, aber doch in dieser Erkenntniß besser und weiter geleitet wird. Zu geschweigen, daß sie vielleicht von den Naturbegriffen zu den praktischen einen Übergang möglich machen und den moralischen Ideen selbst auf solche Art Haltung und Zusammenhang mit den speculativen Erkenntnissen der Vernunft verschaffen können. Über alles dieses muß man den Aufschluß in dem Verfolg erwarten.

Unser Absicht gemäß setzen wir aber hier die praktischen Ideen bei Seite und betrachten daher die Vernunft nur im speculativen und in diesem noch enger, nämlich nur im transscendentalen Gebrauch. Hier müssen wir nun denselben Weg einschlagen, den wir oben bei der Deduction der Kategorien nahmen: nämlich die logische Form der Vernunfterkenntniß erwägen und sehen, ob nicht etwa die Vernunft dadurch auch ein Quell von Begriffen werde, Objecte an sich selbst als synthetisch *a priori* bestimmt in Ansehung einer oder der andern Function der Vernunft anzusehen. Vernunft, als Vermögen einer gewissen logischen Form der

Erkenntniß betrachtet, ist das Vermögen zu schließen, d.i. mittelbar (durch die Subsumtion der Bedingung eines möglichen Urtheils unter die Bedingung eines gegebenen) zu urtheilen. Das gegebene Urtheil ist die allgemeine Regel (Obersatz, *Major*). Die Subsumtion der Bedingung eines andern möglichen Urtheils unter die Bedingung der Regel ist der Untersatz (*Minor*). Das wirkliche Urtheil, welches die Assertion der Regel in dem subsumirten Falle aussagt, ist der Schlußsatz (*Conclusio*). Die Regel nämlich sagt etwas allgemein unter einer gewissen Bedingung. Nun findet in einem vorkommenden Falle die Bedingung der Regel statt. Also wird das, was unter jener Bedingung allgemein galt, auch in dem vorkommenden Falle (der diese Bedingung bei sich führt) als gültig angesehen. Man sieht leicht, daß die Vernunft durch Verstandeshandlungen, welche eine Reihe von Bedingungen ausmachen, zu einem Erkenntnisse gelange. Wenn ich zu dem Satze: alle Körper sind unveränderlich, nur dadurch gelange, daß ich von dem entferntern Erkenntniß (worin der Begriff des Körpers noch nicht vorkommt, der aber doch davon die Bedingung enthält) anfange: alles Zusammengesetzte ist veränderlich; von diesem zu einem näheren gehe, der unter der Bedingung des ersteren steht: die Körper sind zusammengesetzt; und von diesem allererst zu einem dritten, der nunmehr das entfernte Erkenntniß (veränderlich) mit dem vorliegenden verknüpft: folglich sind die Körper veränderlich: so bin ich durch eine Reihe von Bedingungen (Prämissen) zu einer Erkenntniß (Conclusion) gelangt. Nun läßt sich eine jede Reihe, deren Exponent (des kategorischen oder hypothetischen Urtheils) gegeben ist, fortsetzen; mithin führt eben dieselbe Vernunfthandlung zur *ratiocinatio polysyllogistica*, welches eine Reihe von Schlüssen ist, die entweder auf der Seite der Bedingungen (*per prosyllogismos*), oder des Bedingten (*per episyllogismos*) in unbestimmte Weiten fortgesetzt werden kann.

Man wird aber bald inne, daß die Kette oder Reihe der Prosyllogismen, d.i. der gefolgerten Erkenntnisse auf der Seite der Gründe oder der Bedingungen zu einem gegebenen Erkenntniß, mit andern Worten, die aufsteigende Reihe der Vernunftschlüsse, sich gegen das Vernunftvermögen doch anders verhalten müsse, als die absteigende Reihe, d.i. der Fortgang der Vernunft auf der Seite des Bedingten durch Episyllogismen. Denn da im ersteren Falle das Erkenntniß (*conclusio*) nur als bedingt gegeben ist: so kann nun zu demselben vermittelst der Vernunft nicht anders gelangen, als wenigstens unter der Voraussetzung, daß alle Glieder der Reihe auf der Seite der Bedingungen gegeben sind (Totalität in der Reihe der Prämissen), weil nur unter deren Voraussetzung das vorliegende Urtheil *a priori* möglich ist; dagegen auf der Seite des Bedingten oder der Folgerungen nur eine werdende und nicht schon ganz vorausgesetzte oder gegebene Reihe, mithin nur ein potentialer Fortgang gedacht wird. Daher wenn eine Erkenntniß als bedingt angesehen wird, so ist die Vernunft genöthigt, die Reihe der Bedingungen in aufsteigender Linie als vollendet und ihre Totalität nach gegeben anzusehen. Wenn aber eben dieselbe Erkenntniß zugleich als Bedingung anderer Erkenntnisse angesehen wird, die unter einander eine Reihe von Folgerungen in absteigender Linie ausmachen, so kann die Vernunft ganz gleichgültig sein, wie weit dieser Fortgang sich *a parte posteriori* erstrecke, und ob gar überall Totalität dieser Reihe möglich sei; weil sie einer dergleichen Reihe zu der vor ihr liegenden Conclusion nicht bedarf, indem diese durch ihre Gründe *a parte priori* schon hinreichend bestimmt und gesichert ist. Es mag nun sein, daß auf der Seite der Bedingungen die Reihe der Prämissen ein E r s t e s habe als oberste Bedingung oder nicht und also *a parte priori* ohne Grenzen sei; so muß sie doch Totalität der Bedingung enthalten, gesetzt daß wir niemals dahin gelangen könnten, sie zu fassen; und die ganze Reihe muß unbedingt wahr sein, wenn das Bedingte, welches als eine daraus entspringende Folgerung angesehen wird, als wahr gelten soll. Dieses ist eine Forderung der Vernunft, die ihr Erkenntniß als *a priori* bestimmt und als nothwendig ankündigt: entweder an sich selbst, und dann bedarf es keiner Gründe, oder, wenn es abgeleitet ist, als ein Glied einer Reihe von Gründen, die selbst unbedingter Weise wahr ist.

Des Ersten Buchs der transscendentalen Dialektik
Dritter Abschnitt.

System der transscendentalen Ideen.

Wir haben es hier nicht mit einer logischen Dialektik zu thun, welche von allem Inhalte der Erkenntniß abstrahirt und lediglich den falschen Schein in der Form der Vernunftschlüsse aufdeckt, sondern mit einer transscendentalen, welche völlig *a priori* den Ursprung gewisser Erkenntnisse aus reiner Vernunft und geschlossener Begriffe, deren Gegenstand empirisch gar nicht gegeben werden kann, die also gänzlich außer dem Vermögen des reinen Verstandes liegen, enthalten soll. Wir haben aus der natürlichen Beziehung, die der transscendentale Gebrauch unserer Erkenntniß sowohl in Schlüssen, als Urtheilen auf den logischen haben muß, abgenommen: daß es nur drei Arten von dialektischen Schlüssen geben werde, die sich auf die dreierlei Schlußarten beziehen, durch welche Vernunft aus Principien zu Erkenntnissen gelangen kann, und daß in allen ihr Geschäfte sei, von der bedingten Synthesis, an die der Verstand jederzeit gebunden bleibt, zur unbedingten aufzusteigen, die er niemals erreichen kann.

Nun ist das Allgemeine aller Beziehung, die unsere Vorstellungen haben können: 1) die Beziehung aufs Subject, 2) die Beziehung auf Objecte und zwar entweder als Erscheinungen, oder als Gegenstände des Denkens überhaupt. Wenn man diese Untereintheilung mit der oberen verbindet, so ist alles Verhältniß der Vorstellungen, davon wir uns entweder einen Begriff oder Idee machen können, dreifach: 1. das Verhältniß zum Subject, 2. zum Mannigfaltigen des Objects in der Erscheinung, 3. zu allen Dingen überhaupt.

Nun haben es alle reinen Begriffe überhaupt mit der synthetischen Einheit der Vorstellungen, Begriffe der reinen Vernunft (transscendentale Ideen) aber mit der unbedingten synthetischen Einheit aller Bedingungen überhaupt zu thun. Folglich werden alle transscendentale Ideen sich unter drei Classen bringen lassen, davon die **erste** die absolute (unbedingte) Einheit des denkenden Subjects, die **zweite** die absolute Einheit der Reihe der Bedingungen der Erscheinung, die **dritte** die absolute Einheit der Bedingung aller Gegenstände des Denkens überhaupt enthält.

Das denkende Subject ist der Gegenstand der Psychologie, der Inbegriff aller Erscheinungen (die Welt) der Gegenstand der Kosmologie, und das Ding, welches die oberste Bedingung der Möglichkeit von allem, was gedacht werden kann, enthält (das Wesen aller Wesen), der Gegenstand der Theologie. Also giebt die reine Vernunft die Idee zu einer transscendentalen Seelenlehre (*psychologia rationalis*), *zu* einer transscendentalen Weltwissenschaft (*cosmologia rationalis*), endlich auch zu einer transscendentalen Gotteserkenntniß (*theologia transscendentalis*) an die Hand. Der bloße Entwurf sogar zu einer sowohl als der andern dieser Wissenschaften schreibt sich gar nicht von dem Verstande her, selbst wenn er gleich mit dem höchsten logischen Gebrauche der Vernunft, d.i. allen erdenklichen Schlüssen verbunden wäre, um von einem Gegenstande desselben (Erscheinung) zu allen anderen bis in die entlegensten Glieder der empirischen Synthesis fortzuschreiten, sondern ist lediglich ein reines und ächtes Produkt oder Problem der reinen Vernunft.

Was unter diesen drei Titeln aller transscendentalen Ideen für *modi* der reinen Vernunftbegriffe stehen, wird in dem folgenden Hauptstücke vollständig dargelegt werden. Sie laufen am Faden der Kategorien fort. Denn die reine Vernunft bezieht sich niemals geradezu auf Gegenstände, sondern auf die Verstandesbegriffe von denselben. Eben so wird sich auch nur in der völligen Ausführung deutlich machen lassen, wie die Vernunft lediglich durch den synthetischen Gebrauch eben derselben Function, deren sie sich zum kategorischen Vernunftschlusse bedient, nothwendiger Weise auf den Begriff der absoluten Einheit des denkenden Subjects kommen müsse, wie das logische Verfahren in hypothetischen die Idee vom Schlechthin-Unbedingten in einer Reihe gegebener Bedingungen, endlich die bloße Form des disjunctiven Vernunftschlusses den höchsten Vernunftbegriff von einem Wesen aller Wesen nothwendiger Weise nach sich ziehen müsse: ein Gedanke, der beim ersten Anblick äußerst paradox zu sein scheint. Von diesen transscendentalen Ideen ist eigentlich keine objective Deduction möglich, so wie wir sie von den Kategorien liefern konnten. Denn in der That haben sie keine Beziehung auf irgend ein Object, was ihnen congruent gegeben werden könnte, eben darum weil sie nur Ideen sind. Aber eine subjective Ableitung derselben aus der Natur unserer Vernunft konnten wir unternehmen; und die ist im gegenwärtigen Hauptstücke auch geleistet worden.

Man sieht leicht, daß die reine Vernunft nichts anders zur Absicht habe, als die absolute Totalität der Synthesis auf der Seite der Bedingungen (es sei der Inhärenz oder der Dependenz oder der Concurrenz), und daß sie mit der absoluten Vollständigkeit von Seiten des Bedingten nichts zu schaffen habe. Denn nur allein jener bedarf sie, um die ganze Reihe der Bedingungen vorauszusetzen und sie dadurch dem Verstande *a priori* zu geben. Ist aber eine vollständig (und unbedingt) gegebene Bedingung einmal da, so bedarf es nicht mehr eines Vernunftbegriffs in Ansehung der Fortsetzung der Reihe; denn der Verstand thut jeden Schritt abwärts von der Bedingung zum Bedingten von selber. Auf solche Weise dienen die transscendentalen Ideen nur zum Aufsteigen in der Reihe der Bedingungen bis zum Unbedingten, d.i. zu den Principien. In Ansehung des Hinabgehens zum Bedingten aber giebt es zwar einen weit erstreckten logischen Gebrauch, der unsere Vernunft von den Verstandesgesetzen macht, aber keinen transscendentalen; und wenn wir uns von der absoluten Totalität einer solchen Synthesis (des *progressus*) eine Idee machen, z.B. von der ganzen Reihe aller künftigen Weltveränderungen, so ist dieses ein Gedankending (*ens rationis*), welches nur willkürlich gedacht und nicht durch die Vernunft nothwendig vorausgesetzt wird. Denn zur Möglichkeit des Bedingten wird zwar die Totalität seiner Bedingungen, aber nicht seiner Folgen vorausgesetzt. Folglich ist ein solcher Begriff keine transscendentale Idee, mit der wir es doch hier lediglich zu thun haben.

Zuletzt wird man auch gewahr: daß unter den transscendentalen Ideen selbst ein gewisser Zusammenhang und Einheit herleuchte, und daß die reine Vernunft vermittelst ihrer alle ihre Erkenntnisse in ein System bringe. Von der Erkenntniß seiner selbst (der Seele) zur Welterkenntniß und vermittelst dieser zum Urwesen fortzugehen, ist ein so natürlicher Fortschritt, daß er dem logischen Fortgange der Vernunft von den Prämissen zum Schlußsatze ähnlich scheint*. Ob nun hier wirklich eine Verwandtschaft von der Art, als zwischen dem logischen und transscendentalen Verfahren, insgeheim zum Grunde liege, ist auch eine von den

* Die Methaphysik hat zum eigentlichen Zwecke ihrer Nachforschung nur drei Ideen: Gott, Freiheit und Unsterblichkeit, so daß der zweite Begriff, mit dem ersten verbunden, auf den dritten als einen nothwendigen Schlußsatz führen soll. Alles, womit sich diese Wissenschaft sonst beschäftigt, dient ihr bloß zum Mittel, um zu diesen Ideen und ihrer Realität zu gelangen. Sie bedarf sie nicht zum Behuf der Naturwissenschaft, sondern um über die Natur hinaus zu kommen. Die Einsicht in dieselben würde Theologie, Moral und durch beider Verbindung Religion, mithin die höchsten Zwecke unseres Daseins bloß vom speculativen Vernunftvermögen und sonst von nichts anderem abhängig machen. In einer systematischen Vorstellung jener Ideen würde die angeführte Ordnung, als die synthetische, die schicklichste sein; aber in der Bearbeitung, die vor ihr nothwendig vorhergehen muß, wird die analytische, welche diese Ordnung umkehrt dem Zwecke angemessener sein, um, indem wir von demjenigen, was uns Erfahrung unmittelbar an die Hand giebt, der Seelenlehre, zur Weltlehre und von da bis zur Erkenntniß Gottes fortgehen, unseren großen Entwurf zu vollziehen.

Fragen, deren Beantwortung man in dem Verfolg dieser Untersuchungen erwarten muß. Wir haben vorläufig unsern Zweck schon erreicht, da wir die transscendentalen Begriffe der Vernunft, die sich sonst gewöhnlich in der Theorie der Philosophen unter andere mischen, ohne daß diese sie einmal von Verstandesbegriffen gehörig unterscheiden, aus dieser zweideutigen Lage haben herausziehen, ihren Ursprung und dadurch zugleich ihre bestimmte Zahl, über die es gar keine mehr geben kann, angeben und sie in einem systematischen Zusammenhange haben vorstellen können, wodurch ein besonderes Feld für die reine Vernunft abgesteckt und eingeschränkt wird.

Der Transscendentalen Dialektik **Zweites Buch.**

Von den dialektischen Schlüssen der reinen Vernunft.

Man kann sagen, der Gegenstand einer bloßen transscendentalen Idee sei etwas, wovon man keinen Begriff hat, obgleich diese Idee ganz nothwendig in der Vernunft nach ihren ursprünglichen Gesetzen erzeugt worden. Denn in der That ist auch von einem Gegenstande, der der Forderung der Vernunft adäquat sein soll, kein Verstandesbegriff möglich, d.i. ein solcher, welcher in einer möglichen Erfahrung gezeigt und anschaulich gemacht werden kann. Besser würde man sich doch und mit weniger Gefahr des Mißverständnisses ausdrücken, wenn man sagte: daß wir vom Object, welches einer Idee correspondirt, keine Kenntniß, obzwar einen problematischen Begriff haben können.

Nun beruht wenigstens die transscendentale (subjective) Realität der reinen Vernunftbegriffe darauf, daß wir durch einen nothwendigen Vernunftschluß auf solche Ideen gebracht werden. Also wird es Vernunftschlüsse geben, die keine empirische Prämissen enthalten und vermittelst deren wir von etwas das wir kennen, auf etwas anderes schließen, wovon wir doch keinen Begriff haben, und dem wir gleichwohl durch einen unvermeidlichen Schein objective Realität geben. Dergleichen Schlüsse sind in Ansehung ihres Resultats also eher vernünftelnde als Vernunftschlüsse zu nennen: wiewohl sie ihrer Veranlassung wegen wohl den letzteren Namen führen können, weil sie doch nicht erdichtet oder zufällig entstanden, sondern aus der Natur der Vernunft entsprungen sind. Es sind Sophisticationen nicht der Menschen, sondern der reinen Vernunft selbst, von denen selbst der Weiseste unter allen Menschen sich nicht losmachen und vielleicht zwar nach vieler Bemühung den Irrthum verhüten, den Schein aber, der ihn unaufhörlich zwackt und äfft, niemals völlig los werden kann.

Dieser dialektischen Vernunftschlüsse giebt es also nur dreierlei Arten, so vielfach als die Ideen sind, auf die ihre Schlußsätze auslaufen. In dem Vernunftschlusse der **ersten Classe** schließe ich von dem transscendentalen Begriffe des Subjects, der nichts Mannigfaltiges enthält, auf die absolute Einheit dieses Subjects selber, von welchem ich auf diese Weise gar keinen Begriff habe. Diesen dialektischen Schluß werde ich den transscendentalen Paralogismus nennen. Die **zweite** Classe der vernünftelnden Schlüsse ist auf den transscendentalen Begriff der absoluten Totalität der Reihe der Bedingungen zu einer gegebenen Erscheinung überhaupt angelegt; und ich schließe daraus, daß ich von der unbedingten synthetischen Einheit der Reihe auf einer Seite jederzeit einen sich selbst widersprechenden Begriff habe, auf die Richtigkeit der entgegenstehenden Einheit, wovon ich gleichwohl auch keinen Begriff habe. Den Zustand der Vernunft bei diesen dialektischen Schlüssen werde ich die Antinomie der reinen Vernunft nennen. Endlich schließe ich nach der **dritten** Art vernünftelnder Schlüsse von der Totalität der Bedingungen, Gegenstände überhaupt, so fern sie mir gegeben werden können, zu denken, auf die absolute synthetische Einheit aller Bedingungen der Möglichkeit der Dinge überhaupt, d.i. von Dingen, die ich nach ihrem bloßen transscendentalen Begriff nicht kenne, auf ein Wesen aller Wesen, welches ich durch einen transscendenten Begriff noch weniger kenne, und von dessen unbedingter Nothwendigkeit ich mir keinen Begriff machen kann. Diesen dialektischen Vernunftschluß werde ich das Ideal der reinen Vernunft nennen.

Des Zweiten Buchs der transscendentalen Dialektik **Erstes Hauptstück.**

Von den Paralogismen der reinen Vernunft.

Der logische Paralogismus besteht in der Falschheit eines Vernunftschlusses der Form nach, sein Inhalt mag übrigens sein, welcher er wolle. Ein transscendentaler Paralogismus aber hat einen transscendentalen Grund, der Form nach falsch zu schließen. Auf solche Weise wird ein dergleichen Fehlschluß in der Natur der Menschenvernunft seinen Grund haben und eine unvermeidliche, obzwar nicht unauflösliche Illusion bei sich führen.

Jetzt kommen wir auf einen Begriff, der oben in der allgemeinen Liste der transscendentalen Begriffe nicht verzeichnet worden und dennoch dazu gezählt werden muß, ohne doch darum jene Tafel im mindesten zu verändern und für mangelhaft zu erklären. Dieses ist der Begriff oder, wenn man lieber will, das Urtheil: I c h d e n k e . Man sieht aber leicht, daß er das Vehikel aller Begriffe überhaupt und mithin auch der transscendentalen sei und also unter diesen jederzeit mit begriffen werde und daher eben sowohl transscendental sei, aber keinen besondern Titel haben könne, weil er nur dazu dient, alles Denken als zum Bewußtsein gehörig aufzuführen. Indessen so rein er auch vom Empirischen (dem Eindrucke der Sinne) ist, so dient er doch dazu, zweierlei Gegenstände aus der Natur unserer Vorstellungskraft zu unterscheiden. I c h , als denkend, bin ein Gegenstand des innern Sinnes und heiße Seele. Dasjenige, was ein Gegenstand äußerer Sinne ist, heißt Körper. Demnach bedeutet der Ausdruck: Ich, als ein denkend Wesen, schon den Gegenstand der Psychologie, welche die rationale Seelenlehre heißen kann, wenn ich von der Seele nichts weiter zu wissen verlange, als was unabhängig von aller Erfahrung (welche mich näher und *in concreto* bestimmt) aus diesem Begriffe Ich, so fern er bei allem Denken vorkommt, geschlossen werden kann.

Die r a t i o n a l e Seelenlehre ist nun wirklich ein Unterfangen von dieser Art; denn wenn das mindeste Empirische meines Denkens, irgend eine besondere Wahrnehmung meines inneren Zustandes, noch unter die Erkenntnißgründe dieser Wissenschaft gemischt würde, so wäre sie nicht mehr rationale, sondern e m p i r i s c h e Seelenlehre. Wir haben also schon eine angebliche Wissenschaft vor uns, welche auf dem einzigen Satze: I c h d e n k e erbaut worden, und deren Grund oder Ungrund wir hier ganz schicklich und der Natur einer Transscendentalphilosophie gemäß untersuchen können. Man darf sich daran nicht stoßen, daß ich doch an diesem Satze, der die Wahrnehmung seiner selbst ausdrückt, eine innere Erfahrung habe, und mithin die rationale Seelenlehre, welche darauf erbauet wird, niemals rein, sondern zum Theil auf ein empirisches Principium gegründet sei. Denn diese innere Wahrnehmung ist nichts weiter, als die bloße Apperception: I c h d e n k e , welche sogar alle transscendentale Begriffe möglich macht, in welchen es heißt: Ich denke die Substanz, die Ursache etc. Denn innere Erfahrung überhaupt und deren Möglichkeit, oder Wahrnehmung überhaupt und deren Verhältniß zu anderer Wahrnehmung, ohne daß irgend ein besonderer Unterschied derselben und Bestimmung empirisch gegeben ist, kann nicht als empirische Erkenntniß, sondern muß als Erkenntniß des Empirischen überhaupt angesehen werden und gehört zur Untersuchung der Möglichkeit einer jeden Erfahrung, welche allerdings transscendental ist. Das mindeste Object der Wahrnehmung (z.B. nur Lust oder Unlust), welche zu der allgemeinen Vorstellung des Selbstbewußtseins hinzu käme, würde die rationale Psychologie sogleich in eine empirische verwandeln.

I c h d e n k e , ist also der alleinige Text der rationalen Psychologie, aus welchem sie ihre ganze Weisheit auswickeln soll. Man sieht leicht, daß dieser Gedanke, wenn er auf einen Gegenstand (mich selbst) bezogen werden soll, nichts anders als transscendentale Prädicate desselben enthalten könne: weil das mindeste empirische Prädicat die rationale Reinigkeit und Unabhängigkeit der Wissenschaft von aller Erfahrung verderben würde.

Wir werden aber hier bloß dem Leitfaden der Kategorien zu folgen haben; nur da hier zuerst ein Ding, Ich, als denkend Wesen gegeben worden, so werden wir zwar die obige

Ordnung der Kategorien unter einander, wie sie in ihrer Tafel vorgestellt ist, nicht verändern, aber doch hier von der Kategorie der Substanz anfangen, dadurch ein Ding an sich selbst vorgestellt wird, und so ihrer Reihe rückwärts nachgehen. Die Topik der rationalen Seelenlehre, woraus alles übrige, was sie nur enthalten mag, abgeleitet werden muß, ist demnach folgende:

1.
Die Seele ist
Substanz

2.
Ihrer Qualität nach
einfach,

3.
Den verschiedenen Zeiten nach,
in welchen sie da ist,
numerisch-identisch,
d.i. Einheit (nicht Vielheit).

4.
Im Verhältnisse
zu möglichen Gegenständen im Raume*.

Aus diesen Elementen entspringen alte Begriffe der reinen

* Der Leser, der aus diesen Ausdrücken in ihrer transscendentalen Abgezogenheit nicht so leicht den psychologischen Sinn derselben, und warum das letztere Attribut der Seele zur Kategorie der Existenz gehöre, errathen wird, wird sie in dem Folgenden hinreichend erklärt und gerechtfertigt finden. Übrigens habe ich wegen der lateinischen Ausdrücke, die statt der gleichbedeutenden deutschen wider den Geschmack der guten Schreibart eingeflossen sind, sowohl bei diesem Abschnitte, als auch in Ansehung des ganzen Werks zur Entschuldigung anzuführen: daß ich lieber etwas der Zierlichkeit der Sprache habe entziehen, als den Schulgebrauch durch die mindeste Unverständlichkeit erschweren wollen.

Seeenlehre lediglich durch die Zusammensetzung, ohne im mindesten ein anderes Principium zu erkennen. Diese Substanz bloß als Gegenstand des inneren Sinnes giebt den Begriff der Immaterialität, als einfache Substanz der Incorruptibilität, die Identität derselben als intellectueller Substanz giebt die Personalität, alle diese drei Stücke zusammen die Spiritualität; das Verhältniß zu den Gegenständen im Raume giebt das Commercium mit Körpern; mithin stellt sie die denkende Substanz als das Principium des Lebens in der Materie, d.i. sie als Seele (*anima*) und als den Grund der Animalität, vor, diese, durch die Spiritualität eingeschränkt, Immortaliät.

Hierauf beziehen sich nun vier Paralogismen einer transscendentalen Seelenlehre, welche fälschlich für eine Wissenschaft der reinen Vernunft von der Natur unseres denkenden Wesens gehalten wird. Zum Grunde derselben können wir aber nichts anderes legen, als die einfache und für sich selbst an Inhalt gänzlich leere Vorstellung: Ich, von der man nicht einmal sagen kann, daß sie ein Begriff sei, sondern ein bloßes Bewußtsein, das alle Begriffe begleitet. Durch dieses Ich oder Er oder Es (das Ding), welches denkt, wird nun nichts weiter als ein transscendentales Subject der Gedanken vorgestellt = *X*, welches nur durch die Gedanken, die seine Prädicate sind, erkannt wird, und wovon wir abgesondert niemals den mindesten Begriff haben können, um welches wir uns daher in einem beständigen Cirkel herumdrehen, indem wir uns seiner Vorstellung jederzeit schon bedienen müssen, um irgend etwas von ihm zu urtheilen; eine Unbequemlichkeit, die davon nicht zu trennen ist, weil das Bewußtsein an sich nicht sowohl eine Vorstellung ist, die ein besonderes Object unterscheidet, sondern eine Form derselben überhaupt, so fern sie

Erkenntniß genannt werden soll; denn von der allein kann ich sagen, daß ich dadurch irgend etwas denke.

Es muß aber gleich anfangs befremdlich scheinen, daß die Bedingung, unter der ich überhaupt denke, und die mithin bloß eine Beschaffenheit meines Subjects ist, zugleich für alles, was denkt, gültig sein solle, und daß wir auf einen empirisch scheinenden Satz ein apodiktisches und allgemeines Urtheil zu gründen uns anmaßen können, nämlich: daß alles, was denkt, so beschaffen sei, als der Ausspruch des Selbstbewußtseins es an mir aussagt. Die Ursache aber hievon fiegt darin: daß wir den Dingen *a priori* alle die Eigenschaften nothwendig beilegen müssen, die die Bedingungen ausmachen, unter welchen wir sie allein denken. Nun kann ich von einem denkenden Wesen durch keine äußere Erfahrung, sondern bloß durch das Selbstbewußtsein die mindeste Vorstellung haben. Also sind dergleichen chen Gegenstände nichts weiter, als die Übertragung dieses meines Bewußtseins auf andere Dinge, welche nur dadurch als denkende Wesen vorgestellt werden. Der Satz: Ich denke, wird aber hiebei nur problematisch genommen, nicht so fern er eine Wahrnehmung von einem Dasein enthalten mag (das Cartesianische *cogito, ergo sum*), sondern seiner bloßen Möglichkeit nach, um zu sehen, welche Eigenschaften aus diesem so einfachen Satze auf das Subject desselben (es mag dergleichen nun existiren oder nicht) fließen mögen.

Läge unserer reinen Vernunfterkenntniß von denkenden Wesen überhaupt mehr als das *cogito* zum Grunde; würden wir die Beobachtungen über das Spiel unserer Gedanken und die daraus zu schöpfende Naturgesetze des denkenden Selbst auch zu Hülfe nehmen: so würde eine empirische Psychologie entspringen, welche eine Art der Physiologie des inneren Sinnes sein würde und vielleicht die Erscheinungen desselben zu erklären, niemals aber dazu dienen könnte, solche Eigenschaften, die gar nicht zur möglichen Erfahrung gehören (als die des Einfachen) zu eröffnen, noch von denkenden Wesen überhaupt etwas, das ihre Natur betrifft, apodiktisch zu lehren; sie wäre also keine rationale Psychologie.

Da nun der Satz: Ich denke, (problematisch genommen) die Form eines jeden Verstandesurtheils überhaupt enthält und alle Kategorien als ihr Vehikel begleitet: so ist klar, daß die Schlüsse aus demselben einen bloß transscendentalen Gebrauch des Verstandes enthalten können, welcher alle Beimischung der Erfahrung ausschlägt, und von dessen Fortgang wir nach dem, was wir oben gezeigt haben, uns schon zum voraus keinen vortheilhaften Begriff machen können. Wir wollen ihn also durch alle Prädicamente der reinen Seelenlehre mit einem kritischen Auge verfolgen, doch um der Kürze willen ihre Prüfung in einem ununterbrochenen Zusammenhange fortgehen lassen.

Zuvörderst kann folgende allgemeine Bemerkung unsere Achtsamkeit auf diese Schlußart schärfen. Nicht dadurch, daß ich bloß denke, erkenne ich irgend ein Object, sondern nur dadurch, daß ich eine gegebene Anschauung in Absicht auf die Einheit des Bewußtseins, darin alles Denken besteht, bestimme, kann ich irgend einen Gegenstand erkennen. Also erkenne ich mich nicht selbst dadurch, daß ich mich meiner als denkend bewußt bin, sondern wenn ich mir die Anschauung meiner selbst, als in Ansehung der Function des Denkens bestimmt, bewußt bin. Alle *modi* des Selbstbewußtseins im Denken an sich sind daher noch keine Verstandesbegriffe von Objecten (Kategorien), sondern bloße logische Functionen, die dem Denken gar keinen Gegenstand, mithin mich selbst auch nicht als Gegenstand zu erkennen geben.

Nicht das Bewußtsein des bestimmenden, sondern nur das des bestimmbaren Selbst, d.i. meiner inneren Anschauung (so fern ihr Mannigfaltiges der allgemeinen Bedingung der Einheit der Apperception im Denken gemäß verbunden werden kann), ist das Object.

1) In allen Urtheilen bin ich nun immer das bestimmende Subject desjenigen Verhältnisses, welches das Urtheil ausmacht. Daß aber Ich, der ich denke, im Denken immer als Subject und als etwas, was nicht bloß wie Prädicat dem Denken anhängend betrachtet werden kann, gelten müsse, ist ein apodiktischer und selbst identischer Satz; aber er bedeutet nicht, daß ich als Object ein für mich selbst bestehendes Wesen oder Substanz sei. Das letztere geht sehr weit, erfordert daher auch Data, die im Denken gar nicht angetroffen werden, vielleicht (so fern ich bloß das denkende als ein solches betrachte) mehr, als ich überall (in ihm) jemals antreffen werde.

2) Daß das Ich der Apperception folglich in jedem Denken ein Singular sei, der nicht in eine Vielheit der Subjecte aufgelöset werden kann, mithin ein logisch einfaches Subject bezeichne, liegt schon im Begriffe des Denkens, ist folglich ein analytischer Satz; aber das bedeutet nicht, daß das denkende Ich eine einfache Substanz sei, welches ein synthetischer Satz sein würde. Der Begriff der Substanz bezieht sich immer auf Anschauungen, die bei mir nicht anders als sinnlich sein können, mithin ganz außer dem Felde des Verstandes und seinem Denken liegen, von welchem doch eigentlich hier nur geredet wird, wenn gesagt wird, daß das Ich im Denken einfach sei. Es wäre auch wunderbar, wenn mir das, was sonst so viele Anstalt erfordert, um in dem, was die Anschauung darlegt, das zu unterscheiden, was darin Substanz sei, noch mehr aber, ob diese auch einfach sein

könne (wie bei den Theilen der Materie), hier so geradezu in der ärmsten Vorstellung unter allen gleichsam wie durch eine Offenbarung gegeben würde.

3) Der Satz der Identität meiner selbst bei allem Mannigfaltigen, dessen ich mir bewußt bin, ist ein eben so wohl in den Begriffen selbst liegender, mithin analytischer Satz; aber diese Identität des Subjects, deren ich mir in allen seinen Vorstellungen bewußt werden kann, betrifft nicht die Anschauung desselben, daduch es als Object gegeben ist, kann also auch nicht die Identität der Person bedeuten, wodurch das Bewußtsein der Identität seiner eigenen Substanz als denkenden Wesens in allem Wechsel der Zustände verstanden wird, wozu, um sie zu beweisen, es mit der bloßen Analysis des Satzes: Ich denke, nicht ausgerichtet sein, sondern verschiedene synthetische Urtheile, welche sich auf die gegebene Anschauung gründen, würden erfordert werden.

4) Ich unterscheide meine eigene Existenz, als eines denkenden Wesens, von anderen Dingen außer mir (wozu auch mein Körper gehört), ist eben so wohl ein analytischer Satz; denn a n d e r e Dinge sind solche, die ich als von mir u n t e r s c h i e d e n denke. Aber ob dieses Bewußtsein meiner selbst ohne Dinge außer mir, dadurch mir Vorstellungen gegeben werden, gar möglich sei, und ich also bloß als denkend Wesen (ohne Mensch zu sein) existiren könne, weiß ich dadurch gar nicht.

Also ist durch die Analysis des Bewußtseins meiner selbst im Denken überhaupt in Ansehung der Erkenntniß meiner selbst als Objects nicht das mindeste gewonnen. Die logische Erörterung des Denkens überhaupt wird fälschlich für eine metaphysische Bestimmung des Objects gehalten.

Ein großer, ja sogar der einzige Stein des Anstoßes wider unsere ganze Kritik würde es sein, wenn es eine Möglichkeit gäbe, *a priori* zu beweisen, daß alle denkende Wesen an sich einfache Substanzen sind, als solche also (welches eine Folge aus dem nämlichen Beweisgrunde ist) Persönlichkeit unzertrennlich bei sich führen und sich ihrer von aller Materie abgesonderten Existenz bewußt sind. Denn auf diese Art hätten wir doch einen Schritt über die Sinnenwelt hinaus gethan, wir wären in das Feld der Noumenen getreten, und nun spreche uns niemand die Befugniß ab, in diesem uns weiter auszubreiten, anzubauen und, nachdem einen jeden sein Glückstern begünstigt, darin Besitz zu nehmen. Denn der Satz: Ein jedes denkende Wesen als ein solches ist einfache Substanz, ist ein synthetischer Satz *a priori,* weil er erstlich über den ihm zum Grunde gelegten Begriff hinausgeht und die Art des Daseins zum Denken überhaupt hinzuthut, und zweitens zu jenem Begriffe ein Prädicat (der Einfachheit) hinzufügt, welches in gar keiner Erfahrung gegeben werden kann. Also sind synthetische Sätze *a priori* nicht bloß, wie wir behauptet haben, in Beziehung auf Gegenstände möglicher Erfahrung und zwar als Principien der Möglichkeit dieser Erfahrung selbst thunlich und zulässig, sondern sie können auch auf Dinge überhaupt und an sich selbst gehen, welche Folgerung dieser ganzen Kritik ein Ende macht und gebieten würde, es beim Alten bewenden zu lassen. Allein die Gefahr ist hier nicht so groß, wenn man der Sache näher tritt.

In dem Verfahren der rationalen Psychologie herrscht ein Paralogism, der durch folgenden Vernunftschluß dargestellt wird.

Was nicht anders als Subject gedacht werden kann, existirt auch nicht anders als Subject und ist also Substanz.
Nun kann ein denkendes Wesen, bloß als ein solches betrachtet, nicht anders als Subject gedacht werden.
Also existirt es auch nur als ein solches, d.i. als Substanz.

Im Obersatze wird von einem Wesen geredet, das überhaupt, in jeder Absicht, folglich auch so, wie es in der Anschauung gegeben werden mag, gedacht werden kann. Im Untersatze aber ist nur von demselben die Rede, so fern es sich selbst als Subject nur relativ auf das Denken und die Einheit des Bewußtseins, nicht aber zugleich in Beziehung auf die Anschauung, wodurch es als Object zum Denken gegeben wird, betrachtet. Also wird *per sophisma figurae dictionis,* mithin durch einen Trugschluß die Conclusion gefolgert.*

* Das Denken wird in beiden Prämissen in ganz verschiedener Bedeutung genommen: im Obersatze, wie es auf ein Object überhaupt (mithin wie es in der Anschauung gegeben werden mag) geht; im Untersatze aber nur, wie es in der Beziehung aufs Selbstbewußtsein besteht, wobei also an gar kein Object gedacht wird, sondern nur die Beziehung auf sich als Subject (als die Form des Denkens) vorgestellt wird. Im ersteren wird von Dingen geredet, die nicht anders als Subjecte gedacht werden können; im zweiten aber nicht von Dingen, sondern vom Denken (indem man von allem Objecte abstrahirt), in welchem das Ich immer zum Subject des Bewußtseins dient; daher im Schlußsatze nicht folgen kann: ich kann nicht anders als Subject existiren, sondern nur: ich kann im Denken meiner Existenz mich nur zum Subject des Urtheils brauchen, welches ein identischer Satz ist, der schlechterdings nichts über die Art meines Daseins eröffnet.

Daß diese Auflösung des berühmten Arguments in einem Paralogism so ganz richtig sei, erhellt deutlich, wenn man die allgemeine Anmerkung zur systematischen Vorstellung der Grundsätze und den Abschnitt von den Noumenen hiebei nachsehen will, da bewiesen worden: daß der Begriff eines Dinges, was für sich selbst als Subject, nicht aber als bloßes Prädicat existiren kann, noch gar keine objective Realität bei sich führe, d.i. daß man nicht wissen könne, ob ihm überall ein Gegenstand zukommen könne, indem man die Möglichkeit einer solchen Art zu existiren nicht einsieht, folglich daß er schlechterdings keine Erkenntniß abgebe. Soll er also unter der Benennung einer Substanz ein Object, das gegeben werden kann, anzeigen; soll er ein Erkenntniß werden: so muß eine beharrliche Anschauung als die unentbehrliche Bedingung der objectiven Realität eines Begriffs, nämlich das, wodurch allein der Gegenstand gegeben wird, zum Grunde gelegt werden. Nun haben wir aber in der inneren Anschauung gar nichts Beharrliches, denn das Ich ist nur das Bewußtsein meines Denkens; also fehlt es uns auch, wenn wir bloß beim Denken stehen bleiben, an der nothwendigen Bedingung, den Begriff der Substanz, d.i. eines für sich bestehenden Subjects, auf sich selbst als denkend Wesen anzuwenden; und die damit verbundene Einfachheit der Substanz fällt mit der objectiven Realität des Begriffs gänzlich weg und wird in eine bloße logische, qualitative Einheit des Selbstbewußtseins im Denken überhaupt, das Subject mag zusammengesetzt sein oder nicht, verwandelt.

Widerlegung des Mendelssohnschen Beweises der Beharrlichkeit der Seele.

Dieser scharfsinnige Philosoph merkte bald in dem gewöhnlichen Argumente, dadurch bewiesen werden soll, daß die Seele (wenn man einräumt, sie sei ein einfaches Wesen) nicht durch Zertheilung zu sein aufhören könne, einen Mangel der Zulänglichkeit zu der Absicht, ihr die nothwendige Fortdauer zu sichern, indem man noch ein Aufhören ihres Daseins durch Verschwinden annehmen könnte. In seinem Phädon suchte er nun diese Vergänglichkeit, welche eine wahre Vernichtung sein würde, von ihr dadurch abzuhalten, daß er sich zu beweisen getraute: ein einfaches Wesen könne gar nicht aufhören zu sein, weil, da es gar nicht vermindert werden und also nach und nach etwas an seinem Dasein verlieren und so allmählig in Nichts verwandelt werden könne (indem es keine Theile, also auch keine Vielheit in sich habe), zwischen einem Augenblicke, darin es ist, und dem andern, darin es nicht mehr ist, gar keine Zeit angetroffen werden würde, welches unmöglich ist. – Allein er bedachte nicht, daß, wenn wir gleich der Seele diese einfache Natur einräumen, da sie nämlich kein Mannigfaltiges außer einander, mithin keine extensive Größe enthält, man ihr doch, so wenig wie irgend einem Existirenden, intensive Größe, d.i. einen Grad der Realität in Ansehung aller ihrer Vermögen, ja überhaupt alles dessen, was das Dasein ausmacht, ableugnen könne, welcher durch alle unendlich viele kleinere Grade abnehmen und so die vorgebliche Substanz (das Ding, dessen Beharrlichkeit nicht sonst schon fest steht), obgleich nicht durch Zertheilung, doch durch allmähliche Nachlassung (*remissio*) ihrer Kräfte, (mithin durch Elanguescenz, wenn es mir erlaubt ist, mich dieses Ausdrucks zu bedienen) in Nichts verwandelt werden könne. Denn selbst das Bewußtsein hat jederzeit einen Grad, der immer noch vermindert werden kann*, folglich auch das Vermögen sich seiner bewußt zu sein und so alle übrige Vermögen. – Also bleibt die Beharrlichkeit der Seele, als bloß Gegenstandes des inneren Sinnes, unbewiesen und selbst unerweislich, obgleich ihre Beharrlichkeit im Leben, da das denkende Wesen (als Mensch) sich zugleich ein Gegenstand äußerer Sinne ist, für sich klar ist, womit aber dem rationalen Psychologen gar nicht Gnüge geschieht, der die absolute Beharrlichkeit derselben selbst über das Leben hinaus aus bloßen Begriffen zu beweisen unternimmt**.

---

* Klarheit ist nicht, wie die Logiker sagen, das Bewußtsein einer Vorstellung; denn ein gewisser Grad des Bewußtseins, der aber zur Erinnerung nicht zureicht, muß selbst in manchen dunkelen Vorstellungen anzutreffen sein, weil ohne alles Bewußtsein wir in der Verbindung dunkeler Vorstellungen keinen Unterschied machen würden, welches wir doch bei den Merkmalen mancher Begriffe (wie der von Recht und Billigkeit und des Tonkünstlers, wenn er viele Noten im Phantasiren zugleich greift) zu thun vermögen. Sondern eine Vorstellung ist klar, in der das Bewußtsein zum **Bewußtsein** des Unterschiedes derselben von andern zureicht. Reicht dieses zwar zur Unterscheidung, aber nicht zum Bewußtsein des Unterschiedes zu, so müßte die Vorstellung noch dunkel genannt werden. Also giebt es unendlich viele Grade des Bewußtseins bis zum Verschwinden.

** Diejenige, welche, um eine neue Möglichkeit auf die Bahn zu bringen, schon genug gethan zu haben glauben, wenn sie darauf trotzen, daß man ihnen keinen Widerspruch in ihren Voraussetzungen zeigen könne (wie diejenige insgesammt sind, die die Möglichkeit des Denkens, wovon sie nur bei den empirischen Anschauungen im menschlichen Leben ein Beispiel haben, auch nach dessen Aufhörung einzusehen glauben), können durch an

Nehmen wir nun unsere obige Sätze, wie sie auch als für alle denkende Wesen gültig in der rationalen Psychologie als System genommen werden müssen, in synthetischem Zusammenhange und gehen von der Kategorie der Relation mit dem Satze: alle denkende Wesen sind als solche Substanzen, rückwärts die Reihe derselben, bis sich der Cirkel schließt, durch: so stoßen wir zuletzt auf die Existenz derselben, deren sie sich in diesem System, unabhängig von äußeren Dingen, nicht allein bewußt sind, sondern die sie auch (in Ansehung der Beharrlichkeit, die nothwendig zum

---

dere Möglichkeiten, die nicht im mindesten kühner sind, in große Verlegenheit gebracht werden. Dergleichen ist die Möglichkeit der Theilung einer einfachen Substanz in mehrere Substanzen und umgekehrt das Zusammenfließen (Coalition) mehrerer in eine einfache. Denn obzwar die Theilbarkeit ein Zusammengesetztes voraussetzt, so erfordert sie doch nicht nothwendig ein Zusammengesetztes von Substanzen, sondern bloß von Graden (der mancherlei Vermögen) einer und derselben Substanz. Gleichwie man sich nun alle Kräfte und Vermögen der Seele, selbst das des Bewußtseins, als auf die Hälfte geschwunden denken kann, so doch, daß immer noch Substanz übrig bliebe: so kann man sich auch diese erloschene Hälfte als aufbehalten, aber nicht in ihr, sondern außer ihr, ohne Widerspruch vorstellen und daß, da hier alles, was in ihr nur immer real ist, folglich einen Grad hat, mithin die ganze Existenz derselben, so daß nichts mangelt, halbirt worden, außer ihr alsdann eine besondere Substanz entspringen würde. Denn die Vielheit, welche getheilt worden, war schon vorher, aber nicht als Vielheit der Substanzen, sondern jeder Realität als Quantum der Existenz in ihr; und die Einheit der Substanz war nur eine Art zu existieren, die durch diese Theilung allein in eine Mehrheit der Subsistenz verwandelt worden. So könnten aber auch mehrere einfache Substanzen in eine wiederum zusammenfließen, dabei nichts verloren ginge, als bloß die Mehrheit der Subsistenz, indem die eine den Grad der

Charakter der Substanz gehört) aus sich selbst bestimmen können. Hieraus folgt aber, daß der Idealism in eben demselben rationalistischen System unvermeidlich sei, wenigstens der problematische, und wenn das Dasein äußerer Dinge zu Bestimmung seines eigenen in der Zeit gar nicht erforderlich ist, jenes auch nur ganz umsonst angenommen werde, ohne jemals einen Beweis davon geben zu können.

Befolgen wir dagegen das analytische Verfahren, da das: Ich denke, als ein Satz, der schon ein Dasein in sich schließt, als gegeben, mithin die Modalität zum Grunde

---

Realität aller vorigen zusammen in sich enthielte; und vielleicht möchten die einfachen Substanzen, welche uns die Erscheinung einer Materie geben (freilich zwar nicht durch einen mechanischen oder chemischen Einfluß aufeinander, aber doch durch einen uns unbekannten, davon jener nur die Erscheinung wäre), durch dergleichen dynamische Theilung der Elternseelen als intensiver Größen Kinderseelen hervorbringen, indessen daß jene ihren Abgang wiederum durch Coalition mit neuem Stoffe von derselben Art ergänzten. Ich bin weit entfernt, dergleichen Hirngespinsten den mindesten Werth oder Gültigkeit einzuräumen, auch haben die obigen Principien der Analytik hinreichend eingeschärft, von den Kategonen (als der der Substanz) keinen anderen als Erfahrungsgebrauch zu machen. Wenn aber der Rationalist aus dem bloßen Denkungsvermögen ohne irgend eine beharrliche Anschauung, dadurch ein Gegenstand gegeben würde, ein für sich bestehendes Wesen zu machen kühn genug ist, bloß weil die Einheit der Apperception im Denken ihm keine Erklärung aus dem Zusammengesetzten erlaubt, statt daß er besser thun würde, zu gestehen, er wisse die Möglichkeit einer denkenden Natur nicht zu erklären, warum soll der Materialist, ob er gleich eben so wenig zum Behuf seiner Möglichkeiten Erfahrung anführen kann, nicht zu gleicher Kühnheit berechtigt sein, sich seines Grundsatzes mit Beibehaltung der formalen Einheit des ersteren zum entgegengesetzten Gebrauche zu bedienen?

liegt, und zergliedern ihn, um seinen Inhalt, ob und wie nämlich dieses Ich im Raum oder der Zeit bloß dadurch sein Dasein bestimmt, zu erkennen, so würden die Sätze der rationalen Seelenlehre nicht vom Begriffe eines denkenden Wesens überhaupt, sondern von einer Wirklichkeit anfangen, und aus der Art, wie diese gedacht wird, nachem alles, was dabei empirisch ist, abgesondert worden, das, was einem denkenden Wesen überhaupt zukommt, gefolgert werden, wie folgende Tafel zeigt.

1.
Ich denke,

2.
als Subject,

3.
als einfaches Subject,

4.
als identisches Subject,
in jedem Zustande meines Denkens.

Weil hier nun im zweiten Satze nicht bestimmt wird, ob ich nur als Subject und nicht auch als Prädicat eines andern existiren und gedacht werden könne, so ist der Begriff eines Subjects hier bloß logisch genommen, und es bleibt unbestimmt, ob darunter Substanz verstanden werden solle oder nicht. Allein in dem dritten Satze wird die absolute Einheit der Apperception, das einfache Ich, in der Vorstellung, darauf sich alle Verbindung oder Trennung, welche das Denken ausmacht, bezieht, auch für sich wichtig, wenn ich gleich noch nichts über des Subjects Beschaffenheit oder Subsistenz ausgemacht habe. Die Apperception ist etwas Reales, und die Einfachheit derselben liegt schon in ihrer Möglichkeit. Nun ist im Raum nichts Reales, was einfach wäre; denn Punkte (die das einzige Einfache im Raum ausmachen) sind bloß Grenzen, nicht selbst aber etwas, was den Raum als Theil auszumachen dient. Also folgt daraus die Unmöglichkeit einer Erklärung meiner, als bloß denkenden Subjects, Beschaffenheit aus Gründen des Materialisms. Weil aber mein Dasein in dem ersten Satze als gegeben betrachtet wird, indem es nicht heißt: ein jedes denkende Wesen existirt (welches zugleich absolute Nothwendigkeit und also zu viel von ihnen sagen würde), sondern nur: ich existire denkend, so ist er empirisch und enthält die Bestimmbarkeit meines Daseins bloß in Ansehung meiner Vorstellungen in der Zeit. Da ich aber wiederum hiezu zuerst etwas Beharrliches bedarf, dergleichen mir, so fern ich mich denke, gar nicht in der inneren Anschauung gegeben ist: so ist die Art, wie ich existire, ob als Substanz oder als Accidenz, durch dieses einfache Selbstbewußtsein gar nicht zu bestimmen möglich. Also wenn der Materialism zur Erklärungsart meines Daseins untauglich ist, so ist der Spiritualism zu derselben eben sowohl unzureichend; und die Schlußfolge ist, daß wir auf keine Art, welche es auch sei, von der Beschaffenheit unserer Seele, die die Möglichkeit ihrer abgesonderten Existenz überhaupt betrifft, irgend etwas erkennen können.

Und wie sollte es auch möglich sein, durch die Einheit des Bewußtseins, die wir selbst nur dadurch kennen, daß wir sie zur Möglichkeit der Erfahrung unentbehrlich brauchen, über Erfahrung (unser Dasein im Leben) hinaus zu kommen und sogar unsere Erkenntniß auf die Natur aller denkenden Wesen überhaupt durch den empirischen, aber in Ansehung aller Art der Anschauung unbestimmten Satz: Ich denke, zu erweitern?

Es giebt also keine rationale Psychologie als Doctrin, die uns einen Zusatz zu unserer Selbsterkenntniß verschaffte, sondern nur als Disciplin, welche der speculativen

Vernunft in diesem Felde unüberschreitbare Grenzen setzt, einerseits um sich nicht dem seelenlosen Materialism in den Schooß zu werfen, andererseits sich nicht in dem für uns im Leben grundlosen Spiritualism herumschwärmend zu verlieren, sondern uns vielmehr erinnert, diese Weigerung unserer Vernunft, den neugierigen, über dieses Leben hinaus reichenden Fragen befriedigende Antwort zu geben, als einen Wink derselben anzusehen, unser Selbsterkenntniß von der fruchtlosen überschwenglichen Speculation zum fruchtbaren praktischen Gebrauche anzuwenden, welcher, wenn er gleich auch nur immer auf Gegenstände der Erfahrung gerichtet ist, seine Principien doch höher hernimmt und das Verhalten so bestimmt, als ob unsere Bestimmung unendlich weit über die Erfahrung, mithin über dieses Leben hinaus reiche.

Man sieht aus allem diesem, daß ein bloßer Mißverstand der rationalen Psychologie ihren Ursprung gebe. Die Einheit des Bewußtseins, welche den Kategorien zum Grunde liegt, wird hier für Anschauung des Subjects als Objects genommen und darauf die Kategorie der Substanz angewandt. Sie ist aber nur die Einheit im Denken, wodurch allein kein Object gegeben wird, worauf also die Kategorie der Substanz, als die jederzeit gegebene Anschauung voraussetzt, nicht angewandt, mithin dieses Subject gar nicht erkannt werden kann. Das Subject der Kategorien kann also dadurch, daß es diese denkt, nicht von sich selbst als einem Objecte der Kategorien einen Begriff bekommen; denn um diese zu denken, muß es sein reines Selbstbewußtsein, welches doch hat erklärt werden sollen, zum Grunde legen. Eben so kann das Subject, in welchem die Vorstellung der Zeit ursprünglich ihren Grund hat, sein eigen Dasein in der Zeit dadurch nicht bestimmen, und wenn das letztere nicht sein kann, so kann auch das erstere als Bestimmung seiner selbst (als denkenden Wesens überhaupt) durch Kategorien nicht stattfinden.*

So verschwindet denn ein über die Grenzen möglicher Erfahrung hinaus versuchtes und doch zum höchsten Inter-

---

* Das: Ich denke, ist, wie schon gesagt, ein empirischer Satz und hält den Satz: Ich existire, in sich. Ich kann aber nicht sagen: alles, was denkt, existirt; denn da würde die Eigenschaft des Denkens alle Wesen, die sie besitzen, zu nothwendigen Wesen machen. Daher kann meine Existenz auch nicht aus dem Satze: Ich denke, als gefolgert angesehen werden, wie Cartesius dafür hielt, (weil sonst der Obersatz: alles, was denkt, existirt, vorausgehen müßte) sondern ist mit ihm identisch. Er drückt eine unbestimmte empirische Anschauung, d.i. Wahrnehmung, aus (mithin beweiset er doch, daß schon Empfindung, die folglich zur Sinnlichkeit gehört, diesem Existentialsatz zum Grunde liege) geht aber vor der Erfahrung vorher, die das Object der Wahrnehmung durch die Kategorie in Ansehung der Zeit bestimmen soll; und die Existenz ist hier noch keine Kategorie, als welche nicht auf ein unbestimmt gegebenes Object, sondern nur ein solches, davon man einen Begriff hat, und wovon man wissen will, ob es auch außer diesem Begriffe gesetzt sei, oder nicht, Beziehung hat. Eine unbestinunte Wahrnehmung bedeutet hier nur etwas Reales, das gegeben worden und zwar nur zum Denken überhaupt, also nicht als Erscheinung, auch nicht als Sache an sich selbst (Noumenon), sondern als Etwas, was in der That existirt und in dem Satze: Ich denke, als ein solches bezeichnet wird. Denn es ist zu merken, daß, wenn ich den Satz: Ich denke, einen empirischen Satz genannt habe, ich dadurch nicht sagen will, das **Ich** in diesem Satze sei empirische Vorstellung; vielmehr ist sie rein intellectuell, weil sie zum Denken überhaupt gehört. Allein ohne irgend eine empirische Vorstellung, die den Stoff zum Denken abgiebt, würde der Actus: Ich denke, doch nicht stattfinden, und das Empirische ist nur die Bedingung der Anwendung oder des Gebrauchs des reinen intellectuellen Vermögens.

esse der Menschheit gehöriges Erkenntniß, so weit es der speculativen Philosophie verdankt werden soll, in getäuschte Erwartung; wobei gleichwohl die Strenge der Kritik dadurch, daß sie zugleich die Unmöglichkeit beweiset, von einem Gegenstande der Erfahrung über die Erfahrungsgrenze hinaus etwas dogmatisch auszumachen, der Vernunft bei diesem ihrem Interesse den ihr nicht unwichtigen Dienst thut, sie eben sowohl wider alle mögliche Behauptungen des Gegentheils in Sicherheit zu stellen, welches nicht anders geschehen kann, als so, daß man entweder seinen Satz apodiktisch beweiset, oder, wenn dieses nicht gelingt, die Quellen dieses Unvermögens aufsucht, welche, wenn sie in den nothwendigen Schranken unserer Vernunft liegen, alsdann jeden Gegner gerade demselben Gesetze der Entsagung aller Ansprüche auf dogmatische Behauptung unterwerfen müssen.

Gleichwohl wird hiedurch für die Befugniß, ja gar die Nothwendigkeit der Annehmung eines künftigen Lebens nach Grundsätzen des mit dem speculativen verbundenen praktischen Vernunftgebrauchs hiebei nicht das mindeste verloren; denn der bloß speculative Beweis hat auf die gemeine Menschenvernunft ohnedem niemals einigen Einfluß haben können. Er ist so auf einer Haaresspitze gestellt, daß selbst die Schule ihn auf derselben nur so lange erhalten kann, als sie ihn als einen Kreisel um denselben sich unaufhörlich drehen läßt, und er in ihren eigenen Augen also keine beharrliche Grundlage abgiebt, worauf etwas gebauet werden könnte. Die Beweise, die für die Welt brauchbar sind, bleiben hiebei alle in ihrem unverminderten Werthe und gewinnen vielmehr durch Abstellung jener dogmatischen Anmaßungen an Klarheit und ungekünstelter Überzeugung, indem sie die Vernunft in ihr eigenthümliches Gebiet, nämlich die Ordnung der Zwecke, die doch zugleich eine Ordnung der Natur ist, versetzen, die dann aber zugleich, als praktisches Vermögen an sich selbst, ohne auf die Bedingungen der letzteren eingeschränkt zu sein, die erstere und mit ihr unsere eigene Existenz über die Grenzen der Erfahrung und des Lebens hinaus zu erweitern berechtigt ist. Nach der Analogie mit der Natur lebender Wesen in dieser Welt, an welchen die Vernunft es nothwendig zum Grundsatze annehmen muß, daß kein Organ, kein Vermögen, kein Antrieb, also nichts Entbehrliches oder für den Gebrauch Unproportionirtes, mithin Unzweckmäßiges anzutreffen, sondern alles seiner Bestimmung im Leben genau angemessen sei, zu urtheilen, müßte der Mensch, der doch allein den letzten Endzweck von allem diesem in sich enthalten kann, das einzige Geschöpf sein, welches davon ausgenommen wäre. Denn seine Naturanlagen, nicht bloß den Talenten und Antrieben nach, davon Gebrauch zu machen, sondern vornehmlich das moralische Gesetz in ihm, gehen so weit über allen Nutzen und Vortheil, den er in diesem Leben daraus ziehen könnte, daß das letztere sogar das bloße Bewußtsein der Rechtschaffenheit der Gesinnung bei Ermangelung aller Vortheile, selbst sogar des Schattenwerks vom Nachruhm über alles hochschätzen lehrt und er sich innerlich dazu berufen fühlt, sich durch sein Verhalten in dieser Welt mit Verzichtthuung auf viele Vortheile zum Bürger einer besseren, die er in der Idee hat, tauglich zu machen. Dieser mächtige, niemals zu widerlegende Beweisgrund, begleitet durch eine sich unaufhörlich vermehrende Erkenntniß der Zweckmäßigkeit in allem, was wir vor uns sehen, und durch eine Aussicht in die Unermeßlichkeit der Schöpfung, mithin auch durch das Bewußtsein einer gewissen Unbegrenztheit in der möglichen Erweiterung unserer Kenntnisse sammt einem dieser angemessenen Triebe, bleibt immer noch übrig, wenn wir es gleich aufgeben müssen, die nothwendige Fortdauer unserer Existenz aus der bloß theoretischen Erkenntniß unserer selbst einzusehen.

Beschluß der Auflösung des psychologischen Paralogisms.

Der dialektische Schein in der rationalen Psychologie beruht auf der Verwechselung einer Idee der Vernunft (einer reinen Intelligenz) mit dem in allen Stücken unbestimmten Begriffe eines denkenden Wesens überhaupt. Ich denke mich selbst zum Behuf einer möglichen Erfahrung, indem ich noch von aller wirklichen Erfahrung abstrahire, und schließe daraus, daß ich mich meiner Existenz auch außer der Erfahrung und den empirischen Bedingungen derselben bewußt werden könne. Folglich verwechsele ich die mögliche Abstraction von meiner empirisch bestimmten Existenz mit dem vermeinten Bewußtsein einer abgesondert möglichen Existenz meines denkenden Selbst und glaube das Substantiale in mir als das transscendentale Subject zu erkennen, indem ich bloß die Einheit des Bewußtseins, welche allem Bestimmen als der bloßen Form der Erkenntniß zum Grunde liegt, in Gedanken habe.

Die Aufgabe, die Gemeinschaft der Seele mit dem Körper zu erklären, gehört nicht eigentlich zu derjenigen Psychologie, wovon hier die Rede ist, weil sie die Persönlichkeit der Seele auch außer dieser Gemeinschaft (nach dem Tode) zu beweisen die Absicht hat und also im eigentlichen Verstande transscendent ist, ob sie sich gleich mit einem Objecte der Erfahrung beschäftigt, aber nur so fern es aufhört ein Gegenstand der Erfahrung zu sein. Indessen kann auch hierauf nach unserem Lehrbegriffe hinreichende Antwort gegeben werden. Die Schwierigkeit, welche die Aufgabe veranlaßt hat, besteht, wie bekannt, in der vorausgesetzten Ungleichartigkeit des Gegenstandes des inneren Sinnes (der Seele) mit den Gegenständen äußerer Sinne, da jenem nur die Zeit, diesen auch der Raum zur formalen Bedingung ihrer Anschauung anhängt. Bedenkt man aber, daß beiderlei Art von Gegenständen hierin sich nicht innerlich, sondern nur, so fern einer dem andern äußerlich erscheint, von einander unterscheiden, mithin das, was der Erscheinung der Materie als Ding an sich selbst zum Grunde liegt, vielleicht so ungleichartig nicht sein dürfte, so verschwindet diese Schwierigkeit, und es bleibt keine andere übrig, als die, wie überhaupt eine Gemeinschaft von Substanzen möglich sei, welche zu lösen ganz außer dem Felde der Psychologie und, wie der Leser nach dem, was in der Analytik von Grundkräften und Vermögen gesagt worden, leicht urtheilen wird, ohne allen Zweifel auch außer dem Felde aller menschlichen Erkenntniß liegt.

Allgemeine Anmerkung, den Übergang von der rationalen Psychologie zur Kosmologie betreffend.

Der Satz: Ich denke, oder: Ich existire denkend, ist ein empirischer Satz. Einem solchen aber liegt empirische Anschauung, folglich auch das gedachte Object als Erscheinung zum Grunde, und so scheint es, als wenn nach unserer Theorie die Seele ganz und gar, selbst im Denken, in Erscheinung verwandelt würde, und auf solche Weise unser Bewußtsein selbst, als bloßer Schein, in der That auf nichts gehen müßte. Das Denken, für sich genommen, ist bloß die logische Function, mithin lauter Spontaneität der Verbindung des Mannigfaltigen einer bloß möglichen Anschauung und stellt das Subject des Bewußtseins keineswegs als Erscheinung dar, bloß darum weil es gar keine Rücksicht auf die Art der Anschauung nimmt, ob sie sinnlich oder intellectuell sei. Dadurch stelle ich mich mir selbst weder wie ich bin, noch wie ich mir erscheine, vor, sondern ich denke mich nur wie ein jedes Object überhaupt, von dessen Art der Anschauung ich abstrahire. Wenn ich mich hier als S u b j e c t der Gedanken oder auch als G r u n d des Denkens vorstelle, so bedeuten diese Vorstellungsarten nicht die Kategorien der Substanz oder der Ursache, denn diese sind jene Functionen des Denkens (Urtheilens), schon auf unsere sinnliche Anschauung angewandt, welche freilich erfordert werden würde, wenn ich mich e r k e n n e n wollte. Nun will ich mich meiner aber nur als denkend bewußt werden; wie mein eigenes Selbst in der Anschauung gegeben sei, das setze ich bei Seite, und da könnte es mir, der ich denke, aber nicht so fern ich denke, bloß Erscheinung sein; im Bewußtsein meiner selbst beim bloßen Denken bin ich das W e s e n s e l b s t, von dem mir aber freilich dadurch noch nichts zum Denken gegeben ist.

Der Satz aber: Ich denke, so fern er so viel sagt, als: I c h e x i s t i r e d e n k e n d, ist nicht bloße logische Function, sondern bestimmt das Subject (welches dann zugleich Object ist) in Ansehung der Existenz und kann ohne den inneren Sinn nicht stattfinden, dessen Anschauung jederzeit das Object nicht als Ding an sich selbst, sondern bloß als Erscheinung an die Hand giebt. In ihm ist also schon nicht mehr bloße Spontaneität des Denkens, sondern auch Receptivität der Anschauung, d.i. das Denken meiner selbst auf die empirische Anschauung eben desselben Subjects angewandt.

In dieser letzteren müßte denn nun das denkende Selbst die Bedingungen des Gebrauchs seiner logischen Functionen zu Kategorien der Substanz, der Ursache etc. suchen, um sich als Object an sich selbst nicht bloß durch das Ich zu bezeichnen, sondern auch die Art seines Daseins zu bestimmen, d.i. sich als Noumenon zu erkennen; welches aber unmöglich ist, indem die innere empirische Anschauung sinnlich ist und nichts als Data der Erscheinung an die Hand giebt, die dem Objecte des reinen Bewußtseins zur Kenntniß seiner abgesonderten Existenz nichts liefern, sondern bloß der Erfahrung zum Behufe dienen kann.

Gesetzt aber, es fände sich in der Folge nicht in der Erfahrung, sondern in gewissen (nicht bloß logischen Regeln, sondern) *a priori* feststehenden, unsere Existenz betreffenden Gesetzen des reinen Vernunftgebrauchs Veranlassung, uns völlig *a priori* in Ansehung unseres eigenen Daseins als gesetzgebend und diese Existenz auch selbst bestimmend vorauszusetzen: so würde sich dadurch eine Spontaneität entdecken, wodurch unsere Wirklichkeit bestimmbar wäre, ohne dazu der Bedingungen der empirischen Anschauung zu bedürfen; und hier würden wir inne werden, daß im Bewußtsein unseres Daseins *a priori* etwas enthalten sei, was unsere nur sinnlich durchgängig bestimmbare Existenz doch in Ansehung eines gewissen inneren Vermögens in Beziehung auf eine intelligibele (freilich nur gedachte) Welt zu bestimmen dienen kann.

Aber dieses würde nichts desto weniger alle Versuche in der rationalen Psychologie nicht im mindesten weiter bringen. Denn ich würde durch jenes bewundernswürdige Vermögen, welches mir das Bewußtsein des moralischen Gesetzes allererst offenbart, zwar ein Princip der Bestimmung meiner Existenz, welches rein intellectuell ist, haben, aber durch welche Prädicate? Durch keine andere, als die mir in der sinnlichen Anschauung gegeben werden müssen; und so würde ich da wiederum hingerathen, wo ich in der rationalen Psychologie war, nämlich in das Bedürfniß sinnlicher Anschauungen, um meinen Verstandesbegriffen, Substanz, Ursache u.s.w., wodurch ich allein Erkenntniß von mir haben kann, Bedeutung zu verschaffen; jene Anschauungen können mich aber über das Feld der Erfahrung niemals hinaus helfen. Indessen würde ich doch diese Begriffe in Ansehung des praktischen Gebrauchs, welcher doch immer auf Gegenstände der Erfahrung gerichtet ist, der im theoretischen Gebrauche analogischen Bedeutung gemäß auf die Freiheit und das Subject derselben anzuwenden befugt sein, indem ich bloß die logischen Functionen des Subjects und Prädicats, des Grundes und der Folge darunter verstehe, denen gemäß die Handlungen oder die Wirkungen jenen Gesetzen gemäß so bestimmt werden, daß sie, zugleich mit den Naturgesetzen, den Kategorien der Substanz und der Ursache allemal gemäß erklärt werden können, ob sie gleich aus ganz anderem Princip entspringen. Dieses hat nur zur Verhütung des Mißverstandes, dem die Lehre von unserer Selbstanschauung als Erscheinung leicht ausgesetzt ist, gesagt sein sollen. Im Folgenden wird man davon Gebrauch zu machen Gelegenheit haben.

Der
Transscendentalen Dialektik zweites Buch.

Zweites Hauptstück.

Die Antinomie der reinen Vernunft.

Wir haben in der Einleitung zu diesem Theile unseres Werks gezeigt, daß aller transscendentale Schein der reinen Vernunft auf dialektischen Schlüssen beruhe, deren Schema die Logik in den drei formalen Arten der Vernunftschlüsse überhaupt an die Hand giebt, so wie etwa die Kategorien ihr logisches Schema in den vier Functionen aller Urtheile antreffen. Die erste Art dieser vernünftelnden Schlüsse ging auf die unbedingte Einheit der subjectiven Bedingungen aller Vorstellungen überhaupt (des Subjects oder der Seele) in Correspondenz mit den **kategorischen** Vernunftschlüssen, deren Obersatz als Princip die Beziehung eines Prädicats auf ein Subject aussagt. Die zweite Art des dialektischen Arguments wird also nach der Analogie mit **hypothetischen** Vernunftschlüssen die unbedingte Einheit der objectiven Bedingungen in der Erscheinung zu ihrem Inhalte machen, so wie die dritte Art, die im folgenden Hauptstücke vorkommen wird, die unbedingte Einheit der objecüven Bedingungen der Möglichkeit der Gegenstände überhaupt zum Thema hat.

Es ist aber merkwürdig, daß der transscendentale Paralogism einen bloß einseitigen Schein in Ansehung der Idee von dem Subjecte unseres Denkens bewirkte, und zur Behauptung des Gegentheils sich nicht der mindeste Schein aus Vernunftbegriffen vorfinden will. Der Vortheil ist gänzlich auf der Seite des Pneumatismus, obgleich dieser den Erbfehler nicht verleugnen kann, bei allem ihm günstigen Schein in der Feuerprobe der Kritik sich in lauter Dunst aufzulösen.

Ganz anders fällt es aus, wenn wir die Vernunft auf die objective Synthesis der Erscheinungen anwenden, wo sie ihr Principium der unbedingten Einheit zwar mit vielem Scheine geltend zu machen denkt, sich aber bald in solche Widersprüche verwickelt, daß sie genöthigt wird, in kosmologischer Absicht von ihrer Forderung abzustehen.

Hier zeigt sich nämlich ein neues Phänomen der menschlichen Vernunft, nämlich: eine ganz natürliche Antithetik, auf die keiner zu grübeln und künstlich Schlingen zu legen braucht, sondern in welche die Vernunft von selbst und zwar unvermeidlich geräth und dadurch zwar vor dem Schlummer einer eingebildeten Überzeugung, den ein bloß einseitiger Schein hervorbringt, verwahrt, aber zugleich in Versuchung gebracht wird, sich entweder einer sceptischen Hoffnungslosigkeit zu überlassen, oder einen dogmatischen Trotz anzunehmen und den Kopf steif auf gewisse Behauptungen zu setzen, ohne den Gründen des Gegentheils Gehör und Gerechtigkeit widerfahren zu lassen. Beides ist der Tod einer gesunden Philosophie, wiewohl jener allenfalls noch die Euthanasie der reinen Vernunft genannt werden könnte.

Ehe wir die Auftritte des Zwiespalts und der Zerrüttungen sehen lassen, welche dieser Widerstreit der Gesetze (Antinomie) der reinen Vernunft veranlaßt, wollen wir gewisse Erörterungen geben, welche die Methode erläutern und rechtfertigen können, deren wir uns in Behandlung unseres Gegenstandes bedienen. Ich nenne als transscendentale Ideen, so fern sie die absolute Totalität in der Synthesis der Erscheinungen betreffen, Weltbegriffe, theils wegen eben dieser unbedingten Totalität, worauf auch der Begriff des Weltganzen beruht, der selbst nur eine Idee ist, theils weil sie lediglich auf die Synthesis der Erscheinungen, mithin die empirische gehen, da hingegen die absolute Totalität in der Synthesis der Bedingungen aller möglichen Dinge überhaupt ein Ideal der reinen Vernunft veranlassen wird, welches von dem Weltbegriffe gänzlich unterschieden ist, ob es gleich darauf in Beziehung steht. Daher so wie die Paralogismen der reinen Vernunft den Grund zu einer dialektischen Psychologie legten, so wird die Antinomie der reinen Vernunft die transscendentalen Grundsätze einer vermeinten reinen (rationalen) Kosmologie vor Augen stellen, nicht um sie gültig zu finden und sich zuzueignen, sondern, wie es auch schon die Benennung von einem Widerstreit der Vernunft anzeigt, um sie als eine Idee, die sich mit Erscheinungen nicht' vereinbaren läßt, in ihrem blendenden, aber falschen Scheine darzustellen.

Der Antinomie der reinen Vernunft Erster Abschnitt.

System der kosmologischen Ideen.

Um nun diese Ideen nach einem Princip mit systematischer Präcision aufzählen zu können, müssen wir Erstlich bemerken, daß nur der Verstand es sei, aus welchem reine und transscendentale Begriffe entspringen können, daß die Vernunft eigentlich gar keinen Begriff erzeuge, sondern allenfalls nur den Verstandesbegriff von den unvermeidlichen Einschränkungen einer möglichen Erfahrung frei mache und ihn also über die Grenzen des Empirischen, doch aber in Verknüpfung mit demselben zu erweitern suche. Dieses geschieht dadurch, daß sie zu einem gegebenen Bedingten auf der Seite der Bedingungen (unter denen der Verstand alle Erscheinungen der synthetischen Einheit unterwirft) absolute Totalität fordert und dadurch die Kategorie zur transscendentalen Idee macht, um der empirischen Synthesis durch die Fortsetzung derselben bis zum Unbedingten (welches niemals in der Erfahrung, sondern nur in der Idee angetroffen wird) absolute Vollständigkeit zu geben. Die Vernunft fordert dieses nach dem Grundsatze: wenn das Bedingte gegeben ist, so ist auch die ganze Summe der Bedingungen, mithin das schlechthin Unbedingte gegeben, wodurch jenes allein möglich war. Also werden erstlich die transscendentalen Ideen eigentlich nichts, als bis zum Unbedingten erweiterte Kategorien sein, und jene werden sich in eine Tafel bringen lassen, die nach den Titeln der letzteren angeordnet ist. Zweitens aber werden doch auch nicht alle Kategorien dazu taugen, sondern nur diejenige, in welchen die Synthesis eine Reihe ausmacht und zwar der einander untergeordneten (nicht beigeordneten) Bedingungen zu einem Bedingten. Die absolute Totalität wird von der Vernunft nur so fern gefordert, als sie die aufsteigende Reihe der Bedingungen zu einem gegebenen Bedingten angeht, mithin nicht, wenn von der absteigenden Linie der Folgen, noch auch von dem Aggregat coordinirter Bedingungen zu diesen Folgen die Rede ist. Denn Bedingungen sind in Ansehung des gegebenen Bedingten schon vorausgesetzt und mit diesem auch als gegeben anzusehen, anstatt daß, da die Folgen ihre Bedingungen nicht möglich machen, sondern vielmehr voraussetzen, man im Fortgange zu den Folgen (oder im Absteigen von der gegebenen Bedingung zu dem Bedingten) unbekümmert sein kann, ob die

Reihe aufhöre oder nicht, und überhaupt die Frage wegen ihrer Totalität gar keine Voraussetzung der Vernunft ist.

So denkt man sich nothwendig eine bis auf den gegebenen Augenblick völlig abgelaufene Zeit auch als gegeben (wenngleich nicht durch uns bestimmbar). Was aber die künftige betrifft, da sie die Bedingung nicht ist, zu der Gegenwart zu gelangen, so ist es, um diese zu begreifen, ganz gleichgültig, wie wir es mit der künftigen Zeit halten wollen, ob man sie irgendwo aufhören, oder ins Unendliche laufen lassen will. Es sei die Reihe *m*, *n*, *o*, worin *n* als bedingt in Ansehung *m*, aber zugleich als Bedingung von *o* gegeben ist; die Reihe gehe aufwärts von dem Bedingten *n* zu *m* (*l*, *k*, *i* etc.) im gleichen abwärts von der Bedingung *n* zum Bedingten *o* (*p*, *q*, *r* etc.): so muß ich die erstere Reihe voraussetzen, um *n* als gegeben anzusehen, und *n* ist nach der Vernunft (der Totalität der Bedingungen) nur vermittelst jener Reihe möglich, seine Möglichkeit beruht aber nicht auf der folgenden Reihe *o*, *p*, *q*, *r*, die daher auch nicht als gegeben, sondern nur als *dabilis* angesehen werden könnte.

Ich will die Synthesis einer Reihe auf der Seite der Bedingungen, also von derjenigen an, welche die nächste zur gegebenen Erscheinung ist, und so zu den entfernteren Bedingungen, die regressive, diejenige aber, die auf der Seite des Bedingten von der nächsten Folge zu den entfernteren fortgeht, die progressive Synthesis nennen. Die erstere geht *in antecedentia,* die zweite *in consequentia.* Die kosmologischen Ideen also beschäftigen sich mit der Totalität der regressiven Synthesis und gehen *in antecedentia,* nicht *in consequentia.* Wenn dieses letztere geschieht, so ist es ein willkürliches und nicht nothwendiges Problem der reinen Vernunft, weil wir zur vollständigen Begreiflichkeit dessen, was in der Erscheinung gegeben ist, wohl der Gründe, nicht aber der Folgen bedürfen.

Um nun nach der Tafel der Kategorien die Tafel der Ideen einzurichten, so nehmen wir zuerst die zwei ursprünglichen *Quanta* aller unserer Anschauung, Zeit und Raum. Die Zeit ist an sich selbst eine Reihe (und die formale Bedingung aller Reihen), und daher sind in ihr in Ansehung einer gegebenen Gegenwart die *antecedentia* als Bedingungen (das Vergangene) von den *consequentibus* (dem Künftigen) *a priori* zu unterscheiden. Folglich geht die transscendentale Idee der absoluten Totalität der Reihe der Bedingungen zu einem gegebenen Bedingten nur auf alle vergangene Zeit. Es wird nach der Idee der Vernunft die ganze verlaufene Zeit als Bedingung des gegebenen Augenblicks nothwendig als gegeben gedacht. Was aber den Raum betrifft, so ist in ihm an sich selbst kein Unterschied des Progressus vom Regressus, weil er ein Aggregat, aber keine Reihe ausmacht, indem seine Theile insgesammt zugleich sind. Den gegenwärtigen Zeitpunkt konnte ich in Ansehung der vergangenen Zeit nur als bedingt, niemals aber als Bedingung derselben ansehen, weil dieser Augenblick nur durch die verflossene Zeit (oder vielmehr durch das Verfließen der vorhergehenden Zeit) allererst entspringt. Aber da die Theile des Raumes einander nicht untergeordnet, sondern beigeordnet sind, so ist ein Theil nicht die Bedingung der Möglichkeit des andern, und er macht nicht, so wie die Zeit an sich selbst eine Reihe aus. Allein die Synthesis der mannigfaltigen Theile des Raumes, wodurch wir ihn apprehendiren, ist doch successiv, geschieht also in der Zeit und enthält eine Reihe. Und da in dieser Reihe der aggregirten Räume (z.B. der Füße in einer Ruthe) von einem gegebenen an die weiter hinzugedachten immer die Bedingung von der Grenze der vorigen sind, so ist das Messen eines Raumes auch als eine Synthesis einer Reihe der Bedingungen zu einem gegebenen

Bedingten anzusehen; nur daß die Seite der Bedingungen von der Seite, nach welcher das Bedingte hinliegt, an sich selbst nicht unterschieden ist, folglich *regressus* und *progressus* im Raume einerlei zu sein scheint. Weil indessen ein Theil des Raums nicht durch den andern gegeben, sondern nur begrenzt wird, so müssen wir jeden begrenzten Raum in so fern auch als bedingt ansehen, der einen andern Raum als die Bedingung seiner Grenze voraussetzt, und so fortan. In Ansehung der Begrenzung ist also der Fortgang im Raume auch ein Regressus, und die transscendentale Idee der absoluten Totalität der Synthesis in der Reihe der Bedingungen trifft auch den Raum, und ich kann eben sowohl nach der absoluten Totalität der Erscheinung im Raume, als der in der verflossenen Zeit fragen. Ob aber überall darauf auch eine Antwort möglich sei, wird sich künftig bestimmen lassen.

Zweitens, so ist die Realität im Raume, d.i. die Materie, ein Bedingtes, dessen innere Bedingungen seine Theile und die Theile der Theile die entfernten Bedingungen sind, so daß hier eine regressive Synthesis stattfindet, deren absolute Totalität die Vernunft fordert, welche nicht anders als durch eine vollendete Theilung, dadurch die Realität der Materie entweder in Nichts oder doch in das, was nicht mehr Materie ist, nämlich das Einfache, verschwindet, stattfinden kann. Folglich ist hier auch eine Reihe von Bedingungen und ein Fortschritt zum Unbedingten.

Drittens, was die Kategorien des realen Verhältnisses unter den Erscheinungen anlangt, so schickt sich die Kategorie der Substanz mit ihren Accidenzen nicht zu einer transscendentalen Idee; d.i. die Vernunft hat keinen Grund, in Ansehung ihrer regressiv auf Bedingungen zu gehen. Denn Accidenzen sind (so fern sie einer einigen Substanz inhäriren) einander coordinirt und machen keine Reihe aus. In Ansehung der Substanz aber sind sie derselben eigentlich nicht subordinirt, sondern die Art zu existiren der Substanz selber. Was hiebei noch scheinen könnte eine Idee der transscendentalen Vernunft zu sein, wäre der Begriff vom Substantiale. Allein da dieses nichts Anderes bedeutet als den Begriff vom Gegenstande überhaupt, welcher subsistirt, so fern man an ihm bloß das transscendentale Subject ohne alle Prädicate denkt, hier aber nur die Rede vom Unbedingten in der Reihe der Erscheinungen ist: so ist klar, daß das Substantiale kein Glied in derselben ausmachen könne. Eben dasselbe gilt auch von Substanzen in Gemeinschaft, welche bloße Aggregate sind und keinen Exponenten einer Reihe haben, indem sie nicht einander als Bedingungen ihrer Möglichkeit subordinirt sind, welches man wohl von den Räumen sagen konnte, deren Grenze niemals an sich, sondern immer durch einen andern Raum bestimmt war. Es bleibt also nur die Kategorie der Causalität übrig, welche eine Reihe der Ursachen zu einer gegebenen Wirkung darbietet, in welcher man von der letzteren als dem Bedingten zu jenen als Bedingungen aufsteigen und der Vernunftfrage antworten kann.

Viertens, die Begriffe des Möglichen, Wirklichen und Nothwendigen führen auf keine Reihe, außer nur so fern das Zufällige im Dasein jederzeit als bedingt angesehen werden muß und nach der Regel des Verstandes auf eine Bedingung weiset, darunter es nothwendig ist, diese auf eine höhere Bedingung zu weisen, bis die Vernunft nur in der Totalität dieser Reihe die unbedingte Nothwendigkeit antrifft.

Es sind demnach nicht mehr als vier kosmologische Ideen nach den vier Titeln der Kategorien, wenn man diejenigen aushebt, welche eine Reihe in der Synthesis des Mannigfaltigen nothwendig bei sich führen.

1.
Die absolute Vollständigkeit
der
Zusammensetzung
des gegebenen Ganzen aller Erscheinungen.

2.
Die
absolute
Vollständigkeit der
Theilung eines
gegebenen Ganzen
in der Erscheinung

3.
Die
absolute
Vollständigkeit der
Entstehung
einer Erscheinung
überhaupt.

4.
Die
absolute Vollständigkeit
der **Abhängigkeit des Daseins**
des Veränderlichen in der Erscheinung.

Zuerst ist hiebei anzumerken: daß die Idee der absoluten Totalität nichts andres als die Exposition der Erscheinungen betreffe, mithin nicht den reinen Verstandesbegriff von einem Ganzen der Dinge überhaupt. Es werden hier also Erscheinungen als gegeben betrachtet, und die Vernunft fordert die absolute Vollständigkeit der Bedingungen ihrer Möglichkeit, so fern diese eine Reihe ausmachen, mithin eine schlechthin (d.i. in aller Absicht) vollständige Synthesis, wodurch die Erscheinung nach Verstandesgesetzen exponirt werden könne.

Zweitens ist es eigentlich nur das Unbedingte, was die Vernunft in dieser reihenweise und zwar regressiv fortgesetzten Synthesis der Bedingungen sucht, gleichsam die Vollständigkeit in der Reihe der Prämissen, die zusammen weiter keine andere voraussetzen. Dieses Unbedingte ist nun jederzeit in der absoluten Totalität der Reihe, wenn man sie sich in der Einbildung vorstellt, enthalten. Allein diese schlechthin vollendete Synthesis ist wiederum nur eine Idee; denn man kann, wenigstens zum voraus, nicht wissen, ob eine solche bei Erscheinungen auch möglich sei. Wenn man sich alles durch bloße reine Verstandesbegriffe, ohne Bedingungen der sinnlichen Anschauung, vorstellt, so kann man geradezu sagen: daß zu einem gegebenen Bedingten auch die ganze Reihe einander subordinirter Bedingungen gegeben sei; denn jenes ist allein durch diese gegeben. Allein bei Erscheinungen ist eine besondere Einschränkung der Art, wie Bedingungen gegeben werden, anzutreffen, nämlich durch die successive Synthesis des Mannigfaltigen der Anschauung, die im Regressus vollständig sein soll. Ob diese Vollständigkeit nun sinnlich möglich sei, ist noch ein Problem. Allein die Idee dieser Vollständigkeit liegt doch in der Vernunft unangesehen der Möglichkeit oder Unmöglichkeit, ihr adäquat empirische Begriffe zu verknüpfen. Also da in der absoluten Totalität der regressiven Synthesis des Mannigfaltigen in der Erscheinung (nach Anleitung der Kategorien, die sie als eine Reihe von Bedingungen zu einem gegebenen Bedingten vorstellen) das Unbedingte nothwendig enthalten ist, man mag auch unausgemacht lassen, ob und wie diese Totalität zu Stande zu bringen sei: so nimmt die Vernunft hier den Weg, von der Idee der Totalität auszugehen, ob sie gleich eigentlich das Unbedingte, es sei der ganzen Reihe, oder eines Theils derselben, zur Endabsicht hat. Dieses Unbedingte kann man sich nun gedenken: entweder als bloß in der ganzen Reihe bestehend, in der also alle Glieder ohne Ausnahme bedingt und nur das Ganze derselben schlechthin unbedingt wäre, und dann heißt der Regressus unendlich; oder das absolut Unbedingte ist nur ein Theil der Reihe, dem die übrigen Glieder derselben untergeordnet sind, der selbst aber unter keiner anderen Bedingung steht.*

In dem ersteren Falle ist die Reihe *a parte priori* ohne Grenzen (ohne Anfang) d.i. unendlich, und gleichwohl ganz gegeben, der Regressus in ihr aber ist niemals vollendet und kann nur potentialiter unendlich genannt werden. Im zweiten Falle giebt es ein Erstes der Reihe, welches, in Ansehung der verflossenen Zeit der Weltanfang, in Ansehung des Raums die Weltgrenze, in Ansehung der Theile eines in seinen Grenzen gegebenen Ganzen das Einfache, in Ansehung der Ursachen die absolute Selbstthätigkeit (Freiheit), in Ansehung des Daseins veränderlicher Dinge die absolute Naturnothwendigkeit heißt.

Wir haben zwei Ausdrücke: **Welt** und **Natur**, welche bisweilen in einander laufen. Der erste bedeutet das mathematische Ganze aller Erscheinungen und die Totalität ihrer Synthesis im Großen sowohl als im Kleinen, d.i. sowohl in dem Fortschritt derselben durch Zusammensetzung, als

* Das absolute Ganze der Reihe von Bedingungen zu einem gegebenen Bedingten ist jederzeit unbedingt, weil außer ihr keine Bedingungen mehr sind, in Ansehung deren es bedingt sein könnte. Allein dieses absolute Ganze einer solchen Reihe ist nur eine Idee, oder vielmehr ein problematischer Begriff, dessen Möglichkeit untersucht werden muß und zwar in Beziehung auf die Art, wie das Unbedingte als die eigentliche transscendentale Idee, worauf es ankommt, darin enthalten sein mag.

durch Theilung. Eben dieselbe Welt wird aber Natur* genannt, so fern sie als dynamisches Ganzes betrachtet wird, und man nicht auf die Aggregation im Raume oder der Zeit, um sie als eine Größe zu Stande zu bringen, sondern auf die Einheit im Dasein der Erscheinungen sieht. Da heißt nun die Bedingung von dem, was geschieht, die Ursache und die unbedingte Causalität der Ursache in der Erscheinung die Freiheit, die bedingte dagegen heißt im engeren Verstande Naturursache. Das Bedingte im Dasein überhaupt heißt zufällig und das Unbedingte nothwendig. Die unbedingte Nothwendigkeit der Erscheinungen kann Naturnothwendigkeit heißen.

Die Ideen, mit denen wir uns jetzt beschäftigen, habe ich oben kosmologische Ideen genannt, theils darum, weil unter Welt der Inbegriff aller Erscheinungen verstanden wird, und unsere Ideen auch nur auf das Unbedingte unter den Erscheinungen gerichtet sind, theils auch, weil das Wort Welt im transscendentalen Verstande die absolute Totalität des Inbegriffs existirender Dinge bedeutet, und wir auf die Vollständigkeit der Synthesis (wiewohl nur eigentlich im Regressus zu den Bedingungen) allein unser Augenmerk richten. In Betracht dessen, daß überdem diese Ideen insgesammt transscendent sind und, ob sie zwar das Object,

* Natur, adjective *(formaliter)* genommen, bedeutet den Zusammenhang der Bestimmungen eines Dinges nach einem innern Prinzip der Causalität. Dagegen versteht man unter Natur *substantive (materialiter)* den Inbegriff der Erscheinungen, so fern diese vermöge eines innern Princips der Causalität durchgängig zusammenhängen. Im ersteren Verstande spricht man von der Natur der flüssigen Materie, des Feuers etc. und bedient sich dieses Worts nur adjective; dagegen wenn man von den Dingen der Natur redet, so hat man ein bestehendes Ganzes in Gedanken.

nämlich Erscheinungen, der Art nach nicht überschreiten, sondern es lediglich mit der Sinnenwelt (nicht mit *Noumenis*) zu thun haben, dennoch die Synthesis bis auf einen Grad, der alle mögliche Erfahrung übersteigt, treiben, so kann man sie insgesammt meiner Meinung nach ganz schicklich Weltbegriffe nennen. In Ansehung des Unterschiedes des Mathematisch- und des Dynamisch-Unbedingten, worauf der Regressus abzielt, würde ich doch die zwei ersteren in engerer Bedeutung Weltbegriffe (der Welt im Großen und Kleinen), die zwei übrigen aber transscendente Naturbegriffe nennen. Diese Unterscheidung ist für jetzt noch nicht von sonderlicher Erheblichkeit, sie kann aber im Fortgange wichtiger werden.

Der Antinomie der reinen Vernunft
Zweiter Abschnitt.

Antithetik der reinen Vernunft.

Wenn Thetik ein jeder Inbegriff dogmatischer Lehren ist, so verstehe ich unter Antithetik nicht dogmatische Behauptungen des Gegentheils, sondern den Widerstreit der dem Scheine nach dogmatischen Erkenntnisse (*thesin cum antithesi*), ohne daß man einer vor der andern einen vorzüglichen Anspruch auf Beifall beilegt. Die Antithetik beschäftigt sich also gar nicht mit einseitigen Behauptungen, sondern betrachtet allgemeine Erkenntnisse der Vernunft nur nach dem Widerstreite derselben unter einander und den Ursachen desselben. Die transscendentale Antithetik ist eine Untersuchung über die Antinomie der reinen Vernunft, die Ursachen und das Resultat derselben. Wenn wir unsere Vernunft nicht bloß zum Gebrauch der Verstandesgrundsätze auf Gegenstände der Erfahrung verwenden, sondern jene über die Grenze der letzteren hinaus auszudehnen wagen, so entspringen vernünftelnde Lehrsätze, die in der Erfahrung weder Bestätigung hoffen, noch Widerlegung fürchten dürfen, und deren jeder nicht allein an sich selbst ohne Widerspruch ist, sondern sogar in der Natur der Vernunft Bedingungen seiner Nothwendigkeit antrifft, nur daß unglücklicher Weise der Gegensatz eben so gültige und nothwendige Gründe der Behauptung auf seiner Seite hat.

Die Fragen, welche bei einer solchen Dialektik der reinen Vernunft sich natürlich darbieten, sind also: 1. Bei welchen Sätzen denn eigentlich die reine Vernunft einer Antinomie unausbleiblich unterworfen sei. 2. Auf welchen Ursachen diese Antinomie beruhe. 3. Ob und auf welche Art dennoch der Vernunft unter diesem Widerspruch ein Weg zur Gewißheit offen bleibe.

Ein dialektischer Lehrsatz der reinen Vernunft muß demnach dieses ihn von allen sophistischen Sätzen Unterscheidende an sich haben, daß er nicht eine willkürliche Frage betrifft, die man nur in gewisser beliebiger Absicht aufwirft, sondern eine solche, auf die jede menschliche Vernunft in ihrem Fortgange nothwendig stoßen muß; und zweitens, daß er mit seinem Gegensatze nicht bloß einen gekünstelten Schein, der, wenn man ihn einsieht, sogleich verschwindet, sondern einen natürlichen und unvermeidlichen Schein bei sich führe, der selbst, wenn man nicht mehr durch ihn hintergangen wird, noch immer täuscht, obschon nicht betrügt, und also zwar unschädlich gemacht, aber niemals vertilgt werden kann.

Eine solche dialektische Lehre wird sich nicht auf die Verstandeseinheit in Erfahrungsbegriffen, sondern auf die Vernunfteinheit in bloßen Ideen beziehen, deren Bedingungen, da sie erstlich als Synthesis nach Regeln dem Verstande und doch zugleich als absolute Einheit derselben der Vernunft congruiren soll, wenn sie der Vernunfteinheit adäquat ist, für den Verstand zu groß und, wenn sie dem Verstande angemessen, für die Vernunft zu klein sein werden; woraus denn ein Widerstreit entspringen muß, der nicht vermieden werden kann, man mag es anfangen, wie man will.

Diese vernünftelnde Behauptungen eröffnen also einen dialektischen Kampfplatz, wo jeder Theil die Oberhand behält, der die Erlaubniß hat, den Angriff zu thun, und derjenige gewiß unterliegt, der bloß vertheidigungsweise zu verfahren genöthigt ist. Daher auch rüstige Ritter, sie mögen sich für die gute oder schlimme Sache verbürgen, sicher sind, den Siegeskranz davon zu tragen, wenn sie nur dafür sorgen, daß sie den letzten Angriff zu thun das Vorrecht haben und nicht verbunden sind, einen neuen Anfall des Gegners auszuhalten. Man kann sich leicht vorstellen, daß dieser Tummelplatz von jeher oft genug betreten worden, daß viel Siege von beiden Seiten erfochten, für den letzten aber, der die Sache entschied, jederzeit so gesorgt worden sei, daß der Verfechter der guten Sache den Platz allein behielte, dadurch daß seinem Gegner verboten wurde, fernerhin Waffen in die Hände zu nehmen. Als unparteiische Kampfrichter müssen wir es ganz bei Seite setzen, ob es die gute oder die schlimme Sache sei, um welche die Streitende fechten, und sie ihre Sache erst unter sich ausmachen lassen. Vielleicht daß, nachdem sie einander mehr ermüdet als geschadet haben, sie die Richtigkeit ihres Streithandels von selbst einsehen und als gute Freunde auseinander gehen.

Diese Methode, einem Streite der Behauptungen zuzusehen, oder vielmehr ihn selbst zu veranlassen, nicht um endlich zum Vortheile des einen oder des andern Theils zu entscheiden, sondern um zu untersuchen, ob der Gegenstand desselben nicht vielleicht ein bloßes Blendwerk sei, wornach jeder vergeblich hascht, und bei welchem er nichts gewinnen kann, wenn ihm gleich gar nicht widerstanden würde: dieses Verfahren, sage ich, kann man die sceptische Methode nennen. Sie ist vom Scepticismus gänzlich unterschieden, einem Grundsatze einer kunstmäßigen und scientifischen Unwissenheit, welcher die Grundlagen aller Erkenntniß untergräbt, um wo möglich überall keine Zuverlässigkeit und Sicherheit derselben übrig zu lassen. Denn die sceptische Methode geht auf Gewißheit, dadurch daß sie in einem solchen auf beiden Seiten redlich gemeinten und mit Verstande geführten Streite den Punkt des Mißverständnisses zu entdecken sucht, um, wie weise Gesetzgeber thun, aus der Verlegenheit der Richter bei Rechtshändeln für sich selbst Belehrung von dem Mangelhaften und nicht genau Bestimmten in ihren Gesetzen zu ziehen. Die Antinomie, die sich in der Anwendung der Gesetze offenbart, ist bei unserer eingeschränkten Weisheit der beste Prüfungsversuch der Nomothetik, um die Vernunft, die in abstracter Speculation ihre Fehltritte nicht leicht gewahr wird, dadurch auf die Momente in Bestimmung ihrer Grundsätze aufmerksam zu machen.

Diese sceptische Methode ist aber nur der Transscendental-Philosophie allein wesentlich eigen und kann allenfalls in jedem anderen Felde der Untersuchungen, nur in diesem nicht entbehrt werden. In der Mathematik würde ihr Gebrauch ungereimt sein, weil sich in ihr keine falsche Behauptungen verbergen und unsichtbar machen können, indem die Beweise jederzeit an dem Faden der reinen Anschauung und zwar durch jederzeit evidente Synthesis fortgehen müssen. In der Experimentalphilosophie kann wohl ein Zweifel des Aufschubs nützlich sein, allein es ist doch wenigstens kein Mißverstand möglich, der nicht leicht gehoben werden könnte, und in der Erfahrung müssen doch endlich die letzten Mittel der Entscheidung des Zwistes liegen, sie mögen nun früh oder spät aufgefunden werden. Die Moral kann ihre Grundsätze insgesammt auch *in concreto* zusammt den praktischen Folgen wenigstens in möglichen Erfahrungen geben und dadurch den Mißverstand der Abstraction vermeiden. Dagegen sind die transscendentalen Behauptungen, welche selbst über das Feld aller möglichen Erfahrungen hinaus sich erweiternde Einsichten anmaßen, weder in dem Falle, daß ihre abstracte Synthesis in irgend einer Anschauung *a priori* könnte gegeben, noch so beschaffen, daß der Mißverstand vermittelst irgend einer Erfahrung entdeckt werden könnte. Die transscendentale Vernunft also verstattet keinen anderen Probirstein, als den Versuch der Vereinigung ihrer Behauptungen unter sich selbst und mithin zuvor des freien und ungehinderten Wettstreits derselben unter einander, und diesen wollen wir jetzt anstellen.*

---

* Die Antinomien folgen einander nach der Ordnung der oben angeführten transscendentalen Ideen.

Der Antinomie
Erster Widerstreit

Thesis.

Die Welt hat einen Anfang in der Zeit und ist dem Raum nach auch in Grenzen eingeschlossen.

Beweis.

Denn man nehme an, die Welt habe der Zeit nach keinen Anfang: so ist bis zu jedem gegebenen Zeitpunkte eine Ewigkeit abgelaufen und mithin eine unendliche Reihe auf einander folgender Zustände der Dinge in der Welt verflossen. Nun besteht aber eben darin die Unendlichkeit einer Reihe, daß sie durch successive Synthesis niemals vollendet sein kann. Also ist eine unendliche verflossene Weltreihe unmöglich, mithin ein Anfang der Welt eine nothwendige Bedingung ihres Daseins; welches zuerst zu beweisen war.

In Ansehung des zweiten nehme man wiederum das Gegentheil an: so wird die Welt ein unendliches gegebenes Ganzes von zugleich existirenden Dingen sein. Nun können wir die Größe eines Quanti, welches nicht innerhalb gewisser Grenzen jeder Anschauung geben wird,* auf keine andere Art, als nur durch die Synthesis der Theile und die Totalität eines solchen Quanti nur durch die vollendete Syn-

* Wir können ein unbestimmtes Quantum als ein Ganzes anschauen, wenn es in Grenzen eingeschlossen ist, ohne die Totalität desselben durch Messung, d.i. die successive Synthesis seiner Theile, construiren zu dürfen. Denn die Grenzen bestimmen schon die Vollständigkeit, indem sie alles Mehrere abschneiden.

der reinen Vernunft
der transscendentalen Ideen

Antithesis.

Die Welt hat keinen Anfang und keine Grenzen im Raume, sondern ist sowohl in Ansehung der Zeit als des Raumes unendlich.

Beweis.

Denn man setze: sie habe einen Anfang. Da der Anfang ein Dasein ist, wovor eine Zeit vorhergeht, darin das Ding nicht ist, so muß eine Zeit vorhergegangen sein, darin die Welt nicht war, d.i. eine leere Zeit. Nun ist aber in einer leeren Zeit kein Entstehen irgend eines Dinges möglich: weil kein Theil einer solchen Zeit vor einem anderen irgend eine unterscheidende Bedingung des Daseins vor die des Nichtseins an sich hat (man mag annehmen, daß sie von sich selbst, oder durch eine andere Ursache entstehe). Also kann zwar in der Welt manche Reihe der Dinge anfangen, die Welt selber aber kann keinen Anfang haben, und ist also in Ansehung der vergangenen Zeit unendlich.

Was das zweite betrifft, so nehme man zuvörderst das Gegentheil an, daß nämlich die Welt dem Raume nach endlich und begrenzt ist: so befindet sie sich in einem leeren Raum, der nicht begrenzt ist. Es würde also nicht allein ein Verhältniß der Dinge im Raum, sondern auch der Dinge *zum Raume* angetroffen werden. Da nun die Welt ein absolutes Ganzes ist, außer welchem kein Gegenstand der Anschauung und mithin kein Correlatum der Welt angetroffen wird, womit dieselbe im Verhältniß stehe, so würde das Ver-

thesis, oder durch wiederholte Hinzusetzung der Einheit zu sich selbst gedenken.*

Demnach, um sich die Welt, die alle Räume erfüllt, als ein Ganzes zu denken, müßte die successive Synthesis der Theile einer unendlichen Welt als vollendet angesehen, d.i. eine unendliche Zeit müßte in der Durchzählung aller coexistirenden Dinge als abgelaufen angesehen werden; welches unmöglich ist. Demnach kann ein unendliches Aggregat wirklicher Dinge nicht als ein gegebenes Ganzes, mithin auch nicht als z u g l e i c h gegeben angesehen werden. Eine Welt ist folglich der Ausdehnung im Raume nach n i c h t u n e n d l i c h , sondern in ihren Grenzen eingeschlossen; welches das zweite war.

Anmerkung zur

I. zur Thesis.

Ich habe bei diesen einander widerstreitenden Argumenten nicht Blendwerke gesucht, um etwa (wie man sagt) einen Advocatenbeweis zu führen, welcher sich der Unbehutsamkeit des Gegners zu seinem Vortheile bedient und seine Berufung auf ein mißverstandenes Gesetz gerne gelten läßt, um seine eigene, unrechtmäßige Ansprüche auf die Widerlegung desselben zu bauen. Jeder dieser Beweise ist aus der Sache Natur gezogen und der Vortheil bei Seite gesetzt worden, den uns die Fehlschlüsse der Dogmatiker von beiden Theilen geben könnten.

* Der Begriff der Totalität ist in diesem Falle nichts anderes, als die Vorstellung der vollendeten Synthesis seiner Theile, weil, da wir nicht von der Anschauung des Ganzen (als welche in diesem Falle unmöglich ist) den Begriff abziehen können, wir diesen nur durch die Synthesis der Theile bis zur Vollendung des Unendlichen wenigstens in der Idee fassen können.

hältniß der Welt zum leeren Raum ein Verhältniß derselben zu keinem Gegenstande sein. Ein dergleichen Verhältniß aber, mithin auch die Begrenzung der Welt durch den leeren Raum ist nichts; also ist die Welt dem Raume nach gar nicht begrenzt, d.i. sie ist in Ansehung der Ausdehnung unendlich.*

ersten Antinomie

II. zur Antithesis.

Der Beweis für die Unendlichkeit der gegebenen Weltreihe und des Weltinbegriffs beruht darauf: daß im entgegengesetzten Falle eine leere Zeit, imgleichen ein leerer Raum die Weltgrenze ausmachen müßte. Nun ist mir nicht unbekannt, daß wider diese Consequenz Ausflüchte gesucht werden, indem man vorgiebt: es sei eine Grenze der Welt

* Der Raum ist bloß die Form der äußeren Anschauung (formale Anschauung), aber kein wirklicher Gegenstand, der äußerlich angeschauet werden kann. Der Raum vor allen Dingen, die ihn bestimmen (erfüllen oder begrenzen), oder die vielmehr eine seiner Form gemäße empirische Anschauung geben, ist unter dem Namen des absoluten Raumes nichts anderes, als die bloße Möglichkeit äußerer Erscheinungen, so fern sie entweder an sich existieren, oder zu gegebenen Erscheinungen noch hinzu kommen können. Die empirische Anschauung ist also nicht zusammengesetzt aus Erscheinungen und dem Raume (der Wahrnehmung und der leeren Anschauung). Eines ist nicht des andern Correlatum der

Ich hätte die Thesis auch dadurch dem Scheine nach beweisen können, daß ich von der Unendlichkeit einer gegebenen Größe nach der Gewohnheit der Dogmatiker einen fehlerhaften Begriff vorangeschickt hätte. Unendlich ist eine Größe, über die keine größere (d.i. über die darin enthaltene Menge einer gegebenen Einheit) möglich ist. Nun ist keine Menge die größte, weil noch immer eine oder mehrere Einheiten hinzugethan werden können. Also ist eine unendliche gegebene Größe, mithin auch eine (der verflossenen Reihe sowohl, als der Ausdehnung nach) unendliche Welt unmöglich: sie ist also beiderseitig begrenzt. So hätte ich meinen Beweis führen können: allein dieser Begriff stimmt nicht mit dem, was man unter einem unendlichen Ganzen versteht. Es wird dadurch nicht vorgestellt, wie groß es sei, mithin ist sein Begriff auch nicht der Begriff eines Maximum, sondern es wird dadurch nur sein Verhältniß zu einer beliebig anzunehmenden Einheit, in Ansehung deren dasselbe größer ist als alle Zahl, gedacht. Nachdem die Einheit nun größer oder kleiner angenommen wird, würde das Unendliche größer oder kleiner sein; allein die Unendlichkeit, da sie bloß in dem Verhältnisse zu dieser gegebenen Einheit besteht, würde immer dieselbe bleiben, obgleich freilich die absolute Größe des Ganzen dadurch gar nicht erkannt würde, davon auch hier nicht die Rede ist.

Der wahre (transscendentale) Begriff der Unendlichkeit ist: daß die successive Synthesis der Einheit in Durchmessung eines Quantum niemals vollendet sein kann.* Hieraus folgt ganz sicher, daß eine Ewigkeit wirklicher auf einander folgenden Zustände bis zu einem gegebenen (dem gegen-

* Dieses enthält dadurch eine Menge (von gegebener Einheit), die größer ist als alle Zahl, welches der mathematische Begriff des Unendlichen ist.

der Zeit und dem Raume nach ganz wohl möglich, ohne daß man eben eine absolute Zeit vor der Welt Anfang oder einen absoluten, außer der wirklichen Welt ausgebreiteten Raum annehmen dürfe; welches unmöglich ist. Ich bin mit dem letzteren Theile dieser Meinung der Philosophen aus der Leibnizischen Schule ganz wohl zufrieden. Der Raum ist bloß die Form der äußeren Anschauung, aber kein wirklicher Gegenstand, der äußerlich angeschauet werden kann, und kein Correlatum der Erscheinungen, sondern die Form der Erscheinungen selbst. Der Raum also kann absolut (für sich allein) nicht als etwas Bestimmendes in dem Dasein der Dinge vorkommen, weil er gar kein Gegenstand ist, sondern nur die Form möglicher Gegenstände. Dinge also als Erscheinungen bestimmen wohl den Raum, d.i. unter allen möglichen Prädicaten desselben (Größe und Verhältniß) machen sie es, daß diese oder jene zur Wirklichkeit gehören; aber umgekehrt kann der Raum als etwas, welches für sich besteht, die Wirklichkeit der Dinge in Ansehung der Größe oder Gestalt nicht bestimmen, weil er an sich selbst nichts Wirkliches ist. Es kann also wohl ein Raum (er sei voll oder leer)* durch Erschei-

---

Synthesis, sondern nur in einer und derselben empirischen Anschauung verbunden, als Materie und Form derselben. Will man eines dieser zwei Stücke außer dem anderen setzen (Raum außerhalb allen Erscheinungen), so entstehen daraus allerlei leere Bestimmungen der äußeren Anschauung, die doch nicht mögliche Wahrnehmungen sind: z.B. Bewegung oder Ruhe der Welt im unendlichen leeren Raum, eine Bestimmung des Verhältnisses beider untereinander, welche niemals wahrgenommen werden kann und also auch das Prädicat eines bloßen Gedankendinges ist.

* Man bemerkt leicht, daß hiedurch gesagt werden wolle: der leere Raum, sofern er durch Erscheinungen

wärtigen) Zeitpunkte nicht verflossen sein kann, die Welt also einen Anfang haben müsse.

In Ansehung des zweiten Theils der Thesis fällt die Schwierigkeit von einer unendlichen und doch abgelaufenen Reihe zwar weg; denn das Mannigfaltige einer der Ausdehnung nach unendlichen Welt ist z u g l e i c h gegeben. Allein um die Totalität einer solchen Menge zu denken, da wir uns nicht auf Grenzen berufen können, welche diese Totalität von selbst in der Anschauung ausmachen, müssen wir von unserem Begriffe Rechenschaft geben, der in solchem Falle nicht vom Ganzen zu der bestimmten Menge der Theile gehen kann, sondern die Möglichkeit eines Ganzen durch die successive Synthesis der Theile darthun muß. Da diese Synthesis nun eine nie zu vollendende Reihe ausmachen müßte: so kann man sich nicht vor ihr und mithin auch nicht durch sie eine Totalität denken. Denn der Begriff der Totalität selbst ist in diesem Falle die Vorstellung einer vollendeten Synthesis der Theile, und diese Vollendung, mithin auch der Begriff derselben ist unmöglich.

nungen begrenzt, Erscheinungen aber können nicht durch einen leeren Raum außer denselben begrenzt werden. Eben dieses gilt auch von der Zeit. Alles dieses nun zugegeben, so ist gleichwohl unstreitig, daß man diese zwei Undinge, den leeren Raum außer und die leere Zeit vor der Welt, durchaus annehmen müsse, wenn man eine Weltgrenze, es sei dem Raume oder der Zeit nach, annimmt.

Denn was den Ausweg betrifft, durch den man der Consequenz auszuweichen sucht, nach welcher wir sagen, daß, wenn die Welt (der Zeit und dem Raum nach) Grenzen hat, das unendliche Leere das Dasein wirklicher Dinge ihrer Größe nach bestimmen müsse, so besteht er insgeheim nur darin: daß man statt einer Sinnenwelt sich wer weiß welche intelligibele Welt gedenkt und statt des ersten Anfanges (ein Dasein, vor welchem eine Zeit des Nichtseins vorhergeht) sich überhaupt ein Dasein denkt, welches keine andere Bedingung in der Welt voraussetzt, statt der Grenze der Ausdehnung Schranken des Weltganzen denkt und dadurch der Zeit und dem Raume aus dem Wege geht. Es ist hier aber nur von dem *mundus phaenomenon* die Rede und von dessen Größe, bei dem man von gedachten Bedingungen der Sinnlichkeit keineswegs abstrahiren kann, ohne das Wesen desselben aufzuheben. Die Sinnenwelt, wenn sie begrenzt ist, liegt nothwendig in dem unendlichen Leeren. Will man dieses und mithin den Raum überhaupt als Bedingung der Möglichkeit der Erscheinungen *a priori* weglassen, so fällt die ganze Sinnenwelt weg. In unserer Aufgabe ist uns diese allein gegeben. Der *mundus intelligibilis* ist nichts als

---

begrenzt wird, mithin derjenige innerhalb der Welt widerspreche wenigstens nicht den transscendentalen Principien und könne also in Ansehung dieser eingeräumt (obgleich darum seine Möglichkeit nicht sofort behauptet) werden.

Der Antinomie
Zweiter Widerstreit

Thesis.

Eine jede zusammengesetzte Substanz in der Welt besteht aus einfachen Theilen, und es existirt überall nichts als das Einfache, oder das, was aus diesem zusammengesetzt ist.

Beweis.

Denn nehmet an, die zusammengesetzte Substanzen beständen nicht aus einfachen Theilen: so würde, wenn alle Zusammensetzung in Gedanken aufgehoben würde, kein zusammengesetzter Theil und (da es keine einfache Theile giebt) auch kein einfacher, mithin gar nichts übrig bleiben, folglich keine Substanz sein gegeben worden. Entweder also läßt sich unmöglich alle Zusammensetzung in Gedanken aufheben, oder es muß nach deren Aufhebung etwas ohne alle Zusammensetzung Bestehendes, d.i. das Einfache, übrig bleiben. Im ersteren Falle aber würde das Zusammengesetzte wiederum nicht aus Substanzen bestehen (weil bei diesen die Zusammensetzung nur eine zufällige Relation der Substanzen ist, ohne welche diese als für sich beharrliche Wesen bestehen müssen). Da nun dieser Fall der Voraussetzung widerspricht, so bleibt nur der zweite übrig: daß nämlich das substantielle Zusammengesetzte in der Welt aus einfachen Theilen bestehe.

der allgemeine Begriff einer Welt überhaupt, in welchem man von allen Bedingungen der Anschauung derselben abstrahirt, und in Ansehung dessen folglich gar kein synthetischer Satz, weder bejahend, noch verneinend, möglich ist.

der reinen Vernunft
der transscendentalen Ideen

Antithesis.

Kein zusammengesetztes Ding in der Welt besteht aus einfachen Theilen, und es existirt überall nichts Einfaches in derselben.

Beweis.

Setzet: ein zusammengesetztes Ding (als Substanz) bestehe aus einfachen Theilen. Weil alles äußere Verhältniß, mithin auch alle Zusammensetzung aus Substanzen nur im Raume möglich ist: so muß, aus so viel Theilen das Zusammengesetzte besteht, aus eben so viel Theilen auch der Raum bestehen, den es einnimmt. Nun besteht der Raum nicht aus einfachen Theilen, sondern aus Räumen. Also muß jeder Theil des Zusammengesetzten einen Raum einnehmen. Die schlechthin ersten Theile aber alles Zusammengesetzten sind einfach. Also nimmt das Einfache einen Raum ein. Da nun alles Reale, was einen Raum einnimmt, ein außerhalb einander befindliches Mannigfaltiges in sich faßt, mithin zusammengesetzt ist und zwar als ein reales Zusammengesetztes nicht aus Accidenzen (denn die können nicht ohne Substanz außer einander sein), mithin aus Substanzen: so würde das Einfache ein substantielles Zusammengesetztes sein; welches sich widerspricht.

Hieraus folgt unmittelbar, daß die Dinge der Welt insgesammt einfache Wesen seien, daß die Zusammensetzung nur ein äußerer Zustand derselben sei, und daß, wenn wir die Elementarsubstanzen gleich niemals völlig aus diesem Zustande der Verbindung setzen und isoliren können, doch die Vernunft sie als die ersten Subjecte aller Composition und mithin vor derselben als einfache Wesen denken müsse.

Der zweite Satz der Antithesis, daß in der Welt gar nichts Einfaches existire, soll hier nur so viel bedeuten, als: Es könne das Dasein des schlechthin Einfachen aus keiner Erfahrung oder Wahrnehmung, weder äußeren noch inneren, dargethan werden, und das schlechthin Einfache sei also eine bloße Idee, deren objective Realität niemals in irgend einer möglichen Erfahrung kann dargethan werden, mithin in der Exposition der Erscheinungen ohne alle Anwendung und Gegenstand. Denn wir wollen annehmen, es ließe sich für diese transscendentale Idee ein Gegenstand der Erfahrung finden: so müßte die empirische Anschauung irgend eines Gegenstandes als eine solche erkannt werden, welche schlechthin kein Mannigfaltiges außerhalb einander und zur Einheit verbunden enthält. Da nun von dem Nichtbewußtsein eines solchen Mannigfaltigen auf die gänzliche Unmöglichkeit desselben in irgend einer Anschauung des Objects kein Schluß gilt, dieses letztere aber zur absoluten Simplicität durchaus nöthig ist: so folgt, daß diese aus keiner Wahrnehmung, welche sie auch sei, könne geschlossen werden. Da also etwas als ein schlechthin einfaches Object niemals in irgend einer möglichen Erfahrung kann gegeben werden, die Sinnenwelt aber als der Inbegriff aller möglichen Erfahrungen angesehen werden muß: so ist überall in ihr nichts Einfaches gegeben.

Dieser zweite Satz der Antithesis geht viel weiter als der erste, der das Einfache nur von der Anschauung des Zusammengesetzten verbannt, da hingegen dieser es aus der ganzen Natur wegschafft; daher er auch nicht aus dem Begriffe eines gegebenen Gegenstandes der äußeren Anschauung (des Zusammengesetzten), sondern aus dem Verhältniß desselben zu einer möglichen Erfahrung überhaupt hat bewiesen werden können.

Anmerkung zur

I. zur Thesis.

Wenn ich von einem Ganzen rede, welches nothwendig aus einfachen Theilen besteht, so verstehe ich darunter nur ein substantielles Ganzes, als das eigentliche Compositum, d.i. die zufällige Einheit des Mannigfaltigen, welches abgesondert (wenigstens in Gedanken) gegeben, in eine wechselseitige Verbindung gesetzt wird und dadurch Eines ausmacht. Den Raum sollte man eigentlich nicht Compositum, sondern Totum nennen, weil die Theile desselben nur im Ganzen und nicht das Ganze durch die Theile möglich ist. Er würde allenfalls ein *Compositium ideale,* aber nicht *reale* heißen können. Doch dieses ist nur Subtilität. Da der Raum kein Zusammengesetztes aus Substanzen (nicht einmal aus realen Accidenzen) ist, so muß, wenn ich alle Zusammensetzung in ihm aufhebe, nichts, auch nicht einmal der Punkt übrig bleiben; denn dieser ist nur als die Grenze eines Raumes (mithin eines Zusammengesetzten) möglich. Raum und Zeit bestehen also nicht aus einfachen Theilen. Was nur zum Zustande einer Substanz gehört, ob es gleich eine Größe hat (z.B. die Veränderung), besteht auch nicht aus dem Einfachen; d.i. ein gewisser Grad der Veränderung entsteht nicht durch einen Anwachs vieler einfachen Veränderungen. Unser Schluß vom Zusammengesetzten auf das Einfache gilt nur von für sich selbst bestehenden Dingen. Accidenzen aber des Zustandes bestehen nicht für sich selbst. Man kann also den Beweis für die Nothwendigkeit des Einfachen, als der Bestandtheile alles substantiellen Zusammengesetzten, und dadurch überhaupt seine Sache leichtlich verderben, wenn man ihn zu weit ausdehnt und

zweiten Antinomie

II. zur Antithesis.

Wider diesen Satz einer unendlichen Theilung der Materie, dessen Beweisgrund bloß mathematisch ist, werden von Monadisten Einwürfe vorgebracht, welche sich dadurch schon verdächtig machen, daß sie die klärsten mathematischen Beweise nicht für Einsichten in die Beschaffenheit des Raumes, so fern er in der That die formale Bedingung der Möglichkeit aller Materie ist, wollen gelten lassen, sondern sie nur als Schlüsse aus abstracten, aber willkürlichen Begriffen ansehen, die auf wirkliche Dinge nicht bezogen werden könnten. Gleich als wenn es auch nur möglich wäre, eine andere Art der Anschauung zu erdenken, als die in der ursprünglichen Anschauung des Raumes gegeben wird, und die Bestimmungen desselben *a priori* nicht zugleich alles dasjenige beträfen, was dadurch allein möglich ist, daß es diesen Raum erfüllt. Wenn man ihnen Gehör giebt, so müßte man außer dem mathematischen Punkte, der einfach, aber kein Theil, sondern bloß die Grenze eines Raums ist, sich noch physische Punkte denken, die zwar auch einfach sind, aber den Vorzug haben, als Theile des Raums durch ihre bloße Aggregation denselben zu erfüllen. Ohne nun hier die gemeinen und klaren Widerlegungen dieser Ungereimtheit, die man in Menge antrifft, zu wiederholen, wie es denn gänzlich umsonst ist, durch bloß discursive Begriffe die Evidenz der Mathematik weg vernünfteln zu wollen, so bemerke ich nur, daß, wenn die Philosophie hier mit der Mathematik chicanirt, es darum geschehe, weil sie vergißt, daß es in dieser Frage nur um Erscheinungen und deren Bedingung zu thun sei. Hier ist es aber nicht genug, zum reinen Verstandesbegriffe des Zusammengesetzten

ihn für alles Zusammengesetzte ohne Unterschied geltend machen will, wie es wirklich mehrmals schon geschehen ist.

Ich rede übrigens hier nur von dem Einfachen, sofern es nothwendig im Zusammengesetzten gegeben ist, indem dieses darin als in seine Bestandtheile aufgelöset werden kann. Die eigentliche Bedeutung des Wortes M o n a s (nach Leipnizens Gebrauch) sollte wohl nur auf das Einfache gehen, welches u n m i t t e l b a r als einfache Substanz gegeben ist (z.B. im Selbstbewußtsein) und nicht als Element des Zusammengesetzten, welches man besser den Atomus nennen könnte. Und da ich nur in Ansehung des Zusammengesetzten die einfachen Substanzen als deren Elemente beweisen will, so könnte ich die These der zweiten Antinomie die transscendentale A t o m i s t i k nennen. Weil aber dieses Wort schon vorlängst zur Bezeichnung einer besondern Erklärungsart körperlicher Erscheinungen (*molecularum*) gebraucht worden und also empirische Begriffe voraussetzt, so mag er der dialektische Grundsatz der M o n a d o l o g i e heißen.

den Begriff des Einfachen, sondern zur Anschauung des Zusammengesetzten (der Materie) die Anschauung des Einfachen zu finden; und dieses ist nach Gesetzen der Sinnlichkeit, mithin auch bei Gegenständen der Sinne gänzlich unmöglich. Es mag also von einem Ganzen aus Substanzen, welches bloß durch den reinen Verstand gedacht wird, immer gelten, daß wir vor aller Zusammensetzung desselben das Einfache haben müssen; so gilt dieses doch nicht vom *totum substantiale phaenomenon,* welches als empirische Anschauung im Raume die nothwendige Eigenschaft bei sich führt, daß kein Theil desselben einfach ist, darum weil kein Theil des Raumes einfach ist. Indessen sind die Monadisten fein genug gewesen, dieser Schwierigkeit dadurch ausweichen zu wollen, daß sie nicht den Raum als eine Bedingung der Möglichkeit der Gegenstände äußerer Anschauung (Körper), sondern diese und das dynamische Verhältniß der Substanzen überhaupt als die Bedingung der Möglichkeit des Raumes voraussetzen. Nun haben wir von Körpern nur als Erscheinungen einen Begriff, als solche aber setzen sie den Raum als die Bedingung der Möglichkeit aller äußeren Erscheinung nothwendig voraus; und die Ausflucht ist also vergeblich, wie sie denn auch oben in der transscendentalen Ästhetik hinreichend ist abgeschnitten worden. Wären sie Dinge an sich selbst, so würde der Beweis der Monadisten allerdings gelten.

Die zweite dialektische Behauptung hat das Besondere an sich, daß sie eine dogmatische Behauptung wider sich hat, die unter allen vernünftelnden die einzige ist, welche sich unternimmt, an einem Gegenstande der Erfahrung die Wirklichkeit dessen, was wir oben bloß zu transscendentalen Ideen rechneten, nämlich die absolute Simplicität der Substanz augenscheinlich zu beweisen: nämlich daß der Gegenstand des inneren Sinnes, das Ich, was da denkt, eine

Der Antinomie
Dritter Widerstreit

Thesis.

Die Causalität nach Gesetzen der Natur ist nicht die einzige, aus welcher die Erscheinungen der Welt insgesammt abgeleitet werden können. Es ist noch eine Causalität durch Freiheit zur Erklärung derselben anzunehmen nothwendig.

schlechthin einfache Substanz sei. Ohne mich hierauf jetzt einzulassen (da es oben ausführlicher erwogen ist), so bemerke ich nur: daß, wenn etwas bloß als Gegenstand gedacht wird, ohne irgend eine synthetische Bestimmung seiner Anschauung hinzu zu setzen (wie denn dieses durch die ganz nackte Vorstellung: Ich, geschieht), so könne freilich nichts Mannigfaltiges und keine Zusammensetzung in einer solchen Vorstellung wahrgenommen werden. Da überdem die Prädicate, wodurch ich diesen Gegenstand denke, bloß Anschauungen des inneren Sinnes sind, so kann darin auch nichts vorkommen, welches ein Mannigfaltiges außerhalb einander, mithin reale Zusammensetzung bewiese. Es bringt also nur das Selbstbewußtsein es so mit sich, daß, weil das Subject, welches denkt, zugleich sein eigenes Object ist, es sich selber nicht theilen kann (obgleich die ihm inhärirende Bestimmungen); denn in Ansehung seiner selbst ist jeder Gegenstand absolute Einheit. Nichts destoweniger, wenn dieses Subject äußerlich, als ein Gegenstand der Anschauung, betrachtet wird, so würde es doch wohl Zusammensetzung in der Erscheinung an sich zeigen. So. muß es aber jederzeit betrachtet werden, wenn man wissen will, ob in ihm ein Mannigfaltiges außerhalb einander sei, oder nicht.

der reinen Vernunft
der transscendentalen Ideen

Antithesis.

Es ist keine Freiheit, sondern alles in der Welt geschieht lediglich nach Gesetzen der Natur.

Beweis.

Man nehme an, es gebe keine andere Causalität, als nach Gesetzen der Natur; so setzt alles, was g e s c h i e h t , einen vorigen Zustand voraus, auf den es unausbleiblich nach einer Regel folgt. Nun muß aber der vorige Zustand selbst etwas sein, was geschehen ist (in der Zeit geworden, da es vorher nicht war), weil, wenn es jederzeit gewesen wäre, seine Folge auch nicht allererst entstanden, sondern immer gewesen sein würde. Also ist die Causalität der Ursache, durch welche etwas geschieht, selbst etwas G e s c h e h e n e s , welches nach dem Gesetze der Natur wiederum einen vorigen Zustand und dessen Causalität, dieser aber eben so einen noch älteren voraussetzt u.s.w. Wenn also alles nach bloßen Gesetzen der Natur geschieht, so giebt es jederzeit nur einen subalternen, niemals aber einen ersten Anfang und also überhaupt keine Vollständigkeit der Reihe auf der Seite der von einander abstammenden Ursachen. Nun besteht aber eben darin das Gesetz der Natur: daß ohne hinreichend *a priori* bestimmte Ursache nichts geschehe. Also widerspricht der Satz, als wenn alle Causalität nur nach Naturgesetzen möglich sei, sich selbst in seiner unbeschränkten Allgemeinheit, und diese kann also nicht als die einzige angenommen werden.

Diesemnach muß eine Causalität angenommen werden, durch welche etwas geschieht, ohne daß die Ursache davon noch weiter durch eine andere vorhergehende Ursache nach nothwendigen Gesetzen bestimmt sei, d.i. eine a b s o l u t e S p o n t a n e i ä t der Ursachen, eine Reihe von Erscheinungen, die nach Naturgesetzen läuft, von s e l b s t anzufangen, mithin transscendentale Freiheit, ohne welche selbst im Laufe der Natur die Reihenfolge der Erscheinungen auf der Seite der Ursachen niemals vollständig ist.

Beweis.

Setzet: es gebe eine Freiheit im transsscendentalen Verstande als eine besondere Art von Causalität, nach welcher die Begebenheiten der Welt erfolgen könnten, nämlich ein Vermögen, einen Zustand, mithin auch eine Reihe von Folgen desselben schlechthin anzufangen; so wird nicht allein eine Reihe durch diese Spontaneität, sondern die Bestimmung dieser Spontaneität selbst zur Hervorbringung der Reihe, d.i. die Causalität, wird schlechthin anfangen, so daß nichts vorhergeht, wodurch diese geschehende Handlung nach beständigen Gesetzen bestimmt sei. Es setzt aber ein jeder Anfang zu handeln einen Zustand der noch nicht handelnden Ursache voraus und ein dynamisch erster Anfang der Handlung einen Zustand, der mit dem vorhergehenden eben derselben Ursache gar keinen Zusammenhang der Causalität hat, d.i. auf keine Weise daraus erfolgt. Also ist die transscendentale Freiheit dem Causalgesetze entgegen und eine solche Verbindung der successiven Zustände wirkender Ursachen, nach welcher keine Einheit der Erfahrung möglich ist, die also auch in keiner Erfahrung angetroffen wird, mithin ein leeres Gedankending.

Wir haben also nichts als Natur, in welcher wir den Zusammenhang und Ordnung der Weltbegebenheiten suchen müssen. Die Freiheit (Unabhängigkeit) von den Gesetzen der Natur ist zwar eine Befreiung vom Zwange, aber auch vom Leitfaden aller Regeln. Denn man kann nicht sagen, daß anstatt der Gesetze der Natur Gesetze der Freiheit in die Causalität des Weltlaufs eintreten, weil, wenn diese nach Gesetzen bestimmt wäre, sie nicht Freiheit, sondern selbst nichts anders als Natur wäre. Natur also und transscendentale Freiheit unterscheiden sich wie Gesetzmäßigkeit und Gesetz-

Anmerkung zur

I. zur Thesis.

Die transscendentale Idee der Freiheit macht zwar bei weitem nicht den ganzen Inhalt des psychologischen Begriffs dieses Namens aus, welcher großen Theils empirisch ist, sondern nur den der absoluten Spontaneität der Handlung als den eigentlichen Grund der Imputabilität derselben, ist aber dennoch der eigentliche Stein des Anstoßes für die Philosophie, welche unüberwindliche Schwierigkeiten findet, dergleichen Art von unbedingter Causalität einzuräumen. Dasjenige also in der Frage über die Freiheit des Willens, was die speculative Vernunft von jeher in so große Verlegenheit gesetzt hat, ist eigentlich nur transscendental und geht lediglich darauf, ob ein Vermögen angenommen werden müsse, eine Reihe von successiven Dingen oder Zuständen von selbst anzufangen. Wie ein solches möglich sei, ist nicht eben so nothwendig beantworten zu können, da wir uns eben sowohl bei der Causalität nach Naturgesetzen damit begnügen müssen, *a priori* zu erkennen, daß

losigkeit, davon jene zwar den Verstand mit der Schwierigkeit belästigt, die Abstammung der Begebenheiten in der Reihe der Ursachen immer höher hinauf zu suchen, weil die Causalität an ihnen jederzeit bedingt ist, aber zur Schadloshaltung durchgängige und gesetzmäßige Einheit der Erfahrung verspricht, da hingegen das Blendwerk von Freiheit zwar dem forschenden Verstande in der Kette der Ursachen Ruhe verheißt, indem sie ihn zu einer unbedingten Causalität führt, die von selbst zu handeln anhebt, die aber, da sie selbst blind ist, den Leitfaden der Regeln abreißt, an welchem allein eine durchgängig zusammenhängende Erfahrung möglich ist.

dritten Antinomie

II. zur Antithesis.

Der Vertheidiger der Allvermögenheit der Natur (transscendentale Physiokratie) im Widerspiel mit der Lehre von der Freiheit würde seinen Satz gegen die vernünftelnden Schlüsse der letzteren auf folgende Art behaupten. Wenn ihr kein mathematisch Erstes der Zeit nach in der Welt annehmt, so habt ihr auch nicht nöthig, ein dynamisch Erstes der Causalität nach zu suchen. Wer hat euch geheißen, einen schlechthin ersten Zustand der Welt und mithin einen absoluten Anfang der nach und nach ablaufenden Reihe der Erscheinungen zu erdenken und damit ihr eurer Einbildung einen Ruhepunkt verschaffen möget, der unumschränkten Natur Grenzen zu setzen? Da die Substanzen in der Welt jederzeit gewesen sind, wenigstens die Einheit der Erfahrung eine solche Voraussetzung nothwendig macht, so hat es keine Schwierigkeit, auch anzunehmen, daß der Wechsel ihrer Zustände, d.i. eine Reihe ihrer Verände-

eine solche vorausgesetzt werden müsse, ob wir gleich die Möglichkeit, wie durch ein gewisses Dasein das Dasein eines andern gesetzt werde, auf keine Weise begreifen und uns desfalls lediglich an die Erfahrung halten müssen. Nun haben wir diese Nothwendigkeit eines ersten Anfangs einer Reihe von Erscheinungen aus Freiheit zwar nur eigentlich in so fern dargethan, als zur Begreiflichkeit eines Ursprungs der Welt erforderlich ist, indessen daß man alle nachfolgende Zustände für eine Abfolge nach bloßen Naturgesetzen nehmen kann. Weil aber dadurch doch einmal das Vermögen, eine Reihe in der Zeit ganz von selbst anzufangen, bewiesen (obzwar nicht eingesehen) ist, so ist es uns nunmehr auch erlaubt, mitten im Laufe der Welt verschiedene Reihen der Causalität nach von selbst anfangen zu lassen und den Substanzen derselben ein Vermögen beizulegen, aus Freiheit zu handeln. Man lasse sich aber hierbei nicht durch einen Mißverstand aufhalten: daß, da nämlich eine successive Reihe in der Welt nur einen comparativ ersten Anfang haben kann, indem doch immer ein Zustand der Dinge in der Welt vorhergeht, etwa kein absolut erster Anfang der Reihen während dem Weltlaufe möglich sei. Denn wir reden hier nicht vom absolut ersten Anfange der Zeit nach, sondern der Causalität nach. Wenn ich jetzt (zum Beispiel) völlig frei und ohne den nothwendig bestimmenden Einfluß der Naturursachen von meinem Stuhle aufstehe, so fängt in dieser Begebenheit sammt deren natürlichen Folgen ins Unendliche eine neue Reihe schlechthin an, obgleich der Zeit nach diese Begebenheit nur die Fortsetzung einer vorhergehenden Reihe ist. Denn diese Entschließung und That liegt gar nicht in der Abfolge bloßer Naturwirkungen und ist nicht eine bloße Fortsetzung derselben; sondern die bestimmenden Naturursachen hören oberhalb derselben in Ansehung dieses Eräug-

rungen, jederzeit gewesen sei, und mithin kein erster Anfang, weder mathematisch, noch dynamisch gesucht werden dürfe. Die Möglichkeit einer solchen unendlichen Abstammung ohne ein erstes Glied, in Ansehung dessen alles übrige bloß nachfolgend ist, läßt sich seiner Möglichkeit nach nicht begreiflich machen. Aber wenn ihr diese Naturräthsel darum wegwerfen wollt, so werdet ihr euch genöthigt sehen, viel synthetische Grundbeschaffenheiten zu verwerfen (Grundkräfte), die ihr eben so wenig begreifen könnt, und selbst die Möglichkeit einer Veränderung überhaupt muß euch anstößig werden. Denn wenn ihr nicht durch Erfahrung fändet, daß sie wirklich ist, so würdet ihr niemals *a priori* ersinnen können, wie eine solche unaufhörliche Folge von Sein und Nichtsein möglich sei.

Wenn auch indessen allenfalls ein transscendentales Vermögen der Freiheit nachgegeben wird, um die Weltveränderungen anzufangen, so würde dieses Vermögen doch wenigstens nur außerhalb der Welt sein müssen (wiewohl es immer eine kühne Anmaßung bleibt, außerhalb dem Inbegriffe aller möglichen Anschauungen noch einen Gegenstand anzunehmen, der in keiner möglichen Wahrnehmung gegeben werden kann). Allein in der Welt selbst den Substanzen ein solches Vermögen beizumessen, kann nimmermehr erlaubt sein, weil alsdann der Zusammenhang nach allgemeinen Gesetzen sich einander nothwendig bestimmender Erscheinungen, den man Natur nennt, und mit ihm das Merkmal empirischer Wahrheit, welches Erfahrung vom Traum unterscheidet, größtentheils verschwinden würde. Denn es läßt sich neben einem solchen gesetzlosen Vermögen der Freiheit kaum mehr Natur denken, weil die Gesetze der letzteren durch die Einflüsse der ersteren unaufhörlich abgeändert und das Spiel der Erscheinungen,

nisses ganz auf, das zwar auf jene folgt, aber daraus nicht e r f o l g t und daher zwar nicht der Zeit nach, aber doch in Ansehung der Causalität ein schlechthin erster Anfang einer Reihe von Erscheinungen genannt werden muß.

Die Bestätigung von dem B e d ü r f n i ß der Vernunft, in der Reihe der Natururſachen sich auf einen ersten Anfang aus Freiheit zu berufen, leuchtet daran sehr klar in die Augen: daß (die Epikurische Schule ausgenommen) alle Philosophen des Alterthums sich gedrungen sahen, zur Erklärung der Weltbewegungen einen e r s t e n B e w e g e r anzunehmen, d.i. eine freihandelnde Ursache, welche diese Reihe von Zuständen zuerst und von selbst anfing. Denn aus bloßer Natur unterfingen sie sich nicht, einen ersten Anfang begreiflich zu machen.

Der Antinomie
Vierter Widerstreit

T h e s i s.

Zu der Welt gehört etwas, das entweder als ihr Theil, oder ihre Ursache ein schlechthin nothwendiges Wesen ist.

Beweis.

Die Sinnenwelt, als das Ganze aller Erscheinungen, enthält zugleich eine Reihe von Veränderungen. Denn ohne diese würde selbst die Vorstellung der Zeitreihe als einer Bedingung der Möglichkeit der Sinnenwelt uns nicht geben sein.*

* Die Zeit geht zwar als formale Bedingung der Möglichkeit der Veränderungen vor diesen objectiv vorher; allein subjectiv und in der Wirklichkeit des Bewußtseins ist diese Vorstellung doch nur, so wie jede andere durch Veranlassung der Wahrnehmung gegeben.

welches nach der bloßen Natur regelmäßig und gleichförmig sein würde, dadurch verwirrt und unzusammenhängend gemacht wird.

der reinen Vernunft
der transscendentalen Ideen.

Antithesis.

Es existirt überall kein schlechthin nothwendiges Wesen weder in der Welt, noch außer der Welt als ihre Ursache.

Beweis.

Setzet: die Welt selber oder in ihr sei ein nothwendiges Wesen, so würde in der Reihe ihrer Veränderungen entweder ein Anfang sein, der unbedingt nothwendig, mithin ohne Ursache wäre, welches dem dynamischen Gesetze der Bestimmung aller Erscheinungen in der Zeit widerstreitet; oder die Reihe selbst wäre ohne allen Anfang und, obgleich in allen ihren Theilen zufällig und bedingt, im Ganzen dennoch schlechthin nothwendig und unbedingt; welches sich selbst

Eine jede Veränderung aber steht unter ihrer Bedingung, die der Zeit nach vorhergeht, und unter welcher sie nothwendig ist. Nun setzt ein jedes Bedingte, das gegeben ist, in Ansehung seiner Existenz eine vollständige Reihe von Bedingungen bis zum Schlechthin-Unbedingten voraus, welches allein absolut nothwendig ist. Also muß etwas Absolut-Nothwendiges existiren, wenn eine Veränderung als seine Folge existirt. Dieses Nothwendige aber gehört selber zur Sinnenwelt. Denn setzet, es sei außer derselben, so würde von ihm die Reihe der Weltveränderungen ihren Anfang ableiten, ohne daß doch diese nothwendige Ursache selbst zur Sinnenwelt gehörte. Nun ist dieses unmöglich. Denn da der Anfang einer Zeitreihe nur durch dasjenige, was der Zeit nach vorhergeht, bestimmt werden kann: so muß die oberste Bedingung des Anfangs einer Reihe von Veränderungen in der Zeit existiren, da diese noch nicht war (denn der Anfang ist ein Dasein, vor welchem eine Zeit vorhergeht, darin das Ding, welches anfängt, noch nicht war). Also gehört die Causalität der nothwendigen Ursache der Veränderungen, mithin auch die Ursache selbst zu der Zeit, mithin zur Erscheinung (an welcher die Zeit allein als deren Form möglich ist); folglich kann sie von der Sinnenwelt als dem Inbegriff aller Erscheinungen nicht abgesondert gedacht werden. Also ist in der Welt selbst etwas Schlechthin-Nothwendiges enthalten (es mag nun dieses die ganze Weltreihe selbst, oder ein Theil derselben sein).

widerspricht, weil das Dasein einer Menge nicht nothwendig sein kann, wenn kein einziger Theil derselben ein an sich nothwendiges Dasein besitzt.

Setzet dagegen: es gebe eine schlechthin nothwendige Weltursache außer der Welt, so würde dieselbe als das oberste Glied in der Reihe der Ursachen der Weltveränderungen das Dasein der letzteren und ihre Reihe zuerst anfangen.* Nun müßte sie aber alsdann auch anfangen zu handeln, und ihre Causalität würde in die Zeit, eben darum aber in den Inbegriff der Erscheinungen, d.i. in die Welt gehören, folglich sie selbst, die Ursache, nicht außer der Welt sein, welches der Voraussetzung widerspricht. Also ist weder in der Welt, noch außer derselben (aber mit ihr in Causalverbindung) irgend ein schlechthin nothwendiges Wesen.

---

* Das Wort: Anfangen, wird in zwiefacher Bedeutung genommen. Die erste ist activ, da die Ursache eine Reihe von Zuständen als ihre Wirkung anfängt (*infit*); die zweite passiv, da die Causalität in der Ursache selbst anhebt (*fit*). Ich schließe hier aus der ersteren auf die letzte.

Anmerkung zur

I. zur Thesis.

Um das Dasein eines nothwendigen Wesens zu beweisen, liegt mir hier ob, kein anderes als kosmologisches Argument zu brauchen, welches nämlich von dem Bedingten in der Erscheinung zum Unbedingten im Begriffe aufsteigt, indem man dieses als die nothwendige Bedingung der absoluten Totalität der Reihe ansieht. Den Beweis aus der bloßen Idee eines obersten aller Wesen überhaupt zu versuchen, gehört zu einem andern Princip der Vernunft, und ein solcher wird daher besonders vorkommen müssen.

Der reine kosmologische Beweis kann nun das Dasein eines nothwendigen Wesens nicht anders darthun, als daß er es zu gleich unausgemacht lasse, ob dasselbe die Welt selbst, oder ein von ihr unterschiedenes Ding sei. Denn um das letztere auszumitteln, dazu werden Grundsätze erfordert, die nicht mehr kosmologisch sind und nicht in der Reihe der Erscheinungen fortgehen, sondern Begriffe von zufälligen Wesen überhaupt (so fern sie bloß als Gegenstände des Verstandes erwogen werden) und ein Princip, solche mit einem nothwendigen Wesen durch bloße Begriffe zu verknüpfen, welches alles für eine transscendente Philosophie gehört, für welche hier noch nicht der Platz ist.

Wenn man aber einmal den Beweis kosmologisch anfängt, indem man die Reihe von Erscheinungen und den Regressus in derselben nach empirischen Gesetzen der Causalität zum Grunde legt: so kann man nachher davon nicht abspringen und auf etwas übergehen, was gar nicht in die Reihe als ein Glied gehört. Denn in eben derselben Bedeutung muß etwas als Bedingung angesehen werden, in welcher die Relation des Bedingten zu seiner Bedingung in der Reihe genommen wur-

vierten Antinomie

II. zur Antithesis.

Wenn man beim Aufsteigen in der Reihe der Erscheinungen wider das Dasein einer schlechthin nothwendigen obersten Ursache Schwierigkeiten anzutreffen vermeint, so müssen sich diese auch nicht auf bloße Begriffe vom nothwendigen Dasein eines Dinges überhaupt gründen und mithin nicht ontologisch sein, sondern sich aus der Causalverbindung mit einer Reihe von Erscheinungen, um zu derselben eine Bedingung anzunehmen, die selbst unbedingt ist, hervor finden, folglich kosmologisch und nach empirischen Gesetzen gefolgert sein. Es muß sich nämlich zeigen, daß das Aufsteigen in der Reihe der Ursachen (in der Sinnenwelt) niemals bei einer empirisch unbedingten Bedingung endigen könne, und daß das kosmologische Argument aus der Zufälligkeit der Weltzustände laut ihrer Veränderungen wider die Annehmung einer ersten und die Reihe schlechthin zuerst anhebenden Ursache ausfalle.

Es zeigt sich aber in dieser Antinomie ein seltsamer Contrast: daß nämlich aus eben demselben Beweisgrunde, woraus in der Thesis das Dasein eines Urwesens geschlossen wurde, in der Antithesis das Nichtsein desselben und zwar mit derselben Schärfe geschlossen wird. Erst hieß es: *es ist ein nothwendiges Wesen*, weil die ganze vergangene Zeit die Reihe aller Bedingungen und hiemit also auch das Unbedingte (Nothwendig) in sich faßt. Nun heißt es: *es ist kein nothwendiges Wesen*, eben darum weil die ganze verflossene Zeit die Reihe aller Bedingungen (die mithin insgesammt wiederum bedingt sind) in sich faßt. Die Ursache hievon ist diese. Das erste Argument sieht nur auf die *absolute Totalität* der Reihe der

de, die auf diese höchste Bedingung in continuirlichem Fortschritte führen sollte. Ist nun dieses Verhältniß sinnlich und gehört zum möglichen empirischen Verstandesgebrauch, so kann die oberste Bedingung oder Ursache nur nach Gesetzen der Sinnlichkeit, mithin nur als zur Zeitreihe gehörig den Regressus beschließen, und das nothwendige Wesen muß als das oberste Glied der Weltreihe angesehen werden.

Gleichwohl hat man sich die Freiheit genommen, einen solchen Absprung (μεταβασιζ ετζ αλλο γενοζ) zu thun. Man schloß nämlich aus den Veränderungen in der Welt auf die empirische Zufälligkeit, d.i. die Abhängigkeit derselben von empirisch bestimmenden Ursachen, und bekam eine aufsteigende Reihe empirischer Bedingungen, welches auch ganz recht war. Da man aber hierin keinen ersten Anfang und kein oberstes Glied finden konnte, so ging man plötzlich vom empirischen Begriff der Zufälligkeit ab und nahm die reine Kategorie, welche alsdann eine bloß intelligibele Reihe veranlaßte, deren Vollständigkeit auf dem Dasein einer schlechthin nothwendigen Ursache beruhte, die nunmehr, da sie an keine sinnliche Bedingungen gebunden war, auch von der Zeitbedingung, ihre Causalität selbst anzufangen, befreiet wurde. Dieses Verfahren ist aber ganz widerrechtlich, wie man aus folgendem schließen kann.

Zufällig im reinen Sinne der Kategorie ist das, dessen contradictorisches Gegentheil möglich ist. Nun kann man aus der empirischen Zufälligkeit auf jene intelligibele gar nicht schließen. Was verändert wird, dessen Gegentheil (seines Zustandes) ist zu einer andern Zeit wirklich, mithin auch möglich; mithin ist dieses nicht das contradictorische Gegentheil des vorigen Zustandes, wozu erfordert wird, daß in derselben Zeit, da der vorige Zustand war, an der Stelle desselben sein Gegentheil hätte sein können, welches aus der

Bedingungen, deren eine die andere in der Zeit bestimmt, und bekommt dadurch ein Unbedingtes und Nothwendiges. Das zweite zieht dagegen die Zufälligkeit alles dessen, was in der Zeitreihe bestimmt ist, in Betrachtung (weil vor jedem eine Zeit vorhergeht, darin die Bedingung selbst wiederum als bedingt bestimmt sein muß), wodurch denn alles Unbedingte und alle absolute Nothwendigkeit gänzlich wegfällt. Indessen ist die Schlußart in beiden selbst der gemeinen Menschenvernunft ganz angemessen, welche mehrmals in den Fall geräth, sich mit sich selbst zu entzweien, nachdem sie ihren Gegenstand aus zwei verschiedenen Standpunkten erwägt. Herr von Mairan hielt den Streit zweier berühmter Astronomen, der aus einer ähnlichen Schwierigkeit über die Wahl des Standpunktes entsprang, für ein genugsam merkwürdiges Phänomen, um darüber eine besondere Abhandlung abzufassen. Der eine schloß nämlich so: der Mond dreht sich um seine Achse, darum weil er der Erde beständig dieselbe Seite zukehrt; der andere: der Mond dreht sich nicht um seine Achse, eben darum weil er der Erde beständig dieselbe Seite zukehrt. Beide Schlüsse waren richtig, nachdem man den Standpunkt nahm, aus dem man die Mondsbewegungen beobachten wollte.

Veränderung gar nicht geschlossen werden kann. Ein Körper, der in Bewegung war = *A*, kommt in Ruhe = *non A*. Daraus nun, daß ein entgegengesetzter Zustand vom Zustande *A* auf diesen folgt, kann gar nicht geschlossen werden, daß das contradictorische Gegentheil von *A* möglich, mithin *A* zufällig sei; denn dazu würde erfordert werden, daß in derselben Zeit, da die Bewegung war, anstatt derselben die Ruhe habe sein können. Nun wissen wir nichts weiter, als daß die Ruhe in der folgenden Zeit wirklich, mithin auch möglich war. Bewegung aber zu einer Zeit und Ruhe zu einer andern Zeit sind einander nicht contradictorisch entgegengesetzt. Also beweiset die Succession entgegengesetzter Bestimmungen, d.i. die Veränderung, keinesweges die Zufälligkeit nach Begriffen des reinen Verstandes und kann also auch nicht auf das Dasein eines nothwendigen Wesens nach reinen Verstandesbegriffen führen. Die Veränderung beweiset nur die empirische Zufälligkeit, d.i. daß der neue Zustand für sich selbst, ohne eine Ursache, die zur vorigen Zeit gehört, gar nicht hätte stattfinden können zu Folge dem Gesetze der Causalität. Diese Ursache, und wenn sie auch als schlechthin nothwendig angenommen wird, muß auf diese Art doch in der Zeit angetroffen werden und zur Reihe der Erscheinungen gehören.

Der Antinomie der reinen Vernunft

Dritter Abschnitt.

Von dem Interesse der Vernunft bei diesem ihrem Widerstreite.

Da haben wir nun das ganze dialektische Spiel der kosmologischen Ideen, die es gar nicht verstatten, daß ihnen ein congruirender Gegenstand in irgend einer möglichen Erfahrung gegeben werde, ja nicht einmal, daß die Vernunft sie einstimmig mit allgemeinen Erfahrungsgesetzen denke, die gleichwohl doch nicht willkürlich erdacht sind, sondern auf welche die Vernunft im continuirlichen Fortgange der empirischen Synthesis nothwendig geführt wird, wenn sie das, was nach Regeln der Erfahrung jederzeit nur bedingt bestimmt werden kann, von aller Bedingung befreien und in seiner unbedingten Totalität fassen will. Diese vernünftelnde Behauptungen sind so viel Versuche, vier natürliche und unvermeidliche Problemen der Vernunft aufzulösen, deren es also nur gerade so viel, nicht mehr, auch nicht weniger, geben kann, weil es nicht mehr Reihen synthetischer Voraussetzungen giebt, welche die empirische Synthesis *a priori* begrenzen.

Wir haben die glänzenden Anmaßungen der ihr Gebiet über alle Grenzen der Erfahrung erweiternden Vernunft nur in trockenen Formeln, welche bloß den Grund ihrer rechtlichen Ansprüche enthalten, vorgestellt und, wie es einer Transscendentalphilosophie geziemt, diese von allem Empirischen entkleidet, obgleich die ganze Pracht der Vernunftbehauptungen nur in Verbindung mit demselben hervorleuchten kann. In dieser Anwendung aber und der fortschreitenden Erweiterung des Vernunftgebrauchs, indem sie von dem Felde der Erfahrungen anhebt und sich bis zu diesen erhabenen Ideen allmählich hinaufschwingt, zeigt die Philosophie eine Würde, welche, wenn sie ihre Anmaßungen nur behaupten könnte, den Werth aller anderen menschlichen Wissenschaft weit unter sich lassen würde, indem sie die Grundlage zu unseren größten Erwartungen und Aussichten auf die letzten Zwecke, in welchen alle Vernunftbemühungen sich endlich vereinigen müssen, verheißt. Die Fragen: ob die Welt einen Anfang und irgend eine Grenze ihrer Ausdehnung im Raume habe; ob es irgendwo und vielleicht in meinem denkenden Selbst eine untheilbare und unzerstörliche Einheit, oder nichts als das Theilbare und Vergängliche gebe; ob ich in meinen Handlungen frei, oder wie andere Wesen an dem Faden der Natur und des Schicksals geleitet sei; ob es endlich eine oberste Weltursache gebe, oder die Naturdinge und deren Ordnung den letzten Gegenstand ausmachen, bei dem wir in allen unseren Betrachtungen stehen bleiben müssen: das sind Fragen, um deren Auflösung der Mathematiker gerne seine ganze Wissenschaft dahin gäbe; denn diese kann ihm doch in Ansehung der höchsten und angelegensten Zwecke der Menschheit keine Befriedigung verschaffen. Selbst die eigentliche Würde der Mathematik (dieses Stolzes der menschlichen Vernunft) beruht darauf, daß, da sie der Vernunft die Leitung giebt, die Natur im Großen sowohl als im Kleinen in ihrer Ordnung und Regelmäßigkeit, imgleichen in der bewundernswürdigen Einheit der sie bewegenden Kräfte weit über alle Erwartung der auf meine Erfahrung bauenden Philosophie einzusehen, sie dadurch selbst zu dem über alle Erfahrung erweiterten Gebrauch der Vernunft Anlaß und Aufmunterung giebt, imgleichen die damit beschäftigte Weltweisheit mit den vortrefflichsten Materialien versorgt, ihre Nachforschung, so viel deren Beschaffenheit es erlaubt, durch angemessene Anschauungen zu unterstützen.

Unglücklicher Weise für die Speculation (vielleicht aber zum Glück für die praktische Bestimmung des Menschen) sieht sich die Vernunft mitten unter ihren größten Erwartungen in einem Gedränge von Gründen und Gegengründen so befangen, daß, da es sowohl ihrer Ehre, als auch sogar ihrer Sicherheit wegen nicht thunlich ist, sich zurück zu ziehen und diesem Zwist als einem bloßen Spielgefechte gleichgültig zuzusehen, noch weniger schlechthin Friede zu gebieten, weil der Gegenstand des Streits sehr interessirt, ihr nichts weiter übrig bleibt, als über den Ursprung dieser Veruneinigung der Vernunft mit sich selbst nachzusinnen: ob nicht etwa ein bloßer Mißverstand daran Schuld sei, nach dessen Erörterung zwar beiderseits stolze Ansprüche vielleicht wegfallen, aber dafür ein dauerhaft ruhiges Regiment der Vernunft über Verstand und Sinne seinen Anfang nehmen würde.

Wir wollen für jetzt diese gründliche Erörterung noch etwas aussetzen und zuvor in Erwägung ziehen: auf welche Seite wir uns wohl am liebsten schlagen möchten, wenn wir etwa genöthigt würden, Partei zu nehmen. Da wir in diesem Falle nicht den logischen Probirstein der Wahrheit, sondern bloß unser Interesse befragen, so wird eine solche Untersuchung, ob sie gleich in Ansehung des streitigen Rechts beider Theile nichts ausmacht, dennoch den Nutzen haben, es begreiflich zu machen, warum die Theilnehmer an diesem Streite sich lieber auf die eine Seite, als auf die andere geschlagen haben, ohne daß eben eine vorzügliche Einsicht des Gegenstandes daran Ursache gewesen, imgleichen noch andere Nebendinge zu erklären, z.B. die zelotische Hitze des einen und die kalte Behauptung des andern Theils, warum sie gerne der einen Partei freudigen Beifall zujauchzen und wider die andere zum voraus unversöhnlich eingenommen sind.

Es ist aber etwas, das bei dieser vorläufigen Beurtheilung den Gesichtspunkt bestimmt, aus dem sie allein mit gehöriger Gründlichkeit angestellt werden kann, und dieses ist die Vergleichung der Principien, von denen beide Theile ausgehen. Man bemerkt unter den Behauptungen der Antithesis eine vollkommene Gleichförmigkeit der Denkungsart und völlige Einheit der Maxime, nämlich ein Principium des reinen Empirismus, nicht allein in Erklärung der Erscheinungen in der Welt, sondern auch in Auflösung der transscendentalen Ideen vom Weltall selbst. Dagegen legen die Behauptungen der Thesis außer der empirischen Erklärungsart innerhalb der Reihe der Erscheinungen noch intellectuelle Anfänge zum Grunde, und die Maxime ist so fern nicht einfach. Ich will sie aber von ihrem wesentlichen Unterscheidungsmerkmal den Dogmatism der reinen Vernunft nennen.

Auf der Seite also des Dogmatismus in Bestimmung der kosmologischen Vernunftideen oder der Thesis zeigt sich

Zuerst ein gewisses praktisches Interesse, woran jeder Wohlgesinnte, wenn er sich auf seinen wahren Vortheil vergeht, herzlich Theil nimmt. Daß die Welt einen Anfang habe, daß mein denkendes Selbst einfacher und daher unverweslicher Natur, daß dieses zugleich in seinen willkürlichen Handlungen frei und über den Naturzwang erhoben sei, und daß endlich die ganze Ordnung der Dinge, welche die Welt ausmachen, von einem Urwesen abstamme, von welchem alles seine Einheit und zweckmäßige Verknüpfung entlehnt: das sind so viel Grundsteine der Moral und Religion. Die Antithesis raubt uns alle diese Stützen, oder scheint wenigstens sie uns zu rauben.

Zweitens äußert sich auch ein speculatives Interesse der Vernunft auf dieser Seite. Denn wenn man die transscendentale Ideen auf solche Art annimmt und gebraucht, so kann man völlig *a priori* die ganze Kette der Bedingungen fassen und die Ableitung des Bedingten begreifen, indem man vom Unbedingten anfängt: welches die Antithesis nicht leistet, die dadurch sich sehr übel empfiehlt, daß sie auf die Frage wegen der Bedingungen ihrer Synthesis keine Antwort geben kann, die nicht ohne Ende immer weiter zu fragen übrig ließe. Nach ihr muß man von einem gegebenen Anfange zu einem noch höheren aufsteigen, jeder Theil führt auf einen noch kleineren Theil, jede Begebenheit hat immer noch eine andere Begebenheit als Ursache über sich, und die Bedingungen des Daseins überhaupt stützen sich immer wiederum auf andere, ohne jemals in einem selbstständigen Dinge als Urwesen unbedingte Haltung und Stütze zu bekommen.

Drittens hat diese Seite auch den Vorzug der Popularität, der gewiß nicht den kleinsten Theil ihrer Empfehlung ausmacht. Der gemeine Verstand findet in den Ideen des unbedingten Anfangs aller Synthesis nicht die mindeste Schwierigkeit, da er ohnedem mehr gewohnt ist, zu den Folgen abwärts zu gehen, als zu den Gründen hinaufzusteigen, und hat in den Begriffen des absolut Ersten (über dessen Möglichkeit er nicht grübelt) eine Gemächlichkeit und zugleich einen festen Punkt, um die Leitschnur seiner Schritte daran zu knüpfen, da er hingegen an dem rastlosen Aufsteigen vom Bedingten zur Bedingung, jederzeit mit einem Fuße in der Luft, gar kein Wohlgefallen finden kann.

Auf der Seite des Empirismus in Bestimmung der kosmologischen Ideen oder der Antithesis findet sich

Erstlich kein solches praktisches Interesse aus reinen Principien der Vernunft, als Moral und Religion bei sich führen. Vielmehr scheint der bloße Empirism beiden alle Kraft und Einfluß zu benehmen. Wenn es kein von der Welt unterschiedenes Urwesen giebt, wenn die Welt ohne Anfang und also auch ohne Urheber, unser Wille nicht frei und die Seele von gleicher Theilbarkeit und Verweslichkeit mit der Materie ist: so verlieren auch die moralischen Ideen und Grundsätze alle Gültigkeit und fallen mit den transscendentalen Ideen, welche ihre theoretische Stütze ausmachten.

Dagegen bietet aber der Empirism dem speculativen Interesse der Vernunft Vortheile an, die sehr anlockend sind und diejenigen weit übertreffen, die der dogmatische Lehrer der Vernunftideen versprechen mag. Nach jenem ist der Verstand jederzeit auf seinem eigenthümlichen Boden, nämlich dem Felde von lauter möglichen Erfahrungen, deren Gesetzen er nachspüren und vermittelst derselben er seine sichere und faßliche Erkenntniß ohne Ende erweitern kann. Hier kann und soll er den Gegenstand sowohl an sich selbst, als in seinen Verhältnissen der Anschauung darstellen, oder doch in Begriffen, deren Bild in gegebenen ähnlichen Anschauungen klar und deutlich vorgelegt werden kann. Nicht allein daß er nicht nöthig hat, diese Kette der Naturordnung zu verlassen, um sich an Ideen zu hängen, deren Gegenstände er nicht kennt, weil sie als Gedankendinge niemals gegeben werden können; sondern es ist ihm nicht einmal erlaubt, sein Geschäfte zu verlassen und unter dem Vorwande, es sei nunmehr zu Ende gebracht, in das Gebiet der idealisirenden Vernunft und zu transscendenten Begriffen überzugehen, wo er nicht weiter nöthig hat zu beobachten und den Naturgesetzen gemäß zu forschen, sondern nur zu d e n k e n und zu d i c h t e n , sicher, daß er nicht durch Thatsachen der Natur widerlegt werden könne, weil er an ihr Zeugniß eben nicht gebunden ist, sondern sie vorbeigehen, oder sie sogar selbst einem höheren Ansehen, nämlich dem der reinen Vernunft, unterordnen darf.

Der Empirist wird es daher niemals erlauben, irgend eine Epoche der Natur für die schlechthin erste anzunehmen, oder irgend eine Grenze seiner Aussicht in den Umfang derselben als die äußerste anzusehen, oder von den Gegenständen der Natur, die er durch Beobachtung und Mathematik auflösen und in der Anschauung synthetisch bestimmen kann, (dem Ausgedehnten) zu denen überzugehen, die weder Sinn, noch Einbildungskraft jemals *in concreto* darstellen kann (dem Einfachen); noch einräumen, daß man selbst i n d e r N a t u r ein Vermögen, unabhängig von Gesetzen der Natur zu wirken, (Freiheit) zum Grunde lege und dadurch dem Verstande sein Geschäfte schmälere, an dem Leitfaden nothwendiger Regeln dem Entstehen der Erscheinungen nachzuspüren; noch endlich zugeben, daß man irgend wozu die Ursache außerhalb der Natur suche (Urwesen), weil wir nichts weiter als diese kennen, indem sie es allein ist, welche uns Gegenstände darbietet und von ihren Gesetzen unterrichten kann.

Zwar wenn der empirische Philosoph mit seiner Antithese keine andere Absicht hat, als den Vorwitz und die Vermessenheit der ihre wahre Bestimmung verkennenden Vernunft niederzuschlagen, welche mit E i n s i c h t und W i s s e n groß thut, da wo eigentlich Einsicht und Wissen aufhören, und das, was man in Ansehung des praktischen Interesse gelten läßt, für eine Beförderung des speculativen

Interesse ausgeben will, um, wo es ihrer Gemächlichkeit zuträglich ist, den Faden physischer Untersuchungen abzureißen und mit einem Vorgeben von Erweiterung der Erkenntniß ihn an transscendentale Ideen zu knüpfen, durch die man eigentlich nur erkennt, daß man nichts wisse; wenn, sage ich, der Empirist sich hiemit begnügte, so würde sein Grundsatz eine Maxime der Mäßigung in Ansprüchen, der Bescheidenheit in Behauptungen und zugleich der größtmöglichen Erweiterung unseres Verstandes durch den eigentlich uns vorgesetzten Lehrer, nämlich die Erfahrung, sein. Denn in solchem Falle würden uns intellectuelle Voraussetzungen und Glaube zum Behuf unserer praktischen Angelegenheit nicht genommen werden; nur könnte man sie nicht unter dem Titel und dem Pompe von Wissenschaft und Vernunfteinsicht auftreten lassen, weil das eigentliche speculative Wissen überall keinen anderen Gegenstand als den der Erfahrung treffen kann, und, wenn man ihre Grenze überschreitet die Synthesis, welche neue und von jener unabhängige Erkenntnisse versucht, kein Substratum der Anschauung hat, an welchem sie ausgeübt werden könnte.

So aber, wenn der Empirismus in Ansehung der Ideen (wie es mehrentheils geschieht) selbst dogmatisch wird und dasjenige dreist verneint, was über der Sphäre seiner anschauenden Erkenntnisse ist, so fällt er selbst in den Fehler der Unbescheidenheit, der hier um desto tadelbarer ist, weil dadurch dem praktischen Interesse der Vernunft ein unersetzlicher Nachtheil verursacht wird.

Dies ist der Gegensatz des Epikureisms* gegen den Platonism.

---

* Es ist indessen noch die Frage, ob Epikur diese Grundsätze als objective Behauptungen jemals vorgetragen habe. Wenn sie

Ein jeder von beiden sagt mehr, als er weiß, doch so, daß der erstere das Wissen, obzwar zum Nachtheile des Praktischen, aufmuntert und befördert, der zweite zwar zum Praktischen vortreffliche Principien an die Hand giebt, aber eben dadurch in Ansehung alles dessen, worin uns allein ein speculatives Wissen vergönnt ist, der Vernunft erlaubt, idealischen Erklärungen der Naturerscheinungen nachzuhängen und darüber die physische Nachforschung zu verabsäumen.

Was endlich das dritte Moment, worauf bei der vorläufigen Wahl zwischen beiden streitigen Theilen gesehen werden kann, anlangt: so ist es überaus befremdlich, daß der Empirismus aller Popularität gänzlich zuwider ist, ob man gleich glauben sollte, der gemeine Verstand werde einen Entwurf begierig aufnehmen, der ihn durch nichts als Erfahrungserkenntnisse und deren vernunftmäßigen Zusammen-

---

etwa weiter nichts als Maximen des speculativen Gebrauchs der Vernunft waren, so zeigte er daran einen ächteren philosophischen Geist, als irgend einer der Weltweisen des Alterthums. Daß man in Erklärung der Erscheinungen so zu Werke gehen müsse, als ob das Feld der Untersuchung durch keine Grenze oder Anfang der Welt abgeschnitten sei; den Stoff der Welt so annehmen, wie er sein muß, wenn wir von ihm durch Erfahrung belehrt werden wollen, daß keine andere Erzeugung der Begebenheiten, als wie sie durch unveränderliche Naturgesetze bestimmt werden, und endlich keine von der Welt unterschiedene Ursache müsse gebraucht werden: sind noch jetzt sehr richtige, aber wenig beobachtete Grundsätze, die speculative Philosophie zu erweitern, so wie auch die Principien der Moral unabhängig von fremden Hülfsquellen auszufinden, ohne daß darum derjenige, welcher verlangt, jene dogmatische Sätze, so lange als wir mit der bloßen Speculation beschäftigt sind, zu ignoriren, darum beschuldigt werden darf, er wolle sie leugnen.

hang zu befriedigen verspricht, an statt daß die transscendentale Dogmatik ihn nöthigt, zu Begriffen hinaufzusteigen, welche die Einsicht und das Vernunftvermögen der im Denken geübtesten Köpfe weit übersteigen. Aber eben dieses ist sein Bewegungsgrund. Denn er befindet sich alsdann in einem Zustande, in welchem sich auch der Gelehrteste über ihn nichts herausnehmen kann. Wenn er wenig oder nichts davon versteht, so kann sich doch auch niemand rühmen, viel mehr davon zu verstehen, und ob er gleich hierüber nicht so schulgerecht als andere sprechen kann so kann er doch darüber unendlich mehr vernünfteln, weil er unter lauter Ideen herumwandelt, über die man eben darum am beredtsten ist, weil man davon nichts weiß; anstatt daß er über der Nachforschung der Natur ganz verstummen und seine Unwissenheit gestehen müßte. Gemächlichkeit und Eitelkeit also sind schon eine starke Empfehlung dieser Grundsätze. Überdem, ob es gleich einem Philosophen sehr schwer wird, etwas als Grundsatz anzunehmen, ohne deshalb sich selbst Rechenschaft geben zu können, oder gar Begriffe, deren objective Realität nicht eingesehen werden kann, einzuführen: so ist doch dem gemeinen Verstande nichts gewöhnlicher. Er will etwas haben, womit er zuversichtlich anfangen könne. Die Schwierigkeit, eine solche Voraussetzung selbst zu begreifen, beunruhigt ihn nicht, weil sie ihm (der nicht weiß, was Begreifen heißt) niemals in den Sinn kommt, und er hält das für bekannt, was ihm durch öfteren Gebrauch geläufig ist. Zuletzt aber verschwindet alles speculative Interesse bei ihm vor dem praktischen, und er bildet sich ein, das einzusehen und zu wissen, was anzunehmen oder zu glauben, ihn seine Besorgnisse oder Hoffnungen antreiben. So ist der Empirismus der transscendentalidealisirenden Vernunft aller Popularität gänzlich beraubt, und so viel Nachtheiliges wider die obersten praktischen Grundsätze er auch enthalten mag, so ist doch gar nicht zu besorgen, daß er die Grenzen der Schule jemals überschreiten und im gemeinen Wesen ein nur einigermaßen beträchtliches Ansehen und einige Gunst bei der großen Menge erwerben werde.

Die menschliche Vernunft ist ihrer Natur nach architektonisch, d.i. sie betrachtet alle Erkenntnisse als gehörig zu einem möglichen System und verstattet daher auch nur solche Principien, die eine vorhabende Erkenntniß wenigstens nicht unfähig machen, in irgend einem System mit anderen zusammen zu stehen. Die Sätze der Antithesis sind aber von der Art, daß sie die Vollendung eines Gebäudes von Erkenntnissen gänzlich unmöglich machen. Nach ihnen giebt es über einen Zustand der Welt immer einen noch älteren, in jedem Theile immer noch andere, wiederum theilbare, vor jeder Begebenheit eine andere, die wiederum eben so wohl anderweitig erzeugt war, und im Dasein überhaupt alles immer nur bedingt, ohne irgend ein unbedingtes und erstes Dasein anzuerkennen. Da also die Antithesis nirgend ein Erstes einräumt und keinen Anfang, der schlechthin zum Grunde des Baues dienen könnte, so ist ein vollständiges Gebäude der Erkenntniß bei dergleichen Voraussetzungen gänzlich unmöglich. Daher führt das architektonische Interesse der Vernunft (welches nicht empirische, sondern reine Vernunfteinheit *a priori* fordert) eine natürliche Empfehlung für die Behauptungen der Thesis bei sich.

Könnte sich aber ein Mensch von allem Interesse lossagen und die Behauptungen der Vernunft, gleichgültig gegen alle Folgen, bloß nach dem Gehalte ihrer Gründe in Betrachtung ziehen: so würde ein solcher, gesetzt daß er keinen Ausweg wüßte, anders aus dem Gedränge zu kommen, als daß er sich zu einer oder andern der streitigen Lehren bekennte, in einem unaufhörlich schwankenden Zustande sein. Heute würde es ihm überzeugend vorkommen, der menschliche Wille sei frei; morgen, wenn er die unauflösliche Naturkette in Betrachtung zöge, würde er dafür halten, die Freiheit sei nichts als Selbsttäuschung, und alles sei bloß Natur. Wenn es nun aber zum Thun und Handeln käme, so würde dieses Spiel der bloß speculativen Vernunft wie Schattenbilder eines Traumes verschwinden, und er würde seine Principien bloß nach dem praktischen Interesse wählen. Weil es aber doch einem nachdenkenden und forschenden Wesen anständig ist, gewisse Zeiten lediglich der Prüfung seiner eigenen Vernunft zu widmen, hiebei aber alle Parteilichkeit gänzlich auszuziehen und so seine Bemerkungen anderen zur Beurtheilung öffentlich mitzutheilen: so kann es niemanden verargt, noch weniger verwehrt werden, die Sätze und Gegensätze, so wie sie sich, durch keine Drohung geschreckt, vor Geschworenen von seinem eigenen Stande (nämlich dem Stande schwacher Menschen) vertheidigen können, auftreten zu lassen.

Der Antinomie der reinen Vernunft **Vierter Abschnitt.**

Von den transscendentalen Aufgaben der reinen Vernunft, in so fern sie schlechterdings müssen aufgelöset werden können.

Alle Aufgaben auflösen und alle Fragen beantworten zu wollen, würde eine unverschämte Großsprecherei und ein so ausschweifender Eigendünkel sein, daß man dadurch sich sofort um alles Zutrauen bringen müßte. Gleichwohl giebt es Wissenschaften, deren Natur es so mit sich bringt, daß eine jede darin vorkommende Frage aus dem, was man weiß, schlechthin beantwortlich sein muß, weil die Antwort aus denselben Quellen entspringen muß, daraus die Frage entspringt, und wo es keinesweges erlaubt ist, unvermeidliche Unwissenheit vorzuschützen, sondern die Auflösung gefordert werden kann. Was in allen möglichen Fällen Recht oder Unrecht sei, muß man der Regel nach wissen können, weil es unsere Verbindlichkeit betrifft, und wir zu dem, was wir nicht wissen können, auch keine Verbindlichkeit haben. In der Erklärung der Erscheinungen der Natur muß uns indessen vieles ungewiß und manche Frage unauflöslich bleiben, weil das, was wir von der Natur wissen, zu dem, was wir erklären sollen, bei weitem nicht in allen Fällen zureichend ist. Es frägt sich nun: ob in der Transscendentalphilosophie irgend eine Frage, die ein der Vernunft vorgelegtes Object betrifft, durch eben diese reine Vernunft unbeantwortlich sei, und ob man sich ihrer entscheidenden Beantwortung dadurch mit Recht entziehen könne, daß man es als schlechthin ungewiß (aus allem dem, was wir erkennen können) demjenigen beizählt, wovon wir zwar so viel Begriff haben, um eine Frage aufzuwerfen, es uns aber gänzlich an Mitteln oder am Vermögen fehlt, sie jemals zu beantworten.

Ich behaupte nun, daß die Transscendentalphilosophie unter allem speculativen Erkenntniß dieses Eigenthümliche habe: daß gar keine Frage, welche einen der reinen Vernunft gegebenen Gegenstand betrifft, für eben dieselbe menschliche Vernunft unauflöslich sei, und daß kein Vorschützen einer unvermeidlichen Unwissenheit und unergründlichen Tiefe der Aufgabe von der Verbindlichkeit frei sprechen könne, sie gründlich und vollständig zu beantworten, weil eben derselbe Begriff, der uns in den Stand setzt zu fragen, durchaus uns auch tüchtig machen muß, auf diese Frage zu antworten, indem der Gegenstand außer dem Begriffe gar nicht angetroffen wird (wie bei Recht und Unrecht).

Es sind aber in der Transscendentalphilosophie keine andere als nur die kosmologischen Fragen, in Ansehung deren man mit Recht eine genugthuende Antwort, die die Beschaffenheit des Gegenstandes betrifft, fordern kann, ohne daß dem Philosophen erlaubt ist, sich derselben dadurch zu entziehen, daß er undurchdringliche Dunkelheit vorschützt; und diese Fragen können nur kosmologische Ideen betreffen. Denn der Gegenstand muß empirisch gegeben sein, und die Frage geht nur auf die Angemessenheit desselben mit einer Idee. Ist der Gegenstand transscendental und also selbst unbekannt, z.B. ob das Etwas, dessen Erscheinung (in uns selbst) das Denken ist, (Seele) ein an sich einfaches Wesen sei, ob es eine Ursache aller Dinge insgesammt gebe, die schlechthin nothwendig ist, u.s.w.: so sollen wir zu unserer Idee einen Gegenstand suchen, von welchem wir gestehen können, daß er uns unbekannt, aber deswegen doch nicht unmöglich sei.*

---

* Man kann zwar auf die Frage, was ein transscendentaler Gegenstand für eine Beschaffenheit habe, keine Antwort geben, nämlich was er sei, aber wohl, daß die Frage selbst nichts sei, darum weil kein Gegenstand derselben gegeben worden. Daher sind alle Fragen der transscendentalen Seelenlehre auch beantwortlich und wirklich beantwortet: denn sie betreffen das transscendentale Subject aller inneren Erscheinungen, welches selbst nicht Erscheinung ist und also nicht als Gegenstand gegeben ist, und worauf keine der Kategorien (auf welche doch eigentlich die Frage gestellt ist) Bedingungen ihrer Anwendung

Die kosmologischen Ideen haben allein das Eigenthümliche an sich, daß sie ihren Gegenstand und die zu dessen Begriff erforderliche empirische Synthesis als gegeben voraussetzen können; und die Frage, die aus ihnen entspringt, betrifft nur den Fortgang dieser Synthesis, so fern er absolute Totalität enthalten soll, welche letztere nichts Empirisches mehr ist, indem sie in keiner Erfahrung gegeben werden kann. Da nun hier lediglich von einem Dinge als Gegenstande einer möglichen Erfahrung und nicht als einer Sache an sich selbst die Rede ist, so kann die Beantwortung der transscendenten kosmologischen Frage außer der Idee sonst nirgend liegen, denn sie betrifft keinen Gegenstand an sich selbst; und in Ansehung der möglichen Erfahrung wird nicht nach demjenigen gefragt, was *in concreto* in irgend einer Erfahrung gegeben werden kann, sondern was in der Idee liegt, der sich die empirische Synthesis bloß nähern soll: also muß sie aus der Idee allein aufgelöset werden können; denn diese ist ein bloßes Geschöpf der Vernunft, welche also die Verantwortung nicht von sich abweisen und auf den unbekannten Gegenstand schieben kann.

Es ist nicht so außerordentlich, als es anfangs scheint: daß eine Wissenschaft in Ansehung aller in ihren Inbegriff gehörigen Fragen (*quaestiones domesticae*) lauter gewisse Auflösungen fordern und erwarten könne, ob sie gleich zur Zeit noch vielleicht nicht gefunden sind. Außer der Transscendentalphilosophie giebt es noch zwei reine Vernunft-

antreffen. Also ist hier der Fall, da der gemeine Ausdruck gilt, daß keine Antwort auch eine Antwort sei, nämlich daß eine Frage nach der Beschaffenheit desjenigen Etwas, was durch kein bestimmtes Prädicat gedacht werden kann, weil es gänzlich außer der Sphäre der Gegenstände gesetzt wird, die uns gegeben werden können, gänzlich nichtig und leer sei.

wissenschaften, eine bloß speculativen, die andere praktischen Inhalts: reine Mathematik und reine Moral. Hat man wohl jemals gehört: daß gleichsam wegen einer nothwendigen Unwissenheit der Bedingungen es für ungewiß sei ausgegeben worden, welches Verhältniß der Durchmesser zum Kreise ganz genau in Rational- oder Irrationalzahlen habe? Da es durch erstere gar nicht congruent gegeben werden kann, durch die zweite aber noch nicht gefunden ist, so urtheilte man, daß wenigstens die Unmöglichkeit solcher Auflösung mit Gewißheit erkannt werden könne, und Lambert gab einen Beweis davon. In den allgemeinen Principien der Sitten kann nichts Ungewisses sein, weil die Sätze entweder ganz und gar nichtig und sinnleer sind, oder bloß aus unseren Vernunftbegriffen fließen müssen. Dagegen giebt es in der Naturkunde eine Unendlichkeit von Vermuthungen, in Ansehung deren niemals Gewißheit erwartet werden kann, weil die Naturerscheinungen Gegenstände sind, die uns unabhängig von unseren Begriffen gegeben werden, zu denen also der Schlüssel nicht in uns und unserem reinen Denken, sondern außer uns liegt und eben darum in vielen Fällen nicht aufgefunden, mithin kein sicherer Aufschluß erwartet werden kann. Ich rechne die Fragen der transscendentalen Analytik, welche die Deduction unserer reinen Erkenntniß betreffen, nicht hieher, weil wir jetzt nur von der Gewißheit der Urtheile in Ansehung der Gegenstände und nicht in Ansehung des Ursprungs unserer Begriffe selbst handeln.

Wir werden also der Verbindlichkeit einer wenigstens kritischen Auflösung der vorgelegten Vernunftfragen dadurch nicht ausweichen können, daß wir über die engen Schranken unserer Vernunft Klagen erheben und mit dem Scheine einer demuthsvollen Selbsterkenntniß bekennen, es sei über unsere Vernunft, auszumachen, ob die Welt von Ewigkeit her sei, oder einen Anfang habe; ob der Weltraum ins Unendliche mit Wesen erfüllt, oder innerhalb gewisser Grenzen eingeschlossen sei; ob irgend in der Welt etwas einfach sei, oder ob alles ins Unendliche getheilt werden müsse; ob es eine Erzeugung und Hervorbringung aus Freiheit gebe, oder ob alles an der Kette der Naturordnung hänge; endlich ob es irgend ein gänzlich unbedingt und an sich nothwendiges Wesen gebe, oder ob alles seinem Dasein nach bedingt und mithin äußerlich und an sich zufällig sei. Denn alle diese Fragen betreffen einen Gegenstand, der nirgend anders als in unseren Gedanken gegeben werden kann, nämlich die schlechthin unbedingte Totalität der Synthesis der Erscheinungen. Wenn wir darüber aus unseren eigenen Begriffen nichts Gewisses sagen und ausmachen können, so dürfen wir nicht die Schuld auf die Sache schieben, die sich uns verbirgt; denn es kann uns dergleichen Sache (weil sie außer unserer Idee nirgends angetroffen wird) gar nicht gegeben werden, sondern wir müssen die Ursache in unserer Idee selbst suchen, welche ein Problem ist, das keine Auflösung verstattet, und wovon wir doch hartnäckig annehmen, als entspreche ihr ein wirklicher Gegenstand. Eine deutliche Darlegung der Dialektik, die in unserem Begriffe selbst liegt, würde uns bald zur völligen Gewißheit bringen von dem, was wir in Ansehung einer solchen Frage zu urtheilen haben.

Man kann eurem Vorwande der Ungewißheit in Ansehung dieser Probleme zuerst diese Frage entgegensetzen, die ihr wenigstens deutlich beantworten müsset: Woher kommen euch die Ideen, deren Auflösung euch hier in solche Schwierigkeit verwickelt? Sind es etwa Erscheinungen, deren Erklärung ihr bedürft, und wovon ihr zufolge dieser Ideen nur die Principien, oder die Regel ihrer Exposition zu suchen habt? Nehmet an, die Natur sei ganz vor euch aufgedeckt; euren Sinnen und dem Bewußtsein alles dessen, was eurer Anschauung vorgelegt ist, sei nichts verborgen: so werdet ihr doch durch keine einzige Erfahrung den Gegenstand eurer Ideen *in concreto* erkennen können (denn es wird außer dieser vollständigen Anschauung noch eine vollendete Synthesis und das Bewußtsein ihrer absoluten Totalität erfordert, welches durch gar kein empirisches Erkenntniß möglich ist); mithin kann eure Frage keinesweges zur Erklärung von irgend einer vorkommenden Erscheinung nothwendig und also gleichsam durch den Gegenstand selbst aufgegeben sein. Denn der Gegenstand kann euch niemals vorkommen, weil er durch keine mögliche Erfahrung gegeben werden kann. Ihr bleibt mit allen möglichen Wahrnehmungen immer unter Bedingungen, es sei im Raume oder in der Zeit, befangen und kommt an nichts Unbedingtes, um auszumachen, ob dieses Unbedingte in einem absoluten Anfange der Synthesis, oder einer absoluten Totalität der Reihe ohne allen Anfang zu setzen sei. Das All aber in empirischer Bedeutung ist jederzeit nur comparativ. Das absolute All der Größe (das Weltall), der Theilung, der Abstammung, der Bedingung des Daseins überhaupt mit allen Fragen, ob es durch endliche oder ins Unendliche fortzusetzende Synthesis zu Stande zu bringen sei, geht keine mögliche Erfahrung etwas an. Ihr würdet z.B. die Erscheinungen eines Körpers nicht im mindesten besser oder auch nur anders erklären können, ob ihr annehmet, er bestehe aus einfachen, oder durchgehends immer aus zusammengesetzten Theilen; denn es kann euch keine einfache Erscheinung und eben so wenig auch eine unendliche Zusammensetzung jemals vorkommen. Die Erscheinungen verlangen nur erklärt zu werden, so weit ihre Erklärungsbedingungen in der

Wahrnehmung gegeben sind, alles aber, was jemals an ihnen gegeben werden mag, in einem absoluten Ganzen zusammengenommen, ist selbst keine Wahrnehmung. Dieses All aber ist es eigentlich, dessen Erklärung in den transscendentalen Vernunftaufgaben gefordert wird.

Da also selbst die Auflösung dieser Aufgaben niemals in der Erfahrung vorkommen kann, so könnet ihr nicht sagen, daß es ungewiß sei, was hierüber dem Gegenstande beizulegen sei. Denn euer Gegenstand ist bloß in eurem Gehirne und kann außer demselben gar nicht gegeben werden; daher ihr nur dafür zu sorgen habt, mit euch selbst einig zu werden und die Amphibolie zu verhüten, die eure Idee zu einer vermeintlichen Vorstellung eines empirisch gegebenen und also auch nach Erfahrungsgesetzen zu erkennenden Objects macht. Die dogmatische Auflösung ist also nicht etwa ungewiß, sondern unmöglich. Die kritische aber, welche völlig gewiß sein kann, betrachtet die Frage gar nicht objectiv, sondern nach dem Fundamente der Erkenntniß, worauf sie gegründet ist.

Der Antinomie der reinen Vernunft **Fünfter Abschnitt.**

Sceptische Vorstellung der kosmologischen Fragen durch alle vier transscendentalen Ideen.

Wir würden von der Forderung gern abstehen, unsere Fragen dogmatisch beantwortet zu sehen, wenn wir schon zum voraus begriffen: die Antwort möchte ausfallen, wie sie wollte, so würde sie unsere Unwissenheit nur noch vermehren und uns aus einer Unbegreiflichkeit in eine andere, aus einer Dunkelheit in eine noch größere und vielleicht gar in Widersprüche stürzen. Wenn unsere Frage bloß auf Bejahung oder Verneinung gestellt ist, so ist es klüglich gehandelt, die vermuthlichen Gründe der Beantwortung vor der Hand dahingestellt sein zu lassen und zuvörderst in Erwägung zu ziehen, was man gewinnen würde, wenn die Antwort auf die eine, und was, wenn sie auf die Gegenseite ausfiele. Trifft es sich nun, daß in beiden Fällen lauter Sinnleeres (Nonsens) herauskommt, so haben wir eine gegründete Aufforderung, unsere Frage selbst kritisch zu untersuchen und zu sehen: ob sie nicht selbst auf einer grundlosen Voraussetzung beruhe und mit jener Idee spiele, die ihre Falschheit besser in der Anwendung und durch ihre Folgen, als in der abgesonderten Vorstellung verräth. Das ist der große Nutzen, den die sceptische Art hat, die Fragen zu behandeln, welche reine Vernunft an reine Vernunft thut, und wodurch man eines großen dogmatischen Wustes mit wenig Aufwand überhoben sein kann, um an dessen Statt eine nüchterne Kritik zu setzen, die als ein wahres Kathartikon den Wahn zusammt seinem Gefolge, der Vielwisserei, glücklich abführen wird.

Wenn ich demnach von einer kosmologischen Idee zum voraus einsehen könnte, daß, auf welche Seite des Unbedingten der regressiven Synthesis der Erscheinungen sie sich auch schlüge, so würde sie doch für einen jeden Verstandesbegriff entweder zu groß oder zu klein sein: so würde ich begreifen, daß, da jene doch es nur mit einem Gegenstande der Erfahrung zu thun hat, welcher einem möglichen Verstandesbegriffe angemessen sein soll, sie ganz leer und ohne Bedeutung sein müsse, weil ihr der Gegenstand nicht anpaßt, ich mag ihn derselben bequemen, wie ich will. Und dieses ist wirklich der Fall mit allen Weltbegriffen, welche auch eben um deswillen die Vernunft, so lange sie ihnen anhängt, in eine unvermeidliche Antinomie verwickeln. Denn nehmt

Erstlich an, *die Welt habe keinen Anfang*, *so* ist sie für euren Begriff *zu groß*; denn dieser, welcher in einem successiven Regressus besteht, kann die ganze verflossene Ewigkeit niemals erreichen. Setzet, *sie habe einen Anfang*, so ist sie wiederum für euren Verstandesbegriff in dem nothwendigen empirischen Regressus *zu klein*. Denn weil der Anfang noch immer eine Zeit, die vorhergeht, voraussetzt, so ist er noch nicht unbedingt, und das Gesetz des empirischen Gebrauchs des Verstandes legt es euch auf, noch nach einer höheren Zeitbedingung zu fragen, und die Welt ist also offenbar für dieses Gesetz zu klein.

Eben so ist es mit der doppelten Beantwortung der Frage wegen der Weltgröße dem Raum nach bewandt. Denn *ist sie unendlich* und unbegrenzt, *so ist sie* für allen möglichen empirischen Begriff *zu groß*. *Ist sie endlich* und begrenzt, so fragt ihr mit Recht noch: was bestimmt diese Grenze? Der leere Raum ist nicht ein für sich bestehendes Correlatum der Dinge und kann keine Bedingung sein, bei der ihr stehen bleiben könnet, noch viel weniger eine empirische Bedingung, die einen Theil einer möglichen Erfahrung ausmachte. (Denn wer kann eine Erfahrung vom Schlechthin-Leeren haben?) Zur absoluten Totalität aber der empirischen Synthesis wird jederzeit erfordert, daß das Unbedingte ein Erfahrungsbegriff sei. Also ist eine *begrenzte Welt* für euren Begriff *zu klein*.

Zweitens, besteht jede Erscheinung im Raume (Materie) *aus unendlich viel Theilen*, so ist der Regresss der Theilung für euren Begriff jederzeit *zu*

groß; und soll die Theilung des Raumes irgend bei einem Gliede derselben (dem Einfachen) aufhören, so ist er für die Idee des Unbedingten zu klein. Denn dieses Glied läßt noch immer einen Regressus zu mehreren in ihm enthaltenen Theilen übrig.

Drittens, nehmet ihr an, in allem, was in der Welt geschieht, sei nichts als Erfolg nach Gesetzen der Natur, so ist die Causalität der Ursache immer wiederum etwas, das geschieht und euren Regressus zu noch höherer Ursache, mithin die Verlängerung, der Reihe von Bedingungen *a parte priori* ohne Aufhören nothwendig macht. Die bloße wirkende Natur ist also für allen euren Begriff in der Synthesis der Weltbegebenheiten zu groß.

Wählt ihr hin und wieder von selbst gewirkte Begebenheiten, mithin Erzeugung aus Freiheit: so verfolgt euch das Warum nach einem unvermeidlichen Naturgesetze und nöthigt euch, über diesen Punkt nach dem Causalgesetze der Erfahrung hinaus zu gehen, und ihr findet, daß dergleichen Totalität der Verknüpfung für euren nothwendigen empirischen Begriff zu klein ist.

Viertens. Wenn ihr ein schlechthin nothwendiges Wesen (es sei die Welt selbst, oder etwas in der Welt, oder die Weltursache) annehmt: so setzt ihr es in eine von jedem gegebenen Zeitpunkt unendlich entfernte Zeit, weil es sonst von einem anderen und älteren Dasein abhängend sein würde. Alsdann ist aber diese Existenz für euren empirischen Begriff unzugänglich und zu groß, als daß ihr jemals durch irgend einen fortgesetzten Regressus dazu gelangen könntet.

Ist aber eurer Meinung nach alles, was zur Welt (es sei als bedingt oder als Bedingung) gehört, zufällig: so ist jede euch gegebene Existenz für euren Begriff zu klein.

Denn sie nöthigt euch, euch noch immer nach einer andern Existenz umzusehen, von der sie abhängig ist.

Wir haben in allen diesen Fällen gesagt, daß die W e l t- i d e e für den empirischen Regressus, mithin jeden möglichen Verstandesbegriff entweder zu groß, oder auch für denselben zu klein sei. Warum haben wir uns nicht umgekehrt ausgedrückt und gesagt: daß im ersteren Falle der empirische Begriff für die Idee jederzeit zu klein, im zweiten aber zu groß sei, und mithin gleichsam die Schuld auf dem empirischen Regressus hafte; anstatt daß wir die kosmologische Idee anklagten, daß sie im Zuviel oder Zuwenig von ihrem Zwecke, nämlich der möglichen Erfahrung, abwiche? Der Grund war dieser. Mögliche Erfahrung ist das, was unseren Begriffen allein Realität geben kann; ohne das ist aller Begriff nur Idee, ohne Wahrheit und Beziehung auf einen Gegenstand. Daher war der mögliche empirische Begriff das Richtmaß, wornach die Idee beurtheilt werden mußte, ob sie bloße Idee und Gedankending sei, oder in der Welt ihren Gegenstand antreffe. Denn man sagt nur von demjenigen, daß es verhältnißweise auf etwas anderes zu groß oder zu klein sei, was nur um dieses letzteren willen angenommen wird und darnach eingerichtet sein muß. Zu dem Spielwerke der alten dialektischen Schulen gehörte auch diese Frage: wenn eine Kugel nicht durch ein Loch geht, was soll man sagen: ist die Kugel zu groß, oder das Loch zu klein? In diesem Falle ist es gleichgültig, wie ihr euch ausdrücken wollt; denn ihr wißt nicht, welches von beiden um des anderen willen da ist. Dagegen werdet ihr nicht sagen: der Mann ist für sein Kleid zu lang, sondern das Kleid ist für den Mann zu kurz.

Wir sind also wenigstens auf den gegründeten Verdacht gebracht: daß die kosmologischen Ideen und mit ihnen alle unter einander in Streit gesetzte vernünftelnde Behauptungen vielleicht einen leeren und bloß eingebildeten Begriff von der Art, wie uns der Gegenstand dieser Ideen gegeben wird, zum Grunde hegen haben; und dieser Verdacht kann uns schon auf die rechte Spur führen, das Blendwerk zu entdecken, was uns so lange irre geführt hat.

Der
Antinomie der reinen Vernunft
Sechster Abschnitt.

Der transscendentale Idealism als der Schlüssel zu Auflösung der kosmologischen Dialektik.

Wir haben in der transscendentalen Ästhetik hinreichend bewiesen: daß alles, was im Raume oder der Zeit angeschauet wird, mithin alle Gegenstände einer uns möglichen Erfahrung nichts als Erscheinungen, d.i. bloße Vorstellungen, sind, die so, wie sie vorgestellt werden, als ausgedehnte Wesen oder Reihen von Veränderungen, außer unseren Gedanken keine an sich gegründete Existenz haben. Diesen Lehrbegriff nenne ich den transscendentalen Idealism*. Der Realist in transscendentaler Bedeutung macht aus diesen Modificationen unserer Sinnlichkeit an sich subsistirende Dinge und daher bloße Vorstellungen zu Sachen an sich selbst.

* Ich habe ihn auch sonst bisweilen den formalen Idealism genannt um ihn von dem materialen, d.i. dem gemeinen, der die Existenz äußerer Dinge selbst bezweifelt oder leugnet, zu unterscheiden. In manchen Fällen scheint es rathsam zu sein, sich lieber dieser als der obgenannten Ausdrücke zu bedienen, um alle Mißdeutung zu verhüten.

Man würde uns Unrecht thun, wenn man uns den schon längst so verschrieenen empirischen Idealismus zumuthen wollte, der, indem er die eigene Wirklichkeit des Raumes annimmt, das Dasein der ausgedehnten Wesen in demselben leugnet, wenigstens zweifelhaft findet und zwischen Traum und Wahrheit in diesem Stücke keinen genugsamen erweislichen Unterschied einräumt. Was die Erscheinungen des innern Sinnes in der Zeit betrifft: an denen als wirklichen Dingen findet er keine Schwierigkeit; ja er behauptet sogar, daß diese innere Erfahrung das wirkliche Dasein ihres Objects (an sich selbst mit aller dieser Zeitbestimmung) einzig und allein hinreichend beweise.

Unser transscendentaler Idealism erlaubt es dagegen: daß die Gegenstände äußerer Anschauung, eben so wie sie im Raume angeschauet werden, auch wirklich sind und in der Zeit alle Veränderungen, so wie sie der innere Sinn vorstellt. Denn da der Raum schon eine Form derjenigen Anschauung ist, die wir die äußere nennen, und ohne Gegenstände in demselben es gar keine empirische Vorstellung geben würde: so können und müssen wir darin ausgedehnte Wesen als wirklich annehmen; und eben so ist es auch mit der Zeit. jener Raum selber aber sammt dieser Zeit und zugleich mit beiden alle Erscheinungen sind doch an sich selbst keine D i n g e , sondern nichts als Vorstellungen und können gar nicht außer unserem Gemüth existiren; und selbst ist die innere und sinnliche Anschauung unseres Gemüths (als Gegenstandes des Bewußtseins), dessen Bestimmung durch die Succession verschiedener Zustände in der Zeit vorgestellt wird, auch nicht das eigentliche Selbst, so wie es an sich existirt, oder das transscendentale Subject, sondern nur eine Erscheinung, die der Sinnlichkeit dieses uns unbekannten Wesens gegeben worden. Das Dasein dieser inneren Erscheinung als eines so an sich existirenden Dinges kann nicht eingeräumt werden, weil ihre Bedingung die Zeit ist, welche keine Bestimmung irgend eines Dinges an sich selbst sein kann. In dem Raume aber und der Zeit ist die empirische Wahrheit der Erscheinungen genugsam gesichert und von der Verwandtschaft mit dem Traume hinreichend unterschieden, wenn beide nach empirischen Gesetzen in einer Erfahrung richtig und durchgängig zusammenhängen.

Es sind demnach die Gegenstände der Erfahrung niemals an sich selbst, sondern nur in der Erfahrung gegeben und existiren außer derselben gar nicht. Daß es Einwohner im Monde geben könne, ob sie gleich kein Mensch jemals wahrgenommen hat, muß allerdings eingeräumt werden, aber es bedeutet nur so viel: daß wir in dem möglichen Fortschritt der Erfahrung auf sie treffen könnten; denn alles ist wirklich, was mit einer Wahrnehmung nach Gesetzen des empirischen Fortgangs in einem Context steht. Sie sind also alsdann wirklich, wenn sie mit meinem wirklichen Bewußtsein in einem empirischen Zummmenhange stehen, ob sie gleich darum nicht an sich, d.i. außer diesem Fortschritt der Erfahrung wirklich sind.

Uns ist wirklich nichts gegeben, als die Wahrnehmung und der empirische Fortschritt von dieser zu andern möglichen Wahrnehmungen. Denn an sich selbst sind die Erscheinungen als bloße Vorstellungen nur in der Wahrnehmung wirklich, die in der That nichts andres ist, als die Wirklichkeit einer empirischen Vorstellung, d.i. Erscheinung. Vor der Wahrnehmung eine Erscheinung ein wirkliches Ding nennen, bedeutet entweder, daß wir im Fortgange der Erfahrung auf eine solche Wahrnehmung treffen müssen, oder es hat gar keine Bedeutung. Denn daß sie an sich selbst, ohne Beziehung auf unsere Sinne und mögliche Erfahrung existire, könnte allerdings gesagt werden, wenn von einem Dinge an sich selbst die Rede wäre. Es ist aber bloß von einer Erscheinung im Raume und der Zeit, die beides keine Bestimmungen der Dinge an sich selbst, sondern nur unserer Sinnlichkeit sind, die Rede; daher das, was in ihnen ist (Erscheinungen), nicht an sich Etwas, sondern bloße Vorstellungen sind, die, wenn sie nicht in uns (in der Wahrnehmung) gegeben sind, überall nirgend angetroffen werden.

Das sinnliche Anschauungsvermögen ist eigentlich nur eine Receptivität, auf gewisse Weise mit Vorstellungen afficirt zu werden, deren Verhältniß zu einander eine reine Anschauung des Raumes und der Zeit ist (lauter Formen unserer Sinnlichkeit), und welche, so fern sie in diesem Verhältnisse (dem Raume und der Zeit) nach Gesetzen der Einheit der Erfahrung verknüpft und bestimmbar sind, Gegenstände heißen. Die nichtsinnliche Ursache dieser Vorstellungen ist uns gänzlich unbekannt, und diese können wir daher nicht als Object anschauen; denn dergleichen Gegenstand würde weder im Raume, noch der Zeit (als bloßen Bedingungen der sinnlichen Vorstellung) vorgestellt werden müssen, ohne welche Bedingungen wir uns gar keine Anschauung denken können. Indessen können wir die bloß intelligibele Ursache der Erscheinungen überhaupt das transscendentale Object nennen, bloß damit wir etwas haben, was der Sinnlichkeit als einer Receptivität correspondirt. Diesem transscendentalen Object können wir allen Umfang und Zusammenhang unserer möglichen Wahrnehmungen zuschreiben und sagen: daß es vor aller Erfahrung an sich selbst gegeben sei. Die Erscheinungen aber sind ihm gemäß nicht an sich, sondern nur in dieser Erfahrung gegeben, weil sie bloße Vorstellungen sind, die nur als Wahrnehmungen einen wirklichen Gegenstand bedeuten, wenn nämlich diese

Wahrnehmung mit allen andern nach den Regeln der Erfahrungseinheit zusammenhängt. So kann man sagen: die wirklichen Dinge der vergangenen Zeit sind in dem transscendentalen Gegenstande der Erfahrung gegeben; sie sind aber für mich nur Gegenstände und in der vergangenen Zeit wirklich, so fern als ich mir vorstelle, daß eine regressive Reihe möglicher Wahrnehmungen (es sei am Leitfaden der Geschichte, oder an den Fußstapfen der Ursachen und Wirkungen) nach empirischen Gesetzen, mit einem Worte der Weltlauf auf eine verflossene Zeitreihe als Bedingung der gegenwärtigen Zeit führt, welche alsdann doch nur in dem Zusammenhange einer möglichen Erfahrung und nicht an sich selbst als wirklich vorgestellt wird, so daß alle von undenklicher Zeit her vor meinem Dasein verflossene Begebenheiten doch nichts andres bedeuten, als die Möglichkeit der Verlängerung der Kette der Erfahrung von der gegenwärtigen Wahrnehmung an aufwärts zu den Bedingungen, welche diese der Zeit nach bestimmen.

Wenn ich mir demnach alle existirende Gegenstände der Sinne in aller Zeit und allen Räumen insgesammt vorstelle: so setze ich solche nicht vor der Erfahrung in beide hinein, sondern diese Vorstellung ist nichts andres, als der Gedanke von einer möglichen Erfahrung in ihrer absoluten Vollständigkeit. In ihr allein sind jene Gegenstände (welche nichts als bloße Vorstellungen sind) gegeben. Daß man aber sagt, sie existiren vor aller meiner Erfahrung, bedeutet nur, daß sie in dem Theile der Erfahrung, zu welchem ich, von der Wahrnehmung anhebend, allererst fortschreiten muß, anzutreffen sind. Die Ursache der empirischen Bedingungen dieses Fortschritts, mithin auf welche Glieder oder auch, wie weit ich auf dergleichen im Regressus treffen könne, ist transscendental und mir daher nothwendig unbekannt. Aber um diese ist es auch nicht zu thun, sondern nur um die Regel des Fortschritts der Erfahrung, in der mir die Gegenstände, nämlich Erscheinungen, gegeben werden. Es ist auch im Ausgange ganz einerlei: ob ich sage, ich könne im empirischen Fortgange im Raume auf Sterne treffen, die hundertmal weiter entfernt sind, als die äußersten, die ich sehe; oder ob ich sage, es sind vielleicht deren im Weltraume anzutreffen, wenn sie gleich niemals ein Mensch wahrgenommen hat oder wahrnehmen wird; denn wenn sie gleich als Dinge an sich selbst, ohne Beziehung auf mögliche Erfahrung überhaupt, gegeben wären, so sind sie doch für mich nichts, mithin keine Gegenstände, als sofern sie in der Reihe des empirischen Regressus enthalten sind. Nur in anderweitiger Beziehung, wenn eben diese Erscheinungen zur kosmologischen Idee von einem absoluten Ganzen gebraucht werden sollen, und wenn es also um eine Frage zu thun ist, die über die Grenzen möglicher Erfahrung hinausgeht, ist die Unterscheidung der Art, wie man die Wirklichkeit gedachter Gegenstände der Sinne nimmt, von Erheblichkeit, um einem trüglichen Wahne vorzubeugen, welcher aus der Mißdeutung unserer eigenen Erfahrungsbegriffe unvermeidlich entspringen muß.

Der Antinomie der reinen Vernunft Siebenter Abschnitt.

Kritische Entscheidung des kosmologischen Streits der Vernunft mit sich selbst.

Die ganze Antinomie der reinen Vernunft beruht auf dem dialektischen Argumente: Wenn das Bedingte gegeben ist, so ist auch die ganze Reihe aller Bedingungen desselben gegeben; nun sind uns Gegenstände der Sinne als bedingt gegeben; folglich etc. Durch diesen Vernunftschluß, dessen Obersatz so natürlich und einleuchtend scheint, werden nun nach Verschiedenheit der Bedingungen (in der Synthesis der Erscheinungen), so fern sie eine Reihe ausmachen, eben so viel kosmologische Ideen eingeführt, welche die absolute Totalität dieser Reihen postuliren und eben dadurch die Vernunft unvermeidlich in Widerstreit mit sich selbst versetzen. Ehe wir aber das Trügliche dieses vernünftelnden Arguments aufdecken, müssen wir uns durch Berichtigung und Bestimmung gewisser darin vorkommenden Begriffe dazu in Stand setzen.

Zuerst ist folgender Satz klar und ungezweifelt gewiß: daß, wenn das Bedingte gegeben ist, uns eben dadurch ein Regressus in der Reihe aller Bedingungen zu demselben **aufgegeben** sei; denn dieses bringt schon der Begriff des Bedingten so mit sich, daß dadurch etwas auf eine Bedingung und, wenn diese Wiederum bedingt ist, auf eine entferntere Bedingung und so durch alle Glieder der Reihe bezogen wird. Dieser Satz ist also analytisch und erhebt sich über alle Furcht vor einer transscendentalen Kritik. Er ist ein logisches Postulat der Vernunft: diejenige Verknüpfung eines Begriffs mit seinen Bedingungen durch den Verstand zu verfolgen und so weit als möglich fortzusetzen, die schon dem Begriffe selbst anhängt.

Ferner: wenn das Bedingte so wohl, als seine Bedingung, Dinge an sich selbst sind, so ist, wenn das Erstere gegeben worden, nicht bloß der Regressus zu dem Zweiten aufgegeben, sondern dieses ist dadurch wirklich schon mit **gegeben**, und, weil dieses von allen Gliedern der Reihe gilt, so ist die vollständige Reihe der Bedingungen, mithin auch das Unbedingte dadurch zugleich gegeben, oder vielmehr vorausgesetzt, daß das Bedingte, welches nur durch jene Reihe möglich war, gegeben ist. Hier ist die Synthesis des Bedingten mit seiner Bedingung eine Synthesis des bloßen Verstandes, welcher die Dinge vorstellt, wie sie sind, ohne darauf zu achten, ob und wie wir zur Kenntniß derselben gelangen können. Dagegen wenn ich es mit Erscheinungen zu thun habe, die als bloße Vorstellungen gar nicht gegeben sind, wenn ich nicht zu ihrer Kenntniß (d.i. zu ihnen selbst, denn sie sind nichts als empirische Kenntnisse) gelange, so kann ich nicht in eben der Bedeutung sagen: wenn das Bedingte gegeben ist, so sind auch alle Bedingungen (als Erscheinungen) zu demselben gegeben, und kann mithin auf die absolute Totalität der Reihe derselben keinesweges schließen. Denn die Erscheinungen sind in der Apprehension selber nichts anders als eine empirische Synthesis (im Raume und der Zeit) und sind also nur in dieser gegeben. Nun folgt es gar nicht, daß, wenn das Bedingte (in der Erscheinung) gegeben ist, auch die Synthesis, die seine empirische Bedingung ausmacht, dadurch mitgegeben und vorausgesetzt sei, sondern diese findet allererst im Regressus und niemals ohne denselben statt. Aber das kann man wohl in einem solchen Falle sagen, daß ein Regressus zu den Bedingungen, d.i. eine fortgesetzte empirische Synthesis, auf dieser Seite geboten oder aufgegeben sei, und daß es nicht an Bedingungen fehlen könne, die durch diesen Regressus gegeben werden.

Hieraus erhellt, daß der Obersatz des kosmologischen Vernunftschlusses das Bedingte in transscendentaler Bedeutung einer reinen Kategorie, der Untersatz aber in empirischer Bedeutung eines auf bloße Erscheinungen angewandten Verstandesbegriffs nehme, folglich derjenige dialektische

Betrug darin angetroffen werde, den man *Sophisma figurae dictionis* nennt. Dieser Betrug ist aber nicht erkünstelt, sondern eine ganz natürliche Täuschung der gemeinen Vernunft. Denn durch dieselbe setzen wir (im Obersatze) die Bedingungen und ihrer Reihe gleichsam unbesehen voraus, wenn etwas als bedingt gegeben ist, weil dieses nichts andres, als die logische Forderung ist, vollständige Prämissen zu einem gegebenen Schlußsatze anzunehmen; und da ist in der Verknüpfung des Bedingten mit seiner Bedingung keine Zeitordnung anzutreffen: sie werden an sich als zugleich gegeben vorausgesetzt. Ferner ist es eben so natürlich (im Untersatze), Erscheinungen als Dinge an sich und eben sowohl dem bloßen Verstande gegebene Gegenstände anzusehen, wie es im Obersatze geschah, da ich von allen Bedingungen der Anschauung, unter denen allein Gegenstände gegeben werden können, abstrahirte. Nun hatten wir aber hiebei einen merkwürdigen Unterschied zwischen den Begriffen übersehen. Die Synthesis des Bedingten mit seiner Bedingung und die ganze Reihe der letzteren (im Obersatze) führte gar nichts von Einschränkung durch die Zeit und keinen Begriff der Succession bei sich. Dagegen ist die empirische Synthesis und die Reihe der Bedingungen in der Erscheinung (die im Untersatze subsumirt wird) nothwendig successiv und nur in der Zeit nach einander gegeben; folglich konnte ich die absolute Totalität der Synthesis und der dadurch vorgestellten Reihe hier nicht eben so wohl, als dort voraussetzen, weil dort alle Glieder der Reihe an sich (ohne Zeitbedingung) gegeben sind, hier aber nur durch den successiven Regressus möglich sind, der nur dadurch gegeben ist, daß man ihn wirklich vollführt.

Nach der Überweisung eines solchen Fehltritts des gemeinschaftlich zum Grunde (der kosmologischen Behauptungen) gelegten Arguments können beide streitende Theile mit Recht als solche, die ihre Forderung auf keinen gründlichen Titel gründen, abgewiesen werden. Dadurch aber ist ihr Zwist noch nicht in so fern geendigt, daß sie überführt worden wären, sie oder einer von beiden hätte in der Sache selbst, die er behauptet, (im Schlußsatze) Unrecht, wenn er sie gleich nicht auf tüchtige Beweisgründe zu bauen wußte. Es scheint doch nichts klärer, als daß von zweien, deren der eine behauptet: die Welt hat einen Anfang, der andere: die Welt hat keinen Anfang, sondern sie ist von Ewigkeit her, doch einer Recht haben müsse. Ist aber dieses, so ist es, weil die Klarheit auf beiden Seiten gleich ist, doch unmöglich, jemals auszumitteln, auf welcher Seite das Recht sei; und der Streit dauert nach wie vor, wenn die Parteien gleich bei dem Gerichtshofe der Vernunft zur Ruhe verwiesen worden. Es bleibt also kein Mittel übrig, den Streit gründlich und zur Zufriedenheit beider Theile zu endigen, als daß, da sie einander doch so schön widerlegen können, sie endlich überführt werden, daß sie um Nichts streiten, und ein gewisser transscendentaler Schein ihnen da eine Wirklichkeit vorgemalt habe, wo keine anzutreffen ist. Diesen Weg der Beilegung eines nicht abzuurtheilenden Streits wollen wir jetzt einschlagen.

* * *

Der eleatische Zeno, ein subtiler Dialektiker, ist schon vom Plato als ein muthwilliger Sophist darüber sehr getadelt worden, daß er, um seine Kunst zu zeigen, einerlei Satz durch scheinbare Argumente zu beweisen und bald darauf durch andere, ebenso starke, wieder umzustürzen suchte. Er behauptete, Gott (vermuthlich war es bei ihm nichts als die Welt) sei weder endlich noch unendlich, er sei weder in Bewegung noch in Ruhe, sei keinem andern Dinge weder ähnlich noch unähnlich. Es schien denen, die ihn hierüber beurtheilten, er habe zwei einander widersprechende Sätze gänzlich ableugnen wollen, welches ungereimt ist. Allein ich finde nicht, daß ihm dieses mit Recht zur Last gelegt werden könne. Den ersteren dieser Sätze werde ich bald näher beleuchten. Was die übrigen betrifft, wenn er unter dem Worte: Gott das Universum verstand, so mußte er allerdings sagen: daß dieses weder in seinem Orte beharrlich gegenwärtig (in Ruhe) sei, noch denselben verändere (sich bewege), weil alle Örter nur im Univers, dieses selbst also in keinem Orte ist. Wenn das Weltall alles, was existirt, in sich faßt, so ist es auch so fern keinem andern Dinge weder ähnlich noch unähnlich, weil es außer ihm kein anderes Ding giebt, mit dem es könnte verglichen werden. Wenn zwei einander entgegengesetzte Urtheile eine unstatthafte Bedingung voraussetzen, so fallen sie unerachtet ihres Widerstreits (der gleichwohl kein eigentlicher Widerspruch ist) alle beide weg, weil die Bedingung wegfällt, unter der allein jeder dieser Sätze gelten sollte.

Wenn jemand sagte, ein jeder Körper riecht entweder gut, oder er riecht nicht gut, so findet ein Drittes statt, nämlich daß er gar nicht rieche (ausdufte), und so können beide widerstreitende Sätze falsch sein. Sage ich, er ist entweder wohlriechend, oder er ist nicht wohlriechend (*vel suaveolens vel non suaveolens*): *so* sind beide Urtheile einander contradictorisch entgegengesetzt, und nur der erste ist falsch, sein contradictorisches Gegentheil aber, nämlich einige Körper sind nicht wohlriechend, befaßt auch die Körper in sich, die gar nicht riechen. In der vorigen Entgegenstellung (*per disparata*) blieb die zufällige Bedingung des Begriffs der Körper (der Geruch) noch bei dem widerstreitenden Urtheile und wurde durch dieses also nicht mit aufgehoben, daher war das letztere nicht das contradictorische Gegentheil des ersteren.

Sage ich demnach: die Welt ist dem Raume nach entweder unendlich, oder sie ist nicht unendlich (*non est infinitius*), so muß wenn der erstere Satz falsch ist, sein contradictorisches Gegentheil: die Welt ist nicht unendlich, wahr sein. Dadurch würde ich nur eine unendliche Welt aufheben, ohne eine andere, nämlich die endliche, zu setzen. Hieße es aber: die Welt ist entweder unendlich, oder endlich (nichtunendlich), so könnten beide falsch sein. Denn ich sehe alsdann die Welt als an sich selbst ihrer Größe nach bestimmt an, indem ich in dem Gegensatz nicht bloß die Unendlichkeit aufhebe und mit ihr vielleicht ihre ganze abgesonderte Existenz, sondern eine Bestimmung zur Welt als einem an sich selbst wirklichen Dinge hinzusetze, welches eben so wohl falsch sein kann, wenn nämlich die Welt gar nicht als ein Ding an sich, mithin auch nicht ihrer Größe nach weder als unendlich, noch als endlich gegeben sein sollte. Man erlaube mir, daß ich dergleichen Entgegensetzung die dialektische, die des Widerspruchs aber die analytische Opposition nennen darf. Also können von zwei dialektisch einander entgegengesetzen Urtheilen alle beide falsch sein, darum weil eines dem andern nicht bloß widerspricht, sondern etwas mehr sagt, als zum Widerspruche erforderlich ist.

Wenn man die zwei Sätze: die Welt ist der Größe nach unendlich, die Welt ist ihrer Größe nach endlich, als einander contradictorisch entgegengesetzte ansieht, so nimmt man an, daß die Welt (die ganze Reihe der Erscheinungen) ein Ding an sich selbst sei. Denn sie bleibt, ich mag den unendlichen oder endlichen Regressus in der Reihe ihrer Erscheinungen aufheben. Nehme ich aber diese Voraussetzung oder diesen transscendentalen Schein weg und leugne, daß sie ein Ding an sich selbst sei, so verwandelt sich der contradictorische Widerstreit beider Behauptungen in einen bloß dialektischen; und weil die Welt gar nicht an sich (unabhängig von der regressiven Reihe meiner Vorstellungen) existirt, so existirt sie weder als ein an sich unendliches, noch als ein an sich endliches Ganzes. Sie ist nur im empirischen Regressus der Reihe der Erscheinungen und für sich selbst gar nicht anzutreffen. Daher wenn diese jederzeit bedingt ist, so ist sie niemals ganz gegeben, und die Welt ist also kein unbedingtes Ganzes, existirt also auch nicht als ein solches, weder mit unendlicher, noch endlicher Größe.

Was hier von der ersten kosmologischen Idee, nämlich der absoluten Totalität der Größe in der Erscheinung, gesagt worden, gilt auch von allen übrigen. Die Reihe der Bedingungen ist nur in der regressiven Synthesis selbst, nicht aber an sich in der Erscheinung als einem eigenen, vor allem Regressus gegebenen Dinge anzutreffen. Daher werde ich auch sagen müssen: die Menge der Theile in einer gegebenen Erscheinung ist an sich weder endlich, noch unendlich, weil Erscheinung nichts an sich selbst Existirendes ist, und die Theile allererst durch den Regressus der decomponirenden Synthesis und in demselben gegeben werden, welcher Regressus niemals schlechthin ganz, weder als endlich, noch als unendlich, gegeben ist. Eben das gilt von der Reihe der über einander geordneten Ursachen, oder der bedingten bis zur unbedingt nothwendigen Existenz, welche niemals weder an sich ihrer Totalität nach als endlich, noch als unendlich angesehen werden kann, weil sie als Reihe subordinirter Vorstellungen nur im dynamischen Regressus besteht, vor demselben aber und als für sich bestehende Reihe von Dingen an sich selbst gar nicht existiren kann.

So wird demnach die Antinomie der reinen Vernunft bei ihren kosmologischen Ideen gehoben, dadurch daß gezeigt wird, sie sei bloß dialektisch und ein Widerstreit eines Scheins, der daher entspringt, daß man die Idee der absoluten Totalität, welche nur als eine Bedingung der Dinge an sich selbst gilt, auf Erscheinungen angewandt hat, die nur in der Vorstellung und, wenn sie eine Reihe ausmachen, im successiven Regressus, sonst aber gar nicht existiren. Man kann aber auch umgekehrt aus dieser Antinomie einen wahren, zwar nicht dogmatischen, aber doch kritischen und doctrinalen Nutzen ziehen: nämlich die transscendentale Idealität der Erscheinungen dadurch indirect zu beweisen, wenn jemand etwa an dem directen Beweise in der transscendentalen Ästhetik nicht genug hätte. Der Beweis würde in diesem Dilemma bestehen. Wenn die Welt ein an sich existirendes Ganzes ist, so ist sie entweder endlich, oder unendlich. Nun ist das erstere sowohl als das zweite falsch (laut der oben angeführten Beweise der Antithesis einerund der Thesis andererseits.) Also ist es auch falsch, daß die Welt (der Inbegriff aller Erscheinungen) ein an sich existirendes Ganzes sei. Woraus denn folgt, daß Erscheinungen überhaupt außer unseren Vorstellungen nichts sind, welches wir eben durch die transscendentale Idealität derselben sagen wollten.

Diese Anmerkung ist von Wichtigkeit. Man sieht daraus, daß die obigen Beweise der vierfachen Antinomie nicht Blendwerke, sondern gründlich waren, unter der Voraussetzung nämlich, daß Erscheinungen oder eine Sinnenwelt, die sie insgesammt in sich begreift, Dinge an sich selbst wären. Der Widerstreit der daraus gezogenen Sätze entdeckt aber, daß in der Voraussetzung eine Falschheit liege, und bringt uns dadurch zu einer Entdeckung der wahren Beschaffenheit der Dinge als Gegenstände der Sinne. Die transscendentale Dialektik thut also keineswegs dem Scepticism einigen Vorschub, wohl aber der sceptischen Methode, welche an ihr ein Beispiel ihres großen Nutzens aufweisen kann, wenn man die Argumente der Vernunft in ihrer größten Freiheit gegen einander auftreten läßt, die, ob sie gleich zuletzt nicht dasjenige, was man suchte, dennoch jederzeit etwas Nützliches und zur Berichtigung unserer Urtheile Dienliches liefern werden.

Der Antinomie der reinen Vernunft
Achter Abschnitt.

Regulatives Princip der reinen Vernunft in Ansehung der kosmologischen Ideen.

Da durch den kosmologischen Grundsatz der Totalität kein Maximum der Reihe von Bedingungen in einer Sinnenwelt als einem Dinge an sich selbst gegeben wird, sondern bloß im Regressus derselben aufgegeben werden kann: so behält der gedachte Grundsatz der reinen Vernunft in seiner dergestalt berichtigten Bedeutung annoch seine gute Gültigkeit, zwar nicht als Axiom, die Totalität im Object als wirklich zu denken, sondern als ein Problem für den Verstand, also für das Subject, um der Vollständigkeit in der Idee gemäß den Regressus in der Reihe der Bedingungen zu einem gegebenen Bedingten anzustellen und fortzusetzen. Denn in der Sinnlichkeit, d.i. im Raume und der Zeit, ist jede Bedingung, zu der wir in der Exposition gegebener Erscheinungen gelangen können, wiederum bedingt: weil diese keine Gegenstände an sich selbst sind, an denen allenfalls das Schlechthin-Unbedingte stattfinden könnte, sondern bloß empirische Vorstellungen, die jederzeit in der Anschauung ihre Bedingung finden müssen, welche sie dem Raume oder der Zeit nach bestimmt. Der Grundsatz der Vernunft also ist eigentlich nur eine Regel, welche in der Reihe der Bedingungen gegebener Erscheinungen einen Regressus gebietet, dem es niemals erlaubt ist, bei einem Schlechthin-Unbedingten stehen zu bleiben. Er ist also kein Principium der Möglichkeit der Erfahrung und der empirischen Erkenntniß der Gegenstände der Sinne, mithin kein Grundsatz des Verstandes, denn jede Erfahrung ist in ihren Grenzen (der gegebenen Anschauung gemäß) eingeschlossen; auch kein constitutives Princip der Vernunft, den Begriff der Sinnenwelt über alle mögliche Erfahrung zu erweitern: sondern ein Grundsatz der größtmöglichen Fortsetzung und Erweiterung der Erfahrung, nach welchem keine empirische Grenze für absolute Grenze gelten muß, also ein Principium der Vernunft, welches *als* Regel postulirt, was von uns *im* Regressus geschehen soll, und nicht anticipirt, was *im* Objecte vor allem Regressus an sich gegeben ist. Daher nenne ich es ein regulatives Princip der Vernunft, da hingegen der Grundsatz der absoluten Totalität der Reihe der Bedingungen, als im Objecte (den Erscheinungen) an sich selbst gegeben, ein constitutives kosmologisches Princip sein würde, dessen Nichtigkeit ich eben durch diese Unterscheidung habe anzeigen und dadurch verhindern wollen, daß man nicht, wie sonst unvermeidlich geschieht (durch transscendentale Subreption), einer Idee, welche bloß zur Regel dient, objective Realität beimesse.

Um nun den Sinn dieser Regel der reinen Vernunft gehörig zu bestimmen, so ist zuvörderst zu bemerken, daß sie nicht sagen könne, was das Object sei, sondern wie der empirische Regressus anzustellen sei, um zu dem vollständigen Begriffe des Objects zu gelangen. Denn fände das erstere statt, so würde sie ein constitutives Principium sein, dergleichen aus reiner Vernunft niemals möglich ist. Man kann also damit keineswegs die Absicht haben zu sagen, die Reihe der Bedingungen zu einem gegebenen Bedingten sei an sich endlich oder unendlich; denn dadurch würde eine bloße Idee der absoluten Totalität, die lediglich in ihr selbst geschaffen ist, einen Gegenstand denken, der in keiner Erfahrung gegeben werden kann, indem einer Reihe von Erscheinungen eine von der empirischen Synthesis unabhängige objective Realität ertheilt würde. Die Vernunftidee wird also nur der regressiven Synthesis in der Reihe der Bedingungen eine Regel vorschreiben, nach welcher sie vom Bedingten vermittelst aller einander untergeordneten Bedingungen zum Unbedingten fortgeht, obgleich dieses niemals erreicht wird. Denn das Schlechthin-Unbedingte wird in der Erfahrung gar nicht angetroffen.

Zu diesem Ende ist nun erstlich die Synthesis einer Reihe, so fern sie niemals vollständig ist, genau zu bestimmen. Man bedient sich in dieser Absicht gewöhnlich zweier Ausdrücke, die darin etwas unterscheiden sollen, ohne daß man doch den Grund dieser Unterscheidung recht anzugeben weiß. Die Mathematiker sprechen lediglich von einem *progressus in infinitum.* Die Forscher der Begriffe (Philosophen) wollen an dessen statt nur den Ausdruck von einem *progressus in indefinitum* gelten lassen. Ohne mich bei der Prüfung der Bedenklichkeit, die diesen eine solche Unterscheidung angerathen hat, und dem guten oder fruchtlosen Gebrauch derselben aufzuhalten, will ich diese Begriffe in

Beziehung auf meine Absicht genau zu bestimmen suchen.

Von einer geraden Linie kann man mit Recht sagen, sie könne ins Unendliche verlängert werden, und hier würde die Unterscheidung des unendlichen und des unbestimmbar weiten Fortgangs (*progressus in indefinitum*) eine leere Subtilität sein. Denn obgleich, wenn es heißt: ziehet eine Linie fort, es freilich richtiger lautet, wenn man hinzu setzt *in indefinitum,* als wenn es heißt *in infinitum,* weil das erstere nicht mehr bedeutet als: verlängert sie, so weit ihr wollet, das zweite aber: ihr sollt niemals aufhören sie zu verlängern (welches hiebei eben nicht die Absicht ist): so ist doch, wenn nur vom Können die Rede ist, der erstere Ausdruck ganz richtig; denn ihr könnt sie ins Unendliche immer größer machen. Und so verhält es sich auch in allen Fällen, wo man nur vom Progressus, d.i. dem Fortgange von der Bedingung zum Bedingten, spricht; dieser mögliche Fortgang geht in der Reihe der Erscheinungen ins Unendliche. Von einem Elternpaar könnt ihr in absteigender Linie der Zeugung ohne Ende fortgehen und euch auch ganz wohl denken, daß sie wirklich in der Welt so fortgehe. Denn hier bedarf die Vernunft niemals absolute Totalität der Reihe, weil sie solche nicht als Bedingung und wie gegeben (*datum*) vorausgesetzt, sondern nur als was Bedingtes, das nur angeblich (*dabile*) ist und ohne Ende hinzugesetzt wird.

Ganz anders ist es mit der Aufgabe bewandt: wie weit sich der Regressus, der von dem gegebenen Bedingten zu den Bedingungen in einer Reihe aufsteigt, erstrecke; ob ich sagen könne: er sei **ein Rückgang ins Unendliche**, oder nur ein unbestimmbar weit (*in indefinitum*) sich erstreckender Rückgang; und ob ich also von den jetzt lebenden Menschen in der Reihe ihrer Voreltern ins Unendliche aufwärts steigen könne, oder ob nur gesagt werden könne:

daß, soweit ich auch zurückgegangen bin, niemals ein empirischer Grund angetroffen werde, die Reihe irgendwo für begrenzt zu halten, so, daß ich berechtigt und zugleich verbunden bin, zu jedem der Urväter noch fernerhin seinen Vorfahren aufzusuchen, obgleich eben nicht vorauszusetzen.

Ich sage demnach: wenn das Ganze in der empirischen Anschauung gegeben worden, so geht der Regressus in der Reihe seiner inneren Bedingungen ins Unendliche. Ist aber nur ein Glied der Reihe gegeben, von welchem der Regressus zur absoluten Totalität allererst fortgehen soll: so findet nur ein Rückgang in unbestimmte Weite (*in indefinitum*) statt. So muß von der Theilung einer zwischen ihren Grenzen gegebenen Materie (eines Körpers) gesagt werden: sie gehe ins Unendliche. Denn diese Materie ist ganz, folglich mit allen ihren möglichen Theilen in der empirischen Anschauung gegeben. Da nun die Bedingung dieses Ganzen sein Theil und die Bedingung dieses Theils der Theil vom Theile u.s.w. ist, und in diesem Regressus der Decomposition niemals ein unbedingtes (untheilbares) Glied dieser Reihe von Bedingungen angetroffen wird, so ist nicht allein nirgend ein empirischer Grund, in der Theilung aufzuhören, sondern die ferneren Glieder der fortzusetzenden Theilung sind selbst vor dieser weitgehenden Theilung empirisch gegeben, d.i. die Theilung geht ins Unendliche. Dagegen ist die Reihe der Voreltern zu einem gegebenen Menschen in keiner möglichen Erfahrung in ihrer absoluten Totalität gegeben; der Regressus aber geht doch von jedem Gliede dieser Zeugung zu einem höheren, so daß keine empirische Grenze anzutreffen ist, die ein Glied als schlechthin unbedingt darstellte. Da aber gleichwohl auch die Glieder, die hiezu die Bedingung abgeben könnten, nicht in der empirischen Anschauung des Ganzen schon vor dem Regressus liegen: so geht dieser nicht ins Unendliche (der Theilung des Gegebenen), sondern in unbestimmbare Weite der Aufsuchung mehrerer Glieder zu den gegebenen, die wiederum jederzeit nur bedingt gegeben sind.

In keinem von beiden Fällen, sowohl dem *regressus in infinitum,* als dem *in indefinitum,* wird die Reihe der Bedingungen als unendlich im Object gegeben angesehen. Es sind nicht Dinge, die an sich selbst, sondern nur Erscheinungen, die als Bedingungen von einander nur im Regressus selbst gegeben werden. Also ist die Frage nicht mehr: wie groß diese Reihe der Bedingungen an sich selbst sei, ob endlich oder unendlich, denn sie ist nichts an sich selbst, sondern: wie wir den empirischen Regressus anstellen, und wie weit wir ihn fortsetzen sollen. Und da ist denn ein namhafter Unterschied in Ansehung der Regel dieses Fortschritts. Wenn das Ganze empirisch gegeben worden, so ist es m ö g l i c h , i n s U n e n d l i c h e in der Reihe seiner inneren Bedingungen zurück zu gehen. Ist jenes aber nicht gegeben, sondern soll durch empirischen Regressus allererst gegeben werden, so kann ich nur sagen: es ist i n s U n e n d l i c h e m ö g l i c h , zu noch höheren Bedingungen der Reihe fortzugehen. Im ersteren Falle konnte ich sagen: es sind immer mehr Glieder da und empirisch gegeben, als ich durch den Regressus (der Decomposition) erreiche; im zweiten aber: ich kann im Regressus noch immer weiter gehen, weil kein Glied als schlechthin unbedingt empirisch gegeben ist und also noch immer ein höheres Glied als möglich und mithin die Nachfrage nach demselben als nothwendig zuläßt. Dort war es nothwendig, mehr Glieder der Reihe a n z u t r e f f e n , hier aber ist es immer nothwendig, nach mehreren z u f r a g e n , weil keine Erfahrung absolut begrenzt. Denn ihr habt entweder keine Wahrnehmung, die euren empirischen Regressus schlechthin begrenzt, und dann müßt ihr euren Regressus nicht für vollendet halten, oder habt eine solche eure Reihe begrenzende Wahrnehmung, so kann diese nicht ein Theil eurer zurückgelegten Reihe sein (weil das, was begrenzt, von dem, was dadurch begrenzt wird, unterschieden sei muß), und ihr müßt also euren Regresses auch zu dieser Bedingung weiter fortsetzen und so fortan.

Der folgende Abschnitt wird diese Bemerkungen durch ihre Anwendung in ihr gehöriges Licht setzen.

Der Antinomie der reinen Vernunft **Neunter Abschnitt.**

Von dem empirischen Gebrauche des regulativen Princips der Vernunft in Ansehung aller kosmologischen Ideen.

Da es, wie wir mehrmals gezeigt haben, keinen transscendentalen Gebrauch, so wenig von reinen Verstandes- als Vernunftbegriffen, giebt; da die absolute Totalität der Reihen der Bedingungen in der Sinnenwelt sich lediglich auf einen transscendentalen Gebrauch der Vernunft fußt, welche diese unbedingte Vollständigkeit von demjenigen fordert, was sie als Ding an sich selbst voraussetzt, da die Sinnenwelt aber dergleichen nicht enthält: so kann die Rede niemals mehr von der absoluten Größe der Reihen in derselben sein, ob sie begrenzt, oder an sich unbegrenzt sein mögen, sondern nur, wie weit wir im empirischen Regressus bei Zurückführung der Erfahrung auf ihre Bedingungen zurückgehen sollen, um nach der Regel der Vernunft bei keiner andern, als dem Gegenstande angemessenen Beantwortung der Fragen derselben stehen zu bleiben.

Es ist also nur die Gültigkeit des Vernunftprincips, als einer Regel der Fortsetzung und Größe einer möglichen Erfahrung, die uns allein übrig bleibt, nachdem seine Ungültigkeit als eines constitutiven Grundsatzes der Erscheinungen an sich selbst hinlänglich dargethan worden. Auch wird, wenn wir jene ungezweifelt vor Augen legen können, der Streit der Vernunft mit sich selbst völlig geendigt, indem nicht allein durch kritische Auflösung der Schein, der sie mit sich entzweiete, aufgehoben worden, sondern an dessen Statt der Sinn, in welchem sie mit sich selbst zusammenstimmt und dessen Mißdeutung allein den Streit veranlaßte, aufgeschlossen und ein sonst dialektischer Grundsatz in einen doctrinalen verwandelt wird. In der That wenn dieser seiner subjectiven Bedeutung nach, den größtmöglichen Verstandesgebrauch in der Erfahrung den Gegenständen derselben angemessen zu bestimmen, bewährt werden kann: so ist es gerade eben so viel, als ob er wie ein Axiom (welches aus reiner Vernunft unmöglich ist) die Gegenstände an sich selbst *a priori* bestimmte; denn auch dieses könnte in Ansehung der Objecte der Erfahrung keinen größeren Einfluß auf die Erweiterung und Berichtigung unserer Erkenntniß haben, als daß es sich in dem ausgebreitetsten Erfahrungsgebrauche unseres Verstandes thätig bewiese.

I.
Auflösung der kosmologischen Idee von der Totalität der Zusammensetzung der Erscheinungen zu einem Weltganzen.

Sowohl hier, als bei den übrigen kosmologischen Fragen ist der Grund des regulativen Princips der Vernunft der Satz: daß im empirischen Regressus keine Erfahrung von einer absoluten Gränze, mithin von keiner Bedingung als einer solchen, die empirisch schlechthin unbedingt sei, angetroffen werden könne. Der Grund davon aber ist: daß eine dergleichen Erfahrung eine Begränzung der Erscheinungen durch Nichts oder das Leere, darauf der fortgeführte Regressus vermittelst einer Wahrnehmung stoßen könnte, in sich enthalten müßte, welches unmöglich ist.

Dieser Satz nun, der eben so viel sagt, als daß ich im empirischen Regressus jederzeit nur zu einer Bedingung gelange, die selbst wiederum als empirisch bedingt angesehen werden muß, enthält die Regel *in terminis:* daß, so weit ich auch damit in der aufsteigenden Reihe gekommen sein möge, ich jederzeit nach einem höheren Gliede der Reihe fragen müsse, es mag mir dieses nun durch Erfahrung bekannt werden, oder nicht.

Nun ist zur Auflösung der ersten kosmologischen Aufgabe nichts weiter nöthig, als noch auszumachen: ob in dem Regressus zu der unbedingten Größe des Weltganzen (der Zeit und dem Raume nach) dieses niemals begränzte Aufsteigen ein Rückgang ins Unendliche heißen könne, oder nur ein unbestimmbar fortgesetzter Regressus (*in indefinitum*).

Die bloße allgemeine Vorstellung der Reihe aller vergangenen Weltzustände, imgleichen der Dinge, welche im Weltraume zugleich sind, ist selbst nichts anders als ein möglicher empirischer Regressus, den ich mir, obzwar noch unbestimmt denke, und wodurch der Begriff einer solchen Reihe von Bedingungen zu der gegebenen Wahrnehmung allein entstehen kann.* Nun habe ich das Weltganze jederzeit nur im Begriffe, keinesweges aber (als Ganzes) in der Anschauung. Also kann ich nicht von seiner Größe auf die Größe des Regressus schließen und diese jener gemäß bestimmen, sondern ich muß mir allererst einen Begriff von der Weltgröße durch die Größe des empirischen Regressus machen. Von diesem aber weiß ich niemals etwas mehr, als daß ich von jedem gegebenen Gliede der Reihe von Bedingungen immer noch zu einem höheren (entfernteren) Gliede empirisch fortgehen müsse. Also ist dadurch die Größe des Ganzen der Erscheinungen gar nicht schlechthin bestimmt, mithin kann man auch nicht sagen, daß dieser Regressus ins Unendliche gehe, weil dieses die Glieder, dahin der Regressus noch nicht gelangt ist, anticipiren und ihre Menge so groß vorstellen würde, daß keine empirische Synthesis dazu gelangen kann, folglich die Weltgröße vor dem Regressus (wenn gleich nur negativ) b e s t i m m e n würde, welches unmöglich ist. Denn diese ist mir durch keine Anschauung (ihrer Totalität nach), mithin auch ihre Größe vor dem Regressus gar nicht gegeben. Demnach können wir von der Weltgröße an sich gar nichts sagen, auch nicht einmal, daß in ihr

* Diese Weltreihe kann also auch weder größer, noch kleiner sein, als der mögliche empirische Regressus, auf dem allein ihr Begriff beruht. Und da dieser kein bestimmtes Unendliches, eben so wenig aber auch ein bestimmt Endliches (schlechthin Begränztes) geben kann: so ist daraus klar, daß wir die Weltgröße weder als endlich, noch unendlich annehmen können, weil der Regressus (dadurch jene vorgestellt wird) keines von beiden zuläßt.

ein *regressus in infinitum* stattfinde, sondern müssen nur nach der Regel, die den empirischen Regressus in ihr bestimmt, den Begriff von ihrer Größe suchen. Diese Regel aber sagt nichts mehr, als daß, so weit wir auch in der Reihe der empirischen Bedingungen gekommen sein mögen, wir nirgend eine absolute Gränze annehmen sollen, sondern jede Erscheinung als bedingt einer andern als ihrer Bedingung unterordnen, zu dieser also ferner fortschreiten müssen, welches der *regressus in indefinitum* ist, der, weil er keine Größe im Object bestimmt, von dem *in infinitum* deutlich genug zu unterscheiden ist.

Ich kann demnach nicht sagen: die Welt ist der vergangenen Zeit, oder dem Raume nach unendlich. Denn dergleichen Begriff von Größe als einer gegebenen Unendlichkeit ist empirisch, mithin auch in Ansehung der Welt als eines Gegenstandes der Sinne schlechterdings unmöglich. Ich werde auch nicht sagen: der Regressus von einer gegebenen Wahrnehmung an zu allem dem, was diese im Raume sowohl als der vergangenen Zeit in einer Reihe begränzt, geht ins Unendliche; denn dieses setzt die unendliche Weltgröße voraus; auch nicht: sie ist endlich; denn die absolute Gränze ist gleichfalls empirisch unmöglich. Demnach werde ich nichts von dem ganzen Gegenstande der Erfahrung (der Sinnenwelt), sondern nur von der Regel, nach welcher Erfahrung ihrem Gegenstande angemessen angestellt und fortgesetzt werden soll, sagen können.

Auf die kosmologische Frage also wegen der Weltgröße ist die erste und negative Antwort: die Welt hat keinen ersten Anfang der Zeit und keine äußerste Gränze dem Raume nach.

Denn im entgegengesetzten Falle würde sie durch die leere Zeit einer- und durch den leeren Raum andererseits begränzt sein. Da sie nun als Erscheinung keines von beiden an sich selbst sein kann, denn Erscheinung ist kein Ding an sich selbst, so müßte eine Wahrnehmung der Begränzung durch schlechthin leere Zeit oder leeren Raum möglich sein, durch welche diese Weltenden in einer möglichen Erfahrung gegeben wären. Eine solche Erfahrung aber, als völlig leer an Inhalt, ist unmöglich. Also ist eine absolute Weltgränze empirisch, mithin auch schlechterdings unmöglich*.

Hieraus folgt denn zugleich die bejahende Antwort: der Regressus in der Reihe der Welterscheinungen, als eine Bestimmung der Weltgröße, geht *in indefinitum,* welches eben so viel sagt, als: die Sinnenwelt hat keine absolute Größe, sondern der empirische Regressus (wodurch sie auf der Seite ihrer Bedingungen allein gegeben werden kann) hat seine Regel, nämlich von einem jeden Gliede der Reihe als einem Bedingten jederzeit zu einem noch entferntern (es sei durch eigene Erfahrung, oder den Leitfaden der Geschichte, oder die Kette der Wirkungen und ihrer Ursachen) fortzuschreiten und sich der Erweiterung des möglichen empirischen Gebrauchs seines Verstandes nirgend zu überheben, welches denn auch das eigentliche und einzige Geschäfte der Vernunft bei ihren Principien ist.

Ein bestimmter empirischer Regressus, der in einer gewissen Art von Erscheinungen ohne Aufhören fortginge, wird

---

* Man wird bemerken: daß der Beweis hier auf ganz andere Art geführt worden, als der dogmatische oben in der Antithesis der ersten Antinomie. Daselbst hatten wir die Sinnenwelt nach der gemeinen und dogmatischen Vorstellungsart für ein Ding, was an sich selbst vor allem Regressus seiner Totalität nach gegeben war, gelten lassen und hatten ihr, wenn sie nicht alle Zeit und alle Räume einnähme, überhaupt irgend eine bestimmte Stelle in beiden abgesprochen. Daher war die Folgerung auch anders als hier, nämlich es wurde auf die wirkliche Unendlichkeit derselben geschlossen.

hiedurch nicht vorgeschrieben, z.B. daß man von einem lebenden Menschen immer in einer Reihe von Voreltern aufwärts steigen müsse, ohne ein erstes Paar zu erwarten, oder in der Reihe der Weltkörper, ohne eine äußerste Sonne zuzulassen; sondern es wird nur der Fortschritt von Erscheinungen zu Erscheinungen geboten, sollten diese auch keine wirkliche Wahrnehmung (wenn sie dem Grade nach für unser Bewußtsein zu schwach ist, um Erfahrung zu werden) abgeben, weil sie dem ungeachtet doch zur möglichen Erfahrung gehören.

Aller Anfang ist in der Zeit und alle Gränze des Ausgedehnten im Raume. Raum und Zeit aber sind nur in der Sinnenwelt. Mithin sind nur Erscheinungen in der Welt bedingterweise, die Welt aber selbst weder bedingt, noch auf unbedingte Art begränzt.

Eben um deswillen und da die Welt niemals ganz und selbst die Reihe der Bedingungen zu einem gegebenen Bedingten nicht als Weltreihe ganz gegeben werden *kann*, ist der Begriff von der Weltgröße nur durch den Regressus und nicht vor demselben in einer collectiven Anschauung gegeben. jener besteht aber immer nur im Bestimmen der Größe und giebt also keinen bestimmten Begriff, also auch keinen Begriff von einer Größe, die in Ansehung eines gewissen Maßes unendlich wäre, geht also nicht ins Unendliche (gleichsam gegebene), sondern in unbestimmte Weite, um eine Größe (der Erfahrung) zu geben, die allererst durch diesen Regressus wirklich wird.

II.
Auflösung der kosmologischen Idee von der Totalität der Theilung eines gegebenen Ganzen in der Anschauung.

Wenn ich ein Ganzes, das in der Anschauung gegeben ist, theile, so gehe ich von einem Bedingten zu den Bedingungen seiner Möglichkeit. Die Theilung der Theile (*subdivisio* oder *decompositio*) ist ein Regressus in der Reihe dieser Bedingungen. Die absolute Totalität dieser Reihe würde nur alsdann gegeben sein, wenn der Regressus bis zu einfachen Theilen gelangen könnte. Sind aber alle Theile in einer continuirlich fortgehenden Decomposition immer wiederum theilbar, so geht die Theilung, d.i. der Regressus, von dem Bedingten zu seinen Bedingungen *in infinitum:* weil die Bedingungen (die Theile) in dem Bedingten selbst enthalten sind und, da dieses in einer zwischen seinen Gränzen eingeschlossenen Anschauung ganz gegeben ist, insgesammt auch mit gegeben sind. Der Regressus darf also nicht bloß ein Rückgang *in indefinitum* genannt werden, wie es die vorige kosmologische Idee allein erlaubte, da ich vom Bedingten zu seinen Bedingungen, die außer demselben, mithin nicht dadurch zugleich mit gegeben waren, sondern die im empirischen Regressus allererst hinzu kamen, fortgehen sollte. Diesem ungeachtet ist es doch keinesweges erlaubt, von einem solchen Ganzen, das ins Unendliche theilbar ist, zu sagen: es bestehe aus unendlich viel Theilen. Denn obgleich alle Theile in der Anschauung des Ganzen enthalten sind, so ist doch darin nicht die ganze Theilung enthalten, welche nur in der fortgehenden Decomposition oder dem Regressus selbst besteht, der die Reihe allererst wirklich macht. Da dieser Regressus nun unendlich ist, so sind zwar alle Glieder (Theile), zu denen er gelangt, in dem gegebenen Ganzen als Aggregate enthalten, aber nicht die ganze Reihe der Theilung, welche successiv unendlich und niemals ganz ist, folglich keine unendliche Menge und keine Zusammennehmung derselben in einem Ganzen darstellen kann.

Die allgemeine Erinnerung läßt sich zuerst sehr leicht auf den Raum anwenden. Ein jeder in seinen Gränzen angeschaute Raum ist ein solches Ganzes, dessen Theile bei aller Decomposition immer wiederum Räume sind, und ist daher ins Unendliche theilbar.

Hieraus folgt auch ganz natürlich die zweite Anwendung, auf eine in ihren Gränzen eingeschlossene äußere Erscheinung (Körper). Die Theilbarkeit desselben gründet sich auf die Theilbarkeit des Raumes, der die Möglichkeit des Körpers als eines ausgedehnten Ganzen ausmacht. Dieser ist also ins Unendliche theilbar, ohne doch darum aus unendlich viel Theilen zu bestehen.

Es scheint zwar: daß, da ein Körper als Substanz im Raume vorgestellt werden muß, er, was das Gesetz der Theilbarkeit des Raumes betrifft, hierin von diesem unterschieden sein werde; denn man kann es allenfalls wohl zugeben: daß die Decomposition im letzteren niemals alle Zusammensetzung wegschaffen könne, indem alsdann sogar aller Raum, der sonst nichts Selbstständiges hat, aufhören würde (welches unmöglich ist); allein daß, wenn alle Zusammensetzung der Materie in Gedanken aufgehoben würde, gar nichts übrig bleiben solle, scheint sich nicht mit dem Begriffe einer Substanz vereinigen zu lassen, die eigentlich das Subject aller Zusammensetzung sein sollte und in ihren Elementen übrig bleiben müßte, wenn gleich die Verknüpfung derselben im Raume, dadurch sie einen Körper ausmachen, aufgehoben wäre. Allein mit dem, was in der Erscheinung Substanz heißt, ist es nicht so bewandt, als man es wohl von einem Dinge an sich selbst durch reinen Verstandesbegriff denken würde. Jenes ist nicht absolutes Subject, sondern beharrliches Bild der Sinnlichkeit und nichts als Anschauung, in der überall nichts Unbedingtes angetroffen wird.

Ob nun aber gleich diese Regel des Fortschritts ins Unendliche bei der Subdivision einer Erscheinung als einer bloßen Erfüllung des Raumes ohne allen Zweifel stattfindet: so kann sie doch nicht gelten, wenn wir sie auch auf die Menge der auf gewisse Weise in dem gegebenen Ganzen schon abgesonderten Theile, dadurch diese ein *quantum discretum* ausmachen, erstrecken wollen. Annehmen, daß in jedem gegliederten (organisirten) Ganzen ein jeder Theil wiederum gegliedert sei, und daß man auf solche Art bei Zerlegung der Theile ins Unendliche immer neue Kunsttheile antreffe, mit einem Worte, daß das Ganze ins Unendliche gegliedert sei, will sich gar nicht denken lassen, obzwar wohl, daß die Theile der Materie bei ihrer Decomposition ins Unendliche gegliedert werden könnten. Denn die Unendlichkeit der Theilung einer gegebenen Erscheinung im Raume gründet sich allein darauf, daß durch diese bloß die Theilbarkeit, d.i. eine an sich schlechthin unbestimmte Menge von Theilen, gegeben ist, die Theile selbst aber nur durch die Subdivision gegeben und bestimmt werden, kurz daß das Ganze nicht an sich selbst schon eingetheilt ist. Daher die Theilung eine Menge in demselben bestimmen kann, die so weit geht, als man im Regressus der Theilung fortschreiten will. Dagegen wird bei einem ins Unendliche gegliederten organischen Körper das Ganze eben durch diesen Begriff schon als eingetheilt vorgestellt und eine an sich bestimmte, aber unendliche Menge der Theile vor allem Regressus der Theilung in ihm angetroffen; wodurch man sich selbst widerspricht, indem diese unendliche Einwickelung als eine niemals zu vollendende Reihe (unendlich) und gleichwohl doch in einer Zusammennehmung als vollendet angesehen wird. Die unendliche Theilung bezeichnet nur die Erscheinung als *quantum continuum* und ist von der Erfüllung des Raumes unzertrennlich, weil eben in derselben der Grund der unendlichen Theilbarkeit liegt. So bald aber etwas als *quantum discretum* angenommen wird, so ist die Menge der Einheiten darin bestimmt, daher auch jederzeit einer Zahl gleich. Wie weit also die Organisirung in einem gegliederten Körper gehen möge, kann nur die Erfahrung ausmachen, und wenn sie gleich mit Gewißheit zu keinem unorganischen Theile gelangte, so müssen solche doch wenigstens in der möglichen Erfahrung liegen. Aber wie weit sich die transscendentale Theilung einer Erscheinung überhaupt erstrecke, ist gar keine Sache der Erfahrung, sondern ein Principium der Vernunft, den empirischen Regressus in der Decomposition des Ausgedehnten der Natur dieser Erscheinung gemäß niemals für schlechthin vollendet zu halten.

* * *

Schlußanmerkung zur Auflösung der mathematisch transscendentalen und Vorerinnerung zur Auflösung der dynamisch transscendentalen Ideen.

Als wir die Antinomie der reinen Vernunft durch alle transscendentale Ideen in einer Tafel vorstellten, da wir den

Grund dieses Widerstreits und das einzige Mittel, ihn zu heben, anzeigten, welches darin bestand, daß beide entgegengesetzte Behauptungen für falsch erklärt wurden: so haben wir allenthalben die Bedingungen als zu ihrem Bedingten nach Verhältnissen des Raumes und der Zeit gehörig vorgestellt, welches die gewöhnliche Voraussetzung des gemeinen Menschenverstandes ist, worauf denn auch jener Widerstreit gänzlich beruhte. In dieser Rücksicht waren auch alle dialektische Vorstellungen der Totalität in der Reihe der Bedingungen zu einem gegebenen Bedingten durch und durch von g l e i c h e r A r t. Es war immer eine Reihe, in welcher die Bedingung mit dem Bedingten als Glieder derselben verknüpft und dadurch g l e i c h a r t i g waren, da denn der Regressus niemals vollendet gedacht, oder, wenn dieses geschehen sollte, ein an sich bedingtes Glied fälschlich als ein erstes, mithin als unbedingt angenommen werden müßte. Es wurde also zwar nicht allerwärts das Object, d.i. das Bedingte, aber doch die Reihe der Bedingungen zu demselben bloß ihrer Größe nach erwogen, und da bestand die Schwierigkeit, die durch keinen Vergleich, sondern durch gänzliche Abschneidung des Knotens allein gehoben werden konnte, darin, daß die Vernunft es dem Verstande entweder z u l a n g oder z u k u r z machte, so daß dieser ihrer Idee niemals gleich kommen konnte.

Wir haben aber hiebei einen wesentlichen Unterschied übersehen, der unter den Objecten, d.i. den Verstandesbegriffen, herrscht, welche die Vernunft zu Ideen zu erheben trachtet, da nämlich nach unserer obigen Tafel der Kategorien zwei derselben m a t h e m a t i s c h e, die zwei übrigen aber eine d y n a m i s c h e Synthesis der Erscheinungen bedeuten. Bis hieher konnte dieses auch gar wohl geschehen, indem wir, so wie wir in der allgemeinen Vorstellung aller transscendentalen Ideen immer nur unter Bedingungen *in der Erscheinung* blieben, eben so auch in den zwei mathematisch transscendentalen keinen andern *Gegenstand*, als den in der Erscheinung hatten. Jetzt aber, da wir zu *dynamischen* Begriffen des Verstandes, so fern sie der Vernunftidee anpassen sollen, fortgehen, wird jene Unterscheidung wichtig und eröffnet uns eine ganz neue Aussicht in Ansehung des Streithandels, darin die Vernunft verflochten ist; und welcher, da er vorher als auf beiderseitige falsche Voraussetzungen gebauet *abgewiesen* worden, jetzt, da vielleicht in der dynamischen Antinomie eine solche Voraussetzung stattfindet, die mit der Prätension der Vernunft zusammen bestehen kann, aus diesem Gesichtspunkte und, da der Richter den Mangel der Rechtsgründe, die man beiderseits verkannt hatte, ergänzt, zu beider Theile Genugthuung *verglichen* werden kann, welches sich bei dem Streite in der mathematischen Antinomie nicht thun ließ.

Die Reihen der Bedingungen sind freilich in so fern alle gleichartig, als man lediglich auf die *Erstreckung* derselben sieht: ob sie der Idee angemessen sind, oder ob diese für jene zu groß oder zu klein sind. Allein der Verstandesbegriff, der diesen Ideen zum Grunde liegt, enthält entweder lediglich eine *Synthesis* des *Gleichartigen* (welches bei jeder Größe in der Zusammensetzung sowohl als Theilung derselben vorausgesetzt wird), oder auch des *Ungleichartigen*, welches in der dynamischen Synthesis der Causalverbindung sowohl, als der des Nothwendigen mit dem Zufälligen wenigstens zugelassen werden kann.

Daher kommt es, daß in der mathematischen Verknüpfung der Reihen der Erscheinungen keine andere als *sinnliche* Bedingung hinein kommen kann, d.i. eine solche, die selbst ein Theil der Reihe ist; da hingegen die dynamische Reihe sinnlicher Bedingungen doch noch eine ungleichartige Bedingung zuläßt, die nicht ein Theil der Reihe ist, sondern als bloß intelligibel außer der Reihe liegt, wodurch denn der Vernunft ein Genüge gethan und das Unbedingte den Erscheinungen vorgesetzt wird, ohne die Reihe der letzteren, als jederzeit bedingt, dadurch zu verwirren und den Verstandesgrundsätzen zuwider abzubrechen.

Dadurch nun, daß die dynamischen Ideen eine Bedingung der Erscheinungen außer der Reihe derselben, d.i. eine solche, die selbst nicht Erscheinung ist, zulassen, geschieht etwas, was von dem Erfolg der mathematischen Antinomie gänzlich unterschieden ist. Diese nämlich verursachte, daß beide dialektische Gegenbehauptungen für falsch erklärt werden mußten. Dagegen das durchgängig Bedingte der dynamischen Reihen, welches von ihnen als Erscheinungen unzertrennlich ist, mit der zwar empirisch unbedingten, aber auch nichtsinnlichen Bedingung verknüpft, dem Verstande einerseits und der Vernunft andererseits* Genüge leisten, und, indem die dialektischen Argumente, welche unbedingte Totalität in bloßen Erscheinungen auf eine oder andere Art suchten, wegfallen, dagegen die Vernunftsätze in der auf solche Weise berichtigten Bedeu-

* Denn der Verstand erlaubt unter Erscheinungen keine Bedingung, die selbst empirisch unbedingt wäre. Ließe sich aber eine intelligibele Bedingung, die also nicht in die Reihe der Erscheinungen als ein Glied mit gehörte, zu einem Bedingten (in der Erscheinung) gedenken, ohne doch dadurch die Reihe empirischer Bedingungen im mindesten zu unterbrechen: so könnte eine solche als empirisch unbedingt zugelassen werden, so daß dadurch dem empirischen continuirlichen Regressus nirgend Abbruch geschähe.

tung alle beide wahr sein können; welches bei den kosmologischen Ideen, die blos mathematisch unbedingte Einheit betreffen, niemals stattfinden kann, weil bei ihnen keine Bedingung der Reihe der Erscheinungen angetroffen wird, als die auch selbst Erscheinung ist und als solche mit ein Glied der Reihe ausmacht.

III.
Auflösung der kosmologischen Ideen von der Totalität der Ableitung der Weltbegebenheiten aus ihren Ursachen.

Man kann sich nur zweierlei Causalität in Ansehung dessen, was geschieht, denken, entweder nach der Natur, oder aus Freiheit. Die erste ist die Verknüpfung eines Zustandes mit einem vorigen in der Sinnenwelt, worauf jener nach einer Regel folgt. Da nun die Causalität der Erscheinungen auf Zeitbedingungen beruht, und der vorige Zustand, wenn er jederzeit gewesen wäre, auch keine Wirkung, die allererst in der Zeit entspringt, hervorgebracht hätte: so ist die Causalität der Ursache dessen, was geschieht oder entsteht, auch entstanden und bedarf nach dem Verstandesgrundsatze selbst wiederum eine Ursache.

Dagegen verstehe ich unter Freiheit im kosmologischen Verstande das Vermögen, einen Zustand von selbst anzufangen, deren Causalität also nicht nach dem Naturgesetze wiederum unter einer anderen Ursache steht, welche sie der Zeit nach bestimmte. Die Freiheit ist in dieser Bedeutung eine reine transscendentale Idee, die erstlich nichts von der Erfahrung Entlehntes enthält, zweitens deren Gegenstand auch in keiner Erfahrung bestimmt gegeben werden kann, weil es ein allgemeines Gesetz selbst der Möglichkeit aller Erfahrung ist, daß alles, was geschieht, eine Ursache, mithin auch die Causalität der Ursache, die selbst geschehen oder entstanden, wiederum eine Ursache haben müsse; wodurch denn das ganze Feld der Erfahrung, so weit es sich erstrecken mag, in einen Inbegriff bloßer Natur verwandelt wird. Da aber auf solche Weise keine absolute Totalität der Bedingungen im Causalverhältnisse heraus zu bekommen ist, so schafft sich die Vernunft die Idee von einer Spontaneität, die von selbst anheben könne zu handeln, ohne daß eine andere Ursache vorangeschickt werden dürfe, sie wiederum nach dem Gesetze der Causalverknüpfung zur Handlung zu bestimmen.

Es ist überaus merkwürdig, daß auf diese transscendentale Idee der Freiheit sich der praktische Begriff derselben gründe, und jene in dieser das eigentliche Moment der Schwierigkeiten ausmache, welche die Frage über ihre Möglichkeit von jeher umgeben haben. Die Freiheit im praktischen Verstande ist die Unabhängigkeit der Willkür von der Nöthigung durch Antriebe der Sinnlichkeit. Denn eine Willkür ist sinnlich, so fern sie pathologisch (durch Bewegursachen der Sinnlichkeit) afficirt ist; sie heißt thierisch (*arbitrium brutum*), wenn sie pathologisch necessitirt werden kann. Die menschliche Willkür ist zwar ein *arbitrium sensitivum,* aber nicht *brutum*, sondern *liberum,* weil Sinnlichkeit ihre Handlung nicht nothwendig macht, sondern dem Menschen ein Vermögen beiwohnt, sich unabhängig von der Nöthigung durch sinnliche Antriebe von selbst zu bestimmen.

Man sieht leicht, daß, wenn alle Causalität in der Sinnenwelt bloß Natur wäre, so würde jede Begebenheit durch eine andere in der Zeit nach nothwendigen Gesetzen bestimmt sein; und mithin, da die Erscheinungen, so fern sie die Willkür bestimmen, jede Handlung als ihren natürlichen Erfolg nothwendig machen müßten, so würde die Aufhebung der transscendentalen Freiheit zugleich alle praktische Freiheit vertilgen. Denn diese setzt voraus, daß, obgleich etwas nicht geschehen ist, es doch habe geschehen s o l l e n , und seine Ursache in der Erscheinung also nicht so bestimmend war, daß nicht in unserer Willkür eine Causalität liege, unabhängig von jenen Natururursachen und selbst wider ihre Gewalt und Einfluß etwas hervorzubringen, was in der Zeitordnung nach empirischen Gesetzen bestimmt ist, mithin eine Reihe von Begebenheiten g a n z v o n s e l b s t anzufangen.

Es geschieht also hier, was überhaupt in dem Widerstreit einer sich über die Grenzen möglicher Erfahrung hinauswagenden Vernunft angetroffen wird, daß die Aufgabe eigentlich nicht p h y s i o l o g i s c h , sondern t r a n s s c e n d e n t a l ist. Daher die Frage von der Möglichkeit der Freiheit die Psychologie zwar anficht, aber, da sie auf dialektischen Argumenten der bloß reinen Vernunft beruht, sammt ihrer Auflösung lediglich die Transscendentalphilosophie beschäftigen muß. Um nun diese, welche eine befriedigende Antwort hierüber nicht ablehnen kann, dazu in Stand zu setzen, muß ich zuvörderst ihr Verfahren bei dieser Aufgabe durch eine Bemerkung näher zu bestimmen suchen.

Wenn Erscheinungen Dinge an sich selbst wären, mithin Raum und Zeit Formen des Daseins der Dinge an sich selbst: so würden die Bedingungen mit dem Bedingten jederzeit als Glieder zu einer und derselben Reihe gehören und daraus auch in gegenwärtigem Falle die Antinomie entspringen, die allen transscendentalen Ideen gemein ist, daß diese Reihe unvermeidlich für den Verstand zu groß oder zu klein ausfallen müßte. Die dynamischen Vernunftbegriffe aber, mit denen wir uns in dieser und der folgenden Nummer beschäftigen, haben dieses Besondere: daß, da sie es nicht mit einem Gegenstande, als Größe betrachtet, sondern nur mit seinem Dasein zu thun haben, man auch von der Größe der Reihe der Bedingungen abstrahiren kann, und es bei ihnen bloß auf das dynamische Verhältniß der Bedingung zum Bedingten ankommt, so daß wir in der Frage über Natur und Freiheit schon die Schwierigkeit antreffen, ob Freiheit überall nur möglich sei, und ob, wenn sie es ist, sie mit der Allgemeinheit des Naturgesetzes der Causalität zusammen bestehen könne; mithin ob es ein richtig disjunctiver Satz sei, daß eine jede Wirkung in der Welt entweder aus Natur, oder aus Freiheit entspringen müsse, oder ob nicht vielmehr beides in verschiedener Beziehung bei einer und derselben Begebenheit zugleich stattfinden könne. Die Richtigkeit jenes Grundsatzes von dem durchgängigen Zusammenhange aller Begebenheiten der Sinnenwelt nach unwandelbaren Naturgesetzen steht schon als ein Grundsatz der transscendentalen Analytik fest und leidet keinen Abbruch. Es ist also nur die Frage: ob dem ungeachtet in Ansehung eben derselben Wirkung, die nach der Natur bestimmt ist, auch Freiheit stattfinden könne, oder diese durch jene unverletzliche Regel völlig ausgeschlossen sei. Und hier zeigt die zwar gemeine, aber betrügliche Voraussetzung der absoluten Realität der Erscheinungen sogleich ihren nachtheiligen Einfluß, die Vernunft zu verwirren. Denn sind Erscheinungen Dinge an sich selbst, so ist Freiheit nicht zu retten. Alsdann ist Natur die vollständige und an sich hinreichend bestimmende Ursache jeder Begebenheit, und die Bedingung derselben ist jederzeit nur in der Reihe der Erscheinungen enthalten, die sammt ihrer Wirkung unter dem Naturgesetze nothwendig sind. Wenn dagegen Erscheinungen für nichts mehr gelten, als sie in der That sind, nämlich nicht für Dinge an sich, sondern bloße Vorstellungen, die nach empirischen Gesetzen zusammenhängen, so müssen sie selbst noch Gründe haben, die nicht Erscheinungen sind. Eine solche intelligibele Ursache aber wird in Ansehung ihrer Causalität nicht durch Erscheinungen bestimmt, obzwar ihre Wirkungen erscheinen und sie durch andere Erscheinungen bestimmt werden können. Sie ist also sammt ihrer Causalität außer der Reihe, dagegen ihre Wirkungen in der Reihe der empirischen Bedingungen angetroffen werden. Die Wirkung kann also in Ansehung ihrer intelligibelen Ursache als frei und doch zugleich in Ansehung der Erscheinungen als Erfolg aus denselben nach der Nothwendigkeit der Natur angesehen werden; eine Unterscheidung, die, wenn sie im Allgemeinen und ganz abstract vorgetragen wird, äußerst subtil und dunkel scheinen muß, die sich aber in der Anwendung aufklären wird. Hier habe ich nur die Anmerkung machen wollen: daß, da der durchgängige Zusammenhang aller Erscheinungen in einem Context der Natur ein unnachlaßliches Gesetz ist, dieses alle Freiheit nothwendig umstürzen müßte, wenn man der Realität der Erscheinungen hartnäckig anhängen wollte. Daher auch diejenigen, welche hierin der gemeinen Meinung folgen, niemals dahin haben gelangen können, Natur und Freiheit mit einander zu vereinigen.

Möglichkeit der Causalität durch Freiheit in Vereinigung mit dem allgemeinen Gesetze der Naturnothwendigkeit.

Ich nenne dasjenige an einem Gegenstande der Sinne, was selbst nicht Erscheinung ist, intelligibel. Wenn demnach dasjenige, was in der Sinnenwelt als Erscheinung angesehen werden muß, an sich selbst auch ein Vermögen hat, welches kein Gegenstand der sinnlichen Anschauung ist, wodurch es aber doch die Ursache von Erscheinungen sein kann: so kann man die Causalität dieses Wesens auf zwei Seiten betrachten, als intelligibel nach ihrer Handlung als eines Dinges an sich selbst, und als sensibel nach den Wirkungen derselben als einer Erscheinung in der Sinnenwelt. Wir würden uns demnach von dem Vermögen eines solchen Subjects einen empirischen, imgleichen auch einen intellectuellen Begriff seiner Causalität machen, welche bei einer und derselben Wirkung zusammen stattfinden. Eine solche doppelte Seite, das Vermögen eines Gegenstandes der Sinne sich zu denken, widerspricht keinem von den Begriffen, die wir uns von Erscheinungen und von einer möglichen Erfahrung zu machen haben. Denn da diesen, weil sie an sich keine Dinge sind, ein transscendentaler Gegenstand zum Grunde liegen muß, der sie als bloße Vorstellungen bestimmt, so hindert nichts, daß wir diesem transscendentalen Gegenstande außer der Eigenschaft, dadurch er erscheint, nicht auch eine Causalität beilegen sollten, die nicht Erscheinung ist, obgleich ihre Wirkung dennoch in der Erscheinung angetroffen wird. Es muß aber eine jede wirkende Ursache einen **Charakter** haben, d.i. ein Gesetz ihrer Causalität, ohne welches sie gar nicht Ursache sein würde. Und da würden wir an einem Subjecte der Sinnenwelt erstlich einen empirischen Charakter haben, wodurch seine Handlungen als Erscheinungen durch und durch mit anderen Erscheinungen nach beständigen Naturgesetzen im Zusammenhange ständen und von ihnen als ihren Bedingungen abgeleitet werden könnten und also mit diesen in Verbindung Glieder einer einzigen Reihe der Naturordnung ausmachten. Zweitens würde man ihm noch einen intelligibelen Charakter einräumen müssen, dadurch es zwar die Ursache jener Handlungen als Erscheinungen ist, der aber selbst unter keinen Bedingungen der Sinnlichkeit steht und selbst nicht Erscheinung ist. Man könnte auch den ersteren den Charakter eines solchen Dinges in der Erscheinung, den zweiten den Charakter des Dinges an sich selbst nennen.

Dieses handelnde Subject würde nun nach seinem intelligibelen Charakter unter keinen Zeitbedingungen stehen, denn die Zeit ist nur die Bedingung der Erscheinungen, nicht aber der Dinge an sich selbst. In ihm würde keine Handlung entstehen oder vergehen, mithin würde es auch nicht dem Gesetze aller Zeitbestimmung, alles Veränderlichen unterworfen sein: daß alles, was geschieht, in den Erscheinungen (des vorigen Zustandes) seine Ursache antreffe. Mit einem Worte, die Causalität desselben, so fern sie intellectuell ist, stände gar nicht in der Reihe empirischer Bedingungen, welche die Begebenheit in der Sinnenwelt nothwendig machen. Dieser intelligibele Charakter könnte zwar niemals unmittelbar gekannt werden, weil wir nichts wahrnehmen können, als so fern es erscheint; aber er würde doch dem empirischen Charakter gemäß gedacht werden müssen, so wie wir überhaupt einen transscendentalen Gegenstand den Erscheinungen in Gedanken zum Grunde legen müssen, ob wir zwar von ihm, was er an sich selbst sei, nichts wissen.

Nach seinem empirischen Charakter würde also dieses Subject als Erscheinung allen Gesetzen der Bestimmung nach der Causalverbindung unterworfen sein; und es wäre so fern nichts, als ein Theil der Sinnenwelt, dessen Wirkungen, so wie jede andere Erscheinung aus der Natur unausbleiblich abflössen. So wie äußere Erscheinungen in dasselbe einflössen, wie sein empirischer Charakter, d.i. das Gesetz seiner Causalität, durch Erfahrung erkannt wäre, müßten sich alle seine Handlungen nach Naturgesetzen erklären lassen, und alle Requisite zu einer vollkommenen und nothwendigen Bestimmung derselben müßten in einer möglichen Erfahrung angetroffen werden.

Nach dem intelligibelen Charakter desselben aber (ob wir zwar davon nichts als bloß den allgemeinen Begriff desselben haben können) würde dasselbe Subject dennoch von allem Einflusse der Sinnlichkeit und Bestimmung durch Erscheinungen freigesprochen werde müssen; und da in ihm, so fern es *Noumenon* ist, nichts *geschieht*, keine Veränderung, welche dynamische Zeitbestimmung erheischt, mithin keine Verknüpfung mit Erscheinungen als Ursachen angetroffen wird, so würde dieses thätige Wesen so fern in seinen Handlungen von aller Naturnothwendigkeit, als die lediglich in der Sinnenwelt angetroffen wird, unabhängig und frei sein. Man würde von ihm ganz richtig sagen, daß es seine Wirkungen in der Sinnenwelt *von selbst* anfange, ohne daß die Handlung in ihm selbst anfängt; und dieses würde gültig sein, ohne daß die Wirkungen in der Sinnenwelt darum von selbst anfangen dürfen, weil sie in derselben jederzeit durch empirische Bedingungen in der vorigen Zeit, aber doch nur vermittelst des empirischen Charakters (der bloß die Erscheinung des intelligibelen ist) vorher bestimmt und nur als eine Fortsetzung der Reihe der Naturursachen möglich sind. So würde denn Freiheit und Natur, jedes in seiner vollständigen Bedeutung, bei eben denselben Handlungen, nachdem man sie mit ihrer intelligibelen oder sensibelen Ursache vergleicht, zugleich und ohne allen Widerstreit angetroffen werden.

Erläuterung der kosmologischen Idee einer Freiheit in Verbindung mit der allgemeinen Naturnothwendigkeit.

Ich habe gut gefunden, zuerst den Schattenriß der Auflösung unseres transscendentalen Problems zu entwerfen, damit man den Gang der Vernunft in Auflösung desselben dadurch besser übersehen möge. jetzt wollen wir die Momente ihrer Entscheidung, auf die es eigentlich ankommt, auseinander setzen und jedes besonders in Erwägung ziehen.

Das Naturgesetz, daß alles, was geschieht, eine Ursache habe, daß die Causalität dieser Ursache, d.i. die Handlung, da sie in der Zeit vorhergeht und in Betracht einer Wirkung, die da entstanden, selbst nicht immer gewesen sein kann, sondern geschehen sein muß, auch ihre Ursache unter den Erscheinungen habe, dadurch sie bestimmt wird, und daß folglich alle Begebenheiten in einer Naturordnung empirisch bestimmt sind: dieses Gesetz, durch welches Erscheinungen allererst eine Natur ausmachen und Gegenstände einer Erfahrung abgeben können, ist ein Verstandesgesetz, von welchem es unter keinem Vorwande erlaubt ist abzugehen oder irgend eine Erscheinung davon auszunehmen; weil man sie sonst außerhalb aller möglichen Erfahrung setzen, dadurch aber von allen Gegenständen möglicher Erfahrung unterscheiden, und sie zum bloßen Gedankendinge und einem Hirngespinst machen würde.

Ob es aber gleich hiebei lediglich nach einer Kette von Ursachen aussieht, die im Regressus zu ihren Bedingungen gar keine absolute Totalität verstattet, so hält uns diese Bedenklichkeit doch gar nicht auf; denn sie ist schon in der allgemeinen Beurtheilung der Antinomie der Vernunft, wenn sie in der Reihe der Erscheinungen aufs Unbedingte ausgeht, gehoben worden. Wenn wir der Täuschung des transscendentalen Realismus nachgeben wollen, so bleibt weder Natur, noch Freiheit übrig. Hier ist nur die Frage: ob, wenn man in der ganzen Reihe aller Begebenheiten lauter Naturnothwendigkeit anerkennt, es doch möglich sei, eben dieselbe, die einerseits bloße Naturwirkung ist, doch andererseits als Wirkung aus Freiheit anzusehen, oder ob zwischen diesen zwei Arten von Causalität ein gerader Widerspruch angetroffen werde.

Unter den Ursachen in der Erscheinung kann sicherlich nichts sein, welches eine Reihe schlechthin und von selbst anfangen könnte. Jede Handlung als Erscheinung, so fern sie eine Begebenheit hervorbringt, ist selbst Begebenheit oder Eräugniß, welche einen andern Zustand voraussetzt, darin die Ursache angetroffen werde; und so ist alles, was geschieht, nur eine Fortsetzung der Reihe, und kein Anfang, der sich von selbst zutrüge, in derselben möglich. Also sind alle Handlungen der Natururſachen in der Zeitfolge selbst wiederum Wirkungen, die ihre Ursachen eben so wohl in der Zeitreihe voraussetzen. Eine ursprüngliche Handlung, wodurch etwas geschieht, was vorher nicht war, ist von der Causalverknüpfung der Erscheinungen nicht zu erwarten.

Ist es denn aber auch nothwendig, daß, wenn die Wirkungen Erscheinungen sind, die Causalität ihrer Ursache, die (nämlich Ursache) selbst auch Erscheinung ist, lediglich empirisch sein müsse? Und ist es nicht vielmehr möglich, daß, obgleich zu jeder Wirkung in der Erscheinung eine Verknüpfung mit ihrer Ursache nach Gesetzen der empirischen Causalität allerdings erfordert wird, dennoch diese empirische Causalität selbst, ohne ihren Zusammenhang mit den Naturursachen im mindesten zu unterbrechen, doch eine Wirkung einer nichtempirischen, sondern intelligibelen Causalität sein könne? d.i. einer in Ansehung der Erscheinungen ursprünglichen Handlung einer Ursache, die also in so fern nicht Erscheinung, sondern diesem Vermögen nach intelligibel ist, ob sie gleich übrigens gänzlich als ein Glied der Naturkette mit zu der Sinnenwelt gezählt werden muß.

Wir bedürfen des Satzes der Causalität der Erscheinungen unter einander, um den Naturbegebenheiten Naturbedingungen, d.i. Ursachen in der Erscheinung zu suchen und angeben zu können. Wenn dieses eingeräumt und durch keine Ausnahme geschwächt wird, so hat der Verstand, der bei seinem empirischen Gebrauche in allen Eräugnissen nichts als Natur sieht und dazu auch berechtigt ist, alles, was er fordern kann, und die physischen Erklärungen gehen ihren ungehinderten Gang fort. Nun thut ihm das nicht den mindesten Abbruch, gesetzt daß es übrigens auch bloß erdichtet sein sollte, wenn man annimmt, daß unter den Natursachen es auch welche gebe, die ein Vermögen haben, welches nur intelligibel ist, indem die Bestimmung desselben zur Handlung niemals auf empirischen Bedingungen, sondern auf bloßen Gründen des Verstandes beruht, so doch, daß die Handlung in der Erscheinung von dieser Ursache allen Gesetzen der empirischen Causalität gemäß sei.

Denn auf diese Art würde das handelnde Subject als *causa phaenomenon* mit der Natur in unzertrennter Abhängigkeit aller ihrer Handlungen verkettet sein, und nur das *phaenomenon* dieses Subjects (mit aller Causalität desselben in der Erscheinung) würde gewisse Bedingungen enthalten, die, wenn man von dem empirischen Gegenstande zu dem transscendentalen aufsteigen will, als bloß intelligibel müßten angesehen werden. Denn wenn wir nur in dem, was unter den Erscheinungen die Ursache sein mag, der Naturregel folgen: so können wir darüber unbekümmert sein, was in dem transscendentalen Subject, welches uns empirisch unbekannt ist, für ein Grund von diesen Erscheinungen und deren Zusammenhange gedacht werde. Dieser intelligibele Grund ficht gar nicht die empirischen Fragen an, sondern betrifft etwa bloß das Denken im reinen Verstande; und obgleich die Wirkungen dieses Denkens und Handelns des reinen Verstandes in den Erscheinungen angetroffen werden, so müssen diese doch nichts desto minder aus ihrer Ursache in der Erscheinung nach Naturgesetzen vollkommen erklärt werden können, indem man den bloß empirischen Charakter derselben als den obersten Erklärungsgrund befolgt und den intelligibelen Charakter, der die transscendentale Ursache von jenem ist, gänzlich als unbekannt vorbeigeht, außer so fern er nur durch den empirischen als das sinnliche Zeichen desselben angegeben wird. Laßt uns dieses auf Erfahrung anwenden. Der Mensch ist eine von den Erscheinungen der Sinnenwelt und in so fern auch eine der Natursachen, deren Causalität unter empirischen Gesetzen stehen muß. Als eine solche muß er demnach auch einen empirischen Charakter haben, so wie alle andere Naturdinge. Wir bemerken denselben durch Kräfte und Vermögen, die er in seinen Wirkungen äußert. Bei der leblosen oder bloß thierisch belebten Natur finden wir keinen Grund, irgend ein Vermögen uns anders als bloß sinnlich bedingt zu denken. Allein der Mensch, der die ganze Natur sonst lediglich nur durch Sinne kennt, erkennt sich selbst auch durch bloße Apperception und zwar in Handlungen und inneren Bestimmungen, die er gar nicht zum Eindrucke der Sinne zählen kann, und ist sich selbst freilich eines Theils Phänomen, anderen Theils aber, nämlich in Ansehung gewisser Vermögen, ein bloß intelligibeler Gegenstand, weil die Handlung desselben gar nicht zur Receptivität der Sinnlichkeit gezählt werden kann. Wir nennen diese Vermögen Verstand und Vernunft; vornehmlich wird die letztere ganz eigentlich und vorzüglicher Weise von allen empirisch bedingten Kräften unterschieden, da sie ihre Gegenstände bloß nach Ideen erwägt und den Verstand darnach bestimmt, er denn von seinen (zwar auch reinen) Begriffen einen empirischen Gebrauch macht.

Daß diese Vernunft nun Causalität habe, wenigstens wir uns eine dergleichen an ihr vorstellen, ist aus den Imperativen klar, welche wir in allem Praktischen den ausübenden Kräften als Regeln aufgeben. Das Sollen drückt eine Art von Nothwendigkeit und Verknüpfung mit Gründen aus, die in der ganzen Natur sonst nicht vorkommt. Der Verstand kann von dieser nur erkennnen, was da ist oder gewesen ist oder sein wird. Es ist unmöglich, daß etwas darin anders sein soll, als es in allen diesen Zeitverhältnissen in der That ist; ja das Sollen, wenn man bloß den Lauf der Natur vor Augen hat, hat ganz und gar keine Bedeutung. Wir können gar nicht fragen, was in der Natur geschehen soll; eben so wenig als, was für Eigenschaften ein Cirkel haben soll; sondern was darin geschieht, oder welche Eigenschaften der letztere hat. Dieses Sollen nun drückt eine mögliche Handlung aus, davon der Grund nichts anders als ein bloßer Begriff ist, da hingegen von einer bloßen Naturhandlung der Grund jederzeit eine Erscheinung sein muß. Nun muß die Handlung allerdings unter Naturbedingungen möglich sein, wenn auf sie das Sollen gerichtet ist; aber diese Naturbedingungen betreffen nicht die Bestimmung der Willkür selbst, sondern nur die Wirkung und den Erfolg derselben in der Erscheinung. Es mögen noch so viel Naturgründe sein, die mich zum W o l l e n antreiben, noch so viel sinnliche Anreize, so können sie nicht das S o l l en hervorbringen, sondern nur ein noch lange nicht nothwendiges, sondern jederzeit bedingtes Wollen, dem dagegen das Sollen, das die Vernunft ausspricht, Maß und Ziel, ja Verbot und Ansehen entgegen setzt. Es mag ein Gegenstand der bloßen Sinnlichkeit (das Angenehme) oder auch der reinen Vernunft (das Gute) sein: so giebt die Vernunft nicht demjenigen Grunde, der empirisch gegeben ist, nach und folgt nicht der Ordnung der Dinge, so wie sie sich in der Erscheinung darstellen; sondern macht sich mit völliger Spontaneität eine eigene Ordnung nach Ideen, in die sie die empirischen Bedingungen hinein paßt, und nach denen sie sogar Handlungen für nothwendig erklärt, die doch nicht g e s c h e h e n s i n d und vielleicht nicht geschehen werden, von allen aber gleichwohl voraussetzt, daß die Vernunft in Beziehung auf sie Causalität haben könne; denn ohne das würde sie nicht von ihren Ideen Wirkungen in der Erfahrung erwarten.

Nun laßt uns hiebei stehen bleiben und es wenigstens als möglich annehmen: die Vernunft habe wirklich Causalität in Ansehung der Erscheinungen; so muß sie, so sehr sie auch Vernunft ist, dennoch einen empirischen Charakter von sich zeigen, weil jede Ursache eine Regel voraussetzt, darnach gewisse Erscheinungen als Wirkungen folgen, und jede Regel eine Gleichförmigkeit der Wirkungen erfordert, die den Begriff der Ursache (als eines Vermögens) gründet, welchen wir, so fern er aus bloßen Erscheinungen erhellen muß, seinen empirischen Charakter heißen können, der beständig ist, indessen die Wirkungen nach Verschiedenheit der begleitenden und zum Theil einschränkenden Bedingungen in veränderlichen Gestalten erscheinen.

So hat denn jeder Mensch einen empirischen Charakter seiner Willkür, welcher nichts anders ist, als eine gewisse Causalität seiner Vernunft, so fern diese an ihren Wirkungen in der Erscheinung eine Regel zeigt, darnach man die Vernunftgründe und die Handlungen derselben nach ihrer Art und ihren Graden abnehmen und die subjectiven Principien seiner Willkür beurtheilen kann. Weil dieser empirische Charakter selbst aus den Erscheinungen als Wirkung und aus der Regel derselben, welche Erfahrung an die Hand giebt, gezogen werden muß: so sind alle Handlungen des Menschen in der Erscheinung aus seinem empirischen Charakter und den mitwirkenden anderen Ursachen nach der Ordnung der Natur bestimmt; und wenn wir alle Erscheinungen seiner Willkür bis auf den Grund erforschen könnten, so würde es keine einzige menschliche Handlung geben, die wir nicht mit Gewißheit vorhersagen und aus ihren vorhergehenden Bedingungen als nothwendig erkennen könnten. In Ansehung dieses empirischen Charakters giebt es also keine Freiheit, und nach diesem können wir doch allein den Menschen betrachten, wenn wir lediglich **beobachten** und, wie es in der Anthropologie geschieht, von seinen Handlungen die bewegenden Ursachen physiologisch erforschen wollen.

Wenn wir aber eben dieselben Handlungen in Beziehung auf die Vernunft erwägen und zwar nicht die speculative, um jene ihrem Ursprunge nach zu erklären, sondern ganz allein, so fern Vernunft die Ursache ist, sie selbst zu erzeugen; mit einem Worte, vergleichen wir sie mit dieser in praktischer Absicht, so finden wir eine ganz andere Regel und Ordnung, als die Naturordnung ist. Denn da sollte vielleicht alles das nicht geschehen sein, was doch nach dem Naturlaufe geschehen ist und nach seinen empirischen Gründen unausweichlich geschehen mußte. Bisweilen aber finden wir, oder glauben wenigstens zu finden, daß die Ideen der Vernunft wirklich Causalität in Ansehung der Handlungen des Menschen als Erscheinungen bewiesen haben, und daß sie darum geschehen sind, nicht weil sie durch empirische Ursachen, nein, sondern weil sie durch Gründe der Vernunft bestimmt waren.

Gesetzt nun, man könnte sagen, die Vernunft habe Causalität in Ansehung der Erscheinung; könnte da wohl die Handlung derselben frei heißen, da sie im empirischen Charakter derselben (der Sinnesart) ganz genau bestimmt und nothwendig ist? Dieser ist wiederum im intelligibelen Charakter (der Denkungsart) bestimmt. Die letztere kennen wir aber nicht, sondern bezeichnen sie durch Erscheinungen, welche eigentlich nur die Sinnesart (empirischen Charakter) unmittelbar zu erkennen geben*. Die Handlung nun, so fern

---

* Die eigentliche Moralität der Handlungen (Verdienst und Schuld) bleibt uns daher, selbst die unseres eigenen Verhaltens, gänzlich verborgen. Unsere Zurechnungen können nur auf den empirischen Charakter bezogen werden. Wie viel aber davon reine Wirkung der Freiheit, wie viel der bloßen Natur und dem unverschuldeten Fehler des Temperaments oder dessen glücklicher Beschaffenheit (*merito fortunae*) zuzuschreiben sei, kann niemand ergründen und daher auch nicht nach völliger Gerechtigkeit richten.

sie der Denkungsart als ihrer Ursache beizumessen ist, erfolgt dennoch daraus gar nicht nach empirischen Gesetzen, d.i. so, daß die Bedingungen der reinen Vernunft, sondern nur so, daß deren Wirkungen in der Erscheinung des inneren Sinnes vorhergehen. Die reine Vernunft, als ein bloß intelligibeles Vermögen, ist der Zeitform und mithin auch den Bedingungen der Zeitfolge nicht unterworfen. Die Causalität der Vernunft im intelligibelen Charakter entsteht nicht, oder hebt nicht etwa zu einer gewissen Zeit an, um eine Wirkung hervorzubringen. Denn sonst würde sie selbst dem Naturgesetz der Erscheinungen, so fern es Causalreihen der Zeit nach bestimmt, unterworfen sein; und die Causalität wäre alsdann Natur und nicht Freiheit. Also werden wir sagen können: wenn Vernunft Causalität in Ansehung der Erscheinungen haben kann, so ist sie ein Vermögen, durch welches die sinnliche Bedingung einer empirischen Reihe von Wirkungen zuerst anfängt. Denn die Bedingung, die in der Vernunft liegt, ist nicht sinnlich und fängt also selbst nicht an. Demnach findet alsdann dasjenige statt, was wir in allen empirischen Reihen vermißten: daß die Bedingung einer successiven Reihe von Begebenheiten selbst empirisch unbedingt sein konnte. Denn hier ist die Bedingung außer der Reihe der Erscheinungen (im Intelligibelen) und mithin keiner sinnlichen Bedingung und keiner Zeitbestimmung durch vorhergehende Ursache unterworfen.

Gleichwohl gehört doch eben dieselbe Ursache in einer andern Beziehung auch zur Reihe der Erscheinungen. Der Mensch ist selbst Erscheinung. Seine Willkür hat einen empirischen Charakter, der die (empirische) Ursache aller seiner Handlungen ist. Es ist keine der Bedingungen, die den Menschen diesem Charakter gemäß bestimmen, welche nicht in der Reihe der Naturwirkungen enthalten wäre und dem Gesetze derselben gehorchte, nach welchem gar keine empirisch unbedingte Causalität von dem, was in der Zeit geschieht, angetroffen wird. Daher kann keine gegebene Handlung (weil sie nur als Erscheinung wahrgenommen werden kann) schlechthin von selbst anfangen. Aber von der Vernunft kann man nicht sagen, daß vor demjenigen Zustande, darin sie die Willkür bestimmt, ein anderer vorhergehe, darin dieser Zustand selbst bestimmt wird. Denn da Vernunft selbst keine Erscheinung und gar keinen Bedingungen der Sinnlichkeit unterworfen ist, so findet in ihr selbst in Betreff ihrer Causafität keine Zeitfolge statt, und auf sie kann also das dynamische Gesetz der Natur, was die Zeitfolge nach Regeln bestimmt, nicht angewandt werden.

Die Vernunft ist also die beharrliche Bedingung aller willkürlichen Handlungen, unter denen der Mensch erscheint. Jede derselben ist im empirischen Charakter des Menschen vorher bestimmt, ehe noch als sie geschieht. In Ansehung des intelligibelen Charakters, wovon jener nur das sinnliche Schema ist, gilt kein Vorher oder Nachher; und jede Handlung unangesehen des Zeitverhältnisses, darin sie mit anderen Erscheinungen steht, ist die unmittelbare Wirkung des intelligibelen Charakters der reinen Vernunft, welche mithin frei handelt, ohne in der Kette der Natursachen durch äußere oder innere, aber der Zeit nach vorhergehende Gründe dynamisch bestimmt zu sein; und diese ihre Freiheit kann man nicht allein negativ als Unabhängigkeit von empirischen Bedingungen ansehen (denn dadurch würde das Vernunftvermögen aufhören, eine Ursache der Erscheinungen zu sein), sondern auch positiv durch ein Vermögen bezeichnen, eine Reihe von Begebenheiten von selbst anzufangen, so daß in ihr selbst nichts anfängt, sondern sie als unbedingte Bedingung jeder willkürlichen Handlung über sich keine der Zeit nach vorhergehende Bedingungen verstattet, indessen daß doch ihre Wirkung in der Reihe der Erscheinungen anfängt, aber darin niemals einen schlechthin ersten Anfang ausmachen kann.

Um das regulative Princip der Vernunft durch ein Beispiel aus dem empirischen Gebrauch desselben zu erläutern, nicht um es zu bestätigen (denn dergleichen Beweise sind zu transscendentalen Behauptungen untauglich), so nehme man eine willkürliche Handlung, z.E. eine boshafte Lüge, durch die ein Mensch eine gewisse Verwirrung in die Gesellschaft gebracht hat, und die man zuerst ihren Bewegursachen nach, woraus sie entstanden, untersucht und darauf beurtheilt, wie sie sammt ihren Folgen ihm zugerechnet werden könne. In der ersten Absicht geht man seinen empirischen Charakter bis zu den Quellen desselben durch, die man in der schlechten Erziehung, übler Gesellschaft, zum Theil auch in der Bösartigkeit eines für Beschämung unempfindlichen Naturells aufsucht, zum Theil auf den Leichtsinn und Unbesonnenheit schiebt; wobei man denn die veranlassenden Gelegenheitsursachen nicht aus der Acht läßt. In allem diesem verfährt man, wie überhaupt in Untersuchung der Reihe bestimmender Ursachen zu einer gegebenen Naturwirkung. Ob man nun gleich die Handlung dadurch bestimmt zu sein glaubt: so tadelt man nichts destoweniger den Thäter und zwar nicht wegen seines unglücklichen Naturells, nicht wegen der auf ihn einfließenden Umstände, ja sogar nicht wegen seines vorhergeführten Lebenswandels; denn man setzt voraus, man könne es gänzlich bei Seite setzen, wie dieser beschaffen gewesen, und die verflossene Reihe von Bedingungen als ungeschehen, diese That aber als gänzlich unbedingt in Ansehung des vorigen Zustandes ansehen, als ob der

Thäter damit eine Reihe von Folgen ganz von selbst anhebe. Dieser Tadel gründet sich auf ein Gesetz der Vernunft, wobei man diese als eine Ursache ansieht, welche das Verhalten des Menschen unangesehen aller genannten empirischen Bedingungen anders habe bestimmen können und sollen. Und zwar sieht man die Causalität der Vernunft nicht etwa bloß wie Concurrenz, sondern an sich selbst als vollständig an, wenn gleich die sinnlichen Triebfedern gar nicht dafür, sondern wohl gar dawider wären; die Handlung wird seinem intelligibelen Charakter beigemessen, er hat jetzt, in dem Augenblicke, da er lügt, gänzlich Schuld; mithin war die Vernunft unerachtet aller empirischen Bedingungen der That völlig frei, und ihrer Unterlassung ist diese gänzlich beizumessen.

Man sieht diesem zurechnenden Urtheile es leicht an, daß man dabei in Gedanken habe, die Vernunft werde durch alle jene Sinnlichkeit gar nicht afficirt; sie verändere sich nicht (wenn gleich ihre Erscheinungen, nämlich die Art, wie sie sich in ihren Wirkungen zeigt, sich verändern); in ihr gehe kein Zustand vorher, der den folgenden bestimme; mithin gehöre sie gar nicht in die Reihe der sinnlichen Bedingungen, welche die Erscheinungen nach Naturgesetzen nothwendig machen. Sie, die Vernunft, ist allen Handlungen des Menschen in allen Zeitumständen gegenwärtig und einerlei, selbst aber ist sie nicht in der Zeit und geräth etwa in einen neuen Zustand, darin sie vorher nicht war; sie ist bestimmend, aber nicht bestimmbar in Ansehung desselben. Daher kann man nicht fragen: warum hat sich nicht die Vernunft anders bestimmt? sondern nur: warum hat sie die Erscheinungen durch ihre Causalität nicht anders bestimmt? Darauf aber ist keine Antwort möglich. Denn ein anderer intelligibeler Charakter würde einen andern empirischen gegeben haben; und wenn wir sagen, daß unerachtet seines ganzen bis dahin geführten Lebenswandels der Thäter die Lüge doch hätte unterlassen können, so bedeutet dieses nur, daß sie unmittelbar unter der Macht der Vernunft stehe, und die Vernunft in ihrer Causalität keinen Bedingungen der Erscheinung und des Zeitlaufs unterworfen ist, der Unterschied der Zeit auch zwar einen Hauptunterschied der Erscheinungen respective gegen einander, da diese aber keine Sachen, mithin auch nicht Ursachen an sich selbst sind, keinen Unterschied der Handlung in Beziehung auf die Vernunft machen könne.

Wir können also mit der Beurtheilung freier Handlungen in Ansehung ihrer Causalität nur bis an die intelligibele Ursache, aber nicht über dieselbe hinaus kommen: wir können erkennen, daß sie frei, d.i. von der Sinnlichkeit unabhängig bestimmt, und auf solche Art die sinnlich unbedingte Bedingung der Erscheinungen sein könne. Warum aber der intelligibele Charakter gerade diese Erscheinungen und diesen empirischen Charakter unter vorliegenden Umständen gebe, das überschreitet so weit alles Vermögen unserer Vernunft es zu beantworten, ja alle Befugniß derselben nur zu fragen, als ob man früge: woher der transscendentale Gegenstand unserer äußeren sinnlichen Anschauung gerade nur Anschauung im Raume und nicht irgend eine andere gebe. Allein die Aufgabe, die wir aufzulösen hatten, verbindet uns hiezu gar nicht, denn sie war nur diese: ob Freiheit der Naturnothwendigkeit in einer und derselben Handlung widerstreite, und dieses haben wir hinreichend beantwortet, da wir zeigten, daß, da bei jener eine Beziehung auf eine ganz andere Art von Bedingungen möglich ist als bei dieser, das Gesetz der letzteren die erstere nicht afficire, mithin beide von einander unabhängig und durch einander ungestört stattfinden können.

* * *

Man muß wohl bemerken: daß wir hiedurch nicht die W i r k l i c h k e i t der Freiheit als eines der Vermögen, welche die Ursache von den Erscheinungen unserer Sinnenwelt enthalten, haben darthun wollen. Denn außer daß dieses gar keine transscendentale Betrachtung, die bloß mit Begriffen zu thun hat, gewesen sein würde, so könnte es auch nicht gelingen, indem wir aus der Erfahrung niemals auf etwas, was gar nicht nach Erfahrungsgesetzen gedacht werden muß, schließen können. Ferner haben wir auch gar nicht einmal die M ö g l i c h k e i t der Freiheit beweisen wollen; denn dieses wäre auch nicht gelungen, weil wir überhaupt von keinem Realgrunde und keiner Causalität aus bloßen Begriffen *a priori* die Möglichkeit erkennen können. Die Freiheit wird hier nur als transscendentale Idee behandelt, wodurch die Vernunft die Reihe der Bedingungen in der Erscheinung durch das Sinnlichunbedingte schlechthin anzuheben denkt, dabei sich aber in eine Antinomie mit ihren eigenen Gesetzen, welche sie dem empirischen Gebrauche des Verstandes vorschreibt, verwickelt. Daß nun diese Antmiomie auf einem bloßen Scheine beruhe, und daß Natur der Causalität aus Freiheit wenigstens n i c h t w i d e r s t r e i t e , das war das einzige, was wir leisten konnten, und woran es uns auch einzig und allein gelegen war.

IV.
Auflösung der kosmologischen Ideen von der Totalität der Abhängigkeit der Erscheinungen ihrem Dasein nach überhaupt.

In der vorigen Nummer betrachteten wir die Veränderungen der Sinnenwelt in ihrer dynamischen Reihe, da eine jede unter einer andern als ihrer Ursache steht. Jetzt dient uns diese Reihe der Zustände nur zur Leitung, um zu einem Dasein zu gelangen, das die höchste Bedingung alles Veränderlichen sein könne, nämlich dem nothwendigen Wesen. Es ist hier nicht um die unbedingte Causalität, sondern die unbedingte Existenz der Substanz selbst zu thun. Also ist die Reihe, welche wir vor uns haben, eigentlich nur die von Begriffen und nicht von Anschauungen, in so fern die eine die Bedingung der andern ist.

Man sieht aber leicht: daß, da alles in dem Inbegriffe der Erscheinungen veränderlich, mithin im Dasein bedingt ist, es überall in der Reihe des abhängigen Daseins kein unbedingtes Glied geben könne, dessen Existenz schlechthin nothwendig wäre, und daß also, wenn Erscheinungen Dinge an sich selbst wären, eben darum aber ihre Bedingung mit dem Bedingten jederzeit zu einer und derselben Reihe der Anschauungen gehörte, ein nothwendiges Wesen als Bedingung des Daseins der Erscheinungen der Sinnenwelt niemals stattfinden könnte.

Es hat aber der dynamische Regressus dieses Eigenthümliche und Unterscheidende von dem mathematischen an sich: daß, da dieser es eigentlich nur mit der Zusammensetzung der Theile zu einem Ganzen, oder der Zerfällung eines Ganzen in seine Theile zu thun hat, die Bedingungen dieser

Reihe immer als Theile derselben, mithin als gleichartig, folglich als Erscheinungen angesehen werden müssen; anstatt daß in jenem Regressus, da es nicht um die Möglichkeit eines unbedingten Ganzen aus gegebenen Theilen, oder eines unbedingten Theils zu einem gegebenen Ganzen, sondern um die Ableitung eines Zustandes von seiner Ursache, oder des zufälligen Daseins der Substanz selbst von der nothwendigen zu thun ist, die Bedingung nicht eben nothwendig mit dem Bedingten eine empirische Reihe ausmachen dürfe.

Also bleibt uns bei der vor uns liegenden scheinbaren Antinomie noch ein Ausweg offen, da nämlich alle beide einander widerstreitende Sätze in verschiedener Beziehung zugleich wahr sein können, so daß alle Dinge der Sinnenwelt durchaus zufällig sind, mithin auch immer nur empirisch bedingte Existenz haben, gleichwohl von der ganzen Reihe auch eine nichtempirische Bedingung, d.i. ein unbedingt nothwendiges Wesen, stattfinde. Denn dieses würde, als intelligibele Bedingung, gar nicht zur Reihe als ein Glied derselben (nicht einmal als das oberste Glied) gehören und auch kein Glied der Reihe empirisch unbedingt machen, sondern die ganze Sinnenwelt in ihrem durch alle Glieder gehenden empirisch bedingten Dasein lassen. Darin würde sich also diese Art, ein unbedingtes Dasein den Erscheinungen zum Grunde zu legen, von der empirisch unbedingten Causalität (der Freiheit) im vorigen Artikel unterscheiden, daß bei der Freiheit das Ding selbst als Ursache (*substantia phaenomenon*) dennoch in die Reihe der Bedingungen gehörte, und nur seine C a u s a l i t ä t als intelligibel gedacht wurde, hier aber das nothwendige Wesen ganz außer der Reihe der Sinnenwelt (als *ens extramundanum*) und bloß intelligibel gedacht werden müßte, wodurch allein es verhütet werden kann, daß es nicht selbst dem Gesetze der Zufälligkeit und Abhängigkeit aller Erscheinungen unterworfen werde.

Das regulative Princip der Vernunft ist also in Ansehung dieser unserer Aufgabe: daß alles in der Sinnenwelt empirisch bedingte Existenz habe, und daß es überall in ihr in Ansehung keiner Eigenschaft eine unbedingte Nothwendigkeit gebe; daß kein Glied der Reihe von Bedingungen sei, davon man nicht immer die empirische Bedingung in einer möglichen Erfahrung erwarten und, so weit man kann, suchen müsse, und nichts uns berechtige, irgend ein Dasein von einer Bedingung außerhalb der empirischen Reihe abzuleiten, oder auch es als in der Reihe selbst für schlechterdings unabhängig und selbstständig zu halten, gleichwohl aber dadurch gar nicht in Abrede zu ziehen, daß nicht die ganze Reihe in irgend einem intelligibelen Wesen (welches darum von aller empirischen Bedingung frei ist und vielmehr den Grund der Möglichkeit aller dieser Erscheinungen enthält) gegründet sein könne.

Es ist aber hiebei gar nicht die Meinung, das unbedingt nothwendige Dasein eines Wesens zu beweisen, oder auch nur die Möglichkeit einer bloß intelligibelen Bedingung der Existenz der Erscheinungen der Sinnenwelt hierauf zu gründen; sondern nur eben so, wie wir die Vernunft einschränken, daß sie nicht den Faden der empirischen Bedingungen verlasse und sich in transscendente und keiner Darstellung *in concreto* fähige Erklärungsgründe verlaufe, also auch andererseits das Gesetz des bloß empirischen Verstandesgebrauchs dahin einzuschränken, daß es nicht über die Möglichkeit der Dinge überhaupt entscheide und das Intelligibele, ob es gleich von uns zur Erklärung der Erscheinungen nicht zu gebrauchen ist, darum nicht für unmöglich erkläre. Es wird also dadurch nur gezeigt, daß die durchgängige Zufälligkeit aller Naturdinge und aller ihrer (empirischen) Bedingungen ganz wohl mit der willkürlichen Voraussetzung einer nothwendigen, obzwar bloß intelligibelen Bedingung zusammen bestehen könne, also kein wahrer Widerspruch zwischen diesen Behauptungen anzutreffen sei, mithin sie beiderseits wahr sein können. Es mag immer ein solches schlechthin nothwendiges Verstandeswesen an sich unmöglich sein, so kann dieses doch aus der allgemeinen Zufälligkeit und Abhängigkeit alles dessen, was zur Sinnenwelt gehört, imgleichen aus dem Princip, bei keinem einzigen Gliede derselben, so fern es zufällig ist, aufzuhören und sich auf eine Ursache außer der Welt zu berufen, keinesweges geschlossen werden. Die Vernunft geht ihren Gang im empirischen und ihren besondern Gang im transscendentalen Gebrauche.

Die Sinnenwelt enthält nichts als Erscheinungen, diese aber sind bloße Vorstellungen, die immer wiederum sinnlich bedingt sind; und da wir hier niemals Dinge an sich selbst zu unseren Gegenständen haben, so ist nicht zu verwundern, daß wir niemals berechtigt sind, von einem Gliede der empirischen Reihen, welches es auch sei, einen Sprung außer dem Zusammenhange der Sinnlichkeit zu thun, gleich als wenn es Dinge an sich selbst wären, die außer ihrem transscendentalen Grunde existirten, und die man verlassen könnte, um die Ursache ihres Daseins außer ihnen zu suchen; welches bei zufälligen Dingen allerdings endlich geschehen müßte, aber nicht bei bloßen Vorstellungen von Dingen, deren Zufälligkeit selbst nur Phänomen ist und auf keinen andern Regressus als denjenigen, der die Phänomena bestimmt, d.i. der empirisch ist, führen kann. Sich aber einen intelligibelen Grund der Erscheinungen, d.i. der Sinnenwelt, und denselben befreit von der Zufälligkeit der letzteren denken, ist weder dem uneingeschränkten empirischen Regressus in der Reihe der Erscheinungen, noch der durchgängigen Zufälligkeit derselben entgegen. Das ist aber auch das Einzige, was wir zur Hebung der scheinbaren Antinomie zu leisten hatten, und was sich nur auf diese Weise thun ließ. Denn ist die jedesmalige Bedingung zu jedem Bedingten (dem Dasein nach) sinnlich und eben darum zur Reihe gehörig, so ist sie selbst wiederum bedingt (wie die Antithesis der vierten Antinomie es ausweiset). Es mußte also entweder ein Widerstreit mit der Vernunft, die das Unbedingte fordert, bleiben, oder dieses außer der Reihe, in dem Intelligibelen gesetzt werden, dessen Nothwendigkeit keine empirische Bedingung erfordert noch verstattet und also respective auf Erscheinungen unbedingt nothwendig ist.

Der empirische Gebrauch der Vernunft (in Ansehung der Bedingungen des Daseins in der Sinnenwelt) wird durch die Einräumung eines bloß intelligibelen Wesens nicht afficirt, sondern geht nach dem Princip der durchgängigen Zufälligkeit von empirischen Bedingungen zu höheren, die immer eben sowohl empirisch sind. Eben so wenig schließt aber auch dieser regulative Grundsatz die Annehmung einer intelligibelen Ursache, die nicht in der Reihe ist, aus, wenn es um den reinen Gebrauch der Vernunft (in Ansehung der Zwecke) zu thun ist. Denn da bedeutet jene nur den für uns bloß transscendentalen und unbekannten Grund der Möglichkeit der sinnlichen Reihe überhaupt, dessen von allen Bedingungen der letzteren unabhängiges und in Ansehung dieser unbedingt nothwendiges Dasein der unbegrenzten Zufälligkeit der ersteren und darum auch dem nirgend geendigten Regressus in der Reihe empirischer Bedingungen gar nicht entgegen ist.

Schlußanmerkung zur ganzen Antinomie der reinen Vernunft.

So lange wir mit unseren Vernunftbegriffen bloß die Totalität der Bedingungen in der Sinnenwelt, und was in Ansehung ihrer der Vernunft zu Diensten geschehen kann, zum Gegenstande haben: so sind unsere Ideen zwar transscendental, aber doch kosmologisch. So bald wir aber das Unbedingte (um das es doch eigentlich zu thun ist) in demjenigen setzen, was ganz außerhalb der Sinnenwelt, mithin außer aller möglichen Erfahrung ist, so werden die Ideen transscendent: sie dienen nicht bloß zur Vollendung des empirischen Vernunftgebrauchs (die immer eine nie auszuführende, aber dennoch zu befolgende Idee bleibt), sondern sie trennen sich davon gänzlich und machen sich selbst Gegenstände, deren Stoff nicht aus Erfahrung genommen, deren objective Realität auch nicht auf der Vollendung der empirischen Reihe, sondern auf reinen Begriffen *a priori* beruht. Dergleichen transscendente Ideen haben einen bloß intelligibelen Gegenstand, welchen als ein transscendentales Object, von dem man übrigens nichts weiß, zuzulassen, allerdings erlaubt ist, wozu aber, um es als ein durch seine unterscheidende und innere Prädicate bestimmbares Ding zu denken, wir weder Gründe der Möglichkeit (als unabhängig von allen Erfahrungsbegriffen), noch die mindeste Rechtfertigung, einen solchen Gegenstand anzunehmen, auf unserer Seite haben, und welches daher ein bloßes Gedankending ist. Gleichwohl dringt uns unter allen kosmologischen Ideen diejenige, so die vierte Antinomie veranlaßte, diesen Schritt zu wagen. Denn das in sich selbst ganz und gar nicht gegründete, sondern stets bedingte Dasein der Erscheinungen fordert uns auf: uns nach etwas von allen Erscheinungen

Unterschiedenem, mithin einem intelligibelen Gegenstande umzusehen, bei welchem diese Zufälligkeit aufhöre. Weil aber, wenn wir uns einmal die Erlaubniß genommen haben, außer dem Felde der gesammten Sinnlichkeit eine für sich bestehende Wirklichkeit anzunehmen, Erscheinungen nur als zufällige Vorstellungsarten intelligibeler Gegenstände von solchen Wesen, die selbst Intelligenzen sind, anzusehen sind: so bleibt uns nichts anders übrig als die Analogie, nach der wir die Erfahrungsbegriffe nutzen, um uns von intelligibelen Dingen, von denen wir an sich nicht die mindeste Kenntniß haben, doch irgend einigen Begriff zu machen. Weil wir das Zufällige nicht anders als durch Erfahrung kennen lernen, hier aber von Dingen, die gar nicht Gegenstände der Erfahrung sein sollen, die Rede ist, so werden wir ihre Kenntniß aus dem, was an sich nothwendig ist, aus reinen Begriffen von Dingen überhaupt, ableiten müssen. Daher nöthigt uns der erste Schritt, den wir außer der Sinnenwelt thun, unsere neue Kenntnisse von der Untersuchung des schlechthin nothwendigen Wesens anzufangen und von den Begriffen desselben die Begriffe von allen Dingen, so fern sie bloß intelligibel sind, abzuleiten; und diesen Versuch wollen wir in dem folgenden Hauptstücke anstellen.

Des Zweiten Buchs der transscendentalen Dialektik

Drittes Hauptstück.

Das Ideal der reinen Vernunft.

Erster Abschnitt.

Von dem Ideal überhaupt.

Wir haben oben gesehen, daß durch reine Verstandesbegriffe ohne alle Bedingungen der Sinnlichkeit gar keine Gegenstände können vorgestellt werden, weil die Bedingungen der objectiven Realität derselben fehlen, und nichts als die bloße Form des Denkens in ihnen angetroffen wird. Gleichwohl können sie *in concreto* dargestellt werden, wenn man sie auf Erscheinungen anwendet; denn an ihnen haben sie eigentlich den Stoff zum Erfahrungsbegriffe, der nichts als ein Verstandesbegriff *in concreto* ist. Ideen aber sind noch weiter von der objectiven Realität entfernt als Kategorien; denn es kann keine Erscheinung gefunden werden, an der sie sich *in concreto* vorstellen ließen. Sie enthalten eine gewisse Vollständigkeit, zu welcher keine mögliche empirische Erkenntniß zulangt, und die Vernunft hat dabei nur eine systematische Einheit im Sinne, welcher sie die empirisch mögliche Einheit zu nähern sucht, ohne sie jemals völlig zu erreichen.

Aber noch weiter als die Idee scheint dasjenige von der objectiven Realität entfernt zu sein, was ich das Ideal nenne, und worunter ich die Idee nicht bloß *in concreto*, sondern *in individuo*, d.i. als ein einzelnes, durch die Idee allein bestimmbares oder gar bestimmtes Ding, verstehe.

Die Menschheit in ihrer ganzen Vollkommenheit enthält nicht allein die Erweiterung aller zu dieser Natur gehörigen wesentlichen Eigenschaften, welche unseren Begriff von derselben ausmachen, bis zur vollständigen Congruenz mit ihren Zwecken, welches unsere Idee der vollkommenen Menschheit sein würde, sondern auch alles, was außer diesem Begriffe zu der durchgängigen Bestimmung der Idee gehört; denn von allen entgegengesetzten Prädicaten kann sich doch nur ein einziges zu der Idee des vollkommensten Menschen schicken. Was uns ein Ideal ist, war dem Plato eine Idee des göttlichen Verstandes, ein einzelner Gegenstand in der reinen Anschauung desselben, das Vollkommenste einer jeden Art möglicher Wesen und der Urgrund aller Nachbilder in der Erscheinung.

Ohne uns aber so weit zu versteigen, müssen wir gestehen, daß die menschliche Vernunft nicht allein Ideen, sondern auch Ideale enthalte, die zwar nicht wie die Platonischen schöpferische, aber doch praktische Kraft (als regulative Principien) haben und der Möglichkeit der Vollkommenheit gewisser Handlungen zum Grunde liegen. Moralische Begriffe sind nicht gänzlich reine Vernunftbegriffe, weil ihnen etwas Empirisches (Lust oder Unlust) zum Grunde liegt. Gleichwohl können sie in Ansehung des Princips, wodurch die Vernunft der an sich gesetzlosen Freiheit Schranken setzt, (also wenn man bloß auf ihre Form Acht hat) gar wohl zum Beispiele reiner Vernunftbegriffe dienen. Tugend und mit ihr menschliche Weisheit in ihrer ganzen Reinigkeit sind Ideen. Aber der Weise (des Stoikers) ist ein Ideal, d.i. ein Mensch, der bloß in Gedanken existirt, der aber mit der Idee der Weisheit völlig congruirt. So wie die Idee die Regel giebt, so dient das Ideal in solchem Falle zum Urbilde der durchgängigen Bestimmung des

Nachbildes; und wir haben kein anderes Richtmaß unserer Handlungen, als das Verhalten dieses göttlichen Menschen in uns, womit wir uns vergleichen, beurtheilen und dadurch uns bessern, obgleich es niemals erreichen können. Diese Ideale, ob man ihnen gleich nicht objective Realität (Existenz) zugestehen möchte, sind doch um deswillen nicht für Hirngespinste anzusehen, sondern geben ein unentbehrliches Richtmaß der Vernunft ab, die des Begriffs von dem, was in seiner Art ganz vollständig ist, bedarf, um darnach den Grad und die Mängel des Unvollständigen zu schätzen und abzumessen. Das Ideal aber in einem Beispiele, d.i. in der Erscheinung, realisiren wollen, wie etwa den Weisen in einem Roman, ist unthunlich und hat überdem etwas Widersinnisches und wenig Erbauliches an sich, indem die natürlichen Schranken, welche der Vollständigkeit in der Idee continuirlich Abbruch thun, alle Illusion in solchem Versuche unmöglich und dadurch das Gute, das in der Idee liegt, selbst verdächtig und einer bloßen Erdichtung ähnlich machen.

So ist es mit dem Ideale der Vernunft bewandt, welches jederzeit auf bestimmten Begriffen beruhen und zur Regel und Urbilde, es sei der Befolgung oder Beurtheilung, dienen muß. Ganz anders verhält es sich mit den Geschöpfen der Einbildungskraft, darüber sich niemand erklären und einen verständlichen Begriff geben kann, gleichsam M o n o g r a m m e n , die nur einzelne, obzwar nach keiner angeblichen Regel bestimmte Züge sind, welche mehr eine im Mittel verschiedener Erfahrungen gleichsam schwebende Zeichnung, als ein bestimmtes Bild ausmachen, dergleichen Maler und Physiognomen in ihrem Kopfe zu haben vorgeben, und die ein nicht mitzutheilendes Schattenbild ihrer Producte oder auch Beurtheilungen sein sollen. Sie können, obzwar nur uneigentlich, Ideale der Sinnlichkeit genannt werden, weil sie das nicht erreichbare Muster möglicher empirischer Anschauungen sein sollen und gleichwohl keine der Erklärung und Prüfung fähige Regel abgeben.

Die Absicht der Vernunft mit ihrem Ideale ist dagegen die durchgängige Bestimmung nach Regeln *a priori*, daher sie sich einen Gegenstand denkt, der nach Principien durchgängig bestimmbar sein soll, obgleich dazu die hinreichenden Bedingungen in der Erfahrung mangeln und der Begriff selbst also transscendent ist.

Des dritten Hauptstücks
Zweiter Abschnitt.

Von dem transscendentalen Ideal
(*Prototypon transscendentale*).

Ein jeder Begriff ist in Ansehung dessen, was in ihm selbst nicht enthalten ist, unbestimmt und steht unter dem Grundsatze der Bestimmbarkeit: daß nur eines von jeden zwei einander contradictorisch entgegengesetzten Prädicaten ihm zukommen könne, welcher auf dem Satze des Widerspruchs beruht und daher ein bloß logisches Princip ist, das von allem Inhalte der Erkenntniß abstrahirt und nichts als die logische Form derselben vor Augen hat.

Ein jedes Ding aber seiner Möglichkeit nach steht noch unter dem Grundsatze der durchgängigen Bestimmung, nach welchem ihm von allen möglichen Prädicaten der Dinge, so fern sie mit ihren Gegentheilen verglichen werden, eines zukommen muß. Dieses beruht nicht bloß auf dem Satze des Widerspruchs; denn es betrachtet außer dem Verhältniß zweier einander widerstreitenden Prädicate jedes Ding noch im Verhältniß auf die gesammte Möglichkeit, als den Inbegriff aller Prädicate der Dinge überhaupt, und indem es solche als Bedingung *a priori* voraussetzt, so stellt es ein jedes Ding so vor, wie es von dem Antheil, den es an jener gesammten Möglichkeit hat, seine eigene Möglichkeit ableite*. Das Principium der durchgängigen Bestimmung betrifft also den Inhalt und nicht bloß die logische Form. Es ist der Grundsatz der Synthesis aller Prädicate, die den vollständigen Begriff von einem Dinge machen sollen, und nicht bloß der analytischen Vorstellung durch eines zweier entgegengesetzten Prädicate, und enthält eine transscendentale Voraussetzung, nämlich die der Materie zu aller Möglichkeit, welche *a priori* die *Data* zur besonderen Möglichkeit jedes Dinges enthalten soll.

Der Satz: alles Existirende ist durchgängig bestimmt, bedeutet nicht allein, daß von jedem Paare einander entgegengesetzter gegebenen, sondern auch von allen möglichen Prädicaten ihm immer eines zukomme; es werden durch diesen Satz nicht bloß Prädicate unter einander logisch, sondern das Ding selbst mit dem Inbegriffe aller möglichen Prädicate transscendental verglichen. Er will so viel sagen als: um ein Ding vollständig zu er-

* Es wird also durch diesen Grundsatz jedes Ding auf ein gemeinschaftliches Correlatum, nämlich die gesammte Möglichkeit, bezogen, welche, wenn sie (d.i. der Stoff zu allen möglichen Prädicaten) in der Idee eines einzigen Dinges angetroffen würde, eine Affinität alles Möglichen durch die Identität des Grundes der durchgängigen Bestimmungen desselben beweisen würde. Die Bestimmbarkeit eines jeden Begriffs ist der **Allgemeinheit** (*Universalitas*) des Grundsatzes der Ausschließung eines Mittleren zwischen zwei entgegengesetzten Prädicaten, die Bestimmung aber eines Dinges der **Allheit** (*Universitas*) oder dem Inbegriffe aller möglichen Prädicate untergeordnet.

kennen, muß man alles Mögliche erkennen und es dadurch, es sei bejahend oder verneinend, bestimmen. Die durchgängige Bestimmung ist folglich ein Begriff, den wir niemals *in concreto* seiner Totalität nach darstellen können, und gründet sich also auf einer Idee, welche lediglich in der Vernunft ihren Sitz hat, die dem Verstande die Regel seines vollständigen Gebrauchs vorschreibt.

Ob nun zwar diese Idee von dem Inbegriffe aller Möglichkeit, so fern er als Bedingung der durchgängigen Bestimmung eines jeden Dinges zum Grunde liegt, in Ansehung der Prädicate, die denselben ausmachen mögen, selbst noch unbestimmt ist, und wir dadurch nichts weiter als einen Inbegriff aller möglichen Prädicate überhaupt denken, so finden wir doch bei näherer Untersuchung, daß diese Idee als Urbegriff eine Menge von Prädicaten ausstoße, die als abgeleitet und durch andere schon gegeben sind, oder neben einander nicht stehen können, und daß sie sich bis zu einem durchgängig *a priori* bestimmten Begriffe läutere und dadurch der Begriff von einem einzelnen Gegenstande werde, der durch die bloße Idee durchgängig bestimmt ist, mithin ein Ideal der reinen Vernunft genannt werden muß.

Wenn wir alle möglichen Prädicate nicht bloß logisch, sondern transscendental, d.i. nach ihrem Inhalte, der an ihnen *a priori* gedacht werden kann, erwägen, so finden wir, daß durch einige derselben ein Sein, durch andere ein bloßes Nichtsein vorgestellt wird. Die logische Verneinung, die lediglich durch das Wörtchen Nicht angezeigt wird, hängt eigentlich niemals einem Begriffe, sondern nur dem Verhältnisse desselben zu einem andern im Urtheile an und kann also dazu bei weitem nicht hinreichend sein, einen Begriff in Ansehung seines Inhalts zu bezeichnen. Der Ausdruck Nichtsterblich kann gar nicht zu erkennen geben, daß dadurch ein bloßes Nichtsein am Gegenstande vorgestellt werde, sondern läßt allen Inhalt unberührt. Eine transscendentale Verneinung bedeutet dagegen das Nichtsein an sich selbst, dem die transscendentale Bejahung entgegengesetzt wird, welche ein Etwas ist, dessen Begriff an sich selbst schon ein Sein ausdrückt und daher Realität (Sachheit) genannt wird, weil durch sie allein, und so weit sie reicht, Gegenstände Etwas (Dinge) sind, die entgegenstehende Negation hingegen einen bloßen Mangel bedeutet und, wo diese allein gedacht wird, die Aufhebung alles Dinges vorgestellt wird.

Nun kann sich niemand eine Verneinung bestimmt denken, ohne daß er die entgegengesetzte Bejahung zum Grunde liegen habe. Der Blindgeborne kann sich nicht die mindeste Vorstellung von Finsterniß machen, weil er keine vom Lichte hat; der Wilde nicht von Armuth, weil er den Wohlstand nicht kennt*. Der Unwissende hat keinen Begriff von seiner Unwissenheit, weil er keinen von der Wissenschaft hat, u.s.w. Es sind also auch alle Begriffe der Negationen abgeleitet, und die Realitäten enthalten die *Data* und so zu sagen die Materie oder den transscendentalen Inhalt zu der Möglichkeit und durchgängigen Bestimmung aller Dinge.

Wenn also der durchgängigen Bestimmung in unserer Vernunft ein transscendentales Substratum zum Grunde gelegt wird, welches gleichsam den ganzen Vorrath des Stoffes, daher alle mögliche Prädicate der Dinge genommen werden

* Die Beobachtungen und Berechnungen der Sternkundigen haben uns viel Bewundernswürdiges gelehrt, aber das Wichtigste ist wohl, daß sie uns den Abgrund der Unwissenheit aufgedeckt haben, den die menschliche Vernunft ohne diese Kenntnisse sich niemals so groß hätte vorstellen können, und worüber das Nachdenken eine große Veränderung in der Bestimmung der Endabsichten unseres Vernunftgebrauchs hervorbringen muß.

können, enthält, so ist dieses Substratum nichts anders, als die Idee von einem All der Realität (*omnitudo realitatis*). Alle wahre Verneinungen sind alsdann nichts als Schranken, welches sie nicht genannt werden könnten, wenn nicht das Unbeschränkte (das All) zum Grunde läge.

Es ist aber auch durch diesen Allbesitz der Realität der Begriff eines Dinges an sich selbst als durchgängig bestimmt vorgestellt, und der Begriff eines *entis realissimi* ist der Begriff eines einzelnen Wesens, weil von allen möglichen entgegengesetzten Prädicaten eines, nämlich das, was zum Sein schlechthin gehört, in seiner Bestimmung angetroffen wird. Also ist es ein transscendentales Ideal, welches der durchgängigen Bestimmung, die nothwendig bei allem, was existirt, angetroffen wird, zum Grunde liegt und die oberste und vollständige materiale Bedingung seiner Möglichkeit ausmacht, auf welcher das Denken der Gegenstände überhaupt ihrem Inhalte nach zurückgeführt werden muß. Es ist aber auch das einzige eigentliche Ideal, dessen die menschliche Vernunft fähig ist, weil nur in diesem einzigen Falle ein an sich allgemeiner Begriff von einem Dinge durch sich selbst durchgängig bestimmt und als die Vorstellung von einem Individuum erkannt wird.

Die logische Bestimmung eines Begriffs durch die Vernunft beruht auf einem disjunctiven Vernunftschlusse, in welchem der Obersatz eine logische Eintheilung (die Theilung der Sphäre eines allgemeinen Begriffs) enthält, der Untersatz diese Sphäre bis auf einen Theil einschränkt und der Schlußsatz den Begriff durch diesen bestimmt. Der allgemeine Begriff einer Realität überhaupt kann *a priori* nicht eingetheilt werden, weil man ohne Erfahrung keine bestimmte Arten von Realität kennt, die unter jener Gattung enthalten wären. Also ist der transscendentale Obersatz der durchgängigen Bestimmung aller Dinge nichts anders, als die Vorstellung des Inbegriffs aller Realität, nicht bloß ein Begriff, der alle Prädicate ihrem transscendentalen Inhalte nach u n t e r s i c h , sondern der sie in sich begreift; und die durchgängige Bestimmung eines jeden Dinges beruht auf der Einschränkung dieses A l l der Realität, indem Einiges derselben dem Dinge beigelegt, das übrige aber ausgeschlossen wird, welches mit dem Entweder und Oder des disjunctiven Obersatzes und der Bestimmung des Gegenstandes durch eins der Glieder dieser Theilung im Untersatze übereinkommt. Demnach ist der Gebrauch der Vernunft, durch den sie das transscendentale Ideal zum Grunde ihrer Bestimmung aller möglichen Dinge legt, demjenigen analogisch, nach welchem sie in disjunctiven Vernunftschlüssen verfährt; welches der Satz war, den ich oben zum Grunde der systematischen Eintheilung aller transscendentalen Ideen legte, nach welchem sie den drei Arten von Vernunftschlüssen parallel und correspondirend erzeugt werden.

Es versteht sich von selbst, daß die Vernunft zu dieser ihrer Absicht, nämlich sich lediglich die nothwendige durchgängige Bestimmung der Dinge vorzustellen, nicht die Existenz eines solchen Wesens, das dem Ideale gemäß ist, sondern nur die Idee desselben voraussetze, um von einer unbedingten Totalität der durchgängigen Bestimmung die bedingte, d.i. die des Eingeschränkten, abzuleiten. Das Ideal ist ihr also das Urbild (*Prototypon*) aller Dinge, welche insgesammt als mangelhafte Copeien (*ectypa*) den Stoff zu ihrer Möglichkeit daher nehmen und, indem sie demselben mehr oder weniger nahe kommen, dennoch jederzeit unendlich weit daran fehlen, es zu erreichen.

So wird denn alle Möglichkeit der Dinge (der Synthesis des Mannigfaltigen ihrem Inhalte nach) als abgeleitet und nur allein die desjenigen, was alle Realität in sich schließt, als ursprünglich angesehen. Denn alle Verneinungen (welche doch die einzigen Prädicate sind, wodurch sich alles andere vom realsten Wesen unterscheiden läßt) sind bloße Einschränkungen einer größeren und endlich der höchsten Realität, mithin setzen sie diese voraus und sind dem Inhalte nach von ihr bloß abgeleitet. Alle Mannigfaltigkeit der Dinge ist nur eine eben so vielfältige Art, den Begriff der höchsten Realität, der ihr gemeinschaftliches Substratum ist, einzuschränken, so wie alle Figuren nur als verschiedene Arten, den unendlichen Raum einzuschränken, möglich sind. Daher wird der bloß in der Vernunft befindliche Gegenstand ihres Ideals auch das Urwesen (*ens originarium*), so fern es keines über sich hat, das höchste Wesen (*ens summum*), und so fern alles als bedingt unter ihm steht, das Wesen aller Wesen (*ens entium*) genannt. Alles dieses aber bedeutet nicht das objective Verhältniß eines wirklichen Gegenstandes zu andern Dingen, sondern der Idee zu Begriffen und läßt uns wegen der Existenz eines Wesens von so ausnehmendem Vorzuge in völliger Unwissenheit.

Weil man auch nicht sagen kann, daß ein Urwesen aus viel abgeleiteten Wesen bestehe, indem ein jedes derselben jenes voraussetzt, mithin es nicht ausmachen kann, so wird das Ideal des Urwesens auch als einfach gedacht werden müssen.

Die Ableitung aller anderen Möglichkeit von diesem Urwesen wird daher, genau zu reden, auch nicht als eine Einschränkung seiner höchsten Realität und gleichsam als eine Theilung derselben angesehen werden können; denn alsdann würde das Urwesen als ein bloßes Aggregat von abgeleiteten Wesen angesehen werden, welches nach dem vorigen unmöglich ist, ob wir es gleich anfänglich, im ersten rohen Schattenrisse, so vorstellten. Vielmehr würde der Möglichkeit aller Dinge die höchste Realität als ein Grund und nicht als Inbegriff zum Grunde liegen und die Mannigfaltigkeit der ersteren nicht auf der Einschränkung des Urwesens selbst, sondern seiner vollständigen Folge beruhen, zu welcher denn auch unsere ganze Sinnlichkeit sammt aller Realität in der Erscheinung gehören würde, die zu der Idee des höchsten Wesens als ein Ingredienz nicht gehören kann.

Wenn wir nun dieser unserer Idee, indem wir sie hypostasiren, so ferner nachgehen, so werden wir das Urwesen durch den bloßen Begriff der höchsten Realität als ein einiges, allgenugsames, ewiges etc., mit einem Worte, es in seiner unbedingten Vollständigkeit durch alle Prädicamente bestimmen können. Der Begriff eines solchen Wesens ist der von Gott, in transscendentalem Verstande gedacht; und so ist das Ideal der reinen Vernunft der Gegenstand einer transscendentalen Theologie, so wie ich es auch oben angeführt habe.

Indessen würde dieser Gebrauch der transscendentalen Idee doch schon die Grenzen ihrer Bestimmung und Zulässigkeit überschreiten. Denn die Vernunft legte sie nur als den Begriff von aller Realität der durchgängigen Bestimmung der Dinge überhaupt zum Grunde, ohne zu verlangen, daß alle diese Realität objectiv gegeben sei und selbst ein Ding ausmache. Dieses letztere ist eine bloße Erdichtung, durch welche wir das Mannigfaltige unserer Idee in einem Ideale als einem besonderen Wesen zusammenfassen und realisiren, wozu wir keine Befugniß haben, sogar nicht einmal, die Möglichkeit einer solchen Hypothese geradezu anzunehmen; wie denn auch alle Folgerungen, die aus einem solchen Ideale abfließen, die durchgängige Bestimmung der Dinge überhaupt, als zu deren Behuf die Idee allein nöthig war, nichts angehen und darauf nicht den mindesten Einfluß haben.

Es ist nicht genug, das Verfahren unserer Vernunft und ihre Dialektik zu beschreiben, man muß auch die Quellen derselben zu entdecken suchen, um diesen Schein selbst wie ein Phänomen des Verstandes erklären zu können; denn das Ideal, wovon wir reden, ist auf einer natürlichen und nicht bloß willkürlichen Idee gegründet. Daher frage ich: wie kommt die Vernunft dazu, alle Möglichkeit der Dinge als abgeleitet von einer einzigen, die zum Grunde liegt, nämlich der der höchsten Realität, anzusehen und diese sodann als in einem besondern Urwesen enthalten vorauszusetzen?

Die Antwort bietet sich aus den Verhandlungen der transscendentalen Analytik von selbst dar. Die Möglichkeit der Gegenstände der Sinne ist ein Verhältniß derselben zu unserm Denken, worin etwas (nämlich die empirische Form) *a priori* gedacht werden kann, dasjenige aber, was die Materie ausmacht, die Realität in der Erscheinung (was der Empfindung entspricht), gegeben sein muß, ohne welches es auch gar nicht gedacht und mithin seine Möglichkeit nicht vorgestellt werden könnte. Nun kann ein Gegenstand der Sinne nur durchgängig bestimmt werden, wenn er mit allen Prädicaten der Erscheinung verglichen und durch dieselbe bejahend oder verneinend vorgestellt wird. Weil aber darin dasjenige, was das Ding selbst (in der Erscheinung) ausmacht, nämlich das Reale, gegeben sein muß, ohne welches es auch gar nicht gedacht werden könnte; dasjenige aber, worin das Reale aller Erscheinungen gegeben ist, die einige allbefassende Erfahrung ist: so muß die Materie zur Möglichkeit aller Gegenstände der Sinne als in einem Inbegriffe gegeben vorausgesetzt werden, auf dessen Einschränkung allein alle Möglichkeit empirischer Gegenstände, ihr Unterschied von einander und ihre durchgängige Bestimmung beruhen kann. Nun können uns in der That keine andere Gegenstände als die der Sinne und nirgend als in dem Context einer möglichen Erfahrung gegeben werden, folglich ist nichts für u n s ein Gegenstand, wenn es nicht den Inbegriff aller empirischen Realität als Bedingung seiner Möglichkeit voraussetzt. Nach einer natürlichen Illusion sehen wir nun das für einen Grundsatz an, der von allen Dingen überhaupt gehen müsse, welcher eigentlich nur von denen gilt, die als Gegenstände unserer Sinne gegeben werden. Folglich werden wir das empirische Princip unserer Begriffe der Möglichkeit der Dinge als Erscheinungen durch Weglassung dieser Einschränkung für ein transscendentales Princip der Möglichkeit der Dinge überhaupt halten.

Daß wir aber hernach diese Idee vom Inbegriffe aller Realität hypostasiren, kommt daher: weil wir die d i s t r i b u t i v e Einheit des Erfahrungsgebrauchs des Verstandes in die c o l l e c t i v e Einheit eines Erfahrungsganzen dialektisch verwandeln und an diesem Ganzen der Erscheinung uns ein einzelnes Ding denken, was alle empirische Realität in sich enthält, welches denn vermittelst der schon gedachten transscendentalen Subreption mit dem Begriffe eines Dinges verwechselt wird, was an der Spitze der Möglichkeit aller Dinge steht, zu deren durchgängiger Bestimmung es die realen Bedingungen hergiebt.*

* Dieses Ideal des allerrealsten Wesens wird also, ob es zwar eine bloße Vorstellung ist, zuerst r e a l i s i r t , d.i. zum Object gemacht, darauf h y p o s t a s i r t , endlich durch einen natürlichen Fortschritt der Vernunft zur Vollendung der Einheit sogar p e r s o n i f i c i r t , wie wir bald anführen werden; weil die regulative Einheit der Erfahrung nicht auf den Erscheinungen selbst (der Sinnlichkeit allein), sondern auf der Verknüpfung

Des dritten Hauptstücks
Dritter Abschnitt.

Von den Beweisgründen der speculativen Vernunft, auf das Dasein eines höchsten Wesens zu schließen.

Ungeachtet dieses dringenden Bedürfnisses der Vernunft, etwas vorauszusetzen, was dem Verstande zu der durchgängigen Bestimmung seiner Begriffe vollständig zum Grunde liegen könne, so bemerkt sie doch das Idealische und bloß Gedichtete einer solchen Voraussetzung viel zu leicht, als daß sie dadurch allein überredet werden sollte, ein bloßes Selbstgeschöpf ihres Denkens sofort für ein wirkliches Wesen anzunehmen, wenn sie nicht wodurch anders gedrungen würde, irgendwo ihren Ruhestand in dem Regressus vom Bedingten, das gegeben ist, zum Unbedingten zu suchen, das zwar an sich und seinem bloßen Begriff nach nicht als wirklich gegeben ist, welches aber allein die Reihe der zu ihren Gründen hinausgeführten Bedingungen vollenden kann. Dieses ist nun der natürliche Gang, den jede menschliche Vernunft, selbst die gemeinste, nimmt, obgleich nicht eine jede in demselben aushält. Sie fängt nicht von Begriffen, sondern von der gemeinen Erfahrung an und legt also etwas Existirendes zum Grunde. Dieser Boden aber sinkt, wenn er nicht auf dem unbeweglichen Felsen des Absolutnothwendigen ruht. Dieser selber aber schwebt ohne Stütze, wenn

---

ihres Mannigfaltigen durch den Verstand (in einer Apperception) beruht, mithin die Einheit der höchsten Realität und die durchgängige Bestimmbarkeit (Möglichkeit) aller Dinge in einem höchsten Verstande, mithin in einer Intelligenz zu liegen scheint.

noch außer und unter ihm leerer Raum ist, und er nicht selbst alles erfüllt und dadurch keinen Platz zum Warum mehr übrig läßt, d.i. der Realität nach unendlich ist.

Wenn etwas, was es auch sei, existirt, so muß auch eingeräumt werden, daß irgend etwas nothwendigerweise existire. Denn das Zufällige existirt nur unter der Bedingung eines anderen als seiner Ursache, und von dieser gilt der Schluß fernerhin bis zu einer Ursache, die nicht zufällig und eben darum ohne Bedingung nothwendigerweise da ist. Das ist das Argument, worauf die Vernunft ihren Fortschritt zum Urwesen gründet.

Nun sieht sich die Vernunft nach dem Begriffe eines Wesens um, das sich zu einem solchen Vorzuge der Existenz als die unbedingte Nothwendigkeit schicke, nicht sowohl um alsdann von dem Begriffe desselben *a priori* auf sein Dasein zu schließen (denn getrauete sie sich dieses, so dürfte sie überhaupt nur unter bloßen Begriffen forschen und hätte nicht nöthig, ein gegebenes Dasein zum Grunde zu legen), sondern nur um unter allen Begriffen möglicher Dinge denjenigen zu finden, der nichts der absoluten Nothwendigkeit Widerstreitendes in sich hat. Denn daß doch irgend etwas schlechthin nothwendig existiren müsse, hält sie nach dem ersteren Schlusse schon für ausgemacht. Wenn sie nun alles wegschaffen kann, was sich mit dieser Nothwendigkeit nicht verträgt, außer einem: so ist dieses das schlechthin nothwendige Wesen, man mag nun die Nothwendigkeit desselben begreifen, d.i. aus seinem Begriffe allein ableiten können, oder nicht.

Nun scheint dasjenige, dessen Begriff zu allem Warum das Darum in sich enthält, das in keinem Stücke und in keiner Absicht defect ist, welches allerwärts als Bedingung hinreicht, eben darum das zur absoluten Nothwendigkeit schickliche Wesen zu sein, weil es bei dem Selbstbesitz aller Bedingungen zu allem Möglichen selbst keiner Bedingung bedarf, ja derselben nicht einmal fähig ist, folglich wenigstens in einem Stücke dem Begriffe der unbedingten Nothwendigkeit ein Genüge thut, darin es kein anderer Begriff ihm gleichthun kann, der, weil er mangelhaft und der Ergänzung bedürftig ist, kein solches Merkmal der Unabhängigkeit von allen ferneren Bedingungen an sich zeigt. Es ist wahr, daß hieraus noch nicht sicher gefolgert werden könne, daß, was nicht die höchste und in aller Absicht vollständige Bedingung in sich enthält, darum selbst seiner Existenz nach bedingt sein müsse; aber es hat denn doch das einzige Merkzeichen des unbedingten Daseins nicht an sich, dessen die Vernunft mächtig ist, um durch einen Begriff *a priori* irgend ein Wesen als unbedingt zu erkennen.

Der Begriff eines Wesens von der höchsten Realität würde sich also unter allen Begriffen möglicher Dinge zu dem Begriffe eines unbedingt nothwendigen Wesens am besten schicken, und wenn er diesem auch nicht völlig genugthut, so haben wir doch keine Wahl, sondern sehen uns genöthigt, uns an ihn zu halten; weil wir die Existenz eines nothwendigen Wesens nicht in den Wind schlagen dürfen, geben wir sie aber zu, doch in dem ganzen Felde der Möglichkeit nichts finden können, was auf einen solchen Vorzug im Dasein einen gegründeteren Anspruch machen könnte.

So ist also der natürliche Gang der menschlichen Vernunft beschaffen. Zuerst überzeugt sie sich vom Dasein irgend-eines nothwendigen Wesens. In diesem erkennt sie eine unbedingte Existenz. Nun sucht sie den Begriff des Unabhängigen von aller Bedingung und findet ihn in dem, was selbst die zureichende Bedingung zu allem andern ist, d.i. in demjenigen, was alle Realität enthält. Das All aber ohne

Schranken ist absolute Einheit und führt den Begriff eines einigen, nämlich des höchsten Wesens bei sich; und so schließt sie, daß das höchste Wesen als Urgrund aller Dinge schlechthin nothwendiger Weise da sei.

Diesem Begriffe kann eine gewisse Gründlichkeit nicht gestritten werden, wenn von Entschließungen die Rede ist, nämlich wenn einmal das Dasein irgend eines nothwendigen Wesens zugegeben wird, und man darin übereinkommt, daß man seine Partei ergreifen müsse, worin man dasselbe setzen wolle; denn alsdann kann man nicht schicklicher wählen, oder man hat vielmehr keine Wahl, sondern ist genöthigt, der absoluten Einheit der vollständigen Realität als dem Urquelle der Möglichkeit seine Stimme zu geben. Wenn uns aber nichts treibt, uns zu entschließen, und wir lieber diese ganze Sache dahin gestellt sein ließen, bis wir durch das volle Gewicht der Beweisgründe zum Beifalle gezwungen würden, d.i. wenn es bloß um Beurtheilung zu thun ist, wie viel wir von dieser Aufgabe wissen, und was wir uns nur zu wissen schmeicheln: dann erscheint obiger Schluß bei weitem nicht in so vortheilhafter Gestalt und bedarf Gunst, um den Mangel seiner Rechtsansprüche zu ersetzen.

Denn wenn wir alles so gut sein lassen, wie es hier vor uns liegt: daß nämlich erstlich von irgend einer gegebenen Existenz (allenfalls auch bloß meiner eigenen) ein richtiger Schluß auf die Existenz eines unbedingt nothwendigen Wesens stattfinde; zweitens daß ich ein Wesen, welches alle Realität, mithin auch alle Bedingung enthält, als schlechthin unbedingt ansehen müsse, folglich der Begriff des Dinges, welches sich zur absoluten Nothwendigkeit schickt, hiedurch gefunden sei: so kann daraus doch gar nicht geschlossen werden, daß der Begriff eines eingeschränkten Wesens, das nicht die höchste Realität hat, darum der absoluten Nothwendigkeit widerspreche. Denn ob ich gleich in seinem Begriffe nicht das Unbedingte antreffe, was das All der Bedingungen schon bei sich führt, so kann daraus doch gar nicht gefolgert werden, daß sein Dasein eben darum bedingt sein müsse; so wie ich in einem hypothetischen Vernunftschlusse nicht sagen kann: wo eine gewisse Bedingung (nämlich hier der Vollständigkeit nach Begriffen) nicht ist, da ist auch das Bedingte nicht. Es wird uns vielmehr unbenommen bleiben, alle übrige eingeschränkte Wesen eben so wohl für unbedingt gelten zu lassen, ob wir gleich ihre Nothwendigkeit aus dem allgemeinen Begriffe, den wir von ihnen haben, nicht schließen können. Auf diese Weise aber hätte dieses Argument uns nicht den mindesten Begriff von Eigenschaften eines nothwendigen Wesens verschafft und überall gar nichts geleistet.

Gleichwohl bleibt diesem Argumente eine gewisse Wichtigkeit und ein Ansehen, das ihm wegen dieser objectiven Unzulänglichkeit noch nicht sofort genommen werden kann. Denn setzet, es gebe Verbindlichkeiten, die in der Idee der Vernunft ganz richtig, aber ohne alle Realität der Anwendung auf uns selbst, d.i. ohne Triebfedern, sein würden, wo nicht ein höchstes Wesen vorausgesetzt würde, das den praktischen Gesetzen Wirkung und Nachdruck geben könnte: so würden wir auch eine Verbindlichkeit haben, den Begriffen zu folgen, die, wenn sie gleich nicht objectiv zulänglich sein möchten, doch nach dem Maße unserer Vernunft überwiegend sind, und in Vergleichung mit denen wir doch nichts Besseres und Überführenderes erkennen. Die Pflicht zu wählen würde hier die Unschlüssigkeit der Speculation durch einen praktischen Zusatz aus dem Gleichgewichte bringen, ja die Vernunft würde bei ihr selbst, als dem nachsehendsten Richter, keine Rechtfertigung finden, wenn sie unter dringenden Bewegursachen, obzwar nur mangelhafter Einsicht, diesen Gründen ihres Urtheils, über die wir doch wenigstens keine bessere kennen, nicht gefolgt wäre.

Dieses Argument, ob es gleich in der That transscendental ist, indem es auf der inneren Unzulänglichkeit des Zufälligen beruht, ist doch so einfältig und natürlich, daß es dem gemeinsten Menschensinne angemessen ist, so bald dieser nur einmal darauf geführt wird. Man sieht Dinge sich verändern, entstehen und vergehen; sie müssen also, oder wenigstens ihr Zustand, eine Ursache haben. Von jeder Ursache aber, die jemals in der Erfahrung gegeben werden mag, läßt sich eben dieses wiederum fragen. Wohin sollen wir nun die oberste Causalität billiger verlegen als dahin, wo auch die höchste Causalität ist, d.i. in dasjenige Wesen, was zu jeder möglichen Wirkung die Zulänglichkeit in sich selbst ursprünglich enthält, dessen Begriff auch durch den einzigen Zug einer allbefassenden Vollkommenheit sehr leicht zu Stande kommt. Diese höchste Ursache halten wir denn für schlechthin nothwendig, weil wir es schlechterdings nothwendig finden, bis zu ihr hinaufzusteigen, und keinen Grund, über sie noch weiter hinaus zu gehen. Daher sehen wir bei allen Völkern durch ihre blindeste Vielgötterei doch einige Funken des Monotheismus durchschimmern, wozu nicht Nachdenken und tiefe Speculation, sondern nur ein nach und nach verständlich gewordener natürlicher Gang des gemeinen Verstandes geführt hat.

Es sind nur drei Beweisarten vom Dasein Gottes aus speculativer Vernunft möglich.

Alle Wege, die man in dieser Absicht einschlagen mag, fangen entweder von der bestimmten Erfahrung und der dadurch erkannten besonderen Beschaffenheit unserer Sinnenwelt an und steigen von ihr nach Gesetzen der Causalität bis zur höchsten Ursache außer der Welt hinauf; oder sie legen nur unbestimmte Erfahrung, d.i. irgend ein Dasein, empirisch zum Grunde; oder sie abstrahiren endlich von aller Erfahrung und schließen gänzlich *a priori* aus bloßen Begriffen auf das Dasein einer höchsten Ursache. Der erste Beweis ist der physiko-theologische, der zweite der kosmologische, der dritte der ontologische Beweis. Mehr giebt es ihrer nicht, und mehr kann es auch nicht geben.

Ich werde darthun: daß die Vernunft auf dem einen Wege (dem empirischen) so wenig, als auf dem anderen (dem transscendentalen) etwas ausrichte, und daß sie vergeblich ihre Flügel ausspanne, um über die Sinnenwelt durch die bloße Macht der Speculation hinaus zu kommen. Was aber die Ordnung betrifft, in welcher diese Beweisarten der Prüfung vorgelegt werden müssen, so wird sie gerade die umgekehrte von derjenigen sein, welche die sich nach und nach erweiternde Vernunft nimmt, und in der wir sie auch zuerst gestellt haben. Denn es wird sich zeigen: daß, obgleich Erfahrung den ersten Anlaß dazu giebt, dennoch bloß der transscendale Begriff die Vernunft in dieser ihrer Bestrebung leite und in allen solchen Versuchen das Ziel ausstecke, das sie sich vorgesetzt hat. Ich werde also von der Prüfung des transscendentalen Beweises anfangen und nachher sehen, was der Zusatz des Empirischen zur Vergrößerung seiner Beweiskraft thun könne.

Des dritten Hauptstücks
Vierter Abschnitt.

Von der Unmöglichkeit eines ontologischen Beweises vom Dasein Gottes.

Man sieht aus dem bisherigen leicht: daß der Begriff eines absolut nothwendigen Wesens ein reiner Vernunftbegriff, d.i. eine bloße Idee, sei, deren objective Realität dadurch, daß die Vernunft ihrer bedarf, noch lange nicht bewiesen ist, welche auch nur auf eine gewisse, obzwar unerreichbare Vollständigkeit Anweisung giebt und eigentlich mehr dazu dient, den Verstand zu begrenzen, als ihn auf neue Gegenstände zu erweitern. Es findet sich hier nur das Befremdliche und Widersinnische, daß der Schluß von einem gegebenen Dasein überhaupt auf irgend ein schlechthin nothwendiges Dasein dringend und richtig zu sein scheint, und wir gleichwohl alle Bedingungen des Verstandes, sich einen Begriff von einer solchen Nothwendigkeit zu machen, gänzlich wider uns haben.

Man hat zu aller Zeit von dem absolut nothwendigen Wesen geredet und sich nicht sowohl Mühe gegeben, zu verstehen, ob und wie man sich ein Ding von dieser Art auch nur denken könne, oder vielmehr dessen Dasein zu beweisen. Nun ist zwar eine Namenerklärung von diesem Begriffe ganz leicht, daß es nämlich so etwas sei, dessen Nichtsein unmöglich ist; aber man wird hiedurch um nichts klüger in Ansehung der Bedingungen, die es unmöglich machen, das Nichtsein eines Dinges als schlechterdings undenklich anzusehen, und die eigentlich dasjenige sind, was man wissen will, nämlich ob wir uns durch diesen Begriff überall etwas denken, oder nicht. Denn alle Bedingungen, die der Verstand jederzeit bedarf, um etwas als nothwendig anzusehen, vermittelst des Worts: Unbedingt wegwerfen, macht mir noch lange nicht verständlich, ob ich alsdann durch einen Begriff eines Unbedingtnothwendigen noch etwas, oder vielleicht gar nichts denke.

Noch mehr: diesen auf das bloße Gerathewohl gewagten und endlich ganz geläufig gewordenen Begriff hat man noch dazu durch eine Menge Beispiele zu erklären geglaubt, so daß alle weitere Nachfrage wegen seiner Verständlichkeit ganz unnöthig geschienen. Ein jeder Satz der Geometrie, z.B. daß ein Triangel drei Winkel habe, ist schlechthin nothwendig; und so redete man von einem Gegenstande, der ganz außerhalb der Sphäre unseres Verstandes liegt, als ob man ganz wohl verstände, was man mit dem Begriffe von ihm sagen wolle.

Alle vorgegebene Beispiele sind ohne Ausnahme nur von Urtheilen, aber nicht von Dingen und deren Dasein hergenommen. Die unbedingte Nothwendigkeit der Urtheile aber ist nicht eine absolute Nothwendigkeit der Sachen. Denn die absolute Nothwendigkeit des Urtheils ist nur eine bedingte Nothwendigkeit der Sache, oder des Prädicats im Urtheile. Der vorherige Satz sagte nicht, daß drei Winkel schlechterdings nothwendig sind, sondern, unter der Bedingung, daß ein Triangel da ist (gegeben ist), sind auch drei Winkel (in ihm) nothwendiger Weise da. Gleichwohl hat diese logische Nothwendigkeit eine so große Macht ihrer Illusion bewiesen, daß, indem man sich einen Begriff *a priori* von einem Dinge gemacht hatte, der so gestellt war, daß man seiner Meinung nach das Dasein mit in seinen Umfang begriff, man daraus glaubte sicher schließen zu können, daß, weil dem Object dieses Begriffs das Dasein nothwendig zukommt, d.i. unter der Bedingung, daß ich dieses Ding als gegeben (existirend) setze, auch sein Dasein nothwendig (nach der Regel der Identität) gesetzt werde, und dieses Wesen daher selbst schlechterdings nothwendig sei, weil sein Dasein in einem nach Beheben angenommenen Begriffe und unter der Bedingung, daß ich den Gegenstand desselben setze, mit gedacht wird.

Wenn ich das Prädicat in einem identischen Urtheile aufhebe und behalte das Subject, so entspringt ein Widerspruch, und daher sage ich: jenes kommt diesem nothwendiger Weise zu. Hebe ich aber das Subject zusammt dem Prädicate auf, so entspringt kein Widerspruch; denn es ist nichts mehr, welchem widersprochen werden könnte. Einen Triangel setzen und doch die drei Winkel desselben aufheben, ist widersprechend; aber den Triangel sammt seinen drei Winkeln aufheben, ist kein Widerspruch. Gerade eben so ist es mit dem Begriffe eines absolut nothwendigen Wesens bewandt. Wenn ihr das Dasein desselben aufhebt, so hebt ihr das Ding selbst mit allen seinen Prädicaten auf; wo soll alsdann der Widerspruch herkommen? Äußerlich ist nichts, dem widersprochen würde, denn das Ding soll nicht äußerlich nothwendig sein; innerlich auch nichts, denn ihr habt durch Aufhebung des Dinges selbst alles Innere zugleich aufgehoben. Gott ist allmächtig; das ist ein nothwendiges Urtheil. Die Allmacht kann nicht aufgehoben werden, wenn ihr eine Gottheit, d.i. ein unendliches Wesen, setzt, mit dessen Begriff jener identisch ist. Wenn ihr aber sagt: Gott ist nicht, so ist weder die Allmacht, noch irgend ein anderes seiner Prädicate gegeben; denn sie sind alle zusammt dem Subjecte aufgehoben, und es zeigt sich in diesem Gedanken nicht der mindeste Widerspruch.

Ihr habt also gesehen, daß, wenn ich das Prädicat eines Urtheils zusammt dem Subiect aufhebe, niemals ein innerer

Widerspruch entspringen könne, das Prädicat mag auch sein, welches es wolle. Nun bleibt euch keine Aussicht übrig als, ihr müßt sagen: es giebt Subjecte, die gar nicht aufgehoben werden können, die also bleiben müssen. Das würde aber eben so viel sagen als: es giebt schlechterdings nothwendige Subjecte; eine Voraussetzung, an deren Richtigkeit ich eben gezweifelt habe, und deren Möglichkeit ihr mir zeigen wolltet. Denn ich kann mir nicht den geringsten Begriff von einem Dinge machen, welches, wenn es mit allen seinen Prädicaten aufgehoben würde, einen Widerspruch zurück ließe; und ohne den Widerspruch habe ich durch bloße reine Begriffe *a priori*, kein Merkmal der Unmöglichkeit.

Wider alle diese allgemeine Schlüsse (deren sich kein Mensch weigern kann) fordert ihr mich durch einen Fall auf, den ihr als einen Beweis durch die That aufstellet: daß es doch einen und zwar nur diesen Einen Begriff gebe, da das Nichtsein oder das Aufheben seines Gegenstandes in sich selbst widersprechend sei; und dieses ist der Begriff des allerrealsten Wesens. Es hat, sagt ihr, alle Realität, und ihr seid berechtigt, ein solches Wesen als möglich anzunehmen (welches ich für jetzt einwillige, obgleich der sich nicht widersprechende Begriff noch lange nicht die Möglichkeit des Gegenstandes beweiset)*. Nun ist unter aller Realität auch das

* Der Begriff ist allemal möglich, wenn er sich nicht widerspricht. Das ist das logische Merkmal der Möglichkeit, und dadurch wird sein Gegenstand vom *nihil negativum* unterschieden. Allein er kann nichts destoweniger ein leerer Begriff sein, wenn die objective Realität der Synthesis, dadurch der Begriff erzeugt wird, nicht besonders dargethan wird; welches aber jederzeit, wie oben gezeigt worden, auf Principien möglicher Erfahrung und nicht auf dem Grundsatze der Analysis (dem Satze des Widerspruchs) beruht. Das ist eine Warnung, von der Möglichkeit der Begriffe (logische) nicht sofort auf die Möglichkeit der Dinge (reale) zu schließen.

Dasein mit begriffen: also liegt das Dasein in dem Begriffe von einem Möglichen. Wird dieses Ding nun aufgehoben, so wird die innere Möglichkeit des Dinges aufgehoben, welches widersprechend ist.

Ich antworte: Ihr habt schon einen Widerspruch begangen, wenn ihr in den Begriff eines Dinges, welches ihr lediglich seiner Möglichkeit nach denken wolltet, es sei unter welchem versteckten Namen, schon den Begriff seiner Existenz hinein brachtet. Räumt man euch dieses ein, so habt ihr dem Scheine nach gewonnen Spiel, in der That aber nichts gesagt; denn ihr habt eine bloße Tautologie begangen. Ich frage euch, ist der Satz: dieses oder jenes Ding (welches ich euch als möglich einräume, es mag sein, welches es wolle) existirt; ist, sage ich, dieser Satz ein analytischer oder synthetischer Satz? Wenn er das erstere ist, so thut ihr durch das Dasein des Dinges zu eurem Gedanken von dem Dinge nichts hinzu; aber alsdann müßte entweder der Gedanke, der in euch ist, das Ding selber sein, oder ihr habt ein Dasein als zur Möglichkeit gehörig vorausgesetzt und alsdann das Dasein dem Vorgeben nach aus der inneren Möglichkeit geschlossen, welches nichts als eine elende Tautologie ist. Das Wort: Realität, welches im Begriffe des Dinges anders klingt, als Existenz im Begriffe des Prädicats, macht es nicht aus. Denn wenn ihr auch alles Setzen (unbestimmt, was ihr setzt) Realität nennt, so habt ihr das Ding schon mit allen seinen Prädicaten im Begriffe des Subjects gesetzt und als wirklich angenommen, und im Prädicate wiederholt ihr es nur. Gesteht ihr dagegen, wie es billigermaßen jeder Vernünftige gestehen muß, daß ein jeder Existenzialsatz synthetisch sei: wie wollet ihr denn behaupten, daß das Prädicat der Existenz sich ohne Widerspruch nicht aufheben lasse? da dieser Vorzug nur den analytischen, als deren Charakter eben darauf beruht, eigenthümlich zukommt.

Ich würde zwar hoffen, diese grüblerische Argutation ohne allen Umschweif durch eine genaue Bestimmung des Begriffs der Existenz zu nichte zu machen, wenn ich nicht gefunden hätte, daß die Illusion in Verwechselung eines logischen Prädicats mit einem realen (d.i. der Bestimmung eines Dinges) beinahe alle Belehrung ausschlage. Zum logischen Prädicate kann alles dienen, was man will, sogar das Subject kann von sich selbst prädicirt werden; denn die Logik abstrahirt von allem Inhalte. Aber die Bestimmung ist ein Prädicat, welches über den Begriff des Subjects hinzukommt und ihn vergrößert. Sie muß also nicht in ihm schon enthalten sein.

Sein ist offenbar kein reales Prädicat, d.i. ein Begriff von irgend etwas, was zu dem Begriffe eines Dinges hinzukommen könne. Es ist bloß die Position eines Dinges oder gewisser Bestimmungen an sich selbst. Im logischen Gebrauche ist es lediglich die Copula eines Urtheils. Der Satz: Gott ist allmächtig, enthält zwei Begriffe, die ihre Objecte haben: Gott und Allmacht; das Wörtchen ist, ist nicht noch ein Prädicat obenein, sondern nur das, was das Prädicat beziehungsweise aufs Subject setzt. Nehme ich nun das Subject (Gott) mit allen seinen Prädicaten (worunter auch die Allmacht gehört) zusammen und sage: Gott ist, oder es ist ein Gott, so setze ich kein neues Prädicat zum Begriffe von Gott, sondern nur das Subject an sich selbst mit allen seinen Prädicaten und zwar den Gegenstand in Beziehung auf meinen Begriff. Beide müssen genau einerlei enthalten, und es kann daher zu dem Begriffe, der bloß die Möglichkeit ausdrückt, darum daß ich dessen Gegenstand als schlechthin gegeben (durch den Ausdruck: er ist) denke, nichts weiter hinzukommen. Und so enthält das Wirkliche nichts mehr als das bloße Mögliche.

Hundert wirkliche Thaler enthalten nicht das Mindeste mehr, als hundert mögliche. Denn da diese den Begriff, jene aber den Gegenstand und dessen Position an sich selbst bedeuten, so würde, im Fall dieser mehr enthielte als jener, mein Begriff nicht den ganzen Gegenstand ausdrücken und also auch nicht der angemessene Begriff von ihm sein. Aber in meinem Vermögenszustande ist mehr bei hundert wirklichen Thalern, als bei dem bloßen Begriffe derselben (d.i. ihrer Möglichkeit). Denn der Gegenstand ist bei der Wirklichkeit nicht bloß in meinem Begriffe analytisch enthalten, sondern kommt zu meinem Begriffe (der eine Bestimmung meines Zustandes ist) synthetisch hinzu, ohne daß durch dieses Sein außerhalb meinem Begriffe diese gedachte hundert Thaler selbst im mindesten vermehrt werden.

Wenn ich also ein Ding, durch welche und wie viel Prädicate ich will, (selbst in der durchgängigen Bestimmung) denke, so kommt dadurch, daß ich noch hinzusetze: dieses Ding i s t , nicht das mindeste zu dem Dinge hinzu. Denn sonst würde nicht eben dasselbe, sondern mehr existiren, als ich im Begriffe gedacht hatte, und ich könnte nicht sagen, daß gerade der Gegenstand meines Begriffs existire. Denke ich mir auch sogar in einem Dinge alle Realität außer einer, so kommt dadurch, daß ich sage: ein solches mangelhaftes Ding existirt, die fehlende Realität nicht hinzu; sondern es existirt gerade mit demselben Mangel behaftet, als ich es gedacht habe, sonst würde etwas anderes, als ich dachte, existiren. Denke ich mir nun ein Wesen als die höchste Realität (ohne Mangel), so bleibt noch immer die Frage, ob es existire, oder nicht. Denn obgleich an meinem Begriffe von dem möglichen realen Inhalte eines Dinges überhaupt nichts fehlt, so fehlt doch noch etwas an dem Verhältnisse zu meinem ganzen Zustande des Denkens, nämlich daß die Erkenntniß jenes Objects auch *a posteriori* möglich sei. Und hier zeigt sich auch die Ursache der hiebei obwaltenden Schwierigkeit. Wäre von einem Gegenstande der Sinne die Rede, so würde ich die Existenz des Dinges mit dem bloßen Begriffe des Dinges nicht verwechseln können. Denn durch den Begriff wird der Gegenstand nur mit den allgemeinen Bedingungen einer möglichen empirischen Erkenntniß überhaupt als einstimmig, durch die Existenz aber als in dem Context der gesammten Erfahrung enthalten gedacht; da denn durch die Verknüpfung mit dem Inhalte der gesammten Erfahrung der Begriff vom Gegenstande nicht im mindesten vermehrt wird, unser Denken aber durch denselben eine mögliche Wahrnehmung mehr bekommt. Wollen wir dagegen die Existenz durch die reine Kategorie allein denken, so ist kein Wunder, daß wir kein Merkmal angeben können, sie von der bloßen Möglichkeit zu unterscheiden.

Unser Begriff von einem Gegenstande mag also enthalten, was und wie viel er wolle, so müssen wir doch aus ihm herausgehen, um diesem die Existenz zu ertheilen. Bei Gegenständen der Sinne geschieht dieses durch den Zusammenhang mit irgend einer meiner Wahrnehmungen nach empirischen Gesetzen; aber für Objecte des reinen Denkens ist ganz und gar kein Mittel, ihr Dasein zu erkennen, weil es gänzlich *a priori* erkannt werden müßte; unser Bewußtsein aller Existenz aber (es sei durch Wahrnehmung unmittelbar, oder durch Schlüsse, die etwas mit der Wahrnehmung verknüpfen) gehört ganz und gar zur Einheit der Erfahrung; und eine Existenz außer diesem Felde kann zwar nicht schlechterdings für unmöglich erklärt werden, sie ist aber eine Voraussetzung, die wir durch nichts rechtfertigen können.

Der Begriff eines höchsten Wesens ist eine in mancher Absicht sehr nützliche Idee; sie ist aber eben darum, weil sie bloß Idee ist, ganz unfähig, um vermittelst ihrer allein unsere Erkenntniß in Ansehung dessen, was existirt, zu erweitern. Sie vermag nicht einmal so viel, daß sie uns in Ansehung der Möglichkeit eines Mehreren belehrte. Das analytische Merkmal der Möglichkeit, das darin besteht, daß bloße Positionen (Realitäten) keinen Widerspruch erzeugen, kann ihm zwar nicht gestritten werden; da aber die Verknüpfung aller realen Eigenschaften in einem Dinge eine Synthesis ist, über deren Möglichkeit wir *a priori* nicht urtheilen können, weil uns die Realitäten specifisch nicht gegeben sind, und, wenn dieses auch geschähe, überall gar kein Urtheil darin stattfindet, weil das Merkmal der Möglichkeit synthetischer Erkenntnisse immer nur in der Erfahrung gesucht werden muß, zu welcher aber der Gegenstand einer Idee nicht gehören kann: so hat der berühmte Leibniz bei weitem das nicht geleistet, wessen er sich schmeichelte, nämlich eines so erhabenen idealischen Wesens Möglichkeit *a priori* einsehen zu wollen.

Es ist also an dem so berühmten ontologischen (cartesianischen) Beweise vom Dasein eines höchsten Wesens aus Begriffen alle Mühe und Arbeit verloren, und ein Mensch möchte wohl eben so wenig aus bloßen Ideen an Einsichten reicher werden, als ein Kaufmann an Vermögen, wenn er, um seinen Zustand zu verbessern, seinem Cassenbestande einige Nullen anhängen wollte.

Des dritten Hauptstücks
Fünfter Abschnitt.

Von der Unmöglichkeit eines kosmologischen Beweises vom Dasein Gottes.

Es war etwas ganz Unnatürliches und eine bloße Neuerung des Schulwitzes, aus einer ganz willkürlich entworfenen Idee das Dasein des ihr entsprechenden Gegenstandes selbst ausklauben zu wollen. In der That würde man es nie auf diesem Wege versucht haben, wäre nicht das Bedürfniß unserer Vernunft, zur Existenz überhaupt irgend etwas Nothwendiges (bei dem man im Aufsteigen stehen bleiben könne) anzunehmen, vorhergegangen, und wäre nicht die Vernunft, da diese Nothwendigkeit unbedingt und *a priori* gewiß sein muß, gezwungen worden, einen Begriff zu suchen, der wo möglich einer solchen Forderung ein Genüge thäte und ein Dasein völlig *a priori* zu erkennen gäbe. Diesen glaubte man nun in der Idee eines allerrealsten Wesens zu finden, und so wurde diese nur zur bestimmteren Kenntniß desjenigen, wovon man schon anderweitig überzeugt oder überredet war, es müsse existiren, nämlich des nothwendigen Wesens gebraucht. Indeß verhehlte man diesen natürlichen Gang der Vernunft, und anstatt bei diesem Begriffe zu endigen, versuchte man von ihm anzufangen, um die Nothwendigkeit des Daseins aus ihm abzuleiten, die er doch nur zu ergänzen bestimmt war. Hieraus entsprang nun der verunglückte ontologische Beweis, der weder für den natürlichen und gesunden Verstand, noch für die schulgerechte Prüfung etwas Genugthuendes bei sich führt.

Der kosmologische Beweis, den wir jetzt untersuchen wollen, behält die Verknüpfung der absoluten Nothwendigkeit mit der höchsten Realität bei; aber anstatt wie der vorige von der höchsten Realität auf die Nothwendigkeit im Dasein zu schließen, schließt er vielmehr von der zum voraus gegebenen unbedingten Nothwendigkeit irgend eines Wesens auf dessen unbegrenzte Realität und bringt so fern alles wenigstens in das Geleis einer, ich weiß nicht ob vernünftigen oder vernünftelnden, wenigstens natürlichen Schlußart, welche nicht allein für den gemeinen, sondern auch den speculativen Verstand die meiste Überredung bei sich führt; wie sie denn auch sichtbarlich zu allen Beweisen der natürlichen Theologie die ersten Grundlinien zieht, denen man jederzeit nachgegangen ist und ferner nachgehen wird, man mag sie nun durch noch so viel Laubwerk und Schnörkel verzieren und verstecken, als man immer will. Diesen Beweis, den Leibniz auch den *a contingentia mundi* nannte, wollen wir jetzt vor Augen stellen und der Prüfung unterwerfen.

Er lautet also: Wenn etwas existirt, So muß auch ein schlechterdings nothwendiges Wesen existiren. Nun existire zum mindesten ich selbst: also existirt ein absolut nothwendiges Wesen. Der Untersatz enthält eine Erfahrung, der Obersatz die Schlußfolge aus einer Erfahrung überhaupt auf das Dasein des Nothwendigen*. Also hebt der Beweis eigentlich von der Erfahrung an, mithin ist er nicht gänzlich *a priori* geführt oder ontologisch; und weil der Gegenstand aller

* Diese Schlußfolge ist zu bekannt, als daß es nöthig wäre, sie hier weitläufig vorzutragen. Sie beruht auf dem vermeintlich transscendentalen Naturgesetz der Causalität: daß alles Zufällige seine Ursache habe, die, wenn sie wiederum zufällig ist, eben sowohl eine Ursache haben muß, bis die Reihe der einander untergeordneten Ursachen sich bei einer schlechthin nothwendigen Ursache endigen muß, ohne welche sie keine Vollständigkeit haben würde.

möglichen Erfahrung Welt heißt, so wird er darum der kosmologische Beweis genannt. Da er auch von aller besonderen Eigenschaft der Gegenstände der Erfahrung, dadurch sich diese Welt von jeder möglichen unterscheiden mag, abstrahirt: so wird er schon in seiner Benennung auch vom physikotheologischen Beweis unterschieden, welcher Beobachtungen der besonderen Beschaffenheit dieser unserer Sinnenwelt zu Beweisgründen braucht.

Nun schließt der Beweis weiter: das nothwendige Wesen kann nur auf eine einzige Art, d.i. in Ansehung aller möglichen entgegengesetzten Prädicate nur durch eines derselben, bestimmt werden, folglich muß es durch seinen Begriff durchgängig bestimmt sein. Nun ist nur ein einziger Begriff von einem Dinge möglich, der dasselbe *a priori* durchgängig bestimmt, nämlich der des *entis realissimi.* Also ist der Begriff des allerrealsten Wesens der einzige, dadurch ein nothwendiges Wesen gedacht werden kann, d.i. es existirt ein höchstes Wesen nothwendiger Weise.

In diesem kosmologischen Argumente kommen so viel vernünftelnde Grundsätze zusammen, daß die speculative Vernunft hier alle ihre dialektische Kunst aufgeboten zu haben scheint, um den größtmöglichen transscendentalen Schein zu Stande zu bringen. Wir wollen ihre Prüfung indessen eine Weile bei Seite setzen, um nur eine List derselben offenbar zu machen, mit welcher sie ein altes Argument in verkleideter Gestalt für ein neues aufstellt und sich auf zweier Zeugen Einstimmung beruft, nämlich einen reinen Vernunftzeugen und einen anderen von empirischer Beglaubigung, da es doch nur der erstere allein ist, welcher bloß seinen Anzug und Stimme verändert, um für einen zweiten gehalten zu werden. Um seinen Grund recht sicher zu legen, fußt sich dieser Beweis auf Erfahrung und giebt sich dadurch das Ansehen, als sei er vom ontologischen Beweise unterschieden, der auf lauter reine Begriffe *a priori* sein ganzes Vertrauen setzt. Dieser Erfahrung aber bedient sich der kosmologische Beweis nur, um einen einzigen Schritt zu thun, nämlich zum Dasein eines nothwendigen Wesens überhaupt.

Was dieses für Eigenschaften habe, kann der empirische Beweisgrund nicht lehren, sondern da nimmt die Vernunft gänzlich von ihm Abschied und forscht hinter lauter Begriffen: was nämlich ein absolut nothwendiges Wesen überhaupt für Eigenschaften haben müsse, d.i. welches unter allen möglichen Dingen die erforderlichen Bedingungen (*requisita*) *zu* einer absoluten Nothwendigkeit in sich enthalte. Nun glaubt sie im Begriffe eines allerrealsten Wesens einzig und allein diese Requisite anzutreffen und schließt sodann: das ist das schlechterdings nothwendige Wesen. Es ist aber klar, daß man hiebei voraussetzt, der Begriff eines Wesens von der höchsten Realität thue dem Begriffe der absoluten Nothwendigkeit im Dasein völlig genug, d.i. es lasse sich aus jener auf diese schließen; ein Satz, den das ontologische Argument behauptet, welches man also im kosmologischen Beweise annimmt und zum Grunde legt, da man es doch hatte vermeiden wollen. Denn die absolute Nothwendigkeit ist ein Dasein aus bloßen Begriffen. Sage ich nun: der Begriff des *entis realissimi* ist ein solcher Begriff und zwar der einzige, der zu dem nothwendigen Dasein passend und ihm adäquat ist, so muß ich auch einräumen, daß aus ihm das letztere geschlossen werden könne. Es ist also eigentlich nur der ontologische Beweis aus lauter Begriffen, der in dem sogenannten kosmologischen alle Beweiskraft enthält; und die angebliche Erfahrung ist ganz müßig, vielleicht um uns nur auf den Begriff der absoluten Nothwendigkeit zu führen, nicht aber um diese an irgend einem bestimmten Dinge darzuthun. Denn sobald wir dieses zur Absicht haben, müssen wir sofort alle Erfahrung verlassen und unter reinen Begriffen suchen, welcher von ihnen wohl die Bedingungen der Möglichkeit eines absolut nothwendigen Wesens enthalte. Ist aber auf solche Weise nur die Möglichkeit eines solchen Wesens eingesehen, so ist auch sein Dasein dargethan; denn es heißt so viel als: unter allem Möglichen ist Eines, das absolute Nothwendigkeit bei sich führt, d.i. dieses Wesen existirt schlechterdings nothwendig.

Alle Blendwerke im Schließen entdecken sich am leichtesten, wenn man sie auf schulgerechte Art vor Augen stellt. Hier ist eine solche Darstellung.

Wenn der Satz richtig ist: ein jedes schlechthin nothwendige Wesen ist zugleich das allerrealste Wesen (als welches der *nervus probandi* des kosmologischen Beweises ist), so muß er sich wie alle bejahende Urtheile wenigstens *per accidens* umkehren lassen; also: einige allerrealste Wesen sind zugleich schlechthin nothwendige Wesen. Nun ist aber ein *ens realissimum* von einem anderen in keinem Stücke unterschieden, und was also von e i n i g e n unter diesem Begriffe enthaltenen gilt, das gilt auch von a l l e n . Mithin werde ich's (in diesem Falle) auch s c h l e c h t h i n umkehren können, d.i. ein jedes allerrealste Wesen ist ein nothwendiges Wesen. Weil nun dieser Satz bloß aus seinen Begriffen *a priori* bestimmt ist, so muß der bloße Begriff des realsten Wesens auch die absolute Nothwendigkeit desselben bei sich führen; welches eben der ontologische Beweis behauptete und der kosmologische nicht anerkennen wollte, gleichwohl aber seinen Schlüssen, obzwar versteckter Weise, unterlegte.

So ist denn der zweite Weg, den die speculative Vernunft nimmt, um das Dasein des höchsten Wesens zu beweisen, nicht allein mit dem ersten gleich trüglich, sondern hat noch dieses Tadelhafte an sich, daß er eine *ignoratio elenchi* begeht, indem er uns verheißt, einen neuen Fußsteig zu führen, aber nach einem kleinen Umschweif uns wiederum auf den alten zurückbringt, den wir seinetwegen verlassen hatten.

Ich habe kurz vorher gesagt, daß in diesem kosmologischen Argumente sich ein ganzes Nest von dialektischen Anmaßungen verborgen halte, welches die transscendentale Kritik leicht entdecken und zerstören kann. Ich will sie jetzt nur anführen und es dem schon geübten Leser überlassen, den trüglichen Grundsätzen weiter nachzuforschen und sie aufzuheben.

Da befindet sich denn z.B. 1) der transscendentale Grundsatz, vom Zufälligen auf eine Ursache zu schließen, welcher nur in der Sinnenwelt von Bedeutung ist, außerhalb derselben aber auch nicht einmal einen Sinn hat. Denn der bloß intellectuelle Begriff des Zufälligen kann gar keinen synthetischen Satz, wie den der Causalität hervorbringen, und der Grundsatz der letzteren hat gar keine Bedeutung und kein Merkmal seines Gebrauchs, als nur in der Sinnenwelt; hier aber sollte er gerade dazu dienen, um über die Sinnenwelt hinaus zu kommen. 2) Der Grundsatz, von der Unmöglichkeit einer unendlichen Reihe über einander gegebener Ursachen in der Sinnenwelt auf eine erste Ursache zu schließen, wozu uns die Principien des Vernunftgebrauchs selbst in der Erfahrung nicht berechtigen, viel weniger diesen Grundsatz über dieselbe (wohin diese Kette gar nicht verlängert werden kann) ausdehnen können. 3) Die falsche Selbstbefriedigung der Vernunft in Ansehung der Vollendung dieser Reihe, dadurch daß man endlich alle Bedingung, ohne welche doch kein Begriff einer Nothwendigkeit statt finden kann, wegschafft und, da man alsdann nichts weiter begreifen kann, dieses für eine Vollendung seines Begriffs annimmt. 4) Die Verwechselung der logischen Möglichkeit eines Begriffs von aller vereinigten Realität (ohne inneren Widerspruch) mit der transscendentalen, welche ein Principium der Thunlichkeit einer solchen Synthesis bedarf, das aber wiederum nur auf das Feld möglicher Erfahrungen gehen kann, u.s.w.

Das Kunststück des kosmologischen Beweises zielt bloß darauf ab, um dem Beweise des Daseins eines nothwendigen Wesens *a priori* durch bloße Begriffe auszuweichen, der ontologisch geführt werden müßte, wozu wir uns aber gänzlich unvermögend fühlen. In dieser Absicht schließen wir aus einem zum Grunde gelegten wirklichen Dasein (einer Erfahrung überhaupt, so gut es sich will thun lassen, auf irgend eine schlechterdings nothwendige Bedingung desselben. Wir haben alsdann diese ihre Möglichkeit nicht nöthig zu erklären. Denn wenn bewiesen ist, daß sie da sei, so ist die Frage wegen ihrer Möglichkeit ganz unnöthig. Wollen wir nun dieses nothwendige Wesen nach seiner Beschaffenheit näher bestimmen, so suchen wir nicht dasjenige, was hinreichend ist, aus seinem Begriffe die Nothwendigkeit des Daseins zu begreifen; denn könnten wir dieses, so hätten wir keine empirische Voraussetzung nöthig; nein, wir suchen nur die negative Bedingung (*conditio sine qua non*), ohne welche ein Wesen nicht absolut nothwendig sein würde. Nun würde das in aller andern Art von Schlüssen aus einer gegebenen Folge auf ihren Grund wohl angehen; es trifft sich aber hier unglücklicher Weise, daß die Bedingung, die man zur absoluten Nothwendigkeit fordert, nur in einem einzigen Wesen angetroffen werden kann, welches daher in seinem Begriffe alles, was zur absoluten Nothwendigkeit erforderlich ist, enthalten müßte und also einen Schluß *a priori* auf dieselbe möglich macht; d.i. ich müßte auch umgekehrt schließen können: welchem Dinge dieser Begriff (der höchsten Realität) zukommt, das ist schlechterdings nothwendig; und kann ich so nicht schließen (wie ich denn dieses gestehen muß, wenn ich den ontologischen Beweis vermeiden will), so bin ich auch auf meinem neuen Wege verunglückt und befinde mich wiederum da, von wo ich ausging. Der Begriff des höchsten Wesens thut wohl allen Fragen *a priori* ein Genüge, die wegen der inneren Bestimmungen eines Dinges können aufgeworfen werden, und ist darum auch ein Ideal ohne Gleichen, weil der allgemeine Begriff dasselbe zugleich als ein Individuum unter allen möglichen Dingen auszeichnet. Er thut aber der Frage wegen seines eigenen Daseins gar kein Genüge, als warum es doch eigentlich nur zu thun war, und man konnte auf die Erkundigung dessen, der das Dasein eines nothwendigen Wesens annahm und nur wissen wollte, welches denn unter allen Dingen dafür angesehen werden müsse, nicht antworten: Dies hier ist das nothwendige Wesen.

Es mag wohl erlaubt sein, das Dasein eines Wesens von der höchsten Zulänglichkeit als Ursache zu allen möglichen Wirkungen anzunehmen, um der Vernunft die Einheit der Erklärungsgründe, welche sie sucht, zu erleichtern. Allein sich so viel herauszunehmen, daß man sogar sage: ein solches Wesen existirt nothwendig, ist nicht mehr die bescheidene Äußerung einer erlaubten Hypothese, sondern die dreiste Anmaßung einer apodiktischen Gewißheit; denn was man als schlechthin nothwendig zu erkennen vorgiebt, davon muß auch die Erkenntniß absolute Nothwendigkeit bei sich führen.

Die ganze Aufgabe des transscendentalen Ideals kommt darauf an: entweder zu der absoluten Nothwendigkeit einen Begriff, oder zu dem Begriff von irgend einem Dinge die absolute Nothwendigkeit desselben zu finden. Kann man das eine, so muß man auch das andere können; denn als schlechthin nothwendig erkennt die Vernunft nur dasjenige, was aus seinem Begriffe nothwendig ist. Aber beides übersteigt gänzlich alle äußerste Bestrebungen, unseren Verstand über diesen Punkt zu befriedigen, aber auch alle Versuche, ihn wegen dieses seines Unvermögens zu beruhigen.

Die unbedingte Nothwendigkeit, die wir als den letzten Träger aller Dinge so unentbehrlich bedürfen, ist der wahre Abgrund für die menschliche Vernunft. Selbst die Ewigkeit, so schauderhaft erhaben sie auch ein Haller schildern mag, macht lange den schwindelichten Eindruck nicht auf das Gemüt; denn sie mißt nur die Dauer der Dinge, aber trägt sie nicht. Man kann sich des Gedanken nicht erwehren, man kann ihn aber auch nicht ertragen, daß ein Wesen, welches wir uns auch als das höchste unter allen möglichen vorstellen, gleichsam zu sich selbst sage: Ich bin von Ewigkeit zu Ewigkeit, außer mir ist nichts ohne das, was bloß durch meinen Willen etwas ist; aber woher bin ich denn? Hier sinkt alles unter uns, und die größte Vollkommenheit, wie die kleinste schwebt ohne Haltung bloß vor der speculativen Vernunft, der es nichts kostet, die eine so wie die andere ohne die mindeste Hinderniß verschwinden zu lassen.

Viele Kräfte der Natur, die ihr Dasein durch gewisse Wirkungen äußern, bleiben für uns unerforschlich; denn wir können ihnen durch Beobachtung nicht weit genug nachspüren. Das den Erscheinungen zum Grunde liegende transscendentale Object und mit demselben der Grund, warum unsere Sinnlichkeit diese vielmehr als andere oberste Bedingungen habe, sind und bleiben für uns unerforschlich, obzwar die Sache selbst übrigens gegeben, aber nur nicht eingesehen ist. Ein Ideal der reinen Vernunft kann aber nicht unerforschlich heißen, weil es weiter keine Beglaubigung seiner Realität aufzuweisen hat, als das Bedürfniß der Vernunft, vermittelst desselben alle synthetische Einheit zu vollenden. Da es also nicht einmal als denkbarer Gegenstand gegeben ist, so ist es auch nicht als ein solcher unerforschlich; vielmehr muß es als bloße Idee in der Natur der Vernunft seinen Sitz und seine Auflösung finden und also erforscht werden können; denn eben darin besteht Vernunft, daß wir von allen unseren Begriffen, Meinungen und Behauptungen, es sei aus objectiven, oder, wenn sie ein bloßer Schein sind, aus subjectiven Gründen, Rechenschaft geben können.

Entdeckung und Erklärung des dialektischen Scheins in allen transscendentalen Beweisen vom Dasein eines nothwendigen Wesens.

Beide bisher geführte Beweise waren transscendental, d.i. unabhängig von empirischen Principien, versucht. Denn obgleich der kosmologische eine Erfahrung überhaupt zum Grunde legt, so ist er doch nicht aus irgend einer besonderen Beschaffenheit derselben, sondern aus reinen Vernunftprincipien in Beziehung auf eine durchs empirische Bewußtsein überhaupt gegebene Existenz geführt und verläßt sogar diese Anleitung, um sich auf lauter reine Begriffe zu stützen. Was ist nun in diesen transscendentalen Beweisen die Ursache des dialektischen, aber natürlichen Scheins, welcher die Begriffe der Nothwendigkeit und höchsten Realität verknüpft und dasjenige, was doch nur Idee sein kann, realisirt und hypostasirt? Was ist die Ursache der Unvermeidlichkeit, etwas als an sich nothwendig unter den eistirenden

Dingen anzunehmen und doch zugleich vor dem Dasein eines solchen Wesens als einem Abgrunde zurückzubeben; und wie fängt man es an, daß sich die Vernunft hierüber selbst verstehe und aus dem schwankenden Zustande eines schüchternen und immer wiederum zurückgenommenen Beifalls zur ruhigen Einsicht gelange?

Es ist etwas überaus Merkwürdiges, daß, wenn man voraussetzt, etwas existire, man der Folgerung nicht Umgang haben kann, daß auch irgend etwas nothwendigerweise existire. Auf diesem ganz natürlichen (obzwar darum noch nicht sicheren) Schlusse beruhte das kosmologische Argument. Dagegen mag ich eben Begriff von einem Dinge annehmen, welchen ich will, so finde ich, daß sein Dasein niemals von mir als schlechterdings nothwendig vorgestellt werden könne, und daß mich nichts hindere, es mag existiren, was da wolle, das Nichtsein desselben zu denken; mithin ich zwar zu dem Existirenden überhaupt etwas Nothwendiges annehmen müsse, kein einziges Ding aber selbst als an sich nothwendig denken könne. Das heißt: ich kann das Zurückgehen zu den Bedingungen des Existirens niemals vollenden, ohne ein nothwendiges Wesen anzunehmen; ich kann aber von demselben niemals anfangen.

Wenn ich zu existirenden Dingen überhaupt etwas Nothwendiges denken muß, kein Ding aber an sich selbst als nothwendig zu denken befugt bin, so folgt daraus unvermeidlich, daß Nothwendigkeit und Zufälligkeit nicht die Dinge selbst angehen und treffen müsse, weil sonst ein Widerspruch vorgehen würde; mithin keiner dieser beiden Grundsätze objectiv sei, sondern sie allenfalls nur subjective Principien der Vernunft sein können, nämlich einerseits zu allem, was als existirend gegeben ist, etwas zu suchen, das nothwendig ist, d.i. niemals anderswo als bei einer *a priori* vollendeten Erklärung aufzuhören, andererseits aber auch diese Vollendung niemals zu hoffen, d.i. nichts Empirisches als unbedingt anzunehmen, und sich dadurch fernerer Ableitung zu überheben. In solcher Bedeutung können beide Grundsätze als bloß heuristisch und r e g u l a t i v , die nichts als das formale Interesse der Vernunft besorgen, ganz wohl bei einander bestehen. Denn der eine sagt: ihr sollt so über die Natur philosophiren, a l s o b es zu allem, was zur Existenz gehört, einen nothwendigen ersten Grund gebe, lediglich um systematische Einheit in eure Erkenntniß zu bringen, indem ihr einer solchen Idee, nämlich einem eingebildeten obersten Grunde, nachgeht; der andere aber warnt euch, keine einzige Bestimmung, die die Existenz der Dinge betrifft, für einen solchen obersten Grund, d.i. als absolut nothwendig, anzunehmen, sondern euch noch immer den Weg zur ferneren Ableitung offen zu erhalten und sie daher jederzeit noch als bedingt zu behandeln. Wenn aber von uns alles, was an den Dingen wahrgenommen wird, als bedingt nothwendig betrachtet werden muß: so kann auch kein Ding (das empirisch gegeben sein mag) als absolut nothwendig angesehen werden.

Es folgt aber hieraus, daß ihr das Absolutnothwendige a u ß e r h a l b d e r W e l t annehmen müßt: weil es nur zu einem Princip der größtmöglichen Einheit der Erscheinungen als deren oberster Grund dienen soll und ihr i n d e r W e l t niemals dahin gelangen könnt, weil die zweite Regel euch gebietet, alle empirische Ursachen der Einheit jederzeit als abgeleitet anzusehen.

Die Philosophen des Alterthums sahen alle Form der Natur als zufällig, die Materie aber nach dem Urtheile der gemeinen Vernunft als ursprünglich und nothwendig an. Würden sie aber die Materie nicht als Substratum der Erscheinungen respectiv, sondern an sich selbst ihrem Dasein nach betrachtet haben, so wäre die Idee der absoluten Nothwendigkeit sogleich verschwunden. Denn es ist nichts, was die Vernunft an dieses Dasein schlechthin bindet, sondern sie kann solches jederzeit und ohne Widerstreit in Gedanken aufheben; in Gedanken aber lag auch allein die absolute Nothwendigkeit.

Es mußte also bei dieser Überredung ein gewisses regulatives Princip zum Grunde liegen. In der That ist auch Ausdehnung und Undurchdringlichkeit (die zusammen den Begriff von Materie ausmachen) das oberste empirische Principium der Einheit der Erscheinungen und hat, so fern als es empirisch unbedingt ist, eine Eigenschaft des regulativen Princips an sich. Gleichwohl, da jede Bestimmung der Materie, welche das Reale derselben ausmacht, mithin auch die Undurchdringlichkeit eine Wirkung (Handlung) ist, die ihre Ursache haben muß und daher immer noch abgeleitet ist, so schickt sich die Materie doch nicht zur Idee eines nothwendigen Wesens als eines Princips aller abgeleiteten Einheit: weil jede ihrer realen Eigenschaften, als abgeleitet, nur bedingt nothwendig ist und also an sich aufgehoben werden kann, hiemit aber das ganze Dasein der Materie aufgehoben werden würde, wenn dieses aber nicht geschähe, wir den höchsten Grund der Einheit empirisch erreicht haben würden, welches durch das zweite regulative Princip verboten wird. So folgt, daß die Materie und überhaupt, was zur Welt gehörig ist, zu der Idee eines nothwendigen Urwesens als eines bloßen Princips der größten empirischen Einheit nicht schicklich sei, sondern daß es außerhalb der Welt gesetzt werden müsse; da wir denn die Erscheinungen der Welt und ihr Dasein immer getrost von anderen ableiten können, als ob es kein nothwendiges Wesen gäbe, und dennoch zu der Vollständigkeit der Ableitung unaufhörlich streben können, als ob ein solches als ein oberster Grund vorausgesetzt wäre.

Das Ideal des höchsten Wesens ist nach diesen Betrachtungen nichts anders, als ein regulatives Princip der Vernunft, alle Verbindung in der Welt so anzusehen, als ob sie aus einer allgenugsamen nothwendigen Ursache entspränge, um darauf die Regel einer systematischen und nach allgemeinen Gesetzen nothwendigen Einheit in der Erklärung derselben zu gründen, und ist nicht eine Behauptung eher an sich nothwendigen Existenz. Es ist aber zugleich unvermeidlich, sich vermittelst einer transscendentalen Subreption dieses formale Princip als constitutiv vorzustellen und sich diese Einheit hypostatisch zu denken. Denn so wie der Raum, weil er alle Gestalten, die lediglich verschiedene Einschränkungen desselben sind, ursprünglich möglich macht, ob er gleich nur ein Principium der Sinnlichkeit ist, dennoch eben darum für ein schlechterdings nothwendiges für sich bestehendes Etwas und einen *a priori* an sich selbst gegebenen Gegenstand gehalten wird: so geht es auch ganz natürlich zu, daß, da die systematische Einheit der Natur auf keinerlei Weise zum Princip des empirischen Gebrauchs unserer Vernunft aufgestellt werden kann, als so fern wir die Idee eines allerrealsten Wesens als der obersten Ursache zum Grunde legen, diese Idee dadurch als ein wirklicher Gegenstand und dieser wiederum, weil er die oberste Bedingung ist, als nothwendig vorgestellt, mithin ein regulatives Princip in ein constitutives verwandelt werde; welche Unterschiebung sich dadurch offenbart, daß, wenn ich nun dieses oberste Wesen, welches respectiv auf die Welt schlechthin (unbedingt) nothwendig war, als Ding für sich betrachte, diese Nothwendigkeit keines Begriffs fähig ist und also nur als formale Bedingung des Denkens, nicht aber als materiale und hypostatische Bedingung des Daseins in meiner Vernunft anzutreffen gewesen sein müsse.

Des dritten Hauptstücks
Sechster Abschnitt.

Von der Unmöglichkeit des physikotheologischen Beweises.

Wenn denn weder der Begriff von Dingen überhaupt, noch die Erfahrung von irgend einem Dasein überhaupt das, was gefordert wird, leisten kann, so bleibt noch ein Mittel übrig: zu versuchen, ob nicht eine bestimmte Erfahrung, mithin die der Dinge der gegenwärtigen Welt, ihre Beschaffenheit und Anordnung, einen Beweisgrund abgebe, der uns sicher zur Überzeugung von dem Dasein eines höchsten Wesens verhelfen könne. Einen solchen Beweis würden wir den physiko-theologischen nennen. Sollte dieser auch unmöglich sein, so ist überall kein genugthuender Beweis aus bloß speculativer Vernunft für das Dasein eines Wesens, welches unserer transscendentalen Idee entspräche, möglich.

Man wird nach allen obigen Bemerkungen bald einsehen, daß der Bescheid auf diese Nachfrage ganz leicht und bündig erwartet werden könne. Denn wie kann jemals Erfahrung gegeben werden, die einer Idee angemessen sein sollte? Darin besteht eben das Eigenthümliche der letzteren, daß ihr niemals irgend eine Erfahrung congruiren könne. Die transscendentale Idee von einem nothwendigen allgenugsamen Urwesen ist so überschwenglich groß, so hoch über alles Empirische, das jederzeit bedingt ist, erhaben, daß man theils niemals Stoff genug in der Erfahrung auftreiben kann, um einen solchen Begriff zu füllen, theils immer unter dem Bedingten herumtappt und stets vergeblich nach dem Unbedingten, wovon uns kein Gesetz irgend einer empirischen Synthesis ein Beispiel oder dazu die mindeste Leitung giebt, suchen wird.

Würde das höchste Wesen in dieser Kette der Bedingungen stehen, so würde es selbst ein Glied der Reihe derselben sein und eben so, wie die niederen Glieder, denen es vorgesetzt ist, noch fernere Untersuchung wegen seines noch höheren Grundes erfordern. Will man es dagegen von dieser Kette trennen und als ein bloß intelligibeles Wesen nicht in der Reihe der Natururſachen mitbegreifen: welche Brücke kann die Vernunft alsdann wohl schlagen, um zu demselben zu gelangen, da alle Gesetze des Überganges von Wirkungen zu Ursachen, ja alle Synthesis und Erweiterung unserer Erkenntniß überhaupt auf nichts anderes als mögliche Erfahrung, mithin bloß auf Gegenstände der Sinnenwelt gestellt sind und nur in Ansehung ihrer eine Bedeutung haben können?

Die gegenwärtige Welt eröffnet uns einen so unermeßlichen Schauplatz von Mannigfaltigkeit, Ordnung, Zweckmäßigkeit und Schönheit, man mag diese nun in der Unendlichkeit des Raumes oder in der unbegrenzten Theilung desselben verfolgen, daß selbst nach den Kenntnissen, welche unser schwacher Verstand davon hat erwerben können, alle Sprache über so viele und unabsehlich große Wunder ihren Nachdruck, alle Zahlen ihre Kraft zu messen und selbst unsere Gedanken alle Begrenzung vermissen, so daß sich unser Urtheil vom Ganzen in ein sprachloses, aber desto beredteres Erstaunen auflösen muß. Allerwärts sehen wir eine Kette von Wirkungen und Ursachen, von Zwecken und den Mitteln, Regelmäßigkeit im Entstehen oder Vergehen; und indem nichts von selbst in den Zustand getreten ist, darin es sich befindet, so weiset es immer weiter hin nach einem anderen Dinge als seiner Ursache, welche gerade eben dieselbe weitere Nachfrage nothwendig macht, so daß auf solche Weise das ganze All im Abgrunde des Nichts versinken müßte, nähme man nicht etwas an, das außerhalb diesem unendlichen Zufälligen, für sich selbst ursprünglich und unabhängig bestehend, dasselbe hielte und als die Ursache seines Ursprungs ihm zugleich seine Fortdauer sicherte. Diese höchste Ursache (in Ansehung aller Dinge der Welt), wie groß soll man sie sich denken? Die Welt kennen wir nicht ihrem ganzen Inhalte nach, noch weniger wissen wir ihre Größe durch die Vergleichung mit allem, was möglich ist, zu schätzen. Was hindert uns aber, daß, da wir einmal in Absicht auf Causalität ein äußerstes und oberstes Wesen bedürfen, wir es nicht zugleich dem Grade der Vollkommenheit nach über alles andere Mögliche setzen sollten? welches wir leicht, obzwar freilich nur durch den zarten Umriß eines abstracten Begriffs, bewerkstelligen können, wenn wir uns in ihm als einer einigen Substanz alle mögliche Vollkommenheit vereinigt vorstellen; welcher Begriff der Forderung unserer Vernunft in der Ersparung der Principien günstig, in sich selbst keinen Widersprüchen unterworfen und selbst der Erweiterung des Vernunftgebrauchs mitten in der Erfahrung durch die Leitung, welche eine solche Idee auf Ordnung und Zweckmäßigkeit giebt, zuträglich, nirgend aber einer Erfahrung auf entschiedene Art zuwider ist.

Dieser Beweis verdient jederzeit mit Achtung genannt zu werden. Er ist der älteste, klärste und der gemeinen Menschenvernunft am meisten angemessene. Er belebt das Studium der Natur, so wie er selbst von diesem sein Dasein hat und dadurch immer neue Kraft bekommt. Er bringt Zwecke und Absichten dahin, wo sie unsere Beobachtung nicht von selbst entdeckt hätte, und erweitert unsere Naturkenntnisse durch den Leitfaden einer besonderen Einheit, deren Princip außer der Natur ist. Diese Kenntnisse wirken aber wieder auf ihre Ursache, nämlich die veranlassende Idee, zurück und vermehren den Glauben an einen höchsten Urheber bis zu einer unwiderstehlichen Überzeugung.

Es würde daher nicht allein trostlos, sondern auch ganz umsonst sein, dem Ansehen dieses Beweises etwas entziehen zu wollen. Die Vernunft, die durch so mächtige und unter ihren Händen immer wachsende, obzwar nur empirische Beweisgründe unablässig gehoben wird, kann durch keine Zweifel subtiler, abgezogener Speculation so niedergedrückt werden, daß sie nicht aus jeder grüblerischen Unentschlossenheit, gleich als aus einem Traume, durch einen Blick, den sie auf die Wunder der Natur und der Majestät des Weltbaues wirft, gerissen werden sollte, um sich von Größe zu Größe bis zur allerhöchsten, vom Bedingten zur Bedingung bis zum obersten und unbedingten Urheber zu erheben.

Ob wir aber gleich wider die Vernunftmäßigkeit und Nützlichkeit dieses Verfahrens nichts einzuwenden, sondern es vielmehr zu empfehlen und aufzumuntern haben, so können wir darum doch die Ansprüche nicht billigen, welche diese Beweisart auf apodiktische Gewißheit und auf einen gar keiner Gunst oder fremden Unterstützung bedürftigen Beifall machen möchte; und es kann der guten Sache keineswegs schaden, die dogmatische Sprache eines hohnsprechenden Vernünftlers auf den Ton der Mäßigung und Bescheidenheit eines zur Beruhigung hinreichenden, obgleich eben nicht unbedingte Unterwerfung gebietenden Glaubens herabzustimmen. Ich behaupte demnach, daß der physikotheologische

Beweis das Dasein eines höchsten Wesens niemals allein darthun könne, sondern es jederzeit dem ontologischen (welchem er nur zur Introduction dient) überlassen müsse, diesen Mangel zu ergänzen, mithin dieser immer noch den einzig möglichen Beweisgrund (wofern überall nur ein speculativer Beweis stattfindet) enthalte, den keine menschliche Vernunft vorbeigehen kann.

Die Hauptmomente des gedachten physischtheologischen Beweises sind folgende: 1) In der Welt finden sich allerwärts deutliche Zeichen einer Anordnung nach bestimmter Absicht, mit großer Weisheit ausgeführt und in einem Ganzen von unbeschreiblicher Mannigfaltigkeit des Inhalts sowohl, als auch unbegrenzter Größe des Umfangs. 2) Den Dingen der Welt ist diese zweckmäßige Anordnung ganz fremd und hängt ihnen nur zufällig an, d.i. die Natur verschiedener Dinge konnte von selbst durch so vielerlei sich vereinigende Mittel zu bestimmten Endabsichten nicht zusammenstimmen, wären sie nicht durch ein anordnendes vernünftiges Princip nach zum Grunde fiegenden Ideen dazu ganz eigentlich gewählt und angelegt worden. 3) Es existirt also eine erhabene und weise Ursache (oder mehrere), die nicht bloß als blindwirkende allvermögende Natur durch Fruchtbarkeit, sondern als Intelligenz durch Freiheit die Ursache der Welt sein muß. 4) Die Einheit derselben läßt sich aus der Einheit der wechselseitigen Beziehung der Theile der Welt als Glieder von einem künstlichen Bauwerk an demjenigen, wohin unsere Beobachtung reicht, mit Gewißheit, weiterhin aber nach allen Grundsätzen der Analogie mit Wahrscheinlichkeit schließen.

Ohne hier mit der natürlichen Vernunft über ihren Schluß zu chicaniren, da sie aus der Analogie einiger Naturproducte mit demjenigen, was menschliche Kunst hervorbringt, wenn sie der Natur Gewalt thut und sie nöthigt, nicht nach ihren Zwecken zu verfahren, sondern sich in die unsrigen zu schmiegen, (der Ähnlichkeit derselben mit Häusern, Schiffen, Uhren) schließt, es werde eben eine solche Causalität, nämlich Verstand und Wille, bei ihr zum Grunde liegen, wenn sie die innere Möglichkeit der freiwirkenden Natur (die alle Kunst und vielleicht selbst sogar die Vernunft zuerst möglich macht) noch von einer anderen, obgleich übermenschlichen Kunst ableitet, welche Schlußart vielleicht die schärfste transscendentale Kritik nicht aushalten dürfte: muß man doch gestehen, daß, wenn wir einmal eine Ursache nennen sollen, wir hier nicht sicherer als nach der Analogie mit dergleichen zweckmäßigen Erzeugungen, die die einzigen sind, wovon uns die Ursachen und Wirkungsart völlig bekannt sind, verfahren können. Die Vernunft würde es bei sich selbst nicht verantworten können, wenn sie von der Causalität, die sie kennt, zu dunkeln und unerweislichen Erklärungsgründen, die sie nicht kennt, übergehen wollte.

Nach diesem Schlusse müßte die Zweckmäßigkeit und Wohlgereimtheit so vieler Naturanstalten bloß die Zufälligkeit der Form, aber nicht der Materie, d.i. der Substanz in der Welt, beweisen; denn zu dem letzteren würde noch erfordert werden, daß bewiesen werden könnte, die Dinge der Welt wären an sich selbst zu dergleichen Ordnung und Einstimmung nach allgemeinen Gesetzen untauglich, wenn sie nicht, selbst *ihrer Substanz nach*, das Product einer höchsten Weisheit wären; wozu aber ganz andere Beweisgründe, als die von der Analogie mit menschlicher Kunst erfordert werden würden. Der Beweis könnte also höchstens einen *Weltbaumeister*, der durch die Tauglichkeit des Stoffs, den er bearbeitet, immer sehr eingeschränkt wäre, aber nicht einen *Weltschöpfer*, dessen

Idee alles unterworfen ist, darthun, welches zu der großen Absicht, die man vor Augen hat, nämlich ein allgenugsames Urwesen zu beweisen, bei weitem nicht hinreichend ist. Wollten wir die Zufälligkeit der Materie selbst beweisen, so müßten wir zu einem transscendentalen Argumente unsere Zuflucht nehmen, welches aber hier eben hat vermieden werden sollen.

Der Schluß geht also von der in der Welt so durchgängig zu beobachtenden Ordnung und Zweckmäßigkeit, als einer durchaus zufälligen Einrichtung, auf das Dasein einer ihr proportionirten Ursache. Der Begriff dieser Ursache aber muß uns etwas ganz Bestimmtes von ihr zu erkennen geben, und er kann also kein anderer sein, als der von einem Wesen, das alle Macht, Weisheit etc., mit einem Worte alle Vollkommenheit als ein allgenugsames Wesen besitzt. Denn die Prädicate von sehr großer, von erstaunlicher, von unermeßlicher Macht und Trefflichkeit geben gar keinen bestimmten Begriff und sagen eigentlich nicht, was das Ding an sich selbst sei, sondern sind nur Verhältnißvorstellungen von der Größe des Gegenstandes, den der Beobachter (der Welt) mit sich selbst und seiner Fassungskraft vergleicht, und die gleich hochpreisend ausfallen, man mag den Gegenstand vergrößern, oder das beobachtende Subiect in Verhältniß auf ihn kleiner machen. Wo es auf Größe (der Vollkommenheit) eines Dinges überhaupt ankommt, da giebt es keinen bestimmten Begriff als den, so die ganze mögliche Vollkommenheit begreift, und nur das All (*omnitudo*) der Realität ist im Begriffe durchgängig bestimmt.

Nun will ich nicht hoffen, daß sich jemand unterwinden sollte, das Verhältniß der von ihm beobachteten Weltgröße (nach Umfang sowohl als Inhalt) zur Allmacht, der Weltordnung zur höchsten Weisheit, der Welteinheit zur absoluten Einheit des Urhebers etc. einzusehen. Also kann die Physikotheologie keinen bestimmten Begriff von der obersten Weltursache geben und daher zu einem Princip der Theologie, welches wiederum die Grundlage der Religion ausmachen soll, nicht hinreichend sein.

Der Schritt zu der absoluten Totalität ist durch den empirischen Weg ganz und gar unmöglich. Nun thut man ihn doch aber im physischtheologischen Beweise. Welches Mittels bedient man sich also wohl, über eine so weite Kluft zu kommen?

Nachdem man bis zur Bewunderung der Größe der Weisheit, der Macht etc. des Welturhebers gelangt ist und nicht weiter kommen kann, so verläßt man auf einmal dieses durch empirische Beweisgründe geführte Argument und geht zu der gleich anfangs aus der Ordnung und Zweckmäßigkeit der Welt geschlossenen Zufälligkeit derselben. Von dieser Zufälligkeit allein geht man nun lediglich durch transscendentale Begriffe zum Dasein eines Schlechthinnothwendigen und von dem Begriffe der absoluten Nothwendigkeit der ersten Ursache auf den durchgängig bestimmten oder bestimmenden Begriff desselben, nämlich einer allbefassenden Realität. Also blieb der physisch-theologische Beweis in seiner Unternehmung stecken, sprang in dieser Verlegenheit plötzlich zu dem kosmologischen Beweise über; und da dieser nur ein versteckter ontologischer Beweis ist, so vollführte er seine Absicht wirklich bloß durch reine Vernunft, ob er gleich anfänglich alle Verwandtschaft mit dieser abgeleugnet und alles auf einleuchtende Beweise aus Erfahrung ausgesetzt hatte.

Die Physikotheologen haben also gar nicht Ursache, gegen die transscendentale Beweisart so spröde zu thun und auf sie mit dem Eigendünkel hellsehender Naturkenner als auf das Spinnengewebe finsterer Grübler herabzusehen. Denn wenn sie sich nur selbst prüfen wollten, so würden sie finden, daß, nachdem sie eine gute Strecke auf dem Boden der Natur und Erfahrung fortgegangen sind und sich gleichwohl immer noch eben so weit von dem Gegenstande sehen, der ihrer Vernunft entgegen scheint, sie plötzlich diesen Boden verlassen und ins Reich bloßer Möglichkeiten übergehen, wo sie auf den Flügeln der Ideen demjenigen nahe zu kommen hoffen, was sich aller ihrer empirischen Nachsuchung entzogen hatte. Nachdem sie endlich durch einen so mächtigen Sprung festen Fuß gefaßt zu haben vermeinen, so verbreiten sie den nunmehr bestimmten Begriff (in dessen Besitz sie, ohne zu wissen wie, gekommen sind) über das ganze Feld der Schöpfung und erläutern das Ideal, welches lediglich ein Product der reinen Vernunft war, obzwar kümmerlich genug und weit unter der Würde seines Gegenstandes, durch Erfahrung, ohne doch gestehen zu wollen; daß sie zu dieser Kenntniß oder Voraussetzung durch einen andern Fußsteig als den der Erfahrung gelangt sind.

So liegt demnach dem physikotheologischen Beweise der kosmologische, diesem aber der ontologische Beweis vom Dasein eines einigen Urwesens als höchsten Wesens zum Grunde, und da außer diesen drei Wegen keiner mehr der speculativen Vernunft offen ist, so ist der ontologische Beweis aus lauter reinen Vemunftbegriffen der einzige mögliche, wenn überall nur ein Beweis von einem so weit über allen empirischen Verstandesgebrauch erhabenen Satze möglich ist.

Des dritten Hauptstücks
Siebenter Abschnitt.

Kritik aller Theologie aus speculativen Principien der Vernunft.

Wenn ich unter Theologie die Erkenntniß des Urwesens verstehe, so ist sie entweder die aus bloßer Vernunft (*theologia rationalis*) oder aus Offenbarung (*revelata*). Die erstere denkt sich nun ihren Gegenstand entweder bloß durch reine Vernunft vermittelst lauter transscendentaler Begriffe (*ens orginarium, realissimum, ens entium*) und heißt die **transscendentale** Theologie, oder durch einen Begriff, den sie aus der Natur (unserer Seele) entlehnt, als die höchste Intelligenz und müßte **natürliche** Theologie heißen. Der, so allein eine transscendentale Theologie einräumt, wird Deist, der, so auch eine natürliche Theologie annimmt, Theist genannt. Der erstere giebt zu, daß wir allenfalls das Dasein eines Urwesens durch bloße Vernunft erkennen können, wovon aber unser Begriff bloß transscendental sei, nämlich nur als von einem Wesen, das alle Realität hat, die man aber nicht näher bestimmen kann. Der zweite behauptet, die Vernunft sei im Stande, den Gegenstand nach der Analogie mit der Natur näher zu bestimmen, nämlich als ein Wesen, das durch Verstand und Freiheit den Urgrund aller anderen Dinge in sich enthalte. Jener stellt sich also unter demselben bloß eine Weltursache (ob durch die Nothwendigkeit seiner Natur, oder durch Freiheit, bleibt unentschieden), dieser einen Welturheber vor.

Die transscendentale Theologie ist entweder diejenige, welche das Dasein des Urwesens von einer Erfahrung überhaupt (ohne über die Welt, wozu sie gehört, etwas näher zu bestimmen) abzuleiten gedenkt, und heißt Kosmotheologie, oder glaubt durch bloße Begriffe ohne Beihülfe der mindesten Erfahrung sein Dasein zu erkennen und wird Ontotheologie genannt.

Die natürliche Theologie schließt auf die Eigenschaften und das Dasein eines Welturhebers aus der Beschaffenheit, der Ordnung und Einheit, die in dieser Welt angetroffen wird, in welcher zweierlei Causalität und deren Regel angenommen werden muß, nämlich Natur und Freiheit. Daher steigt sie von dieser Welt zur höchsten Intelligenz auf, entweder als dem Princip aller natürlichen, oder aller sittlichen Ordnung und Vollkommenheit. Im ersteren Falle heißt sie Physikotheologie, im letzten Moraltheologie*.

Da man unter dem Begriffe von Gott nicht etwa bloß eine blindwirkende ewige Natur als die Wurzel der Dinge, sondern ein höchstes Wesen, das durch Verstand und Freiheit der Urheber der Dinge sein soll, zu verstehen gewohnt ist, und auch dieser Begriff allein uns interessirt, so könnte man nach der Strenge dem Deisten allen Glauben an Gott absprechen und ihm lediglich die Behauptung eines Urwesens oder obersten Ursache übrig lassen. Indessen da niemand darum, weil er etwas sich nicht zu behaupten getrauet, beschuldigt werden darf, er wolle es gar leugnen, so ist es gelinder und billiger, zu sagen: der Deist glaube einen Gott, der Theist aber einen lebendigen Gott (*summam intelligentiam*). Jetzt wollen wir die möglichen Quellen aller dieser Versuche der Vernunft aufsuchen.

---

* Nicht theologische Moral; denn die enthält sittliche Gesetze, welche das Dasein eines höchsten Weltregierers voraussetzen, da hingegen die Moraltheologie eine Überzeugung vom Dasein eines höchsten Wesens ist, welche sich auf sittliche Gesetze gründet.

Ich begnüge mich hier, die theoretische Erkenntniß durch eine solche zu erklären, wodurch ich erkenne, was da ist, die praktische aber, dadurch ich mir vorstelle, was da sein soll. Diesemnach ist der theoretische Gebrauch der Vernunft derjenige, durch den ich *a priori* (als nothwendig) erkenne, daß etwas sei; der praktische aber, durch den *a priori* erkannt wird, was geschehen solle. Wenn nun entweder, daß etwas sei oder geschehen solle, ungezweifelt gewiß, aber doch nur bedingt ist: so kann doch entweder eine gewisse bestimmte Bedingung dazu schlechthin nothwendig sein, oder sie kann nur als beliebig und zufällig vorausgesetzt werden. Im ersteren Falle wird die Bedingung postulirt (*per thesin*), im zweiten supponirt (*per hypothesin*). Da es praktische Gesetze giebt, die schlechthin nothwendig sind (die moralische), so muß, wenn diese irgend ein Dasein als die Bedingung der Möglichkeit ihrer verbindenden Kraft nothwendig voraussetzen, dieses Dasein postulirt werden, darum weil das Bedingte, von welchem der Schluß auf diese bestimmte Bedingung geht, selbst *a priori* als schlechterdings nothwendig erkannt wird. Wir werden künftig von den moralischen Gesetzen zeigen, daß sie das Dasein eines höchsten Wesens nicht bloß voraussetzen, sondern auch, da sie in anderweitiger Betrachtung schlechterdings nothwendig sind, es mit Recht, aber freilich nur praktisch postuliren; jetzt setzen wir diese Schlußart noch bei Seite.

Da, wenn bloß von dem, was da ist (nicht, was sein soll), die Rede ist, das Bedingte, welches uns in der Erfahrung gegeben wird, jederzeit auch als zufällig gedacht wird, so kann die zu ihm gehörige Bedingung daraus nicht als schlechthin nothwendig erkannt werden, sondern dient nur als eine respectiv nothwendige oder vielmehr nöthige, an sich selbst aber und *a priori* willkürliche Voraussetzung zum

Vernunfterkenntniß des Bedingten. Soll also die absolute Nothwendigkeit eines Dinges im theoretischen Erkenntnisse erkannt werden, so könnte dieses allein aus Begriffen *a priori* geschehen, niemals aber als einer Ursache in Beziehung auf ein Dasein, das durch Erfahrung gegeben ist.

Eine theoretische Erkenntniß ist s p e c u l a t i v , wenn Sie auf einen Gegenstand oder solche Begriffe von einem Gegenstande geht, wozu man in keiner Erfahrung gelangen kann. Sie wird der N a t u r e r k e n n t n i ß entgegengesetzt, welche auf keine andere Gegenstände oder Prädicate derselben geht, als die in einer möglichen Erfahrung gegeben werden können.

Der Grundsatz, von dem, was geschieht, (dem empirisch Zufälligen) als Wirkung auf eine Ursache zu schließen, ist ein Princip der Naturerkenntniß, aber nicht der speculativen. Denn wenn man von ihm als einem Grundsatze, der die Bedingung möglicher Erfahrung überhaupt enthält, abstrahirt und, indem man alles Empirische wegläßt, ihn vom Zufälligen überhaupt aussagen will, so bleibt nicht die mindeste Rechtfertigung eines solchen synthetischen Satzes übrig, um daraus zu ersehen, wie ich von etwas, was da ist, zu etwas davon ganz Verschiedenem (genannt Ursache) übergehen könne; ja der Begriff einer Ursache verliert eben so wie des Zufälligen in solchem bloß speculativen Gebrauche alle Bedeutung, deren objective Realität sich *in concreto* begreiflich machen lasse.

Wenn man nun vom Dasein der D i n g e in der Welt auf ihre Ursache schließt, so gehört dieses nicht zum n a t ü r l i c h e n , sondern zum s p e c u l a t i v e n Vernunftgebrauch: weil jener nicht die Dinge selbst (Substanzen), sondern nur das, was g e s c h i e h t , also ihre Z u s t ä n d e , als empirisch zufällig auf irgend eine Ursache bezieht; daß die Substanz selbst (die Materie) dem Dasein nach zufällig sei, würde ein bloß speculatives Vernunfterkenntniß sein müssen. Wenn aber auch nur von der Form der Welt, der Art ihrer Verbindung und dem Wechsel derselben die Rede wäre, ich wollte aber daraus auf eine Ursache schließen, die von der Welt gänzlich unterschieden ist: so würde dieses wiederum ein Urtheil der bloß speculativen Vernunft sein, weil der Gegenstand hier gar kein Object einer möglichen Erfahrung ist. Aber alsdann würde der Grundsatz der Causalität, der nur innerhalb dem Felde der Erfahrung gilt und außer demselben ohne Gebrauch, ja selbst ohne Bedeutung ist, von seiner Bestimmung gänzlich abgebracht.

Ich behaupte nun, daß alle Versuche eines bloß speculativen Gebrauchs der Vernunft in Ansehung der Theologie gänzlich fruchtlos und ihrer inneren Beschaffenheit nach null und nichtig sind, daß aber die Principien ihres Naturgebrauchs ganz und gar auf keine Theologie führen; folglich, wenn man nicht moralische Gesetze zum Grunde legt oder zum Leitfaden braucht, es überall keine Theologie der Vernunft geben könne. Denn alle synthetische Grundsätze des Verstandes sind von immanentem Gebrauch; zu der Erkenntniß eines höchsten Wesens aber wird ein transscendenter Gebrauch derselben erfordert, wozu unser Verstand gar nicht ausgerüstet ist. Soll das empirisch gültige Gesetz der Causalität zu dem Urwesen führen, so müßte dieses in die Kette der Gegenstände der Erfahrung mitgehören; alsdann wäre es aber wie alle Erscheinungen selbst wiederum bedingt. Erlaubte man aber auch den Sprung über die Grenze der Erfahrung hinaus vermittelst des dynamischen Gesetzes der Beziehung der Wirkungen auf ihre Ursachen: welchen Begriff kann uns dieses Verfahren verschaffen? Bei weitem keinen Begriff von einem höchsten Wesen, weil uns Erfahrung niemals die größte aller möglichen Wirkungen (als welche das Zeugniß von ihrer Ursache ablegen soll) darreicht. Soll es uns erlaubt sein, bloß um in unserer Vernunft nichts Leeres übrig zu lassen, diesen Mangel der völligen Bestimmung durch eine bloße Idee der höchsten Vollkommenheit und ursprünglichen Nothwendigkeit auszufüllen: so kann dieses zwar aus Gunst eingeräumt, aber nicht aus dem Rechte eines unwiderstehlichen Beweises gefordert werden. Der physischtheologische Beweis könnte also vielleicht wohl anderen Beweisen (wenn solche zu haben sind) Nachdruck geben, indem er Speculation mit Anschauung verknüpft: für sich selbst aber bereitet er mehr den Verstand zur theologischen Erkenntniß vor und giebt ihm dazu eine gerade und natürliche Richtung, als daß er allein das Geschäfte vollenden könnte.

Man sieht also hieraus wohl, daß transscendentale Fragen nur transscendentale Antworten, d.i. aus lauter Begriffen *a priori* ohne die mindeste empirische Beimischung, erlauben. Die Frage ist hier aber offenbar synthetisch und verlangt eine Erweiterung unserer Erkenntniß über alle Grenzen der Erfahrung hinaus, nämlich zu dem Dasein eines Wesens, das unserer bloßen Idee entsprechen soll, der niemals irgend eine Erfahrung gleichkommen kann. Nun ist nach unseren obigen Beweisen alle synthetische Erkenntniß *a priori* nur dadurch möglich, daß sie die formalen Bedingungen einer möglichen Erfahrung ausdrückt, und alle Grundsätze sind also nur von immanenter Gültigkeit, d.i. sie beziehen sich lediglich auf Gegenstände empirischer Erkenntniß oder Erscheinungen. Also wird auch durch transscendentales Verfahren in Absicht auf die Theologie einer bloß speculativen Vernunft nichts ausgerichtet.

Wollte man aber lieber alle obige Beweise der Analytik in Zweifel ziehen, als sich die Überredung von dem Gewichte der so lange gebrauchten Beweisgründe rauben lassen: so kann man sich doch nicht weigern, der Aufforderung ein Genüge zu thun, wenn ich verlange, man solle sich wenigstens darüber rechtfertigen, wie und vermittelst welcher Erleuchtung man sich denn getraue, alle mögliche Erfahrung durch die Macht bloßer Ideen zu überfliegen. Mit neuen Beweisen oder ausgebesserter Arbeit alter Beweise würde ich bitten mich zu verschonen. Denn ob man zwar hierin eben nicht viel zu wählen hat, indem endlich doch alle bloß speculative Beweise auf einen einzigen, nämlich den ontologischen, hinauslaufen, und ich also eben nicht fürchten darf, sonderlich durch die Fruchtbarkeit der dogmatischen Verfechter jener sinnenfreien Vernunft belästigt zu werden; obgleich ich überdem auch, ohne mich darum sehr streitbar zu dünken, die Ausforderung nicht ausschlagen will, in jedem Versuche dieser Art den Fehlschluß aufzudecken und dadurch seine Anmaßung zu vereiteln: so wird daher doch die Hoffnung besseren Glücks bei denen, welche einmal dogmatischer Überredungen gewohnt sind, niemals völlig aufgehoben; und ich halte mich daher an der einzigen billigen Forderung, daß man sich allgemein und aus der Natur des menschlichen Verstandes sammt allen übrigen Erkenntnißquellen darüber rechtfertige, wie man es anfangen wolle, sein Erkenntniß ganz und gar *a priori* zu erweitern und bis dahin zu erstrecken, wo keine mögliche Erfahrung und mithin kein Mittel hinreicht, irgend einem von uns selbst ausgedachten Begriffe seine objective Realität zu versichern. Wie der Verstand auch zu diesem Begriffe gelangt sein mag, so kann doch das Dasein des Gegenstandes desselben nicht analytisch in demselben gefunden werden, weil eben darin die Erkenntniß der Existenz des Objects besteht, daß dieses außer dem Gedanken an sich selbst gesetzt ist. Es ist aber gänzlich unmöglich, aus einem Begriffe von selbst hinaus zu gehen und, ohne daß man der empirischen Verknüpfung folgt (wodurch aber jederzeit nur Erscheinungen gegeben werden), zu Entdeckung neuer Gegenstände und überschwenglicher Wesen zu gelangen.

Ob aber gleich die Vernunft in ihrem bloß speculativen Gebrauche zu dieser so großen Absicht bei weitem nicht zulänglich ist, nämlich zum Dasein eines obersten Wesens zu gelangen: so hat sie doch darin sehr großen Nutzen, die Erkenntniß desselben, im Fall sie anders woher geschöpft werden könnte, zu berichtigen, mit sich selbst und jeder intelligibelen Absicht einstimmig zu machen und von allem, was dem Begriffe eines Urwesens zuwider sein möchte, und aller Beimischung empirischer Einschränkungen zu reinigen.

Die transscendentale Theologie bleibt demnach aller ihrer Unzulänglichkeit ungeachtet dennoch von wichtigem negativen Gebrauche und ist eine beständige Censur unserer Vernunft, wenn sie bloß mit reinen Ideen zu thun hat, die eben darum kein anderes als transscendentales Richtmaß zulassen. Denn wenn einmal in anderweitiger, vielleicht praktischer Beziehung die Voraussetzung eines höchsten und allgenugsamen Wesens als oberster Intelligenz ihre Gültigkeit ohne Widerrede behauptete: so wäre es von der größten Wichtigkeit, diesen Begriff auf seiner transscendentalen Seite als den Begriff eines nothwendigen und allerrealsten Wesens genau zu bestimmen und, was der höchsten Realität zuwider ist, was zur bloßen Erscheinung (dem Anthropomorphism im weiteren Verstande) gehört, wegzuschaffen und zugleich alle entgegengesetzte Behauptungen, sie mögen nun atheistisch oder deistisch oder anthropomorphistisch sein, aus dem Wege zu räumen; welches in einer solchen kritischen Behandlung sehr leicht ist, indem dieselben Gründe, durch welche das Unvermögen der menschlichen Vernunft in Ansehung der Behauptung des Daseins eines dergleichen Wesens vor Augen gelegt wird, nothwendig auch zureichen, um die Untauglichkeit einer jeden Gegenbehauptung zu beweisen. Denn wo will jemand durch reine Speculation der Vernunft die Einsicht hernehmen, daß es kein höchstes Wesen als Urgrund von Allem gebe, oder daß ihm keine von den Eigenschaften zukomme, welche wir ihren Folgen nach als analogisch mit den dynamischen Realitäten eines denkenden Wesens uns vorstellen, oder daß sie in dem letzteren Falle auch allen Einschränkungen unterworfen sein müßten, welche die Sinnlichkeit den Intelligenzen, die wir durch Erfahrung kennen, unvermeidlich auferlegt.

Das höchste Wesen bleibt also für den bloß speculativen Gebrauch der Vernunft ein bloßes, aber doch fehlerfreies Ideal, ein Begriff, welcher die ganze menschliche Erkenntniß schließt und krönt, dessen objective Realität auf diesem Wege zwar nicht bewiesen, aber auch nicht widerlegt werden kann; und wenn es eine Moraltheologie geben sollte, die diesen Mangel ergänzen kann, so beweiset alsdann die vorher nur problematische transscendentale Theologie ihre Unentbehrlichkeit durch Bestimmung ihres Begriffs und unaufhörliche Censur einer durch Sinnlichkeit oft genug getäuschten und mit ihren eigenen Ideen nicht immer einstimmigen Vernunft. Die Nothwendigkeit, die Unendlichkeit, die Einheit, das Dasein außer der Welt (nicht als Weltseele), die Ewigkeit ohne Bedingungen der Zeit, die Allgegenwart ohne Bedingungen des Raumes, die Allmacht etc. sind lauter transscendentale Prädicate, und daher kann der gereinigte Begriff derselben, den eine jede Theologie so sehr nöthig hat, bloß aus der transscendentalen gezogen werden.

Anhang zur transscendentalen Dialektik.

Von dem regulativen Gebrauch der Ideen der reinen Vernunft.

Der Ausgang aller dialektischen Versuche der reinen Vernunft bestätigt nicht allein, was wir schon in der transscendentalen Analytik bewiesen, nämlich daß alle unsere Schlüsse, die uns über das Feld möglicher Erfahrung hinausführen wollen, trüglich und grundlos sind; sondern er lehrt uns zugleich dieses Besondere: daß die menschliche Vernunft dabei einen natürlichen Hang habe, diese Grenze zu überschreiten, daß transscendentale Ideen ihr eben so natürlich seien, als dem Verstande die Kategorien, obgleich mit dem Unterschiede, daß, so wie die letztern zur Wahrheit, d.i. der Übereinstimmung unserer Begriffe mit dem Objecte, führen, die erstern einen bloßen, aber unwiderstehlichen Schein bewirken, dessen Täuschung man kaum durch die schärfste Kritik abhalten kann.

Alles, was in der Natur unserer Kräfte gegründet ist, muß zweckmäßig und mit dem richtigen Gebrauche derselben einstimmig sein, wenn wir nur einen gewissen Mißverstand verhüten und die eigentliche Richtung derselben ausfindig machen können. Also werden die transscendentalen Ideen allem Vermuthen nach ihren guten und folglich immanenten Gebrauch haben, obgleich, wenn ihre Bedeutung verkannt und sie für Begriffe von wirklichen Dingen genommen werden, sie transscendent in der Anwendung und eben darum trüglich sein können. Denn nicht die Idee an sich selbst, sondern bloß ihr Gebrauch kann entweder in Ansehung der gesammten möglichen Erfahrung überfliegend (transscendent), oder einheimisch (immanent) sein, nachdem man sie entweder geradezu auf einen ihr vermeintlich entsprechenden Gegenstand, oder nur auf den Verstandesgebrauch überhaupt in Ansehung der Gegenstände, mit welchen er zu thun hat, richtet; und alle Fehler der Subreption sind jederzeit einem Mangel der Urtheilskraft, niemals aber dem Verstande oder der Vernunft zuzuschreiben.

Die Vernunft bezieht sich niemals geradezu auf einen Gegenstand, sondern lediglich auf den Verstand und vermittelst desselben auf ihren eigenen empirischen Gebrauch, schafft also keine Begriffe (von Objecten), sondern ordnet sie nur und giebt ihnen diejenige Einheit, welche sie in ihrer größtmöglichen Ausbreitung haben können, d.i. in Beziehung auf die Totalität der Reihen, als auf welche der Verstand gar nicht sieht, sondern nur auf diejenige Verknüpfung, dadurch allerwärts Reihen der Bedingungen nach Begriffen zu Stande kommen. Die Vernunft hat also eigentlich nur den Verstand und dessen zweckmäßige Anstellung zum Gegenstande; und wie dieser das Mannigfaltige im Object durch Begriffe vereinigt, so vereinigt jene ihrerseits das Mannigfaltige der Begriffe durch Ideen, indem sie eine gewisse collective Einheit zum Ziele der Verstandeshandlungen setzt, welche sonst nur mit der distributiven Einheit beschäftigt sind.

Ich behaupte demnach: die transscendentalen Ideen sind niemals von constitutivem Gebrauche, so daß dadurch Begriffe gewisser Gegenstände gegeben würden, und in dem Falle, daß man sie so versteht, sind es bloß vernünftelnde (dialektische) Begriffe. Dagegen aber haben sie einen vortrefflichen und unentbehrlich nothwendigen regulativen Gebrauch, nämlich den Verstand zu einem gewissen Ziele zu richten, in Aussicht auf welches die Richtungslinien aller seiner Regeln in einem Punkt zusammenlaufen, der, ob er zwar nur eine Idee (*focus imaginar*ius), d.i. ein Punkt, ist, aus welchem die Verstandesbegriffe wirklich nicht ausgehen, indem er ganz außerhalb den Grenzen möglicher Erfahrung liegt, dennoch dazu dient, ihnen die größte Einheit neben der größten Ausbreitung zu verschaffen. Nun entspringt uns zwar hieraus die Täuschung, als wenn diese Richtungslinien von einem Gegenstande selbst, der außer dem Felde empirisch möglicher Erkenntniß läge, ausgeschlossen wären (so wie die Objecte hinter der Spiegelfläche gesehen werden); allein diese Illusion (welche man doch hindern kann, daß sie nicht betrügt) ist gleichwohl unentbehrlich nothwendig, wenn wir außer den Gegenständen, die uns vor Augen sind, auch diejenigen zugleich sehen wollen, die weit davon uns im Rücken liegen, d.i. wenn wir in unserem Falle den Verstand über jede gegebene Erfahrung (den Theil der gesammten möglichen Erfahrung) hinaus, mithin auch zur größtmöglichen und äußersten Erweiterung abrichten wollen.

Übersehen wir unsere Verstandeserkenntnisse in ihrem ganzen Umfange, so finden wir, daß dasjenige, was Vernunft ganz eigenthümlich darüber verfügt und zu Stande zu bringen sucht, das S y s t e m a t i s c h e der Erkenntniß sei, d.i. der Zusammenhang derselben aus einem Princip. Diese Vernunfteinheit setzt jederzeit eine Idee voraus, nämlich die von der Form eines Ganzen der Erkenntniß, welches vor der bestimmten Erkenntniß der Theile vorhergeht und die Bedingungen enthält, jedem Theile seine Stelle und Verhältniß zu den übrigen *a priori* zu bestimmen. Diese Idee postulirt demnach vollständige Einheit der Verstandeserkenntniß, wodurch diese nicht bloß ein zufälliges Aggregat, sondern ein nach nothwendigen Gesetzen zusammenhängendes System wird. Man kann eigentlich nicht sagen, daß diese Idee ein Begriff vom Objecte sei, sondern von der durchgängigen Einheit dieser Begriffe, so fern dieselbe dem Verstande zur Regel dient. Dergleichen Vernunftbegriffe werden nicht aus der Natur geschöpft, vielmehr befragen wir die Natur nach diesen Ideen und halten unsere Erkenntniß für mangelhaft, so lange sie denselben nicht adäquat ist. Man gesteht, daß sich schwerlich reine Erde, reines Wasser, reine Luft etc. finde. Gleichwohl hat man die Begriffe davon doch nöthig (die also, was die völlige Reinigkeit betrifft, nur in der Vernunft ihren Ursprung haben), um den Antheil, den jede dieser Natururs̨achen an der Erscheinung hat, gehörig zu bestimmen; und so bringt man alle Materien auf die Erden (gleichsam die bloße Last), Salze und brennliche Wesen (als die Kraft), endlich auf Wasser und Luft als Vehikeln (gleichsam Maschinen, vermittelst deren die vorigen wirken), um nach der Idee eines Mechanismus die chemischen Wirkungen der Materien unter einander zu erklären. Denn wiewohl man sich nicht wirklich so ausdrückt, so ist doch ein solcher Einfluß der Vernunft auf die Eintheilungen der Naturforscher sehr leicht zu entdecken.

Wenn die Vernunft ein Vermögen ist, das Besondere aus dem Allgemeinen abzuleiten, so ist entweder das Allgemeine schon an sich gewiß und gegeben, und alsdann erfordert es nur Urtheilskraft zur Subsumtion, und das Besondere wird dadurch nothwendig bestimmt. Dieses will ich den apodiktischen Gebrauch der Vernunft nennen. Oder das Allgemeine wird nur problematisch angenommen und ist eine bloße Idee; das Besondere ist gewiß, aber die Allgemeinheit der Regel zu dieser Folge ist noch ein Problem: so werden mehrere besondere Fälle, die insgesammt gewiß sind, an der Regel versucht, ob sie daraus fließen; und in diesem Falle, wenn es den Anschein hat, daß alle anzugebende besondere Fälle daraus abfolgen, wird auf die Allgemeinheit der Regel, aus dieser aber nachher auf alle Fälle, die auch an sich nicht gegeben sind, geschlossen. Diesen will ich den hypothetischen Gebrauch der Vernunft nennen.

Der hypothetische Gebrauch der Vernunft aus zum Grunde gelegten Ideen als problematischen Begriffen ist eigentlich nicht constitutiv, nämlich nicht so beschaffen, daß dadurch, wenn man nach aller Strenge urtheilen will, die Wahrheit der allgemeinen Regel, die als Hypothese angenommen worden, folge; denn wie will man alle mögliche Folgen wissen, die, indem sie aus demselben angenommenen Grundsatze folgen, seine Allgemeinheit beweisen? Sondern er ist nur regulativ, um dadurch, so weit als es möglich ist, Einheit in die besonderen Erkenntnisse zu bringen und die Regel dadurch der Allgemeinheit zu nähern.

Der hypothetische Vernunftgebrauch geht also auf die systematische Einheit der Verstandeserkenntnisse, diese aber ist der Probirstein der Wahrheit der Regeln. Umgekehrt ist die systematische Einheit (als bloße Idee) lediglich nur projectirte Einheit, die man an sich nicht als gegeben, sondern nur als Problem ansehen muß; welche aber dazu dient, zu dem mannigfaltigen und besonderen Verstandesgebrauche ein Principium zu finden und diesen dadurch auch über die Fälle, die nicht gegeben sind, zu leiten und zusammenhängend zu machen.

Man sieht aber hieraus nur, daß die systematische oder Vernunfteinheit der mannigfaltigen Verstandeserkenntniß ein logisches Princip sei, um da, wo der Verstand allein nicht zu Regeln hinlangt, ihm durch Ideen fortzuhelfen und zugleich der Verschiedenheit seiner Regeln Einhelligkeit unter einem Princip (systematische) und dadurch Zusammenhang zu verschaffen, so weit als es sich thun läßt. Ob aber die Beschaffenheit der Gegenstände oder die Natur des Verstandes, der sie als solche erkennt, an sich zur systematischen Einheit bestimmt sei, und ob man diese *a priori* auch ohne Rücksicht auf ein solches Interesse der Vernunft in gewisser Maße postuliren und also sagen könne: alle mögliche Verstandeserkenntnisse (darunter die empirischen) haben Vernunfteinheit und stehen unter gemeinschaftlichen Principien, woraus sie unerachtet ihrer Verschiedenheit abgeleitet werden können: das würde ein transscendentaler Grundsatz der Vernunft sein, welcher die systematische Einheit nicht bloß subjectiv- und logisch-, als Methode, sondern objectiv nothwendig machen würde.

Wir wollen dieses durch einen Fall des Vernunftgebrauchs erläutern. Unter die verschiedenen Arten von Einheit nach Begriffen des Verstandes gehört auch die der Causalität einer Substanz, welche Kraft genannt wird. Die verschiedenen Erscheinungen eben derselben Substanz zeigen beim ersten Anblicke so viel Ungleichartigkeit, daß man daher anfänglich beinahe so vielerlei Kräfte derselben annehmen muß, als Wirkungen sich hervorthun, wie in dem menschlichen Gemüthe die Empfindung, Bewußtsein, Einbildung, Erinnerung, Witz, Unterscheidungskraft, Lust, Begierde u.s.w. Anfänglich gebietet eine logische Maxime diese anscheinende Verschiedenheit so viel als möglich dadurch zu verringern, daß man durch Vergleichung die versteckte Identität entdecke und nachsehe, ob nicht Einbildung, mit Bewußtsein verbunden, Erinnerung, Witz, Unterscheidungskraft, vielleicht gar Verstand und Vernunft sei. Die Idee einer Grundkraft, von welcher aber die Logik gar nicht ausmittelt, ob es dergleichen gebe, ist wenigstens das Problem einer systematischen Vorstellung der Mannigfaltigkeit von Kräften. Das logische Vernunftprincip erfordert diese Einheit so weit als möglich zu Stande zu bringen, und je mehr die Erscheinungen der einen und anderen Kraft unter sich identisch gefunden werden, desto wahrscheinlicher wird es, daß sie nichts als verschiedene Äußerungen einer und derselben Kraft sind, welche (comparativ) ihre Grundkraft heißen kann. Eben so verfährt man mit den übrigen.

Die comparativen Grundkräfte müssen wiederum unter einander verglichen werden, um sie dadurch, daß man ihre Einhelligkeit entdeckt, einer einzigen radicalen, d.i. absoluten, Grundkraft nahe zu bringen. Diese Vernunfteinheit aber ist bloß hypothetisch. Man behauptet nicht, daß eine solche in der That angetroffen werden müsse, sondern daß man sie zu Gunsten der Vernunft, nämlich zu Errichtung gewisser Principien, für die mancherlei Regeln, die die Erfahrung an die Hand geben mag, suchen und, wo es sich thun läßt, auf solche Weise systematische Einheit ins Erkenntniß bringen müsse.

Es zeigt sich aber, wenn man auf den transscendentalen Gebrauch des Verstandes Acht hat, daß diese Idee einer Grundkraft überhaupt nicht bloß als Problem zum hypothetischen Gebrauche bestimmt sei, sondern objective Realität vorgebe, dadurch die systematische Einheit der mancherlei Kräfte einer Substanz postulirt und ein apodiktisches Vernunftprincip errichtet wird. Denn ohne daß wir einmal die Einhelligkeit der mancherlei Kräfte versucht haben, ja selbst wenn es uns nach allen Versuchen mißlingt, sie zu entdecken, setzen wir doch voraus: es werde eine solche anzutreffen sein; und dieses nicht allein, wie in dem angeführten Falle wegen der Einheit der Substanz; sondern wo sogar viele, obzwar in gewissem Grade gleichartige, angetroffen werden, wie an der Materie überhaupt, setzt die Vernunft systematische Einheit mannigfaltiger Kräfte voraus, da besondere Naturgesetze unter allgemeineren stehen, und die Ersparung der Principien nicht bloß ein ökonomischer Grundsatz der Vernunft, sondern inneres Gesetz der Natur wird.

In der That ist auch nicht abzusehen, wie ein logisches Princip der Vernunfteinheit der Regeln stattfinden könne, wenn nicht ein transscendentales vorausgesetzt würde, durch welches eine solche systematische Einheit, als den Objecten selbst anhängend, *a priori* als nothwendig angenommen wird. Denn mit welcher Befugniß kann die Vernunft im logischen Gebrauche verlangen, die Mannigfaltigkeit der Kräfte, welche uns die Natur zu erkennen giebt, als eine bloß versteckte Einheit zu behandeln und sie aus irgend einer Grundkraft, so viel an ihr ist, abzuleiten, wenn es ihr freistände zuzugeben, daß es eben so wohl möglich sei, alle Kräfte wären ungleichartig, und die systematische Einheit ihrer Ableitung der Natur nicht gemäß? Denn alsdann würde sie gerade wider ihre Bestimmung verfahren, indem sie sich eine Idee zum Ziele setzte, die der Natureinrichtung ganz widerspräche. Auch kann man nicht sagen, sie habe zuvor von der zufälligen Beschaffenheit der Natur diese Einheit nach Principien der Vernunft abgenommen. Denn das Gesetz der Vernunft, sie zu suchen, ist nothwendig, weil wir ohne dasselbe gar keine Vernunft, ohne diese aber keinen zusammenhängenden Verstandesgebrauch und in dessen Ermangelung kein zureichendes Merkmal empirischer Wahrheit haben würden, und wir also in Ansehung des letzteren die systematische Einheit der Natur durchaus als objectiv gültig und nothwendig voraussetzen müssen.

Wir finden diese transscendentale Voraussetzung auch auf eine bewundernswürdige Weise in den Grundsätzen der Philosophen versteckt, wiewohl sie solche darin nicht immer erkannt, oder sich selbst gestanden haben. Daß alle Mannigfaltigkeiten einzelner Dinge die Identität der A r t nicht ausschließen; daß die mancherlei Arten nur als verschiedentliche Bestimmungen von wenigen G a t t u n g e n , diese aber von noch höheren G e s c h l e c h t e r n etc. behandelt werden müssen; daß also eine gewisse systematische Einheit aller möglichen empirischen Begriffe, so fern sie von höheren und allgemeineren abgeleitet werden können, gesucht werden müsse: ist eine Schulregel oder logisches Princip, ohne welches kein Gebrauch der Vernunft stattfände, weil wir nur so fern vom Allgemeinen aufs Besondere schließen können, als allgemeine Eigenschaften der Dinge zum Grunde gelegt werden, unter denen die besonderen stehen.

Daß aber auch in der Natur eine solche Einhelligkeit angetroffen werde, setzen die Philosophen in der bekannten Schulregel voraus: daß man die Anfänge (Principien) nicht ohne Noth vervielfältigen müsse (*entia praeter necessitatem non esse multiplicanda*). Dadurch wird gesagt, daß die Natur der Dinge selbst zur Vernunfteinheit Stoff darbiete, und die anscheinende unendliche Verschiedenheit dürfe uns nicht abhalten, hinter ihr Einheit der Grundeigenschaften zu vermuthen, von welchen die Mannigfaltigkeit nur durch mehrere Bestimmung abgeleitet werden kann. Dieser Einheit, ob sie gleich eine bloße Idee ist, ist man zu allen Zeiten so eifrig nachgegangen, daß man eher Ursache gefunden, die Begierde nach ihr zu mäßigen, als sie aufzumuntern. Es war schon viel, daß die Scheidekünstler alle Salze auf zwei Hauptgattungen, saure und laugenhafte, zurückführen konnten, sie versuchen sogar auch diesen Unterschied bloß als eine Varietät oder verschiedene Äußerung eines und desselben Grundstoffs anzusehen. Die mancherlei Arten von Erden (den Stoff der Steine und sogar der Metalle) hat man nach und nach auf drei, endlich auf zwei zu bringen gesucht; allein damit noch nicht zufrieden, können sie sich des Gedankens nicht entschlagen, hinter diesen Varietäten dennoch eine einzige Gattung, ja wohl gar zu diesen und den Salzen ein gemeinschaftliches Princip zu vermuthen. Man möchte vielleicht glauben, dieses sei ein bloß ökonomischer Handgriff der Vernunft, um sich so viel als möglich Mühe zu ersparen, und ein hypothetischer Versuch, der, wenn er gelingt, dem vorausgesetzten Erklärungsgrunde eben durch diese Einheit Wahrscheinlichkeit giebt. Allein eine solche selbstsüchtige Absicht ist sehr leicht von der Idee zu unterscheiden, nach welcher jedermann voraussetzt, diese Vernunfteinheit sei der Natur selbst angemessen, und daß die Vernunft hier nicht bettele, sondern gebiete, obgleich ohne die Grenzen dieser Einheit bestimmen zu können.

Wäre unter den Erscheinungen, die sich uns darbieten, eine so große Verschiedenheit, ich will nicht sagen der Form (denn darin mögen sie einander ähnlich sein), sondern dem Inhalte, d.i. der Mannigfaltigkeit existirender Wesen nach, daß auch der allerschärfste menschliche Verstand durch Vergleichung der einen mit der anderen nicht die mindeste Ähnlichkeit ausfindig machen könnte (ein Fall, der sich wohl denken läßt), so würde das logische Gesetz der Gattungen ganz und gar nicht stattfinden; und es würde selbst kein Begriff von Gattung oder irgend ein allgemeiner Begriff, ja sogar kein Verstand stattfinden, als der es lediglich mit solchen zu thun hat. Das logische Princip der Gattungen setzt also ein transscendentales voraus, wenn es auf Natur (darunter ich hier nur Gegenstände, die uns gegeben werden, verstehe) angewandt werden soll. Nach demselben wird in dem Mannigfaltigen einer möglichen Erfahrung nothwendig Gleichartigkeit vorausgesetzt (ob wir gleich ihren Grad *a priori* nicht bestimmen können), weil ohne dieselbe keine empirische Begriffe, mithin keine Erfahrung möglich wäre.

Dem logischen Princip der Gattungen, welches Identität postulirt, steht ein anderes, nämlich das der Arten, entgegen, welches Mannigfaltigkeiten und Verschiedenheiten der Dinge unerachtet ihrer Übereinstimmung unter derselben Gattung bedarf und es dem Verstande zur Vorschrift macht, auf diese nicht weniger als auf jene aufmerksam zu sein. Dieser Grundsatz (der Scharfsinnigkeit oder des Unterscheidungsvermögens) schränkt den Leichtsinn des ersteren (des Witzes) sehr ein, und die Vernunft zeigt hier ein doppeltes, einander widerstreitendes Interesse, einerseits das Interesse des Umfanges (der Allgemeinheit) in Ansehung der Gattungen, andererseits des Inhalts (der Bestimmtheit) in Absicht auf die Mannigfaltigkeit der Arten, weil der Verstand im ersteren Falle zwar viel unter seinen Begriffen, im zweiten aber desto mehr in denselben denkt. Auch äußert sich dieses an der sehr verschiedenen Denkungsart der Naturforscher, deren einige (die vorzügfich speculativ sind), der Ungleichartigkeit gleichsam feind, immer auf die Einheit der Gattung hinaussehen, die anderen (vorzüglich empirische Köpfe) die Natur unaufhörlich in so viel Mannigfaltigkeit zu spalten suchen, daß man beinahe die Hoffnung aufgeben müßte, ihre Erscheinungen nach allgemeinen Principien zu beurtheilen.

Dieser letzteren Denkungsart liegt offenbar auch ein logisches Princip zum Grunde, welches die systematische Vollständigkeit aller Erkenntnisse zur Absicht hat, wenn ich, von der Gattung anhebend, zu dem Mannigfaltigen, das darunter enthalten sein mag, herabsteige und auf solche Weise dem System Ausbreitung, wie im ersteren Falle, da ich zur Gattung aufsteige, Einfalt zu verschaffen suche. Denn aus der Sphäre des Begriffs, der eine Gattung bezeichnet, ist eben so wenig wie aus dem Raume, den Materie einnehmen kann, zu ersehen, wie weit die Theilung derselben gehen könne. Daher jede Gattung verschiedene Arten, diese aber verschiedene Unterarten erfordert; und da keine der letzteren stattfindet, die nicht immer wiederum eine Sphäre (Umfang als *conceptus communis*) hätte, so verlangt die Vernunft in ihrer ganzen Erweiterung, daß keine Art als die unterste an sich selbst angesehen werde, weil, da sie doch immer ein Begriff ist, der nur das, was verschiedenen Dingen gemein ist, in sich enthält, dieser nicht durchgängig bestimmt, mithin auch nicht zunächst auf ein Individuum bezogen sein könne, folglich jederzeit andere Begriffe, d.i. Unterarten, unter sich enthalten müsse. Dieses Gesetz der Specification könnte so ausgedrückt werden: *entium varietates non temere esse minuendas*.

Man sieht aber leicht, daß auch dieses logische Gesetz ohne Sinn und Anwendung sein würde, läge nicht ein transscendentales Gesetz der Specification zum Grunde, welches zwar freilich nicht von den Dingen, die unsere Gegenstände werden können, eine wirkliche Unendlichkeit in Ansehung der Verschiedenheit fordert, denn dazu giebt das logische Princip, als welches lediglich die Unbestimmtheit der logischen Sphäre in Ansehung der möglichen Eintheilung behauptet, keinen Anlaß; aber dennoch dem Verstande auferlegt, unter jeder Art, die uns vorkommt, Unterarten und zu jeder Verschiedenheit kleinere Verschiedenheiten zu suchen. Denn würde es keine niedere Begriffe geben, so gäbe es auch keine höhere. Nun erkennt der Verstand alles nur durch Begriffe: folglich, so weit er in der Eintheilung reicht, niemals durch bloße Anschauung, sondern immer wiederum durch niedere Begriffe. Die Erkenntniß der Erscheinungen in ihrer durchgängigen Bestimmung (welche nur durch Verstand möglich ist) fordert eine unaufhörlich fortzusetzende Specification seiner Begriffe und einen Fortgang zu immer noch bleibenden Verschiedenheiten, wovon in dem Begriffe der Art und noch mehr dem der Gattung abstrahirt worden.

Auch kann dieses Gesetz der Specification nicht von der Erfahrung entlehnt sein; denn diese kann keine so weit gehende Eröffnungen geben. Die empirische Specification bleibt in der Unterscheidung des Mannigfaltigen bald stehen, wenn sie nicht durch das schon vorhergehende transscendentale Gesetz der Specification als ein Princip der Vernunft geleitet worden, solche zu suchen und sie noch immer zu vermuthen, wenn sie sich gleich nicht den Sinnen offenbart. Daß absorbirende Erden noch verschiedener Art (Kalk- und muriatische Erden) sind, bedurfte zur Entdeckung eine zuvorkommende Regel der Vernunft, welche dem Verstande es zur Aufgabe machte, die Verschiedenheit zu suchen, indem sie die Natur so reichhaltig voraussetzte, sie zu vermuthen. Denn wir haben eben sowohl nur unter Voraussetzung der Verschiedenheiten in der Natur Verstand, als unter der Bedingung, daß ihre Objecte Gleichartigkeit an sich haben, weil eben die Mannigfaltigkeit desjenigen, was unter einem Begriff zusammengefaßt werden kann, den Gebrauch dieses Begriffs und die Beschäftigung des Verstandes ausmacht.

Die Vernunft bereitet also dem Verstande sein Feld: 1. durch ein Princip der Gleichartigkeit des Mannigfaltigen unter höheren Gattungen; 2. durch einen Grundsatz der Varietät des Gleichartigen unter niederen Arten; und um die systematische Einheit zu vollenden, fügt sie 3. noch ein Gesetz der Affinität aller Begriffe hinzu, welches einen continuirlichen Übergang von einer jeden Art zu jeder anderen durch stufenartiges Wachsthum der Verschiedenheit gebietet.

Wir können sie die Principien der Homogenität, der Specification und der Continuität der Formen nennen. Das letztere entspringt dadurch, daß man die zwei ersteren vereinigt, nachdem man sowohl im Aufsteigen zu höheren Gattungen, als im Herabsteigen zu niederen Arten den systematischen Zusammenhang in der Idee vollendet hat; denn alsdann sind alle Mannigfaltigkeiten unter einander verwandt, weil sie insgesammt durch alle Grade der erweiterten Bestimmung von einer einzigen, obersten Gattung abstammen.

Man kann sich die systematische Einheit unter den drei logischen Principien auf folgende Art sinnlich machen. Man kann einen jeden Begriff als einen Punkt ansehen, der als der Standpunkt eines Zuschauers seinen Horizont hat, d.i. eine Menge von Dingen, die aus demselben können vorgestellt und gleichsam überschauet werden. Innerhalb diesem Horizonte muß eine Menge von Punkten ins Unendliche angegeben werden können, deren jeder wiederum seinen engeren Gesichtskreis hat; d.i. jede Art enthält Unterarten nach dem Princip der Specification, und der logische Horizont besteht nur aus kleineren Horizonten (Unterarten), nicht aber aus Punkten, die keinen Umfang haben (Individuen). Aber zu verschiedenen Horizonten, d.i. Gattungen, die aus eben so viel Begriffen bestimmt werden, läßt sich ein gemeinschaftlicher Horizont, daraus man sie insgesammt als aus einem Mittelpunkte überschauet, gezogen denken, welcher die höhere Gattung ist, bis endlich die höchste Gattung der allgemeine und wahre Horizont ist, der aus dem Standpunkte des höchsten Begriffs bestimmt wird und alle Mannigfaltigkeit als Gattung, Arten und Unterarten unter sich befaßt.

Zu diesem höchsten Standpunkte führt mich das Gesetz der Homogenität, zu allen niedrigen und deren größten Varietät das Gesetz der Specification. Da aber auf solche Weise in dem ganzen Umfange aller möglichen Begriffe nichts Leeres ist, und außer demselben nichts angetroffen werden kann, so entspringt aus der Voraussetzung jenes allgemeinen Gesichtskreises und der durchgängigen Eintheilung desselben der Grundsatz: *non datur vacuum formarum*, d.i. es giebt nicht verschiedene ursprüngliche und erste Gattungen, die gleichsam isolirt und von einander (durch einen leeren Zwischenraum) getrennt wären, sondern alle mannigfaltige Gattungen sind nur Abtheilungen einer einzigen, obersten und allgemeinen Gattung; und aus diesem Grundsatze dessen unmittelbare Folge: *datur continuum formarum*, d.i. alle Verschiedenheiten der Arten grenzen an einander und erlauben keinen Übergang zu einander durch einen Sprung, sondern nur durch alle kleineren Grade des Unterschiedes, dadurch man von einer zu der anderen gelangen kann; mit einem Worte, es giebt keine Arten oder Unterarten, die einander (im Begriffe der Vernunft) die nächsten wären, sondern es sind noch immer Zwischenarten möglich, deren Unterschied von der ersten und zweiten kleiner ist, als dieser ihr Unterschied von einander.

Das erste Gesetz also verhütet die Ausschweifung in die Mannigfaltigkeit verschiedener ursprünglichen Gattungen und empfiehlt die Gleichartigkeit; das zweite schränkt dagegen diese Neigung zur Einhelligkeit wiederum ein und gebietet Unterscheidung der Unterarten, bevor man sich mit seinem allgemeinen Begriffe zu den Individuen wende. Das dritte vereinigt jene beide, indem es bei der höchsten Mannigfaltigkeit dennoch die Gleichartigkeit durch den stufenartigen Übergang von einer Species zur anderen vorschreibt, welches eine Art von Verwandtschaft der verschiedenen Zweige anzeigt, in so fern sie insgesammt aus einem Stamme entsprossen sind.

Dieses logische Gesetz des *continui specierum* (*formarum logicarum*) setzt aber ein transscendentales voraus (*lex continui in natura*), ohne welches der Gebrauch des Verstandes durch jene Vorschrift nur irre geleitet werden würde, indem er vielleicht einen der Natur gerade entgegengesetzen Weg nehmen würde. Es muß also dieses Gesetz auf reinen transscendentalen und nicht empirischen Gründen beruhen. Denn in dem letzteren Falle würde es später kommen als die Systeme; es hat aber eigentlich das Systematische der Naturerkenntniß zuerst hervorgebracht. Es sind hinter diesen Gesetzen auch nicht etwa Absichten auf eine mit ihnen als bloßen Versuchen anzustellende Probe verborgen, obwohl freilich dieser Zusammenhang, wo er zutrifft, einen mächtigen Grund abgiebt, die hypothetisch ausgedachte Einheit für gegründet zu halten, und sie also auch in dieser Absicht ihren Nutzen haben; sondern man sieht es ihnen deutlich an, daß sie die Sparsamkeit der Grundursachen, die Mannigfaltigkeit der Wirkungen und eine daher rührende Verwandtschaft der Glieder der Natur an sich selbst für vernunftmäßig und der Natur angemessen urtheilen, und diese Grundsätze also direct und nicht bloß als Handgriffe der Methode ihre Empfehlung bei sich führen.

Man sieht aber leicht, daß diese Continuität der Formen eine bloße Idee sei, der ein congruirender Gegenstand in der Erfahrung gar nicht aufgewiesen werden kann: nicht allein um deswillen, weil die Species in der Natur wirklich abgetheilt sind und daher an sich ein *quantum discretum* ausmachen müssen, und, wenn der stufenartige Fortgang in der Verwandtschaft derselben continuirlich wäre, sie auch eine wahre Unendlichkeit der Zwischenglieder, die innerhalb zweier gegebenen Arten lägen, enthalten müßte, welches unmöglich ist; sondern auch, weil wir von diesem Gesetz gar keinen bestimmten empirischen Gebrauch machen können, indem dadurch nicht das geringste Merkmal der Affinität angezeigt wird, nach welchem und wie weit wir die Gradfolge ihrer Verschiedenheit zu suchen, sondern nichts weiter als eine allgemeine Anzeige, daß wir sie zu suchen haben.

Wenn wir die jetzt angeführten Principien ihrer Ordnung nach versetzen, um sie dem Erfahrungsgebrauch gemäß zu stellen, so würden die Principien der systematischen Einheit etwa so stehen: Mannigfaltigkeit, Verwandtschaft und Einheit, jede derselben aber als Idee im höchsten Grade ihrer Vollständigkeit genommen. Die Vernunft setzt die Verstandeserkenntnisse voraus, die zunächst auf Erfahrung angewandt werden, und sucht ihre Einheit nach Ideen, die viel weiter geht, als Erfahrung reichen kann. Die Verwandtschaft des Mannigfaltigen unbeschadet seiner Verschiedenheit unter einem Princip der Einheit betrifft nicht bloß die Dinge, sondern weit mehr noch die bloßen Eigenschaften und Kräfte der Dinge. Daher, wenn uns z.B. durch eine (noch nicht völlig berichtigte) Erfahrung der Lauf der Planeten als kreisförmig gegeben ist, und wir finden Verschiedenheiten: so vermuthen wir sie in demjenigen, was den Cirkel nach einem beständigen Gesetze durch alle unendliche Zwischengrade zu einem dieser abweichenden Umläufe abändern kann, d.i. die Bewegungen der Planeten, die nicht Cirkel sind, werden etwa dessen Eigenschaften mehr oder weniger nahe kommen, und fallen auf die Ellipse. Die Kometen zeigen eine noch größere Verschiedenheit ihrer Bahnen, da sie (soweit Beobachtung reicht) nicht einmal im Kreise zurückkehren, allein wir rathen auf einen parabolischen Lauf, der doch mit der Ellipsis verwandt ist und, wenn die lange Achse der letzteren sehr weit gestreckt ist, in allen unseren Beobachtungen von ihr nicht unterschieden werden kann. So kommen wir nach Anleitung jener Principien auf Einheit der Gattungen dieser Bahnen in ihrer Gestalt, dadurch aber weiter auf Einheit der Ursache aller Gesetze ihrer Bewegung (die Gravitation); von da wir nachher unsere Eroberungen ausdehnen und auch alle Varietäten und scheinbare Abweichungen von jenen Regeln aus demselben Princip zu erklären suchen, endlich gar mehr hinzufügen, als Erfahrung jemals bestätigen kann, nämlich uns nach den Regeln der Verwandtschaft selbst hyperbolische Kometenbahnen zu denken, in welchen diese Körper ganz und gar unsere Sonnenwelt verlassen und, indem sie von Sonne zu Sonne gehen, die entfernteren Theile eines für uns unbegrenzten Weltsystems, das durch eine und dieselbe bewegende Kraft zusammenhängt, in ihrem Laufe vereinigen.

Was bei diesen Principien merkwürdig ist und uns auch allein beschäftigt, ist dieses: daß sie transscendental zu sein scheinen, und, ob sie gleich bloße Ideen zur Befolgung des empirischen Gebrauchs der Vernunft enthalten, denen der letztere nur gleichsam asymptotisch, d.i. bloß annähernd, folgen kann, ohne sie jemals zu erreichen, sie gleichwohl als synthetische *a priori* objective, aber unbestimmte Gültigkeit haben und zur Regel möglicher Erfahrung dienen, auch wirklich in Bearbeitung derselben als heuristische Grundsätze mit gutem Glücke gebraucht werden, ohne daß man doch eine transscendentale Deduction derselben zu Stande bringen kann, welches, wie oben bewiesen worden, in Ansehung der Ideen jederzeit unmöglich ist.

Wir haben in der transscendentalen Analytik unter den Grundsätzen des Verstandes die d y n a m i s c h e , als bloß regulative Principien der A n s c h a u u n g , von den mathematischen, die in Ansehung der letzteren constitutiv sind, unterschieden. Diesem ungeachtet sind gedachte dynamische Gesetze allerdings constitutiv in Ansehung der Erfahrung, indem sie die Begriffe, ohne welche keine Erfahrung stattfindet, *a priori* möglich machen. Principien der reinen Vernunft können dagegen nicht einmal in Ansehung der empirischen Begriffe constitutiv sein, weil ihnen kein correspondirendes Schema der Sinnlichkeit gegeben werden kann, und sie also keinen Gegenstand *in concreto* haben können. Wenn ich nun von einem solchen empirischen Gebrauch derselben als constitutiver Grundsätze abgehe, wie will ich ihnen dennoch einen regulativen Gebrauch und mit demselben einige objective Gültigkeit sichern, und was kann derselbe für Bedeutung haben?

Der Verstand macht für die Vernunft eben so einen Gegenstand aus, als die Sinnlichkeit für den Verstand. Die Einheit aller möglichen empirischen Verstandeshandlungen systematisch zu machen, ist ein Geschäfte der Vernunft, so wie der Verstand das Mannigfaltige der Erscheinungen durch Begriffe verknüpft und unter empirische Gesetze bringt. Die Verstandeshandlungen aber ohne Schemate der Sinnlichkeit sind unbestimmt; eben so ist die Vernunfteinheit auch in Ansehung der Bedingungen, unter denen, und des Grades, wie weit der Verstand seine Begriffe systematisch verbinden soll, an sich selbst unbestimmt. Allein obgleich für die durchgängige systematische Einheit aller Verstandesbegriffe kein Schema in der Anschauung ausfindig gemacht werden kann, so kann und muß doch ein Analogon eines solchen Schema gegeben werden, welches die Idee des Maximum der Abtheilung und der Vereinigung der Verstandeserkenntniß in einem Princip ist. Denn das Größte und Absolutvollständige läßt sich bestimmt gedenken, weil alle restringirende Bedingungen, welche unbestimmte Mannigfaltigkeit geben, weggelassen werden. Also ist die Idee der Vernunft ein Analogon von einem Schema der Sinnlichkeit, aber mit dem Unterschiede, daß die Anwendung der Verstandesbegriffe auf das Schema der Vernunft nicht eben so eine Erkenntniß des Gegenstandes selbst ist (wie bei der Anwendung der Kategorien auf ihre sinnliche Schemate), sondern nur eine Regel oder Princip der systematischen Einheit alles Verstandesgebrauchs. Da nun jeder Grundsatz, der dem Verstande durchgängige Einheit seines Gebrauchs *a priori* festsetzt, auch, obzwar nur indirect, von dem Gegenstande der Erfahrung gilt: so werden die Grundsätze der reinen Vernunft auch in Ansehung dieses letzteren objective Realität haben; allein nicht um etwas an ihnen zu bestimmen, sondern nur um das Verfahren anzuzeigen, nach welchem der empirische und bestimmte Erfahrungsgebrauch des Verstandes mit sich selbst durchgängig zusammenstimmend werden kann, dadurch daß er mit dem Princip der durchgängigen Einheit so viel als möglich in Zusammenhang gebracht und davon abgeleitet wird.

Ich nenne alle subjective Grundsätze, die nicht von der Beschaffenheit des Objects, sondern dem Interesse der Vernunft in Ansehung einer gewissen möglichen Vollkommenheit der Erkenntniß dieses Objects hergenommen sind, Maximen der Vernunft. So giebt es Maximen der speculativen Vernunft, die lediglich auf dem speculativen Interesse derselben beruhen, ob es zwar scheinen mag, sie wären objective Principien.

Wenn bloß regulative Grundsätze als constitutiv betrachtet werden, so können sie als objective Principien widerstreitend sein; betrachtet man sie aber bloß als Maximen, so ist kein wahrer Widerstreit, sondern bloß ein verschiedenes Interesse der Vernunft, welches die Trennung der Denkungsart verursacht. In der That hat die Vernunft nur ein einziges Interesse, und der Streit ihrer Maximen ist nur eine Verschiedenheit und welchselseitige Einschränkung der Methoden, diesem Interesse ein Genüge zu thun.

Auf solche Weise vermag bei diesem Vernünftler mehr das Interesse der Mannigfaltigkeit (nach dem Princip der Specification), bei jenem aber das Interesse der Einheit (nach dem Princip der Aggregation). Ein jeder derselben glaubt sein Urtheil aus der Einsicht des Objects zu haben und gründet es doch lediglich auf der größeren oder kleineren Anhänglichkeit an einen von beiden Grundsätzen, deren keine auf objectiven Gründen beruht, sondern nur auf dem Vernunftinteresse, und die daher besser Maximen als Principien genannt werden könnten. Wenn ich einsehende Männer mit einander wegen der Charakteristik der Menschen, der Thiere oder Pflanzen, ja selbst der Körper des Mineralreichs im Streite sehe, da die einen z.B. besondere und in der Abstammung gegründete Volkscharaktere, oder auch entschiedene und erbliche Unterschiede der Familien, Racen u.s.w. annehmen, andere dagegen ihren Sinn darauf setzen, daß die Natur in diesem Stücke ganz und gar einerlei Anlagen gemacht habe, und aller Unterschied nur auf äußeren Zufäffigkeiten beruhe: so darf ich nur die Beschaffenheit des Gegenstandes in Betrachtung ziehen, um zu begreifen, daß er für beide viel zu tief verborgen liege, als daß sie aus Einsicht in die Natur des Objects sprechen könnten. Es ist nichts anderes als das zwiefache Interesse der Vernunft, davon dieser Theil das eine, jener das andere zu Herzen nimmt oder auch affectirt, mithin die Verschiedenheit der Maximen der Naturmannigfaltigkeit oder der Natureinheit, welche sich gar wohl vereinigen lassen, aber, solange sie für objective Einsichten gehalten werden, nicht allein Streit, sondern auch Hindernisse veranlassen, welche die Wahrheit lange aufhalten, bis ein Mittel gefunden wird, das streitige Interesse zu vereinigen und die Vernunft hierüber zufrieden zu stellen.

Eben so ist es mit der Behauptung oder Anfechtung des so berufenen, von Leibniz in Gang gebrachten und durch Bonnet trefflich aufgestutzten Gesetzes der continuirlichen Stufenleiter der Geschöpfe bewandt, welche nichts als eine Befolgung des auf dem Interesse der Vernunft beruhenden Grundsatzes der Affinität ist; denn Beobachtung und Einsicht in die Einrichtung der Natur konnte es gar nicht als objective Behauptung an die Hand geben. Die Sprossen einer solchen Leiter, so wie sie uns Erfahrung angeben kann, stehen viel zu weit auseinander, und unsere vermeintlich kleine Unterschiede sind gemeiniglich in der Natur selbst so weite Klüfte, daß auf solche Beobachtungen (vornehmlich bei einer großen Mannigfaltigkeit von Dingen, da es immer leicht sein muß, gewisse Ähnlichkeiten und Annäherungen zu finden) als Absichten der Natur gar nichts zu rechnen ist. Dagegen ist die Methode, nach einem solchen Princip Ordnung in der Natur aufzusuchen, und die Maxime, eine solche, obzwar unbestimmt, wo oder wie weit, in einer Natur überhaupt als gegründet anzusehen, allerdings ein rechtmäßiges und treffliches regulatives Princip der Vernunft, welches aber als ein solches viel weiter geht, als daß Erfahrung oder Beobachtung ihr gleichkommen könnte, doch ohne etwas zu bestimmen, sondern ihr nur zur systematischen Einheit den Weg vorzuzeichnen.

Von der Endabsicht der natürlichen Dialektik der menschenlichen Vernunft.

Die Ideen der reinen Vernunft können nimmermehr an sich selbst dialektisch sein, sondern ihr bloßer Mißbrauch muß es allein machen, daß uns von ihnen ein trüglicher Schein entspringt; denn sie sind uns durch die Natur unserer Vernunft aufgegeben, und dieser oberste Gerichtshof aller Rechte und Ansprüche unserer Speculation kann unmöglich selbst ursprüngliche Täuschungen und Blendwerke enthalten. Vermuthlich werden sie also ihre gute und zweckmäßige Bestimmung in der Naturanlage unserer Vernunft haben. Der Pöbel der Vernünftler schreit aber wie gewöhnlich über Ungereimtheit und Widersprüche und schmäht auf die Regierung, in deren innerste Plane er nicht zu dringen vermag, deren wohlthätigen Einflüssen er auch selbst seine Erhaltung und sogar die Cultur verdanken sollte, die ihn in den Stand setzt, sie zu tadeln und zu verurtheilen.

Man kann sich eines Begriffes *a priori* mit keiner Sicherheit bedienen, ohne seine transscendentale Deduction zu Stande gebracht zu haben. Die Ideen der reinen Vernunft verstatten zwar keine Deduction von der Art, als die Kategorien; sollten sie aber im mindesten einige, wenn auch nur unbestimmte, objective Gültigkeit haben und nicht bloß leere Gedankendinge (*entia rationis ratiocinantis*) vorstellen, so muß durchaus eine Deduction derselben möglich sein, gesetzt daß sie auch von derjenigen weit abwiche, die man mit den Kategorien vornehmen kann. Das ist die Vollendung des kritischen Geschäftes der reinen Vernunft, und dieses wollen wir jetzt übernehmen.

Es ist ein großer Unterschied, ob etwas meiner Vernunft als ein Gegenstand schlechthin, oder nur als ein

Gegenstand in der Idee gegeben wird. In dem ersteren Falle gehen meine Begriffe dahin, den Gegenstand zu bestimmen; im zweiten ist es wirklich nur ein Schema, dem direct kein Gegenstand, auch nicht einmal hypothetisch zugegeben wird, sondern welches nur dazu dient, um andere Gegenstände vermittelst der Beziehung auf diese Idee nach ihrer systematischen Einheit, mithin indirect uns vorzustellen. So sage ich, der Begriff einer höchsten Intelligenz ist eine bloße Idee, d.i. seine objective Realität soll nicht darin bestehen, daß er sich geradezu auf einen Gegenstand bezieht (denn in solcher Bedeutung würden wir seine objective Gültigkeit nicht rechtfertigen können), sondern er ist nur ein nach Bedingungen der größten Vernunfteinheit geordnetes Schema von dem Begriffe eines Dinges überhaupt, welches nur dazu dient, um die größte systematische Einheit im empirischen Gebrauche unserer Vernunft zu erhalten, indem man den Gegenstand der Erfahrung gleichsam von dem eingebildeten Gegenstande dieser Idee als seinem Grunde oder Ursache ableitet. Alsdann heißt es z. B.: die Dinge der Welt müssen so betrachtet werden, als ob sie von einer höchsten Intelligenz ihr Dasein hätten. Auf solche Weise ist die Idee eigentlich nur ein heuristischer und nicht ostensiver Begriff und zeigt an, nicht wie ein Gegenstand beschaffen ist, sondem wie wir unter der Leitung desselben die Beschaffenheit und Verknüpfung der Gegenstände der Erfahrung überhaupt suchen sollen. Wenn man nun zeigen kann, daß, obgleich die dreierlei transscendentalen Ideen (psychologische, kosmologische und theologische) direct auf keinen ihnen correspondirenden Gegenstand und dessen Bestimmung bezogen werden, dennoch alle Regeln des empirischen Gebrauchs der Vernunft unter Voraussetzung eines solchen Gegenstandes in der Idee auf systematische Einheit führen und die Erfahrungserkenntniß jederzeit erweitern, niemals aber derselben zuwider sein können: so ist es eine nothwendige Maxime der Vernunft, nach dergleichen Ideen zu verfahren. Und dieses ist die transscendentale Deduction aller Ideen der speculativen Vernunft, nicht als constitutiver Principien der Erweiterung unserer Erkenntniß über mehr Gegenstände, als Erfahrung geben kann, sondern als regulativer Principien der systematischen Einheit des Mannigfaltigen der empirischen Erkenntniß überhaupt, welche dadurch in ihren eigenen Grenzen mehr angebauet und berichtigt wird, als es ohne solche Ideen, durch den bloßen Gebrauch der Verstandesgrundsätze, geschehen könnte.

Ich will dieses deutlicher machen. Wir wollen den genannten Ideen als Principien zu Folge erstlich (in der Psychologie) alle Erscheinungen, Handlungen und Empfänglichkeit unseres Gemüths an dem Leitfaden der inneren Erfahrung so verknüpfen, als ob dasselbe eine einfache Substanz wäre, die mit persönlicher Identität beharrlich (wenigstens im Leben) existirt, indessen daß ihre Zustände, zu welchen die des Körpers nur als äußere Bedingungen gehören, continuirlich wechseln. Wir müssen zweitens (in der Kosmologie) die Bedingungen der inneren sowohl als der äußeren Naturerscheinungen in einer solchen nirgend zu vollendenden Untersuchung verfolgen, als ob dieselbe an sich unendlich und ohne ein erstes oder oberstes Glied sei, obgleich wir darum außerhalb aller Erscheinungen die bloß intelligibelen ersten Gründe derselben nicht leugnen, aber sie doch niemals in den Zusammenhang der Naturerklärungen bringen dürfen, weil wir sie garnicht kennen. Endlich und drittens müssen wir (in Ansehung der Theologie) alles, was nur immer in den Zusammenhang der möglichen Erfahrung gehören mag, so betrachten, a l s o b diese eine absolute, aber durch und durch abhängige und immer noch innerhalb der Sinnenwelt bedingte Einheit ausmache, doch aber zugleich, a l s o b der Innbegriff aller Erscheinungen (die Sinnenwelt selbst) einen einzigen obersten und allgenugsamen Grund außer ihrem Umfange habe, nämlich eine gleichsam selbstständige, ursprüngliche und schöpferische Vernunft, in Beziehung auf welche wir allen empirischen Gebrauch u n s e r e r Vernunft in seiner größten Erweiterung so richten, a l s o b die Gegenstände selbst aus jenem Urbilde aller Vernunft entsprungen wären. Das heißt: nicht von einer einfachen, denkenden Substanz die innern Erscheinungen der Seele, sondern nach der Idee eines einfachen Wesens jene von einander ableiten; nicht von einer höchsten Intelligenz die Weltordnung und systematische Einheit derselben ableiten, sondern von der Idee einer höchstweisen Ursache die Regel hernehmen, nach welcher die Vernunft bei der Verknüpfung der Ursachen und Wirkungen in der Welt zu ihrer eigenen Befriedigung am besten zu brauchen sei.

Nun ist nicht das Mindeste, was uns hindert, diese Ideen auch als objectiv und hypostatisch a n z u n e h m e n , außer allein die kosmologische, wo die Vernunft auf eine Antinomie stößt, wenn sie solche zu Stande bringen will (die psychologische und theologische enthalten dergleichen gar nicht). Denn ein Widerspruch ist in ihnen nicht; wie sollte uns daher jemand ihre objective Realität streiten können, da er von ihrer Möglichkeit eben so wenig weiß, um sie zu verneinen, als wir, um sie zu bejahen! Gleichwohl ists, um etwas anzunehmen, noch nicht genug, daß keine positive Hinderniß dawider ist; und es kann uns nicht erlaubt sein, Gedankenwesen, welche alle unsere Begriffe übersteigen, obgleich keinem widersprechen, auf den bloßen Credit der ihr Geschäfte gern vollendenden speculativen Vernunft als wirkliche und bestimmte Gegenstände einzuführen. Also sollen sie an sich selbst nicht angenommen werden, sondern nur ihre Realität als eines Schema des regulativen Princips der systematischen Einheit aller Naturerkenntniß gelten, mithin sollen sie nur als Analoga von wirklichen Dingen, aber nicht als solche an sich selbst zum Grunde gelegt werden. Wir heben von dem Gegenstande der Idee die Bedingungen auf, welche unseren Verstandesbegriff einschränken, die aber es auch allein möglich machen, daß wir von irgend einem Dinge einen bestimmten Begriff haben können. Und nun denken wir uns ein Etwas, wovon wir, was es an sich selbst sei, gar keinen Begriff haben, aber wovon wir uns doch ein Verhältniß zu dem Inbegriffe der Erscheinungen denken, das demjenigen analogisch ist, welches die Erscheinungen unter einander haben.

Wenn wir demnach solche idealische Wesen annehmen, so erweitern wir eigentlich nicht unsere Erkenntniß über die Objecte möglicher Erfahrung, sondern nur die empirische Einheit der letzteren durch die systematische Einheit, wozu uns die Idee das Schema giebt, welche mithin nicht als constitutives, sondern bloß als regulatives Princip gilt. Denn daß wir ein der Idee correspondirendes Ding, ein Etwas oder wirkliches Wesen, setzen, dadurch ist nicht gesagt, wir wollten unsere Erkenntniß der Dinge mit transscendenten Begriffen erweitern; denn dieses Wesen wird nur in der Idee und nicht an sich selbst zum Grunde gelegt, mithin nur um die systematische Einheit auszudrücken, die uns zur Richtschnur des empirischen Gebrauchs der Vernunft dienen soll, ohne doch etwas darüber auszumachen, was der Grund dieser Einheit oder die innere Eigenschaft eines solchen Wesens sei, auf welchem als Ursache sie beruhe.

So ist der transseendentale und einzige bestimmte Begriff, den uns die bloß speculative Vernunft von Gott giebt, im genauesten Verstande d e i s t i s c h : d.i. die Vernunft giebt nicht einmal die objective Gültigkeit eines solchen Begriffs, sondern nur die Idee von Etwas an die Hand, worauf alle empirische Realität ihre höchste und nothwendige Einheit gründet, und welches wir uns nicht anders, als nach der Analogie einer wirklichen Substanz, welche nach Vernunftgesetzen die Ursache aller Dinge sei, denken können, wofern wir es ja unternehmen, es überall als einen besonderen Gegenstand zu denken, und nicht lieber, mit der bloßen Idee des regulativen Princips der Vernunft zufrieden, die Vollendung aller Bedingungen des Denkens, als überschwenglich für den menschlichen Verstand bei Seite setzen wollen; welches aber mit der Absicht einer vollkommenen systematischen Einheit in unserem Erkenntniß, der wenigstens die Vernunft keine Schranken setzt, nicht zusammen bestehen kann.

Daher geschiehts nun, daß, wenn ich ein göttliches Wesen annehme, ich zwar weder von der inneren Möglichkeit seiner höchsten Vollkommenheit, noch von der Nothwendigkeit sei nes Daseins den mindesten Begriff habe, aber alsdann doch allen anderen Fragen, die das Zufällige betreffen, ein Genüge thun kann und der Vernunft die vollkommenste Befriedigung in Ansehung der nachzuforschenden größten Einheit in ihrem empirischen Gebrauche, aber nicht in Ansehung dieser Voraussetzung selbst verschaffen kann; welches beweiset, daß ihr speculatives Interesse, und nicht ihre Einsicht sie berechtige, von einem Punkte, der so weit über ihrer Sphäre liegt, auszugehen, um daraus ihre Gegenstände in einem vollständigen Ganzen zu betrachten. Hier zeigt sich nun ein Unterschied der Denkungsart bei einer und

derselben Voraussetzung, der ziemlich subtil, aber gleichwohl in der Transscendentalphilosophie von großer Wichtigkeit ist. Ich kann genugsamen Grund haben, etwas relativ anzunehmen (*suppositio relativa*), ohne doch befugt zu sein, es schlechthin anzunehmen (*suppositio absoluta*). Diese Unterscheidung trifft zu, wenn es bloß um ein regulatives Princip zu thun ist, wovon wir zwar die Nothwendigkeit an sich selbst, aber nicht den Quell derselben erkennen, und dazu wir einen obersten Grund bloß in der Absicht annehmen, um desto bestimmter die Allgemeinheit des Princips zu denken, als z.B. wenn ich mir ein Wesen als existirend denke, das einer bloßen und zwar transscendentalen Idee correspondirt. Denn da kann ich das Dasein dieses Dinges niemals an sich selbst annehmen, weil keine Begriffe, dadurch ich mir irgend einen Gegenstand bestimmt denken kann, dazu gelangen, und die Bedingungen der objectiven Gültigkeit meiner Begriffe durch die Idee selbst ausgeschlossen sind. Die Begriffe der Realität, der Substanz, der Causalität, selbst die der Nothwendigkeit im Dasein haben
außer dem Gebrauche, da sie die empirische Erkenntniß eines Gegenstandes möglich machen, gar keine Bedeutung, die irgend ein Object bestimmte. Sie können also zwar zur Erklärung der Möglichkeit der Dinge in der Sinnenwelt, aber nicht der Möglichkeit eines Weltganzen selbst gebraucht werden, weil dieser Erklärungsgrund außerhalb der Welt und mithin kein Gegenstand einer möglichen Erfahrung sein müßte. Nun kann ich gleichwohl ein solches unbegreifliches Wesen, den Gegenstand einer bloßen Idee, relativ auf die Sinnenwelt, obgleich nicht an sich selbst, annehmen. Denn wenn dem größtmöglichen empirischen Gebrauche meiner Vernunft eine Idee (der systematisch vollständigen Einheit, von der ich bald bestimmter reden werde) zum

Grunde liegt, die an sich selbst niemals adäquat in der Erfahrung kann dargestellt werden, ob sie gleich, um die empirische Einheit dem höchstmöglichen Grade zu nähern, unumgänglich nothwendig ist: so werde ich nicht allein befugt, sondern auch genöthigt sein, diese Idee zu realisiren, d.i. ihr einen wirklichen Gegenstand zu setzen, aber nur als ein Etwas überhaupt, das ich an sich selbst garnicht kenne, und dem ich nur als einem Grunde jener systematischen Einheit in Beziehung auf diese letztere solche Eigenschaften gebe, als den Verstandesbegriffen im empirischen Gebrauche analogisch sind. Ich werde mir also nach der Analogie der Realitäten in der Welt, der Substanzen, der Causalität und der Nothwendigkeit, ein Wesen denken, das alles dieses in der höchsten Vollkommenheit besitzt, und, indem diese Idee bloß auf meiner Vernunft beruht, dieses Wesen als selbstständige Vernunft, was durch Ideen der größten Harmonie und Einheit Ursache vom Weltganzen ist, denken können, so daß ich alle die Idee einschränkende Bedingungen weglasse, lediglich um unter dem Schutze eines solchen Urgrundes systematische Einheit des Mannigfaltigen im Weltganzen und vermittelst derselben den größtmöglichen empirischen Vernunftgebrauch möglich zu machen, indem ich alle Verbindungen so ansehe, als ob sie Anordnungen einer höchsten Vernunft wären, von der die unsrige ein schwaches Nachbild ist. Ich denke mir alsdann dieses höchste Wesen durch lauter Begriffe, die eigentlich nur in der Sinnenwelt ihre Anwendung haben; da ich aber auch jene transscendentale Voraussetzung zu keinem andern als relativen Gebrauch habe, nämlich daß sie das Substratum der größtmöglichen Erfahrungseinheit abgeben solle, so darf ich ein Wesen, das ich von der Welt unterscheide, ganz wohl durch Eigenschaften denken, die lediglich zur Sinnenwelt gehören.

Denn ich verlange keineswegs und bin auch nicht befugt es zu verlangen, diesen Gegenstand meiner Idee nach dem, was er an sich sein mag, zu erkennen; denn dazu habe ich keine Begriffe, und selbst die Begriffe von Realität, Substanz, Causalität, ja sogar der Nothwendigkeit im Dasein verlieren alle Bedeutung und sind leere Titel zu Begriffen ohne allen Inhalt, wenn ich mich außer dem Felde der Sinne damit hinauswage. Ich denke mir nur die Relation eines mir an sich ganz unbekannten Wesens zur größten systematischen Einheit des Weltganzen, lediglich um es zum Schema des regulativen Princips des größtmöglichen empirischen Gebrauchs meiner Vernunft zu machen.

Werfen wir unseren Blick nun auf den transscendentalen Gegenstand unserer Idee, so sehen wir, daß wir seine Wirklichkeit nach den Begriffen von Realität, Substanz, Causalität u. *an sich selbst* nicht voraussetzen können, weil diese Begriffe auf etwas, das von der Sinnenwelt ganz unterschieden ist, nicht die mindeste Anwendung haben. Also ist die Supposition der Vernunft von einem höchsten Wesen als oberster Ursache bloß relativ, zu Behuf der systematischen Einheit der Sinnenwelt gedacht und ein bloßes Etwas in der Idee, wovon wir, was es *an sich sei*, keinen Begriff haben. Hierdurch erklärt sich auch, woher wir zwar in Beziehung auf das, was existirend den Sinnen gegeben ist, der Idee eines an sich *nothwendigen* Urwesens bedürfen, niemals aber von diesem und seiner absoluten *Nothwendigkeit* den mindesten Begriff haben können.

Nunmehr können wir das Resultat der ganzen transscendentalen Dialektik deutlich vor Augen stellen und die Endabsicht der Ideen der reinen Vernunft, die nur durch Mißverstand und Unbehutsamkeit dialektisch werden, genau bestimmen. Die reine Vernunft ist in der That mit nichts als sich selbst beschäftigt und kann auch kein anderes Geschäfte haben, weil ihr nicht die Gegenstände zur Einheit des Erfahrungsbegriffs, sondern die Verstandeserkenntnisse zur Einheit des Vernunftbegriffs, d.i. des Zusammenhanges in einem Princip, gegeben werden. Die Vernunfteinheit ist die Einheit des Systems, und diese systematische Einheit dient der Vernunft nicht objectiv zu einem Grundsatze, um sie über die Gegenstände, sondern subjectiv als Maxime, um sie über alles mögliche empirische Erkenntniß der Gegenstände zu verbreiten. Gleichwohl befördert der systematische Zusammenhang, den die Vernunft dem empirischen Verstandesgebrauche geben kann, nicht allein dessen Ausbreitung, sondern bewährt auch zugleich die Richtigkeit desselben; und das Principium einer solchen systematischen Einheit ist auch objectiv, aber auf unbestimmte Art (*principium vagum*): nicht als constitutives Princip, um etwas in Ansehung seines directen Gegenstandes zu bestimmen, sondern um als bloß regulativer Grundsatz und Maxime den empirischen Gebrauch der Vernunft durch Eröffnung neuer Wege, die der Verstand nicht kennt, ins Unendliche (Unbestimmte) zu befördern und zu befestigen, ohne dabei jemals den Gesetzen des empirischen Gebrauchs im Mindesten zuwider zu sein.

Die Vernunft kann aber diese systematische Einheit nicht anders denken, als daß sie ihrer Idee zugleich einen Gegenstand giebt, der aber durch keine Erfahrung gegeben werden kann; denn Erfahrung giebt niemals ein Beispiel vollkommener systematischer Einheit. Dieses Vernunftwesen (*ens rationis ratiocinatae*) ist nun zwar eine bloße Idee und wird also nicht schlechthin und a n s i c h s e l b s t als etwas Wirkliches angenommen, sondern nur problematisch zum Grunde gelegt (weil wir es durch keine Verstandesbegriffe erreichen können), um alle Verknüpfung der Dinge der Sinnenwelt so anzusehen, als ob sie in diesem Vernunftwesen ihren Grund hätten, lediglich aber in der Absicht, um darauf die systematische Einheit zu gründen, die der Vernunft unentbehrlich, der empirischen Verstandeserkenntniß aber auf alle Weise beförderlich und ihr gleichwohl niemals hinderlich sein kann.

Man verkennt sogleich die Bedeutung dieser Idee, wenn man sie für die Behauptung oder auch nur die Voraussetzung einer wirklichen Sache hält, welcher man den Grund der systematischen Weltverfassung zuzuschreiben gedächte; vielmehr läßt man es gänzlich unausgemacht, was der unseren Begriffen sich entziehende Grund derselben an sich für Beschaffenheit habe, und setzt sich nur eine Idee zum Gesichtspunkte, aus welchem einzig und allein man jene der Vernunft so wesentliche und dem Verstande so heilsame Einheit verbreiten kann; mit einem Worte: dieses transscendentale Ding ist bloß das Schema jenes regulativen Princips, wodurch die Vernunft, so viel an ihr ist, systematische Einheit über alle Erfahrung verbreitet.

Das erste Object einer solchen Idee bin ich selbst, bloß als denkende Natur (Seele) betrachtet. Will ich die Eigenschaften, mit denen ein denkend Wesen an sich existirt, aufsuchen, so muß ich die Erfahrung befragen, und selbst von allen Kategorien kann ich keine auf diesen Gegenstand anwenden, als in so fern das Schema derselben in der sinnlichen Anschauung gegeben ist. Hiemit gelange ich aber niemals zu einer systematischen Einheit aller Erscheinungen des inneren Sinnes. Statt des Erfahrungsbegriffs also (von dem, was die Seele wirklich ist), der uns nicht weit führen kann, nimmt die Vernunft den Begriff der empirischen Einheit alles Denkens und macht dadurch, daß sie diese Einheit unbedingt und ursprünglich denkt, aus demselben einen Vernunftbegriff (Idee) von einer einfachen Substanz, die, an sich selbst unwandelbar (persönlich identisch), mit andern wirklichen Dingen außer ihr in Gemeinschaft stehe; mit einem Worte: von einer einfachen selbstständigen Intelligenz. Hiebei aber hat sie nichts anders vor Augen, als Principien der systematischen Einheit in Erklärung der Erscheinungen der Seele, nämlich alle Bestimmungen als in einem einigen Subjecte, alle Kräfte, so viel möglich, als abgeleitet von einer einigen Grundkraft, allen Wechsel als gehörig zu den Zuständen eines und desselben beharrlichen Wesens zu betrachten und alle E r s c h e i n u n g e n im Raume als von den Handlungen des D e n k e n s ganz unterschieden vorzustellen. Jene Einfachheit der Substanz etc. sollte nur das Schema zu diesem regulativen Princip sein und wird nicht vorausgesetzt, als *sei* sie der wirkliche Grund der Seeleneigenschaften. Denn diese können auch auf ganz anderen Gründen beruhen, die wir garnicht kennen; wie wir denn die Seele auch durch diese angenommene Prädicate eigentlich nicht an sich selbst erkennen könnten, wenn wir sie gleich von ihr schlechthin wollten gelten lassen, indem sie eine bloße Idee ausmachen, die *in concreto* gar nicht vorgestellt werden kann. Aus einer solchen psychologischen Idee kann nun nichts andres als Vortheil entspringen, wenn man sich nur hütet, sie für etwas mehr als bloße Idee, d.i. bloß relativisch auf den systematischen Vernunftgebrauch in Ansehung der Erscheinungen unserer Seele, gelten zu lassen. Denn da mengen sich keine empirische Gesetze körperlicher Erscheinungen, die ganz von anderer Art sind, in die Erklärungen dessen, was bloß vor den i n n e r e n Sinn gehört; da werden keine windige Hypothesen von Erzeugung, Zerstörung und Palingenesie der Seelen etc. zugelassen; also wird die Betrachtung dieses Gegenstandes des inneren Sinnes ganz rein und unvermengt mit gleichartigen Eigenschaften angestellt, überdem die Vernunftuntersuchung darauf gerichtet, die Erklärungsgründe in diesem Subjecte, so weit es möglich ist, auf ein einziges Prinicip hinaus zu führen; welches alles durch ein solches Schema, a l s o b es ein wirkliches Wesen wäre, am besten, ja sogar einzig und allein bewirkt wird. Die psychologische Idee kann auch nichts andres als das Schema eines regulativen Begriffs bedeuten. Denn wollte ich auch nur fragen, ob die Seele nicht an sich geistiger Natur sei, so hätte diese Frage gar keinen Sinn. Denn durch einen solchen Begriff nehme ich nicht bloß die körperliche Natur, sondern überhaupt alle Natur weg, d.i. alle Prädicate irgend einer möglichen Erfahrung, mithin alle Bedingungen, zu einem solchen Begriffe einen Gegenstand zu denken, als welches doch einzig und allein es macht, daß man sagt, er habe einen Sinn.

Die zweite regulative Idee der bloß speculativen Vernunft ist der Weltbegriff überhaupt. Denn Natur ist eigentlich nur das einzige gegebene Object, in Ansehung dessen die Vernunft regulative Principien bedarf. Die Natur ist zwiefach, entweder die denkende, oder die körperliche Natur. Allein zu der letzteren, um sie ihrer inneren Möglichkeit nach zu denken, d.i. die Anwendung der Kategorien auf dieselbe zu bestimmen, bedürfen wir keiner Idee, d.i. einer die Erfahrung übersteigenden Vorstellung; es ist auch keine in Ansehung derselben möglich, weil wir darin bloß durch sinnliche Anschauung geleitet werden, und nicht wie in dem psychologischen Grundbegriffe (Ich), welcher eine gewisse Form des Denkens, nämlich die Einheit desselben *a priori* enthält. Also bleibt uns für die reine Vernunft nichts übrig, als Natur überhaupt und die Vollständigkeit der Bedingungen in derselben nach irgend einem Princip. Die absolute Totalität der Reihen dieser Bedingungen in der Ableitung ihrer Glieder ist eine Idee, die zwar im empirischen Gebrauche der Vernunft niemals völlig zu Stande kommen kann, aber doch zur Regel dient, wie wir in Ansehung derselben verfahren sollen: nämlich in der Erklärung gegebener Erscheinungen (im Zurückgehen oder Aufsteigen) so, als ob die Reihe an sich unendlich wäre, d.i. *in indefinitum;* aber wo die Vernunft selbst als bestimmende Ursache betrachtet wird (in der Freiheit), also bei praktischen Principien, als ob wir nicht ein Object der Sinne, sondern des reinen Verstandes vor uns hätten, wo die Bedingungen nicht mehr in der Reihe der Erscheinungen, sondern außer derselben gesetzt werden können, und die Reihe der Zustände angesehen werden kann, als ob sie schlechthin (durch eine intelligibele Ursache) angefangen würde; welches alles beweiset, daß die kosmologischen Ideen nichts als regulative Principien und weit davon entfernt sind, gleichsam constitutiv eine wirkliche Totalität solcher Reihen zu setzen. Das übrige kann man an seinem Orte unter der Antinomie der reinen Vernunft suchen.

Die dritte Idee der reinen Vernunft, welche eine bloße relative Supposition eines Wesens enthält, als der einigen und allgenugsamen Ursache aller kosmologischen Reihen, ist der Vernunftbegriff von Gott. Den Gegenstand dieser Idee haben wir nicht den mindesten Grund schlechthin anzunehmen (an sich zu supponiren); denn was kann uns wohl dazu vermögen, oder auch nur berechtigen, ein Wesen von der höchsten Vollkommenheit und als seiner Natur nach schlechthin nothwendig aus dessen bloßem Begriffe an sich selbst zu glauben oder zu behaupten, wäre es nicht die Welt, in Beziehung auf welche diese Supposition allein nothwendig sein kann; und da zeigt es sich klar, daß die Idee desselben, so wie alle speculative Ideen, nichts weiter sagen wolle, als daß die Vernunft gebiete, alle Verknüpfung der Welt nach Principien einer systematischen Einheit zu betrachten, mithin als ob sie insgesammt aus einem einzigen allbefassenden Wesen als oberster und allgenugsamer Ursache entsprungen wären. Hieraus ist klar, daß die Vernunft hiebei nichts als ihre eigene formale Regel in Erweiterung ihres empirischen Gebrauchs zur Absicht haben könne, niemals aber eine Erweiterung über alle Grenzen des empirischen Gebrauchs, folglich unter dieser Idee kein constitutives Princip ihres auf mögliche Erfahrung gerichteten Gebrauchs verborgen liege.

Die höchste formale Einheit, welche allein auf Vernunftbegriffen beruht, ist die zweckmäßige Einheit der Dinge, und das speculative Interesse der Vernunft macht es nothwendig, alle Anordnung in der Welt so anzusehen, als ob sie aus der Absicht einer allerhöchsten Vernunft entsprossen wäre. Ein solches Princip eröffnet nämlich unserer auf das Feld der Erfahrungen angewandten Vernunft ganz neue Aussichten, nach teleologischen Gesetzen die Dinge der Welt zu verknüpfen und dadurch zu der größten systematischen Einheit derselben zu gelangen. Die Voraussetzung einer obersten Intelligenz als der alleinigen Ursache des Weltganzen, aber freilich bloß in der Idee kann also jederzeit der Vernunft nutzen und dabei doch niemals schaden. Denn wenn wir in Ansehung der Figur der Erde (der runden, doch etwas abgeplatteten)*, der Gebirge und Meere

---

* Der Vortheil, den eine kugelichte Erdgestalt schafft, ist bekannt genug; aber wenige wissen, daß ihre Abplattung als eines Sphäroids es allein verhindert, daß nicht die Hervorragungen des festen Landes oder auch kleinerer, vielleicht durch Erdbeben aufgeworfener Berge die Achse der Erde continuirlich und in

etc. lauter weise Absichten eines Urhebers zum voraus annehmen, so können wir auf diesem Wege eine Menge von Entdeckungen machen. Bleiben wir nur bei dieser Voraussetzung als einem bloß regulativen Princip, so kann selbst der Irrthum uns nicht schaden. Denn es kann allenfalls daraus nichts weiter folgen, als daß, wo wir einen teleologischen Zusammenhang (*nexus finalis*) erwarteten, ein bloß mechanischer oder physischer (*nexus effectivus*) angetroffen werde, wodurch wir in einem solchen Falle nur eine Einheit mehr vermissen, aber nicht die Vernunfteinheit in ihrem empirischen Gebrauche verderben. Aber sogar dieser Querstrich kann das Gesetz selbst in allgemeiner und teleologischer Absicht überhaupt nicht treffen. Denn obzwar ein Zergliederer eines Irrthums überführt werden kann, wenn er irgend ein Gliedmaß eines thierischen Körpers auf seinen Zweck bezieht, von welchem man deutlich zeigen kann, daß er daraus nicht erfolge: so ist es doch gänzlich unmöglich, in einem Falle zu beweisen, daß eine Natureinrichtung, es mag sein, welche es wolle, ganz und gar keinen Zweck habe. Daher erweitert auch die Physiologie (der Ärzte) ihre sehr eingeschränkte empirische Kenntniß von den Zwecken des Gliederbaues eines organischen Körpers durch einen Grundsatz, welchen bloß reine Vernunft eingab, so weit, daß man darin ganz dreist und zugleich mit aller Verständigen Einstimmung annimmt, es habe alles an dem Thiere seinen Nutzen und gute Absicht; welche Voraussetzung, wenn sie

---

nicht eben langer Zeit ansehnlich verrücken, wäre nicht die Aufschwellung der Erde unter der Linie ein so gewaltiger Berg, den der Schwung jedes andern Berges niemals merklich aus seiner Lage in Ansehung der Achse bringen kann. Und doch erklärt man diese weise Anstalt ohne Bedenken aus dem Gleichgewicht der ehemals flüssigen Erdmasse.

constitutiv sein sollte, viel weiter geht, als uns bisherige Beobachtung berechtigen kann; woraus denn zu ersehen ist, daß sie nichts als ein regulatives Princip der Vernunft sei, um zur höchsten systematischen Einheit vermittelst der Idee der zweckmäßigen Causalität der obersten Weltursache, und als ob diese als höchste Intelligenz nach der weisesten Absicht die Ursache von allem sei, zu gelangen.

Gehen wir aber von dieser Restriction der Idee auf den bloß regulativen Gebrauch ab, so wird die Vernunft auf so mancherlei Weise irre geführt, indem sie alsdann den Boden der Erfahrung, der doch die Merkzeichen ihres Ganges enthalten muß, verläßt und sich über denselben zu dem Unbegreiflichen und Unerforschlichen hinwagt, über dessen Höhe sie nothwendig schwindlicht wird, weil sie sich aus dem Standpunkte desselben von allem mit der Erfahrung stimmigen Gebrauch gänzlich abgeschnitten sieht.

Der erste Fehler, der daraus entspringt, daß man die Idee eines höchsten Wesens nicht bloß regulativ, sondern (welches der Natur einer Idee zuwider ist) constitutiv braucht, ist die faule Vernunft (*ignava ratio*)*. Man kann jeden Grundsatz so nennen, welcher macht, daß man seine Naturuntersuchung, wo es auch sei, für schlechthin vollendet ansieht, und die Vernunft sich also zur Ruhe begiebt, als ob sie ihr Geschäfte völlig ausgerichtet habe. Daher selbst die psy-

* So nannten die alten Dialektiker einen Trugschluß, der so lautete: Wenn es dein Schicksal mit sich bringt, du sollst von dieser Krankheit genesen, so wird es geschehen, du magst einen Arzt brauchen, oder nicht. Cicero sagt, daß diese Art zu schließen ihren Namen daher habe, daß, wenn man ihr folgt, gar kein Gebrauch der Vernunft im Leben übrig bleibe. Dieses ist die Ursache, warum ich das sophistische Argument der reinen Vernunft mit demselben Namen belege.

chologische Idee, wenn sie als ein constitutives Princip für die Erklärung der Erscheinungen unserer Seele und hernach gar zur Erweiterung unserer Erkenntniß dieses Subjects noch über alle Erfahrung hinaus (ihren Zustand nach dem Tode) gebraucht wird, es der Vernunft zwar sehr bequem macht, aber auch allen Naturgebrauch derselben nach der Leitung der Erfahrungen ganz verdirbt und zu Grunde richtet. So erklärt der dogmatische Spiritualist die durch allen Wechsel der Zustände unverändert bestehende Einheit der Person aus der Einheit der denkenden Substanz, die er in dem Ich unmittelbar wahrzunehmen glaubt, das Interesse, was wir an Dingen nehmen, die sich allererst nach unserem Tode zutragen sollen, aus dem Bewußtsein der immateriellen Natur unseres denkenden Subjects etc. und überhebt sich aller Naturuntersuchung der Ursache dieser unserer inneren Erscheinungen aus physischen Erklärungsgründen, indem er gleichsam durch den Machtspruch einer transscendenten Vernunft die immanenten Erkenntnißquellen der Erfahrung zum Behuf seiner Gemächlichkeit, aber mit Einbuße aller Einsicht vorbeigeht. Noch deutlicher fällt diese nachtheilige Folge bei dem Dogmatism unserer Idee von einer höchsten Intelligenz und dem darauf fälschlich gegründeten theologischen System der Natur (Physikotheologie) in die Augen. Denn da dienen alle sich in der Natur zeigende, oft nur von uns selbst dazu gemachte Zwecke dazu, es uns in der Erforschung der Ursachen recht bequem zu machen, nämlich anstatt sie in den allgemeinen Gesetzen des Mechanismus der Materie zu suchen, sich geradezu auf den unerforschlichen Rathschluß der höchsten Weisheit zu berufen und die Vernunftbemühung alsdann für vollendet anzusehen, wenn man sich ihres Gebrauchs überhebt, der doch nirgend einen Leitfaden findet, als wo ihn uns die Ordnung der

Natur und die Reihe der Veränderungen nach ihren inneren und allgemeinen Gesetzen an die Hand giebt. Dieser Fehler kann vermieden werden, wenn wir nicht bloß einige Naturstücke, als z.B. die Vertheilung des festen Landes, das Bauwerk desselben und die Beschaffenheit und Lage der Gebirge, oder wohl gar nur die Organisation im Gewächs- und Thierreiche aus dem Gesichtspunkte der Zwecke betrachten, sondern diese systematische Einheit der Natur in Beziehung auf die Idee einer höchsten Intelligenz ganz allgemein machen. Denn alsdann legen wir eine Zweckmäßigkeit nach allgemeinen Gesetzen der Natur zum Grunde, von denen keine besondere Einrichtung ausgenommen, sondern nur mehr oder weniger kenntlich für uns ausgezeichnet worden, und haben ein regulatives Princip der systematischen Einheit einer teleologischen Verknüpfung, die wir aber nicht zum voraus bestimmen, sondern nur in Erwartung derselben die physischmechanische Verknüpfung nach allgemeinen Gesetzen verfolgen dürfen. Denn so allein kann das Princip der zweckmäßigen Einheit den Vernunftgebrauch in Ansehung der Erfahrung jederzeit erweitern, ohne ihm in irgend einem Falle Abbruch zu thun.

Der zweite Fehler, der aus der Mißdeutung des gedachten Princips der systematischen Einheit entspringt, ist der der verkehrten Vernunft (*perversa ratio,* υστεπον προτερον *rationis*). Die Idee der systematischen Einheit sollte nur dazu dienen, um als regulatives Princip sie in der Verbindung der Dinge nach allgemeinen Naturgesetzen zu suchen und, so weit sich etwas davon auf dem empirischen Wege antreffen läßt, um so viel auch zu glauben, daß man sich der Vollständigkeit ihres Gebrauchs genähert habe, ob man sie freilich niemals erreichen wird. Anstatt dessen kehrt man die Sache um und fängt davon an, daß man die Wirklichkeit eines

Princips der zweckmäßigen Einheit als hypostatisch zu Grunde legt, den Begriff einer solchen höchsten Intelligenz, weil er an sich gänzlich unerforschlich ist, anthropomorphistisch bestimmt und dann der Natur Zwecke gewaltsam und dictatorisch aufdringt, anstatt sie wie billig auf dem Wege der physischen Nachforschung zu suchen: so daß nicht allein Teleologie, die bloß dazu dienen sollte, um die Natureinheit nach allgemeinen Gesetzen zu ergänzen, nun vielmehr dahin wirkt, sie aufzuheben, sondern die Vernunft sich noch dazu selbst um ihren Zweck bringt, nämlich das Dasein einer solchen intelligenten obersten Ursache nach diesem aus der Natur zu beweisen. Denn wenn man nicht die höchste Zweckmäßigkeit in der Natur *a priori*, d.i. als zum Wesen derselben gehörig, voraussetzen kann, wie will man denn angewiesen sein, sie zu suchen und auf der Stufenleiter derselben sich der höchsten Vollkommenheit eines Urhebers als einer schlechterdings nothwendigen, mithin *a priori* erkennbaren Vollkommenheit zu nähern? Das regulative Princip verlangt, die systematische Einheit als Natureinheit, welche nicht bloß empirisch erkannt, sondern *a priori*, obzwar noch unbestimmt, vorausgesetzt wird, schlechterdings, mithin als aus dem Wesen der Dinge folgend vorauszusetzen. Lege ich aber zuvor ein höchstes ordnendes Wesen zum Grunde, so wird die Natureinheit in der That aufgehoben. Denn sie ist der Natur der Dinge ganz fremd und zufällig und kann auch nicht aus allgemeinen Gesetzen derselben erkannt werden. Daher entspringt ein fehlerhafter Cirkel im Beweisen, da man das voraussetzt, was eigentlich hat bewiesen werden sollen.

Das regulative Princip der systematischen Einheit der Natur für ein constitutives nehmen und, was nur in der Idee zum Grunde des einhelligen Gebrauchs der Vernunft gelegt wird, als Ursache hypostatisch voraussetzen, heißt nur die Vernunft verwirren. Die Naturforschung geht ihren Gang ganz allein an der Kette der Natururrsachen nach allgemeinen Gesetzen derselben, zwar nach der Idee eines Urhebers, aber nicht um die Zweckmäßigkeit, der sie allerwärts nachgeht, von demselben abzuleiten, sondern sein Dasein aus dieser Zweckmäßigkeit, die in den Wesen der Naturdinge gesucht wird, wo möglich auch in den Wesen aller Dinge überhaupt, mithin als schlechthin nothwendig zu erkennen. Das letztere mag nun gelingen oder nicht, so bleibt die Idee immer richtig und eben sowohl auch deren Gebrauch, wenn er auf die Bedingungen eines bloß regulativen Princips restringirt worden.

Vollständige zweckmäßige Einheit ist Vollkommenheit (schlechthin betrachtet). Wenn wir diese nicht in dem Wesen der Dinge, welche den ganzen Gegenstand der Erfahrung, d.i. aller unserer objectivgültigen Erkenntniß, ausmachen, mithin in allgemeinen und nothwendigen Naturgesetzen finden, wie wollen wir daraus gerade auf die Idee einer höchsten und schlechthin nothwendigen Vollkommenheit eines Urwesens schließen, welches der Ursprung aller Causalität ist? Die größte systematische, folglich auch die zweckmäßige Einheit ist die Schule und selbst die Grundlage der Möglichkeit des größten Gebrauchs der Menschenvernunft. Die Idee derselben ist also mit dem Wesen unserer Vernunft unzertrennlich verbunden. Eben dieselbe Idee ist also für uns gesetzgebend, und so ist es sehr natürlich, eine ihr correspondirende gesetzgebende Vernunft (*intellectus archetypus*) anzunehmen, von der alle systematische Einheit der Natur als dem Gegenstande unserer Vernunft abzuleiten sei.

Wir haben bei Gelegenheit der Antinomie der reinen Vernunft gesagt: daß alle Fragen, welche die reine Vernunft aufwirft, schlechterdings beantwort.lich sein müssen, und daß die Entschuldigung mit den Schranken unserer Erkenntniß, die in vielen Naturfragen ebenso unvermeidlich als billig ist, hier nicht gestattet werden könne, weil uns hier nicht von der Natur der Dinge, sondern allein durch die Natur der Vernunft und lediglich über ihre innere Einrichtung die Fragen vorgelegt werden. Jetzt können wir diese dem ersten Anscheine nach kühne Behauptung in Ansehung der zwei Fragen, wobei die reine Vernunft ihr größtes Interesse hat, bestätigen und dadurch unsere Betrachtung über die Dialektik derselben zur gänzlichen Vollendung bringen.

Frägt man denn also (in Absicht auf eine transscendentale Theologie)* erstlich: ob es etwas von der Welt Unterschiedenes gebe, was den Grund der Weltordnung und ihres Zusammenhanges nach allgemeinen Gesetzen enthalte, so ist die Antwort: ohne Zweifel. Denn die Welt ist eine Summe von Erscheinungen, es muß also irgend ein transscendentaler, d.i. bloß dem reinen Verstande denkbarer, Grund derselben sein. Ist zweitens die Frage, ob dieses Wesen Substanz, von der größten Realität, nothwendig etc. sei: so antworte ich, daß diese Frage gar keine Bedeutung habe. Denn alle Kategorien, durch welche ich mir einen Begriff von einem solchen Gegenstande zu machen versuche, sind von keinem anderen als empirischen

* Dasjenige, was ich schon vorher von der psychologischen Idee und deren eigentlichen Bestimmung als Princips zum bloß regulativen Vernunftgebrauch gesagt habe, überhebt mich der Weitläufigkeit, die transscendentale Illusion, nach der jene systematische Einheit aller Mannigfaltigkeit des inneren Sinnes hypostatisch vorgestellt wird, noch besonders zu erörtern. Das Verfahren hiebei ist demjenigen sehr ähnlich, welches die Kritik in Ansehung des theologischen Ideals beobachtet.

Gebrauche und haben gar keinen Sinn, wenn sie nicht auf Objecte möglicher Erfahrung, d.i. auf die Sinnenwelt, angewandt werden. Außer diesem Felde sind sie bloß Titel zu Begriffen, die man einräumen, dadurch man aber auch nichts verstehen kann. Ist endlich d r i t t e n s die Frage, ob wir nicht wenigstens dieses von der Welt unterschiedene Wesen nach einer A n a l o g i e mit den Gegenständen der Erfahrung denken dürfen: so ist die Antwort: a l l e r d i n g s , aber nur als Gegenstand in der Idee und nicht in der Realität, nämlich nur so fern er ein uns unbekanntes Substratum der systematischen Einheit, Ordnung und Zweckmäßigkeit der Welteinrichtung ist, welche sich die Vernunft zum regulativen Princip ihrer Naturforschung machen muß. Noch mehr, wir können in dieser Idee gewisse Anthropomorphismen, die dem gedachten regulativen Princip beförderlich sind, ungescheut und ungetadelt erlauben. Denn es ist immer nur eine Idee, die gar nicht direct auf ein von der Welt unterschiedenes Wesen, sondern auf das regulative Princip der systematischen Einheit der Welt, aber nur vermittelst eines Schema derselben, nämlich einer obersten Intelligenz, die nach weisen Absichten Urheber derselben sei, bezogen wird. Was dieser Urgrund der Welteinheit an sich selbst sei, hat dadurch nicht gedacht werden sollen, sondern wie wir ihn, oder vielmehr seine Idee relativ auf den systematischen Gebrauch der Vernunft in Ansehung der Dinge der Welt brauchen sollen.

Auf solche Weise aber k ö n n e n wir doch (wird man fortfahren zu fragen) einen einigen, weisen und allgewaltigen Welturheber annehmen? O h n e a l l e n Z w e i f e l ; und nicht allein dies, sondern wir m ü s s e n einen solchen voraussetzen. Aber alsdann erweitern wir doch unsere Erkenntniß über das Feld möglicher Erfahrung? K e i n e s -

w e g s . Denn wir haben nur ein Etwas vorausgesetzt, wovon wir gar keinen Begriff haben, was es an sich selbst sei (einen bloß transscendentalen Gegenstand); aber in Beziehung auf die systematische und zweckmäßige Ordnung des Weltbaues, welche wir, wenn wir die Natur studiren, voraussetzen müssen, haben wir jenes uns unbekannte Wesen nur n a c h d e r A n a l o g i e mit einer Intelligenz (ein empirischer Begriff) gedacht, d.i. in Ansehung der Zwecke und der Vollkommenheit, die sich auf demselben gründen, gerade mit den Eigenschaften begabt, die nach den Bedingungen unserer Vernunft den Grund einer solchen systematischen Einheit enthalten können. Diese Idee ist also r e s p e c t i v a u f d e n W e l t g e b r a u c h unserer Vernunft ganz gegründet. Wollten wir ihr aber schlechthin objective Gültigkeit ertheilen, so würden wir vergessen, daß es lediglich ein Wesen in der Idee sei, das wir denken; und indem wir alsdann von einem durch die Weltbetrachtung gar nicht bestimmbaren Grunde anfingen, würden wir dadurch außer Stand gesetzt, dieses Princip dem empirischen Vernunftgebrauch angemessen anzuwenden.

Aber (wird man ferner fragen) auf solche Weise kann ich doch von dem Begriffe und der Voraussetzung eines höchsten Wesens in der vernünftigen Weltbetrachtung Gebrauch machen? Ja, dazu war auch eigentlich diese Idee von der Vernunft zum Grunde gelegt. Allein darf ich nun zweckähnliche Anordnungen als Absichten ansehen, indem ich sie vom göttlichen Willen, obzwar vermittelst besonderer dazu in der Welt darauf gestellten Anlagen, ableite? Ja, das könnt ihr auch thun, aber so, daß es euch gleich viel gelten muß, ob jemand sage, die göttliche Weisheit hat alles so zu ihren obersten Zwecken geordnet, oder die Idee der höchsten Weisheit ist ein Regulativ in der Nachforschung der Natur und ein

Princip der systematischen und zweckmäßigen Einheit derselben nach allgemeinen Naturgesetzen, auch selbst da, wo wir jene nicht gewahr werden; d.i. es muß euch da, wo ihr sie wahrnehmt, völlig einerlei sein, zu sagen: Gott hat es weislich so gewollt, oder die Natur hat es also weislich geordnet. Denn die größte systematische und zweckmäßige Einheit, welche eure Vernunft aller Naturforschung als regulatives Princip zum Grunde zu legen verlangte, war eben das, was euch berechtigte, die Idee einer höchsten Intelligenz als ein Schema des regulativen Princips zum Grunde zu legen; und so viel ihr nun nach demselben Zweckmäßigkeit in der Welt antrefft so viel habt ihr Bestätigung der Rechtmäßigkeit eurer Idee; da aber gedachtes Princip nichts andres zur Absicht hatte, als nothwendige und größtmögliche Natureinheit zu suchen, so werden wir diese zwar, so weit als wir sie erreichen, der Idee eines höchsten Wesens zu danken haben, können aber die allgemeinen Gesetze der Natur, als in Absicht auf welche die Idee nur zum Grunde gelegt wurde, ohne mit uns selbst in Widerspruch zu gerathen, nicht vorbei gehen, um die Zweckmäßigkeit der Natur als zufällig und hyperphysisch ihrem Ursprunge nach anzusehen, weil wir nicht berechtigt waren, ein Wesen über die Natur von den gedachten Eigenschaften anzunehmen, sondern nur die Idee desselben zum Grunde zu legen, um nach der Analogie einer Causalbestimmung die Erscheinungen als systematisch unter einander verknüpft anzusehen.

Eben daher sind wir auch berechtigt, die Weltursache in der Idee nicht allein nach einem subtileren Anthropomorphism (ohne welchen sich gar nichts von ihm denken lassen würde), nämlich als ein Wesen, das Verstand, Wohlgefallen und Mißfallen, imgleichen eine demselben gemäße Begierde und Willen hat etc., zu denken, sondern demselben unendliche Vollkommenheit beizulegen, die also diejenige weit übersteigt, dazu wir durch empirische Kenntniß der Weltordnung berechtigt sein können. Denn das regulative Gesetz der systematischen Einheit will, daß wir die Natur so studiren sollen, als ob allenthalben ins Unendliche systematische und zweckmäßige Einheit bei der größtmöglichen Mannigfaltigkeit angetroffen würde. Denn wiewohl wir nur wenig von dieser Weltvollkommenheit ausspähen oder erreichen werden, so gehört es doch zur Gesetzgebung unserer Vernunft, sie allerwärts zu suchen und zu vermuthen; und es muß uns jederzeit vortheilhaft sein, niemals aber kann es nachtheilig werden, nach diesem Princip die Naturbetrachtung anzustellen. Es ist aber unter dieser Vorstellung der zum Grunde gelegten Idee eines höchsten Urhebers auch klar: daß ich nicht das Dasein und die Kenntniß eines solchen Wesens, sondern nur die Idee desselben zum Grunde lege und also eigentlich nichts von diesem Wesen, sondern bloß von der Idee desselben, d.i. von der Natur der Dinge der Welt, nach einer solchen Idee ableite. Auch scheint ein gewisses, obzwar unentwickeltes Bewußtsein des ächten Gebrauchs dieses unseren Vernunftbegriffs die bescheidene und billige Sprache der Philosophen aller Zeiten veranlaßt zu haben, da sie von der Weisheit und Vorsorge der Natur und der göttlichen Weisheit als gleichbedeutenden Ausdrücken reden, ja den ersten Ausdruck, so lange es um bloß speculative Vernunft zu thun ist, vorziehen, weil er die Anmaßung einer größeren Behauptung, als die ist, wozu wir befugt sind, zurück hält und zugleich die Vernunft auf ihr eigenthümliches Feld, die Natur, zurück weiset.

So enthält die reine Vernunft, die uns anfangs nichts Geringeres als Erweiterung der Kenntnisse über alle Grenzen der Erfahrung zu versprechen schien, wenn wir sie recht verstehen, nichts als regulative Principien, die zwar größere Einheit gebieten, als der empirische Verstandesgebrauch erreichen kann, aber eben dadurch, daß sie das Ziel der Annäherung desselben so weit hinausrücken, die Zusammenstimmung desselben mit sich selbst durch systematische Einheit zum höchsten Grade bringen, wenn man sie aber mißversteht und sie für constitutive Principien transscendenter Erkenntnisse hält, durch einen zwar glänzenden, aber trüglichen Schein Überredung und eingebildetes Wissen, hiemit aber ewige Widersprüche und Streitigkeiten hervorbringen.

* * *

So fängt denn alle menschliche Erkenntniß mit Anschauungen an, geht von da zu Begriffen und endigt mit Ideen. Ob sie zwar in Ansehung aller drei Elemente Erkenntnißquellen *a priori* hat, die beim ersten Anblicke die Grenzen aller Erfahrung zu verschmähen scheinen, so überzeugt doch eine vollendete Kritik, daß alle Vernunft im speculativen Gebrauche mit diesen Elementen niemals über das Feld möglicher Erfahrung hinaus kommen könne, und daß die eigentliche Bestimmung dieses obersten Erkenntnißvermögens sei, sich aller Methoden und der Grundsätze derselben nur zu bedienen, um der Natur nach allen möglichen Principien der Einheit, worunter die der Zwecke die vornehmste ist, bis in ihr Innerstes nachzugehen, niemals aber ihre Grenze zu überfliegen, außerhalb welcher für uns nichts als leerer Raum ist. Zwar hat uns die kritische Untersuchung aller Sätze, welche unsere Erkenntniß über die wirkliche Erfahrung hinaus erweitern können, in der transscendentalen Analytik hinreichend überzeugt, daß sie niemals zu etwas mehr, als einer möglichen Erfahrung leiten können; und wenn man nicht selbst gegen die klärsten abstracten und allgemeinen Lehrsätze mißtrauisch wäre, wenn nicht reizende und scheinbare Aussichten uns lockten, den Zwang der ersteren abzuwerfen, so hätten wir allerdings der mühsamen Abhörung aller dialektischen Zeugen, die eine transscendente Vernunft zum Behuf ihrer Anmaßungen auftreten läßt, überhoben sein können; denn wir wußten es schon zum voraus mit völliger Gewißheit, daß alles Vorgeben derselben zwar vielleicht ehrlich gemeint, aber schlechterdings nichtig sein müsse, weil es eine Kundschaft betraf, die kein Mensch jemals bekommen kann. Allein weil doch des Redens kein Ende wird, wenn man nicht hinter die wahre Ursache des Scheins kommt, wodurch selbst der Vernünftigste hintergangen werden kann, und die Auflösung aller unserer transscendenten Erkenntniß in ihre Elemente (als ein Studium unserer inneren Natur) an sich selbst keinen geringen Werth hat, dem Philosophen aber sogar Pflicht ist, so war es nicht allein nöthig, diese ganze, obzwar eitele Bearbeitung der speculativen Vernunft bis zu ihren ersten Quellen ausführlich nachzusuchen; sondern da der dialektische Schein hier nicht allein dem Urtheile nach täuschend, sondern auch dem Interesse nach, das man hier am Urtheile nimmt, anlockend und jederzeit natürlich ist und so in alle Zukunft bleiben wird, so war es rathsam, gleichsam die Acten dieses Processes ausführlich abzufassen und sie im Archive der menschlichen Vernunft zu Verhütung künftiger Irrungen ähnlicher Art niederzulegen.

II.
Transscendentale Methodenlehre.
Einleitung

Wenn ich den Inbegriff aller Erkenntniß der reinen und speculativen Vernunft wie ein Gebäude ansehe, dazu wir wenigstens die Idee in uns haben, so kann ich sagen: wir haben in der transscendentalen Elementarlehre den Bauzeug überschlagen und bestimmt, zu welchem Gebäude, von welcher Höhe und Festigkeit er zulange. Freilich fand es sich, daß, ob wir zwar einen Thurm im Sinne hatten, der bis an den Himmel reichen sollte, der Vorrath der Materialien doch nur zu einem Wohnhause zureichte, welches zu unseren Geschäften auf der Ebene der Erfahrung gerade geräumig und hoch genug war, sie zu übersehen; daß aber jene kühne Unternehmung aus Mangel an Stoff fehlschlagen mußte, ohne einmal auf die Sprachverwirrung zu rechnen, welche die Arbeiter über den Plan unvermeidlich entzweien und sie in alle Welt zerstreuen mußte, um sich, ein jeder nach seinem Entwurfe, besonders anzubauen. Jetzt ist es uns nicht sowohl um die Materialien, als vielmehr um den Plan zu thun und, indem wir gewarnt sind, es nicht auf einen beliebigen blinden Entwurf, der vielleicht unser ganzes Vermögen übersteigen könnte, zu wagen, gleichwohl doch von der Errichtung eines festen Wohnsitzes nicht wohl abstehen können, den Anschlag zu einem Gebäude in Verhältniß auf den Vorrath, der uns gegeben und zugleich unserem Bedürftiiß angemessen ist, zu machen.

Ich verstehe also unter der transscendentalen Methodenlehre die Bestimmung der formalen Bedingungen eines vollständigen Systems der reinen Vernunft. Wir werden es in dieser Absicht mit einer Disciplin, einem Kanon, einer Architektonik, endlich einer Geschichte der reinen Vernunft zu thun haben und dasjenige in transscendentaler Absicht leisten, was unter dem Namen einer praktischen Logik in Ansehung des Gebrauchs des Verstandes überhaupt in den Schulen gesucht, aber schlecht geleistet wird, weil, da die allgemeine Logik auf keine besondere Art der Verstandeserkenntniß (z.B. nicht auf die reine), auch nicht auf gewisse Gegenstände eingeschränkt ist, sie, ohne Kenntnisse aus anderen Wissenschaften zu borgen, nichts mehr thun kann, als Titel zu möglichen Methoden und technische Ausdrücke, deren man sich in Ansehung des Systematischen in allerlei Wissenschaften bedient, vorzutragen, die den Lehrling zum voraus mit Namen bekannt machen, deren Bedeutung und Gebrauch er künftig allererst soll kennen lernen.

Der transscendentalen Methodenlehre
Erstes Hauptstück.

Die Disciplin der reinen Vernunft.

Die negativen Urtheile, die es nicht bloß der logischen Form, sondern auch dem Inhalte nach sind, stehen bei der Wißbegierde der Menschen in keiner sonderlichen Achtung; man sieht sie wohl gar als neidische Feinde unseres unablässig zur Erweiterung strebenden Erkenntnißtriebes an, und es bedarf beinahe einer Apologie, um ihnen nur Duldung, und noch mehr, um ihnen Gunst und Hochschätzung zu verschaffen.

Man kann zwar logisch alle Sätze, die man will, negativ ausdrücken, in Ansehung des Inhalts aber unserer Erkenntniß überhaupt, ob sie durch ein Urtheil erweitert oder beschränkt wird, haben die verneinenden das eigenthümliche Geschäfte, lediglich den Irrthum abzuhalten. Daher auch negative Sätze, welche eine falsche Erkenntniß abhalten sollen, wo doch niemals ein Irrthum möglich ist, zwar sehr wahr, aber doch leer, d.i. ihrem Zwecke gar nicht angemessen, und eben darum oft lächerlich sind; wie der Satz jenes Schulredners, daß Alexander ohne Kriegsheer keine Länder hätte erobern können.

Wo aber die Schranken unserer möglichen Erkenntniß sehr enge, der Anreiz zum Urtheilen groß, der Schein, der sich darbietet, sehr betrüglich und der Nachtheil aus dem Irrthum erheblich ist, da hat das Negative der Unterweisung, welches bloß dazu dient, um uns vor Irrthümern zu verwahren, noch mehr Wichtigkeit, als manche positive Belehrung, dadurch unser Erkenntniß Zuwachs bekommen könnte. Man nennt den Zwang, wodurch der beständige Hang von gewissen Regeln abzuweichen eingeschränkt und endlich vertilgt wird, die Disciplin. Sie ist von der Cultur unterschieden, welche bloß eine Fertigkeit verschaffen soll, ohne eine andere, schon vorhandene dagegen aufzuheben. Zu der Bildung eines Talents, welches schon für sich selbst einen Antrieb zur Äußerung hat, wird also die Disciplin einen negativen*, die Cultur aber und Doctrin einen positiven Beitrag leisten.

---

* Ich weiß wohl, daß man in der Schulsprache den Namen der Disciplin mit dem der Unterweisung gleichgeltend zu brauchen pflegt. Allein es giebt dagegen so viele andere Fälle, da der erstere Ausdruck als Zucht von dem zweiten als Belehrung sorgfältig unterschieden wird, und die Natur der Dinge erheischt es auch selbst, für diesen Unterschied die einzigen schicklichen Ausdrücke aufzubewahren, daß ich wünsche, man möge niemals erlauben, jenes Wort in anderer als negativer Bedeutung zu brauchen.

Daß das Temperament, imgleichen daß Talente, die sich gern eine freie und uneingeschränkte Bewegung erlauben, (als Einbildungskraft und Witz) in mancher Absicht einer Disciplin bedürfen, wird jedermann leicht zugeben. Daß aber die Vernunft, der es eigentlich obliegt, allen anderen Bestrebungen ihre Disciplin vorzuschreiben, selbst noch eine solche nöthig habe, das mag allerdings befremdlich scheinen; und in der That ist sie auch einer solchen Demüthigung eben darum bisher entgangen, weil bei der Feierlichkeit und dem gründlichen Anstande, womit sie auftritt, niemand auf den Verdacht eines leichtsinnigen Spiels mit Einbildungen statt Begriffen und Worten statt Sachen leichtlich gerathen konnte.

Es bedarf keiner Kritik der Vernunft im empirischen Gebrauche, weil ihre Grundsätze am Probirstein der Erfahrung einer continuirlichen Prüfung unterworfen werden; imgleichen auch nicht in der Mathematik, wo ihre Begriffe an der reinen Anschauung sofort *in concreto* dargestellt werden müssen, und jedes Ungegründete und Willkürliche dadurch alsbald offenbar wird. Wo aber weder empirische noch reine Anschauung die Vernunft in einem sichtbaren Geleise halten, nämlich in ihrem transscendentalen Gebrauche nach bloßen Begriffen, da bedarf sie so sehr einer Disciplin, die ihren Hang zur Erweiterung über die engen Grenzen möglicher Erfahrung bändige und sie von Ausschweifung und Irrthum abhalte, daß auch die ganze Philosophie der reinen Vernunft bloß mit diesem negativen Nutzen zu thun hat. Einzelnen Verirrungen kann durch C e n s u r und den Ursachen derselben durch Kritik abgeholfen werden. Wo aber, wie in der reinen Vernunft, ein ganzes System von Täuschungen und Blendwerken angetroffen wird, die unter sich wohl verbunden und unter gemeinschaftlichen Principien vereinigt sind, da scheint eine ganz eigene und zwar negative Gesetzgebung erforderlich zu sein, welche unter dem Namen einer Disciplin aus der Natur der Vernunft und der Gegenstände ihres reinen Gebrauchs gleichsam ein System der Vorsicht und Selbstprüfung errichte, vor welchem kein falscher vernünftelnder Schein bestehen kann, sondern sich sofort unerachtet aller Gründe seiner Beschönigung verrathen muß.

Es ist aber wohl zu merken: daß ich in diesem zweiten Haupttheile der transscendentalen Kritik die Disciplin der reinen Vernunft nicht auf den Inhalt, sondern bloß auf die Methode der Erkenntniß aus reiner Vernunft richte. Das erstere ist schon in der Elementarlehre geschehen. Es hat aber der Vernunftgebrauch so viel Ähnliches, auf welchen Gegenstand er auch angewandt werden mag, und ist doch, so fern er transscendental sein soll, zugleich von allem anderen so wesentlich unterschieden, daß ohne die warnende Negativlehre einer besonders darauf gestellten Disciplin die Irrthümer nicht zu verhüten sind, die aus einer unschicklichen Befolgung solcher Methoden, die zwar sonst der Vernunft, aber nur nicht hier anpassen, nothwendig entspringen müssen.

Des ersten Hauptstücks
Erster Abschnitt.

Die Disciplin der reinen Vernunft im dogmatischen Gebrauche.

Die Mathematik giebt das glänzendste Beispiel einer sich ohne Beihülfe der Erfahrung von selbst glücklich erweiternden reinen Vernunft. Beispiele sind ansteckend, vornehmlich für dasselbe Vermögen, welches sich natürlicherweise schmeichelt, eben dasselbe Glück in anderen Fällen zu haben, welches ihm in einem Falle zu Theil worden. Daher hofft reine Vernunft im transscendentalen Gebrauche sich eben so glücklich und gründlich erweitern zu können, als es ihr im mathematischen gelungen ist, wenn sie vornehmlich dieselbe Methode dort anwendet, die hier von so augenscheinlichem Nutzen gewesen ist. Es liegt uns also viel daran, zu wissen: ob die Methode, zur apodiktischen Gewißheit zu gelangen, die man in der letzteren Wissenschaft mathematisch nennt, mit derjenigen einerlei sei, womit man eben dieselbe Gewißheit in der Philosophie sucht, und die daselbst dogmatisch genannt werden müßte.

Die philosophische Erkenntniß ist die Vernunfterkenntniß aus Begriffen, die mathematische aus der Construction der Begriffe. Einen Begriff aber construiren, heißt: die ihm correspondirende Anschauung *a priori* darstellen. Zur Construction eines Begriffs wird also eine nichtempirische Anschauung erfordert, die folglich, als Anschauung, ein einzelnes Object ist, aber nichts destoweniger als die Construction eines Begriffs (einer allgemeinen Vorstellung) Allgemeingültigkeit für alle mögliche Anschauungen, die unter denselben Begriff gehören, in der Vorstellung ausdrücken muß. So construire ich einen Triangel, indem ich den diesem Begriffe entsprechenden Gegenstand entweder durch bloße Einbildung in der reinen, oder nach derselben auch auf dem Papier in der empirischen Anschauung, beidemal aber völlig *a priori*, ohne das Muster dazu aus irgend einer Erfahrung geborgt zu haben, darstelle. Die einzelne hingezeichnete Figur ist empirisch und dient gleichwohl, den Begriff unbeschadet seiner Allgemeinheit auszudrücken, weil bei dieser empirischen Anschauung immer nur auf die Handlung der

Construction des Begriffs, welchem viele Bestimmungen, z.E. der Größe, der Seiten und der Winkel, ganz gleichgültig sind, gesehen und also von diesen Verschiedenheiten, die den Begriff des Triangels nicht verändern, abstrahirt wird.

Die philosophische Erkenntniß betrachtet also das Besondere nur im Allgemeinen, die mathematische das Allgemeine im Besonderen, ja gar im Einzelnen, gleichwohl doch *a priori* und vermittelst der Vernunft, so daß, wie dieses Einzelne unter gewissen allgemeinen Bedingungen der Construction bestimmt ist, eben so der Gegenstand des Begriffs, dem dieses Einzelne nur als sein Schema correspondirt, allgemein bestimmt gedacht werden muß.

In dieser Form besteht also der wesentliche Unterschied dieser beiden Arten der Vernunfterkenntniß und beruht nicht auf dem Unterschiede ihrer Materie oder Gegenstände. Diejenigen, welche Philosophie von Mathematik dadurch zu unterscheiden vermeinten, daß sie von jener sagten, sie habe bloß die Qualität, diese aber nur die Quantität zum Object, haben die Wirkung für die Ursache genommen. Die Form der mathematischen Erkenntniß ist die Ursache, daß diese lediglich auf Quanta gehen kann. Denn nur der Begriff von Größen läßt sich construiren, d.i. *a priori* in der Anschauung darlegen, Qualitäten aber lassen sich in keiner anderen als empirischen Anschauung darstellen. Daher kann eine Vernunfterkenntniß derselben nur durch Begriffe möglich sein. So kann niemand eine dem Begriff der Realität correspondirende Anschauung anders woher, als aus der Erfahrung nehmen, niemals aber *a priori* aus sich selbst und vor dem empirischen Bewußtsein derselben theilhaftig werden. Die konische Gestalt wird man ohne alle empirische Beihülfe, bloß nach dem Begriffe anschauend machen können, aber die Farbe dieses Kegels wird in einer oder anderer Erfahrung zuvor gegeben sein müssen. Den Begriff einer Ursache überhaupt kann ich auf keine Weise in der Anschauung darstellen, als an einem Beispiele, das mir Erfahnmg an die Hand giebt, u.s.w. Übrigens handelt die Philosophie eben sowohl von Größen, als die Mathematik, z.B. von der Totalität, der Unendlichkeit u.s.w. Die Mathematik beschäftigt sich auch mit dem Unterschiede der Linien und Flächen als Räumen von verschiedener Qualität, mit der Continuität der Ausdehnung als einer Qualität derselben. Aber obgleich sie in solchen Fällen einen gemeinschaftlichen Gegenstand haben, so ist die Art, ihn durch die Vernunft zu behandeln, doch ganz anders in der philosophischen, als mathematischen Betrachtung. Jene hält sich bloß an allgemeinen Begriffen, diese kann mit dem bloßen Begriffe nichts ausrichten, sondern eilt sogleich zur Anschauung, in welcher sie den Begriff *in concreto* betrachtet, aber doch nicht empirisch, sondern bloß in einer solchen, die sie *a priori* darstellt, d.i. construirt hat, und in welcher dasjenige, was aus den allgemeinen Bedingungen der Construction folgt, auch von dem Objecte des construirten Begriffs allgemein gelten muß.

Man gebe einem Philosophen den Begriff eines Triangels und lasse ihn nach seiner Art ausfindig machen, wie sich wohl die Summe seiner Winkel zum rechten verhalten möge. Er hat nun nichts als den Begriff von einer Figur, die in drei geraden Linien eingeschlossen ist, und an ihr den Begriff von eben so viel Winkeln. Nun mag er diesem Begriffe nachdenken, so lange er will, er wird nichts Neues herausbringen. Er kann den Begriff der geraden Linie oder eines Winkels oder der Zahl drei zergliedern und deutlich machen, aber nicht auf andere Eigenschaften kommen, die in diesen Begriffen gar nicht liegen. Allein der Geometer nehme diese Frage vor. Er fängt sofort davon an, einen Triangel zu construiren. Weil er weiß, daß zwei rechte Winkel zusammen gerade so viel austragen, als alle berührende Winkel, die aus einem Punkte auf einer geraden Linie gezogen werden können, zusammen, so verlängert er eine Seite seines Triangels und bekommt zwei berührende Winkel, die zwei rechten zusammen gleich sind. Nun teilt er den äußeren von diesen Winkeln, indem er eine Linie mit der gegenüberstehenden Seite des Triangels parallel zieht, und sieht, daß hier ein äußerer berührender Winkel entspringe, der einem inneren gleich ist, u.s.w. Er gelangt auf solche Weise durch eine Kette von Schlüssen, immer von der Anschauung geleitel zur völlig einleuchtenden und zugleich allgemeinen Auflösung der Frage.

Die Mathematik aber construirt nicht bloß Größen (*quanta*), wie in der Geometrie, sondern auch die bloße Größe (*quantitatem*), wie in der Buchstabenrechnung, wobei sie von der Beschaffenheit des Gegenstandes, der nach einem solchen Größenbegriff gedacht werden soll, gänzlich abstrahirt. Sie wählt sich alsdann eine gewisse Bezeichnung aller Constructionen von Größen überhaupt (Zahlen) als der Addition, Subtraction u. s. w., Ausziehung der Wurzel; und nachdem sie den allgemeinen Begriff der Größen nach den verschiedenen Verhältnissen derselben auch bezeichnet hat, so stellt sie alle Behandlung, die durch die Größe erzeugt und verändert wird, nach gewissen allgemeinen Regeln in der Anschauung dar; wo eine Größe durch die andere dividirt werden soll, setzt sie beider ihre Charaktere nach der bezeichnenden Form der Division zusammen u.s.w. und gelangt also vermittelst einer symbolischen Construction eben so gut, wie die Geometrie nach einer ostensiven oder geometrischen (der Gegenstände selbst) dahin, wohin die discursive Erkenntniß vermittelst bloßer Begriffe niemals gelangen könnte.

Was mag die Ursache dieser so verschiedenen Lage sein, darin sich zwei Vernunftkünstler befinden, deren der eine seinen Weg nach Begriffen, der andere nach Anschauungen nimmt, die er *a priori* den Begriffen gemäß darstellt? Nach den oben vorgetragenen transscendentalen Grundlehren ist diese Ursache klar. Es kommt hier nicht auf analytische Sätze an, die durch bloße Zergliederung der Begriffe erzeugt werden können (hierin würde der Philosoph ohne Zweifel den Vortheil über seinen Nebenbuhler haben), sondern auf synthetische und zwar solche, die *a priori* sollen erkannt werden. Denn ich soll nicht auf dasjenige sehen, was ich in meinem Begriffe vom Triangel wirklich denke (dieses ist nichts weiter als die bloße Definition); vielmehr soll ich über ihn zu Eigenschaften, die in diesem Begriffe nicht liegen, aber doch zu ihm gehören, hinausgehen. Nun ist dieses nicht anders möglich, als daß ich meinen Gegenstand nach den Bedingungen entweder der empirischen Anschauung, oder der reinen Anschauung bestimme. Das erstere würde nur einen empirischen Satz (durch Messen seiner Winkel), der keine Allgemeinheit, noch weniger Nothwendigkeit enthielte, abgeben, und von dergleichen ist gar nicht die Rede. Das zweite Verfahren aber ist die mathematische und zwar hier die geometrische Construction, vermittelst deren ich in einer reinen Anschauung eben so wie in der empirischen das Mannigfaltige, was zu dem Schema eines Triangels überhaupt, mithin zu seinem Begriffe gehört, hinzusetze, wodurch allerdings allgemeine synthetische Sätze construirt werden müssen.

Ich würde also umsonst über den Triangel philosophiren, d.i. discursiv nachdenken, ohne dadurch im mindesten weiter zu kommen, als auf die bloße Definition, von der ich aber billig anfangen müßte. Es giebt zwar eine transscendentale

Synthesis aus lauter Begriffen, die wiederum allein dem Philosophen gelingt, die aber niemals mehr als ein Ding überhaupt betrifft, unter welchen Bedingungen dessen Wahrnehmung zur möglichen Erfahrung gehören könne. Aber in den mathematischen Aufgaben ist hievon und überhaupt von der Existenz gar nicht die Frage, sondern von den Eigenschaften der Gegenstände an sich selbst, lediglich so fern diese mit dem Begriffe derselben verbunden sind.

Wir haben in dem angeführten Beispiele nur deutlich zu machen gesucht, welcher große Unterschied zwischen dem discursiven Vernunftgebrauch nach Begriffen und dem intuitiven durch die Construction der Begriffe anzutreffen sei. Nun frägts sich natürlicher Weise, was die Ursache sei, die einen solchen zwiefachen Vernunftgebrauch nothwendig macht, und an welchen Bedingungen man erkennen könne, ob nur der erste, oder auch der zweite stattfinde.

Alle unsere Erkenntniß bezieht sich doch zuletzt auf mögliche Anschauungen; denn durch diese allein wird ein Gegenstand gegeben. Nun enthält ein Begriff *a priori* (ein nicht empirischer Begriff) entweder schon eine reine Anschauung in sich, und alsdann kann er construirt werden; oder nichts als die Synthesis möglicher Anschauungen, die *a priori* nicht gegeben sind, und alsdann kann man wohl durch ihn synthetisch und *a priori* urtheilen, aber nur discursiv, nach Begriffen, und niemals intuitiv, durch die Construction des Begriffes.

Nun ist von aller Anschauung keine *a priori* gegeben, als die bloße Form der Erscheinungen, Raum und Zeit; und ein Begriff von diesen als *quantis* läßt sich entweder zugleich mit der Qualität derselben (ihre Gestalt), oder auch bloß ihre Quantität (die bloße Synthesis des gleichartig Mannigfaltigen) durch Zahl *a priori* in der Anschauung darstellen, d.i. construiren. Die Materie aber der Erscheinungen, wodurch uns Dinge im Raume und der Zeit gegeben werden, kann nur in der Wahrnehmung, mithin *a posteriori* vorgestellt werden. Der einzige Begriff, der *a priori* diesen empirischen Gehalt der Erscheinungen vorstellt, ist der Begriff des Dinges überhaupt, und die synthetische Erkenntniß von demselben *a priori* kann nichts weiter, als die bloße Regel der Synthesis desjenigen, was die Wahrnehmung *a posteriori* geben mag, niemals aber die Anschauung des realen Gegenstandes *a priori* liefern, weil diese nothwendig empirisch sein muß.

Synthetische Sätze, die auf Dinge überhaupt, deren Anschauung *a priori* gar nicht geben läßt, gehen, sind transscendental. Demnach lassen sich transscendentale Sätze niemals durch Construction der Begriffe, sondern nur nach Begriffen *a priori* geben. Sie enthalten bloß die Regel, nach der eine gewisse synthetische Einheit desjenigen, was nicht *a priori* anschaulich vorgestellt werden kann (der Wahrnehmungen), empirisch gesucht werden soll. Sie können aber keinen einzigen ihrer Begriffe *a priori* in irgend einem Falle darstellen, sondern thun dieses nur *a posteriori* vermittelst der Erfahrung, die nach jenen synthetischen Grundsätzen allererst möglich wird.

Wenn man von einem Begriffe synthetisch urtheilen soll, so muß man aus diesem Begriffe hinausgehen und zwar zur Anschauung, in welcher er gegeben ist. Denn bliebe man bei dem stehen, was im Begriffe enthalten ist, so wäre das Urtheil bloß analytisch und eine Erklärung des Gedanken nach demjenigen, was wirklich in ihm enthalten ist. Ich kann aber von dem Begriffe zu der ihm correspondirenden reinen oder empirischen Anschauung gehen, um ihn in derselben *in concreto* zu erwägen und, was dem Gegenstande desselben zukommt, *a priori* oder *a posteriori* zu erkennen. Das erstere ist die rationale und mathematische Erkenntniß durch die Construction des Begriffs, das zweite die bloße empirische (mechanische) Erkenntniß, die niemals nothwendige und apodiktische Sätze geben kann. So könnte ich meinen empirischen Begriff vom Golde zergliedern, ohne dadurch etwas weiter zu gewinnen, als alles, was ich bei diesem Worte wirklich denke, herzählen zu können, wodurch in meinem Erkenntniß zwar eine logische Verbesserung vorgeht, aber keine Vermehrung oder Zusatz erworben wird. Ich nehme aber die Materie, welche unter diesem Namen vorkommt, und stelle mit ihr Wahrnehmungen an, welche mir verschiedene synthetische, aber empirische Sätze an die Hand geben werden. Den mathematischen Begriff eines Triangels würde ich construiren, d.i. *a priori* in der Anschauung geben, und auf diesem Wege eine synthetische, aber rationale Erkenntniß bekommen. Aber wenn mir der transscendentale Begriff einer Realität, Substanz, Kraft etc. gegeben ist, so bezeichnet er weder eine empirische, noch reine Anschauung, sondern lediglich die Synthesis der empirischen Anschauungen (die also *a priori* nicht gegeben werden können); und es kann also aus ihm, weil die Synthesis nicht *a priori* zu der Anschauung, die ihm correspondirt, hinausgehen kann, auch kein bestimmender synthetischer Satz, sondern nur ein Grundsatz der Synthesis* möglicher empirischer Anschauungen entspringen. Also ist ein transscendentaler Satz ein syntheti-

* Vermittelst des Begriffs der Ursache gehe ich wirklich aus dem empirischen Begriffe von einer Begebenheit (da etwas geschieht) heraus, aber nicht zu der Anschauung, die den Begriff der Ursache *in concreto* darstellt, sondern zu den Zeitbedingungen überhaupt, die in der Erfahrung dem Begriffe der Ursache gemäß gefunden werden möchten. Ich verfahre also bloß nach Begriffen und kann

sches Vernunfterkenntniß nach bloßen Begriffen und mithin discursiv, indem dadurch alle synthetische Einheit der empirischen Erkenntniß allererst möglich, keine Anschauung aber dadurch *a priori* gegeben wird.

So giebt es denn einen doppelten Vernunftgebrauch, der unerachtet der Allgemeinheit der Erkenntniß und ihrer Erzeugung *a priori*, welche sie gemein haben, dennoch im Fortgange sehr verschieden ist, und zwar darum, weil in der Erscheinung, als wodurch uns alle Gegenstände gegeben werden, zwei Stücke sind: die Form der Anschauung (Raum und Zeit), die völlig *a priori* erkannt und bestimmt werden kann, und die Materie (das Physische) oder der Gehalt, welcher ein Etwas bedeutet, das im Raume und der Zeit angetroffen wird, mithin ein Dasein enthält und der Empfindung correspondirt. In Ansehung des letzteren, welches niemals anders auf bestimmte Art, als empirisch gegeben werden kann, können wir nichts *a priori* haben, als unbestimmte Begriffe der Synthesis möglicher Empfindungen, so fern sie zur Einheit der Apperception (in einer möglichen Erfahrung) gehören. In Ansehung der erstern können wir unsere Begriffe in der Anschauung *a priori* bestimmen, indem wir uns im Raume und der Zeit die Gegenstände selbst durch gleichförmige Synthesis schaffen, indem wir sie bloß als *Quanta* betrachten. Jener heißt der Vernunftgebrauch nach Begriffen, in dem wir nichts weiter thun können, als Erscheinungen dem realen Inhalte nach unter Begriffe zu bringen) welche darauf nicht anders als empirisch, d.i. *a posteriori* (aber jenen Begriffen als Regeln einer empirischen Synthesis gemäß), können bestimmt werden; dieser ist der Vernunftgebrauch

---

nicht durch Construction der Begriffe verfahren, weil der Begriff eine Regel der Synthesis der Wahrnehmungen ist, die keine reine Anschauungen sind und sich also *a priori* nicht g e b e n lassen.

durch Construction der Begriffe, in dem diese, da sie schon auf eine Anschauung *a priori*, gehen, auch eben darum *a priori* und ohne alle empirische *data* in der reinen Anschauung bestimmt gegeben werden können. Alles was da ist (ein Ding im Raum oder der Zeit), zu erwägen, ob und wie fern es ein Quantum ist oder nicht, daß ein Dasein in demselben oder Mangel vorgestellt werden müsse, wie fern dieses Etwas (welches Raum oder Zeit erfüllt) ein erstes Substratum oder bloße Bestimmung sei, eine Beziehung seines Daseins auf etwas Anderes als Ursache oder Wirkung habe und endlich isolirt oder in welchselseitiger Abhängigkeit mit andern in Ansehung des Daseins stehe, die Möglichkeit dieses Daseins, die Wirklichkeit und Nothwendigkeit, oder die Gegentheile derselben zu erwägen: dieses alles gehört zum Vernunfterkenntniß aus Begriffen, welches philosophisch genannt wird. Aber im Raume eine Anschauung *a priori* zu bestimmen (Gestalt), die Zeit zu theilen (Dauer), oder bloß das Allgemeine der Synthesis von Einem und Demselben in der Zeit und dem Raume und die daraus entspringende Größe einer Anschauung überhaupt (Zahl) zu erkennen, das ist ein Vernunftgeschäfte durch Construction der Begriffe und heißt mathematisch.

Das große Glück, welches die Vernunft vermittelst der Mathematik macht, bringt ganz natürlicher Weise die Vermuthung zuwege, daß es, wo nicht ihr selbst, doch ihrer Methode auch außer dem Felde der Größen gelingen werde, indem sie alle Begriffe auf Anschauungen bringt, die sie *a priori* geben kann, und wodurch sie, so zu reden, Meister über die Natur wird: da hingegen reine Philosophie mit discursiven Begriffen *a priori* in der Natuur herum pfuscht, ohne die Realität derselben *a priori* anschauend und eben dadurch beglaubigt machen zu können. Auch scheint es den Meistern in dieser Kunst an dieser Zuversicht zu sich selbst und dem gemeinen Wesen an großen Erwartungen von ihrer Geschicklichkeit, wenn sie sich einmal hiemit befassen sollten, gar nicht zu fehlen. Denn da sie kaum jemals über ihre Mathematik philosophirt haben (ein schweres Geschäfte!), so kommt ihnen der specifische Unterschied des einen Vernunftgebrauchs von dem andern gar nicht in Sinn und Gedanken. Gangbare und empirisch gebrauchte Regeln, die sie von der gemeinen Vernunft borgen, gelten ihnen dann statt Axiomen. Wo ihnen die Begriffe von Raum und Zeit, womit sie sich (als den einzigen ursprünglichen Quantis) beschäftigen, herkommen mögen, daran ist ihnen gar nichts gelegen; und eben so scheint es ihnen unnütz zu sein, den Ursprung reiner Verstandesbegriffe und hiemit auch den Umfang ihrer Gültigkeit zu erforschen, sondern nur sich ihrer zu bedienen. In allem diesem thun sie ganz recht, wenn sie nur ihre angewiesene Grenze, nämlich die der N a t u r, nicht überschreiten. So aber geraten sie unvermerkt von dem Felde der Sinnlichkeit auf den unsicheren Boden reiner und selbst transscendentaler Begriffe, wo der Grund (*instabilis tellus, innabilis unda*) ihnen weder zu stehen, noch zu schwimmen erlaubt, und sich nur flüchtige Schritte thun lassen, von denen die Zeit nicht die mindeste Spur aufbehält, da hingegen ihr Gang in der Mathematik eine Heeresstraße macht, welche noch die späteste Nachkommenschaft mit Zuversicht betreten kann.

Da wir es uns zur Pflicht gemacht haben, die Grenzen der reinen Vernunft im transscendentalen Gebrauche genau und mit Gewißheit zu bestimmen, diese Art der Bestrebung aber das Besondere an sich hat, unerachtet der nachdrücklichsten und klärsten Warnungen sich noch immer durch Hoffnung hinhalten zu lassen, ehe man den Anschlag gänzlich aufgiebt, über Grenzen der Erfahrungen hinaus in die reizenden Gegenden des Intellectuellen zu gelangen: so ist es nothwendig, noch gleichsam den letzten Anker einer phantasiereichen Hoffnung wegzunehmen und zu zeigen, daß die Befolgung der mathematischen Methode in dieser Art Erkenntniß nicht den mindesten Vortheil schaffen könne, es müßte denn der sein, die Blößen ihrer selbst desto deutlicher aufzudecken: daß Meßkunst und Philosophie zwei ganz verschiedene Dinge seien, ob sie sich zwar in der Naturwissenschaft einander die Hand bieten, mithin das Verfahren des einen niemals von dem andern nachgeahmt werden könne.

Die Gründlichkeit der Mathematik beruht auf Definitionen, Axiomen, Demonstrationen. Ich werde mich damit begnügen, zu zeigen: daß keines dieser Stücke in dem Sinne, darin sie der Mathematiker nimmt, von der Philosophie könne geleistet, noch nachgeahmt werden; daß der Meßkünstler nach seiner Methode in der Philosophie nichts als Kartengebäude zu Stande bringe, der Philosoph nach der seinigen in dem Antheil der Mathematik nur ein Geschwätz erregen könne, wiewohl eben darin Philosophie besteht, seine Grenzen zu kennen, und selbst der Mathematiker, wenn das Talent desselben nicht etwa schon von der Natur begrenzt und auf sein Fach eingeschränkt ist, die Warnungen der Philosophie nicht ausschlagen, noch sich über sie wegsetzen kann.

1. Von den **Definitionen**. Definiren soll, wie es der Ausdruck selbst giebt, eigentlich nur so viel bedeuten, als den ausführlichen Begriff eines Dinges innerhalb seiner Grenzen ursprünglich darstellen*. Nach einer solchen For-

---

* Ausführlichkeit bedeutet die Klarheit und Zulänglichkeit der Merkmale; Grenzen die Präcision, daß deren nicht mehr sind, als zum ausführlichen Begriffe gehören; ursprünglich

derung kann ein empirischer Begriff gar nicht definirt, sondern nur explicirt werden. Denn da wir an ihm nur einige Merkmale von einer gewissen Art Gegenstände der Sinne haben, so ist es niemals sicher, ob man unter dem Worte, das denselben Gegenstand bezeichnet, nicht einmal mehr, das anderemal weniger Merkmale desselben denke. So kann der eine im Begriffe vom Golde sich außer dem Gewichte, der Farbe, der Zähigkeit noch die Eigenschaft, daß es nicht rostet, denken, der andere davon vielleicht nichts wissen. Man bedient sich gewisser Merkmale nur so lange, als sie zum Unterscheiden hinreichend sind; neue Bemerkungen dagegen nehmen welche weg und setzen einige hinzu, der Begriff steht also niemals zwischen sicheren Grenzen. Und wozu sollte es auch dienen, einen solchen Begriff zu definiren, da, wenn z.B. von dem Wasser und dessen Eigenschaften die Rede ist, man sich bei dem nicht aufhalten wird, was man bei dem Worte Wasser denkt, sondern zu Versuchen schreitet, und das Wort mit den wenigen Merkmalen, die ihm anhängen, nur eine Bezeichnung und nicht einen Begriff der Sache ausmachen soll, mithin die angebliche Definition nichts anders als Wortbestimmung ist. Zweitens kann auch, genau zu reden, kein *a priori* gegebener Begriffe definirt werden, z.B. Substanz, Ursache, Recht, Billigkeit etc. Denn ich kann niemals sicher sein, daß die deutliche Vorstellung eines (noch verworren) gegebenen Begriffs ausführlich entwickelt worden, als wenn ich weiß, daß dieselbe dem Gegenstande adäquat sei. Da der Begriff desselben aber, so wie er gegeben ist, viel dunkele Vorstellungen ent-

---

aber, daß diese Grenzbestimmung nicht irgend woher abgeleitet sei und also noch eines Beweises bedürfe, welches die vermeintliche Erklärung unfähig machen würde, an der Spitze aller Urtheile über einen Gegenstand zu stehen.

halten kann, die wir in der Zergliederung übergehen, ob wir sie zwar in der Anwendung jederzeit brauchen: so ist die Ausführlichkeit der Zergliederung meines Begriffs immer zweifelhaft und kann nur durch vielfältig zutreffende Beispiele vermuthlich, niemals aber apodiktisch gewiß gemacht werden. Anstatt des Ausdrucks Definition würde ich lieber den der Exposition brauchen, der immer noch behutsam bleibt, und bei dem der Kritiker sie auf einen gewissen Grad gelten lassen und doch wegen der Ausführlichkeit noch Bedenken tragen kann. Da also weder empirisch, noch *a priori* gegebene Begriffe definirt werden können, so bleiben keine andere als willkürlich gedachte übrig, an denen man dieses Kunststück versuchen kann. Meinen Begriff kann ich in solchem Falle jederzeit definiren; denn ich muß doch wissen, was ich habe denken wollen, da ich ihn selbst vorsetzlich gemacht habe, und er mir weder durch die Natur des Verstandes, noch durch die Erfahrung gegeben worden, aber ich kann nicht sagen, daß ich dadurch einen wahren Gegenstand definirt habe. Denn wenn der Begriff auf empirischen Bedingungen beruht, z.B. eine Schiffsuhr, so wird der Gegenstand und dessen Möglichkeit durch diesen willkürlichen Begriff noch nicht gegeben; ich weiß daraus nicht einmal, ob er überall einen Gegenstand habe, und meine Erklärung kann besser eine Declaration (meines Projects) als Definition eines Gegenstandes heißen. Also blieben keine andere Begriffe übrig, die zum Definiren taugen, als solche, die eine willkürliche Synthesis enthalten, welche *a priori* construirt werden kann, mithin hat nur die Mathematik Definitionen. Denn den Gegenstand, den sie denkt, stellt sie auch *a priori* in der Anschauung dar, und dieser kann sicher nicht mehr noch weniger enthalten als der Begriff, weil durch die Erklärung der Begriff von dem Gegenstande ursprünglich, d.i. ohne die Erklärung irgend wovon abzuleiten, gegeben wurde. Die deutsche Sprache hat für die Ausdrücke der Exposition, Explication, Declaration und Definition nichts mehr als das eine Wort Erklärung; und daher müssen wir schon von der Strenge der Forderung, da wir nämlich den philosophischen Erklärungen den Ehrennamen der Definition verweigerten, etwas ablassen und wollen diese ganze Anmerkung darauf einschränken, daß philosophische Definitionen nur als Expositionen gegebener, mathematische aber als Constructionen ursprünglich gemachter Begriffe, jene nur analytisch durch Zergliederung (deren Vollständigkeit nicht apodiktisch gewiß ist), diese synthetisch zu Stande gebracht werden und also den Begriff selbst machen, dagegen die ersteren ihn nur erklären. Hieraus folgt:

a) daß man es in der Philosophie der Mathematik nicht so nachthun müsse, die Definitionen voranzuschicken, als nur etwa zum bloßen Versuche. Denn da sie Zergliederungen gegebener Begriffe sind, so gehen diese Begriffe, obzwar nur noch verworren, voran, und die unvollständige Exposition geht vor der vollständigen, so daß wir aus einigen Merkmalen, die wir aus einer noch unvollendeten Zergliederung gezogen haben, manches vorher schließen können, ehe wir zur vollständigen Exposition, d.i. zur Definition, gelangt sind; mit einem Worte, daß in der Philosophie die Definition, als abgemessene Deutlichkeit, das Werk eher schließen als anfangen müsse*. Dagegen haben wir in der Mathematik gar

* Die Philosophie wimmelt von fehlerhaften Definitionen, vornehmlich solchen, die zwar wirklich Elemente zur Definition, aber noch nicht vollständig enthalten. Würde man nun eher gar nichts mit einem Begriffe anfangen können, als bis man ihn definirt hätte, so würde es gar schlecht mit allem Philosophiren stehen. Da aber,

keinen Begriff vor der Definition, als durch welche der Begriff allererst gegeben wird, sie muß also und kann auch jederzeit davon anfangen.

b) Mathematische Definitionen können niemals irren. Denn weil der Begriff durch die Definition zuerst gegeben wird, so enthält er gerade nur das, was die Definition durch ihn gedacht haben will. Aber obgleich dem Inhalte nach nichts Unrichtiges darin vorkommen kann, so kann doch bisweilen, obzwar nur selten, in der Form (der Einkleidung) gefehlt werden, nämlich in Anschung der Präcision. So hat die gemeine Erklärung der Kreislinie, daß sie eine k r u m m e Linie sei, deren alle Punkte von einem einigen (dem Mittelpunkte) gleich weit abstehen, den Fehler, daß die Bestimmung k r u m m unnöthiger Weise eingeflossen ist. Denn es muß einen besonderen Lehrsatz geben, der aus der Definition gefolgert wird und leicht bewiesen werden kann: daß eine jede Linie, deren alle Punkte von einem einigen gleich weit abstehen, krumm (kein Theil von ihr gerade) sei. Analytische Definitionen können dagegen auf vielfältige Art irren, entweder indem sie Merkmale hineinbringen, die wirklich nicht im Begriffe lagen, oder an der Ausführlichkeit ermangeln, die das Wesentliche einer Definition ausmacht, weil man der Vollständigkeit seiner Zergliederung nicht so völlig gewiß sein kann. Um deswillen läßt sich die Methode der Mathematik im Definiren in der Philosophie nicht nachahmen.

---

so weit die Elemente (der Zergliederung) reichen, immer ein guter und sicherer Gebrauch davon zu machen ist, so können auch mangelhafte Definitionen, d.i. Sätze, die eigentlich noch nicht Definitionen, aber übrigens wahr und also Annäherungen zu ihnen sind, sehr nützlich gebraucht werden. In der Mathematik gehört die Definition *ad esse*, in der Philosophie *ad melius esse*. Es ist schön, aber oft sehr schwer, dazu zu gelangen. Noch suchen die Juristen eine Definition zu ihrem Begriffe vom Recht.

2. Von den **Axiomen.** Diese sind synthetische Grundsätze *a priori* so fern sie unmittelbar gewiß sind. Nun läßt sich nicht ein Begriff mit dem anderen synthetisch und doch unmittelbar verbinden, weil, damit wir über einen Begriff hinausgehen können, ein drittes, vermittelndes Erkenntniß nöthig ist. Da nun Philosophie bloß die Vernunfterkenntniß nach Begriffen ist, so wird in ihr kein Grundsatz anzutreffen sein, der den Namen eines Atoms verdiene. Die Mathematik dagegen ist der Axiomen fähig, weil sie vermittelst der Construction der Begriffe in der Anschauung des Gegenstandes die Prädicate desselben *a priori* und unmittelbar verknüpfen kann, z.B. daß drei Punkte jederzeit in einer Ebene liegen. Dagegen kann ein synthetischer Grundsatz bloß aus Begriffen niemals unmittelbar gewiß sein, z.B. der Satz: alles, was geschieht, hat seine Ursache; da ich mich nach einem Dritten herumsehen muß, nämlich der Bedingung der Zeitbestimmung in einer Erfahrung, und nicht direct, unmittelbar aus den Begriffen allein, einen solchen Grundsatz erkennen konnte. Discursive Grundsätze sind also ganz etwas anderes als intuitive, d.i. Axiomen. Jene erfordern jederzeit noch eine Deduction, deren die letztern ganz und gar entbehren können; und da diese eben um desselben Grundes willen evident sind, welches die philosophischen Grundsätze bei aller ihrer Gewißheit doch niemals vorgeben können, so fehlt unendlich viel daran, daß irgend ein synthetischer Satz der reinen und transscendentalen Vernunft so augenscheinlich sei (wie man sich trotzig auszudrücken pflegt), als der Satz: daß zweimal zwei vier geben. Ich habe zwar in der Analytik bei der Tafel der Grundsätze des reinen Verstandes auch gewisser Axiomen der Anschauung gedacht; allein der daselbst angeführte Grundsatz war selbst kein Axiom, sondern diente nur dazu, das Principium der Möglichkeit der

Axiomen überhaupt anzugeben, und ist selbst nur ein Grundsatz aus Begriffen. Denn sogar die Möglichkeit der Mathematik muß in der Transscendentalphilosophie gezeigt werden. Die Philosophie hat also keine Axiomen und darf niemals ihre Grundsätze *a priori* so schlechthin gebieten, sondern muß sich dazu bequemen, ihre Befugniß wegen derselben durch gründliche Deduction zu rechtfertigen.

3. Von den **Demonstrationen**. Nur ein apodiktischer Beweis, so fern er intuitiv ist, kann Demonstration heißen. Erfahrung lehrt uns wohl, was dasei, aber nicht, daß es gar nicht anders sein könne. Daher können empirische Beweisgründe keinen apodiktischen Beweis verschaffen. Aus Begriffen *a priori* (im discursiven Erkenntnisse) kann aber niemals anschauende Gewißheit, d.i. Evidenz, entspringen, so sehr auch sonst das Urtheil apodiktisch gewiß sein mag. Nur die Mathematik enthält also Demonstrationen, weil sie nicht aus Begriffen, sondern der Construction derselben, d.i. der Anschauung, die den Begriffen entsprechend *a priori* gegeben werden kann, ihre Erkenntniß ableitet. Selbst das Verfahren der Algeber mit ihren Gleichungen, aus denen sie durch Reduction die Wahrheit zusammt dem Beweise hervorbringt, ist zwar keine geometrische, aber doch charakteristische Construction, in welcher man an den Zeichen die Begriffe, vornehmlich von dem Verhältnisse der Größen, in der Anschauung dargelegt und, ohne einmal auf das Heuristische zu sehen, alle Schlüsse vor Fehlern dadurch sichert, daß jeder derselben vor Augen gestellt wird. Da hingegen das philosophische Erkenntniß dieses Vortheils entbehren muß, indem es das Allgemeine jederzeit *in abstracto* (durch Begriffe) betrachten muß, indessen daß Mathematik das Allgemeine *in concreto* (in der einzelnen Anschauung) und doch durch reine Vorstellung *a priori* erwägen kann, wobei

jeder Fehltritt sichtbar wird. Ich möchte die erstern daher lieber akroamatische (discursive) Beweise nennen, weil sie sich nur durch lauter Worte (den Gegenstand in Gedanken) führen lassen, als Demonstrationen, welche, wie der Ausdruck es schon anzeigt, in der Anschauung des Gegenstandes fortgehen.

Aus allem diesem folgt nun, daß es sich für die Natur der Philosophie gar nicht schicke, vornehmlich im Felde der reinen Vernunft, mit einem dogmatischen Gange zu strotzen und sich mit den Titeln und Bändern der Mathematik auszuschmücken, in deren Orden sie doch nicht gehört, ob sie zwar auf schwesterliche Vereinigung mit derselben zu hoffen alle Ursache hat. Jene sind eitele Anmaßungen, die niemals gelingen können, vielmehr ihre Absicht rückgängig machen müssen, die Blendwerke einer ihre Grenzen verkennenden Vernunft zu entdecken und vermittelst hinreichender Aufklärung unserer Begriffe den Eigendünkel der Speculation auf das bescheidene, aber gründliche Selbsterkenntniß zurückzuführen. Die Vernunft wird also in ihren transscendentalen Versuchen nicht so zuversichtlich vor sich hinsehen können, gleich als wenn der Weg, den sie zurückgelegt hat, so ganz gerade zum Ziele führe, und auf ihre zum Grunde gelegte Prämissen nicht so muthig rechnen können, daß es nicht nöthig wäre, öfters zurück zu sehen und Acht zu haben, ob sich nicht etwa im Fortgange der Schlüsse Fehler entdecken, die in den Principien übersehen worden und es nöthig machen, sie entweder mehr zu bestimmen, oder ganz abzuändern.

Ich theile alle apodiktische Sätze (sie mögen nun erweislich oder auch unmittelbar gewiß sein) in Dogmata und Mathemata ein. Ein direct synthetischer Satz aus Begriffen ist ein Dogma; hingegen ein dergleichen Satz durch Construction der Begriffe ist ein M a t h e m a . Analytische Urtheile lehren uns eigentlich nichts m e h r vom Gegenstande, als was der Begriff, den wir von ihm haben, schon in sich enthält, weil sie die Erkenntniß über den Begriff des Subjects nicht erweitern, sondern diesen nur erläutern. Sie können daher nicht füglich Dogmen heißen (welches Wort man vielleicht durch L e h r s p r ü c h e übersetzen könnte). Aber unter den gedachten zwei Arten synthetischer Sätze *a priori* können nach dem gewöhnlichen Redegebrauch nur die zum philosophischen Erkenntnisse gehörige diesen Namen führen, und man würde schwerlich die Sätze der Rechenkunst oder Geometrie Dogmata nennen. Also bestätigt dieser Gebrauch die Erklärung, wie wir gaben, daß nur Urtheile aus Begriffen und nicht die aus der Construction der Begriffe dogmatisch heißen können.

Nun enthält die ganze reine Vernunft in ihrem bloß speculativen Gebrauche nicht ein einziges direct synthetisches Urtheil aus Begriffen. Denn durch Ideen ist sie, wie wir gezeigt haben, gar keiner synthetischer Urtheile, die objective Gültigkeit hätten, fähig; durch Verstandesbegriffe aber errichtet sie zwar sichere Grundsätze, aber gar nicht direct aus Begriffen, sondern immer nur indirect durch Beziehung dieser Begriffe auf etwas ganz Zufälliges, nämlich m ö g l i c h e E r f a h r u n g ; da sie denn, wenn diese (etwas als Gegenstand möglicher Erfahrungen) vorausgesetzt wird, allerdings apodiktisch gewiß sind, an sich selber aber (direct) *a priori* gar nicht einmal erkannt werden können. So kann niemand den Satz: alles, was geschieht, hat seine Ursache, aus diesen gegebenen Begriffen allein gründlich einsehen. Daher ist er kein Dogma, ob er gleich in einem anderen Gesichtspunkte, nämlich dem einzigen Felde seines möglichen Gebrauchs, d.i. der Erfahrung, ganz wohl und apodiktisch bewiesen werden kann. Er heißt aber Grundsatz und nicht Lehrsatz, ob er gleich bewiesen werden muß, darum weil er die besondere Eigenschaft hat, daß er seinen Beweisgrund, nämlich Erfahrung, selbst zuerst möglich macht und bei dieser immer vorausgesetzt werden muß.

Giebt es nun im speculativen Gebrauche der reinen Vernunft auch dem Inhalte nach gar keine Dogmate, so ist alle dogmatische Methode, sie mag nun dem Mathematiker abgeborgt sein, oder eine eigenthümliche Manier werden sollen, für sich unschicklich. Denn sie verbirgt nur die Fehler und Irrthümer und täuscht die Philosophie, deren eigentliche Absicht ist, alle Schritte der Vernunft in ihrem klärsten Lichte sehen zu lassen. Gleichwohl kann die Methode immer systematisch sein. Denn unsere Vernunft (subjectiv) ist selbst ein System, aber in ihrem reinen Gebrauche, vermittelst bloßer Begriffe, nur ein System der Nachforschung nach Grundsätzen der Einheit, zu welcher Erfahrung allein den Stoff hergeben kann. Von der eigenthümlichen Methode einer Transscendentalphilosophie läßt sich aber hier nichts sagen, da wir es nur mit einer Kritik unserer Vermögensumstände zu thun haben, ob wir überall bauen, und wie hoch wir wohl unser Gebäude aus dem Stoffe, den wir haben (den reinen Begriffen *a priori*), aufführen können.

Des ersten Hauptstücks
Zweiter Abschnitt.

Die Disciplin der reinen Vernunft in Ansehung ihres polemischen Gebrauchs.

Die Vernunft muß sich in allen ihren Unternehmungen der Kritik unterwerfen und kann der Freiheit derselben durch kein Verbot Abbruch thun, ohne sich selbst zu schaden und einen ihr nachtheiligen Verdacht auf sich zu ziehen. Da ist nun nichts so wichtig in Ansehung des Nutzens, nichts so heilig, das sich dieser prüfenden und musternden Durchsuchung, die kein Ansehen der Person kennt, entziehen dürfte. Auf dieser Freiheit beruht sogar die Existenz der Vernunft, die kein dictatorisches Ansehen hat, sondern deren Ausspruch jederzeit nichts als die Einstimmung freier Bürger ist, deren jeglicher seine Bedenklichkeiten, ja sogar sein *veto* ohne Zurückhalten muß äußern können.

Ob nun aber gleich die Vernunft sich der Kritik niemals verweigern kann, so hat sie doch nicht jederzeit Ursache, sie zu scheuen. Aber die reine Vernunft in ihrem dogmatischen (nicht mathematischen) Gebrauche ist sich nicht so sehr der genauesten Beobachtung ihrer obsteren Gesetze bewußt, daß sie nicht mit Blödigkeit, ja mit gänzlicher Ablegung alles angemaßten dogmatischen Ansehens vor dem kritischen Auge einer höheren und richterlichen Vernunft erscheinen müßte.

Ganz anders ist es bewandt, wenn sie es nicht mit der Censur des Richters, sondern den Ansprüchen ihres Mitbürgers zu thun hat und sich dagegen bloß vertheidigen soll. Denn da diese eben sowohl dogmatisch sein wollen, obzwar im Verneinen, als jene im Bejahen: so findet eine Rechtfertigung και ανϑρφπον statt, die wider alle Beeinträchtigung sichert und einen titulirten Besitz verschafft, der keine fremde Anmaßungen scheuen darf, ob er gleich selbst και αληϑειαν nicht hinreichend bewiesen werden kann.

Unter dem polemischen Gebrauche der reinen Vernunft verstehe ich nun die Vertheidigung ihrer Sätze gegen die dogmatischen Verneinungen derselben. Hier kommt es nun nicht darauf an, ob ihre Behauptungen nicht vielleicht auch falsch sein möchten, sondern nur, daß niemand das Gegentheil jemals mit apodiktischer Gewißheit (ja auch nur mit größerem Scheine) behaupten könne. Denn wir sind alsdann doch nicht bittweise in unserem Besitz, wenn wir einen, obzwar nicht hinreichenden Titel derselben vor uns haben, und es völlig gewiß ist, daß niemand die Unrechtmäßigkeit dieses Besitzes jemals beweisen könne.

Es ist etwas Bekümmerndes und Niederschlagendes, daß es überhaupt eine Antithetik der reinen Vernunft geben und diese, die doch den obersten Gerichtshof über alle Streitigkeiten vorstellt, mit sich selbst in Streit gerathen soll. Zwar hatten wir oben eine solche scheinbare Antithetik derselben vor uns; aber es zeigte sich, daß sie auf einem Mißverstande beruhte, da man nämlich dem gemeinen Vorurtheile gemäß Erscheinungen für Sachen an sich selbst nahm und dann eine absolute Vollständigkeit ihrer Synthesis auf eine oder andere Art (die aber auf beiderlei Art gleich unmöglich war) verlangte, welches aber von Erscheinungen gar nicht erwartet werden kann. Es war also damals kein wirklicher W i d e r s p r u c h d e r V e r n u n f t mit ihr selbst bei den Sätzen: die Reihe a n s i c h g e g e b e n e r Erscheinungen hat einen absolut ersten Anfang, und: diese Reihe ist schlechthin und a n s i c h s e l b s t ohne allen Anfang; denn beide Sätze bestehen gar wohl zusammen, weil E r s c h e i n u n g e n nach ihrem Dasein (als Erscheinungen) a n s i c h s e l b s t gar nichts, d.i. etwas Widersprechendes, sind, und also deren Voraussetzung natürlicher Weise widersprechende Folgerungen nach sich ziehen muß.

Ein solcher Mißverstand kann aber nicht vorgewandt und dadurch der Streit der Vernunft beigelegt werden, wenn etwa theistisch behauptet würde: e s i s t e i n h ö c h s t e s W e s e n , und dagegen atheistisch: e s i s t k e i n h ö c h s t e s

Wesen; oder in der Psychologie: alles, was denkt, ist von absoluter beharrlicher Einheit und also von aller vergänglichen materiellen Einheit unterschieden, welchem ein anderer entgegensetzte: die Seele ist nicht immaterielle Einheit und kann von der Vergänglichkeit nicht ausgenommen werden. Denn der Gegenstand der Frage ist hier von allem Fremdartigen, das seiner Natur widerspricht, frei, und der Verstand hat es nur mit Sachen an sich selbst und nicht mit Erscheinungen zu thun. Es würde also hier freilich ein wahrer Widerstreit anzutreffen sein, wenn nur die reine Vernunft auf der verneinenden *Seite* etwas zu sagen hätte, was dem Grunde *einer Behauptung* nahe käme; denn was die Kritik der Beweisgründe des dogmatisch Bejahenden betrifft, die kann man ihm sehr wohl einräumen, ohne darum diese Sätze aufzugeben, die doch wenigstens das Interesse der Vernunft für sich haben, darauf sich der *Gegner* gar nicht *berufen kann*.

Ich bin zwar nicht der Meinung, welche vortreffliche und nachdenkende Männer (z. B. Sulzer) so oft geäußert haben, da sie die Schwäche der bisherigen Beweise fühlten: daß man hoffen könne, man werde dereinst noch evidente Demonstrationen der zwei Cardinalsätze unserer reinen Vernunft: es ist ein Gott, es ist ein künftiges Leben, erfinden. Vielmehr bin ich gewiß, daß dieses niemals geschehen werde. Denn wo will die Vernunft den Grund zu solchen synthetischen Behauptungen, die sich nicht auf Gegenstände der Erfahrung und deren innere Möglichkeit beziehen, hernehmen? Aber es ist auch apodiktisch gewiß, daß niemals irgend ein Mensch auftreten werde, der das Gegentheil mit dem mindesten Scheine, geschweige dogmatisch behaupten könne. Denn weil er dieses doch bloß durch reine Vernunft darthun könnte, so müßte er es unternehmen, zu beweisen: daß ein höchstes Wesen, daß das in uns denkende Subject als reine Intelligenz u n m ö g l i c h sei. Wo will er aber die Kenntnisse hernehmen, die ihn, von Dingen über alle mögliche Erfahrung hinaus so synthetisch zu urtheilen, berechtigten? Wir können also darüber ganz unbekümmert sein, daß uns jemand das Gegentheil einstens beweisen werde, daß wir darum eben nicht nöthig haben, auf schulgerechte Beweise zu sinnen, sondern immerhin diejenigen Sätze annehmen können, welche mit dem speculativen Interesse unserer Vernunft im empirischen Gebrauch ganz wohl zusammenhängen und überdem es mit dem praktischen Interesse zu vereinigen die einzigen Mittel sind. Für den Gegner (der hier nicht bloß als Kritiker betrachtet werden muß) haben wir unser *non liquet* in Bereitschaft, welches ihn unfehlbar verwirren muß, indessen daß wir die Retorsion desselben auf uns nicht weigern, indem wir die subjective Maxime der Vernunft beständig im Rückhalte haben, die dem *Gegner n*othwendig fehlt, und unter deren Schutz wir alle seine Luftstreiche mit Ruhe und Gleichgültigkeit ansehen können.

Auf solche Weise giebt es eigentlich gar keine Antithetik der reinen Vernunft. Denn der einzige Kampfplatz für sie würde auf dem Felde der reinen Theologie und Psychologie zu suchen sein; dieser Boden aber trägt keinen Kämpfer in seiner ganzen Rüstung und mit Waffen, die zu fürchten wären. Er kann nur mit Spott oder Großsprecherei auftreten, welches als ein Kinderspiel belacht werden kann. Das ist eine tröstende Bemerkung, die der Vernunft wieder Muth giebt; denn worauf wollte sie sich sonst verlassen, wenn sie, die allein alle Irrungen abzuthun berufen ist, in sich selbst zerrüttet wäre, ohne Frieden und ruhigen Besitz hoffen zu können? Alles, was die Natur selbst anordnet, ist zu irgend einer Absicht gut. Selbst Gifte dienen dazu, andere Gifte, welche sich in unseren eigenen Säften erzeugen, zu überwältigen, und dürfen daher in einer vollständigen Sammlung von Heilmitteln (Officin) nicht fehlen.

Die Einwürfe wider die Überredungen und den Eigendünkel unserer bloß speculativen Vernunft sind selbst durch die Natur dieser Vernunft aufgegeben und müssen also ihre gute Bestimmung und Absicht haben, die man nicht in den Wind schlagen muß. Wozu hat uns die Vorsehung manche Gegenstände, ob sie gleich mit unserem höchsten Interesse zusammenhängen, so hoch gestellt, daß uns fast nur vergönnt ist, sie in einer undeutlichen und von uns selbst bezweifelten Wahrnehmung anzutreffen, dadurch ausspähende Blicke mehr gereizt als befriedigt werden? Ob es nützlich sei, in Ansehung solcher Aussichten dreiste Bestimmungen zu wagen, ist wenigstens zweifelhaft, vielleicht gar schädlich. Allemal aber und ohne allen Zweifel ist es nützlich, die forschende sowohl als prüfende Vernunft in völlige Freiheit zu versetzen, damit sie ungehindert ihr eigen Interesse besorgen könne, welches eben so wohl dadurch befördert wird, daß sie ihren Einsichten Schranken setzt, als daß sie solche erweitert, und welches allemal leidet, wenn sich fremde Hände einmengen, um sie wider ihren natürlichen Gang nach erzwungenen Absichten zu lenken.

Lasset demnach euren Gegner nur Vernunft zeigen, und bekämpfet ihn bloß mit Waffen der Vernunft. Übrigens seid wegen der guten Sache (des praktischen Interesse) außer Sorgen, denn die kommt im bloß speculativen Streite niemals mit ins Spiel. Der Streit entdeckt alsdann nichts, als eine gewisse Antinomie der Vernunft, die, da sie auf ihrer Natur beruht, nothwendig angehört und geprüft werden muß. Er cultivirt dieselbe durch Betrachtung ihres Gegenstandes auf zwei Seiten und berichtigt ihr Urtheil dadurch, daß er solches einschränkt. Das, was hiebei streitig wird, ist nicht die Sache, sondern der Ton. Denn es bleibt euch noch genug übrig, um die vor der schärfsten Vernunft gerechtfertigte Sprache eines festen Glaubens zu sprechen, wenn ihr gleich die des Wissens habt aufgeben müssen.

Wenn man den kaltblütigen, zum Gleichgewichte des Urtheils eigentlich geschaffenen David Hume fragen sollte: was bewog euch, durch mühsam ergrübelte Bedenklichkeiten die für den Menschen so tröstliche und nützliche Überredung, daß ihre Vernunfteinsicht zur Behauptung und zum bestimmten Begriff eines höchsten Wesens zulange, zu untergraben?, so würde er antworten: nichts als die Absicht, die Vernunft in ihrer Selbsterkenntniß weiter zu bringen und zugleich ein gewisser Unwille über den Zwang, den man der Vernunft anthun will, indem man mit ihr groß thut und sie zugleich hindert, ein freimüthiges Geständniß ihrer Schwächen abzulegen, die ihr bei der Prüfung ihrer selbst offenbar werden. Fragt ihr dagegen den den Grundsätzen des empirischen Vernunftgebrauchs allein ergebenen und aller transscendenten Speculation abgeneigten Priestley, was er für Bewegungsgründe gehabt habe, unserer Seele Freiheit und Unsterblichkeit (die Hoffnung des künftigen Lebens ist bei ihm nur die Erwartung eines Wunders der Wiedererweckung), zwei solche Grundpfeiler aller Religion, niederzureißen, er, der selbst ein frommer und eifriger Lehrer der Religion ist: so würde er nichts andres antworten können als: das Interesse der Vernunft, welche dadurch verliert, daß man gewisse Gegenstände den Gesetzen der materiellen Natur, den einzigen, die wir genau kennen und bestimmen können, entziehen will. Es würde unbillig scheinen, den letzteren, der seine paradoxe Behauptung mit der Religionsabsicht zu vereinigen weiß, zu verschreien und einem wohldenkenden Manne wehe zu thun, weil er sich nicht zurechte finden kann, so bald er sich aus dem Felde der Naturlehre verloren hatte. Aber diese Gunst muß dem nicht minder gutgesinnten und seinem sittlichen Charakter nach untadelhaften H u m e eben so wohl zu Statten kommen, der seine abgezogene Speculation darum nicht verlassen kann, weil er mit Recht dafür hält, daß ihr Gegenstand ganz außerhalb den Grenzen der Naturwissenschaft, im Felde reiner Ideen liege.

Was ist nun hiebei zu thun, vornehmlich in Ansehung der Gefahr, die daraus dem gemeinen Besten zu drohen scheint? Nichts ist natürlicher, nichts billiger als die Entschließung, die ihr deshalb zu nehmen habt. Laßt diese Leute nur machen; wenn sie Talent, wenn sie tiefe und neue Nachforschung, mit einem Worte, wenn sie nur Vernunft zeigen, so gewinnt jederzeit die Vernunft. Wenn ihr andere Mittel ergreift, als die einer zwangslosen Vernunft, wenn ihr über Hochverrat schreiet, das gemeine Wesen, das sich auf so subtile Bearbeitung gar nicht versteht, gleichsam als zum Feuerlöschen zusammen ruft, so macht ihr euch lächerlich. Denn es ist die Rede gar nicht davon, was dem gemeinen Besten hierunter vortheilhaft oder nachtheilig sei, sondern nur, wie weit die Vernunft es wohl in ihrer von allem Interesse abstrahirenden Speculation bringen könne, und ob man auf diese überhaupt etwas rechnen, oder sie lieber gegen das Praktische gar aufgeben müsse. Anstatt also mit dem Schwerte drein zu schlagen, so sehet vielmehr von dem sicheren Sitze der Kritik diesem Streite geruhig zu, der für die Kämpfenden mühsam, für euch unterhaltend und bei einem gewiß unblutigen Ausgange für eure Einsichten ersprießlich ausfallen muß. Denn es ist sehr was Ungereimtes, von der Vernunft Aufklärung zu erwarten und ihr doch vorher vorzuschreiben, auf welche Seite sie nothwendig ausfallen müsse. Überdem wird Vernunft schon von selbst durch Vernunft so wohl gebändigt und in Schranken gehalten, daß ihr gar nicht nöthig habt, Scharwachen aufzubieten, um demjenigen Theile, dessen besorgliche Obermacht euch gefährlich scheint, bürgerlichen Widerstand entgegen zu setzen. In dieser Dialektik giebts keinen Sieg, über den ihr besorgt zu sein Ursache hättet.

Auch bedarf die Vernunft gar sehr eines solchen Streits, und es wäre zu wünschen, daß er eher und mit uneingeschränkter öffentlicher Erlaubniß wäre geführt worden. Denn um desto früher wäre eine reife Kritik zu Stande gekommen, bei deren Erscheinung alle diese Streithändel von selbst wegfallen müssen, indem die Streitenden ihre Verblendung und Vorurtheile, welche sie veruneinigt haben, einsehen lernen.

Es giebt eine gewisse Unlauterkeit in der menschlichen Natur, die am Ende doch wie alles, was von der Natur kommt, eine Anlage zu guten Zwecken enthalten muß, nämlich eine Neigung, seine wahre Gesinnungen zu verhehlen und gewisse angenommene, die man für gut und rühmlich hält, zur Schau zu tragen. Ganz gewiß haben die Menschen durch diesen Hang, sowohl sich zu verhehlen, als auch einen ihnen vortheilhaften Schein anzunehmen, sich nicht bloß c i v i l i s i r t , sondern nach und nach in gewisser Maße m o r a l i s i r t , weil keiner durch die Schminke der Anständigkeit, Ehrbarkeit und Sittsamkeit durchdringen konnte, also an vermeintlich ächten Beispielen des Guten, die er um sich sah, eine Schule der Besserung für sich selbst fand. Allein diese Anlage, sich besser zu stellen, als man ist, und Gesinnungen zu äußern, die man nicht hat, dient nur gleichsam p r o v i s o r i s c h dazu, um den Menschen aus der Rohigkeit zu bringen und ihn zuerst wenigstens die Manier des Guten, das er kennt, annehmen zu lassen; denn nachher, wenn die ächten Grundsätze einmal entwickelt und in die Denkungsart übergegangen sind, so muß jene Falschheit nach und nach kräftig bekämpft werden, weil sie sonst das Herz verdirbt und gute Gesinnungen unter dem Wucherkraute des schönen Scheins nicht aufkommen läßt.

Es thut mir leid, eben dieselbe Unlauterkeit, Verstellung und Heuchelei sogar in den Äußerungen der speculativen Denkungsart wahrzunehmen, worin doch Menschen, das Geständniß ihrer Gedanken billigermaßen offen und unverhohlen zu entdecken, weit weniger Hindernisse und gar keinen Vortheil haben. Denn was kann den Einsichten nachtheiliger sein, als sogar bloße Gedanken verfälscht einander mitzutheilen, Zweifel, die wir wider unsere eigene Behauptungen fühlen, zu verhehlen, oder Beweisgründen, die uns selbst nicht genugthun, einen Anstrich von Evidenz zu geben? So lange indessen bloß die Privateitelkeit diese geheimen Ränke anstiftet (welches in speculativen Urtheilen, die kein besonderes Interesse haben und nicht leicht einer apodiktischen Gewißheit fähig sind, gemeiniglich der Fall ist), so widersteht denn doch die Eitelkeit anderer mit öffentlicher Genehmigung, und die Sachen kommen zuletzt dahin, wo die lauteste Gesinnung und Aufrichtigkeit, obgleich weit früher, sie hingebracht haben würde. Wo aber das gemeine Wesen dafür hält, daß spitzfindige Vernünftler mit nichts minderem umgehen, als die Grundfeste der öffentlichen Wohlfahrt wankend zu machen, da scheint es nicht allein der Klugheit gemäß, sondern auch erlaubt und wohl gar rühmlich, der guten Sache eher durch Scheingründe zu Hülfe zu kommen, als den vermeintlichen Gegnern derselben auch nur den Vortheil zu lassen, unsern Ton zur Mäßigung einer bloß praktischen

Überzeugung herabzustimmen und uns zu nöthigen, den Mangel der speculativen und apodiktischen Gewißheit zu gestehen. Indessen sollte ich denken, daß sich mit der Absicht, eine gute Sache zu behaupten, in der Welt wohl nichts übler als Hinterlist, Verstellung und Betrug vereinigen lasse. Daß es in der Abwiegung der Vernunftgründe einer bloßen Speculation alles ehrlich zugehen müsse, ist wohl das Wenigste, was man fordern kann. Könnte man aber auch nur auf dieses Wenige sicher rechnen, so wäre der Streit der speculativen Vernunft über die wichtigen Fragen von Gott, der Unsterblichkeit (der Seele) und der Freiheit entweder längst entschieden, oder würde sehr bald zu Ende gebracht werden. So steht öfters die Lauterkeit der Gesinnung im umgekehrten Verhältnisse der Gutartigkeit der Sache selbst, und diese hat vielleicht mehr aufrichtige und redliche Gegner als Vertheidiger.

Ich setze also Leser voraus, die keine gerechte Sache mit Unrecht vertheidigt wissen wollen. In Ansehung deren ist es nun entschieden, daß nach unseren Grundsätzen der Kritik, wenn man nicht auf dasjenige sieht, was geschieht, sondern was billig geschehen sollte, es eigentlich gar keine Polemik der reinen Vernunft geben müsse. Denn wie können zwei Personen einen Streit über eine Sache führen, deren Realität keiner von beiden in einer wirklichen, oder auch nur möglichen Erfahrung darstellen kann, über deren Idee er allein brütet, um aus ihr etwas m e h r als Idee, nämlich die Wirklichkeit des Gegenstandes selbst, herauszubringen? Durch welches Mittel wollen sie aus dem Streite herauskommen, da keiner von beiden seine Sache geradezu begreiflich und gewiß machen, sondern nur die seines Gegners angreifen und widerlegen kann? Denn dieses ist das Schicksal aller Behauptungen der reinen Vernunft: daß, da sie über die Bedingungen aller möglichen Erfahrung hinausgehen, außerhalb welchen kein Document der Wahrheit irgendwo angetroffen wird, sich aber gleichwohl der Verstandesgesetze, die bloß zum empirischen Gebrauch bestimmt sind, ohne die sich aber kein Schritt im synthetischen Denken thun läßt, bedienen müssen, sie dem Gegner jederzeit Blößen geben und sich gegenseitig die Blöße ihres Gegners zu nutze machen können.

Man kann die Kritik der reinen Vernunft als den wahren Gerichtshof für alle Streitigkeiten derselben ansehen; denn sie ist in die letzteren, als welche auf Objecte unmittelbar gehen, nicht mit verwickelt, sondern ist dazu gesetzt, die Rechtsame der Vernunft überhaupt nach den Grundsätzen ihrer ersten Institution zu bestimmen und zu beurtheilen.

Ohne dieselbe ist die Vernunft gleichsam im Stande der Natur und kann ihre Behauptungen und Ansprüche nicht anders geltend machen oder sichern, als durch Krieg. Die Kritik dagegen, welche alle Entscheidungen aus den Grundregeln ihrer eigenen Einsetzung hernimmt, deren Ansehen keiner bezweifeln kann, verschafft uns die Ruhe eines gesetzlichen Zustandes, in welchem wir unsere Streitigkeit nicht anders führen sollen, als durch Proceß. Was die Händel in dem ersten Zustande endigt, ist ein Sieg, dessen sich beide Theile rühmen, auf den mehrentheils ein nur unsicherer Friede folgt, den die Obrigkeit stiftet, welche sich ins Mittel legt, im zweiten aber die Sentenz, die, weil sie hier die Quelle der Streitigkeiten selbst trifft, einen ewigen Frieden gewähren muß. Auch nöthigen die endlosen Streitigkeiten einer bloß dogmatischen Vernunft, endlich in irgend einer Kritik dieser Vernunft selbst und in einer Gesetzgebung, die sich auf sie gründet, Ruhe zu suchen; so wie Hobbes behauptet: der Stand der Natur sei ein Stand des Unrechts und der Gewaltthätigkeit, und man müsse ihn nothwendig verlassen, um sich dem gesetzlichen Zwange zu unterwerfen, der allein unsere Freiheit dahin einschränkt, daß sie mit jedes anderen Freiheit und eben dadurch mit dem gemeinen Besten zusammen bestehen könne.

Zu dieser Freiheit gehört denn auch die, seine Gedanken, seine Zweifel, die man sich nicht selbst auflösen kann, öffentlich zur Beurtheilung auszustellen, ohne darüber für einen unruhigen und gefährlichen Bürger verschrieen zu werden. Dies liegt schon in dem ursprünglichen Rechte der menschlichen Vernunft, welche keinen anderen Richter erkennt, als selbst wiederum die allgemeine Menschenvernunft, worin ein jeder seine Stimme hat; und da von dieser alle Besserung, deren unser Zustand fähig ist, herkommen muß, so ist ein solches Recht heilig und darf nicht geschmälert werden. Auch ist es sehr unweise, gewisse gewagte Behauptungen oder vermessene Angriffe auf die, welche schon die Beistimmung des größten und besten Theils des gemeinen Wesens auf ihrer Seite haben, für gefährlich auszuschreien; denn das heißt, ihnen eine Wichtigkeit geben, die sie garnicht haben sollten. Wenn ich höre, daß ein nicht gemeiner Kopf die Freiheit des menschlichen Willens, die Hoffnung eines künftigen Lebens und das Dasein Gottes wegdemonstrirt haben solle, so bin ich begierig, das Buch zu lesen, denn ich erwarte von seinem Talent, daß er meine Einsichten weiterbringen werde. Das weiß ich schon zum voraus völlig gewiß, daß er nichts von allem diesem wird geleistet haben; nicht darum weil ich etwa schon im Besitze unbezwinglicher Beweise dieser wichtigen Sätze zu sein glaubte, sondern weil mich die transscendentale Kritik, die mir den ganzen Vorrath unserer reinen Vernunft aufdeckte, völlig überzeugt hat, daß, so wie sie zu bejahenden Behauptungen in diesem Felde ganz unzulänglich ist, so wenig und noch weniger werde sie wissen, um über diese Fragen etwas verneinend behaupten zu können. Denn wo will der angebliche Freigeist seine Kenntniß hernehmen, daß es z.B. kein höchstes Wesen gebe? Dieser Satz liegt außerhalb dem Felde möglicher Erfahrung und darum auch außer den Grenzen aller menschlichen Einsicht. Den dogmatischen Vertheidiger der guten Sache gegen diesen Feind würde ich gar nicht lesen, weil ich zum voraus weiß, daß er nur darum die Scheingründe des anderen angreifen werde, um seinen eigenen Eingang zu verschaffen, überdem ein alltägiger Schein doch nicht so viel Stoff zu neuen Bemerkungen giebt, als ein befremdlicher und sinnreich ausgedachter. Hingegen würde der nach seiner Art auch dogmatische Religionsgegner meiner Kritik gewünschte Beschäftigung und Anlaß zu mehrerer Berichtigung ihrer Grundsätze geben, ohne daß seinetwegen im mindesten etwas zu befürchten wäre.

Aber die Jugend, welche dem akademischen Unterrichte anvertrauet ist, soll doch wenigstens vor dergleichen Schriften gewarnt und von der frühen Kenntniß so gefährlicher Sätze abgehalten werden, ehe ihre Urtheilskraft gereift, oder vielmehr die Lehre, welche man in ihnen gründen will, fest gewurzelt ist, um aller Überredung zum Gegentheil, woher sie auch kommen möge, kräftig zu widerstehen!

Müßte es bei dem dogmatischen Verfahren in Sachen der reinen Vernunft bleiben, und die Abfertigung der Gegner eigentlich polemisch, d.i. so beschaffen sein, daß man sich ins Gefecht einließe und mit Beweisgründen zu entgegengesetzten Behauptungen bewaffnete, so wäre freilich nichts rathsamer *vor der Hand*, aber zugleich nichts eiteler und fruchtloser *auf die Dauer*, als die Vernunft der Jugend eine Zeit lang unter Vormundschaft zu setzen und wenigstens so lange vor Verführung zu bewahren. Wenn aber in der Folge entweder Neugierde, oder der Modeton des Zeitalters ihr dergleichen Schriften in die Hände spielen: wird alsdann jene jugendliche Überredung noch Stich halten? Derjenige, der nichts als dogmatische Waffen mitbringt, um den Angriffen seines Gegners zu widerstehen, und die verborgene Dialektik, die nicht minder in seinem eigenen Busen, als in dem des Gegentheils liegt, nicht zu entwickeln weiß, sieht Scheingründe, die den Vorzug der Neuigkeit haben, gegen Scheingründe, welche dergleichen nicht mehr haben, sondern vielmehr den Verdacht einer mißbrauchten Leichtgläubigkeit der Jugend erregen, auftreten. Er glaubt nicht besser zeigen zu können, daß er der Kinderzucht entwachsen sei, als wenn er sich über jene wohlgemeinte Warnung wegsetzt; und, dogmatisch gewohnt, trinkt er das Gift, das seine Grundsätze dogmatisch verdirbt, in langen Zügen in sich.

Gerade das Gegentheil von dem, was man hier anräth, muß in der akademischen Unterweisung geschehen, aber freilich nur unter der Voraussetzung eines gründlichen Unterrichts in der Kritik der reinen Vernunft. Denn um die Principien derselben so früh als möglich in Ausübung zu bringen und ihre Zulänglichkeit bei dem größten dialektischen Scheine zu zeigen, ist es durchaus nöthig, die für den Dogmatiker so furchtbaren Angriffe wider seine, obzwar noch schwache, aber durch Kritik aufgeklärte Vernunft zu richten und ihn den Versuch machen zu lassen, die grundlosen Behauptungen des Gegners Stück für Stück an jenen Grundsätzen zu prüfen. Es kann ihm gar nicht schwer werden, sie in lauter Dunst aufzulösen, und so fühlt er frühzeitig seine eigene Kraft, sich wider dergleichen schädliche Blendwerke, die für ihn zuletzt allen Schein verlieren müssen, völlig zu sichern. Ob nun zwar eben dieselbe Streiche, die das

Gebäude des Feindes niederschlagen, auch seinem eigenen speculativen Bauwerke, wenn er etwa dergleichen zu errichten gedächte, eben so verderblich sein müssen: so ist er darüber doch gänzlich unbekümmert, indem er es gar nicht bedarf, darin zu wohnen, sondern noch eine Aussicht in das praktische Feld vor sich hat, wo er mit Grunde einen festeren Boden hoffen kann, um darauf sein vernünftiges und heilsames System zu errichten.

So giebts demnach keine eigentliche Polemik im Felde der reinen Vernunft. Beide Theile sind Luftfechter, die sich mit ihrem Schatten herumbalgen, denn sie gehen über die Natur hinaus, wo für ihre dogmatischen Griffe nichts vorhanden ist, was sich fassen und halten ließe. Sie haben gut kämpfen; die Schatten, die sie zerhauen, wachsen wie die Helden in Walhalla in einem Augenblicke wiederum zusammen, um sich aufs neue in unblutigen Kämpfen belustigen zu können.

Es giebt aber auch keinen zulässigen sceptischen Gebrauch der reinen Vernunft, welchen man den Grundsatz der Neutralität bei allen ihren Streitigkeiten nennen könnte. Die Vernunft wider sich selbst zu verhetzen, ihr auf beiden Seiten Waffen zu reichen und alsdann ihrem hitzigsten Gefechte ruhig und spöttisch zuzusehen, sieht aus einem dogmatischen Gesichtspunkte nicht wohl aus, sondern hat das Ansehen einer schadenfrohen und hämischen Gemüthsart an sich. Wenn man indessen die unbezwingliche Verblendung und das Großthun der Vernünftler, die sich durch keine Kritik will mäßigen lassen, ansieht, so ist doch wirklich kein anderer Rath, als der Großsprecherei auf einer Seite eine andere, welche auf eben dieselben Rechte fußt, entgegen zu setzen, damit die Vernunft durch den Widerstand eines Feindes wenigstens nur stutzig gemacht werde, um in ihre Anmaßungen einigen Zweifel zu setzen und der

Kritik Gehör zu geben. Allein es bei diesen Zweifeln gänzlich bewenden zu lassen und es darauf auszusetzen, die Überzeugung und das Geständniß seiner Unwissenheit nicht bloß als ein Heilmittel wider den dogmatischen Eigendünkel, sondern zugleich als die Art, den Streit der Vernunft mit sich selbst zu beendigen, empfehlen zu wollen, ist ein ganz vergeblicher Anschlag und kann keinesweges dazu tauglich sein, der Vernunft einen Ruhestand zu verschaffen, sondern ist höchstens nur ein Mittel, sie aus ihrem süßen dogmatischen Traume zu erwecken, um ihren Zustand in sorgfältigere Prüfung zu ziehen. Da indessen diese sceptische Manier, sich aus einem verdrießlichen Handel der Vernunft zu ziehen, gleichsam der kurze Weg zu sein scheint, zu einer beharrlichen philosophischen Ruhe zu gelangen, wenigstens die Heeresstraße, welche diejenigen gern einschlagen, die sich in einer spöttischen Verachtung aller Nachforschungen dieser Art ein philosophisches Ansehen zu geben meinen, so finde ich es nöthig, diese Denkungsart in ihrem eigenthümlichen Lichte darzustellen.

Von der Unmöglichkeit einer sceptischen Befriedigung der mit sich selbst veruneinigten reinen Vernunft.

Das Bewußtsein meiner Unwissenheit (wenn diese nicht zugleich als nothwendig erkannt wird), statt daß es meine Untersuchungen endigen sollte, ist vielmehr die eigentliche Ursache, sie zu erwecken. Alle Unwissenheit ist entweder die der Sachen, oder der Bestimmung und Grenzen meiner Erkenntniß. Wenn die Unwissenheit nun zufällig ist, so muß sie mich antreiben, im ersteren Falle den Sachen (Gegenständen) dogmatisch, im zweiten den Grenzen meiner möglichen Erkenntniß k r i t i s c h nachzuforschen. Daß aber meine Unwissenheit schlechthin nothwendig sei und mich daher von aller weiteren Nachforschung freispreche, läßt sich nicht empirisch, aus B e o b a c h t u n g , sondern allein kritisch, durch E r g r ü n d u n g der ersten Quellen unserer Erkenntniß, ausmachen. Also kann die Grenzbestimmung unserer Vernunft nur nach Gründen *a priori* geschehen; die Einschränkung derselben aber, welche eine, obgleich nur unbestimmte Erkenntniß einer nie völlig zu hebenden Unwissenheit ist, kann auch *a posteriori* durch das, was uns bei allem Wissen immer noch zu wissen übrig bleibt, erkannt werden. Jene durch Kritik der Vernunft selbst allein mögliche Erkenntniß seiner Unwissenheit ist also W i s s e n s c h a f t , diese ist nichts als W a h r n e h m u n g , von der man nicht sagen kann, wie weit der Schluß als selbiger reichen möge. Wenn ich mir die Erdfläche (dem sinnlichen Scheine gemäß) als einen Teller vorstelle, so kann ich nicht wissen, wie weit sie sich erstrecke. Aber das lehrt mich die Erfahrung: daß, wohin ich nur komme, ich immer einen Raum um mich sehe, dahin ich weiter fortgehen könnte; mithin erkenne ich Schranken meiner jedesmal wirklichen Erdkunde, aber nicht die Grenzen aller möglichen Erdbeschreibung. Bin ich aber doch soweit gekommen, zu wissen, daß die Erde eine Kugel und ihre Fläche eine Kugelfläche sei, so kann ich auch aus einem kleinen Theil derselben, z.B. der Größe eines Grades, den Durchmesser und durch diesen die völlige Begrenzung der Erde, d.i. ihre Oberfläche, bestimmt und nach *a priori* erkennen; und ob ich gleich in Ansehung der Gegenstände, die diese Fläche enthalten mag, unwissend bin, so bin ich es doch nicht in Ansehung des Umfanges, den sie enthält, der Größe und Schranken derselben.

Der Inbegriff aller möglichen Gegenstände für unsere Erkenntniß scheint uns eine ebene Fläche zu sein, die ihren scheinbaren Horizont hat, nämlich das, was den ganzen Umfang derselben befaßt, und ist von uns der Vernunftbegriff der unbedingten Totalität genannt worden. Empirisch denselben zu erreichen, ist unmöglich, und nach einem gewissen Princip ihn *a priori* zu bestimmen, dazu sind alle Versuche vergeblich gewesen. Indessen gehen doch alle Fragen unserer reinen Vernunft auf das, was außerhalb diesem Horizonte, oder allenfalls auch in seiner Grenzlinie liegen möge.

Der berühmte D a v i d H u m e war einer dieser Geographen der menschlichen Vernunft, welcher jene Fragen insgesammt dadurch hinreichend abgefertigt zu haben vermeinte, daß er sie außerhalb dem Horizont derselben verwies, den er doch nicht bestimmen konnte. Er hielt sich vornehmlich bei dem Grundsatze der Causalität auf und bemerkte von ihm ganz richtig, daß man seine Wahrheit ja nicht einmal die objective Gültigkeit des Begriffs einer wirkenden Ursache überhaupt) auf gar keine Einsicht, d.i. Erkenntniß *a priori* fuße, daß daher auch nicht im mindesten die Nothwendigkeit dieses Gesetzes, sondern eine bloße allgemeine Brauchbarkeit desselben in dem Laufe der Erfahrung und eine daher entspringende subjective Nothwendigkeit, die er Gewohnheit nennt, sein ganzes Ansehen ausmache. Aus dem Unvermögen unserer Vernunft nun, von diesem Grundsatze einen über alle Erfahrung hinausgehenden Gebrauch zu machen, schloß er die Nichtigkeit aller Anmaßungen der Vernunft überhaupt, über das Empirische hinauszugehen.

Man kann ein Verfahren dieser Art, die *Facta* der Vernunft der Prüfung und nach Befinden dem Tadel zu unterwerfen, die Censur der Vernunft nennen. Es ist außer Zweifel, daß diese Censur unausbleiblich auf Zweifel gegen allen transscendenten Gebrauch der Grundsätze führe. Allein dies ist nur der zweite Schritt, der noch lange nicht das Werk vollendet. Der erste Schritt in Sachen der reinen Vernunft, der das Kindesalter derselben auszeichnet, ist dogmatisch. Der eben genannte zweite Schritt ist sceptisch und zeugt von Vorsichtigkeit der durch Erfahrung gewitzigten Urtheilskraft. Nun ist aber noch ein dritter Schritt nöthig, der nur der gereiften und männlichen Urtheilskraft zukommt, welche feste und ihrer Allgemeinheit nach bewährte Maximen zum Grunde hat: nämlich nicht die *Facta* der Vernunft, sondern die Vernunft selbst nach ihrem ganzen Vermögen und Tauglichkeit zu reinen Erkenntnissen *a priori* der Schätzung zu unterwerfen; welches nicht die Censur, sondern Kritik der Vernunft ist, wodurch nicht bloß Schranken, sondern die bestimmten Grenzen derselben, nicht bloß Unwissenheit an einem oder anderen Theil, sondern in Ansehung aller möglichen Fragen von einer gewissen Art und zwar nicht etwa nur vermuthet, sondern aus Principien bewiesen wird. So ist der Scepticism ein Ruheplatz für die menschliche Vernunft, da sie sich über ihre dogmatische Wanderung besinnen und den Entwurf von der Gegend machen kann, wo sie sich befindet, um ihren Weg fernerhin mit mehrerer Sicherheit wählen zu können, aber nicht ein Wohnplatz zum beständigen Aufenthalte; denn dieser kann nur in einer völligen Gewißheit angetroffen werden, es sei nun der Erkenntniß der Gegenstände selbst, oder der Grenzen, innerhalb denen alle unsere Erkenntniß von Gegenständen eingeschlossen ist.

Unsere Vernunft ist nicht etwa eine unbestimmbar weit ausgebreitete Ebene, deren Schranken man nur so überhaupt erkennt, sondern muß vielmehr mit einer Sphäre verglichen werden, deren Halbmesser sich aus der Krümmung des Bogens auf ihrer Oberfläche (der Natur synthetischer Sätze *a priori*) finden, daraus aber auch der Inhalt und die Begrenzung derselben mit Sicherheit angeben läßt. Außer dieser Sphäre (Feld der Erfahrung) ist nichts für sie Object; ja selbst Fragen über dergleichen vermeintliche Gegenstände betreffen nur subjective Principien einer durchgängigen Bestimmung der Verhältnisse, welche unter den Verstandesbegriffen innerhalb dieser Sphäre vorkommen können.

Wir sind wirklich im Besitz synthetischer Erkenntniß *a priori* wie dieses die Verstandesgrundsätze, welche die Erfahrung anticipiren, darthun. Kann jemand nun die Möglichkeit derselben sich gar nicht begreiflich machen, so mag er zwar anfangs zweifeln, ob sie uns auch wirklich *a priori* beiwohnen; er kann dieses aber noch nicht für eine Unmöglichkeit derselben durch bloße Kräfte des Verstandes und alle Schritte, die die Vernunft nach der Richtschnur derselben thut, für nichtig ausgeben. Er kann nur sagen: wenn wir ihren Ursprung und Ächtheit einsähen, so würden wir den Umfang und die Grenzen unserer Vernunft bestimmen können; ehe aber dieses geschehen ist, sind alle Behauptungen der letzten blindlings gewagt. Und auf solche Weise wäre ein durchgängiger Zweifel an aller dogmatischen Philosophie, die ohne Kritik der Vernunft selbst ihren Gang geht, ganz wohl gegründet; allein darum könnte doch der Vernunft nicht ein solcher Fortgang, wenn er durch bessere Grundlegung vorbereitet und gesichert würde, gänzlich abgesprochen werden. Denn einmal liegen alle Begriffe, ja alle Fragen, welche uns die reine Vernunft vorlegt, nicht etwa in der Erfahrung, sondern selbst wiederum nur in der Vernunft und müssen daher können aufgelöset und ihrer Gültigkeit oder Richtigkeit nach begriffen werden. Wir sind auch nicht berechtigt, diese Aufgaben, als läge ihre Auflösung wirklich in der Natur der Dinge, doch unter dem Vorwande unseres Unvermögens abzuweisen und uns ihrer weiteren Nachforschung zu weigern, da die Vernunft in ihrem Schooße allein diese Ideen selbst erzeugt hat, von deren Gültigkeit oder dialektischem Scheine sie also Rechenschaft zu geben gehalten ist.

Alles sceptische Polemisiren ist eigentlich nur wider den Dogmatiker gekehrt, der, ohne ein Mißtrauen auf seine ursprüngliche objective Principien zu setzen, d.i. ohne Kritik, gravitätisch seinen Gang fortsetzt, bloß um ihm das Concept zu verrücken und ihn zur Selbsterkenntniß zu bringen. An sich macht sie in Ansehung dessen, was wir wissen und was wir dagegen nicht wissen können, ganz und gar nichts aus. Alle fehlgeschlagene dogmatische Versuche der Vernunft sind *Facta*, die der Censur zu unterwerfen immer nützlich ist. Dieses aber kann nichts über die Erwartungen der Vernunft entscheiden, einen besseren Erfolg ihrer künftigen Bemühungen zu hoffen und darauf Ansprüche zu machen; die bloße Censur kann also die Streitigkeit über die Rechtsame der menschlichen Vernunft niemals zu Ende bringen.

Da Hume vielleicht der geistreichste unter allen Sceptikern und ohne Widerrede der vorzüglichste in Ansehung des Einflusses ist, den das sceptische Verfahren auf die Erweckung einer gründlichen Vernunftprüfung haben kann, so verlohnt es sich wohl der Mühe, den Gang seiner Schlüsse und die Verirrungen eines so einsehenden und schätzbaren Mannes, die doch auf der Spur der Wahrheit angefangen haben, so weit es zu meiner Absicht schicklich ist, vorstellig zu machen.

Hume hatte es vielleicht in Gedanken, wiewohl er es niemals völlig entwickelte, daß wir in Urtheilen von gewisser Art über unsern Begriff vom Gegenstande hinausgehen. Ich habe diese Art von Urtheilen s y n t h e t i s c h genannt. Wie ich aus meinem Begriffe, den ich bis dahin habe, vermittelst der Erfahrung hinausgehen könne, ist keiner Bedenklichkeit unterworfen. Erfahrung ist selbst eine solche Synthesis der Wahrnehmungen, welche meinen Begriff, den ich vermittelst einer Wahrnehmung habe, durch andere, hinzukommende vermehrt. Allein wir glauben auch *a priori* aus unserem Begriffe hinausgehen und unser Erkenntniß erweitern zu können. Dieses versuchen wir entweder durch den reinen Verstand in Ansehung desjenigen, was wenigstens ein O b j e c t d e r E r f a h r u n g sein kann, oder sogar durch reine Vernunft in Ansehung solcher Eigenschaften der Dinge, oder auch wohl des Daseins solcher Gegenstände, die in der Erfahrung niemals vorkommen können. Unser Sceptiker unterschied diese beiden Arten der Urtheile nicht, wie er es doch hätte thun sollen, und hielt geradezu diese Vermehrung der Begriffe aus sich selbst und so zu sagen die Selbstgebärung unseres Verstandes (samt der Vernunft), ohne durch Erfahrung geschwängert zu sein, für unmöglich, mithin alle vermeintliche Principien derselben *a priori* für eingebildet und fand, daß sie nichts als eine aus Erfahrung und deren Gesetzen entspringende Gewohnheit, mithin bloß empirische, d.i. an sich zufällige Regeln seien, denen wir eine vermeinte Nothwendigkeit und Allgemeinheit beimessen. Er bezog sich aber zu Behauptung dieses befremdlichen Satzes auf den allgemein anerkannten Grundsatz von dem Verhältniß der Ursache zur Wirkung. Denn da uns kein Verstandesvermögen von dem Begriffe eines Dinges zu dem Dasein von etwas anderem, was dadurch allgemein und nothwendig gegeben sei, führen kann: so glaubte er daraus folgern zu können, daß wir ohne Erfahrung nichts haben, was unsern Begriff vermehren und uns zu einem solchen *a priori* sich selbst erweiternden Urtheile berechtigen könnte. Daß das Sonnenlicht, welches das Wachs beleuchtet, es zugleich schmelze, indessen es den Thon härtet, könne kein Verstand aus Begriffen, die wir vorher von diesen Dingen hatten, errathen, viel weniger gesetzmäßig schließen, und nur Erfahrung könne uns ein solches Gesetz lehren. Dagegen haben wir in der transscendentalen Logik gesehen: daß, ob wir zwar niemals unmittelbar über den Inhalt des Begriffs, der uns gegeben ist, hinausgehen können, wir doch völlig *a priori*, aber in Beziehung auf ein drittes, nämlich mögliche Erfahrung, also doch *a priori*, das Gesetz der Verknüpfung mit andern Dingen erkennen können. Wenn also vorher festgewesenes Wachs schmilzt, so kann ich *a priori* erkennen, daß etwas vorausgegangen sein müsse (z.B. Sonnenwärme), worauf dieses nach einem beständigen Gesetze gefolgt ist, ob ich zwar ohne Erfahrung aus der Wirkung weder die Ursache, noch aus der Ursache die Wirkung *a priori* und ohne Belehrung der Erfahrung bestimmt erkennen könnte. Er schloß also fälschlich aus der Zufälligkeit unserer Bestimmung nach dem Gesetze auf die Zufälligkeit des Gesetzes selbst, und das Herausgehen aus dem Begriffe eines Dinges auf mögliche Erfahrung (welches *a priori* geschieht und die objective Realität desselben ausmacht) verwechselte er mit der Synthesis der Gegenstände wirklicher Erfahrung, welche freilich jederzeit empirisch ist; dadurch machte er aber aus einem Princip der Affinität, welches im Verstande seinen Sitz hat und nothwendige Verknüpfung aussagt, eine Regel der Association, die bloß in der nachbildenden Einbildungskraft angetroffen wird und nur zufällige, gar nicht objective Verbindungen darstellen kann.

Die sceptischen Verirrungen aber dieses sonst äußerst scharfsinnigen Mannes entsprangen vornehmlich aus einem Mangel, den er doch mit allen Dogmatikern gemein hatte, nämlich daß er nicht alle Arten der Synthesis des Verstandes *a priori* systematisch übersah. Denn da würde er, ohne der übrigen hier Erwähnung zu thun, z.B. den Grundsatz der Beharrlichkeit als einen solchen gefunden haben, der eben sowohl als der der Causalität die Erfahrung anticipirt. Dadurch würde er auch dem *a priori* sich erweiternden Verstande und der reinen Vernunft bestimmte Grenzen haben vorzeichnen können. Da er aber unsern Verstand nur einschränkt, ohne ihn zu begrenzen, und zwar ein allgemeines Mißtrauen, aber keine bestimmte Kenntniß der uns unvermeidlichen Unwissenheit zu Stande bringt; da er einige Grundsätze des Verstandes unter Censur bringt, ohne diesen Verstand in Ansehung seines ganzen Vermögens auf die Probirwage der Kritik zu bringen, und, indem er ihm dasjenige abspricht, was er wirklich nicht leisten kann, weiter geht und ihm alles Vermögen, sich *a priori* zu erweitern, bestreitet, unerachtet er dieses ganze Vermögen nicht zur Schätzung gezogen: so widerfährt ihm das, was jederzeit den Scepticism niederschlägt, nämlich daß er selbst bezweifelt wird, indem seine Einwürfe nur auf *Factis*, welche zufällig sind, nicht aber auf Principien beruhen, die eine nothwendige Entsagung auf das Recht dogmatischer Behauptungen bewirken könnten.

Da er auch zwischen den gegründeten Ansprüchen des Verstandes und den dialektischen Anmaßungen der Vernunft, wider welche doch hauptsächlich seine Angriffe gerichtet sind, keinen Unterschied kennt: so fühlt die Vernunft, deren ganz eigenthümlicher Schwung hiebei nicht im mindesten gestört, sondern nur gehindert worden, den Raum zu ihrer Ausbreitung nicht verschlossen und kann von ihren Versuchen, unerachtet sie hie oder da gezwackt wird, niemals gänzlich abgebracht werden. Denn wider Angriffe rüstet man sich zur Gegenwehr und setzt noch um desto steifer seinen Kopf drauf, um seine Forderungen durchzusetzen. Ein völliger Überschlag aber seines ganzen Vermögens und die daraus entspringende Überzeugung der Gewißheit eines kleinen Besitzes bei der Eitelkeit höherer Ansprüche hebt allen Streit auf und bewegt, sich an einem eingeschränkten, aber unstrittigen Eigenthume friedfertig zu begnügen.

Wider den unkritischen Dogmatiker, der die Sphäre seines Verstandes nicht gemessen, mithin die Grenzen seiner möglichen Erkenntniß nicht nach Principien bestimmt hat, der also nicht schon zum voraus weiß, wie viel er kann, sondern es durch bloße Versuche ausfindig zu machen denkt, sind diese sceptische Angriffe nicht allein gefährlich, sondern ihm sogar verderblich. Denn wenn er auf einer einzigen Behauptung betroffen wird, die er nicht rechtfertigen, deren Schein er aber auch nicht aus Principien entwickeln kann, so fällt der Verdacht auf alle, so überredend sie auch sonst immer sein mögen.

Und so ist der Sceptiker der Zuchtmeister des dogmatischen Vernünftlers auf eine gesunde Kritik des Verstandes und der Vernunft selbst. Wenn er dahin gelangt ist, so hat er weiter keine Anfechtung zu fürchten; denn er unterscheidet alsdann seinen Besitz von dem, was gänzlich außerhalb demselben liegt, worauf er keine Ansprüche macht und darüber auch nicht in Streitigkeiten verwickelt werden kann. So ist das sceptische Verfahren zwar an sich selbst für die Vernunftfragen nicht *befriedigend*, aber doch *vorübend*, um ihre Vorsichtigkeit zu erwecken und auf gründliche Mittel zu weisen, die sie in ihren rechtmäßigen Besitzen sichern können.

Des ersten Hauptstücks
Dritter Abschnitt.

Die Disciplin der reinen Vernunft in Ansehung der Hypothesen.

Weil wir denn durch Kritik unserer Vernunft endlich soviel wissen, daß wir in ihrem reinen und speculativen Gebrauche in der That gar nichts wissen können: sollte sie nicht ein desto weiteres Feld zu Hypothesen eröffnen, da es wenigstens vergönnt ist, zu dichten und zu meinen, wenn gleich nicht zu behaupten?

Wo nicht etwa Einbildungskraft schwärmen, sondern unter der strengen Aufsicht der Vernunft dichten soll, so muß immer vorher etwas völlig gewiß und nicht erdichtet oder bloße Meinung sein, und das ist die Möglichkeit, des Gegenstandes selbst. Alsdann ist es wohl erlaubt, wegen der Wirklichkeit desselben zur Meinung seine Zuflucht zu nehmen, die aber, um nicht grundlos zu sein, mit dem, was wirklich gegeben und folglich gewiß ist, als Erklärungsgrund in Verknüpfung gebracht werden muß und alsdann Hypothese heißt.

Da wir uns nun von der Möglichkeit der dynamischen Verknüpfung *a priori* nicht den mindesten Begriff machen können, und die Kategorie des reinen Verstandes nicht dazu dient, dergleichen zu erdenken, sondern nur, wo sie in der Erfahrung angetroffen wird, zu verstehen: so können wir nicht einen einzigen Gegenstand nach einer neuen und empirisch nicht anzugebenden Beschaffenheit diesen Kategorien gemäß ursprünglich aussinnen und sie einer erlaubten Hypothese zum Grunde legen; denn dieses hieße, der Vernunft leere Hirngespinnste statt der Begriffe von Sachen unterzulegen. So ist es nicht erlaubt, sich irgend neue ursprüngliche Kräfte zu erdenken, z.B. einen Verstand, der vermögend sei, seinen Gegenstand ohne Sinne anzuschauen, oder eine Ausdehnungskraft ohne alle Berührung, oder eine neue Art Substanzen, z.B. die ohne Undurchdringlichkeit im Raume gegenwärtig wäre, folglich auch keine Gemeinschaft der Substanzen, die von aller derjenigen unterschieden ist, welche Erfahrung an die Hand giebt, keine Gegenwart anders als im Raume, keine Dauer als bloß in der Zeit. Mit einem Worte: es ist unserer Vernunft nur möglich, die Bedingungen möglicher Erfahrung als Bedingungen der Möglichkeit der Sachen zu brauchen, keineswegs aber, ganz unabhängig von diesen sich selbst welche gleichsam zu schaffen, weil dergleichen Begriffe, obzwar ohne Widerspruch, dennoch auch ohne Gegenstand sein würden.

Die Vernunftbegriffe sind, wie gesagt, bloße Ideen und haben freilich keinen Gegenstand in irgend einer Erfahrung, aber bezeichnen darum doch nicht gedichtete und zugleich dabei für möglich angenommene Gegenstände. Sie sind bloß problematisch gedacht, um in Beziehung auf sie (als heuristische Fictionen) regulative Principien des systematischen Verstandesgebrauchs im Felde der Erfahrung zu gründen. Geht man davon ab, so sind es bloße Gedankendinge, deren Möglichkeit nicht erweislich ist, und die daher auch nicht der Erklärung wirklicher Erscheinungen durch eine Hypothese zum Grunde gelegt werden können. Die Seele sich als einfach d e n k e n , ist ganz wohl erlaubt, um nach dieser I d e e eine vollständige und nothwendige Einheit aller Gemüthskräfte, ob man sie gleich nicht *in concreto* einsehen kann, zum Princip unserer Beurtheilung ihrer inneren Erscheinungen zu legen. Aber die Seele als einfache Substanz a n z u n e h m e n (ein transscendenter Begriff) wäre ein

Satz, der nicht allein unerweislich (wie es mehrere physische Hypothesen sind), sondern auch ganz willkürlich und blindlings gewagt sein würde, weil das Einfache in ganz und gar keiner Erfahrung vorkommen kann, und, wenn man unter Substanz hier das beharrliche Object der sinnlichen Anschauung versteht, die Möglichkeit einer einfachen Erscheinung gar nicht einzusehen ist. Bloß intelligibele Wesen oder bloß intelligibele Eigenschaften der Dinge der Sinnenwelt lassen sich mit keiner gegründeten Befugniß der Vernunft als Meinung annehmen, obzwar weil man von ihrer Möglichkeit oder Unmöglichkeit keine Begriffe hat) auch durch keine vermeinte bessere Einsicht dogmatisch ableugnen.

Zur Erklärung gegebener Erscheinungen können keine andere Dinge und Erklärungsgründe als die, so nach schon bekannten Gesetzen der Erscheinungen mit den gegebenen in Verknüpfung gesetzt worden, angeführt werden. Eine transscendentale Hypothese, bei der eine bloße Idee der Vernunft zur Erklärung der Naturdinge gebraucht würde, würde daher gar keine Erklärung sein, indem das, was man aus bekannten empirischen Principien nicht hinreichend versteht, durch etwas erklärt werden würde, davon man gar nichts versteht. Auch würde das Princip einer solchen Hypothese eigentlich nur zur Befriedigung der Vernunft und nicht zur Beförderung des Verstandesgebrauchs in Ansehung der Gegenstände dienen. Ordnung und Zweckmäßigkeit in der Natur muß wiederum aus Naturgründen und nach Naturgesetzen erklärt werden, und hier sind selbst die wildesten Hypothesen, wenn sie nur physisch sind, erträglicher als eine hyperphysische, d.i. die Berufung auf einen göttlichen Urheber, den man zu diesem Behuf voraussetzt. Denn das wäre ein Princip der faulen

Vernunft (*ignava ratio*), alle Ursachen, deren objective Realität, wenigstens der Möglichkeit nach, man noch durch fortgesetzte Erfahrung kann kennen lernen, auf einmal vorbeizugehen, um in einer bloßen Idee, die der Vernunft sehr bequem ist, zu ruhen. Was aber die absolute Totalität des Erklärungsgrundes in der Reihe derselben betrifft, so kann das kein Hinderniß in Ansehung der Weltobjecte machen, weil, da diese nichts als Erscheinungen sind, an ihnen niemals etwas Vollendetes in der Synthesis der Reihen von Bedingungen gehofft werden kann.

Transscendentale Hypothesen des speculativen Gebrauchs der Vernunft und eine Freiheit, zur Ersetzung des Mangels an physischen Erklärungsgründen sich allenfalls hyperphysischer zu bedienen, kann gar nicht gestattet werden, theils weil die Vernunft dadurch gar nicht weiter gebracht wird, sondern vielmehr den ganzen Fortgang ihres Gebrauchs abschneidet, theils weil diese Licenz sie zuletzt um alle Früchte der Bearbeitung ihres eigenthümlichen Bodens, nämlich der Erfahrung, bringen müßte. Denn wenn uns die Naturerklärung hier oder da schwer wird, so haben wir beständig einen transscendenten Erklärungsgrund bei der Hand, der uns jener Untersuchung überhebt, und unsere Nachforschung schließt nicht durch Einsicht, sondern durch gänzliche Unbegreiflichkeit eines Princips, welches so schon zum voraus ausgedacht war, daß es den Begriff des absolut Ersten enthalten mußte.

Das zweite erforderliche Stück zur Annehmungswürdigkeit einer Hypothese ist die Zulänglichkeit derselben, um daraus *a priori* die Folgen, welche gegeben sind, zu bestimmen. Wenn man zu diesem Zwecke hülfleistende Hypothesen herbeizurufen genöthigt ist, so geben sie den Verdacht einer bloßen Erdichtung, weil jede derselben an sich dieselbe

Rechtfertigung bedarf, welche der zum Grunde gelegte Gedanke nöthig hatte, und daher keinen tüchtigen Zeugen abgeben kann. Wenn unter Voraussetzung einer unbeschränkt vollkommenen Ursache zwar an Erklärungsgründen aller Zweckmäßigkeit, Ordnung und Größe, die sich in der Welt finden, kein Mangel ist, so bedarf jene doch bei den wenigstens nach unseren Begriffen sich zeigenden Abweichungen und Übeln noch neuer Hypothesen, um gegen diese als Einwürfe gerettet zu werden. Wenn die einfache Selbständigkeit der menschlichen Seele, die zum Grunde ihrer Erscheinungen gelegt worden, durch die Schwierigkeiten ihrer den Abänderungen einer Materie (dem Wachsthum und Abnahme) ähnlichen Phänomene angefochten wird, so müssen neue Hypothesen zu Hülfe gerufen werden, die zwar nicht ohne Schein, aber doch ohne alle Beglaubigung sind, außer derjenigen, welche ihnen die zum Hauptgrunde angenommene Meinung giebt, der sie gleichwohl das Wort reden sollen.

Wenn die hier zum Beispiele angeführten Vernunftbehauptungen (unkörperliche Einheit der Seele und Dasein eines höchsten Wesens) nicht als Hypothesen, sondern *a priori* bewiesene Dogmate gelten sollen, so ist alsdann von ihnen gar nicht die Rede. In solchem Falle aber sehe man sich ja vor, daß der Beweis die apodiktische Gewißheit einer Demonstration habe. Denn die Wirklichkeit solcher Ideen bloß w a h r s c h e i n l i c h machen zu wollen, ist ein ungereimter Vorsatz, eben so als wenn man einen Satz der Geometrie bloß wahrscheinlich zu beweisen gedächte. Die von aller Erfahrung abgesonderte Vernunft kann alles nur *a priori* und als nothwendig, oder gar nicht erkennen; daher ist ihr Urtheil niemals Meinung, sondern entweder Enthaltung von allem Urtheile, oder apodiktische Gewißheit. Meinungen und wahrscheinliche Urtheile von dem, was Dingen zukommt, können nur als Erklärungsgründe dessen, was wirklich gegeben ist, oder Folgen nach empirischen Gesetzen von dem, was als wirklich zum Grunde liegt, mithin nur in der Reihe der Gegenstände der Erfahrung vorkommen. Außer diesem Felde ist Meinen so viel, als mit Gedanken spielen, es müßte denn sein, daß man von einem unsicheren Wege des Urtheils bloß die Meinung hätte, vielleicht auf ihm die Wahrheit zu finden.

Ob aber gleich bei bloß speculativen Fragen der reinen Vernunft keine Hypothesen stattfinden, um Sätze darauf zu gründen, so sind sie dennoch ganz zulässig, um sie allenfalls nur zu vertheidigen, d.i. zwar nicht im dogmatischen, aber doch im polemischen Gebrauche. Ich verstehe aber unter Vertheidigung nicht die Vermehrung der Beweisgründe seiner Behauptung, sondern die bloße Vereitelung der Scheineinsichten des Gegners, welche unserem behaupteten Satze Abbruch thun sollen. Nun haben aber alle synthetische Sätze aus reiner Vernunft das Eigenthümliche an sich: daß, wenn der, welcher die Realität gewisser Ideen behauptet, gleich niemals so viel weiß, um diesen seinen Satz gewiß zu machen, auf der andern Seite der Gegner eben so wenig wissen kann, um das Widerspiel zu behaupten. Die Gleichheit des Looses der menschlichen Vernunft begünstigt nun zwar im speculativen Erkenntnisse keinen von beiden, und da ist auch der rechte Kampfplatz nimmer beizulegender Fehden. Es wird sich aber in der Folge zeigen, daß doch in Ansehung des praktischen Gebrauchs die Vernunft ein Recht habe, etwas anzunehmen, was sie auf keine Weise im Felde der bloßen Speculation ohne hinreichende Beweisgründe vorauszusetzen befugt wäre, weil alle solche Voraussetzungen der Vollkommenheit der Speculation Abbruch thun, um welche sich aber das praktische Interesse gar nicht bekümmert. Dort ist sie also im Besitze, dessen Rechtmäßigkeit sie nicht beweisen darf, und wovon sie in der That den Beweis auch nicht führen könnte. Der Gegner soll also beweisen. Da dieser aber eben so wenig etwas von dem bezweifelten Gegenstande weiß, um dessen Nichtsein darzuthun, als der erstere, der dessen Wirklichkeit behauptet: so zeigt sich hier ein Vortheil auf der Seite desjenigen, der etwas als praktisch nothwendige Voraussetzung behauptet (*melior est conditio possidentis*). Es steht ihm nämlich frei, sich gleichsam aus Nothwehr eben derselben Mittel für seine gute Sache, als der Gegner wider dieselbe, d.i. der Hypothesen, zu bedienen, die gar nicht dazu dienen sollen, um den Beweis derselben zu verstärken, sondern nur, zu zeigen, daß der Gegner viel zu wenig von dem Gegenstande des Streits verstehe, als daß er sich eines Vortheils der speculativen Einsicht in Ansehung unserer schmeicheln könne.

Hypothesen sind also im Felde der reinen Vernunft nur als Kriegswaffen erlaubt, nicht um darauf ein Recht zu gründen, sondern nur es zu vertheidigen. Den Gegner aber müssen wir hier jederzeit in uns selbst suchen. Denn speculative Vernunft in ihrem transscendentalen Gebrauche ist an sich dialektisch. Die Einwürfe, die zu fürchten sein möchten, liegen in uns selbst. Wir müssen sie gleich alten, aber niemals verjährenden Ansprüchen hervorsuchen, um einen ewigen Frieden auf deren Vernichtigung zu gründen. Äußere Ruhe ist nur scheinbar. Der Keim der Anfechtungen, der in der Natur der Menschenvernunft liegt, muß ausgerottet werden: wie können wir ihn aber ausrotten, wenn wir ihm nicht Freiheit, ja selbst Nahrung geben, Kraut auszuschießen, um sich dadurch zu entdecken, und es nachher mit der Wurzel zu vertilgen? Sinnet demnach selbst auf Einwürfe, auf die noch kein Gegner gefallen ist, und leihet ihm sogar Waffen, oder räumt ihm den günstigsten Platz ein, den er sich nur wünschen kann! Es ist hiebei gar nichts zu fürchten, wohl aber zu hoffen, nämlich daß ihr euch einen in alle Zukunft niemals mehr anzufechtenden Besitz verschaffen werdet.

Zu eurer vollständigen Rüstung gehören nun auch die Hypothesen der reinen Vernunft, welche, obzwar nur bleierne Waffen (weil sie durch kein Erfahrungsgesetz gestählt sind), dennoch immer so viel vermögen als die, deren sich irgend ein Gegner wider euch bedienen mag. Wenn euch also wider die (in irgend einer anderen, nicht speculativen Rücksicht) angenommene immaterielle und keiner körperlichen Umwandlung unterworfene Natur der Seele die Schwierigkeit aufstößt, daß gleichwohl die Erfahrung sowohl die Erhebung, als Zerrüttung unserer Geisteskräfte bloß als verschiedene Modification unserer Organen zu beweisen scheine: so könnt ihr die Kraft dieses Beweises dadurch schwächen, daß ihr annehmt, unser Körper sei nichts als die Fundamentalerscheinung, worauf als Bedingung sich in dem jetzigen Zustande (im Leben) das ganze Vermögen der Sinnlichkeit und hiemit alles Denken bezieht. Die Trennung vom Körper sei das Ende dieses sinnlichen Gebrauchs eurer Erkenntnißkraft und der Anfang des intellectuellen. Der Körper wäre also nicht die Ursache des Denkens, sondern eine bloß restringirende Bedingung desselben, mithin zwar als Beförderung des sinnlichen und animalischen, aber desto mehr auch als Hinderniß des reinen und spirituellen Lebens anzusehen, und die Abhängigkeit des ersteren von der körperlichen Beschaffenheit bewiese nichts für die Abhängigkeit des ganzen Lebens von dem Zustande unserer Organen. Ihr könnt aber noch weiter gehen und wohl gar neue, entweder nicht aufgeworfene, oder nicht weit genug getriebene Zweifel ausfindig machen.

Die Zufälligkeit der Zeugungen, die bei Menschen so wie beim vernunftlosen Geschöpfe von der Gelegenheit, überdem aber auch oft vom Unterblatte, von der Regierung, deren Launen und Einfällen, oft sogar vom Laster abhängt, macht eine große Schwierigkeit wider die Meinung der auf Ewigkeiten sich erstreckenden Fortdauer eines Geschöpfes, dessen Leben unter so unerheblichen und unserer Freiheit so ganz und gar überlassenen Umständen zuerst angefangen hat. Was die Fortdauer der ganzen Gattung (hier auf Erden) betrifft, so hat diese Schwierigkeit in Ansehung derselben wenig auf sich, weil der Zufall im Einzelnen nichts desto weniger einer Regel im Ganzen unterworfen ist; aber in Ansehung eines jeden Individuum eine so mächtige Wirkung von so geringfügigen Ursachen zu erwarten, scheint allerdings bedenklich. Hiewider könnt ihr aber eine transscendentale Hypothese aufbieten: daß alles Leben eigentlich nur intelligibel sei, den Zeitveränderungen gar nicht unterworfen, und weder durch Geburt angefangen habe, noch durch den Tod geendigt werde; daß dieses Leben nichts als eine bloße Erscheinung, d.i. eine sinnliche Vorstellung von dem reinen geistigen Leben, und die ganze Sinnenwelt ein bloßes Bild sei, welches unserer jetzigen Erkenntnißart vorschwebt und wie ein Traum an sich keine objective Realität habe; daß, wenn wir die Sachen und uns selbst anschauen sollen, wie *sie sind*, wir uns in einer Welt geistiger Naturen sehen würden, mit welcher unsere einzig wahre Gemeinschaft weder durch Geburt angefangen habe, noch durch den Leibestod (als bloße Erscheinungen) aufhören werde, u. s. w.

Ob wir nun gleich von allem diesem, was wir hier wider den Angriff hypothetisch vorschützen, nicht das Mindeste wissen, noch im Ernste behaupten, sondern alles nicht einmal Vernunftidee, sondern bloß zur Gegenwehr *ausge-*

d a c h t e r Begriff ist, so verfahren wir doch hiebei ganz vernunftmäßig, indem wir dem Gegner, welcher alle Möglichkeit erschöpft zu haben meint, indem er den Mangel ihrer empirischen Bedingungen für einen Beweis der gänzlichen Unmöglichkeit des von uns geglaubten fälschlich ausgiebt, nur zeigen: daß er eben so wenig durch bloße Erfahrungsgesetze das ganze Feld möglicher Dinge an sich selbst umspannen, als wir außerhalb der Erfahrung für unsere Vernunft irgend etwas auf gegründete Art erwerben können. Der solche hypothetische Gegenmittel wider die Anmaßungen des dreist verneinenden Gegners vorkehrt, muß nicht dafür gehalten werden, als wolle er sie sich als seine wahre Meinungen eigen machen. Er verläßt sie, sobald er den dogmatischen Eigendünkel des Gegners abgefertigt hat. Denn so bescheiden und gemäßigt es auch anzusehen ist, wenn jemand sich in Ansehung fremder Behauptungen bloß weigernd und verneinend verhält, so ist doch jederzeit, sobald er diese seine Einwürfe als Beweise des Gegentheils geltend machen will, der Anspruch nicht weniger stolz und eingebildet, als ob er die bejahende Partei und deren Behauptung ergriffen hätte.

Man sieht also hieraus, daß im speculativen Gebrauche der Vernunft Hypothesen keine Gültigkeit als Meinungen an sich selbst, sondern nur relativ auf entgegengesetzte transscendente Anmaßungen haben. Denn die Ausdehnung der Principien möglicher Erfahrung auf die Möglichkeit der Dinge überhaupt ist eben sowohl transscendent, als die Behauptung der objectiven Realität solcher Begriffe, welche ihre Gegenstände nirgend als außerhalb der Grenze aller möglichen Erfahrung finden können. Was reine Vernunft assertorisch urtheilt, muß (wie alles, was Vernunft erkennt) nothwendig sein, oder es ist gar nichts. Demnach enthält sie in der That gar keine Meinungen. Die gedachten Hypothesen aber sind nur problematische Urtheile, die wenigstens nicht widerlegt, obgleich freilich durch nichts bewiesen werden können, und sind also reine Privatmeinungen, können aber doch nicht füglich (selbst zur inneren Beruhigung) gegen sich regende Scrupel entbehrt werden. In dieser Qualität aber muß man sie erhalten und ja sorgfältig verhüten, daß sie nicht als an sich selbst beglaubigt und von einiger absoluten Gültigkeit auftreten und die Vernunft unter Erdichtungen und Blendwerken ersäufen.

Des ersten Hauptstücks
Vierter Abschnitt.

Die Disciplin der reinen Vernunft in Ansehung ihrer Beweise.

Die Beweise transscendentaler und synthetischer Sätze haben das Eigenthümliche unter allen Beweisen einer synthetischen Erkenntniß *a priori* an sich, daß die Vernunft bei jenen vermittelst ihrer Begriffe sich nicht geradezu an den Gegenstand wenden darf, sondern zuvor die objective Gültigkeit der Begriffe und die Möglichkeit der Synthesis derselben *a priori* darthun muß. Dieses ist nicht etwa bloß eine nöthige Regel der Behutsamkeit, sondern betrifft das Wesen und die Möglichkeit der Beweise selbst. Wenn ich über den Begriff von einem Gegenstande *a priori* hinausgehen soll, so ist dieses ohne einen besonderen und außerhalb diesem Begriffe befindlichen Leitfaden unmöglich. In der Mathematik ist es die Anschauung *a priori*, die meine Synthesis leitet, und da können alle Schlüsse unmittelbar an der reinen Anschauung geführt werden. Im transscendentalen Erkenntniß, so lange es bloß mit Begriffen des Verstandes zu thun hat, ist diese Richtschnur die mögliche Erfahrung. Der Beweis zeigt nämlich nicht, daß der gegebene Begriff (z.B. von dem, was geschieht) geradezu auf einen anderen Begriff (den einer Ursache) führe; denn dergleichen Übergang wäre ein Sprung, der sich gar nicht verantworten ließe; sondern er zeigt, daß die Erfahrung selbst, mithin das Object der Erfahrung ohne eine solche Verknüpfung unmöglich wäre. Also mußte der Beweis zugleich die Möglichkeit anzeigen, synthetisch und *a priori* zu einer gewissen Erkenntniß von Dingen zu gelangen, die in dem Begriffe von ihnen nicht enthalten war. Ohne die Aufmerksamkeit laufen die Beweise wie Wasser, welche ihre Ufer durchbrechen, wild und querfeldein dahin, wo der Hang der verborgenen Association sie zufälliger Weise hinleitet. Der Schein der Überzeugung, welcher auf subjectiven Ursachen der Association beruht und für die Einsicht einer natürlichen Affinität gehalten wird, kann der Bedenklichkeit gar nicht die Wage halten, die sich billigermaßen über dergleichen gewagte Schritte einfinden muß. Daher sind auch alle Versuche, den Satz des zureichenden Grundes zu beweisen, nach dem allgemeinen Geständnisse der Kenner vergeblich gewesen; und ehe die transscendentale Kritik auftrat, hat man lieber, da man diesen Grundsatz doch nicht verlassen konnte, sich trotzig auf den gesunden Menschenverstand berufen (eine Zuflucht, die jederzeit beweiset, daß die Sache der Vernunft verzweifelt ist), als neue dogmatische Beweise versuchen wollen.

Ist aber der Satz, über den ein Beweis geführt werden soll, eine Behauptung der reinen Vernunft, und will ich sogar vermittelst bloßer Ideen über meine Erfahrungsbegriffe hinausgehen, so müßte derselbe noch viel mehr die Rechtfertigung eines solchen Schrittes der Synthesis (wenn er anders möglich wäre) als eine nothwendige Bedingung seiner Beweiskraft in sich enthalten. So scheinbar daher auch der vermeintliche Beweis der einfachen Natur unserer denkenden Substanz aus der Einheit der Apperception sein mag, so steht ihm doch die Bedenklichkeit unabweislich entgegen: daß, da die absolute Einfachheit doch kein Begriff ist, der unmittelbar auf die Wahrnehmung bezogen werden kann, sondern als Idee bloß geschlossen werden muß, gar nicht einzusehen ist, wie mich das bloße Bewußtsein, welches in a l l e m D e n k e n enthalten ist, oder wenigstens sein kann, ob es zwar so fern eine einfache Vorstellung ist, zu dem Bewußtsein und der Kenntniß eines Dinges überführen solle, in welchem das Denken allein enthalten sein kann. Denn wenn ich mir die Kraft meines Körpers in Bewegung vorstelle, so ist er so fern für mich absolute Einheit, und meine Vorstellung von ihm ist einfach; daher kann ich diese auch durch die Bewegung eines Punkts ausdrücken, weil sein Volumen hiebei nichts thut und ohne Verminderung der Kraft so klein, wie man will, und also auch als in einem Punkte befindlich gedacht werden kann. Hieraus werde ich aber doch nicht schließen: daß, wenn mir nichts als die bewegende Kraft eines Körpers gegeben ist, der Körper als einfache Substanz gedacht werden könne, darum weil seine Vorstellung von aller Größe des Raumesinhalts abstrahirt und also einfach ist. Hiedurch nun, daß das Einfache in der Abstraction vom Einfachen im Object ganz unterschieden ist, und daß das ich, welches im ersteren Verstande gar keine Mannigfaltigkeit i n s i c h faßt, im zweiten, da es die Seele selbst bedeutet, ein sehr complexer Begriff sein kann, nämlich sehr vieles u n t e r s i c h zu enthalten und zu bezeichnen, entdecke ich einen Paralogism. Allein um diesen vorher zu ahnden (denn ohne eine solche vorläufige Vermuthung würde man gar keinen Verdacht gegen den Beweis fassen), ist durchaus nöthig, ein immerwährendes Kriterium der Möglichkeit solcher synthetischen Sätze, die mehr beweisen sollen, als Erfahrung geben kann, bei Hand zu haben, welches darin besteht: daß der Beweis nicht geradezu auf das verlangte Prädicat, sondern nur vermittelst eines Princips der Möglichkeit, unseren gegebenen Begriff *a priori* bis zu Ideen zu erweitern und diese zu realisiren, geführt werde. Wenn diese Behutsamkeit immer gebraucht wird, wenn man, ehe der Beweis noch versucht wird, zuvor weislich bei sich zu Rathe geht, wie und mit welchem Grunde der Hoffnung man wohl eine solche Erweiterung durch reine Vernunft erwarten könne, und woher man in dergleichen Falle diese Einsichten, die nicht aus Begriffen entwickelt und auch nicht in Beziehung auf mögliche Erfahrung anticipirt werden können, denn hernehmen wolle: so kann man sich viel schwere und dennoch fruchtlose Bemühungen ersparen, indem man der Vernunft nichts zumuthet, was offenbar über ihr Vermögen geht, oder vielmehr sie, die bei Anwandlungen ihrer speculativen Erweiterungssucht sich nicht gerne einschränken läßt, der Disciplin der Enthaltsamkeit unterwirft.

Die erste Regel ist also diese: keine transscendentale Beweise zu versuchen, ohne zuvor überlegt und sich desfalls gerechtfertigt zu haben, woher man die Grundsätze nehmen woll, auf welche man sie zu errichten gedenkt, und mit welchem Rechte man von ihnen den guten Erfolg der Schlüsse erwarten könne. Sind es Grundsätze des Verstandes (z.B. der Causalität), so ist es umsonst, vermittelst ihrer zu Ideen der reinen Vernunft zu gelangen; denn jene gelten nur für Gegenstände möglicher Erfahrung. Sollen es Grundsätze aus reiner Vernunft sein, so ist wiederum alle Mühe umsonst.

Denn die Vernunft hat deren zwar, aber als objective Grundsätze sind sie insgesammt dialektisch und können allenfalls nur wie regulative Principien des systematisch zusammenhängenden Erfahrungsgebrauchs gültig sein. Sind aber dergleichen angebliche Beweise schon vorhanden: so setzet der trüglichen Überzeugung das *non liquet* eurer gereiften Urtheilskraft entgegen; und ob ihr gleich das Blendwerk derselben noch nicht durchdringen könnt, so habt ihr doch völliges Recht, die Deduction der darin gebrauchten Grundsätze zu verlangen, welche, wenn sie aus bloßer Vernunft entsprungen sein sollen, euch niemals geschafft werden kann. Und so habt ihr nicht einmal nöthig, euch mit der Entwickelung und Wiederlegung eines jeden grundlosen Scheins zu befassen, sondern könnt alle an Kunstgriffen unerschöpfliche Dialektik am Gerichtshofe einer kritischen Vernunft, welche Gesetze verlangt, in ganzen Haufen auf einmal abweisen.

Die zweite Eigenthümlichkeit transscendentaler Beweise ist diese: daß zu jedem transscendentalen Satze nur ein einziger Beweis gefunden werden könne. Soll ich nicht aus Begriffen, sondern aus der Anschauung, die einem Begriffe correspondirt, es sei nun eine reine Anschauung, wie in der Mathematik, oder empirische, wie in der Naturwissenschaft, schließen: so giebt mir die zum Grunde gelegte Anschauung mannigfaltigen Stoff zu synthetischen Sätzen, welchen ich auf mehr als eine Art verknüpfen und, indem ich von mehr als einem Punkte ausgehen darf, durch verschiedene Wege zu demselben Satze gelangen kann.

Nun geht aber ein jeder transscendentale Satz bloß von Einem Begriffe aus und sagt die synthetische Bedingung der Möglichkeit des Gegenstandes nach diesem Begriffe. Der Beweisgrund kann also nur ein einziger sein, weil außer diesem Begriffe nichts weiter ist, wodurch der Gegenstand bestimmt werden könnte, der Beweis also nichts weiter als die Bestimmung eines Gegenstandes überhaupt nach diesem Begriffe, der auch nur ein einziger ist, enthalten kann. Wir hatten z.B. in der transscendentalen Analytik den Grundsatz: alles, was geschieht, hat eine Ursache, aus der einzigen Bedingung der objectiven Möglichkeit eines Begriffs von dem, was überhaupt geschieht, gezogen: daß die Bestimmung einer Begebenheit in der Zeit, mithin diese (Begebenheit) als zur Erfahrung gehörig, ohne unter einer solchen dynamischen Regel zu stehen, unmöglich wäre. Dieses ist nun auch der einzig mögliche Beweisgrund; denn dadurch nur, daß dem Begriffe vermittelst des Gesetzes der Causalität ein Gegenstand bestimmt wird, hat die vorgestellte Begebenheit objective Gültigkeit, d.i. Wahrheit. Man hat zwar noch andere Beweise von diesem Grundsatze, z.B. aus der Zufälligkeit, versucht; allein wenn dieser beim Lichte betrachtet wird, so kann man kein Kennzeichen der Zufälligkeit auffinden als das Geschehen, d.i. das Dasein, vor welchem ein Nichtsein des Gegenstandes vorhergeht, und kommt also immer wiederum auf den nämlichen Beweisgrund zurück. Wenn der Satz bewiesen werden soll: alles, was denkt, ist einfach, so hält man sich nicht bei dem Mannigfaltigen des Denkens auf, sondern beharrt bloß bei dem Begriffe des Ich, welcher einfach ist und worauf alles Denken bezogen wird. Eben so ist es mit dem transscendentalen Beweise vom Dasein Gottes bewandt, welcher lediglich auf der Reciprocabilität der Begriffe vom realsten und nothwendigen Wesen beruht und nirgends anders gesucht werden kann.

Durch diese warnende Anmerkung wird die Kritik der Vernunftbehauptungen sehr ins Kleine gebracht. Wo Vernunft ihr Geschäfte durch bloße Begriffe treibt, da ist nur ein einziger Beweis möglich, wenn überall nur irgend einer möglich ist. Daher wenn man schon den Dogmatiker mit zehn Beweisen auftreten sieht, da kann man sicher glauben, daß er gar keinen habe. Denn hätte er einen, der (wie es in Sachen der reinen Vernunft sein muß) apodiktisch bewiese, wozu bedürfte er der übrigen? Seine Absicht ist nur wie die von jenem Parlamentsadvocaten: das eine Argument ist für diesen, das andere für jenen, nämlich um sich die Schwäche seiner Richter zu Nutze zu machen, die, ohne sich tief einzulassen und um von dem Geschäfte bald loszukommen, das erste Beste, was ihnen eben auffällt, ergreifen und darnach entscheiden.

Die dritte eigenthümliche Regel der reinen Vernunft, wenn sie in Ansehung transscendentaler Beweise einer Disciplin unterworfen wird, ist: daß ihre Beweise niemals apagogisch, sondern jederzeit ostensiv sein müssen. Der directe oder ostensive Beweis ist in aller Art der Erkenntniß derjenige, welcher mit der Überzeugung von der Wahrheit zugleich Einsicht in die Quellen derselben verbindet; der apagogische dagegen kann zwar Gewißheit, aber nicht Begreiflichkeit der Wahrheit in Ansehung des Zusammenhanges mit den Gründen ihrer Möglichkeit hervorbringen. Daher sind die letzteren mehr eine Nothhülfe, als ein Verfahren, welches allen Absichten der Vernunft ein Genüge thut. Doch haben diese einen Vorzug der Evidenz vor den directen Beweisen darin: daß der Widerspruch allemal mehr Klarheit in der Vorstellung bei sich führt, als die beste Verknüpfung und sich dadurch dem Anschaulichen einer Demonstration mehr nähert.

Die eigentliche Ursache des Gebrauchs apagogischer Beweise in verschiedenen Wissenschaften ist wohl diese. Wenn die Gründe, von denen eine gewisse Erkenntniß abgeleitet werden soll, zu mannigfaltig oder zu tief verborgen liegen: so versucht man, ob sie nicht durch die Folgen zu erreichen sei. Nun wäre der *modus ponens,* auf die Wahrheit einer Erkenntniß aus der Wahrheit ihrer Folgen zu schließen, nur alsdann erlaubt, wenn alle möglichen Folgen daraus wahr sind; denn alsdann ist zu diesen nur ein einziger Grund möglich, der also auch der wahre ist. Dieses Verfahren ist aber unthunlich, weil es über unsere Kräfte geht, alle mögliche Folgen von irgend einem angenommenen Satze einzusehen; doch bedient man sich dieser Art zu schließen, obzwar freilich mit einer gewissen Nachsicht, wenn es darum zu thun ist, um etwas bloß als Hypothese zu beweisen, indem man den Schluß nach der Analogie einräumt: daß, wenn so viele Folgen, als man nur immer versucht hat, mit einem angenommenen Grunde wohl zusammenstimmen, alle übrige mögliche auch darauf einstimmen werden. Um deswillen kann durch diesen Weg niemals eine Hypothese in demonstrirte Wahrheit verwandelt werden. Der *modus tollens* der Vernunftschlüsse, die von den Folgen auf die Gründe schließen, beweiset nicht allein ganz strenge, sondern auch überaus leicht. Denn wenn auch nur eine einzige falsche Folge aus einem Satze gezogen werden kann, so ist dieser Satz falsch. Anstatt nun die ganze Reihe der Gründe in einem ostensiven Beweise durchzulaufen, die auf die Wahrheit einer Erkenntniß vermittelst der vollständigen Einsicht in ihre Möglichkeit führen kann, darf man nur unter den aus dem Gegentheil derselben fließenden Folgen eine einzige falsch finden, so ist dieses Gegentheil auch falsch, mithin die Erkenntniß, welche man zu beweisen hatte, wahr.

Die apagogische Beweisart kann aber nur in den Wissenschaften erlaubt sein, wo es unmöglich ist, das Subjective unserer Vorstellungen dem Objectiven, nämlich der Erkenntniß desjenigen, was am Gegenstande ist, unterzuschieben. Wo dieses letztere aber herrschend ist, da muß es sich häufig zutragen, daß das Gegentheil eines gewissen Satzes entweder bloß den subjectiven Bedingungen des Denkens widerspricht, aber nicht dem Gegenstande, oder daß beide Sätze nur unter einer subjectiven Bedingung, die fälschlich für objectiv gehalten, einander widersprechen und, da die Bedingung falsch ist, alle beide falsch sein können, ohne daß von der Falschheit des einen auf die Wahrheit des andern geschlossen werden kann.

In der Mathematik ist diese Subreption unmöglich; daher haben sie daselbst auch ihren eigentlichen Platz. In der Naturwissenschaft, weil sich daselbst alles auf empirische Anschauungen gründet, kann jene Erschleichung durch viel verglichene Beobachtungen zwar mehrentheils verhütet werden; aber diese Beweisart ist daselbst doch mehrentheils unerheblich. Aber die transscendentalen Versuche der reinen Vernunft werden insgesammt innerhalb dem eigentlichen Medium des dialektischen Scheins angestellt, d.i. des Subjectiven, welches sich der Vernunft in ihren Prämissen als objectiv anbietet, oder gar aufdringt. Hier nun kann es, was synthetische Sätze betrifft, gar nicht erlaubt werden, seine Behauptungen dadurch zu rechtfertigen, daß man das Gegentheil widerlegt. Denn entweder diese Widerlegung ist nichts andres als die bloße Vorstellung des Widerstreits der entgegengesetzten Meinung mit den subjectiven Bedingungen der Begreiflichkeit durch unsere Vernunft, welches gar nichts dazu thut, um die Sache selbst darum zu verwerfen (so wie z.B. die unbedingte Nothwendigkeit im Dasein eines Wesens schlechterdings von uns nicht begriffen werden kann und sich daher subjectiv jedem speculativen Beweise eines nothwendigen obersten Wesens mit Recht, der Möglichkeit eines solchen Urwesens aber an sich selbst mit Unrecht widersetzt); oder beide, sowohl der behauptende als der verneinende Theil, legen, durch den transscendentalen Schein betrogen, einen unmöglichen Begriff vom Gegenstande zum Grunde, und da gilt die Regel: *non entis nulla sunt praedicata,* d.i. sowohl was man bejahend, als was man verneinend von dem Gegenstande behauptete, ist beides unrichtig, und man kann nicht apagogisch durch die Widerlegung des Gegentheils zur Erkenntniß der Wahrheit gelangen. So zum Beispiel, wenn vorausgesetzt wird, daß die Sinnenwelt an sich selbst ihrer Totalität nach gegeben sei, so ist es falsch, daß sie entweder unendlich dem Raume nach, oder endlich und begrenzt sein müsse, darum weil beides falsch ist. Denn Erscheinungen (als bloße Vorstellungen), die doch an sich selbst (als Objecte) gegeben wären, sind etwas Unmögliches, und die Unendlichkeit dieses eingebildeten Ganzen würde zwar unbedingt sein, widerspräche aber (weil alles an Erscheinungen bedingt ist) der unbedingten Größenbestimmung, die doch im Begriffe vorausgesetzt wird.

Die apagogische Beweisart ist auch das eigentliche Blendwerk, womit die Bewunderer der Gründlichkeit unserer dogmatischen Vernünftler jederzeit hingehalten worden: sie ist gleichsam der Champion, der die Ehre und das unstreitige Recht seiner genommenen Partei dadurch beweisen will, daß er sich mit jedermann zu raufen anheischig macht, der es bezweifeln wollte; obgleich durch solche Großsprecherei nichts in der Sache, sondern nur der respectiven Stärke der Gegner ausgemacht wird und zwar auch nur auf der Seite desjenigen, der sich angreifend verhält. Die Zuschauer, indem sie sehen, daß ein jeder in seiner Reihe bald Sieger ist, bald unterliegt, nehmen oftmals daraus Anlaß, das Object des Streits selbst sceptisch zu bezweifeln. Aber sie haben nicht Ursache dazu, und es ist genug, ihnen zuzurufen: *non defensoribus istis tempus eget.* Ein jeder muß seine Sache vermittelst eines durch transscendentale Deduction der Beweisgründe geführten rechtlichen Beweises, d.i. direct, führen, damit man sehe, was seine Vernunftansprüche für sich selbst anzuführen haben. Denn fußt sich sein Gegner auf subjective Gründe, so ist er freilich leicht zu widerlegen, aber ohne Vortheil für die Dogmatiker, der gemeiniglich eben so den subjectiven Ursachen des Urtheils anhängt und gleichergestalt von seinem Gegner in die Enge getrieben werden kann. Verfahren aber beide Theile bloß direct, so werden sie entweder die Schwierigkeit, ja Unmöglichkeit, den Titel ihrer Behauptungen auszufinden, von selbst bemerken und sich zuletzt nur auf Verjährung berufen können, oder die Kritik wird den dogmatischen Schein leicht entdecken und die reine Vernunft nöthigen, ihre zu hoch getriebene Anmaßungen im speculativen Gebrauch aufzugeben und sich innerhalb der Grenzen ihres eigenthümlichen Bodens, nämlich praktischer Grundsätze, zurückzuziehen.

Der transscendentalen Methodenlehre **Zweites Hauptstück.**

Der Kanon der reinen Vernunft.

Es ist demüthigend für die menschliche Vernunft, daß sie in ihrem reinen Gebrauche nichts ausrichtet und sogar noch einer Disciplin bedarf, um ihre Ausschweifungen zu bändigen und die Blendwerke, die ihr daherkommen, zu verhüten. Allein andererseits erhebt es sie wiederum und giebt ihr ein Zutrauen zu sich selbst, daß sie diese Disciplin selbst ausüben kann und muß, ohne eine andere Censur über sich zu gestatten, imgleichen daß die Grenzen, die sie ihrem speculativen Gebrauche zu setzen genöthigt ist, zugleich die vernünftelnde Anmaßungen jedes Gegners einschränken, und mithin alles, was ihr noch von ihren vorher übertriebenen Forderungen übrig bleiben möchte, gegen alle Angriffe sicher stellen könne. Der größte und vielleicht einzige Nutzen aller Philosophie der reinen Vernunft ist also wohl nur negativ: da sie nämlich nicht als Organon zur Erweiterung, sondern als Disciplin zur Grenzbestimmung dient und, anstatt Wahrheit zu entdecken, nur das stille Verdienst hat, Irrthümer zu verhüten.

Indessen muß es doch irgendwo einen Quell von positiven Erkenntnissen geben, welche ins Gebiet der reinen Vernunft gehören, und die vielleicht nur durch Mißverstand zu Irrthümern Anlaß geben, in der That aber das Ziel der Beeiferung der Vernunft ausmachen. Denn welcher Ursache sollte sonst wohl die nicht zu dämpfende Begierde, durchaus über die Grenze der Erfahrung hinaus irgendwo festen Fuß zu fassen, zuzuschreiben sein? Sie ahndet Gegenstände, die ein großes Interesse für sie bei sich führen. Sie tritt den Weg der bloßen Speculation an, um sich ihnen zu nähern; aber diese fliehen vor ihr. Vermuthlich wird auf dem einzigen Wege, der ihr noch übrig ist, nämlich dem des praktischen Gebrauchs, besseres Glück für sie zu hoffen sein.

Ich verstehe unter einem Kanon den Inbegriff der Grundsätze *a priori* des richtigen Gebrauchs gewisser Erkenntnißvermögen überhaupt. So ist die allgemeine Logik in ihrem analytischen Theile ein Kanon für Verstand und Vernunft überhaupt, aber nur der Form nach, denn sie abstrahirt von allem Inhalte. So war die transscendentale Analytik der Kanon des reinen Verstandes; denn der ist allein wahrer synthetischer Erkenntnisse *a priori* fähig. Wo aber kein richtiger Gebrauch einer Erkenntnißkraft möglich ist, da giebt es keinen Kanon. Nun ist alle synthetische Erkenntniß der reinen Vernunft in ihrem speculativen Gebrauche nach allen bisher geführten Beweisen gänzlich unmöglich. Also giebt es gar keinen Kanon des speculativen Gebrauchs derselben (denn dieser ist durch und durch dialektisch), sondern alle transscendentale Logik ist in dieser Absicht nichts als Disciplin. Folglich wenn es überall einen richtigen Gebrauch der reinen Vernunft giebt, in welchem Fall es auch einen Kanon derselben geben muß, so wird dieser nicht den speculativen, sondern den praktischen Vernunftgebrauch betreffen, den wir also jetzt untersuchen wollen.

Des Kanons der reinen Vernunft
Erster Abschnitt.

Von dem letzten Zwecke des reinen Gebrauchs unserer Vernunft.

Die Vernunft wird durch einen Hang ihrer Natur getrieben, über den Erfahrungsgebrauch hinaus zu gehen, sich in einem reinen Gebrauche und vermittelst bloßer Ideen zu den äußersten Grenzen aller Erkenntniß hinaus zu wagen und nur allererst in der Vollendung ihres Kreises, in einem für sich bestehenden systematischen Ganzen, Ruhe zu finden. Ist nun diese Bestrebung bloß auf ihr speculatives, oder vielmehr einzig und allein auf ihr praktisches Interesse gegründet?

Ich will das Glück, welches die reine Vernunft in speculativer Absicht macht, jetzt bei Seite setzen und frage nur nach den Aufgaben, deren Auflösung ihren letzten Zweck ausmacht, sie mag diesen nun erreichen oder nicht, und in Ansehung dessen alle andere bloß den Werth der Mittel haben. Diese höchste Zwecke werden nach der Natur der Vernunft wiederum Einheit haben müssen, um dasjenige Interesse der Menschheit, welches keinem höheren untergeordnet ist, vereinigt zu befördern.

Die Endabsicht, worauf die Speculation der Vernunft im transscendentalen Gebrauche zuletzt hinausläuft, betrifft drei Gegenstände: die Freiheit des Willens, die Unsterblichkeit der Seele und das Dasein Gottes. In Ansehung aller drei ist das bloß speculative Interesse der Vernunft nur sehr gering, und in Absicht auf dasselbe würde wohl schwerlich eine ermüdende, mit unaufhörlichen Hindernissen ringende Arbeit transscendentaler Nachforschung übernommen werden, weil man von allen Entdeckungen, die hierüber zu machen sein möchten, doch keinen Gebrauch machen kann, der *in concreto*, d.i. in der Nachforschung, seinen Nutzen bewiese. Der Wille mag auch frei sein, so kann dieses doch nur die intelligibele Ursache unseres Wollens angehen. Denn was die Phänomene der Äußerungen desselben, d.i. die Handlungen, betrifft, so müssen wir nach einer unverletzlichen Grundmaxime, ohne welche wir keine Vernunft in empirischem Gebrauche ausüben können, sie niemals anders als alle übrige Erscheinungen der Natur, nämlich nach unwandelbaren Gesetzen derselben, erklären. Es mag zweitens auch die geistige Natur der Seele (und mit derselben ihre Unsterblichkeit) eingesehen werden können, so kann darauf doch weder in Ansehung der Erscheinungen dieses Lebens als einen Erklärungsgrund, noch auf die besondere Beschaffenheit des künftigen Zustandes Rechnung gemacht werden, weil unser Begriff einer unkörperlichen Natur bloß negativ ist und unsere Erkenntniß nicht im mindesten erweitert, noch einigen tauglichen Stoff zu Folgerungen darbietet, als etwa zu solchen, die nur für Erdichtungen gelten können, die aber von der Philosophie nicht gestattet werden. Wenn auch drittens das Dasein einer höchsten Intelligenz bewiesen wäre: so würden wir uns zwar daraus das Zweckmäßige in der Welteinrichtung und Ordnung im Allgemeinen begreiflich machen, keineswegs aber befugt sein, irgend eine besondere Anstalt und Ordnung daraus abzuleiten, oder, wo sie nicht wahrgenommen wird, darauf kühnlich zu schließen; indem es eine nothwendige Regel des speculativen Gebrauchs der Vernunft ist, Natursachen nicht vorbeizugehen und das, wovon wir uns durch Erfahrung belehren können, aufzugeben, um etwas, was wir kennen, von demjenigen abzuleiten, was alle unsere Kenntniß gänzlich übersteigt. Mit einem Worte, diese drei Sätze bleiben für die speculative Vernunft jederzeit transscendent und haben gar keinen immanenten, d.i. für Gegenstände der Erfahrung zulässigen, mithin für uns auf einige Art nützlichen Gebrauch, sondern sind, an sich betrachtet, ganz müßige und dabei noch äußerst schwere Anstrengungen unserer Vernunft.

Wenn demnach diese drei Cardinalsätze uns zum Wissen gar nicht nöthig sind und uns gleichwohl durch unsere Vernunft dringend empfohlen werden: so wird ihre Wichtigkeit wohl eigentlich nur das Praktische angehen müssen.

Praktisch ist alles, was durch Freiheit möglich ist. Wenn die Bedingungen der Ausübung unserer freien Willkür aber empirisch sind, so kann die Vernunft dabei keinen anderen als regulativen Gebrauch haben und nur die Einheit empirischer Gesetze zu bewirken dienen; wie z.B. in der Lehre der Klugheit die Vereinigung aller Zwecke, die uns von unseren Neigungen aufgegeben sind, in den einigen, die Glückseligkeit und die Zusammenstimmung der Mittel, um dazu zu gelangen, das ganze Geschäfte der Vernunft ausmacht, die um deswillen keine andere als pragmatische Gesetze des freien Verhaltens zur Erreichung der uns von den Sinnen empfohlenen Zwecke und also keine reine Gesetze, völlig *a priori* bestimmt, liefern kann. Dagegen würden reine praktische Gesetze, deren Zweck durch die Vernunft völlig *a priori* gegeben ist, und die nicht empirisch bedingt, sondern schlechthin gebieten, Producte der reinen Vernunft sein. Dergleichen aber sind die moralischen Gesetze; mithin gehören diese allein zum praktischen Gebrauche der reinen Vernunft und erlauben einen Kanon.

Die ganze Zurüstung also der Vernunft in der Bearbeitung, die man reine Philosophie nennen kann, ist in der That nur auf die drei gedachten Probleme gerichtet. Diese selber aber haben wiederum ihre entferntere Absicht, nämlich was zu thun sei, wenn der Wille frei, wenn ein Gott und eine künftige Welt ist. Da dieses nun unser Verhalten in Beziehung auf den höchsten Zweck betrifft, so ist die letzte Absicht der weislich uns versorgenden Natur bei der Einrichtung unserer Vernunft eigentlich nur aufs Moralische gestellt.

Es ist aber Behutsamkeit nöthig, um, da wir unser Augenmerk auf einen Gegenstand werfen, der der transscendentalen Philosophie fremd* ist, nicht in Episoden auszuschweifen und die Einheit des Systems zu verletzen, andererseits auch, um, indem man von seinem neuen Stoffe zu wenig

* Alle praktische Begriffe gehen auf Gegenstände des Wohlgefallens oder Mißfallens, d.i. der Lust und Unlust, mithin wenigstens indirect auf Gegenstände unseres Gefühls. Da dieses aber keine Vorstellungskraft der Dinge ist, sondern außer der gesammten Erkenntnißkraft liegt, so gehören die Elemente unserer Urtheile, so fern sie sich auf Lust oder Unlust beziehen, mithin der praktischen, nicht in den Inbegriff der Transscendentalphilosophie, welche lediglich mit reinen Erkenntnissen *a priori* zu thun hat.

sagt, es an Deutlichkeit oder Überzeugung nicht fehlen zu lassen. Ich hoffe beides dadurch zu leisten, daß ich mich so nahe als möglich am Transscendentalen halte und das, was etwa hiebei psychologisch, d.i. empirisch, sein möchte, gänzlich bei Seite setze.

Und da ist denn zuerst anzumerken, daß ich mich für jetzt des Begriffs der Freiheit nur im praktischen Verstande bedienen werde und den in transscendentaler Bedeutung, welcher nicht als ein Erklärungsgrund der Erscheinungen empirisch vorausgesetzt werden kann, sondern selbst ein Problem für die Vernunft ist, hier als oben abgethan bei Seite setze. Eine Willkür nämlich ist bloß thierisch (*arbitrium brutum*), die nicht anders als durch sinnliche Antriebe, d.i. pathologisch, bestimmt werden kann. Diejenige aber, welche unabhängig von sinnlichen Antrieben, mithin durch Bewegursachen, welche nur von der Vernunft vorgestellt werden, bestimmt werden kann, heißt die freie Willkür (*arbitrium liberum*), und alles, was mit dieser, es sei als Grund oder Folge, zusammenhängt, wird praktisch genannt. Die praktische Freiheit kann durch Erfahrung bewiesen werden. Denn nicht bloß das, was reizt, d.i. die Sinne unmittelbar afficirt, bestimmt die menschliche Willkür, sondern wir haben ein Vermögen, durch Vorstellungen von dem, was selbst auf entferntere Art nützlich oder schädlich ist, die Eindrücke auf unser sinnliches Begehrungsvermögen zu überwinden; diese Überlegungen aber von dem, was in Ansehung unseres ganzen Zustandes begehrenswerth, d.i. gut und nützlich, ist, beruhen auf der Vernunft. Diese giebt daher auch Gesetze, welche Imperativen, d.i. objective Gesetze der Freiheit, sind, und welche sagen, was geschehen soll, ob es gleich vielleicht nie geschieht, und sich darin von Naturgesetzen, die nur von dem handeln, was g e s c h i e h t , unterscheiden, weshalb sie auch praktische Gesetze genannt werden.

Ob aber die Vernunft selbst in diesen Handlungen, dadurch sie Gesetze vorschreibt, nicht wiederum durch anderweitige Einflüsse bestimmt sei, und das, was in Absicht auf sinnliche Antriebe Freiheit heißt, in Ansehung höherer und entfernterer wirkenden Ursachen nicht wiederum Natur sein möge, das geht uns im Praktischen, da wir nur die Vernunft um die V o r s c h r i f t des Verhaltens zunächst befragen, nichts an, sondern ist eine bloß speculative Frage, die wir, so lange als unsere Absicht aufs Thun oder Lassen gerichtet ist, bei Seite setzen können. Wir erkennen also die praktische Freiheit durch Erfahrung als eine von den Natursachen, nämlich eine Causalität der Vernunft in Bestimmung des Willens, indessen daß die transscendentale Freiheit eine Unabhängigkeit dieser Vernunft selbst (in Ansehung ihrer Causalität, eine Reihe von Erscheinungen anzufangen) von allen bestimmenden Ursachen der Sinnenwelt fordert und so fern dem Naturgesetze, mithin aller möglichen Erfahrung zuwider zu sein scheint und also ein Problem bleibt. Allein für die Vernunft im praktischen Gebrauche gehört dieses Problem nicht, also haben wir es in einem Kanon der reinen Vernunft nur mit zwei Fragen zu thun, die das praktische Interesse der reinen Vernunft angehen, und in Ansehung deren ein Kanon ihres Gebrauchs möglich sein muß, nämlich: ist ein Gott? ist ein künftiges Leben? Die Frage wegen der transscendentalen Freiheit betrifft bloß das speculative Wissen, welche wir als ganz gleichgültig bei Seite setzen können, wenn es um das Praktische zu thun ist, und worüber in der Antinomie der reinen Vernunft schon hinreichende Erörterung zu finden ist.

Des Kanons der reinen Vernunft
Zweiter Abschnitt.

Von dem Ideal des höchsten Guts, als einem Bestimmungsgrunde des letzten Zwecks der reinen Vernunft.

Die Vernunft führte uns in ihrem speculativen Gebrauche durch das Feld der Erfahrungen und, weil daselbst für sie niemals völlige Befriedigung anzutreffen ist, von da zu speculativen Ideen, die uns aber am Ende wiederum auf Erfahrung zurückführten, und also ihre Absicht auf eine zwar nützliche, aber unserer Erwartung gar nicht gemäße Art erfüllten. Nun bleibt uns noch ein Versuch übrig: ob nämlich auch reine Vernunft im praktischen Gebrauche anzutreffen sei, ob sie in demselben zu den Ideen führe, welche die höchsten Zwecke der reinen Vernunft, die wir eben angeführt haben, erreichen, und diese also aus dem Gesichtspunkte ihres praktischen Interesse nicht dasjenige gewähren könne, was sie uns in Ansehung des speculativen ganz und gar abschlägt.

Alles Interesse meiner Vernunft (das speculative sowohl, als das praktische) vereinigt sich in folgenden drei Fragen:

1. Was kann ich wissen?
2. Was soll ich thun?
3. Was darf ich hoffen?

Die erste Frage ist bloß speculativ. Wir haben (wie ich mir schmeichele) alle möglichen Beantwortungen derselben erschöpft und endlich diejenige gefunden, mit welcher sich die Vernunft zwar befriedigen muß und, wenn sie nicht aufs Praktische sieht, auch Ursache hat zufrieden zu sein, sind aber von den zwei großen Zwecken, worauf die ganze Bestrebung der reinen Vernunft eigentlich gerichtet war, eben so weit entfernt geblieben, als ob wir uns aus Gemächlichkeit dieser Art gleich anfangs verweigert hätten. Wenn es also um Wissen zu thun ist, so ist wenigstens so viel sicher und ausgemacht, daß uns dieses in Ansehung jener zwei Aufgaben niemals zu Theil werden könne.

Die zweite Frage ist bloß praktisch. Sie kann als eine solche zwar der reinen Vernunft angehören, ist aber alsdann doch nicht transscendental, sondern moralisch, mithin kann sie unsere Kritik an sich selbst nicht beschäftigen.

Die dritte Frage, nämlich: wenn ich nun thue, was ich soll, was darf ich alsdann hoffen? ist praktisch und theoretisch zugleich, so daß das Praktische nur als ein Leitfaden zu Beantwortung der theoretischen und, wenn diese hoch geht, speculativen Frage führt. Denn alles Hoffen geht auf Glückseligkeit und ist in Absicht auf das Praktische und das Sittengesetz eben dasselbe, was das Wissen und das Naturgesetz in Ansehung der theoretischen Erkenntniß der Dinge ist. Jenes läuft zuletzt auf den Schluß hinaus, daß etwas sei (was den letzten möglichen Zweck bestimmt), weil etwas geschehen soll; dieses, daß etwas sei (was als oberste Ursache wirkt), weil etwas geschieht.

Glückseligkeit ist die Befriedigung aller unserer Neigungen (sowohl *extensive* der Mannigfaltigkeit derselben, als *intensive* dem Grade und auch *protensive* der Dauer nach). Das praktische Gesetz aus dem Bewegungsgrunde der Glückseligkeit nenne ich pragmatisch (Klugsheitsregel); dasjenige aber, wofern ein solches ist, das zum Bewegungsgrunde nichts anderes hat, als die Würdigkeit, glücklich zu sein, moralisch (Sittengesetz). Das erstere räth, was zu thun sei, wenn wir der Glückseligkeit wollen theilhaftig, das zweite gebietet, wie wir uns verhalten sollen, um nur der Glückseligkeit würdig zu werden. Das erstere gründet sich auf empirische Principien; denn anders als vermittelst der Erfahrung kann ich weder wissen, welche Neigungen da sind, die befriedigt werden wollen, noch welches die Natururſachen sind, die ihre Befriedigung bewirken können. Das zweite abstrahirt von Neigungen und Naturmitteln sie zu befriedigen und betrachtet nur die Freiheit eines vernünftigen Wesens überhaupt und die nothwendigen Bedingungen, unter denen sie allein mit der Austheilung der Glückseligkeit nach Principien zusammenstimmt, und kann also wenigstens auf bloßen Ideen der reinen Vernunft beruhen und *a priori* erkannt werden.

Ich nehme an, daß es wirklich reine moralische Gesetze gebe, die völlig *a priori* (ohne Rücksicht auf empirische Bewegungsgründe, d.i. Glückseligkeit) das Thun und Lassen, d.i. den Gebrauch der Freiheit eines vernünftigen Wesens überhaupt, bestimmen, und daß diese Gesetze schlechterdings (nicht bloß hypothetisch, unter Voraussetzung anderer empirischen Zwecke) gebieten und also in aller Absicht nothwendig seien. Diesen Satz kann ich mit Recht voraussetzen, nicht allein indem ich mich auf die Beweise der aufgeklärtesten Moralisten, sondern auf das sittliche Urtheil eines jeden Menschen berufe, wenn er sich ein dergleichen Gesetz deutlich denken will.

Die reine Vernunft enthält also zwar nicht in ihrem speculativen, aber doch in einem gewissen praktischen, nämlich dem moralischen Gebrauche Principien der Möglichkeit der Erfahrung, nämlich solcher Handlungen, die den sittlichen Vorschriften gemäß in der Geschichte des Menschen anzutreffen sein könnten. Denn da sie gebietet, daß solche geschehen sollen, so müssen sie auch geschehen können, und es muß also eine besondere Art von systematischer Einheit, nämlich die moralische, möglich sein, indessen daß die systematische Natureinheit nach speculativen Principien der Vernunft nicht bewiesen werden konnte, weil die Vernunft zwar in Ansehung der Freiheit überhaupt, aber nicht in Ansehung der gesammten Natur Causalität hat, und moralische Vernunftprincipien zwar freie Handlungen, aber nicht Naturgesetze hervorbringen können. Demnach haben die Principien der reinen Vernunft in ihrem praktischen, namentlich aber dem moralischen Gebrauche objective Realität.

Ich nenne die Welt, sofern sie allen sittlichen Gesetzen gemäß wäre (wie sie es denn nach der Freiheit der vernünftigen Wesen sein kann und nach den nothwendigen Gesetzen der Sittlichkeit sein soll eine **moralische Welt.** Diese wird so fern bloß als intelligibele Welt gedacht, weil darin von allen Bedingungen (Zwecken) und selbst von allen Hindernissen der Moralität in derselben (Schwäche oder Unlauterkeit der menschlichen Natur) abstrahirt wird. So fern ist sie also eine bloße, aber doch praktische Idee, die wirklich ihren Einfluß auf die Sinnenwelt haben kann und soll, um sie dieser Idee so viel als möglich gemäß zu machen. Die Idee einer moralischen Welt hat daher objective Realität, nicht als wenn sie auf einen Gegenstand einer intelligibelen Anschauung ginge (dergleichen wir uns gar nicht denken können), sondern auf die Sinnenwelt, aber als einen Gegenstand der reinen Vernunft in ihrem praktischen Gebrauche und ein *corpus mysticum* der vernünftigen Wesen in ihr, so fern deren freie Willkür unter moralischen Gesetzen sowohl mit sich selbst, als mit jedes anderen Freiheit durchgängige systematische Einheit an sich hat.

Das war die Beantwortung der ersten von den zwei Fragen der reinen Vernunft, die das praktische Interesse betrafen: Thue das, wodurch du würdig wirst, glücklich zu sein. Die zweite frägt nun: wie, wenn ich mich nun so verhalte, daß ich der Glückseligkeit nicht unwürdig sei, darf ich auch hoffen, ihrer dadurch theilhaftig werden zu können? Es kommt bei der Beantwortung derselben darauf an, ob die Principien der reinen Vernunft, welche *a priori* das Gesetz vorschreiben, auch diese Hoffnung nothwendigerweise damit verknüpfen.

Ich sage demnach: daß eben sowohl, als die moralischen Principien nach der Vernunft in ihrem praktischen Gebrauche nothwendig sind, eben so nothwendig sei es auch nach der Vernunft, in ihrem theoretischen Gebrauch anzunehmen, daß jedermann die Glückseligkeit in demselben Maße zu hoffen Ursache habe, als er sich derselben in seinem Verhalten würdig gemacht hat, und daß also das System der Sittlichkeit mit dem der Glückseligkeit unzertrennlich, aber nur in der Idee der reinen Vernunft verbunden sei.

Nun läßt sich in einer intelligibelen, d.i. der moralischen, Welt, in deren Begriff wir von allen Hindernissen der Sittlichkeit (der Neigungen) abstrahiren, ein solches System der mit der Moralität verbundenen proportionirten Glückseligkeit auch als nothwendig denken, weil die durch sittliche Gesetze theils bewegte, theils restringirte Freiheit selbst die Ursache der allgemeinen Glückseligkeit, die vernünftigen Wesen also selbst unter der Leitung solcher Principien Urheber ihrer eigenen und zugleich anderer dauerhaften Wohlfahrt sein würden. Aber dieses System der sich selbst lohnenden Moralität ist nur eine Idee, deren Ausführung auf der Bedingung beruht, daß jedermann thue, was er soll, d.i. alle Handlungen vernünftiger Wesen so geschehen, als ob sie aus einem obersten Willen, der alle Privatwillkür in sich oder unter sich befaßt, entsprängen. Da aber die Verbindlichkeit aus dem moralischen Gesetze für jedes besonderen Gebrauch der Freiheit gültig bleibt, wenn gleich andere diesem Gesetze sich nicht gemäß verhielten, so ist weder aus der Natur der Dinge der Welt, noch der Causalität der Handlungen selbst und ihrem Verhältnisse zur Sittlichkeit bestimmt, wie sich ihre Folgen zur Glückseligkeit verhalten werden; und die angeführte nothwendige Verknüpfung der Hoffnung, glücklich zu sein, mit dem unablässigen Bestreben, sich der Glückseligkeit würdig zu machen, kann durch die Vernunft nicht erkannt werden, wenn man bloß Natur zum Grunde legt, sondern darf nur gehofft werden, wenn eine höchste Vernunft, die nach moralischen Gesetzen gebietet, zugleich als Ursache der Natur zum Grunde gelegt wird.

Ich nenne die Idee einer solchen Intelligenz, in welcher der moralisch vollkommenste Wille, mit der höchsten Seligkeit verbunden, die Ursache aller Glückseligkeit in der Welt ist, so fern sie mit der Sittlichkeit (als der Würdigkeit glücklich zu sein) in genauem Verhältnisse steht, das Ideal des höchsten Guts. Also kann die reine Vernunft nur in dem Ideal des höchsten ursprünglichen Guts den Grund der praktisch nothwendigen Verknüpfung beider Elemente des höchsten abgeleiteten Guts, nämlich einer intelligibelen, d.i. moralischen, Welt antreffen. Da wir uns nun nothwendiger Weise durch die Vernunft als zu einer solchen Welt gehörig vorstellen müssen, obgleich die Sinne uns nichts als eine Welt von Erscheinungen darstellen, so werden wir jene als eine Folge unseres Verhaltens in der Sinnenwelt und, da uns diese eine solche Verknüpfung nicht darbietet, als eine für uns künftige Welt annehmen müssen. Gott also und ein künftiges Leben sind zwei von der Verbindlichkeit, die uns reine Vernunft auferlegt, nach Principien eben derselben Vernunft nicht zu trennende Voraussetzungen.

Die Sittlichkeit an sich selbst macht ein System aus, aber nicht die Glückseligkeit, außer sofern sie der Moralität genau angemessen ausgetheilt ist. Dieses aber ist nur möglich in der intelligibelen Welt unter einem weisen Urheber und Regierer. Einem solchen sammt dem Leben in einer solchen Welt, die wir als eine künftige ansehen müssen, sieht sich die Vernunft genöthigt anzunehmen, oder die moralischen Gesetze als leere Hirngespinste anzusehen, weil der nothwendige Erfolg derselben, den dieselbe Vernunft mit ihnen verknüpft, ohne jene Voraussetzung wegfallen müßte. Daher auch jedermann die moralischen Gesetze als Gebote ansieht, welches sie aber nicht sein könnten, wenn sie nicht *a priori* angemessene Folgen mit ihrer Regel verknüpften und also Verheißungen und Drohungen bei sich führten. Dieses können sie aber auch nicht thun, wo sie nicht in einem nothwendigen Wesen als dem höchsten Gut liegen, welches eine solche zweckmäßige Einheit allein möglich machen kann.

Leibniz nannte die Welt, so fern man darin nur auf die vernünftigen Wesen und ihren Zusammenhang nach moralischen Gesetzen unter der Regierung des höchsten Guts Acht hat, das Reich der Gnaden und unterschied es vom Reich der Natur, da sie zwar unter moralischen Gesetzen stehen, aber keine andere Erfolge ihres Verhaltens erwarten, als nach dem Laufe der Natur unserer Sinnenwelt. Sich also im Reiche der Gnaden zu sehen, wo alle Glückseligkeit auf uns wartet, außer so fern wir unsern Antheil an derselben durch die Unwürdigkeit, glücklich zu sein, nicht selbst einschränken, ist eine praktisch nothwendige Idee der Vernunft.

Praktische Gesetze, so fern sie zugleich subjective Gründe der Handlungen, d.i. subjective Grundsätze, werden, heißen Maximen. Die Beurtheilung der Sittlichkeit ihrer Reinigkeit und Folgen nach geschieht nach Ideen, die Befolgung ihrer Gesetze nach Maximen.

Es ist nothwendig, daß unser ganzer Lebenswandel sittlichen Maximen untergeordnet werde; es ist aber zugleich unmöglich, daß dieses geschehe, wenn die Vernunft nicht mit dem moralischen Gesetze, welches eine bloße Idee ist, eine wirkende Ursache verknüpft, welche dem Verhalten nach demselben einen unseren höchsten Zwecken genau entsprechenden Ausgang, es sei in diesem, oder einem anderen Leben, bestimmt. Ohne also einen Gott und eine für uns jetzt nicht sichtbare, aber gehoffte Welt sind die herrlichen Ideen der Sittlichkeit zwar Gegenstände des Beifalls und der Bewunderung, aber nicht Triebfedern des Vorsatzes und der Ausübung, weil sie nicht den ganzen Zweck, der einem jeden vernünftigen Wesen natürlich und durch eben dieselbe reine Vernunft *a priori* bestimmt und nothwendig ist, erfüllen.

Glückseligkeit allein ist für unsere Vernunft bei weitem nicht das vollständige Gut. Sie billigt solche nicht (so sehr als auch Neigung dieselbe wünschen mag), wofern sie nicht mit der Würdigkeit,glücklich zu sein, d.i. dem sittlichen Wohlverhalten, vereinigt ist. Sittlichkeit allein und mit ihr die bloße Würdigkeit, glücklich zu sein, ist aber auch noch lange nicht das vollständige Gut. Um dieses zu vollenden, muß der, so sich als der Glückseligkeit nicht unwerth verhalten hatte, hoffen können, ihrer theilhaftig zu werden. Selbst die von aller Privatabsicht freie Vernunft, wenn sie, ohne dabei ein eigenes Interesse in Betracht zu ziehen, sich in die Stelle eines Wesens setzte, das alle Glückseligkeit andern auszutheilen hätte, kann nicht anders urtheilen; denn in der praktischen Idee sind beide Stücke wesentlich verbunden, obzwar so, daß die moralische Gesinnung als Bedingung den Antheil an Glückseligkeit und nicht umgekehrt die Aussicht auf Glückseligkeit die moralische Gesinnung zuerst möglich mache. Denn im letzteren Falle wäre sie nicht moralisch und also auch nicht der ganzen Glückseligkeit würdig, die vor der Vernunft keine andere Einschränkung erkennt als die, welche von unserem eigenen unsittlichen Verhalten herrührt.

Glückseligkeit also in dem genauen Ebenmaße mit der Sittlichkeit der vernünftigen Wesen, dadurch sie derselben würdig sind, macht allein das höchste Gut einer Welt aus, darin wir uns nach den Vorschriften der reinen, aber praktischen Vernunft durchaus versetzen müssen, und welche freilich nur eine intelligibele Welt ist, da die Sinnenwelt uns von der Natur der Dinge dergleichen systematische Einheit der Zwecke nicht verheißt, deren Realität auch auf nichts andres gegründet werden kann, als auf die Voraussetzung eines höchsten ursprünglichen Guts, da selbständige Vernunft, mit aller Zulänglichkeit einer obersten Ursache ausgerüstet, nach der vollkommensten Zweckmäßigkeit die allgemeine, obgleich in der Sinnenwelt uns sehr verborgene Ordnung der Dinge gründet, erhält und vollführt.

Diese Moraltheologie hat nun den eigenthümlichen Vorzug vor der speculativen, daß sie unausbleiblich auf den Begriff eines einigen, allervollkommensten und vernünftigen Urwesens führt, worauf uns speculative Theologie nicht einmal aus objectiven Gründen hinweiset, geschweige uns davon überzeugen konnte. Denn wir finden weder in der transscendentalen, noch natürlichen Theologie, so weit uns auch Vernunft darin führen mag, einigen bedeutenden Grund, nur ein einiges Wesen anzunehmen, welches wir allen Natturursachen vorsetzen, und von dem wir zugleich diese in allen Stücken abhängend zu machen hinreichende Ursache hätten. Dagegen wenn wir aus dem Gesichtspunkte der sittlichen Einheit als einem nothwendigen Weltgesetze die Ursache erwägen, die diesem allein den angemessenen Effect, mithin auch für uns verbindende Kraft geben kann, so muß es ein einiger oberster Wille sein, der alle diese Gesetze in sich befaßt. Denn wie wollten wir unter verschiedenen Willen vollkommene Einheit der Zwecke finden? Dieser Wille muß allgewaltig sein, damit die ganze Natur und deren Beziehung auf Sittlichkeit in der Welt ihm unterworfen sei; allwissend, damit er das Innerste der Gesinnungen und deren moralischen Werth erkenne; allgegenwärtig, damit er unmittelbar allem Bedürfnisse, welches das höchste Weltbeste erfordert, nahe sei; ewig, damit in keiner Zeit diese Übereinstimmung der Natur und Freiheit ermangele, u. s. w.

Aber diese systematische Einheit der Zwecke in dieser Welt der Intelligenzen, welche, obzwar als bloße Natur nur Sinnenwelt, als ein System der Freiheit aber intelligibele, d.i. moralische, Welt (*regnum gratiae*) genannt werden kann, führt unausbleiblich auch auf die zweckmäßige Einheit aller Dinge, die dieses große Ganze ausmachen, nach allgemeinen Naturgesetzen, so wie die erstere nach allgemeinen und nothwendigen Sittengesetzen und vereinigt die praktische Vernunft mit der speculativen. Die Welt muß als aus einer Idee entsprungen vorgestellt werden, wenn sie mit demjenigen Vernunftgebrauch, ohne welchen wir uns selbst der Vernunft unwürdig halten würden, nämlich dem moralischen, als welcher durchaus auf der Idee des höchsten Guts beruht, zusammenstimmen soll. Dadurch bekommt alle Naturforschung eine Richtung nach der Form eines Systems der

Zwecke und wird in ihrer höchsten Ausbreitung Physikotheologie. Diese aber, da sie doch von sittlicher Ordnung, als einer in dem Wesen der Freiheit gegründeten und nicht durch äußere Gebote zufällig gestifteten Einheit, anhob, bringt die Zweckmäßigkeit der Natur auf Gründe, die *a priori* mit der inneren Möglichkeit der Dinge unzertrennlich verknüpft sein müssen und dadurch auf eine transscendentale Theologie die sich das Ideal der höchsten ontologischen Vollkommenheit zu einem Princip der systematischen Einheit nimmt, welches nach allgemeinen und nothwendigen Naturgesetzen alle Dinge verknüpft, weil sie alle in der absoluten Nothwendigkeit eines einigen Urwesens ihren Ursprung haben.

Was können wir für einen Gebrauch von unserem Verstande machen selbst in Ansehung der Erfahrung, wenn wir uns nicht Zwecke vorsetzen? Die höchsten Zwecke aber sind die der Moralität, und diese kann uns nur reine Vernunft zu erkennen geben. Mit diesen nun versehen und an dem Leitfaden derselben können wir von der Kenntniß der Natur selbst keinen zweckmäßigen Gebrauch in Ansehung der Erkenntniß machen, wo die Natur nicht selbst zweckmäßige Einheit hingelegt hat; denn ohne diese hätten wir sogar selbst keine Vernunft, weil wir keine Schule für dieselbe haben würden, und keine Cultur durch Gegenstände, welche den Stoff zu solchen Begriffen darböten. Jene zweckmäßige Einheit ist aber nothwendig und in dem Wesen der Willkür selbst gegründet, diese also, welche die Bedingung der Anwendung derselben *in concreto* enthält, muß es auch sein, und so würde die transscendentale Steigerung unserer Vernunfterkenntniß nicht die Ursache, sondern bloß die Wirkung von der praktischen Zweckmäßigkeit sein, die uns die reine Vernunft auferlegt.

Wir finden daher auch in der Geschichte der menschlichen Vernunft: daß, ehe die moralischen Begriffe genugsam gereinigt, bestimmt und die systematische Einheit der Zwecke nach, denselben und zwar aus nothwendigen Principien eingesehen waren, die Kenntniß der Natur und selbst ein ansehnlicher Grad der Cultur der Vernunft in manchen anderen Wissenschaften theils nur rohe und umherschweifende Begriffe von der Gottheit hervorbringen konnte, theils eine zu bewundernde Gleichgültigkeit überhaupt in Ansehung dieser Frage übrig ließ. Eine größere Bearbeitung sittlicher Ideen, die durch das äußerst reine Sittengesetz unserer Religion nothwendig gemacht wurde, schärfte die Vernunft auf den Gegenstand durch das Interesse, das sie an demselben zu nehmen nöthigte; und ohne daß weder erweiterte Naturkenntnisse, noch richtige und zuverlässige transscendentale Einsichten (dergleichen zu aller Zeit gemangelt haben) dazu beitrugen, brachten sie einen Begriff vom göttlichen Wesen zu Stande, den wir jetzt für den richtigen halten, nicht weil uns speculative Vernunft von dessen Richtigkeit überzeugt, sondern weil er mit den moralischen Vernunftprincipien vollkommen zusammenstimmt. Und so hat am Ende doch immer nur reine Vernunft~ aber nur in ihrem praktischen Gebrauche das Verdienst, ein Erkenntniß, das die bloße Speculation nur wähnen, aber nicht geltend machen kann, an unser höchstes Interesse zu knüpfen und dadurch zwar nicht zu einem demonstrirten Dogma, aber doch zu einer schlechterdings nothwendigen Voraussetzung bei ihren wesentlichsten Zwecken zu machen.

Wenn aber praktische Vernunft nun diesen hohen Punkt erreicht hat, nämlich den Begriff eines einigen Urwesens als des höchsten Guts, so darf sie sich gar nicht unterwinden, gleich als hätte sie sich über alle empirische Bedingungen seiner Anwendung erhoben und zur unmittelbaren Kenntniß neuer Gegenstände emporgeschwungen, um von diesem Begriffe auszugehen und die moralischen Gesetze selbst von ihm abzuleiten. Denn diese waren es eben, deren innere praktische Nothwendigkeit uns zu der Voraussetzung einer selbständigen Ursache oder eines weisen Weltregierers führte, um jenen Gesetzen Effect zu geben; und daher können wir sie nicht nach diesem wiederum als zufällig und vom bloßen Willen abgeleitet ansehen, insonderheit von einem solchen Willen, von dem wir gar keinen Begriff haben würden, wenn wir ihn nicht jenen Gesetzen gemäß gebildet hätten. Wir werden, so weit praktische Vernunft uns zu führen das Recht hat, Handlungen nicht darum für verbindlich halten, weil sie Gebote Gottes sind, sondern sie darum als göttliche Gebote ansehen, weil wir dazu innerlich verbindlich sind. Wir werden die Freiheit unter der zweckmäßigen Einheit nach Principien der Vernunft studiren und nur so fern glauben dem göttlichen Willen gemäß zu sein, als wir das Sittengesetz, welches uns die Vernunft aus der Natur der Handlungen selbst lehrt, heilig halten, und ihm dadurch allein zu dienen glauben, daß wir das Weltbeste an uns und an andern befördern. Die Moraltheologie ist also nur von immanentem Gebrauche, nämlich unsere Bestimmung hier in der Welt zu erfüllen, indem wir in das System aller Zwecke passen, und nicht schwärmerisch oder wohl gar frevelhaft den Leitfaden einer moralisch gesetzgebenden Vernunft im guten Lebenswandel zu verlassen, um ihn unmittelbar an die Idee des höchsten Wesens zu knüpfen, welches einen transscendenten Gebrauch geben würde, aber eben so wie der der bloßen Speculation die letzten Zwecke der Vernunft verkehren und vereiteln muß.

Des Kanons der reinen Vernunft
Dritter Abschnitt.

Vom Meinen, Wissen und Glauben.

Das Fürwahrhalten ist eine Begebenheit in unserem Verstande, die auf objectiven Gründen beruhen mag, aber auch subjective Ursachen im Gemüthe dessen, der da urtheilt, erfordert. Wenn es für jedermann gültig ist, so fern er nur Vernunft hat, so ist der Grund desselben objectiv hinreichend, und das Fürwahrhalten heißt alsdann Überzeugung. Hat es nur in der besonderen Beschaffenheit des Subjects seinen Grund, so wird es Überredung genannt.

Überredung ist ein bloßer Schein, weil der Grund des Urtheils, welcher lediglich im Subjecte liegt, für objectiv gehalten wird. Daher hat ein solches Urtheil auch nur Privatgültigkeit, und das Fürwahrhalten läßt sich nicht mittheilen. Wahrheit aber beruht auf der Übereinstimmung mit dem Objecte, in Ansehung dessen folglich die Urtheile eines jeden Verstandes einstimmig sein müssen (*consentientia uni tertio consentiunt inter se*). Der Probirstein des Fürwahrhaltens, ob es Überzeugung oder bloße Überredung sei, ist also äußerlich die Möglichkeit, dasselbe mitzutheilen, und das Fürwahrhalten für jedes Menschen Vernunft gültig zu befinden; denn alsdann ist wenigstens eine Vermuthung, der Grund der Einstimmung aller Urtheile ungeachtet der Verschiedenheit der Subjecte unter einander werde auf dem gemeinschaftlichen Grunde, nämlich dem Objecte, beruhen, mit welchem sie daher alle zusammenstimmen und dadurch die Wahrheit des Urtheils beweisen werden.

Überredung demnach kann von der Überzeugung subjectiv zwar nicht unterschieden werden, wenn das Subject das

Fürwahrhalten bloß als Erscheinung seines eigenen Gemüths vor Augen hat; der Versuch aber, den man mit den Gründen desselben, die für uns gültig sind, an anderer Verstand macht, ob sie auf fremde Vernunft eben dieselbe Wirkung thun, als auf die unsrige, ist doch ein, obzwar nur subjectives Mittel, zwar nicht Überzeugung zu bewirken, aber doch die bloße Privatgültigkeit des Urtheils, d.i. etwas in ihm, was bloße Überredung ist, zu entdecken.

Kann man überdem die subjectiven Ursachen des Urtheils, welche wir für objective Gründe desselben nehmen, entwickeln und mithin das trügliche Fürwahrhalten als eine Begebenheit in unserem Gemüthe erklären, ohne dazu die Beschaffenheit des Objects nöthig zu haben: so entblößen wir den Schein und werden dadurch nicht mehr hintergangen, obgleich immer noch in gewissem Grade versucht, wenn die subjective Ursache des Scheins unserer Natur anhängt.

Ich kann nichts behaupten, d.i. als ein für jedermann nothwendig gültiges Urtheil aussprechen, als was Überzeugung wirkt. Überredung kann ich für mich behalten, wenn ich mich dabei wohl befinde, kann sie aber und soll sie außer mir nicht geltend machen wollen.

Das Fürwahrhalten oder die subjective Gültigkeit des Urtheils in Beziehung auf die Überzeugung (welches zugleich objectiv gilt) hat folgende drei Stufen: Meinen, Glauben und Wissen. Meinen ist ein mit Bewußtsein sowohl subjectiv, als objectiv unzureichendes Fürwahrhalten. Ist das letztere nur subjectiv zureichend und wird zugleich für objectiv unzureichend gehalten, so heißt es Glauben. Endlich heißt das sowohl subjectiv als objectiv zureichende Fürwahrhalten das Wissen. Die subjective Zulänglichkeit heißt Überzeugung (für mich selbst), die objective Gewißheit (für jedermann). Ich werde mich bei der Erläuterung so faßlicher Begriffe nicht aufhalten.

Ich darf mich niemals unterwinden, zu meinen, ohne wenigstens etwas zu wissen, vermittelst dessen das an sich bloß problematische Urtheil eine Verknüpfung mit Wahrheit bekommt, die, ob sie gleich nicht vollständig, doch mehr als willkürliche Erdichtung ist. Das Gesetz einer solchen Verknüpfung muß überdem gewiß sein. Denn wenn ich in Ansehung dessen auch nichts als Meinung habe, so ist alles nur Spiel der Einbildung ohne die mindeste Beziehung auf Wahrheit. In Urtheilen aus reiner Vernunft ist es gar nicht erlaubt, zu meinen. Denn weil sie nicht auf Erfahrungsgründe gestützt werden, sondern alles *a priori* erkannt werden soll, wo alles nothwendig ist, so erfordert das Princip der Verknüpfung Allgemeinheit und Nothwendigkeit, mithin völlige Gewißheit, widrigenfalls gar keine Leitung auf Wahrheit angetroffen wird. Daher ist es ungereimt, in der reinen Mathematik zu meinen; man muß wissen, oder sich allen Urtheilens enthalten. Eben so ist es mit den Grundsätzen der Sittlichkeit bewandt, da man nicht auf bloße Meinung, daß etwas erlaubt sei, eine Handlung wagen darf, sondern dieses wissen muß.

Im transscendentalen Gebrauche der Vernunft ist dagegen Meinen freilich zu wenig, aber Wissen auch zu viel. In bloß speculativer Absicht können wir also hier gar nicht urtheilen: weil subjective Gründe des Fürwahrhaltens wie die, so das Glauben bewirken können, bei speculativen Fragen keinen Beifall verdienen, da sie sich frei von aller empirischen Beihülfe nicht halten, noch in gleichem Maße andern mittheilen lassen.

Es kann aber überall bloß in praktischer Beziehung das theoretisch unzureichende Fürwahrhalten Glauben genannt werden. Diese praktische Absicht ist nun entweder die der Geschicklichkeit, oder der Sittlichkeit, die erste zu beliebigen und zufälligen, die zweite aber zu schlechthin nothwendigen Zwecken.

Wenn einmal ein Zweck vorgesetzt ist, so sind die Bedingungen der Erreichung desselben hypothetisch nothwendig. Diese Nothwendigkeit ist subjectiv, aber doch nur comparativ zureichend, wenn ich gar keine andere Bedingungen weiß, unter denen der Zweck zu erreichen wäre; aber sie ist schlechthin und für jedermann zureichend, wenn ich gewiß weiß, daß niemand andere Bedingungen kennen könne, die auf den vorgesetzten Zweck führen. Im ersten Falle ist meine Voraussetzung und das Fürwahrhalten gewisser Bedingungen ein bloß zufälliger, im zweiten Falle aber ein nothwendiger Glaube. Der Arzt muß bei einem Kranken, der in Gefahr ist, etwas thun, kennt aber die Krankheit nicht. Er sieht auf die Erscheinungen und urtheilt, weil er nichts Besseres weiß, es sei die Schwindsucht. Sein Glaube ist selbst in seinem eigenen Urtheile bloß zufällig, ein anderer möchte es vielleicht besser treffen. Ich nenne dergleichen zufälligen Glauben, der aber dem wirklichen Gebrauche der Mittel zu gewissen Handlungen zum Grunde liegt, den pragmatischen Glauben.

Der gewöhnliche Probirstein, ob etwas bloße Überredung, oder wenigstens subjective Überzeugung, d.i. festes Glauben, sei, was jemand behauptet, ist das Wetten. Öfters spricht jemand seine Sätze mit so zuversichtlichem und unlenkbarem Trotze aus, daß er alle Besorgnis des Irrthums gänzlich abgelegt zu haben scheint. Eine Wette macht ihn stutzig. Bisweilen zeigt sich, daß er zwar Überredung genug, die auf einen Dukaten an Werth geschätzt werden kann, aber nicht auf zehn besitze. Denn den ersten wagt er noch wohl, aber bei zehnen wird er allererst inne, was er vorher nicht bemerkte, daß es nämlich doch wohl möglich sei, er habe sich geirrt. Wenn man sich in Gedanken vorstellt, man solle worauf das Glück des ganzen Lebens verwetten, so schwindet unser triumphirendes Urtheil gar sehr, wir werden überaus schüchtern und entdecken so allererst, daß unser Glaube so weit nicht zulange. So hat der pragmatische Glaube nur einen Grad, der nach Verschiedenheit des Interesses, das dabei im Spiele ist, groß oder auch klein sein kann.

Weil aber, ob wir gleich in Beziehung auf ein Object gar nichts unternehmen können, also das Fürwahrhalten bloß theoretisch ist, wir doch in vielen Fällen eine Unternehmung in Gedanken fassen und uns einbilden können, zu welcher wir hinreichende Gründe zu haben vermeinen, wenn es ein Mittel gäbe, die Gewißheit der Sache auszumachen, so giebt es bloß in theoretischen Urtheilen ein Analogon von praktischen, auf deren Fürwahrhaltung das Wort Glauben paßt, und den wir den doctrinalen Glauben nennen können. Wenn es möglich wäre durch irgend eine Erfahrung auszumachen, so möchte ich wohl alles das Meinige darauf verwetten, daß es wenigstens in irgend einem von den Planeten, die wir sehen, Einwohner gebe. Daher sage ich, ist es nicht bloß Meinung, sondern ein starker Glaube (auf dessen Richtigkeit ich schon viele Vortheile des Lebens wagen würde), daß es auch Bewohner anderer Welten gebe.

Nun müssen wir gestehen, daß die Lehre vom Dasein Gottes zum doctrinalen Glauben gehöre. Denn ob ich gleich in Ansehung der theoretischen Weltkenntniß nichts zu verfügen habe, was diesen Gedanken als Bedingung meiner Erklärungen der Erscheinungen der Welt nothwendig voraussetze, sondern vielmehr verbunden bin, meiner Vernunft mich so zu bedienen, als ob alles bloß Natur sei: so ist doch die zweckmäßige Einheit eine so große Bedingung der Anwendung der Vernunft auf Natur, daß ich, da mir überdem Erfahrung reichlich davon Beispiele darbietet, sie gar nicht vorbeigehen kann. Zu dieser Einheit aber kenne ich keine andere Bedingung, die sie mir zum Leitfaden der Naturforschung machte, als wenn ich voraussetze, daß eine höchste Intelligenz alles nach den weisesten Zwecken so geordnet habe. Folglich ist es eine Bedingung einer zwar zufälligen, aber doch nicht unerheblichen Absicht, nämlich um eine Leitung in der Nachforschung der Natur zu haben, einen weisen Welturheber vorauszusetzen. Der Ausgang meiner Versuche bestätigt auch so oft die Brauchbarkeit dieser Voraussetzung, und nichts kann auf entscheidende Art dawider angeführt werden, daß ich viel zu wenig sage, wenn ich mein Fürwahrhalten bloß ein Meinen nennen wollte; sondern es kann selbst in diesem theoretischen Verhältnisse gesagt werden, daß ich festiglich einen Gott glaube; aber alsdann ist dieser Glaube in strenger Bedeutung dennoch nicht praktisch, sondern muß ein doctrinaler Glaube genannt werden, den die Theologie der Natur (Physikotheologie) nothwendig allerwärts bewirken muß. In Ansehung eben derselben Weisheit, in Rücksicht auf die vortreffliche Ausstattung der menschlichen Natur und die derselben so schlecht angemessene Kürze des Lebens kann eben sowohl genugsamer Grund zu einem doctrinalen Glauben des künftigen Lebens der menschlichen Seele angetroffen werden.

Der Ausdruck des Glaubens ist in solchen Fällen ein Ausdruck der Bescheidenheit in objectiver Absicht, aber doch zugleich der Festigkeit des Zutrauenes in subjectiver. Wenn ich das bloß theoretische Fürwahrhalten hier auch nur Hypothese nennen wollte, die ich anzunehmen berechtigt wäre, so würde ich mich dadurch schon anheischig machen, mehr von der Beschaffenheit einer Weltursache und einer andem Welt Begriff zu haben, als ich wirklich aufzeigen kann; denn was ich auch nur als Hypothese annehme, davon muß ich wenigstens seinen Eigenschaften nach so viel kennen, daß ich nicht seinen Begriff, sondern nur sein Dasein erdichten darf. Das Wort Glauben aber geht nur auf die Leitung, die mir eine Idee giebt, und den subjectiven Einfluß auf die Beförderung meiner Vernunfthandlungen, die mich an derselben festhält, ob ich gleich von ihr nicht im Stande bin in speculativer Absicht Rechenschaft zu geben.

Aber der bloß doctrinale Glaube hat etwas Wankendes in sich; man wird oft durch Schwierigkeiten, die sich in der Speculation vorfinden, aus demselben gesetzt, ob man zwar unausbleiblich dazu immer wiederum zurück kehrt.

Ganz anders ist es mit dem moralischen Glauben bewandt. Denn da ist es schlechterdings nothwendig, daß etwas geschehen muß, nämlich daß ich dem sittlichen Gesetze in allen Stücken Folge leiste. Der Zweck ist hier unumgänglich festgestellt, und es ist nur eine einzige Bedingung nach aller meiner Einsicht möglich, unter welcher dieser Zweck mit allen gesammten Zwecken zusammenhängt und dadurch praktische Gültigkeit habe, nämlich daß ein Gott und eine künftige Welt sei; ich weiß auch ganz gewiß, daß niemand andere Bedingungen kenne, die auf dieselbe Einheit der Zwecke unter dem moralischen Gesetze führen. Da aber also die sittliche Vorschrift zugleich meine Maxime ist (wie denn die Vernunft gebietet, daß sie es sein soll), so werde ich unausbleiblich ein Dasein Gottes und ein künftiges Leben glauben und bin sicher, daß diesen Glauben nichts wankend machen könne, weil dadurch meine sittliche

Grundsätze selbst umgestürzt werden würden, denen ich nicht entsagen kann, ohne in meinen eigenen Augen verabscheuungswürdig zu sein.

Auf solche Weise bleibt uns nach Vereitelung aller ehrsüchtigen Absichten einer über die Grenzen aller Erfahrung hinaus herumschweifenden Vernunft noch genug übrig, daß wir damit in praktischer Absicht zufrieden zu sein Ursache haben. Zwar wird freilich sich niemand rühmen können: er w i s s e , daß ein Gott und daß ein künftig Leben sei; denn wenn er das weiß, so ist er gerade der Mann, den ich längst gesucht habe. Alles Wissen (wenn es einen Gegenstand der bloßen Vernunft betrifft) kann man mittheilen, und ich würde also auch hoffen können, durch seine Belehrung mein Wissen in so bewunderungswürdigem Maße ausgedehnt zu sehen. Nein, die Überzeugung ist nicht logische, sondern m o r a l i s c h e Gewißheit, und da sie auf subjectiven Gründen (der moralischen Gesinnung) beruht, so muß ich nicht einmal sagen: e s i s t moralisch gewiß, daß ein Gott sei etc., sondern: i c h b i n moralisch gewiß etc. Das heißt: der Glaube an einen Gott und eine andere Welt ist mit meiner moralischen Gesinnung so verwebt, daß, so wenig ich Gefahr laufe, die letztere einzubüßen, eben so wenig besorge ich, daß mir der erste jemals entrissen werden könne.

Das einzige Bedenkliche, das sich hiebei findet, ist, daß sich dieser Vernunftglaube auf die Voraussetzung moralischer Gesinnungen gründet. Gehn wir davon ab und nehmen einen, der in Ansehung sittlicher Gesetze gänzlich gleichgültig wäre, so wird die Frage, welche die Vernunft aufwirft, bloß eine Aufgabe für die Speculation und kann alsdann zwar noch mit starken Gründen aus der Analogie, aber nicht mit solchen, denen sich die hartnäckigste Zweifelsucht ergeben müßte, unterstützt werden*. Es ist aber kein Mensch bei diesen Fragen frei von allem Interesse. Denn ob er gleich von dem moralischen durch den Mangel guter Gesinnungen getrennt sein möchte: so bleibt doch auch in diesem Falle genug übrig, um zu machen, daß er ein göttliches Dasein und eine Zukunft fürchte. Denn hiezu wird nichts mehr erfordert, als daß er wenigstens keine Gewißheit vorschützen könne, daß kein solches Wesen und kein künftig Leben anzutreffen sei, wozu, weil es durch bloße Vernunft, mithin apodiktisch bewiesen werden müßte, er die Unmöglichkeit von beiden darzuthun haben würde, welches gewiß kein vernünftiger Mensch übernehmen kann. Das würde ein negativer Glaube sein, der zwar nicht Moralität und gute Gesinnungen, aber doch das Analogon derselben bewirken, nämlich den Ausbruch der bösen mächtig zurückhalten könnte.

Ist das aber alles, wird man sagen, was reine Vernunft ausrichtet, indem sie über die Grenzen der Erfahrung hinaus Aussichten eröffnet? nichts mehr als zwei Glaubensartikel? So viel hätte wohl auch der gemeine Verstand, ohne darüber die Philosophen zu Rathe zu ziehen, ausrichten können!

Ich will hier nicht das Verdienst rühmen, das Philosophie durch die mühsame Bestrebung ihrer Kritik um die mensch-

---

* Das menschliche Gemüth nimmt (so wie ich glaube, daß es bei jedem vernünftigen Wesen nothwendig geschieht) ein natürliches Interesse an der Moralität, ob es gleich nicht ungetheilt und praktisch überwiegend ist. Befestigt und vergrößert dieses Interesse, und ihr werdet die Vernunft sehr gelehrig und selbst aufgeklärter finden, um mit dem praktischen auch das speculative Interesse zu vereinigen. Sorget ihr aber nicht dafür, daß ihr vorher wenigstens auf dem halben Wege gute Menschen macht, so werdet ihr auch niemals aus ihnen aufrichtig gläubige Menschen machen.

liche Vernunft habe; gesetzt, es sollte auch beim Ausgange bloß negativ befunden werden; denn davon wird in dem folgenden Abschnitte noch etwas vorkommen. Aber verlangt ihr denn, daß ein Erkenntniß, welches alle Menschen angeht, den gemeinen Verstand übersteigen und euch nur von Philosophen entdeckt werden solle? Eben das, was ihr tadelt, ist die beste Bestätigung von der Richtigkeit der bisherigen Behauptungen, da es das, was man anfangs nicht vorhersehen konnte, entdeckt, nämlich daß die Natur in dem, was Menschen ohne Unterschied angelegen ist, keiner parteiischen Austheilung ihrer Gaben zu beschuldigen sei, und die höchste Philosophie in Ansehung der wesentlichen Zwecke der menschlichen Natur es nicht weiter bringen könne, als die Leitung, welche sie auch dem gemeinsten Verstande hat angedeihen lassen.

Der transscendentalen Methodenlehre **Drittes Hauptstück.**

Die Architektonik der reinen Vernunft.

Ich verstehe unter einer Architektonik die Kunst der Systeme. Weil die systematische Einheit dasjenige ist, was gemeine Erkenntniß allererst zur Wissenschaft, d.i. aus einem bloßen Aggregat derselben ein System, macht, so ist Architektonik die Lehre des Scientifischen in unserer Erkenntniß überhaupt, und sie gehört also notwendig zur Methodenlehre.

Unter der Regierung der Vernunft dürfen unsere Erkenntnisse überhaupt keine Rhapsodie, sondern sie müssen ein System ausmachen, in welchem sie allein die wesentlichen Zwecke derselben unterstützen und befördern können. Ich verstehe aber unter einem Systeme die Einheit der mannigfaltigen Erkenntnisse unter einer Idee. Diese ist der Vernunftbegriff von der Form eines Ganzen, so fern durch denselben der Umfang des Mannigfaltigen sowohl, als die Stelle der Theile untereinander *a priori* bestimmt wird. Der scientifische Vernunftbegriff enthält also den Zweck und die Form des Ganzen, das mit demselben congruirt. Die Einheit des Zwecks, worauf sich alle Theile und in der Idee desselben auch unter einander beziehen, macht, daß ein jeder Theil bei der Kenntniß der übrigen vermißt werden kann, und keine zufällige Hinzusetzung, oder unbestimmte Größe der Vollkommenheit, die nicht ihre *a priori* bestimmte Grenzen habe, stattfindet. Das Ganze ist also gegliedert (*articulatio*) und nicht gehäuft (*coacervatio*); es kann zwar innerlich (*per intussusceptionem*), aber nicht äußerlich (*per appositionem*) wachsen, wie ein thierischer Körper, dessen Wachsthum kein Glied hinzusetzt, sondern ohne Veränderung der Proportion ein jedes zu seinen Zwecken stärker und tüchtiger macht.

Die Idee bedarf zur Ausführung ein S c h e m a , d.i. eine *a priori* aus dem Princip des Zwecks bestimmte wesentliche Mannigfaltigkeit und Ordnung der Theile. Das Schema, welches nicht nach einer Idee, d.i. aus dem Hauptzwecke der Vernunft, sondern empirisch, nach zufällig sich darbietenden Absichten (deren Menge man nicht voraus wissen kann), entworfen wird, gibt t e c h n i s c h e , dasjenige aber, was nur zur Folge einer Idee entspringt (wo die Vernunft die Zwecke *a priori* aufgiebt und nicht empirisch erwartet), gründet a r c h i t e k t o n i s c h e Einheit. Nicht technisch wegen der Ähnlichkeit des Mannigfaltigen, oder des zufälligen Gebrauchs der Erkenntniß *in concreto* zu allerlei beliebigen äußeren Zwecken, sondern architektonisch um der Verwandtschaft willen und der Ableitung von einem einigen obersten und inneren Zwecke, der das Ganze allererst möglich macht, kann dasjenige entspringen, was wir Wissenschaft nennen, dessen Schema den Umriß (*monogramma*) und die Eintheilung des Ganzen in Glieder der Idee gemäß, d.i. *a priori* enthalten und dieses von allen anderen sicher und nach Principien unterscheiden muß.

Niemand versucht es, eine Wissenschaft zu Stande zu bringen, ohne daß ihm eine Idee zum Grunde liege. Allein in der Ausarbeitung derselben entspricht das Schema, ja sogar die Definition, die er gleich zu Anfange von seiner Wissenschaft giebt, sehr selten seiner Idee; denn diese liegt wie ein Keim in der Vernunft, in welchem alle Theile noch sehr eingewickelt und kaum der mikroskopischen Beobachtung kennbar verborgen liegen. Um deswillen muß man Wissenschaften, weil sie doch alle aus dem Gesichtspunkte eines gewissen allgemeinen Interesse ausgedacht werden, nicht nach der Beschreibung, die der Urheber derselben davon giebt, sondern nach der Idee, welche man aus der natürlichen Einheit der Theile, die er zusammengebracht hat, in der Vernunft selbst gegründet findet, erklären und bestimmen. Denn da wird sich finden, daß der Urheber und oft noch seine spätesten Nachfolger um eine Idee herumirren, die sie sich selbst nicht haben deutlich machen und daher den eigenthümlichen Inhalt, die Articulation (systematische Einheit) und Grenzen der Wissenschaft nicht bestimmen können.

Es ist schlimm, daß nur allererst, nachdem wir lange Zeit nach Anweisung einer in uns versteckt liegenden Idee, rhapsodistisch viele dahin sich beziehende Erkenntnisse als Bauzeug gesammelt, ja gar lange Zeiten hindurch sie technisch zusammengesetzt haben, es uns dann allererst möglich ist, die Idee in hellerem Lichte zu erblicken und ein Ganzes nach den Zwecken der Vernunft architektonisch zu entwerfen.

Die Systeme scheinen wie Gewürme durch eine *generatio aequivoca* aus dem bloßen Zusammenfluß von aufgesammelten Begriffen anfangs verstümmelt, mit der Zeit vollständig gebildet worden zu sein, ob sie gleich alle insgesammt ihr Schema als den ursprünglichen Keim in der sich bloß auswickelnden Vernunft hatten und darum nicht allein ein jedes für sich nach einer Idee gegliedert, sondern noch dazu alle unter einander in einem System menschlicher Erkenntniß wiederum als Glieder eines Ganzen zweckmäßig vereinigt sind und eine Architektonik alles menschlichen Wissens erlauben, die jetziger Zeit, da schon so viel Stoff gesammlet ist, oder aus Ruinen eingefallener alter Gebäude genommen werden kann, nicht allein möglich, sondern nicht einmal so gar schwer sein würde. Wir begnügen uns hier mit der Vollendung unseres Geschäftes, nämlich lediglich die Architektonik aller Erkenntniß aus reiner Vernunft zu entwerfen, und fangen nur von dem Punkte an, wo sich die allgemeine Wurzel unserer Erkenntnißkraft theilt und zwei Stämme auswirft, deren einer Vernunft ist. Ich verstehe hier aber unter Vernunft das ganze obere Erkenntnißvermögen und setze also das Rationale dem Empirischen entgegen.

Wenn ich von allem Inhalte der Erkenntniß, objectiv betrachtet, abstrahire, so ist alles Erkenntniß subjectiv entweder historisch oder rational. Die historische Erkenntniß ist *cognitio* ex *datis*, die rationale aber *cognitio* ex *principiis*. Eine Erkenntniß mag ursprünglich gegeben sein, woher sie wolle, so ist sie doch bei dem, der sie besitzt, historisch, wenn er nur in dem Grade und so viel erkennt, als ihm anderwärts gegeben worden; es mag dieses ihm nun durch unmittelbare Erfahrung oder Erzählung, oder auch Belehrung (allgemeiner Erkenntnisse) gegeben sein. Daher hat der, welcher ein System der Philosophie, z. B. das Wolffische, eigentlich gelernt hat, ob er gleich alle Grundsätze, Erklärungen und Beweise zusammt der Eintheilung des ganzen Lehrgebäudes im Kopf hätte und alles an den Fingern abzählen könnte, doch keine andere als vollständige historische Erkenntniß der Wolffischen Philosophie; er weiß und urtheilt nur so viel, als ihm gegeben war. Streitet ihm eine Definition, so weiß er nicht, wo er eine andere hernehmen soll. Er bildete sich nach fremder Vernunft, aber das nachbildende Vermögen ist nicht das erzeugende, d.i. das Erkenntniß entsprang bei ihm nicht aus Vernunft, und ob es gleich objectiv allerdings ein Vernunfterkenntniß war, so ist es doch subjectiv bloß historisch. Er hat gut gefaßt und behalten, d.i. gelernt, und ist ein Gipsabdruck von einem lebenden Menschen. Vernunfterkenntnisse, die es objectiv sind (d.i. anfangs nur aus der eigenen Vernunft des Menschen entspringen können), dürfen nur dann allein auch subjectiv diesen Namen führen, wenn sie aus allgemeinen Quellen der Vernunft, woraus auch die Kritik, ja selbst die Verwerfung des Gelernten entspringen kann, d.i. aus Principien, geschöpft werden.

Alle Vernunfterkenntniß ist nun entweder die aus Begriffen, oder aus der Construction der Begriffe; die erstere heißt philosophisch, die zweite mathematisch. Von dem inneren Unterschiede beider habe ich schon im ersten Hauptstücke gehandelt. Ein Erkenntniß demnach kann objectiv philosophisch sein und ist doch subjectiv historisch, wie bei den meisten Lehrlingen und bei allen, die über die Schule niemals hinaussehen und zeitlebens Lehrlinge bleiben. Es ist aber doch sonderbar, daß das mathematische Erkenntniß, so wie man es erlernt hat, doch auch subjectiv für Vernunfterkenntniß, gelten kann, und ein solcher Unterschied bei ihm nicht so wie bei dem philosophischen stattfindet. Die Ursache ist, weil die Erkenntnisquellen, aus denen der Lehrer allein schöpfen kann, nirgend anders als in den wesentlichen und ächten Principien der Vernunft liegen und mithin von dem Lehrlinge nirgend anders hergenommen, noch etwa gestritten werden können; und dieses zwar darum, weil der Gebrauch der Vernunft hier nur *in concreto,* obzwar dennoch *a priori* nämlich an der reinen und eben deswegen fehlerfreien Anschauung, geschieht und alle Täuschung und Irrthum ausschließt. Man kann also unter allen Vernunftwissenschaften (*a priori*) nur allein Mathematik, niemals aber Philosophie (es sei denn historisch), sondern, was die Vernunft betrifft, höchstens nur p h i l o s o p h i r e n lernen.

Das System aller philosophischen Erkenntniß ist nun P h i l o s o p h i e . Man muß sie objectiv nehmen, wenn man darunter das Urbild der Beurtheilung aller Versuche zu philosophieren versteht, welche jede subjective Philosophie zu beurtheilen dienen soll, deren Gebäude oft so mannigfaltig und so veränderlich ist. Auf diese Weise ist Philosophie eine bloße Idee von einer möglichen Wissenschaft, die nirgend *in concreto* gegeben ist, welcher man sich aber auf mancherlei Wegen zu nähern sucht, so lange bis der einzige, sehr durch Sinnlichkeit verwachsene Fußsteig entdeckt wird, und das bisher verfehlte Nachbild, so weit als es Menschen vergönnt ist, dem Urbilde gleich zu machen gelingt. Bis dahin kann man keine Philosophie lernen; denn wo ist sie, wer hat sie im Besitze, und woran läßt sie sich erkennen? Man kann nur philosophiren lernen, d.i. das Talent der Vernunft in der Befolgung ihrer allgemeinen Principien an gewissen vorhandenen Versuchen üben, doch immer mit Vorbehalt des Rechts der Vernunft, jene selbst in ihren Quellen zu untersuchen und zu bestätigen, oder zu verwerfen.

Bis dahin ist aber der Begriff von Philosophie nur ein S c h u l b e g r i f f , nämlich von einem System der Erkenntniß, die nur als Wissenschaft gesucht wird, ohne etwas mehr als die systematische Einheit dieses Wissens, mithin die logische Vollkommenheit der Erkenntniß zum Zwecke zu haben. Es giebt aber noch einen Weltbegriff (*conceptus cosmicus*), der dieser Benennung jederzeit zum Grunde gelegen hat, vornehmlich wenn man ihn gleichsam personificirte und in dem Ideal des Philosophen sich als ein Urbild vorstellte. In dieser Absicht ist Philosophie die Wissenschaft von der Beziehung aller Erkenntniß auf die wesentlichen Zwecke der menschlichen Vernunft (*teleologia rationis humanae*), und der Philosoph ist nicht ein Vernunftkünstler, sondern der Gesetzgeber der menschlichen Vernunft. In solcher Bedeutung wäre es sehr ruhmredig, sich selbst einen Philosophen zu nennen und sich anzumaßen, dem Urbilde, das nur in der Idee liegt, gleichgekommen zu sein.

Der Mathematiker, der Naturkündiger, der Logiker sind, so vortrefflich die ersteren auch überhaupt im Vernunfterkenntnisse, die zweiten besonders im philosophischen Erkenntnisse Fortgang haben mögen, doch nur Vernunftkünstler. Es giebt noch einen Lehrer im Ideal, der alle diese ansetzt, sie als Werkzeuge nutzt, um die wesentlichen Zwecke der menschlichen Vernunft zu befördern. Diesen allein müßten wir den Philosophen nennen; aber da er selbst doch nirgend, die Idee aber seiner Gesetzgebung allenthalben in jeder Menschenvernunft angetroffen wird, so wollen wir uns lediglich an der letzteren halten und näher bestimmen, was Philosophie nach diesem Weltbegriffe* für systematische Einheit aus dem Standpunkte der Zwecke vorschreibe.

* Weltbegriff heißt hier derjenige, der das betrifft, was jedermann nothwendig interessirt; mithin bestimme ich die Absicht einer Wissenschaft nach Schulbegriffen, wenn sie nur als

Wesentliche Zwecke sind darum noch nicht die höchsten, deren (bei vollkommener systematischer Einheit der Vernunft) nur ein einziger sein kann. Daher sind sie entweder der Endzweck, oder subalterne Zwecke, die zu jenem als Mittel nothwendig gehören. Der erstere ist kein anderer, als die ganze Bestimmung des Menschen, und die Philosophie über dieselbe heißt Moral. Um dieses Vorzugs willen, den die Moralphilosophie vor aller anderen Vernunftbewerbung hat, verstand man auch bei den Alten unter dem Namen des Philosophen jederzeit zugleich und vorzüglich den Moralisten; und selbst macht der äußere Schein der Selbstbeherrschung durch Vernunft, daß man jemanden noch jetzt bei seinem eingeschränkten Wissen nach einer gewissen Analogie Philosoph nennt.

Die Gesetzgebung der menschlichen Vernunft (Philosophie) hat nun zwei Gegenstände, Natur und Freiheit, und enthält also sowohl das Naturgesetz, als auch das Sittengesetz, anfangs in zwei besonderen, zuletzt aber in einem einzigen philosophischen System. Die Philosophie der Natur geht auf alles, was da ist, die der Sitte nur auf das, was da sein soll.

Alle Philosophie aber ist entweder Erkenntniß aus reiner Vernunft, oder Vernunfterkenntniß aus empirischen Principien. Die erstere heißt reine, die zweite empirische Philosophie.

Die Philosophie der reinen Vernunft ist nun entweder Propädeutik (Vorübung), welche das Vermögen der Vernunft in Ansehung aller reinen Erkenntniß *a priori* untersucht, und heißt Kritik, oder zweitens das System der rei-

---

eine von den Geschicklichkeiten zu gewissen beliebigen Zwekken angesehen wird.

nen Vernunft (Wissenschaft), die ganze (wahre sowohl als scheinbare) philosophische Erkenntniß aus reiner Vernunft im systematischem Zusammenhange, und heißt Metaphysik; wiewohl dieser Name auch der ganzen reinen Philosophie mit Inbegriff der Kritik gegeben werden kann, um sowohl die Untersuchung alles dessen, was jemals *a priori* erkannt werden kann, als auch die Darstellung desjenigen, was ein System reiner philosophischen Erkenntnisse dieser Art ausmacht, von allem empirischen aber, imgleichen dem mathematischen Vernunftgebrauche unterschieden ist, zusammenzufassen.

Die Metaphysik theilt sich in die des speculativen und praktischen Gebrauchs der reinen Vernunft und ist also entweder Metaphysik der Natur, oder Metaphysik der Sitten. Jene enthält alle reine Vernunftprincipien aus bloßen Begriffen (mithin mit Ausschließung der Mathematik) von dem theoretischen Erkenntnisse aller Dinge; diese die Principien, welche das Thun und Lassen *a priori* bestimmen und nothwendig machen. Nun ist die Moralität die einzige Gesetzmäßigkeit der Handlungen, die völlig *a priori* aus Principien, abgeleitet werden kann. Daher ist die Metaphysik der Sitten eigentlich die reine Moral, in welcher keine Anthropologie (keine empirische Bedingung) zum Grunde gelegt wird. Die Metaphysik der speculativen Vernunft ist nun das, was man im engeren Verstande Metaphysik zu nennen pflegt; so fern aber reine Sittenlehre doch gleichwohl zu dem besonderen Stamme menschlicher und zwar philosophischer Erkenntnis aus reiner Vernunft gehört, so wollen wir ihr jene Benennung erhalten, obgleich wir sie, als zu unserm Zwecke jetzt nicht gehörig, hier bei Seite setzen. Es ist von der äußersten Erheblichkeit, Erkenntnisse, die ihrer

Gattung und Ursprunge nach von andern unterschieden sind, zu i s o l i r e n und sorgfältig zu verhüten, daß sie nicht mit andern, mit welchen sie im Gebrauche gewöhnlich verbunden sind, in ein Gemisch zusammenfließen. Was Chemiker beim Scheiden der Materien, was Mathematiker in ihrer reinen Größenlehre thun, das liegt noch weit mehr den Philosophen ob, damit er den Antheil, den eine besondere Art der Erkenntniß am herumschweifenden Verstandesgebrauch hat, ihren eigenen Werth und Einfluß sicher bestimmen könne. Daher hat die menschliche Vernunft seitdem, daß sie gedacht, oder vielmehr nachgedacht hat, niemals einer Metaphysik entbehren, aber gleichwohl sie nicht genugsam geläutert von allem Fremdartigen darstellen können. Die Idee einer solchen Wissenschaft ist eben so alt, als speculative Menschenvernunft; und welche Vernunft speculirt nicht, es mag nun auf scholastische, oder populäre Art geschehen? Man muß indessen gestehen, daß die Unterscheidung der zwei Elemente unserer Erkenntniß, deren die einen völlig *a priori* in unserer Gewalt sind, die anderen nur *a posteriori* aus der Erfahrung genommen werden können, selbst bei Denkern von Gewerbe nur sehr undeutlich blieb und daher niemals die Grenzbestimmung einer besonderen Art von Erkenntniß, mithin nicht die ächte Idee einer Wissenschaft, die so lange und so sehr die menschliche Vernunft beschäftigt hat, zu Stande bringen konnte. Wenn man sagte: Metaphysik ist die Wissenschaft von den ersten Principien der menschlichen Erkenntniß, so bemerkte man dadurch nicht eine ganz besondere Art, sondern nur einen Rang in Ansehung der Allgemeinheit, dadurch sie also vom Empirischen nicht kenntlich unterschieden werden konnte; denn auch unter empirischen Principien sind einige allgemeiner und darum höher als andere; und in der Reihe einer solchen

Unterordnung (da man das, was völlig *a priori* von dem, was nur *a posteriori* erkannt wird, nicht unterscheidet): wo soll man den Abschnitt machen, der den ersten Theil und die obersten Glieder von dem letzten und den untergeordneten unterschiede? Was würde man dazu sagen, wenn die Zeitrechnung die Epochen der Welt nur so bezeichnen könnte, daß sie sie in die ersten Jahrhunderte und in die darauf folgenden eintheilte? Gehört das fünfte, das zehnte etc. Jahrhundert auch zu den ersten? würde man fragen; eben so frage ich: Gehört der Begriff des Ausgedehnten zur Metaphysik? Ihr antwortet: Ja! Ei, aber auch der des Körpers? Ja! Und der des flüssigen Körpers? Ihr werdet stutzig, denn wenn es so weiter fortgeht, so wird alles in die Metaphysik gehören. Hieraus sieht man, daß der bloße Grad der Unterordnung (das Besondere unter dem Allgemeinen) keine Grenzen einer Wissenschaft bestimmen könne, sondern in unserem Falle die gänzliche Ungleichartigkeit und Verschiedenheit des Ursprungs. Was aber die Grundidee der Metaphysik noch auf einer anderen Seite verdunkelte, war, daß sie als Erkenntniß *a priori* mit der Mathematik eine gewisse Gleichartigkeit zeigt, die zwar, was den Ursprung *a priori* betrifft, sie einander verwandt macht; was aber die Erkenntnißart aus Begriffen bei jener in Vergleichung mit der Art, bloß durch Construction der Begriffe *a priori* zu urtheilen, bei dieser, mithin den Unterschied einer philosophischen Erkenntniß von der mathematischen anlangt: so zeigt sich eine so entschiedene Ungleichartigkeit, die man zwar jederzeit gleichsam fühlte, niemals aber auf deutliche Kriterien bringen konnte. Dadurch ist es nun geschehen, daß, da Philosophen selbst in der Entwicklung der Idee ihrer Wissenschaft fehlten, die Bearbeitung derselben keinen bestimmten Zweck und keine sichere Richtschnur haben konnte, und sie bei einem so willkürlich gemachten Entwurfe, unwissend in dem Wege, den sie zu nehmen hätten, und jederzeit unter sich streitig über die Entdeckungen, die ein jeder auf dem seinigen gemacht haben wollte, ihre Wissenschaft zuerst bei andern und endlich sogar bei sich selbst in Verachtung brachten.

Alles reine Erkenntniß *a priori* macht also vermöge des besonderen Erkenntnißvermögens, darin es allein seinen Sitz haben kann, eine besondere Einheit aus, und Metaphysik ist diejenige Philosophie, welche jene Erkenntniß in dieser systematischen Einheit darstellen soll. Der speculative Theil derselben, der sich diesen Namen vorzüglich zugeeignet hat, nämlich die, welche wir Metaphysik der Natur nennen, und alles, so fern es ist (nicht das, was sein soll), aus Begriffen *a priori* erwägt, wird nun auf folgende Art eingetheilt.

Die im engeren Verstande so genannte Metaphysik besteht aus der Transscendentalphilosophie und der Physiologie der reinen Vernunft. Die erstere betrachtet nur den Verstand und Vernunft selbst in einem System aller Begriffe und Grundsätze, die sich auf Gegenstände überhaupt beziehen, ohne Objecte anzunehmen, die gegeben wären (*Ontologia*); die zweite betrachtet Natur, d.i. den Inbegriff gegebener Gegenstände (sie mögen nun den Sinnen, oder, wenn man will, einer andern Art von Anschauung gegeben sein), und ist also Physiologie (obgleich nur *rationalis*). Nun ist aber der Gebrauch der Vernunft in dieser rationalen Naturbetrachtung entweder physisch oder hyperphysisch, oder besser, entweder immanent oder transscendent. Der erstere geht auf die Natur, so weit als ihre Erkenntniß in der Erfahrung (*in concreto*) kann angewandt werden, der zweite auf diejenige Verknüpfung der

Gegenstände der Erfahrung, welche alle Erfahrung übersteigt. Diese transscendente Physiologie hat daher entweder eine innere Verknüpfung oder äußere, die aber beide über mögliche Erfahrung hinausgehen, zu ihrem Gegenstande; jene ist die Physiologie der gesammten Natur, d.i. die transscendentale Welterkenntniß, diese des Zusammenhanges der gesammten Natur mit einem Wesen über der Natur, d.i. die transscendentale Gotteserkenntniß.

Die immanente Physiologie betrachtet dagegen Natur als den Inbegriff aller Gegenstände der Sinne, mithin so wie sie uns gegeben ist, aber nur nach Bedingungen *a priori*, unter denen sie uns überhaupt gegeben werden kann. Es sind aber nur zweierlei Gegenstände derselben: 1. Die der äußeren Sinne, mithin der Inbegriff derselben, die körperliche Natur. 2. Der Gegenstand des inneren Sinnes, die Seele, und nach den Grundbegriffen derselben überhaupt die denkende Natur. Die Metaphysik der körperlichen Natur heißt Physik, aber, weil sie nur die Principien ihrer Erkenntniß *a priori* enthalten soll, rationale Physik. Die Metaphysik der denkenden Natur heißt Psychologie, und aus der eben angeführten Ursache ist hier nur die rationale Erkenntniß derselben zu verstehen.

Demnach besteht das ganze System der Metaphysik aus vier Hauptheilen: 1. Der Ontologie. 2. Der rationalen Physiologie. 3. Der rationalen Kosmologie. 4. Der rationalen Theologie. Der zweite Theil, nämlich die Naturlehre der reinen Vernunft, enthält zwei Abtheilungen, die *physica rationalis** und *psychologia rationalis*.

* Man denke ja nicht, daß ich hierunter dasjenige verstehe, was man gemeiniglich *physica generalis* nennt und mehr Mathematik,

Die ursprüngliche Idee einer Philosophie der reinen Vernunft schreibt diese Abtheilung selbst vor; sie ist also architektonisch, ihren wesentlichen Zwecken gemäß, und nicht bloß technisch, nach zufällig wahrgenommenen Verwandtschaften und gleichsam auf gut Glück angestellt, eben darum aber auch unwandelbar und legislatorisch. Es finden sich aber hiebei einige Punkte, die Bedenklichkeit erregen und die Überzeugung von der Gesetzmäßigkeit derselben schwächen könnten.

Zuerst, wie kann ich eine Erkenntniß *a priori*, mithin Metaphysik von Gegenständen erwarten, so fern sie unseren Sinnen, mithin *a posteriori* gegeben sind? und wie ist es möglich, nach Principien *a priori* die Natur der Dinge zu erkennen und zu einer rationalen Physiologie zu gelangen? Die Antwort ist: wir nehmen aus der Erfahrung nichts weiter, als was nöthig ist, uns ein Object theils des äußeren, theils des inneren Sinnes zu geben. Jenes geschieht durch den bloßen Begriff Materie (undurchdringliche leblose Ausdehnung), dieses durch den Begriff eines denkenden Wesens (in der empirischen inneren Vorstellung: Ich denke). Übrigens müßten wir in der ganzen Metaphysik dieser Gegenstände uns aller empirischen Principien gänz-

---

als Philosophie der Natur ist. Denn die Metaphysik der Natur sondert sich gänzlich von der Mathematik ab, hat auch bei weitem nicht so viel erweiternde Einsichten anzubieten als diese, ist aber doch sehr wichtig in Ansehung der Kritik des auf die Natur anzuwendenden reinen Verstandeserkenntnisses überhaupt; in Ermangelung deren selbst Mathematiker, indem sie gewissen gemeinen, in der That doch metaphysischen Begriffen anhängen, die Naturlehre unvermerkt mit Hypothesen belästigt haben, welche bei einer Kritik dieser Principien verschwinden, ohne dadurch doch dem Gebrauche der Mathematik in diesem Felde (der ganz unentbehrlich ist) im mindesten Abbruch zu thun.

lich enthalten, die über den Begriff noch irgend eine Erfahrung hinzusetzen möchten, um etwas über diese Gegenstände daraus zu urtheilen.

Zweitens: wo bleibt denn die empirische Psychologie, welche von jeher ihren Platz in der Metaphysik behauptet hat, und von welcher man in unseren Zeiten so große Dinge zu Aufklärung derselben erwartet hat, nachdem man die Hoffnung aufgab, etwas Taugliches *a priori* auszurichten? Ich antworte: sie kommt dahin, wo die eigentliche (empirische) Naturlehre hingestellt werden muß, nämlich auf die Seite der angewandten Philosophie, zu welcher die reine Philosophie die Principien *a priori* enthält, die also mit jener zwar verbunden, aber nicht vermischt werden muß. Also muß empirische Psychologie aus der Metaphysik gänzlich verbannt sein, und ist schon durch die Idee derselben davon gänzlich ausgeschlossen. Gleichwohl wird man ihr nach dem Schulgebrauch doch noch immer (obzwar nur als Episode) ein Plätzchen darin verstatten müssen und zwar aus ökonomischen Bewegursachen, weil sie noch nicht so reich ist, daß sie allein ein Studium ausmachen, und doch zu wichtig, als daß man sie ganz ausstoßen, oder anderwärts anheften sollte, wo sie noch weniger Verwandtschaft, als in der Metaphysik antreffen dürfte. Es ist also bloß ein so lange aufgenommener Fremdling, dem man auf einige Zeit einen Aufenthalt vergönnt, bis er in einer ausführlichen Anthropologie (dem Pendant zu der empirischen Naturlehre) seine eigene Behausung wird beziehen können.

Das ist also die allgemeine Idee der Metaphysik, welche, da man ihr anfänglich mehr zumuthete, als billigerweise verlangt werden kann, und sich eine zeitlang mit angenehmen Erwartungen ergötzte, zuletzt in allgemeine Verachtung gefallen ist, da man sich in seiner Hoffnung betrogen fand. Aus dem ganzen Verlauf unserer Kritik wird man sich hinlänglich überzeugt haben: daß, wenn gleich Metaphysik nicht die Grundfeste der Religion sein kann, so müsse sie doch jederzeit als die Schutzwehr derselben stehen bleiben, und daß die menschliche Vernunft, welche schon durch die Richtung ihrer Natur dialektisch ist, einer solchen Wissenschaft niemals entbehren könne, die sie zügelt und durch ein scientifisches und völlig einleuchtendes Selbsterkenntniß die Verwüstungen abhält, welche eine gesetzlose speculative Vernunft sonst ganz unfehlbar in Moral sowohl als Religion anrichten würde. Man kann also sicher sein, so spröde oder geringschätzend auch diejenige thun, die eine Wissenschaft nicht nach ihrer Natur, sondern allein aus ihren zufälligen Wirkungen zu beurtheilen wissen, man werde jederzeit zu ihr wie zu einer mit uns entzweiten Geliebten zurückkehren, weg die Vernunft, da es hier wesentliche Zwecke betrifft, rastlos entweder auf gründliche Einsicht oder Zerstörung schon vorhandener guten Einsichten arbeiten muß.

Metaphysik also sowohl der Natur, als der Sitten, vornehmlich die Kritik der sich auf eigenen Flügeln wagenden Vernunft, welche v o r ü b e n d (propädeutisch) vorhergeht, machen eigentlich allein dasjenige aus, was wir im ächten Verstande Philosophie nennen können. Diese bezieht alles auf Weisheit, aber durch den Weg der Wissenschaft, den einzigen, der, wenn er einmal gebahnt ist, niemals verwächst und keine Verirrungen verstattet. Mathematik, Naturwissenschaft, selbst die empirische Kenntniß des Menschen haben einen hohen Werth als Mittel größtentheils zu zufälligen, am Ende aber doch zu nothwendigen und wesentlichen Zwecken der Menschheit, aber alsdann nur durch Vermittelung einer Vernunfterkenntniß aus bloßen Begriffen, die, man mag sie benennen, wie man will, eigentlich nichts als Metaphysik ist.

Eben deswegen ist Metaphysik auch die Vollendung aller Cultur der menschlichen Vernunft, die unentbehrlich ist, wenn man gleich ihren Einfluß als Wissenschaft auf gewisse bestimmte Zwecke bei Seite setzt. Denn sie betrachtet die Vernunft nach ihren Elementen und obersten Maximen, die selbst der Möglichkeit einiger Wissenschaften und dem Gebrauche aller zum Grunde hegen müssen. Daß sie als bloße Speculation mehr dazu dient, Irrthümer abzuhalten, als Erkenntniß zu erweitern, thut ihrem Werthe keinen Abbruch, sondern giebt ihr vielmehr Würde und Ansehen durch das Censoramt, welches die allgemeine Ordnung und Eintracht, ja den Wohlstand des wissenschaftlichen gemeinen Wesens sichert und dessen muthige und fruchtbare Bearbeitungen abhält, sich nicht von dem Hauptzwecke, der allgemeinen Glückseligkeit, zu entfernen.

Der transscendentalen Methodenlehre **Viertes Hauptstück.**

Die Geschichte der reinen Vernunft.

Dieser Titel steht nur hier, um eine Stelle zu bezeichnen, die im System übrig bleibt und künftig ausgefüllt werden muß. Ich begnüge mich, aus einem bloß transscendentalen Gesichtspunke, nämlich der Natur der reinen Vernunft, einen flüchtigen Blick auf das Ganze der bisherigen Bearbeitungen derselben zu werfen, welches freilich meinem Auge zwar Gebäude, aber nur in Ruinen vorstellt.

Es ist merkwürdig genug, ob es gleich natürlicherweise nicht anders zugehen konnte, daß die Menschen im Kindesalter der Philosophie davon anfingen, wo wir jetzt lieber endigen möchten, nämlich zuerst die Erkenntniß Gottes und die Hoffnung oder wohl gar die Beschaffenheit einer andern Welt zu studiren. Was auch die alten Gebräuche, die noch von dem rohen Zustande der Völker übrig waren, für grobe Religionsbegriffe eingeführt haben mochten, so hinderte dieses doch nicht den aufgeklärtern Theil, sich freien Nachforschungen über diesen Gegenstand zu widmen, und man sah leicht ein, daß es keine gründliche und zuverlässigere Art geben könne, der unsichtbaren Macht, die die Welt regiert, zu gefallen, um wenigstens in einer andern Welt glücklich zu sein, als den guten Lebenswandel. Daher waren Theologie und Moral die zwei Triebfedern, oder besser Beziehungspunkte zu allen abgezogenen Vernunftforschungen, denen man sich nachher jederzeit gewidmet hat. Die erstere war indessen eigentlich das, was die bloß speculative Vernunft nach und nach in das Geschäfte zog, welches in der Folge unter dem Namen der Metaphysik so berühmt geworden.

Ich will jetzt die Zeiten nicht unterscheiden, auf welche diese oder jene Veränderung der Metaphysik traf, sondern nur die Verschiedenheit der Idee, welche die hauptsächlichsten Revolutionen veranlaßte, in einem flüchtigen Abrisse darstellen. Und da finde ich eine dreifache Absicht, in welcher die namhaftesten Veränderungen auf dieser Bühne des Streits gestiftet worden.

1. In Ansehung des Gegenstandes aller unserer Vernunfterkenntnisse waren einige bloß Sensual-, andere bloß Intellectualphilosophen. Epikur kann der vornehmste Philosoph der Sinnlichkeit, Plato des Intellectuellen genannt werden. Dieser Unterschied der Schulen aber, so subtil er auch ist, hatte schon in den frühesten Zeiten angefangen und hat sich lange ununterbrochen erhalten. Die von der ersteren behaupteten, in den Gegen-

ständen der Sinne sei allein Wirklichkeit, alles übrige sei Einbildung; die von der zweiten sagten dagegen: in den Sinnen ist nichts als Schein, nur der Verstand erkennt das Wahre. Darum stritten aber die ersteren den Verstandesbegriffen doch eben nicht Realität ab, sie war aber bei ihnen nur logisch, bei den andern aber mystisch. Jene räumten intellectuelle Begriffe ein, aber nahmen bloß sensibele Gegenstände an. Diese verlangten, daß die wahren Gegenstände bloß intelligibel wären, und behaupteten eine Anschauung durch den von keinen Sinnen begleiteten und ihrer Meinung nach nur verwirrten reinen Verstand.

2. In Ansehung des Ursprungs reiner Vernunfterkenntnisse, ob sie aus der Erfahrung abgeleitet, oder unabhängig von ihr in der Vernunft ihre Quelle haben. Aristoteles kann als das Haupt der Empiristen, Plato aber der Noologisten angesehen werden. Locke, der in neueren Zeiten dem ersteren, und Leibniz, der dem letzteren (obzwar in einer genugsamen Entfernung von dessen mystischem Systeme) folgte, haben es gleichwohl in diesem Streite noch zu keiner Entscheidung bringen können. Wenigstens verfuhr Epikur seinerseits viel consequenter nach seinem Sensualsystem (denn er ging mit seinen Schlüssen niemals über die Grenze der Erfahrung hinaus), als Aristoteles und Locke (vornehmlich aber der letztere), der, nachdem er alle Begriffe und Grundsätze von der Erfahrung abgeleitet hatte, so weit im Gebrauch derselben geht, daß er behauptet, man könne das Dasein Gottes und die Unsterblichkeit der Seele (obzwar beide Gegenstände ganz außer den Grenzen möglicher Erfahrung liegen) eben so evident beweisen, als irgend einen mathematischen Lehrsatz.

3. In Ansehung der Methode. Wenn man etwas Methode nennen soll, so muß es ein Verfahren nach Grundsätzen sein. Nun kann man die jetzt in diesem Fache der Nachforschung herrschende Methode in die naturalistische und scientifische eintheilen. Der Naturalist der reinen Vernunft nimmt es sich zum Grundsatze: daß durch gemeine Vernunft ohne Wissenschaft (welche er die gesunde Vernunft nennt) sich in Ansehung der erhabensten Fragen, die die Aufgabe der Metaphysik ausmachen, mehr ausrichten lasse, als durch Speculation. Er behauptet also, daß man die Größe und Weite des Mondes sicherer nach dem Augenmaße, als durch mathematische Umschweife bestimmen könne. Es ist bloße Misologie, auf Grundsätze gebracht, welches das Ungereimteste ist, die Vernachlässigung aller künstlichen Mittel, als eine eigene Methode angerühmt, seine Erkenntniß zu erweitern. Denn was die Naturalisten aus Mangel mehrerer Einsicht betrifft, so kann man ihnen mit Grunde nichts zur Last legen. Sie folgen der gemeinen Vernunft, ohne sich ihrer Unwissenheit als einer Methode zu rühmen, die das Geheimniß enthalten solle, die Wahrheit aus Demokrits tiefem Brunnen herauszuholen. *Quod sapio, satis est mihi, non ego curo esse quod Arcesilas aerumnosique Solones, Pers.*, ist ihr Wahlspruch, bei dem sie vergnügt und beifallswürdig leben können, ohne sich um die Wissenschaft zu bekümmern, noch deren Geschäfte zu verwirren.

Was nun die Beobachter einer scientifischen Methode betrifft, so haben sie hier die Wahl, entweder dogmatisch oder sceptisch, in allen Fällen aber doch die Verbindlichkeit, systematisch zu verfahren. Wenn ich hier in Ansehung der ersteren den berühmten Wolff, bei der zweiten David Hume nenne, so kann ich die übrigen meiner jetzigen Absicht nach ungenannt lassen. Der kritische Weg ist allein noch offen. Wenn der Leser diesen in meiner Gesellschaft durchzuwandern Gefälligkeit und Geduld gehabt hat, so mag er jetzt urtheilen, ob nicht, wenn es ihm beliebt, das Seinige dazu beizutragen, um diesen Fußsteig zur Heeresstraße zu machen, dasjenige, was viele Jahrhunderte nicht leisten konnten, noch vor Ablauf des gegenwärtigen erreicht werden möge: nämlich die menschliche Vernunft in dem, was ihre Wißbegierde jederzeit, bisher aber vergeblich beschäftigt hat, zur völligen Befriedigung zu bringen.

Inhalt